—— 谨以此书献给恩师崔敏教授 ——

刑法规范精解集成

（第五版）

谭淼 编著

法律出版社
LAW PRESS·CHINA

一本书和它倡导的编纂理念

（第五版自序）

一、“点对点”式注释体例的探索

任何事物都是内容和形式的有机统一体，刑法工具书也不例外。刑法工具书内容的准确、全面，只是其最起码的要求，也是其共性所在。而刑法工具书的个性应在于其形式，确切地说，在于其体例。

在现有的刑法工具书中，司法解释通常被作为一个整体而附在刑法典相应条文之下；即使有所拆分，还是止步于对某个刑法条文进行解释，并没有进一步精确到刑法典中某个特定概念。笔者姑且称之为“块对块”式注释体例。这种体例虽然实现了司法解释与刑法典某种程度的结合，但依然未能从根本上脱离简单堆砌的窠臼。有鉴于此，笔者遂萌生了一个念头，编纂一部体例上更能实现刑法典与相关知识的有机融合、更能实现精准检索的刑法工具书。在刑法典中，规范的构成要件要素和整体的评价要素是一个普遍现象，而刑事司法解释的主要功能之一，就是进一步界定这两类构成要件要素的内涵和外延。既然司法解释与刑法典在内容上的结合点主要是这两类构成要件要素，那么刑法工具书的体例就应该在这个结合点上做足文章。惟有如此，司法解释与刑法典才能真正融合为一个有机整体。例如,在"块对块"式注释体例的刑法工具书中,盗窃罪司法解释是作为一个整体与刑法第二百六十四条的盗窃罪对应起来的。而本书则首先将盗窃罪的罪状拆分为"盗窃"、"公私"、"财物"、"数额"、"较大"等不同的刑法概念,然后将相关司法解释进行相应的拆分,最后将两者一一对应起来,这就是《四书集注》的"集注"式体例,也就是本书的"点对点"式注释体例。

在"点对点"式注释体例确立之后,下一个重要问题就是注释位置的精心选择。从"刑法学是最精确的法学"的理念出发,为了真正实现精细到对字、词层面的解释,就必须尽可能将司法解释与有关刑法概念直接对应起来。例如,虽然多个司法解释均针对受贿罪的"为他人谋取利益"进行解释,但实际上是在解释其中的"为"这一词语,故本书将注释置于该词语之后。为求得最佳效果,全书每一个注释位置都经历了反复调整。

二、刑法存量知识的深度融合

编纂一部刑法工具书,一方面要尽可能将与刑法典有关的信息搜集齐全,另一方面,也是最为重要的,是将这些信息条理化、系统化,最终形成一个编排科学、结构严谨的刑法知识体系。笔者试图通过以下五个方面的深度融合来实现这一目标。

1. 刑法典与刑事司法解释的深度融合

由于刑法典和刑事司法解释在本质上存在着主从关系,刑法工具书的编纂,就应准确反映出这种主从关系。本书以刑法典为"纲",以其中的关键概念、术语或范畴为"点",创造性地确立了"点对点"式注释体例,将刑事司法解释与刑法典深度融合,通过"合"的路径,将刑事司法解释深深地嵌入到刑法典之中,实现了

"融为一体、合而为一"。

2. 刑法总则与刑法分则的深度融合

作为一名执业多年的刑辩律师,笔者发现,控辩双方真正的争议焦点往往是总则问题而不是分则问题,因为总则问题往往是抽象的深层次问题,而分则问题则是具体的表层问题。基于此,本书尽可能地将散布在各个司法解释中涉及总则问题的内容摘录出来,以解释刑法总则的特定概念。例如,将走私犯罪、贪污罪、抢劫罪等司法解释中关于"既遂"和"未遂"认定标准的内容,用于解释刑法总则中的"未遂";将洗钱罪、走私罪和掩饰、隐瞒犯罪所得罪等司法解释中关于"明知"的内容,用于解释刑法总则的犯罪故意;将赌博犯罪、危害药品安全犯罪等司法解释中形形色色的"帮助行为"汇总起来,以丰富我们对于帮助犯的理解。笔者认为,司法实务工作者有必要更加重视刑法总则问题的学习,善于运用刑法分则来加深对刑法总则的理解,再运用刑法总则原理来创造性地解决刑法分则问题。

3. 实体法与程序法的深度融合

由于我国长期以来存在的"重实体、轻程序"错误倾向,刑事诉讼法始终未得到应有的尊重,而冤假错案的发生往往与没有严格遵守程序法直接相关。当前防范和纠正冤假错案,必然要求严格司法,严格遵循刑法和刑事诉讼法。随着刑事一体化的趋势日益深化,刑法和刑事诉讼法的关系更加紧密。本书适度收录了某些司法解释中关于个案的逮捕条件和立案管辖等程序性规定,以及针对特定罪名的特别程序。例如,对涉嫌重大贿赂犯罪的犯罪嫌疑人,可以指定居所监视居住,辩护律师在侦查阶段会见此类犯罪嫌疑人时应当取得侦查机关的许可等程序性规定收录其中。这种将实体法与程序法合编的编纂技术,有助于读者树立刑事一体化的思维习惯。

4."刑事法"与"非刑事法"的深度融合

刑法从来不是一个封闭的知识体系,而是始终与其他部门法保持着紧切的互动关系。对刑法典中规范的构成要件要素的理解,必须要联系到相关部门法,而相关部门法的修改势必影响到对刑法相关概念的理解。例如,随着《消费者权益保护法》和《广告法》对"虚假广告"定义的修改,虚假广告罪中的"虚假广告"的内涵也必然随之发生变化。再如,《民法总则》关于"法人"的最新界定必然影响到刑法中"单位"这一概念的内涵和外延。本书有意将刑法之外的知识纳入其中,意在为读者提供一个更广阔的思考空间。

5."理论理性"和"实践理性"的深度融合

有了真问题,才有真学问。从警四年、从检六年和从事刑辩八年的工作经历,以及长达十余年的法学理论研究所产生的问题意识,使得笔者时刻关注司法实践中"多发病"和"疑难杂症"。例如,单位犯罪的认定虽然只是一个定性问题,但其结果直接影响到被追诉人刑事责任大小这一定量问题。我国刑法典只是从实质违法性而不是形式违法性的角度规定了单位犯罪,尽管有关单位犯罪和金融犯罪的两个常见司法解释明确规定了单位犯罪的两个构成要件,但并没有进一步明确其具体内容。笔者就产生了一个大胆的猜想,既然单位犯罪最初源于《海关法》,就说明单位犯罪在走私犯罪中较为普遍,那么答案也许就隐藏在走私犯罪司法解释之中。思路决定出路,笔者很快就从中找到了答案。

万物得其本者生,百事得其道者成。这种"点对点"式注释体例无疑是一种全新的编纂体例,其生命力是否旺盛,归根到底还在于其是否能够准确地把握和妥善处理好刑法典与各类信息的内在联系,切实构筑起以刑法典为主体的严密知识之网。

凡是过去,皆为序章(what’s past is prologue)。本书成书之前历经长达十年的酝酿,成书之后又历经四版,如今的第五版又会呈现一个什么样的新风貌呢,与这本书相伴相惜十五载的我,唯有始终秉执以匠心致初心的信念,努力使这本书不断进化,日臻成熟,愿第五版就是它的成年礼。

凡　　例

一、本书的体例

1. 本书创造性地采用“点对点”式注释体例，将司法解释及其理解与适用等内容与刑法典融合为一个以刑法典为主体的严密的知识之网，实现了刑法存量知识的体系化和系统化。

2. 司法解释在本书中不再自成体系，而是按照法律解释学原理予以科学拆分，与刑法典的“规范的构成要件要素”、“整体的评价要素”等刑法重要概念形成一一对应的“点对点”式注释关系，司法解释中凡能够与刑法典的某个概念形成清晰对应关系的内容，则通过拆分而与该概念一一对应起来。例如，涉及犯罪既遂、未遂内容的司法解释则附注于与犯罪行为相关的刑法概念之后；涉及共同犯罪和犯罪主观要件内容的司法解释则附注于犯罪主体之后；其他不能与特定刑法概念形成清晰对应关系的司法解释内容，则置于相应刑法条文之首。

3. 全部注释均以刑法条文为单位而独立排序。在同一个刑法条文中，按被解释的刑法概念逐一编号。注释编号由刑法条文号和该条文中的顺序号共同组成。如《刑法》第190条中有五个需要解释的刑法概念，则逐个编号为190－1、190－2……190－5。凡同一注释中包括多个不同的司法解释，则逐个编号以示区别。

4. 将与某一类罪或某一个罪有关的规范性文件名称全部汇

总,并标注于该类罪或该个罪名之前,便于读者对相关规范性文件进行总体把握。

5. 为充分体现这种精细到字词层面的“点对点”式注释体例,本书每一个注释的位置均经过精心选择,敬请读者诸君多加留意。

二、正文的内容

(一)刑法典的内容

1. 本书正文以刑法典为主体。

2. 刑法修正案及全国人大常委会制定的涉及犯罪与刑罚方面的决定等相关内容。刑法条文如有修正,则标明修正案简称。如《刑法修正案(八)》则标注为(刑八)。

3. 总则条文主旨参考全国人大法工委编写的《刑法》精解。

4. 分则个罪罪名的确定依据最高人民法院、最高人民检察院的相关司法解释。

(二)刑事司法解释的内容

1. 收录了自1997年3月25日至2017年6月1日的全部刑事立法和绝大部分刑事司法解释。凡已废止失效的刑事司法解释,除仍有特别参考价值外,概不辑录。尚有参考之价值者,亦择要采录之。

2. 截至2014年12月28日第九批第44号的最高人民法院指导性案例予以全部收录;截至2015年7月3日第六批第23号的最高人民检察院指导性案例予以全部收录。

3. 酌情适当收录了最高人民法院、最高人民检察院和公安部的《通知》《会议纪要》及其法律政策研究室或业务庭的《答复》等司法文件中涉及定罪量刑并对刑事司法实务有重要参考价值的内容。

4. 适当加入了刑事诉讼法及相关司法解释,如特定类罪或个罪的立案管辖规定、证据的采信以及特定刑事程序的司法解释，帮助读者树立刑事一体化的思维习惯。

5. 同一注释中，按立法解释和司法解释依次排序，如有多个司法解释，则主要按照语义逻辑关系排序，兼顾时间因素。

6. 刑法修正案、立法解释和司法解释后附注的日期，均系实施日期。

（三）正文的注释内容

1. 以立法背景或立法理由的方式，阐明立法原意。

2. 总结“两高”颁布的司法解释理解与适用的内容，并摘其精要，对相关司法解释作深度阐述。

（四）脚注的内容

1. 将我国刑法知名学者关于刑法典中的关键性概念或易混淆、易误解问题的学术观点作为学理解释列入脚注，与正文的有权解释相区别。

2. 对司法解释个别概念的补充说明，也列入脚注。

（五）省略的内容

省略纯属技术处理，本书省略的内容包括：

1. 司法解释开篇部分对定罪量刑不具有直接意义的内容。

2. 司法解释的附表和《通知》附带的典型案例。

3. 若某个司法解释和《立案标准》就同一个罪名均规定追诉标准的，采从新原则而省略其他内容，但在脚注中注明被省略内容的条文名称。

4. 若立案标准与刑法典完全重复，则悉数从略。

目　　录

第一编　总　　则

第二编 分 则

中华人民共和国刑法

1.《中华人民共和国刑法》[*]由第八届全国人大第五次会议于1997年3月14日修订,同年10月1日起施行。

2.《刑法修正案》由第九届全国人大常务委员会第十三次会议于1999年12月25日通过。

3.《刑法修正案(二)》由第九届全国人大常务委员会第二十三次会议于2001年8月31日通过。

4.《刑法修正案(三)》由第九届全国人大常务委员会第二十五次会议于2001年12月29日通过。

5.《刑法修正案(四)》由第九届全国人大常务委员会第三十一次会议于2002年12月28日通过。

6.《刑法修正案(五)》由第十届全国人大常务委员会第十四次会议于2005年2月28日通过。

7.《刑法修正案(六)》由第十届全国人大常务委员会第二十二次会议于2006年6月29日通过。

8.《刑法修正案(七)》由第十一届全国人大常务委员会第七次会议于2009年2月28日通过。

9.《刑法修正案(八)》[**]由第十一届全国人大常务委员会第十九次会议于2011年2月25日通过,自同年5月1日起施行。

10.《刑法修正案(九)》[***]由第十二届全国人大常务委员会第十六次会议于2015年8月29日通过,自同年11月1日起施行。

---

* 1997年9月25日《最高人民法院关于适用刑法时间效力规定若干问题的解释》。

** 2011年4月25日《最高人民法院关于〈中华人民共和国刑法修正案(八)〉时间效力问题的解释》。

*** 2015年10月29日《最高人民法院关于〈中华人民共和国刑法修正案(九)〉时间效力问题的解释》。

第一编

总　　则

P003－126

第一章　刑法的任务、基本原则和适用范围

第一条　【立法目的】为了惩罚犯罪，保护人民，根据宪法，结合我国同犯罪作斗争的具体经验及实际情况，制定本法。

第二条　【任务】中华人民共和国刑法的任务，是用刑罚同一切犯罪行为作斗争，以保卫国家安全，保卫人民民主专政的政权和社会主义制度，保护国有财产和劳动群众集体所有的财产，保护公民私人所有的财产，保护公民的人身权利、民主权利和其他权利，维护社会秩序、经济秩序，保障社会主义建设事业的顺利进行。

第三条　【罪刑法定】法律明文规定为犯罪行为的，依照法律定罪处刑；法律没有明文规定为犯罪行为的，不得定罪处刑。[1]

3-1　《最高人民法院关于依法不再核准类推案件的通知》[**失效**]（法发〔1997〕23号，1997年9月22日）

各省、自治区、直辖市高级人民法院，解放军军事法院：

修订后的《中华人民共和国刑法》于1997年10月1日起施行。现就1997年10月1日以后审理此前发生的适用类推案件的有关问题，通知如下：

一、1997年10月1日以后，各级人民法院一律不再适用修订前的刑法第七十九条的规定向我院报送类推案件。

二、1997年9月30日以前已经报送但在10月1日前尚未核准的类推案件，应当根据修订后的刑法第三条的规定，分别不同情况作出处理：对于按照修订前的刑法需要类推定罪，修订后的刑法没有规定为犯罪的

行为,一律不得定罪判刑;对于按照修订前的刑法需要类推定罪,修订后的刑法也规定为犯罪的行为,如需追究刑事责任的,应适用修订后刑法第十二条的规定处罚。

三、1997年10月1日以后,各级人民法院审理发生的1997年9月30日以前,按照修订前的刑法需要类推定罪的案件,应当按照本通知第二条的规定办理。

第四条 【适用刑法平等】对任何人犯罪,在适用法律上一律平等。不允许任何人有超越法律的特权。

第五条 [1]**【罪责刑相适应】**刑罚的轻重,应当与犯罪分子所犯罪行和承担的刑事责任相适应。[2]

5-1 《最高人民法院关于贯彻宽严相济刑事政策的若干意见》(法发〔2010〕9号,2010年2月8日)。

5-2 理解与适用:我国现行的刑事司法政策是宽严相济,体现严中有宽,宽以济严的基本精神。"相济"的根本依据是罪责刑相适应原则。无论是宽还是严,对被告人最终所处的刑罚,都应当是与其所犯罪行和所承担的刑事责任相适应的,都是在准确认定犯罪行为的社会危害性,并在充分考量犯罪人的主观恶性和人身危险性,准确认定犯罪人罪责大小的前提下,确定是否从宽、从严以及从宽和从严的幅度,确保罚当其罪,最大限度发挥刑罚功能,最大限度实现刑罚目的。

第六条 【属地管辖】凡在中华人民共和国领域[1]内犯罪的,除法律有特别规定[*]的以外,都适用本法。

凡在中华人民共和国船舶或者航空器内犯罪的,[2]也适用本法。

---

* 不适用我国刑法的四种情况:1. 享有外交特权和豁免权的外国人的刑事责任问题,通过外交途径解决,不适用我国刑法。2. 我国香港、澳门和台湾地区适用其本地刑法,而不适用中华人民共和国刑法典及其他具有普遍效力的刑事法律;其"刑法"属于我国的区域性刑法,不能认为这些地区不适用"中国刑法"。3. 刑法典颁布后国家立法机关制定了特别刑法,出现法条竞合的情况时,根据特别法优于普通法的原则,适用特别刑法。4. 民族自治地区不能全部适用刑法典,行为符合变通或者补充规定的,适用该变通或补充规定。

犯罪的行为或者结果*有一项发生在中华人民共和国领域内的[3]，就认为是在中华人民共和国领域内犯罪。

6-1 《最高人民法院关于审理发生在我国管辖海域相关案件若干问题的规定(一)》(法释〔2016〕16号，2016年8月2日)第一条　本规定所称我国管辖海域，是指中华人民共和国内水、领海、毗连区、专属经济区、大陆架，以及中华人民共和国管辖的其他海域。

法释〔2016〕16号第三条　中国公民或者外国人在我国管辖海域实施非法猎捕、杀害珍贵濒危野生动物或者非法捕捞水产品等犯罪的，依照我国刑法追究刑事责任。

理解与适用：其一，本条仅列举了两类最为常见的涉渔犯罪，对于在我国管辖海域发生的其他犯罪，我国司法机关也有管辖权。其二，我国公民到他国海域或者公海实施上述犯罪的，可依照我国刑法第七条属人管辖原则的规定办理。其三，我国与他国签署的双边或者多边条约，以及缔结或者参加的国际条约另有规定的，从其规定。

6-2 《最高人民法院关于适用〈中华人民共和国刑事诉讼法〉的解释》(法释〔2012〕21号，2013年1月1日)

第四条　在中华人民共和国领域外的中国船舶内的犯罪，由该船舶最初停泊的中国口岸所在地的人民法院管辖。

第五条　在中华人民共和国领域外的中国航空器内的犯罪，由该航空器在中国最初降落地的人民法院管辖。

第六条　在国际列车上的犯罪，按照我国与相关国家签订的协定确定管辖；没有协定的，由该列车最初停靠的中国车站所在地或者目的地的铁路运输法院管辖。

6-3 《最高人民法院关于审理拐卖妇女案件适用法律有关问题的解释》(法释〔2000〕1号，2000年1月25日)第二条　外国人或者无国籍

---

* 犯罪地是指犯罪行为发生地。仅行为的一部分或仅结果的一部分发生在我国领域内，也适用我国刑法。在未遂犯的场合，行为地与行为人希望结果发生地、可能发生结果之地，都是犯罪地；在共同犯罪场合，共同犯罪的行为或者共同犯罪的结果有一部分发生在本国领域内，或者其共犯行为之一部分(教唆、帮助、实行、组织)发生在中国的，均认为是在本国领域内犯罪。以非法占有为目的的财产犯罪，犯罪地包括犯罪行为发生地和犯罪分子实际取得财产的犯罪结果发生地。(张明楷)

人拐卖外国妇女到我国境内被查获的,应当根据刑法第六条的规定,适用我国刑法定罪处罚。

第七条 【属人管辖】中华人民共和国公民在中华人民共和国领域外犯本法规定之罪的,适用本法,但是按本法规定的最高刑为三年以下有期徒刑的,可以不予追究。[1]

7-1 《最高人民法院、最高人民检察院关于办理赌博刑事案件具体应用法律若干问题的解释》(法释〔2005〕3号,2005年5月13日)第三条 中华人民共和国公民在我国领域外周边地区*聚众赌博、开设赌场,以吸引中华人民共和国公民为主要客源,构成赌博罪**的,可以依照刑法规定追究刑事责任。

中华人民共和国国家工作人员和军人***在中华人民共和国领域外犯本法规定之罪的,适用本法。

第八条 【保护管辖】外国人[1] 在中华人民共和国领域外对中华人民共和国国家或者公民犯罪,而按本法规定的最低刑为三年以上有期徒刑的,可以适用本法,但是按照犯罪地的法律不受处罚的除外。

8-1 《最高人民法院关于适用〈中华人民共和国刑事诉讼法〉的解释》(法释〔2012〕21号,2013年1月1日)第八条 外国人在中华人民共和国领域外对中华人民共和国国家或者公民犯罪,根据《中华人民共和国刑法》应当受处罚的,由该外国人入境地、入境后居住地或者被害中国公民离境前居住地的人民法院管辖。****

第九条 【普遍管辖】对于中华人民共和国缔结或者参加的国

---

* 不是针对我国领域外所有地区

** 赌博罪处三年以下有期徒刑,拘役或者管制,并处罚金。

*** 前款优惠只适用于普通公民,不适用于我国的国家工作人员和军人,即对后者无论罪行轻重、法定刑高低,都应适用我国刑法。

**** 实行保护性管辖的前提,一是犯罪人进入我国境内;二是通过引渡,但本国人不得被引渡。

际条约所规定的罪行，中华人民共和国在所承担条约义务的范围内行使刑事管辖权的，适用本法。[1]

9-1 《最高人民法院关于适用〈中华人民共和国刑事诉讼法〉的解释》（法释〔2012〕21号，2013年1月1日）第十条　对于中华人民共和国缔结或者参加的国际条约所规定的罪行，中华人民共和国在所承担条约义务的范围内，行使刑事管辖权的*，由被告人被抓获地的人民法院管辖。

第十条　【域外刑事判决的消极承认】凡在中华人民共和国领域外犯罪，依照本法应当负刑事责任的，虽然经过外国审判，仍然可以依照本法追究，但是在外国已经受过刑罚处罚的，可以免除或者减轻处罚。

第十一条　【外交代表的刑事豁免】享有外交特权和豁免权的外国人的刑事责任，通过外交途径解决。

第十二条[1]　**【溯及力】**中华人民共和国成立以后本法施行以前的行为，如果当时的法律不认为是犯罪的，适用当时的法律；如果当时的法律认为是犯罪的，依照本法总则第四章第八节的规定应当追诉的，按照当时的法律追究刑事责任，但是如果本法不认为是犯罪或者处刑较轻的，[2] 适用本法。

本法施行以前，依照当时的法律已经作出的生效判决，继续有效。

12-1 1.《最高人民法院关于适用刑法第十二条几个问题的解释》（法释〔1997〕12号，1998年1月13日）。2.《最高人民检察院关于适用刑事司法解释时间效力问题的规定》（高检发释字〔2001〕5号，2001年12月17日）。3.《最高人民法院关于〈中华人民共和国刑

---

* 实行普遍性管辖，定罪量刑的根据仍然是我国刑法，因为国际条约没有对罪行规定法定刑，而是要求缔约国或参加国将条约所列的罪行规定为国内刑法上的犯罪。

法修正案(八)〉时间效力问题的解释》(法释〔2011〕9号,2011年5月1日)。4.《最高人民法院关于〈中华人民共和国刑法修正案(九)〉时间效力问题的解释》(法释〔2015〕19号,2015年11月1日)。5.《最高人民法院研究室关于假释时间效力法律适用问题的答复》(法研〔2011〕97号,2011年7月15日)。

1. 高检发释字〔2001〕5号　一、司法解释是最高人民法院对审判工作中具体应用法律问题和最高人民检察院对检察工作中具体应用法律问题所作的具有法律效力的解释,自发布或者规定之日起施行,效力适用于法律的施行期间。

二、对于司法解释实施前发生的行为,行为时没有相关司法解释,司法解释施行后尚未处理或者正在处理的案件,依照司法解释的规定办理。

三、对于新的司法解释实施前发生的行为,行为时已有相关司法解释,依照行为时的司法解释办理,但适用新的司法解释对犯罪嫌疑人、被告人有利的,适用新的司法解释。

四、对于在司法解释施行前已办结的案件,按照当时的法律和司法解释,认定事实和适用法律没有错误的,不再变动。

理解与适用:司法解释是最高司法机关就具体应用法律问题所作的解释,这一特性决定了其制定和实施必然滞后于法律,这就出现了如何理解司法解释时间效力的问题,特别是由于刑事司法解释直接涉及罪与非罪、此罪与彼罪以及刑罚的轻重,其时间效力问题就显得尤为突出。刑事司法解释的时间效力,主要是指司法解释的生效时间以及对其生效前发生的行为有无效力,即能否溯及既往。司法解释只是对司法工作中如何具体应用法律问题所作的具有法律效力的解释,不是新的立法,也不同于全国人大常委会的立法解释,而是法律施行之日起就具有了司法解释所解释之义,司法解释从属于法律,故其效力应适用于法律的整个实施期间。如司法解释发布施行以前的行为没有被追究,在司法解释发布施行以后被追究,那是由于法律本身不明确或是由于司法机关对该行为没有正确的认识,属于实践中的问题,并不违反罪刑法定原则,也不是司法解释的效力及于法律整个实施施行期间本身有什么问题。

2. 法释〔2011〕9号　为正确适用《中华人民共和国刑法修正案(八)》,根据刑法有关规定,现就人民法院2011年5月1日以后审理的刑事案件,具体适用刑法的有关问题规定如下:

第一条　对于2011年4月30日以前犯罪，依法应当判处管制或者宣告缓刑的，人民法院根据犯罪情况，认为确有必要同时禁止犯罪分子在管制期间或者缓刑考验期内从事特定活动，进入特定区域、场所，接触特定人的，适用修正后刑法第三十八条第二款或者第七十二条第二款的规定。

犯罪分子在管制期间或者缓刑考验期内，违反人民法院判决中的禁止令的，适用修正后刑法第三十八条第四款或者第七十七条第二款的规定。

第二条　2011年4月30日以前犯罪，判处死刑缓期执行的，适用修正前刑法第五十条的规定。

被告人具有累犯情节，或者所犯之罪是故意杀人、强奸、抢劫、绑架、放火、爆炸、投放危险物质或者有组织的暴力性犯罪，罪行极其严重，根据修正前刑法判处死刑缓期执行不能体现罪刑相适应原则，而根据修正后刑法判处死刑缓期执行同时决定限制减刑可以罚当其罪的，适用修正后刑法第五十条第二款的规定。

第三条　被判处有期徒刑以上刑罚，刑罚执行完毕或者赦免以后，在2011年4月30日以前再犯应当判处有期徒刑以上刑罚之罪的，是否构成累犯，适用修正前刑法第六十五条的规定；但是，前罪实施时不满十八周岁的，是否构成累犯，适用修正后刑法第六十五条的规定。

曾犯危害国家安全犯罪，刑罚执行完毕或者赦免以后，在2011年4月30日以前再犯危害国家安全犯罪的，是否构成累犯，适用修正前刑法第六十六条的规定。

曾被判处有期徒刑以上刑罚，或者曾犯危害国家安全犯罪、恐怖活动犯罪、黑社会性质的组织犯罪，在2011年5月1日以后再犯罪的，是否构成累犯，适用修正后刑法第六十五条、第六十六条的规定。

第四条　2011年4月30日以前犯罪，虽不具有自首情节，但是如实供述自己罪行的，适用修正后刑法第六十七条第三款的规定。

第五条　2011年4月30日以前犯罪，犯罪后自首又有重大立功表现的，适用修正前刑法第六十八条第二款的规定。

第六条　2011年4月30日以前一人犯数罪，应当数罪并罚的，适用修正前刑法第六十九条的规定；2011年4月30日前后一人犯数罪，其中一罪发生在2011年5月1日以后的，适用修正后刑法第六十九条的规定。

第七条　2011年4月30日以前犯罪,被判处无期徒刑的罪犯,减刑以后或者假释前实际执行的刑期,适用修正前刑法第七十八条第二款、第八十一条第一款的规定。

第八条　2011年4月30日以前犯罪,因具有累犯情节或者系故意杀人、强奸、抢劫、绑架、放火、爆炸、投放危险物质或者有组织的暴力性犯罪并被判处十年以上有期徒刑、无期徒刑的犯罪分子,2011年5月1日以后仍在服刑的,能否假释,适用修正前刑法第八十一条第二款的规定;2011年4月30日以前犯罪,因其他暴力性犯罪被判处十年以上有期徒刑、无期徒刑的犯罪分子,2011年5月1日以后仍在服刑的,能否假释,适用修正后刑法第八十一条第二款、第三款的规定。

3.《最高人民法院关于〈中华人民共和国刑法修正案(九)〉时间效力问题的解释》(法释〔2015〕19号,2015年11月1日)

为正确适用《中华人民共和国刑法修正案(九)》,根据《中华人民共和国刑法》第十二条规定,现就人民法院2015年11月1日以后审理的刑事案件,具体适用修正前后刑法的有关问题规定如下:

第一条　对于2015年10月31日以前因利用职业便利实施犯罪,或者实施违背职业要求的特定义务的犯罪的,不适用修正后刑法第三十七条之一第一款的规定。其他法律、行政法规另有规定的,从其规定。

第二条　对于被判处死刑缓期执行的犯罪分子,在死刑缓期执行期间,且在2015年10月31日以前故意犯罪的,适用修正后刑法第五十条第一款的规定。

第三条　对于2015年10月31日以前一人犯数罪,数罪中有判处有期徒刑和拘役,有期徒刑和管制,或者拘役和管制,予以数罪并罚的,适用修正后刑法第六十九条第二款的规定。

第四条　对于2015年10月31日以前通过信息网络实施的刑法第二百四十六条第一款规定的侮辱、诽谤行为,被害人向人民法院告诉,但提供证据确有困难的,适用修正后刑法第二百四十六条第三款的规定。

第五条　对于2015年10月31日以前实施的刑法第二百六十条第一款规定的虐待行为,被害人没有能力告诉,或者因受到强制、威吓无法告诉的,适用修正后刑法第二百六十条第三款的规定。

第六条　对于2015年10月31日以前组织考试作弊,为他人组织考试作弊提供作弊器材或者其他帮助,以及非法向他人出售或者提供考试试题、答案，根据修正前刑法应当以非法获取国家秘密罪、非法生产、销售间谍专用器材罪或者故意泄露国家秘密罪等追究刑事责任的，适用修正前刑法的有关规定。但是，根据修正后刑法第二百八十四条之一的规定处刑较轻的，适用修正后刑法的有关规定。

第七条　对于2015年10月31日以前以捏造的事实提起民事诉讼，妨害司法秩序或者严重侵害他人合法权益，根据修正前刑法应当以伪造公司、企业、事业单位、人民团体印章罪或者妨害作证罪等追究刑事责任的，适用修正前刑法的有关规定。但是，根据修正后刑法第三百零七条之一的规定处刑较轻的，适用修正后刑法的有关规定。

实施第一款行为，非法占有他人财产或者逃避合法债务，根据修正前刑法应当以诈骗罪、职务侵占罪或者贪污罪等追究刑事责任的，适用修正前刑法的有关规定。

第八条　对于2015年10月31日以前实施贪污、受贿行为，罪行极其严重，根据修正前刑法判处死刑缓期执行不能体现罪刑相适应原则，而根据修正后刑法判处死刑缓期执行同时决定在其死刑缓期执行二年期满依法减为无期徒刑后，终身监禁，不得减刑、假释可以罚当其罪的，适用修正后刑法第三百八十三条第四款的规定。根据修正前刑法判处死刑缓期执行足以罚当其罪的，不适用修正后刑法第三百八十三条第四款的规定。

第九条　本解释自2015年11月1日起施行。

4.《最高人民法院研究室关于假释时间效力法律适用问题的答复》(法研〔2011〕97号，2011年7月15日)　一、根据刑法第十二条的规定，应当以行为实施时，而不是审判时，作为新旧法选择适用的判断基础。故《最高人民法院关于适用刑法时间效力规定若干问题的解释》第八条规定的"1997年9月30日以前犯罪，1997年10月1日以后仍在服刑的累犯以及因杀人、爆炸、抢劫、强奸、绑架等暴力性犯罪被判处十年以上有期徒刑、无期徒刑的犯罪分子"，包括1997年9月30日以前犯罪，已被羁押尚未判决的犯罪分子。

二、经《中华人民共和国刑法修正案(八)》修正前刑法第八十一条第二款规定的"暴力性犯罪"，不仅包括杀人、爆炸、抢劫、强奸、绑架五种，也包括故意伤害等其他暴力性犯罪。

12-2　法释〔1997〕12号第一条　刑法第十二条规定的"处刑较

轻”,是指刑法对某种犯罪规定的刑罚即法定刑比修订前刑法轻。法定刑较轻是指法定最高刑较轻;如果法定最高刑相同,则指法定最低刑较轻。

法释〔1997〕12号第二条　如果刑法规定的某一犯罪只有一个法定刑幅度,法定最高刑或者最低刑是指该法定刑幅度的最高刑或者最低刑;如果刑法规定的某一犯罪有两个以上的法定刑幅度,法定最高刑或者最低刑是指具体犯罪行为应当适用的法定刑幅度的最高刑或者最低刑。

法释〔1997〕12号第三条　1997年10月1日以后审理1997年9月30日以前发生的刑事案件,如果刑法规定的定罪处刑标准、法定刑与修订前刑法相同的,应当适用修订前的刑法。

第二章 犯　　罪

第一节 犯罪和刑事责任

第十三条 【犯罪概念】一切危害国家主权、领土完整和安全，分裂国家、颠覆人民民主专政的政权和推翻社会主义制度，破坏社会秩序和经济秩序，侵犯国有财产或者劳动群众集体所有的财产，侵犯公民私人所有的财产，侵犯公民的人身权利、民主权利和其他权利，以及其他危害社会的行为，依照法律应当受刑罚处罚的，都是犯罪，但是情节显著轻微危害不大的，[*1] 不认为是犯罪。

13-1 1.《最高人民法院关于审理未成年人刑事案件具体应用法律若干问题的解释》（法释〔2006〕1号，2006年1月23日起施行）第九条 已满十六周岁不满十八周岁的人实施盗窃行为未超过三次，盗窃数额虽已达到“数额较大”标准，但案发后能如实供述全部盗窃事实并积极退赃，且具有下列情形之一的，可以认定为“情节显著轻微危害不大”，不认为是犯罪：

（一）系又聋又哑的人或者盲人；

（二）在共同盗窃中起次要或者辅助作用，或者被胁迫；

（三）具有其他轻微情节的。

已满十六周岁不满十八周岁的人盗窃未遂或者中止的，可不认为是犯罪。

---

* 本条前半段表明犯罪行为的社会政治特征，后半段表明犯罪行为的法律特征，但书起到限制作用。情节，是指行为过程中影响行为的法益侵犯性与行为人主观罪过性的各种情况。危害不大，是指整体性评价结论，即没有达到应受刑罚处罚的程度。不认为是犯罪，即立法者不认为是犯罪，故司法机关也不得以犯罪论处，结论只能是不构成犯罪。（张明楷）

已满十六周岁不满十八周岁的人盗窃自己家庭或者近亲属财物,或者盗窃其他亲属财物但其他亲属要求不予追究的,可不按犯罪处理。

2.《最高人民法院、最高人民检察院、公安部关于办理制毒物品犯罪案件适用法律若干问题的意见》(公通字〔2009〕33 号,2009 年 6 月 23 日)

一、关于制毒物品犯罪的认定

(三)易制毒化学品生产、经营、使用单位或者个人未办理许可证明或者备案证明,购买、销售易制毒化学品,如果有证据证明确实用于合法生产、生活需要*,依法能够办理只是未及时办理许可证明或者备案证明,且未造成严重社会危害的,可不以非法买卖制毒物品罪论处。

3.《最高人民法院关于审理毒品犯罪案件适用法律若干问题的解释》(法释〔2016〕8 号,2016 年 4 月 11 日)第十二条第三款　容留近亲属吸食、注射毒品,情节显著轻微危害不大的,不作为犯罪处理;需要追究刑事责任的,可以酌情从宽处罚

4.《最高人民法院、最高人民检察院关于办理妨害信用卡管理刑事案件具体应用法律若干问题的解释》(法释〔2009〕19 号,2009 年 12 月 16 日)第六条第五款　恶意透支数额较大,在公安机关立案前已偿还全部透支款息,情节显著轻微的,可以依法不追究刑事责任。

5.《最高人民法院关于审理非法集资刑事案件具体应用法律若干问题的解释》(法释〔2010〕18 号,2011 年 1 月 4 日)第三条第四款　非法吸收或者变相吸收公众存款,主要用于正常的生产经营活动,能够及时清退所吸收资金,可以免予刑事处罚;情节显著轻微的,不作为犯罪处理。

6.《最高人民法院关于审理拒不支付劳动报酬刑事案件适用法律若干问题的解释》(法释〔2013〕3 号,2013 年 1 月 23 日)第六条　拒不支付劳动者的劳动报酬,尚未造成严重后果,在刑事立案前支付劳动者的劳动报酬,并依法承担相应赔偿责任的,可以认定为情节显著轻微危害不大,不认为是犯罪……

7.《最高人民法院、最高人民检察院、公安部、司法部关于依法惩治性侵害未成年人犯罪的意见》(法发〔2013〕12 号,2013 年 10 月 23 日)

27. 已满十四周岁不满十六周岁的人偶尔与幼女发生性关系,情节轻微、未造成严重后果的,不认为是犯罪。

8.《最高人民法院、最高人民检察院关于办理敲诈勒索刑事案件适

* 本规定仅限于非法买卖制毒物品行为,且无数量限制,但不适用于走私易制毒化学品行为。

用法律若干问题的解释》(法释〔2013〕10 号,2013 年 4 月 27 日)第六条　敲诈勒索近亲属的财物,获得谅解的,一般不认为是犯罪;认定为犯罪的,应当酌情从宽处理。

被害人对敲诈勒索的发生存在过错的,根据被害人过错程度和案件其他情况,可以对行为人酌情从宽处理;情节显著轻微危害不大的,不认为是犯罪。

9.《最高人民法院、最高人民检察院关于办理走私刑事案件适用法律若干问题的解释》(法释〔2014〕10 号,2014 年 9 月 10 日)第九条第四款　不以牟利为目的,为留作纪念而走私珍贵动物制品进境,数额不满十万元的,可以免予刑事处罚;情节显著轻微的,不作为犯罪处理。

10.《最高人民法院、最高人民检察院关于办理危害药品安全刑事案件适用法律若干问题的解释》(法释〔2014〕14 号,2014 年 12 月 1 日)第十一条第二款　销售少量根据民间传统配方私自加工的药品,或者销售少量未经批准进口的国外、境外药品,没有造成他人伤害后果或者延误诊治,情节显著轻微危害不大的,不认为是犯罪。

第十四条　【故意犯罪】明知[1 *]自己的行为[**]会发生[***]危害社会

---

* 1.【秦志晖(秦火火)诽谤案】(2013)朝刑初字第 2584 号,秦志晖的转发行为被认定为犯罪,是因为有足够的证据证明其主观上“明知”。第一,在秦志晖涉案事件中,相关真实信息是存在的;第二,秦志晖拥有在网上核实信息真伪的能力和基本技能;第三,秦志晖无主观意愿去核实信息。故意不知(ignorance)和积极主动的认识具有同等的应受谴责性,如法人的一般从业人员在其职权范围内对实施的违法行为明显表现出漠不关心的态度。

2.【吴铭等制作、复制、出版、贩卖、传播淫秽物品牟利罪案(快播案)】(2015)海刑初字第 512 号,“明知”一般可从两个角度证明:一是直接证明行为人知道或者因他人告知而知道;二是基于行为人的特定身份、职业、经验等特点推定其知道。首先,作为自称“非常重视用户体验”的视频服务提供商,快播公司应当知道其网络用户搜索和点击的视频内容的统计特征,其被扣押服务器内的淫秽视频却多达 70%。其次,快播公司先后两次接受行政处罚和整改,主要内容就是审核和过滤淫秽视频。如果说在第一次接受处罚并做出整改时,快播公司的决策者、经营者、管理者还有可能对快播网络服务系统介入淫秽视频传播活动且导致淫秽视频在互联网上大量传播并不知情,那么在事隔一年之后,快播公司再次接受处罚并作出整改,而且先后两次整改的内容实际上都是针对快播公司传播淫秽视频这一事实,快播公司的经营者、管理者仍自称其不知情是难以令人置信的,故快播公司完全符合主观上的“明知”要件。

**　特定犯罪构成中的“实行行为”。

***　认定因果关系,意味着将结果归属于某个实行行为。实行行为本身是造成法益侵害结果危险的行为,所以,因果关系的发展过程,实际上是危险的现实化过程。

的结果,并且希望或者放任这种结果发生,因而构成犯罪的,是故意犯罪。

故意犯罪,应当负刑事责任。

14-1 **1.**《最高人民法院、最高人民检察院、海关总署办理走私刑事案件适用法律若干问题的意见》(法〔2002〕139号,2002年7月8日)

五、关于走私犯罪嫌疑人、被告人主观故意的认定问题

行为人明知自己的行为违反国家法律法规,逃避海关监管,偷逃进出境货物、物品的应缴税额,或者逃避国家有关进出境的禁止性管理,并且希望或者放任危害结果发生的,应认定为具有走私的主观故意。

走私主观故意中的"明知"是指行为人知道或者应当知道所从事的行为是走私行为。具有下列情形之一的,可以认定为"明知",但有证据证明确属被蒙骗的除外:

(一)逃避海关监管,运输、携带、邮寄国家禁止进出境的货物、物品的;

(二)用特制的设备或者运输工具走私货物、物品的;

(三)未经海关同意,在非设关的码头、海(河)岸、陆路边境等地点,运输(驳载)、收购或者贩卖非法进出境货物、物品的;

(四)提供虚假的合同、发票、证明等商业单证委托他人办理通关手续的;

(五)以明显低于货物正常进(出)口的应缴税额委托他人代理进(出)口业务的;

(六)曾因同一种走私行为受过刑事处罚或者行政处罚的;

(七)其他有证据证明的情形。

2.《最高人民法院关于审理洗钱等刑事案件具体应用法律若干问题的解释》(法释〔2009〕15号,2009年11月11日)

第一条 刑法第一百九十一条、第三百一十二条规定的"明知",应当结合被告人的认知能力,接触他人犯罪所得及其收益的情况,犯罪所得及其收益的种类、数额,犯罪所得及其收益的转换、转移方式以及被告人的供述等主、客观因素进行认定。

具有下列情形之一的,可以认定被告人明知系犯罪所得及其收益,但有证据证明确实不知道的除外:

(一)知道他人从事犯罪活动,协助转换或者转移财物的;

（二）没有正当理由，通过非法途径协助转换或者转移财物的；

（三）没有正当理由，以明显低于市场的价格收购财物的；

（四）没有正当理由，协助转换或者转移财物，收取明显高于市场的“手续费”的；

（五）没有正当理由，协助他人将巨额现金散存于多个银行账户或者在不同银行账户之间频繁划转的；

（六）协助近亲属或者其他关系密切的人转换或者转移与其职业或者财产状况明显不符的财物的；

（七）其他可以认定行为人明知的情形。

被告人将刑法第一百九十一条规定的某一上游犯罪的犯罪所得及其收益误认为刑法第一百九十一条规定的上游犯罪范围内的其他犯罪所得及其收益的，不影响刑法第一百九十一条规定的“明知”的认定。

第十五条[1]　**【过失犯罪】**应当预见自己的行为可能发生危害社会的结果，因为疏忽大意而没有预见*，或者已经预见而轻信能够避免，以致发生这种结果的，是过失犯罪。

过失犯罪**，法律有规定的才负刑事责任。

15-1　《最高人民法院关于贯彻宽严相济刑事政策的若干意见》（法发〔2010〕9号，2010年2月8日）　四、准确把握和正确适用宽严“相济”的政策要求　32. 对于过失犯罪，如安全责任事故犯罪等，主要应当根据犯罪造成危害后果的严重程度、被告人主观罪过的大小以及被告人案发后的表现等，综合掌握处罚的宽严尺度。对于过失犯罪后积极抢救、挽回损失或者有效防止损失进一步扩大的，要依法从宽。对于造成的危害后果虽然不是特别严重，但情节特别恶劣或案发后故意隐瞒案情，甚至逃逸，给及时查明事故原因和迅速组织抢救造成贻误的，则要依法从重处罚。

第十六条　**【意外事件和不可抗力】**行为在客观上虽然造成了

---

* 认定疏忽大意的过失，最关键的是要将其与意外事件相区分。

** 国外刑法立法例中，凡分则条文未标明“过失”二字，其犯罪只能由故意构成。但我国有所不同，虽然未标明“过失”二字，但也可能属于过失犯罪。关于滥用职权罪究竟是故意犯罪还是过失犯罪，就有不同观点。（张明楷）

损害结果,但是不是出于故意或者过失,而是由于不能抗拒或者不能预见*的原因所引起的,不是犯罪。

第十七条[1] **【刑事责任年龄】**已满十六周岁[2]的人犯罪,应当负刑事责任。

已满十四周岁不满十六周岁的人,犯故意杀人、故意伤害[3]致人重伤或者死亡、强奸、**抢劫、贩卖毒品、放火、爆炸、投毒罪***的,[4]应当负刑事责任。

已满十四周岁不满十八周岁的人犯罪,应当从轻或者减轻处罚。[5]

因不满十六周岁[6]不予刑事处罚的,责令他的家长或者监护人加以管教;在必要的时候,也可以****由政府收容教养。[7]

17-1 1.《最高人民法院关于审理未成年人刑事案件具体应用法律若干问题的解释》(法释〔2006〕1号,2006年1月23日)。2.《人民检察院办理未成年人刑事案件的规定》(高检发研字〔2013〕7号,2013年12月27日第2次修订)。

1.《最高人民检察院关于相对刑事责任年龄的人承担刑事责任范围有关问题的答复》(高检研发〔2003〕13号,2003年4月18日) 一、相对刑事责任年龄的人实施了刑法第十七条第二款规定的行为,应当追究刑事责任的,其罪名应当根据所触犯的刑法分则具体条文认定。对于绑架后杀害被绑架人的,其罪名应认定为绑架罪。

二、相对刑事责任年龄的人实施了刑法第二百六十九条规定的行为的,应当依照第二百六十三条的规定,以抢劫罪追究刑事责任。但对

---

* 刑法将“不能抗拒”和“不能预见”作明确区分,不能抗拒的原因所引起的事件是一种意志以外的事件,不能预见的原因所引起的事件可以说是意料之外的事件,二者可统称为意外事件。意外事件不包括不可抗力,与《民法总则》相协调。

** “强奸”,包括刑法规定中所有能评价为强奸的行为。

*** 《刑法修正案(三)》已将“投毒罪”修改为“投放危险物质罪”。

**** “必要的时候”所设定的条件是明确的,所以“也可以”一词用得不当,应该改为“应当”。第18条规定的“在必要的时候,由政府强制医疗”,这样的表述更准确。

情节显著轻微,危害不大的,可根据刑法第十三条的规定,不予追究刑事责任。

2.《最高人民检察院关于“骨龄鉴定”能否作为确定刑事责任年龄证据使用的批复》(高检发研字〔2000〕6 号,2000 年 2 月 21 日)　犯罪嫌疑人不讲真实姓名、住址,年龄不明的,可以委托进行骨龄鉴定或其他科学鉴定,经审查,鉴定结论能够准确确定犯罪嫌疑人实施犯罪行为时的年龄的,可以作为判断犯罪嫌疑人年龄的证据使用。如果鉴定结论不能准确确定犯罪嫌疑人实施犯罪行为时的年龄,而且鉴定结论又表明犯罪嫌疑人年龄在刑法规定的应负刑事责任年龄上下的,应当依法慎重处理。

3.《中华人民共和国治安管理处罚法》第十二条　已满十四周岁不满十八周岁的人违反治安管理的,从轻或者减轻处罚;不满十四周岁的人违反治安管理的,不予处罚,但是应当责令其监护人严加管教。

4.《民法总则》第十九条　八周岁以上的未成年人为限制民事行为能力人,实施民事法律行为由其法定代理人代理或者经其法定代理人同意、追认,但是可以独立实施纯获利益的民事法律行为或者与其年龄、智力相适应的民事法律行为。

《民法总则》第二十条　不满八周岁的未成年人为无民事行为能力人,由其法定代理人代理实施民事法律行为。

17-2　**1.** 法释〔2006〕1 号第二条　刑法第十七条规定的“周岁”,按照公历的年、月、日计算,从周岁生日的第二天起算。

2. 法释〔2012〕21 号第一百一十二条　审查被告人实施被指控的犯罪时或者审判时是否达到相应法定责任年龄,应当根据户籍证明、出生证明文件、学籍卡、人口普查登记、无利害关系人的证言等证据综合判断。证明被告人已满十四周岁、十六周岁、十八周岁或者不满七十五周岁的证据不足的,应当认定被告人不满十四周岁、不满十六周岁、不满十八周岁或者已满七十五周岁。

法释〔2006〕1 号第三条　审理未成年人刑事案件,应当查明被告人实施被指控的犯罪时的年龄。裁判文书中应当写明被告人出生的年、月、日。

法释〔2006〕1 号第四条　对于没有充分证据证明被告人实施被指控的犯罪时已经达到法定刑事责任年龄且确实无法查明的,应当推定其没有达到相应法定刑事责任年龄。

相关证据足以证明被告人实施被指控的犯罪时已经达到法定刑事责任年龄,但是无法准确查明被告人具体出生日期的,应当认定其达到相应法定刑事责任年龄。

法释〔2006〕1号第十条第二款　已满十六周岁不满十八周岁的人犯盗窃、诈骗、抢夺罪,为窝藏赃物、抗拒抓捕或者毁灭罪证而当场使用暴力或者以暴力相威胁的,应当按照刑法第二百六十九条的规定定罪处罚;情节轻微的,可不以抢劫罪定罪处罚。

17-3　法释〔2006〕1号第十条　已满十四周岁不满十六周岁的人盗窃、诈骗、抢夺他人财物,为窝藏赃物、抗拒抓捕或者毁灭罪证,当场使用暴力,故意伤害致人重伤或者死亡,或者故意杀人的,应当分别以故意伤害罪或者故意杀人罪定罪处罚。

17-4　**1.**《全国人大常委会法工委关于已满十四周岁不满十六周岁的人承担刑事责任范围问题的答复意见》(法工委复字〔2002〕12号,2002年7月24日)　刑法第十七条第二款规定的八种犯罪,是指具体犯罪行为而不是具体罪名。对于刑法第十七条中规定的"犯故意杀人、故意伤害致人重伤或者死亡",是指只要故意实施了杀人、伤害行为并且造成了致人重伤、死亡后果的,都应负刑事责任。而不是指只有犯故意杀人罪、故意伤害罪的,才负刑事责任,绑架撕票的,不负刑事责任。对司法实践中出现的已满十四周岁不满十六周岁的人绑架人质后杀害被绑架人、拐卖妇女、儿童而故意造成被拐卖妇女、儿童重伤或死亡的行为,依据刑法是应当追究刑事责任的。

2. 法释〔2006〕1号第五条　已满十四周岁不满十六周岁的人实施刑法第十七条第二款规定以外的行为,如果同时触犯了刑法第十七条第二款规定的,应当依照刑法第十七条第二款的规定确定罪名,定罪处罚。

17-5　**1.**《最高人民法院关于常见犯罪的量刑指导意见》(法发〔2017〕7号,2017年4月1日)　三、常见量刑情节的适用　1. 对于未成年人犯罪,应当综合考虑未成年人对犯罪的认识能力、实施犯罪行为的动机和目的、犯罪时的年龄、是否初犯、偶犯、悔罪表现、个人成长经历和一贯表现等情况,予以从宽处罚。

(1)已满十四周岁不满十六周岁的未成年人犯罪,减少基准刑的30%～60%;

(2)已满十六周岁不满十八周岁的未成年人犯罪,减少基准刑的10% ~50%。

2. 法释〔2006〕1号第十一条　对未成年罪犯适用刑罚,应当充分考虑是否有利于未成年罪犯的教育和矫正。

对未成年罪犯量刑应当依照刑法第六十一条的规定,并充分考虑未成年人实施犯罪行为的动机和目的、犯罪时的年龄、是否初次犯罪、犯罪后的悔罪表现、个人成长经历和一贯表现等因素。对符合管制、缓刑、单处罚金或者免予刑事处罚适用条件的未成年罪犯,应当依法适用管制、缓刑、单处罚金或者免予刑事处罚。

法释〔2006〕1号第十二条　行为人在达到法定刑事责任年龄前后均实施了危害社会的行为,只能依法追究其达到法定刑事责任年龄后实施的危害社会行为的刑事责任。

行为人在年满十八周岁前后实施了不同种犯罪行为,对其年满十八周岁以前实施的犯罪应当依法从轻或者减轻处罚。行为人在年满十八周岁前后实施了同种犯罪行为,在量刑时应当考虑对年满十八周岁以前实施的犯罪,适当给予从轻或者减轻处罚。

17-6　《最高人民法院对甘肃省高级人民法院〔2003〕甘行终字第98号请示的答复》(〔2004〕行他字第10号,2004年7月15日)　《刑法》第十七条第四款关于"因不满十六周岁不予刑事处罚的……在必要的时候,可以由政府收容教养"的规定,适用于因不满十四周岁不予刑事处罚的情形。

17-7　《最高人民法院关于"少年收容教养"是否属于行政诉讼受案范围的答复》(行他字〔1998〕3号,1998年8月15日)　公安机关对公民作出的"少年收容教养"决定是具体行政行为,属于《行政诉讼法》第十一条规定的受案范围,若当事人对公安机关作出的"少年收容教养"决定不服向人民法院起诉的,人民法院应当受理。

第十七条之一[1]　(刑八)【老年人刑事责任】已满七十五周岁的人故意犯罪的,可以从轻或者减轻处罚;过失犯罪的,应当从轻或者减轻处罚。

17A-1　《最高人民法院关于贯彻宽严相济刑事政策的若干意见》(法发〔2010〕9号,2010年2月8日)　三、准确把握和正确适用依法从"宽"的政策要求　21. 对于老年人犯罪,要充分考虑其犯罪的动机、目的、情节、后果以及悔罪表现等,并结合其人身危险性和再犯可能性,酌情予以从宽处罚。

第十八条 【特殊人员的刑事责任能力】精神病人在不能辨认或者不能控制自己行为的时候造成危害结果,经法定程序[1]鉴定确认的,不负刑事责任,但是应当责令他的家属或者监护人严加看管和医疗;在必要的时候,由政府强制医疗。

间歇性的精神病人在精神正常的时候犯罪,应当负刑事责任。

尚未完全丧失辨认或者控制自己行为能力的精神病人犯罪的,应当负刑事责任,但是可以从轻或者减轻处罚。

醉酒的人犯罪,应当负刑事责任。

18-1 1.《刑事诉讼法》第五编 特别程序之第四章依法不负刑事责任的精神病人的强制医疗程序,对强制医疗程序作了明确规定。《刑事诉讼法》第二百八十四条 【适用范围】实施暴力行为,危害公共安全或者严重危害公民人身安全,经法定程序鉴定依法不负刑事责任的精神病人,有继续危害社会可能的,可以予以强制医疗。

2. 徐加富强制医疗案(指导案例第63号)

关键词 刑事诉讼 强制医疗 有继续危害社会可能

裁判要点 审理强制医疗案件,对被申请人或者被告人是否"有继续危害社会可能",应当综合被申请人或者被告人所患精神病的种类、症状,案件审理时其病情是否已经好转,以及其家属或者监护人有无严加看管和自行送医治疗的意愿和能力等情况予以判定。必要时,可以委托相关机构或者专家进行评估。

第十九条 【聋哑人或盲人犯罪的刑事责任】又聋又哑的人或者盲人犯罪,可以*从轻、减轻或者免除处罚。

第二十条 【正当防卫】为了使国家、公共利益、本人或者他人

---

* 刑法规定,本条情形是"可以"从轻、减轻或者免除处罚,而刑事诉讼法规定"应当"指定辩护人。

的人身、财产和其他权利免受正在进行的不法侵害*，而采取的制止不法侵害的行为，对不法侵害人造成损害的，属于正当防卫，不负刑事责任。

正当防卫明显超过必要限度造成重大损害的[1]**，应当负刑事责任，但是应当减轻或者免除***处罚。

对正在进行行凶、杀人、抢劫、强奸、绑架以及其他严重危及人身安全的暴力犯罪，采取防卫行为，造成不法侵害人伤亡的，不属于防卫过当，不负刑事责任。

20-1　《民法总则》第一百八十一条　因正当防卫造成损害的，不承担民事责任。

正当防卫超过必要的限度，造成不应有的损害的，正当防卫人应当承担适当的民事责任。

第二十一条　【紧急避险】为了使国家、公共利益、本人或者他人的人身、财产和其他权利免受正在发生的危险，不得已采取的紧

---

* 不法侵害既包括犯罪行为，也包括其他违法行为，刑法使用了“不法”而不是“犯罪”概念，就表明了这一立场。当然，此处的“不法”又不是泛指一切违法犯罪行为，只能对那些具有进攻性、破坏性和紧迫性的不法侵害才能采取正当防卫。不法侵害，不限于故意的不法侵害，对于过失不法侵害，在过失不法侵害的实行行为完成之后危害结果发生之前也可以进行正当防卫。对于没有达到法定年龄、不具有辨认控制自己行为能力的人的侵害，是否可以实施正当防卫？按刑法理论，对不法侵害的认定应坚持主客观相统一的原则，如果对于法律明文规定不负法律责任的人的侵害行为实施正当防卫，就意味着此时对不法侵害的认定作出了不同的标准。正当防卫并不是对不法侵害的制裁，而是针对不法侵害所采取的保护法益手段，故不能像制裁犯罪和违法行为那样，要求正当防卫所针对的不法侵害也具有主客观相统一。当然，出于人道主义的考虑，对防卫的必要性应加以严格限制。对不法侵害不要求主客观相统一原则，但对于正当防卫行为却必须坚持这一原则，行为人必须具有防卫意识。总之，成立犯罪要求主客观相统一，并不意味着不成立犯罪的行为也必须主客观相统一。

正当防卫必须针对现实的不法侵害，对于不现实存在的不法侵害时进行防卫行为，属于假想防卫，或为过失犯罪，或为意外事件。防卫不适时，可以成立故意犯罪(间接故意)，或过失犯罪，或意外事件。(张明楷)

** 故意伤害或过失致人死亡。

*** 防卫过当应当减轻或者免除防卫人的刑事责任，平衡了防卫人和防卫对象的利益。

急避险行为*,造成损害的,不负刑事责任。

紧急避险超过必要限度造成不应有的损害的[1],应当负刑事责任,但是应当减轻或者免除处罚。

第一款中关于避免本人危险的规定,不适用于职务上、业务上负有特定责任的人。

21-1 《民法总则》第一百八十二条 因紧急避险造成损害的,由引起险情发生的人承担民事责任。

危险由自然原因引起的,紧急避险人不承担民事责任,可以给予适当补偿。

紧急避险采取措施不当或者超过必要的限度,造成不应有的损害的,紧急避险人应当承担适当的民事责任。

《民法总则》第一百八十四条 因自愿实施紧急救助行为造成受助人损害的,救助人不承担民事责任。

第二节 犯罪的预备**、未遂和中止

第二十二条 【犯罪预备】为了犯罪***,准备工具****、制造条件

---

* 对有主人的动物自发侵害法益的情况下,不存在正当防卫,但可以成立紧急避险。如果不得已打伤或打死该动物,则属于通过给主人的财产造成损害的方法保护法益。

** 惩罚预备犯主要考虑的是其个人的犯罪倾向和对社会的防卫。而在我国刑法中,惩罚预备犯成为通例,这有些夸大了犯罪人的主观倾向和过分强调了防卫社会的刑法目的。《俄罗斯刑法》第30条第2款规定,只有对预备实施严重犯罪或特别严重的犯罪,才追究刑事责任。

*** 从犯罪预备阶段与犯罪实行阶段的关系来看,"为了犯罪"实际上是为了实行犯罪,即为了实行犯罪的实行行为。既可以是为了自己的犯罪,也可以是为了他人的犯罪行为,即为他人预备罪;为了犯罪不是一种独立的罪过,但表明行为人具有明确的犯罪故意;为了犯罪,意味着行为人在具备犯罪故意的前提下,认识到自己的预备行为是为实行行为服务的,认识到预备行为对危害结果的发生起到促进作用。(张明楷)

**** 准备工具事实上也是为实行犯罪制造条件的行为,只因是最常见的预备行为,刑法便将其独立于制造条件之外予以规定。

的,是犯罪预备*。

对于预备犯,可以比照既遂犯从轻、减轻处罚或者免除处罚。

第二十三条　【犯罪未遂】已经着手实行犯罪,由于犯罪分子意志以外的原因**而未得逞的[1],是犯罪未遂。

对于未遂犯,可以比照既遂犯从轻或者减轻处罚。[2]

23-1　1.《全国法院审理经济犯罪案件工作座谈会纪要》(法〔2003〕167号,2003年11月13日)

二、关于贪污罪　(一)贪污罪既遂与未遂的认定:贪污罪是一种以非法占有为目的的财产性职务犯罪,与盗窃、诈骗、抢夺等侵犯财产罪一样,应当以行为人是否实际控制财物作为区分贪污罪既遂与未遂的标准。对于行为人利用职务上的便利,实施了虚假平帐等贪污行为,但公共财物尚未实际转移,或者尚未被行为人控制就被查获的,应当认定为贪污未遂;行为人控制公共财物后,是否将财物据为己有,不影响贪污既遂的认定。

2.《最高人民法院关于审理抢劫、抢夺刑事案件适用法律若干问题的意见》(法发〔2005〕8号,2005年7月16日)

十、抢劫罪的既遂、未遂的认定

抢劫罪侵犯的是复杂客体,既侵犯财产权利又侵犯人身权利,具备劫取财物或者造成他人轻伤以上后果两者之一的,均属抢劫既遂;既未劫取财物,又未造成他人人身伤害后果的,属抢劫未遂。据此,刑法第二百六十三条规定的八种处罚情节中除"抢劫致人重伤、死亡的"这一结果加重情节之外,其余七种处罚情节同样存在既遂、未遂问题,其中属抢劫未遂的,应当根据刑法关于加重情节的法定刑规定,结合未遂犯的处理原则量刑。

---

* 犯罪预备虽然没有明言因行为人意志以外的原因而未能着手实行犯罪,但由于犯罪中止的存在,所以这一层含义是肯定的。《春秋繁露》:志邪者不待成。(张明楷)

** 在犯罪未遂的情况下,行为人希望发生危害结果的意志并没有改变或放弃。犯罪结果未发生违背了行为人的本意。主要有三种原因:一是抑止犯罪意志的原因,区别于犯罪中止;二是抑止犯罪行为的原因,区别于犯罪预备;三是抑止犯罪结果的原因,属于实行终了的未遂,区别于犯罪既遂。(张明楷)

3.《最高人民法院、最高人民检察院关于办理走私刑事案件适用法律若干问题的解释》(法释〔2014〕10号,2014年9月10日)第二十三条

实施走私犯罪,具有下列情形之一的,应当认定为犯罪既遂:

(一)在海关监管现场被查获的;

(二)以虚假申报方式走私,申报行为实施完毕的;

(三)以保税货物或者特定减税、免税进口的货物、物品为对象走私,在境内销售的,或者申请核销行为实施完毕的。

4.《最高人民法院、最高人民检察院关于办理组织、利用邪教组织破坏法律实施等刑事案件适用法律若干问题的解释》(法释〔2017〕3号,2017年2月1日)第五条　为了传播而持有、携带,或者传播过程中被当场查获,邪教宣传品数量达到本解释第二条至第四条规定的有关标准的,按照下列情形分别处理:

(一)邪教宣传品是行为人制作的,以犯罪既遂处理;

(二)邪教宣传品不是行为人制作,尚未传播的,以犯罪预备处理;

(三)邪教宣传品不是行为人制作,传播过程中被查获的,以犯罪未遂处理;

(四)邪教宣传品不是行为人制作,部分已经传播出去的,以犯罪既遂处理,对于没有传播的部分,可以在量刑时酌情考虑。

5.《最高人民法院关于全国法院审理毒品犯罪案件工作座谈会纪要》(法〔2008〕324号,2008年12月1日)

四、制造毒品的认定与处罚问题

已经制成毒品,达到实际掌握的死刑数量标准的,可以判处死刑;数量特别巨大的,应当判处死刑。已经制造出粗制毒品或者半成品的,以制造毒品罪的既遂论处。购进制造毒品的设备和原材料,开始着手制造毒品,但尚未制造出粗制毒品或者半成品的,以制造毒品罪的未遂论处。

6.《最高人民法院、最高人民检察院关于办理妨害国(边)境管理刑事案件应用法律若干问题的解释》(法释〔2012〕17号,2012年12月20日)第一条第三款　以组织他人偷越国(边)境为目的,招募、拉拢、引诱、介绍、培训偷越国(边)境人员,策划、安排偷越国(边)境行为,在他人偷越国(边)境之前或者偷越国(边)境过程中被查获的,应当以组织他人偷越国(边)境罪(未遂)论处;具有刑法第三百一十八条第一款规定的情形之一的,应当在相应的法定刑幅度基础上,结合未遂犯的处罚

原则量刑。

7.《最高人民法院、最高人民检察院关于办理妨害文物管理等刑事案件适用法律若干问题的解释》(法释〔2015〕23号,2016年1月1日)第八条第二款　实施盗掘行为,已损害古文化遗址、古墓葬的历史、艺术、科学价值的,应当认定为盗掘古文化遗址、古墓葬罪既遂。

23-2　1.《最高人民法院关于常见犯罪的量刑指导意见》(法发〔2017〕7号)　三、常见量刑情节的适用　2.对于未遂犯,综合考虑犯罪行为的实行程度、造成损害的大小、犯罪未得逞的原因等情况,可以比照既遂犯减少基准刑的50%以下。

2.《最高人民法院、最高人民检察院关于办理诈骗刑事案件具体应用法律若干问题的解释》(法释〔2011〕7号,2011年4月8日)第六条　诈骗既有既遂,又有未遂,分别达到不同量刑幅度的,依照处罚较重的规定处罚;达到同一量刑幅度的,以诈骗罪既遂处罚。

3. 王新明合同诈骗案(指导案例第62号)

关键词　刑事　合同诈骗　数额犯　既遂　未遂

裁判要点　在数额犯中,犯罪既遂部分与未遂部分分别对应不同法定刑幅度的,应当先决定对未遂部分是否减轻处罚,确定未遂部分对应的法定刑幅度,再与既遂部分对应的法定刑幅度进行比较,选择适用处罚较重的法定刑幅度,并酌情从重处罚;二者在同一量刑幅度的,以犯罪既遂酌情从重处罚。

第二十四条　【犯罪中止】在犯罪过程中,自动放弃犯罪或者自动有效地防止犯罪结果发生的,是犯罪中止。

对于中止犯,没有造成损害的*,应当免除处罚;造成损害的,应当减轻处罚。

---

* 没有造成损害,是指没有造成任何危害结果;造成损害,是指造成了一定危害结果,但没有造成行为人原本所追求的、行为性质所决定的危害结果。(张明楷)

第三节 共同犯罪[1]*

S.3-1 1.《最高人民法院关于贯彻宽严相济刑事政策的若干意见》(法发〔2010〕9号,2010年2月8日)

四、准确把握和正确适用宽严"相济"的政策要求

30. 对于恐怖组织犯罪、邪教组织犯罪、黑社会性质组织犯罪和进行走私、诈骗、贩毒等犯罪活动的犯罪集团,在处理时要分别情况,区别对待:对犯罪组织或集团中的为首组织、指挥、策划者和骨干分子,要依法从严惩处,该判处重刑或死刑的要坚决判处重刑或死刑;对受欺骗、胁迫参加犯罪组织、犯罪集团或只是一般参加者,在犯罪中起次要、辅助作用的从犯,依法应当从轻或减轻处罚,符合缓刑条件的,可以适用缓刑。

对于群体性事件中发生的杀人、放火、抢劫、伤害等犯罪案件,要注意重点打击其中的组织、指挥、策划者和直接实施犯罪行为的积极参与者;对因被煽动、欺骗、裹胁而参加,情节较轻,经教育确有悔改表现的,应当依法从宽处理。

31. 对于一般共同犯罪案件,应当充分考虑各被告人在共同犯罪中的地位和作用,以及在主观恶性和人身危险性方面的不同,根据事实和证据能分清主从犯的,都应当认定主从犯。有多名主犯的,应在主犯中进一步区分出罪行最为严重者。对于多名被告人共同致死一名被害人的案件,要进一步分清各被告人的作用,准确确定各被告人的罪责,以做到区别对待;不能以分不清主次为由,简单地一律判处重刑。

33. 在共同犯罪案件中,对于主犯或首要分子检举、揭发同案地位、作用较次犯罪分子构成立功的,从轻或者减轻处罚应当从严掌握,如果从轻处罚可能导致全案量刑失衡的,一般不予从轻处罚;如果检举、揭发的是其他犯罪案件中罪行同样严重的犯罪分子,或者协助抓获的是同案中的其他主犯、首要分子的,原则上应予依法从轻或者减轻处罚。对于

---

* 首恶者必办、胁从者不问,立功者受奖是惩办与宽大相结合刑事政策的具体内容,我国刑法以在共同犯罪活动中所起的作用为标准,将共同犯罪人分为主犯、从犯、胁从犯,正是这一刑事政策的具体内容的法律化。而教唆犯则是我国刑法按照分工分类的唯一法定的共同犯罪人种类,故其是我国刑法中共同犯罪人的特殊类型。

从犯或犯罪集团中的一般成员立功，特别是协助抓获主犯、首要分子的，应当充分体现政策，依法从轻、减轻或者免除处罚。

2.《最高人民法院印发〈关于处理自首和立功若干具体问题的意见〉的通知》（法发〔2010〕60号，2010年12月22日） 在共同犯罪案件中，对具有自首、立功情节的被告人的处罚，应注意共同犯罪人以及首要分子、主犯、从犯之间的量刑平衡。犯罪集团的首要分子、共同犯罪的主犯检举揭发或者协助司法机关抓捕同案地位、作用较次的犯罪分子的，从宽处罚与否应当从严掌握，如果从轻处罚可能导致全案量刑失衡的，一般不从轻处罚；如果检举揭发或者协助司法机关抓捕的是其他案件中罪行同样严重的犯罪分子，一般应依法从宽处罚。对于犯罪集团的一般成员、共同犯罪的从犯立功的，特别是协助抓捕首要分子、主犯的，应当充分体现政策，依法从宽处罚。

第二十五条 【共同犯罪概念】共同犯罪[1]是指二人以上共同故意[2]犯罪[*]。

二人以上共同过失犯罪，不以共同犯罪论处；应当负刑事责任的，按照他们所犯的罪分别[**]处罚。

25-1 1.《最高人民法院关于审理挪用公款案件具体应用法律若干问题的解释》（法释〔1998〕9号，1998年5月9日）第八条 挪用公款给

---

* 张明楷教授认为，共同犯罪是一种违法形态，所解决的问题是将违法事实归咎于哪些参与人的行为。这只是解决客观归责问题，并不解决两人以上的主观责任问题。在成立共同犯罪的前提下，即使查明法益侵害结果由其中一人直接造成，或者不能查明具体的法益侵害结果由谁的行为直接造成，也要肯定所有参与者的行为都是结果发生的原因。并进而认为，行为共同说（事实共同说）较之部分犯罪共同说更具合理性。

** 只要以不法为重心（从不法到责任），以正犯为中心（从正犯到共犯），以因果性为核心（从物理因果性到心理因果性）判断数人参与犯罪的案件，那么，首先，要在不法层面认定正犯（包括共同正犯），确定了正犯之后，就必须将结果或危险客观归属于正犯行为；其次，判断哪些参与人的行为与正犯结果之间具有因果性，只要具有因果性，就可以肯定其为不法层面的共犯；再次，分别判断各参与人的责任（如责任年龄、故意的内容等），进而确定参与人所触犯的罪名；最后，按照我国刑法关于主犯、从犯、胁从犯、教唆犯的处罚原则，分别给各参与人量刑。不难看出，在其中的任何一个步骤，都没有必要提出和回答“谁和谁成立共同犯罪”、“共同犯罪犯的什么罪”这样的问题。所以即便不使用“共同犯罪”的概念，也完全可以处理数人共同参与犯罪的现象。（张明楷：《刑法学（上）》（第五版），法律出版社2016年版，第385～386页）

他人使用,使用人与挪用人共谋,指使或者参与策划取得挪用款的,以挪用公款罪的共犯定罪处罚。

2.《最高人民法院关于审理交通肇事刑事案件具体应用法律若干问题的解释》(法释〔2000〕33号,2000年11月21日)第五条第二款　交通肇事后,单位主管人员、机动车辆所有人、承包人或者乘车人指使肇事人逃逸,致使被害人因得不到救助而死亡的,以交通肇事罪的共犯论处。

3.《最高人民法院关于审理贪污、职务侵占案件如何认定共同犯罪几个问题的解释》(法释〔2000〕15号,2000年7月8日)

第一条　行为人与国家工作人员勾结,利用国家工作人员的职务便利,共同侵吞、窃取、骗取或者以其他手段非法占有公共财物的,以贪污罪共犯论处。

第二条　行为人与公司、企业或者其他单位的人员勾结,利用公司、企业或者其他单位人员的职务便利,共同将该单位财物非法占为己有,数额较大的,以职务侵占罪共犯论处。

第三条　公司、企业或者其他单位中,不具有国家工作人员身份的人与国家工作人员勾结,分别利用各自的职务便利,共同将本单位财物非法占为己有的,按照主犯的犯罪性质定罪。

4.《最高人民法院、最高人民检察院关于办理危害生产安全刑事案件适用法律若干问题的解释》(法释〔2015〕22号,2015年12月16日)第九条　在安全事故发生后,与负有报告职责的人员串通,不报或者谎报事故情况,贻误事故抢救,情节严重的,依照刑法第一百三十九条之一的规定,以共犯论处。

5.《最高人民法院、最高人民检察院关于办理利用互联网、移动通讯终端、声讯台制作、复制、出版、贩卖、传播淫秽电子信息刑事案件具体应用法律若干问题的解释》(法释〔2004〕11号,2004年9月6日)第七条　明知他人实施制作、复制、出版、贩卖、传播淫秽电子信息犯罪,为其提供互联网接入、服务器托管、网络存储空间、通讯传输通道、费用结算等帮助的,对直接负责的主管人员和其他直接责任人员,以共同犯罪论处。

6.《最高人民法院、最高人民检察院关于办理环境污染刑事案件适用法律若干问题的解释》(法释〔2016〕29号,2017年1月1日)第七条　明知他人无危险废物经营许可证,向其提供或者委托其收集、贮存、利用、处置危险废物,严重污染环境的,以共同犯罪论处。

7.《最高人民法院、最高人民检察院关于办理组织、利用邪教组织破坏法律实施等刑事案件适用法律若干问题的解释》(法释〔2017〕3号,2017年2月1日)第十三条 明知他人组织、利用邪教组织实施犯罪,而为其提供经费、场地、技术、工具、食宿、接送等便利条件或者帮助的,以共同犯罪论处。

25-2 **1.**《最高人民法院、最高人民检察院、海关总署办理走私刑事案件适用法律若干问题的意见》(法〔2002〕139号,2002年7月8日)

十五、关于刑法第一百五十六条规定的"与走私罪犯通谋"的理解问题

通谋是指犯罪行为人之间事先或者事中形成的共同的走私故意。下列情形可以认定为通谋:

(一)对明知他人从事走私活动而同意为其提供贷款、资金、账号、发票、证明、海关单证,提供运输、保管、邮寄或者其他方便的;

(二)多次为同一走私犯罪分子的走私行为提供前项帮助的。

2.《最高人民法院公报》2008年第8期,天津市人民检察院第一分院诉李彬、袁南京、胡海珍等绑架案:根据刑法第二十五条的规定,共同犯罪是指二人以上共同故意犯罪,各共同犯罪人必须具有共同犯罪的故意。所谓共同犯罪的故意,是指各共同犯罪人通过意思联络,知道自己是和他人配合共同实施犯罪,认识到共同犯罪行为的性质以及该行为所导致的危害社会的结果,并且希望和放任这种结果的发生。

如果行为人并不了解他人真正的犯罪意图,不清楚他人所实施的犯罪行为的性质,而是被他人蒙骗或者出于自己的错误认识,在错误理解犯罪性质的情况下参与他人实施的犯罪,则不能认定该行为人与他人实施了共同犯罪,而应当依据该行为人的犯罪实际情况,按照主客观一致的原则正确定罪处罚。

第二十六条 【主犯】组织、领导犯罪集团进行犯罪活动的或者在共同犯罪中起主要作用的,是主犯。

三人以上为共同实施犯罪而组成的较为固定的犯罪组织,是犯罪集团。

对组织、领导犯罪集团的首要分子,按照集团*所犯的全部罪行处罚。

对于第三款规定以外的主犯[1],应当按照其所参与的或者组织、指挥的全部犯罪处罚。

26-1 《最高人民法院关于审理抢劫刑事案件适用法律若干问题的指导意见》(法发〔2016〕2号,2016年1月6日)

五、抢劫共同犯罪的刑罚适用

1. 审理抢劫共同犯罪案件,应当充分考虑共同犯罪的情节及后果、共同犯罪人在抢劫中的作用以及被告人的主观恶性、人身危险性等情节,做到准确认定主从犯,分清罪责,以责定刑,罚当其罪。一案中有两名以上主犯的,要从犯罪提意、预谋、准备、行为实施、赃物处理等方面区分出罪责最大者和较大者;有两名以上从犯的,要在从犯中区分出罪责相对更轻者和较轻者。对从犯的处罚,要根据案件的具体事实、从犯的罪责,确定从轻还是减轻处罚。对具有自首、立功或者未成年人且初次抢劫等情节的从犯,可以依法免除处罚。

2. 对于共同抢劫致一人死亡的案件,依法应当判处死刑的,除犯罪手段特别残忍、情节及后果特别严重、社会影响特别恶劣、严重危害社会治安的外,一般只对共同抢劫犯罪中作用最突出、罪行最严重的那名主犯判处死刑立即执行。罪行最严重的主犯如因系未成年人而不适用死刑,或者因具有自首、立功等法定从宽处罚情节而不判处死刑立即执行的,不能不加区别地对其他主犯判处死刑立即执行。

3. 在抢劫共同犯罪案件中,有同案犯在逃的,应当根据现有证据尽量分清在押犯与在逃犯的罪责,对在押犯应按其罪责处刑。罪责确实难以分清,或者不排除在押犯的罪责可能轻于在逃犯的,对在押犯适用刑罚应当留有余地,判处死刑立即执行要格外慎重。

---

* 对犯罪集团的首要分子,是按"集团"所犯的全部罪行处罚,不是按"全部成员"所犯的全部罪行处罚。也就是说,集团成员超出集团犯罪计划,独自实施的犯罪行为,不属于集团所犯的罪行,首要分子对此不承担刑事责任。

第二十七条　【从犯】在共同犯罪中起次要或者辅助[1]作用*的，是从犯**。

对于从犯[2]，应当从轻、减轻处罚或者免除处罚。

27-1　1.《最高人民法院、最高人民检察院关于办理赌博刑事案件具体应用法律若干问题的解释》（法释〔2005〕3号，2005年5月13日）第四条　明知他人实施赌博犯罪活动，而为其提供资金、计算机网络、通讯、费用结算等直接帮助的，以赌博罪的共犯论处。

2.《最高人民法院、最高人民检察院关于办理危害药品安全刑事案件适用法律若干问题的解释》（法释〔2014〕14号，2014年12月1日）第八条　明知他人生产、销售假药、劣药，而有下列情形之一的，以共同犯罪论处：

（一）提供资金、贷款、账号、发票、证明、许可证件的；

（二）提供生产、经营场所、设备或者运输、储存、保管、邮寄、网络销售渠道等便利条件的；

（三）提供生产技术或者原料、辅料、包装材料、标签、说明书的；

（四）提供广告宣传等帮助行为的***。

27-2　《最高人民法院关于常见犯罪的量刑指导意见》（法发〔2017〕7号）　三、常见量刑情节的适用　3. 对于从犯，应当综合考虑其在共同犯罪中的地位、作用等情况，予以从宽处罚，减少基准刑的20%～50%；犯罪较轻的，减少基准刑的50%以上或者依法免除处罚。

第二十八条　【胁从犯】对于被胁迫参加犯罪的，应当按照他

---

* 辅助作用也是次要作用，之所以特别提出辅助作用，因为按照分工对共同犯罪的分类中存在着帮助犯，如果说“次要作用”是指次要的实行犯，那么“辅助作用”即是指帮助犯。所以条文特别用“辅助作用”概括这种情况，以便全面理解“次要作用”的内涵。

** 在共同犯罪中，存在各行为人均为主犯，而没有从犯的情况，但不存在只有从犯而没有主犯的情况。在共同犯罪中起次要作用的，是次要的实行犯，起辅助作用的是帮助犯，实行犯并非一律是主犯。帮助犯不直接实行犯罪构成客观要件的行为，而是为实行犯提供帮助。

*** 将提供虚假广告等帮助行为的行为人作为共犯处理的司法解释还包括：

1.《最高人民法院关于审理非法集资刑事案件具体应用法律若干问题的解释》（法释〔2010〕18号，2011年1月4日）第八条第二款。

2. 最高人民法院、最高人民检察院关于办理危害食品安全刑事案件适用法律若干问题的解释（法释〔2013〕12号，2013年5月4日）第十四条。

的犯罪情节*减轻处罚或者免除处罚。

第二十九条** 【**教唆犯**】教唆他人***犯罪的,应当按照他在共同犯罪中所起的作用****处罚。教唆不满十八周岁的人犯罪的,应当从重处罚。

如果被教唆的人没有犯被教唆的罪*****,对于教唆犯,可以从轻或者减轻处罚。

第四节　单位犯罪

第三十条　【单位犯罪负刑事责任的范围】公司、企业、事业单位、机关、团体[1]实施的危害社会的行为[2]******,法律规定为单位犯罪

---

* 胁从犯是在他人威胁下不完全自愿地参加犯罪的,且在共同犯罪中起较小的作用,如果实际上起到主要作用,就不再是胁从犯了,而应依法认定其为主犯。

** 本条的两款规定,都是对于共同犯罪中的教唆犯的规定,从而将本条与刑法第二十五条至第二十八条相协调(共同犯罪、主犯、从犯和胁从犯),不至于出现教唆犯独立说所导致的本条第二款与共同犯罪无关的问题。本条第一款是成为教唆成立与处罚的一般规定,第二款是教唆犯罪的减轻形态,但也应当在第一款原则的指导下适用。换言之,只要被教唆的人犯了被教唆的罪,无论既遂与否,对于教唆犯都需要适用刑法第二十九条第一款。(张明楷)

*** 教唆对象的限定,涉及教唆犯与间接正犯的关系。故教唆对象可能是无责任能力的人,但至少是有一定规范意识的人。如果被教唆对象是儿童或重度的精神病患者,则直接以间接正犯论处。

**** 教唆犯不具有特定身份,而被教唆的人具有特定身份,就可以成立无身份者与有身份者的共同犯罪。教唆犯只是起意犯,至于传授具体的犯罪方法,则是具体的犯罪。

唐律规定"诸共犯罪者,以造意为首,随从者减一等。若家人共犯止坐尊长;侵损于人者,以凡人首从论,即其监临主守为犯,虽造意,仍以监主为首,凡人以常从论。"

***** 被教唆的人没有犯被教唆的罪,通常包括以下几种情况:1. 被教唆的人拒绝教唆犯的教唆;2. 被教唆的人虽然接受了教唆,但并没有实施犯罪行为;3. 被教唆的人实施犯罪并不是教唆犯的教唆行为所致;4. 被教唆的人虽然实施了犯罪,但所犯之罪的性质与教唆犯所教唆之罪的性质完全不同。(张明楷)

****** 如果将所有犯罪分为自然犯和法定犯的话,单位只能构成法定犯的犯罪主体。刑法分则十章,侵犯财产罪、渎职罪和军人违反职责罪没有单位犯罪,第一章只有资助危害国家安全犯罪活动罪,第四章只有强迫职工劳动罪、非法雇用童工罪。

的,应当负刑事责任。

30-1　1.《民法总则》第七十六条　以取得利润并分配给股东等出资人为目的成立的法人,为营利法人。

营利法人包括有限责任公司、股份有限公司和其他企业法人等。

《民法总则》第八十七条　为公益目的或者其他非营利目的成立,不向出资人、设立人或者会员分配所取得利润的法人,为非营利法人。

非营利法人包括事业单位、社会团体、基金会、社会服务机构等。

《民法总则》第八十八条　具备法人条件,为适应经济社会发展需要,提供公益服务设立的事业单位,经依法登记成立,取得事业单位法人资格;依法不需要办理法人登记的,从成立之日起,具有事业单位法人资格。

《民法总则》第九十六条　本节规定的机关法人、农村集体经济组织法人、城镇农村的合作经济组织法人、基层群众性自治组织法人,为特别法人。

《民法总则》第一百零二条　非法人组织是不具有法人资格,但是能够依法以自己的名义从事民事活动的组织。

非法人组织包括个人独资企业、合伙企业、不具有法人资格的专业服务机构等。

2.《全国人民代表大会常务委员会关于〈中华人民共和国刑法〉第三十条的解释》(2014年4月24日第十二届全国人民代表大会常务委员会第八次会议通过)　全国人民代表大会常务委员会根据司法实践中遇到的情况,讨论了刑法第三十条的含义及公司、企业、事业单位、机关、团体等单位实施刑法规定的危害社会的行为,法律未规定追究单位的刑事责任的,如何适用刑法有关规定的问题,解释如下:公司、企业、事业单位、机关、团体等单位实施刑法规定的危害社会的行为,刑法分则和其他法律未规定追究单位的刑事责任的,对组织、策划、实施该危害社会行为的人依法追究刑事责任。

3.《最高人民法院研究室关于外国公司、企业、事业单位在我国领域内犯罪如何适用法律问题的答复》(法研〔2003〕153号,2003年10月15日)　符合我国法人资格条件的外国公司、企业、事业单位,在我国领域内实施危害社会的行为,依照我国《刑法》构成犯罪的,应当依照我国《刑法》关于单位犯罪的规定追究刑事责任。

个人为在我国领域内进行违法犯罪活动而设立的外国公司、企业、事业单位实施犯罪的,或者外国公司、企业、事业单位设立后在我国领域内以实施违法犯罪为主要活动的,不以单位犯罪论处。

30-2 1.《最高人民法院关于审理单位犯罪案件具体应用法律有关问题的解释》(法释〔1999〕14号,1999年7月3日)

第一条 刑法第三十条规定的公司、企业、事业单位,既包括国有、集体所有的公司、企业、事业单位,也包括依法设立的合资经营、合作经营企业和具有法人资格的独资、私营等公司、企业、事业单位。*

第二条 个人为进行违法犯罪活动而设立的公司、企业、事业单位实施犯罪的,或者公司、企业、事业单位设立后,以实施犯罪为主要活动的,不以单位犯罪论处。

理解与适用:在实践中,应当注意根据案件的具体情形进行认定涉案单位是否"以实施犯罪为主要活动",对于"主要活动"的把握,不应仅仅局限于"次数"、"数量"等简单的量化指标,还应综合考虑犯罪的影响、后果等因素,以作出准确认定。

第三条 盗用单位名义实施犯罪,违法所得由实施犯罪的个人私分的**,依照刑法有关自然人犯罪的规定定罪处罚。

理解与适用:成立单位犯罪必须同时具备两个条件,一是以单位名义,二是违法所得归单位所有,两者缺一不可。盗用单位名义可能有两个好处,一是容易得手,二是事后可以逃避刑事责任,即减轻刑事责任。

2.《全国法院审理金融犯罪案件工作座谈会纪要》(法〔2001〕8号,2001年1月21日)

(一)关于单位犯罪问题

根据刑法和《最高人民法院关于审理单位犯罪案件具体应用法律有关问题的解释》的规定,以单位名义实施犯罪,违法所得归单位所有的,是单位犯罪。

1. 单位的分支机构或者内设机构、部门实施犯罪行为的处理。以单位的分支机构或者内设机构、部门的名义实施犯罪,违法所得亦归分支

---

* 这种方式扩大了原有范围。

** 《刑法》第三百九十三条规定,因行贿取得的违法所得归个人所有的,按行贿罪处理,而不是按单位行贿罪处理。

机构或者内设机构、部门所有的，应认定为单位犯罪。不能因为单位的分支机构或者内设机构、部门没有可供执行罚金的财产，就不将其认定为单位犯罪，而按照个人犯罪处理。

……

3. 内容从略。* 《最高人民法院关于适用〈中华人民共和国刑事诉讼法〉的解释》（法释〔2012〕21号，2013年1月1日）第十一章单位犯罪案件的审理　第二百八十三条　对应当认定为单位犯罪的案件，人民检察院只作为自然人犯罪起诉的，人民法院应当建议人民检察院对犯罪单位补充起诉。人民检察院仍以自然人犯罪起诉的，人民法院应当依法审理，按照单位犯罪中的直接负责的主管人员或者其他直接责任人员追究刑事责任，并援引刑法分则关于追究单位犯罪中直接负责的主管人员和其他直接责任人员刑事责任的条款。

4. 单位共同犯罪的处理。两个以上单位以共同故意实施的犯罪，应根据各单位在共同犯罪中的地位、作用大小，确定犯罪单位。

3.《最高人民法院、最高人民检察院、海关总署办理走私刑事案件适用法律若干问题的意见》（法〔2002〕139号，2002年7月8日）　十八、关于单位走私犯罪及其直接负责的主管人员和直接责任人员的认定问题

具备下列特征的，可以认定为单位走私犯罪：(1)以单位的名义实施走私犯罪，即由单位集体研究决定，或者由单位的负责人或者被授权的其他人员决定、同意；(2)为单位谋取不正当利益或者违法所得大部分归单位所有。

4.《最高人民检察院关于单位有关人员组织实施盗窃行为如何适用法律问题的批复》（高检发释字〔2002〕第5号，2002年8月13日）　单位有关人员为谋取单位利益组织实施盗窃行为，情节严重的，应当依照刑法第264条的规定以盗窃罪追究直接责任人员的刑事责任。

理解与适用：1. 批复中的“单位”一般是指公司、企业、事业单位、机关、团体。“单位有关人员”一般是指在单位中具有组织、指挥、决策职权的人或主要实施盗窃犯罪的人员。2.“为谋取单位利益”指盗窃公私财物的动机是为了谋取单位利益。如果虽然以单位名义实施盗窃犯罪，但

---

* 《全国法院审理金融犯罪案件工作座谈会纪要》有关单位犯罪案件的审理程序的内容不再适用。

非法所得实际归个人所有,则为自然人犯罪,直接依照盗窃罪的有关规定定罪量刑。3.“情节严重”一般是指盗窃犯罪巨大,或者影响恶劣,社会危害严重等情形。4.“以盗窃罪追究直接责任人员的刑事责任”,主要是为了在处理时与一般自然人犯罪有所区别。因为单位有关人员组织实施盗窃行为,目的是为了谋取单位利益,毕竟与自然人的盗窃犯罪不同,故客观上须具备盗窃情节严重的要件,方可追究刑事责任,且对于不具备上述条件的“单位有关人员”以及起次要的、辅助作用的或被胁迫参与为谋取单位利益而盗窃的人,可不予追究。

5.《最高人民法院、最高人民检察院关于办理盗窃刑事案件适用法律若干问题的解释》(法释〔2013〕8号,2013年4月4日)第十三条　单位组织、指使盗窃,符合刑法第二百六十四条及本解释有关规定的,以盗窃罪追究组织者、指使者、直接实施者的刑事责任。

6.《全国法院审理金融犯罪案件工作座谈会纪要》(法〔2001〕8号,2001年1月21日)　(三)关于金融诈骗罪

2.贷款诈骗罪的认定和处理。

贷款诈骗犯罪是目前案发较多的金融诈骗犯罪之一。审理贷款诈骗犯罪案件,应当注意以下两个问题:

一是单位不能构成贷款诈骗罪。根据刑法第三十条和第一百九十三条的规定,单位不构成贷款诈骗罪。对于单位实施的贷款诈骗行为,不能以贷款诈骗罪定罪处罚,也不能以贷款诈骗罪追究直接负责的主管人员和其他直接责任人员的刑事责任。但是,在司法实践中,对于单位十分明显地以非法占有为目的,利用签订、履行借款合同诈骗银行或其他金融机构贷款,符合刑法第二百二十四条规定的合同诈骗罪构成要件的,应当以合同诈骗罪定罪处罚……

7.《最高人民法院关于在审理经济纠纷案件中涉及经济犯罪嫌疑若干问题的规定》(法释〔1998〕7号,1998年4月29日)第二条　单位直接负责的主管人员和其他直接责任人员,以为单位骗取财物为目的,采取欺骗手段对外签订经济合同,骗取的财物被该单位占有、使用或处分构成犯罪的,除依法追究有关人员的刑事责任,责令该单位返还骗取的财物外,如给被害人造成经济损失的,单位应当承担赔偿责任。

法释〔1998〕7号第三条　单位直接负责的主管人员和其他直接责任人员,以该单位的名义对外签订经济合同,将取得的财物部分或全部

占为己有构成犯罪的,除依法追究行为人的刑事责任外,该单位对行为人因签订、履行该经济合同造成的后果,依法应当承担民事责任。

法释〔1998〕7号第四条 个人借用单位的业务介绍信、合同专用章或者盖有公章的空白合同书,以出借单位名义签订经济合同,骗取财物归个人占有、使用、处分或者进行其他犯罪活动,给对方造成经济损失构成犯罪的,除依法追究借用人的刑事责任外,出借业务介绍信、合同专用章或者盖有公章的空白合同书的单位,依法应当承担赔偿责任。但是,有证据证明被害人明知签订合同对方当事人是借用行为,仍与之签订合同的除外。

法释〔1998〕7号第五条 行为人盗窃、盗用单位的公章、业务介绍信、盖有公章的空白合同书,或者私刻单位的公章签订经济合同,骗取财物归个人占有、使用、处分或者进行其他犯罪活动构成犯罪的,单位对行为人该犯罪行为所造成的经济损失不承担民事责任。

行为人私刻单位公章或者擅自使用单位公章、业务介绍信、盖有公章的空白合同书以签订经济合同的方法进行的犯罪行为,单位有明显过错,且该过错行为与被害人的经济损失之间具有因果关系的,单位对该犯罪行为所造成的经济损失,依法应当承担赔偿责任。

法释〔1998〕7号第六条 企业承包、租赁经营合同期满后,企业按规定办理了企业法定代表人的变更登记,而企业法人未采取有效措施收回其公章、业务介绍信、盖有公章的空白合同书,或者没有及时采取措施通知相对人,致原企业承包人、租赁人得以用原承包、租赁企业的名义签订经济合同,骗取财物占为己有构成犯罪的,该企业对被害人的经济损失,依法应当承担赔偿责任。但是,原承包人、承租人利用擅自保留的公章、业务介绍信、盖有公章的空白合同书以原承包、租赁企业的名义签订经济合同,骗取财物占为己有构成犯罪的,企业一般不承担民事责任。

单位聘用的人员被解聘后,或者受单位委托保管公章的人员被解除委托后,单位未及时收回其公章,行为人擅自利用保留的原单位公章签订经济合同,骗取财物占为己有构成犯罪,如给被害人造成经济损失的,单位应当承担赔偿责任。

法释〔1998〕7号第七条 单位直接负责的主管人员和其他直接责任人员,将单位进行走私或其他犯罪活动所得财物以签订经济合同的方法予以销售,买方明知或者应当知道的,如因此造成经济损失,其损失由买方自负。但是,如果买方不知该经济合同的标的物是犯罪行为所得财物而购买的,卖方对买方所造成的经济损失应当承担民事责任。

第三十一条 【单位犯罪的处罚原则】单位犯罪的,对单位判处罚金,并对其直接负责的主管人员*和其他直接责任人员[1]判处刑罚。本法分则和其他法律另有规定的,依照规定。

31-1 1.《全国法院审理金融犯罪案件工作座谈会纪要》(法〔2001〕8号,2001年1月21日)

(一)关于单位犯罪问题 2.单位犯罪直接负责的主管人员和其他直接责任人员的认定

直接负责的主管人员,是在单位实施的犯罪中起决定、批准、授意、纵容、指挥等作用的人员,一般是单位的主管负责人,包括法定代表人。其他直接责任人员,是在单位犯罪中具体实施犯罪并起较大作用的人员,既可以是单位的经营管理人员,也可以是单位的职工,包括聘任、雇佣的人员。应当注意的是,在单位犯罪中,对于受单位领导指派或奉命而参与实施了一定犯罪行为的人员,一般不宜作为直接责任人员追究刑事责任。对单位犯罪中的直接负责的主管人员和其他直接责任人员,应根据其在单位犯罪中的地位、作用和犯罪情节,分别处以相应的刑罚,主管人员与直接责任人员,在个案中,不是当然的主、从犯关系,有的案件,主管人员与直接责任人员在实施犯罪行为的主从关系不明显的,可不分主、从犯。但具体案件可以分清主、从犯,且不分清主、从犯,在同一法定刑档次、幅度内量刑无法做到罪刑相适应的,应当分清主、从犯,依法处罚。

---

* 【吴铭等制作、复制、出版、贩卖、传播淫秽物品牟利罪案(快播案)】(2015)海刑初字第512号,单位犯罪中直接负责的主管人员应当同时具备两个条件:一是其在单位中具有管理者身份且实际行使管理职权;二是其对单位具体犯罪行为负有主管责任,起到了决策、纵容或指挥的作用。王欣在快播公司传播淫秽视频牟利犯罪行为中起到了决定、批准、授意、纵容、指挥等作用。张克东、牛文举则是快播公司和王欣意志的执行者,不仅明知快播公司传播淫秽视频牟利的行为,而且为了快播公司实现非法牟利目的,在管理过程中指挥和监督下属员工积极落实单位和王欣的决定,在快播公司传播淫秽视频牟利犯罪行为中起到了纵容、指挥等作用。吴铭系快播事业部的总经理,负责整个快播事业部的工作,具有领导、管理、监督职责,对于快播事业部审核过滤淫秽信息工作停滞一事,亦负有督促有效运转之责,但其采取了推脱、回避、放任不管的态度,实际上体现了快播公司对传播淫秽视频的"放任"意志。王欣、张克东、吴铭、牛文举均应作为快播公司直接负责的主管人员承担相应的刑事责任。

2.《最高人民法院、最高人民检察院、海关总署办理走私刑事案件适用法律若干问题的意见》(法〔2002〕139号,2002年7月8日)

十八、关于单位走私犯罪及其直接负责的主管人员和直接责任人员的认定问题

根据单位人员在单位走私犯罪活动中所发挥的不同作用,对其直接负责的主管人员和其他直接责任人员,可以确定为一人或者数人。对于受单位领导指派而积极参与实施走私犯罪行为的人员,如果其行为在走私犯罪的主要环节起重要作用的,可以认定为单位犯罪的直接责任人员。

3.《最高人民法院关于审理单位犯罪案件对其直接负责的主管人员和其他直接责任人员是否区分主犯、从犯问题的批复》(法释〔2000〕31号,2000年10月10日)　在审理单位故意犯罪案件时,对其直接负责的主管人员和其他直接责任人员,可不区分主犯、从犯,按照其在单位犯罪中所起的作用判处刑罚。*

4.《最高人民检察院关于涉嫌犯罪单位被撤销、注销、吊销营业执照或者宣告破产的应如何进行追诉问题的批复》(高检发释字〔2002〕4号,2002年7月15日)　涉嫌犯罪的单位被撤销、注销、吊销营业执照或者宣告破产的,应当根据刑法关于单位犯罪的相关规定,对实施犯罪行为的该单位直接负责的主管人员和其他直接责任人员追究刑事责任,对该单位不再追诉。

理解与适用:我国刑法对单位犯罪实行双罚制,即一个犯罪行为分别由两个责任主体承担刑事责任,一个责任主体消灭,不能因此而免除另一个主体的罪责。但在对犯罪单位的主管人员和其他直接责任人员追究责任时,不能按照自然人犯罪追究其责任,应有所区别,这也符合罪责自负原则。

5. 法释〔2012〕21号第二百八十六条　审判期间,被告单位被撤销、注销、吊销营业执照或者宣告破产的,对单位犯罪直接负责的主管人员和其他直接责任人员应当继续审理。

---

* 不区分主、从犯的潜在逻辑是一般认为直接负责的主管人员的罪责重于其他责任人员。如果其他责任人员的罪责重于直接负责的主管人员的情况下,则区分主、从犯,将其他直接责任人员认定为主犯,而将直接负责的主管人员认定为从犯,以切实体现罪责刑相适应原则。

第三章 刑 罚

第一节 刑罚的种类

第三十二条 【刑罚的分类】刑罚分为主刑和附加刑。

第三十三条 【主刑种类】主刑的种类如下：

（一）管制；

（二）拘役；

（三）有期徒刑；

（四）无期徒刑；[1]

（五）死刑。

33-1 《最高人民法院关于审理未成年人刑事案件具体应用法律若干问题的解释》（法释〔2006〕1号，2006年1月23日）第十三条 未成年人犯罪只有罪行极其严重的，才可以适用无期徒刑。对已满十四周岁不满十六周岁的人犯罪一般不判处无期徒刑。

第三十四条 【附加刑种类】附加刑的种类如下：

（一）罚金；[1]

（二）剥夺政治权利*；

（三）没收财产。

附加刑也可以独立适用。

---

* 剥夺政治权利后被改判无罪的，不予国家赔偿。单处剥夺政治权利不适用简易程序。

34-1　《最高人民法院关于适用财产刑若干问题的规定》(法释〔2000〕45号,2000年12月19日)第四条　犯罪情节较轻,适用单处罚金不致再危害社会并具有下列情形之一的,可以依法单处罚金:

(一)偶犯或者初犯;

(二)自首或有立功表现的;

(三)犯罪时不满十八周岁的;

(四)犯罪预备、中止或未遂的;

(五)被胁迫参加犯罪的;

(六)全部退赃并有悔罪表现的;

(七)其他可以依法单处罚金的情形。

第三十五条　【驱逐出境】对于犯罪的外国人,可以独立适用或者附加适用驱逐出境。

第三十六条　【民事赔偿责任】由于犯罪行为而使被害人遭受经济损失的,对犯罪分子除依法给予刑事处罚外,并应根据情况判处赔偿经济损失。[1]

承担民事赔偿责任的犯罪分子,同时被判处罚金,其财产不足以全部支付的,或者被判处没收财产的,应当先承担对被害人的民事赔偿责任。

36-1　《最高人民法院关于常见犯罪的量刑指导意见》(法发〔2017〕7号)　三、常见量刑情节的适用

9. 对于积极赔偿被害人经济损失并取得谅解的,综合考虑犯罪性质、赔偿数额、赔偿能力以及认罪、悔罪程度等情况,可以减少基准刑的40%以下;积极赔偿但没有取得谅解的,可以减少基准刑的30%以下;尽管没有赔偿,但取得谅解的,可以减少基准刑的20%以下;其中抢劫、强奸等严重危害社会治安犯罪的应从严掌握。

10. 对于当事人根据刑事诉讼法第二百七十七条达成刑事和解协议的,综合考虑犯罪性质、赔偿数额、赔礼道歉以及真诚悔罪等情况,可以减少基准刑的50%以下;犯罪较轻的,可以减少基准刑的50%以上或者依法免除处罚。

第三十七条　【非刑罚性处置措施】对于犯罪情节轻微不需要判处刑罚的,可以免予刑事处罚,但是可以根据案件的不同情况,予以训诫或者责令具结悔过、赔礼道歉、赔偿损失,或者由主管部门予以行政处罚或者行政处分*。

第三十七条之一　(刑九)【禁止从事相关职业】因利用职业便利实施犯罪,或者实施违背职业要求的特定义务的犯罪被判处刑罚的,人民法院可以根据犯罪情况和预防再犯罪的需要,禁止其自刑罚执行完毕之日或者假释之日起从事相关职业[1],期限为三年至五年。

被禁止从事相关职业的人违反人民法院依照前款规定作出的决定的,由公安机关依法给予处罚;情节严重的,依照本法第三百一十三条的规定定罪处罚。

其他法律、行政法规对其从事相关职业另有禁止或者限制性规定的,从其规定。

37A-1　《最高人民法院、最高人民检察院关于办理生产安全刑事案件适用法律若干问题的解释》(法释〔2015〕22号,2015年12月16日)第十六条　对于被判处刑罚的犯罪分子,可以根据犯罪情况和预防再犯罪的需要,禁止其自刑罚执行完毕之日或者假释之日起三年至五年内从事与安全生产相关的职业。

第二节　管　　制**

第三十八条[1]　(刑八)【管制的期限、执行方式及禁止令规定】管制的期限,为三个月以上二年以下。

判处管制,可以根据犯罪情况,同时禁止[2]犯罪分子在执行期

---

* 如隐瞒境外存款罪。

** 管制不适用缓刑。

间从事特定活动,[3] 进入特定区域、场所,[4] 接触特定的人。[5]

对判处管制的犯罪分子,依法实行社区矫正。[6]

(刑八)违反第二款规定的禁止令的,由公安机关依照《中华人民共和国治安管理处罚法》的规定处罚。

38-1 《最高人民法院、最高人民检察院、公安部和司法部关于对判处管制、宣告缓刑的犯罪分子适用禁止令有关问题的规定(试行)》(法释〔2011〕9号,2011年4月28日)。

38-2 法释〔2011〕9号第二条 人民法院宣告禁止令,应当根据犯罪分子的犯罪原因、犯罪性质、犯罪手段、犯罪后的悔罪表现、个人一贯表现等情况,充分考虑与犯罪分子所犯罪行的关联程度,有针对性地决定禁止其在管制执行期间、缓刑考验期限内"从事特定活动,进入特定区域、场所,接触特定的人"的一项或者几项内容。

38-3 法释〔2011〕9号第三条 人民法院可以根据犯罪情况,禁止判处管制、宣告缓刑的犯罪分子在管制执行期间、缓刑考验期限内从事以下一项或者几项活动:

(一)个人为进行违法犯罪活动而设立公司、企业、事业单位或者在设立公司、企业、事业单位后以实施犯罪为主要活动的,禁止设立公司、企业、事业单位;

(二)实施证券犯罪、贷款犯罪、票据犯罪、信用卡犯罪等金融犯罪的,禁止从事证券交易、申领贷款、使用票据或者申领、使用信用卡等金融活动;

(三)利用从事特定生产经营活动实施犯罪的,禁止从事相关生产经营活动;

(四)附带民事赔偿义务未履行完毕,违法所得未追缴、退赔到位,或者罚金尚未足额缴纳的,禁止从事高消费活动;

(五)其他确有必要禁止从事的活动。

38-4 法释〔2011〕9号第四条 人民法院可以根据犯罪情况,禁止判处管制、宣告缓刑的犯罪分子在管制执行期间、缓刑考验期限内进入以下一类或者几类区域、场所:

(一)禁止进入夜总会、酒吧、迪厅、网吧等娱乐场所;

(二)未经执行机关批准,禁止进入举办大型群众性活动的场所;

(三)禁止进入中小学校区、幼儿园园区及周边地区,确因本人就学、居住等原因,经执行机关批准的除外;

(四)其他确有必要禁止进入的区域、场所。

38-5 法释〔2011〕9号第五条 人民法院可以根据犯罪情况,禁止判处管制、宣告缓刑的犯罪分子在管制执行期间、缓刑考验期限内接触以下一类或者几类人员:

(一)未经对方同意,禁止接触被害人及其法定代理人、近亲属;

(二)未经对方同意,禁止接触证人及其法定代理人、近亲属;

(三)未经对方同意,禁止接触控告人、批评人、举报人及其法定代理人、近亲属;

(四)禁止接触同案犯;

(五)禁止接触其他可能遭受其侵害、滋扰的人或者可能诱发其再次危害社会的人。

38-6 **1.**《刑事诉讼法》第二百五十八条 【社区矫正】对被判处管制、宣告缓刑、假释或者暂予监外执行的罪犯,依法实行社区矫正,由社区矫正机构负责执行。

2.《最高人民法院、最高人民检察院、公安部和司法部社会矫正实施办法》(司发通〔2012〕12号,2012年1月10日)。

第三十九条 【被管制罪犯的义务与权利】被判处管制的犯罪分子,在执行期间,应当遵守下列规定:

(一)遵守法律、行政法规,服从监督;

(二)未经执行机关批准,不得行使言论、出版、集会、结社、游行、示威自由的权利;*

(三)按照执行机关规定报告自己的活动情况;

(四)遵守执行机关关于会客的规定;

(五)离开所居住的市、县或者迁居,应当报经执行机关批准。

---

* 虽然未被剥夺政治权利,但行使政治权利受到限制。这一规定是缓刑、假释犯所不具有的,因为这不是实际执行刑罚。

对于被判处管制的犯罪分子，在劳动中应当同工同酬。

第四十条　【管制的解除】被判处管制的犯罪分子，管制期满，执行机关应即向本人和其所在单位或者居住地的群众宣布解除管制。

第四十一条　【管制刑期的计算和折抵】管制的刑期，从判决执行之日起计算；判决执行以前先行羁押的，羁押一日折抵刑期二日。

第三节　拘　　役

第四十二条　【拘役的期限】拘役的期限，为一个月*以上六个月以下。

第四十三条　【拘役的执行】被判处拘役的犯罪分子，由公安机关就近执行。

在执行期间，被判处拘役的犯罪分子每月可以回家一天至两天[1]；参加劳动的，可以**酌量发给报酬。

43-1　《公安部关于对被判处拘役的罪犯在执行期间回家问题的批复》（公复字〔2001〕2 号，2001 年 1 月 31 日）　《刑法》第四十三条第二款规定，“在执行期间，被判处拘役的犯罪分子每月可以回家一至两天”。根据上述规定，是否准许被判处拘役的罪犯回家，应当根据其在服刑期间表现以及准许其回家是否会影响剩余刑期的继续执行等情况综合考虑，由负责执行的拘役所、看守所提出建议，报其所属的县级以上公安机关决定。被判处拘役的外国籍罪犯提出回家申请的，由地市级以上公安机关决定，并由决定机关将有关情况报上级公安机关备案。对于准许回家的，应当发给国家证明，告知其应当按时返回监管场所和不按时返回

---

* 1979 年刑法规定拘役的期限为 15 日，1997 年刑法将其提高到 1 个月。拘役的缓刑考验最低期限也相应地由 1 个月提升为 2 个月，以增强刑罚的可感性，达到教育和惩戒犯罪人的目的。

** 管制是“应当”，而拘役是“可以”。

将要承担的法律责任,并将准许回家的决定送同级人民检察院。被判处拘役的罪犯在决定机关辖区内有固定住处的,可允许其回固定住处,没有固定住处的,可在决定机关为其指定的居所每月与其家人团聚一天至两天。拘役所、看守所根据被判处拘役的罪犯在服刑及回家期间表现,认为不宜继续准许其回家的,应当提出建议,报原决定机关决定。对于被判处拘役的罪犯在回家期间逃跑的,应当按照《刑法》第三百一十六条的规定以脱逃罪追究其刑事责任。

第四十四条 【拘役刑期的计算】拘役的刑期,从判决执行之日起计算;判决执行以前先行羁押的,羁押一日折抵刑期一日。

第四节 有期徒刑、无期徒刑

第四十五条 【有期徒刑的期限】有期徒刑的期限,除本法第五十条、第六十九条规定外,为六个月以上十五年以下。

第四十六条 【有期徒刑与无期徒刑的执行】被判处有期徒刑、无期徒刑的犯罪分子,在监狱或者其他执行场所执行;[1] 凡有劳动能力的,都应当参加劳动,接受教育和改造。

46-1 《刑事诉讼法》第二百五十三条 【死缓、无期、有期徒刑、拘役的执行】罪犯被交付执行刑罚的时候,应当由交付执行的人民法院在判决生效后十日以内将有关的法律文书送达公安机关、监狱或者其他执行机关。

第四十七条 【有期徒刑刑期的计算】有期徒刑的刑期,从判决执行之日起计算;判决执行以前先行羁押的,[1] 羁押一日折抵刑期一日[2]。

47-1 《刑事诉讼法》第七十四条 【指定居所监视居住抵刑期】指定居所监视居住的期限应当折抵刑期。被判处管制的,监视居住一日折抵刑期一日;被判处拘役、有期徒刑的,监视居住二日折抵刑期一日。

47-2 **1.**《最高人民法院关于办理减刑、假释案件具体应用法律的规定》(法释〔2016〕23号,2017年1月1日)第二十三条第二款 被判处无期徒刑的罪犯假释时,刑法中关于实际执行刑期不得少于十三年的时间,应当从判决生效之日起计算。判决生效以前先行羁押的时间不予折抵。

2.《刑法》第八十条 无期徒刑减为有期徒刑的刑期,从裁定减刑之日起计算*。

第五节 死 刑[1]

S.5-1 1.《最高人民法院、最高人民检察院、公安部、国家安全部、司法部关于办理死刑案件审查判断证据若干问题的规定》。2.《最高人民法院、最高人民检察院、公安部、国家安全部、司法部关于办理刑事案件排除非法证据若干问题的规定》(法发〔2010〕20号,2010年7月1日)。3.《最高人民法院关于办理死刑复核案件听取辩护律师意见的办法》(法〔2014〕346号,2015年2月1日)。

第四十八条 【死刑的适用对象及核准程序】死刑只适用于罪行极其严重[1]的犯罪分子。对于应当判处死刑的犯罪分子,如果不是必须立即执行的,可以**判处死刑同时宣告缓期二年执行。

死刑除依法由最高人民法院判决的以外,都应当报请最高人民法院核准。[2]死刑缓期执行的,可以由高级人民法院判决或者核准。

48-1 《最高人民法院关于贯彻宽严相济刑事政策的若干意见》(法发〔2010〕9号,2010年2月8日)

二、准确把握和正确适用依法从"严"的政策要求

6.宽严相济刑事政策中的从"严",主要是指对于罪行十分严重、社

---

* 即无期徒刑减为有期徒刑后,先前羁押的日期不予折抵刑期。

** 既然已经规定"不是必须立即执行"这样的前提,而其后果却是或然的。在这里,"必须"的条件和"可以"的结果之间的矛盾一目了然。

会危害性极大,依法应当判处重刑或死刑的,要坚决地判处重刑或死刑;对于社会危害大或者具有法定、酌定从重处罚情节,以及主观恶性深、人身危险性大的被告人,要依法从严惩处。在审判活动中通过体现依法从"严"的政策要求,有效震慑犯罪分子和社会不稳定分子,达到有效遏制犯罪、预防犯罪的目的。

7. 贯彻宽严相济刑事政策,必须毫不动摇地坚持依法严惩严重刑事犯罪的方针。对于危害国家安全犯罪、恐怖组织犯罪、邪教组织犯罪、黑社会性质组织犯罪、恶势力犯罪、故意危害公共安全犯罪等严重危害国家政权稳固和社会治安的犯罪,故意杀人、故意伤害致人死亡、强奸、绑架、拐卖妇女儿童、抢劫、重大抢夺、重大盗窃等严重暴力犯罪和严重影响人民群众安全感的犯罪,走私、贩卖、运输、制造毒品等毒害人民健康的犯罪,要作为严惩的重点,依法从重处罚。尤其对于极端仇视国家和社会,以不特定人为侵害对象,所犯罪行特别严重的犯罪分子,该重判的要坚决依法重判,该判处死刑的要坚决依法判处死刑。

三、准确把握和正确适合依法从"宽"的政策要求

29. 要准确理解和严格执行"保留死刑,严格控制和慎重适用死刑"的政策。对于罪行极其严重的犯罪分子,论罪应当判处死刑的,要坚决依法判处死刑。要依法严格控制死刑的适用,统一死刑案件的裁判标准,确保死刑只适用于极少数罪行极其严重的犯罪分子。拟判处死刑的具体案件定罪或者量刑的证据必须确实、充分,得出唯一结论。对于罪行极其严重,但只要是依法可不立即执行的,就不应当判处死刑立即执行。

48-2 **1.** 第十届全国人民代表大会常务委员会第二十四次会议通过了《关于修改〈中华人民共和国人民法院组织法〉的决定》,将人民法院组织法原第十三条修改为第十二条:"死刑除依法由最高人民法院判决的以外,应当报请最高人民法院核准。"* 修改人民法院组织法的决定自 2007 年 1 月 1 日起施行。

2.《最高人民法院关于统一行使死刑案件核准权有关问题的决定》(法释〔2006〕12 号,2007 年 1 月 1 日)。

---

* 《宋史·欧阳修传》:汝父为吏,尝夜烛治官书,屡废而叹。吾问之,则曰:"此死狱也,我求其生不得尔。"吾曰:"生可求乎?"曰:"求其生而不得,则死者与我皆无恨也;矧求而有得邪,以其有得,则知不求而死者有恨也。夫常求其生,犹失之死,而世常求其死也。"

第四十九条 【死刑适用对象的限制】犯罪的时候不满十八周岁的人和审判的时候[1]怀孕的妇女，不适用死刑。

(刑八)审判的时候已满七十五周岁的人，不适用死刑，但以特别残忍手段致人死亡的除外。

49-1 1.《最高人民法院研究室关于如何理解"审判的时候怀孕的妇女不适用死刑"问题的电话答复》(1991年3月18日) 在羁押期间已是孕妇的被告人，无论其怀孕是否属于违反国家计划生育政策，也不论其是否自然流产或者经人工流产以及流产后移送起诉或审判期间的长短，仍应执行我院〔83〕法研字第18号《关于人民法院审判严重刑事犯罪案件中具体应用法律的若干问题的答复》中对第三个问题的答复："对于这类案件，应当按照刑法第四十四条和刑事诉讼法第一百五十四条的规定办理，即：人民法院对'审判的时候怀孕的妇女，不适用死刑'。如果人民法院在审判时发现，在羁押受审时已是孕妇的，仍应依照上述法律规定，不适用死刑。"

2.《最高人民法院关于对怀孕妇女在羁押期间自然流产审判时是否可以适用死刑问题的批复》(法释〔1998〕18号，1998年8月13日) 怀孕妇女因涉嫌犯罪在羁押期间自然流产后，又因同一事实被起诉、交付审判的，应当视为"审判的时候*怀孕的妇女"，依法不适用死刑。

第五十条[1] (刑八、刑九)【死缓变更】判处死刑缓期执行的，在死刑缓期执行期间，如果没有故意犯罪[2]，二年期满以后，减为无期徒刑；如果确有重大立功表现，二年期满以后，减为二十五年有期徒刑；如果故意犯罪，情节恶劣的，报请最高人民法院核准后执行死刑；对于故意犯罪未执行死刑的，死刑缓期执行的期间重新计算，并报最高人民法院备案。

对被判处死刑缓期执行的累犯以及因故意杀人、强奸、抢劫、绑架、放火、爆炸、投放危险物质或者有组织的暴力性犯罪被判处死刑缓期执行的犯罪分子，人民法院根据犯罪情节等情况可以同

---

* 所谓审判的时候，是指包括从采取强制措施到执行的整个过程。

时决定对其限制减刑[3]。

50-1　《最高人民法院关于办理减刑、假释案件具体应用法律的规定》(法释〔2016〕23号,2017年1月1日)。

50-2　法释〔2016〕23号第二十一条第二款　罪犯在死刑缓期执行期间又故意犯罪,未被执行死刑的,死刑缓期执行的期间重新计算,减为无期徒刑后,五年内不予减刑。

法释〔2016〕23号第三十五条　被判处死刑缓期执行的罪犯,在死刑缓期执行期内被发现漏罪,依据刑法第七十条规定数罪并罚,决定执行死刑缓期执行的,死刑缓期执行期间自新判决确定之日起计算,已经执行的死刑缓期执行期间计入新判决的死刑缓期执行期间内,但漏罪被判处死刑缓期执行的除外。

法释〔2016〕23号第三十六条　被判处死刑缓期执行的罪犯,在死刑缓期执行期满后被发现漏罪,依据刑法第七十条规定数罪并罚,决定执行死刑缓期执行的,交付执行时对罪犯实际执行无期徒刑,死缓考验期不再执行,但漏罪被判处死刑缓期执行的除外。

在无期徒刑减为有期徒刑时,前罪死刑缓期执行减为无期徒刑之日起至新判决生效之日止已经实际执行的刑期,应当计算在减刑裁定决定执行的刑期以内。

原减刑裁定减去的刑期依照本规定第三十四条处理。

50-3　法释〔2016〕23号第十三条　被限制减刑的死刑缓期执行罪犯,减为无期徒刑后,符合减刑条件的,执行五年以上方可减刑。减刑间隔时间和减刑幅度依照本规定第十一条的规定执行。

法释〔2016〕23号第十四条　被限制减刑的死刑缓期执行罪犯,减为有期徒刑后再减刑时,一次减刑不超过六个月有期徒刑,两次减刑间隔时间不得少于二年。有重大立功表现的,间隔时间可以适当缩短,但一次减刑不超过一年有期徒刑。

法释〔2016〕23号第十五条　对被判处终身监禁的罪犯,在死刑缓期执行期满依法减为无期徒刑的裁定中,应当明确终身监禁,不得再减刑或者假释。

第五十一条　【死缓执行期间的计算】死刑缓期执行的期间,从判决确定之日起计算。死刑缓期执行减为有期徒刑的刑期,从死刑缓期执行期满之日起计算。

第六节 罚　　金[1]

S.6-1 1.《最高人民法院关于适用财产刑若干问题的规定》(法释〔2000〕45号,2000年12月19日);2.《最高人民法院关于刑事裁判涉财产部分执行的若干规定》(法释〔2014〕13号,2014年11月6日)。3.《最高人民法院关于适用〈中华人民共和国刑事诉讼法〉的解释》(法释〔2012〕21号,2013年1月1日)第十九章执行程序第四节　财产刑和附带民事裁判的执行。

法释〔2000〕45号第一条　刑法规定"并处"没收财产或者罚金的犯罪,人民法院在对犯罪分子判处主刑的同时,必须依法判处相应的财产刑;刑法规定"可以并处"没收财产或者罚金的犯罪,人民法院应当根据案件具体情况及犯罪分子的财产状况,决定是否适用财产刑。

法释〔2000〕45号第九条　人民法院认为依法应当判处被告人财产刑的,可以在案件审理过程中,决定扣押或者冻结被告人的财产。

理解与适用:刑事诉讼法未规定人民法院在刑事案件审理过程中可以对被告人的财产采取必要的保全措施。但《最高人民法院关于适用〈中华人民共和国刑事诉讼法〉的解释》第二百八十五条(原第二百一十四条)规定,为保证判决的执行,人民法院可以先行查封、扣押、冻结被告单位的财产,或者由被告单位提出担保。

法释〔2014〕13号第四条　人民法院刑事审判中可能判处被告人财产刑、责令退赔的,刑事审判部门应当依法对被告人的财产状况进行调查;发现可能隐匿、转移财产的,应当及时查封、扣押、冻结其相应财产。

法释〔2014〕13号第五条　刑事审判或者执行中,对于侦查机关已经采取的查封、扣押、冻结,人民法院应当在期限届满前及时续行查封、扣押、冻结。人民法院续行查封、扣押、冻结的顺位与侦查机关查封、扣押、冻结的顺位相同。

对侦查机关查封、扣押、冻结的财产,人民法院执行中可以直接裁定处置,无需侦查机关出具解除手续,但裁定中应当指明侦查机关查封、扣押、冻结的事实。

法释〔2000〕45号第十条 财产刑由第一审人民法院执行。犯罪分子的财产在异地的,第一审人民法院可以委托财产所在地人民法院代为执行。

法释〔2012〕21号第四百四十二条 被执行人或者被执行财产在外地的,可以委托当地人民法院执行。

受托法院在执行财产刑后,应当及时将执行的财产上缴国库。

第五十二条 【罚金的判处】判处罚金,应当根据犯罪情节[1]决定罚金数额。

52-1 法释〔2000〕45号第二条 人民法院应当根据犯罪情节,如违法所得数额、造成损失的大小等,并综合考虑犯罪分子缴纳罚金的能力,依法判处罚金。刑法没有明确规定罚金数额标准的,罚金的最低数额不能少于1000元。对未成年人犯罪应当从轻或者减轻判处罚金,但罚金的最低数额不能少于500元。

法释〔2000〕45号第三条 依法对犯罪分子所犯数罪分别判处罚金的,应当实行并罚,将所判处的罚金数额相加,执行总和数额。

第五十三条 (刑九)【罚金的缴纳】罚金在判决指定的期限[1]内一次或者分期缴纳。期满不缴纳的,强制缴纳*。对于不能全部缴纳罚金的,人民法院在任何时候发现被执行人有可以执行的财产,应当随时追缴。

由于遭遇不能抗拒的灾祸等原因缴纳确实有困难的,[2]经人民法院裁定,可以延期缴纳、酌情减少或者免除。[3]

53-1 **1.** 法释〔2000〕45号第五条 刑法第五十三条规定的"判决指定的期限"应当在判决书中予以确定;"判决指定的期限"应为从判决发生法律效力第二日起最长不超过三个月。

2. 法释〔2014〕13号第三条 人民法院办理刑事裁判涉财产部分执行案件的期限为六个月。有特殊情况需要延长的,经本院院长批准,可以延长。

---

* 只是规定强制缴纳,没有规定缴纳滞纳金。

53-2 法释〔2000〕45号第六条 刑法第五十三条规定的“由于遭遇不能抗拒的灾祸缴纳确实有困难的”主要是指遭受火灾、水灾、地震等灾祸而丧失财产；罪犯因重病、伤残等而丧失劳动能力，或者需要罪犯抚养的近亲属患有重病，需支付巨额医药费等，确实没有财产可供执行的情形。

53-3 **1.** 法释〔2000〕45号第六条第二款 具有“刑法第五十三条规定的可以酌情减少或者免除”事由的，由罪犯本人、亲属或者犯罪单位向负责执行的人民法院提出书面申请，并提供相应的证明材料。人民法院审查以后，根据实际情况，裁定减少或者免除应当缴纳的罚金数额。

2. 法释〔2012〕21号第四百四十六条 因遭遇不能抗拒的灾祸缴纳罚金确有困难，被执行人申请减少或者免除罚金的，应当提交相关证明材料。人民法院应当在收到申请后一个月内作出裁定。符合法定减免条件的，应当准许；不符合条件的，驳回申请。

第七节 剥夺政治权利

第五十四条 【剥夺政治权利的内容】剥夺政治权利是剥夺下列权利：

（一）选举权和被选举权；

（二）言论、出版、集会、结社、游行、示威自由的权利；

（三）担任国家机关职务的权利；

（四）担任国有公司、企业、事业单位和人民团体领导职务的权利。

第五十五条 【剥夺政治权利的期限】剥夺政治权利的期限，除本法第五十七条规定外，为一年以上五年以下。

判处管制附加剥夺政治权利的，剥夺政治权利的期限与管制的期限相等，同时执行。

第五十六条 【剥夺政治权利的适用对象】对于危害国家安全

的犯罪分子应当附加剥夺政治权利;对于故意杀人、强奸、放火、爆炸、投毒、抢劫等[1] 严重破坏社会秩序的犯罪分子,可以附加剥夺政治权利。[2]

独立适用剥夺政治权利的,依照本法分则的规定。

56-1 《最高人民法院、最高人民检察院关于办理组织、利用邪教组织破坏法律实施等刑事案件适用法律若干问题的解释》(法释〔2017〕3号,2017年2月1日)第十四条　对于犯组织、利用邪教组织破坏法律实施罪、组织、利用邪教组织致人重伤、死亡罪,严重破坏社会秩序的犯罪分子,根据刑法第五十六条的规定,可以附加剥夺政治权利。

56-2 《最高人民法院关于对故意伤害、盗窃等严重破坏社会秩序的犯罪分子能否附加剥夺政治权利问题的批复》(法释〔1997〕11号,1998年1月13日)　根据刑法第五十六条规定,对于故意杀人、强奸、放火、爆炸、投毒、抢劫等*严重破坏社会秩序的犯罪分子,可以附加剥夺政治权利。对故意伤害、盗窃等其他严重破坏社会秩序的犯罪,犯罪分子主观恶性较深、犯罪情节恶劣、罪行严重的,也可以依法附加剥夺政治权利问题。

第五十七条　【对死刑、无期徒刑罪犯剥夺政治权利的适用】对于被判处死刑、无期徒刑的犯罪分子,应当剥夺政治权利终身。

在死刑缓期执行减为有期徒刑或者无期徒刑减为有期徒刑的时候,应当把附加剥夺政治权利的期限改为三年以上十年以下。

第五十八条　【剥夺政治权利的刑期计算】附加剥夺政治权利的刑期,从徒刑、拘役执行完毕之日或者从假释之日起计算;剥夺政治权利的效力当然施用于主刑执行期间。

被剥夺政治权利的犯罪分子,在执行期间,应当遵守法律、行政法规和国务院公安部门有关监督管理的规定,服从监督;不得行

---

* 上述各罪在分则中均未规定可以判处剥夺政治权利。

使本法第五十四条规定的各项权利。

第八节　没收财产[1]

S.8-1　1.《最高人民法院关于刑事裁判涉财产部分执行的若干规定》(法释〔2014〕13号,2014年11月6日);2.《最高人民法院关于适用〈中华人民共和国刑事诉讼法〉的解释》(法释〔2012〕21号,2013年1月1日)第十九章执行程序第四节　财产刑和附带民事裁判的执行。

第五十九条　【没收财产的范围】没收财产是没收犯罪分子个人所有[1]财产的一部或者全部。没收全部财产的,应当对犯罪分子个人及其扶养的家属保留必需的生活费用[2]。

在判处没收财产的时候,不得没收属于犯罪分子家属所有或者应有的财产。

59-1　法释〔2014〕13号第九条第一款　判处没收财产的,应当执行刑事裁判生效时被执行人合法所有的财产。

59-2　法释〔2014〕13号第九条第二款　执行没收财产或罚金刑,应当参照被扶养人住所地政府公布的上年度当地居民最低生活费标准,保留被执行人及其所扶养家属的生活必需费用。

第六十条　【以没收的财产偿还债务】没收财产以前犯罪分子所负的正当债务,[1]需要以没收的财产偿还的,经债权人请求,应当偿还。

60-1　法释〔2000〕45号第七条　刑法第六十条规定的"没收财产以前犯罪分子所负的正当债务"是指犯罪分子在判决生效前所负他人的合法债务。

第四章　刑罚的具体运用[1]

C.4-1　1.《最高人民法院关于贯彻宽严相济刑事政策的若干意见》*(法发〔2010〕9号,2010年2月8日)

一、贯彻宽严相济刑事政策的总体要求

1. 贯彻宽严相济刑事政策,要根据犯罪的具体情况,实行区别对待,做到该宽则宽,当严则严,宽严相济,罚当其罪,打击和孤立极少数,教育、感化和挽救大多数,最大限度地减少社会对立面,促进社会和谐稳定,维护国家长治久安。

2. 要正确把握宽与严的关系,切实做到宽严并用。既要注意克服重刑主义思想影响,防止片面从严,也要避免受轻刑化思想影响,一味从宽。

3. 贯彻宽严相济刑事政策,必须坚持严格依法办案,切实贯彻落实罪刑法定原则、罪刑相适应原则和法律面前人人平等原则,依照法律规定准确定罪量刑。从宽和从严都必须依照法律规定进行,做到宽严有据,罚当其罪。

4. 要根据经济社会的发展和治安形势的变化,尤其要根据犯罪情况的变化,在法律规定的范围内,适时调整从宽和从严的对象、范围和力度。要全面、客观把握不同时期不同地区的经济社会状况和社会治安形势,充分考虑人民群众的安全感以及惩治犯罪的实际需要,注重从严打击严重危害国家安全、社会治安和人民群众利益的犯罪。对于犯罪性质尚不严重,情节较轻和社会危害性较小的犯罪,以及被告人认罪、悔罪,从宽处罚更有利于社会和谐稳定的,依法可以从宽处理。

---

* 该刑事政策主要规范量刑。《尚书·吕刑》:"刑罚世轻世重,惟齐非齐,有伦有要。"

5. 贯彻宽严相济刑事政策，必须严格依法进行，维护法律的统一和权威，确保良好的法律效果。同时，必须充分考虑案件的处理是否有利于赢得广大人民群众的支持和社会稳定，是否有利于瓦解犯罪，化解矛盾，是否有利于罪犯的教育改造和回归社会，是否有利于减少社会对抗，促进社会和谐，争取更好的社会效果。要注意在裁判文书中充分说明裁判理由，尤其是从宽或从严的理由，促使被告人认罪伏法，注重教育群众，实现案件裁判法律效果和社会效果的有机统一。

二、准确把握和正确适用依法从“严”的政策要求

6. 宽严相济刑事政策中的从“严”，主要是指对于罪行十分严重、社会危害性极大，依法应当判处重刑或死刑的，要坚决地判处重刑或死刑；对于社会危害大或者具有法定、酌定从重处罚情节，以及主观恶性深、人身危险性大的被告人，要依法从严惩处。在审判活动中通过体现依法从“严”的政策要求，有效震慑犯罪分子和社会不稳定分子，达到有效遏制犯罪、预防犯罪的目的。

7. 贯彻宽严相济刑事政策，必须毫不动摇地坚持依法严惩严重刑事犯罪的方针。对于危害国家安全犯罪、恐怖组织犯罪、邪教组织犯罪、黑社会性质组织犯罪、恶势力犯罪、故意危害公共安全犯罪等严重危害国家政权稳固和社会治安的犯罪，故意杀人、故意伤害致人死亡、强奸、绑架、拐卖妇女儿童、抢劫、重大抢夺、重大盗窃等严重暴力犯罪和严重影响人民群众安全感的犯罪，走私、贩卖、运输、制造毒品等毒害人民健康的犯罪，要作为严惩的重点，依法从重处罚。尤其对于极端仇视国家和社会，以不特定人为侵害对象，所犯罪行特别严重的犯罪分子，该重判的要坚决依法重判，该判处死刑的要坚决依法判处死刑。

8. 对于国家工作人员贪污贿赂、滥用职权、失职渎职的严重犯罪，黑恶势力犯罪、重大安全责任事故、制售伪劣食品药品所涉及的国家工作人员职务犯罪，发生在社会保障、征地拆迁、灾后重建、企业改制、医疗、教育、就业等领域严重损害群众利益、社会影响恶劣、群众反映强烈的国家工作人员职务犯罪，发生在经济社会建设重点领域、重点行业的严重商业贿赂犯罪等，要依法从严惩处。

对于国家工作人员职务犯罪和商业贿赂犯罪中性质恶劣、情节严重、涉案范围广、影响面大的，或者案发后隐瞒犯罪事实、毁灭证据、订立攻守同盟、负案潜逃等拒不认罪悔罪的，要坚决依法从严惩处。

对于被告人犯罪所得数额不大,但对国家财产和人民群众利益造成重大损失、社会影响极其恶劣的职务犯罪和商业贿赂犯罪案件,也应依法从严惩处。

要严格掌握职务犯罪法定减轻处罚情节的认定标准与减轻处罚的幅度,严格控制依法减轻处罚后判处三年以下有期徒刑适用缓刑的范围,切实规范职务犯罪缓刑、免予刑事处罚的适用。

9. 当前和今后一段时期,对于集资诈骗、贷款诈骗、制贩假币以及扰乱、操纵证券、期货市场等严重危害金融秩序的犯罪,生产、销售假药、劣药、有毒有害食品等严重危害食品药品安全的犯罪,走私等严重侵害国家经济利益的犯罪,造成严重后果的重大安全责任事故犯罪,重大环境污染、非法采矿、盗伐林木等各种严重破坏环境资源的犯罪等,要依法从严惩处,维护国家的经济秩序,保护广大人民群众的生命健康安全。

10. 严惩严重刑事犯罪,必须充分考虑被告人的主观恶性和人身危险性。对于事先精心预谋、策划犯罪的被告人,具有惯犯、职业犯等情节的被告人,或者因故意犯罪受过刑事处罚、在缓刑、假释考验期内又犯罪的被告人,要依法严惩,以实现刑罚特殊预防的功能。

11. 要依法从严惩处累犯和毒品再犯。凡是依法构成累犯和毒品再犯的,即使犯罪情节较轻,也要体现从严惩处的精神。尤其是对于前罪为暴力犯罪或被判处重刑的累犯,更要依法从严惩处。

12. 要注重综合运用多种刑罚手段,特别是要重视依法适用财产刑,有效惩治犯罪。对于法律规定有附加财产刑的,要依法适用。对于侵财型和贪利型犯罪,更要注重通过依法适用财产刑使犯罪分子受到经济上的惩罚,剥夺其重新犯罪的能力和条件。要切实加大财产刑的执行力度,确保刑罚的严厉性和惩罚功能得以实现。被告人非法占有、处置被害人财产不能退赃的,在决定刑罚时,应作为重要情节予以考虑,体现从严处罚的精神。

13. 对于刑事案件被告人,要严格依法追究刑事责任,切实做到不枉不纵。要在确保司法公正的前提下,努力提高司法效率。特别是对于那些严重危害社会治安,引起社会关注的刑事案件,要在确保案件质量的前提下,抓紧审理,及时宣判。

三、准确把握和正确适用依法从"宽"的政策要求

14. 宽严相济刑事政策中的从"宽",主要是指对于情节较轻、社会危害性较小的犯罪,或者罪行虽然严重,但具有法定、酌定从宽处罚情节,以及主观恶性相对较小、人身危险性不大的被告人,可以依法从轻、减轻或者免除处罚;对于具有一定社会危害性,但情节显著轻微危害不大的行为,不作为犯罪处理;对于依法可不监禁的,尽量适用缓刑或者判处管制、单处罚金等非监禁刑。

15. 被告人的行为已经构成犯罪,但犯罪情节轻微,或者未成年人、在校学生实施的较轻犯罪,或者被告人具有犯罪预备、犯罪中止、从犯、胁从犯、防卫过当、避险过当等情节,依法不需要判处刑罚的,可以免予刑事处罚。对免予刑事处罚的,应当根据刑法第三十七条规定,做好善后、帮教工作或者交由有关部门进行处理,争取更好的社会效果。

16. 对于所犯罪行不重、主观恶性不深、人身危险性较小、有悔改表现、不致再危害社会的犯罪分子,要依法从宽处理。对于其中具备条件的,应当依法适用缓刑或者管制、单处罚金等非监禁刑。同时配合做好社区矫正,加强教育、感化、帮教、挽救工作。

17. 对于自首的被告人,除了罪行极其严重、主观恶性极深、人身危险性极大,或者恶意地利用自首规避法律制裁者以外,一般均应当依法从宽处罚。

对于亲属以不同形式送被告人归案或协助司法机关抓获被告人而认定为自首的,原则上都应当依法从宽处罚;有的虽然不能认定为自首,但考虑到被告人亲属支持司法机关工作,促使被告人到案、认罪、悔罪,在决定对被告人具体处罚时,也应当予以充分考虑。

18. 对于被告人检举揭发他人犯罪构成立功的,一般均应当依法从宽处罚。对于犯罪情节不是十分恶劣,犯罪后果不是十分严重的被告人立功的,从宽处罚的幅度应当更大。

19. 对于较轻犯罪的初犯、偶犯,应当综合考虑其犯罪的动机、手段、情节、后果和犯罪时的主观状态,酌情予以从宽处罚。对于犯罪情节轻微的初犯、偶犯,可以免予刑事处罚;依法应当予以刑事处罚的,也应当尽量适用缓刑或者判处管制、单处罚金等非监禁刑。

20. 对于未成年人犯罪,在具体考虑其实施犯罪的动机和目的、犯罪性质、情节和社会危害程度的同时,还要充分考虑其是否属于初犯,归案

后是否悔罪,以及个人成长经历和一贯表现等因素,坚持"教育为主、惩罚为辅"的原则和"教育、感化、挽救"的方针进行处理。对于偶尔盗窃、抢夺、诈骗,数额刚达到较大的标准,案发后能如实交代并积极退赃的,可以认定为情节显著轻微,不作为犯罪处理。对于罪行较轻的,可以依法适当多适用缓刑或者判处管制、单处罚金等非监禁刑;依法可免予刑事处罚的,应当免予刑事处罚。对于犯罪情节严重的未成年人,也应当依照刑法第十七条第三款的规定予以从轻或者减轻处罚。对于已满十四周岁不满十六周岁的未成年犯罪人,一般不判处无期徒刑。

21. 对于老年人犯罪,要充分考虑其犯罪的动机、目的、情节、后果以及悔罪表现等,并结合其人身危险性和再犯可能性,酌情予以从宽处罚。

22. 对于因恋爱、婚姻、家庭、邻里纠纷等民间矛盾激化引发的犯罪,因劳动纠纷、管理失当等原因引发、犯罪动机不属恶劣的犯罪,因被害方过错或者基于义愤引发的或者具有防卫因素的突发性犯罪,应酌情从宽处罚。

23. 被告人案发后对被害人积极进行赔偿,并认罪、悔罪的,依法可以作为酌定量刑情节予以考虑。因婚姻家庭等民间纠纷激化引发的犯罪,被害人及其家属对被告人表示谅解的,应当作为酌定量刑情节予以考虑。犯罪情节轻微,取得被害人谅解的,可以依法从宽处理,不需判处刑罚的,可以免予刑事处罚。

24. 对于刑事被告人,如果采取取保候审、监视居住等非羁押性强制措施足以防止发生社会危险性,且不影响刑事诉讼正常进行的,一般可不采取羁押措施。对人民检察院提起公诉而被告人未被采取逮捕措施的,除存在被告人逃跑、串供、重新犯罪等具有人身危险性或者可能影响刑事诉讼正常进行的情形外,人民法院一般可不决定逮捕被告人。

四、准确把握和正确适用宽严"相济"的政策要求

25. 宽严相济刑事政策中的"相济",主要是指在对各类犯罪依法处罚时,要善于综合运用宽和严两种手段,对不同的犯罪和犯罪分子区别对待,做到严中有宽、宽以济严;宽中有严、严以济宽。

26. 在对严重刑事犯罪依法从严惩处的同时,对被告人具有自首、立功、从犯等法定或酌定从宽处罚情节的,还要注意宽以济严,根据犯罪的具体情况,依法应当或可以从宽的,都应当在量刑上予以充分考虑。

27. 在对较轻刑事犯罪依法从轻处罚的同时,要注意严以济宽,充分

考虑被告人是否具有屡教不改、严重滋扰社会、群众反映强烈等酌定从严处罚的情况，对于不从严不足以有效惩戒者，也应当在量刑上有所体现，做到济之以严，使犯罪分子受到应有处罚，切实增强改造效果。

28. 对于被告人同时具有法定、酌定从严和法定、酌定从宽处罚情节的案件，要在全面考察犯罪的事实、性质、情节和对社会危害程度的基础上，结合被告人的主观恶性、人身危险性、社会治安状况等因素，综合作出分析判断，总体从严，或者总体从宽。

29. 要准确理解和严格执行“保留死刑，严格控制和慎重适用死刑”的政策。对于罪行极其严重的犯罪分子，论罪应当判处死刑的，要坚决依法判处死刑。要依法严格控制死刑的适用，统一死刑案件的裁判标准，确保死刑只适用于极少数罪行极其严重的犯罪分子。拟判处死刑的具体案件定罪或者量刑的证据必须确实、充分，得出唯一结论。对于罪行极其严重，但只要是依法可不立即执行的，就不应当判处死刑立即执行。

30. 对于恐怖组织犯罪、邪教组织犯罪、黑社会性质组织犯罪和进行走私、诈骗、贩毒等犯罪活动的犯罪集团，在处理时要分别情况，区别对待：对犯罪组织或集团中的为首组织、指挥、策划者和骨干分子，要依法从严惩处，该判处重刑或死刑的要坚决判处重刑或死刑；对受欺骗、胁迫参加犯罪组织、犯罪集团或只是一般参加者，在犯罪中起次要、辅助作用的从犯，依法应当从轻或减轻处罚，符合缓刑条件的，可以适用缓刑。

对于群体性事件中发生的杀人、放火、抢劫、伤害等犯罪案件，要注意重点打击其中的组织、指挥、策划者和直接实施犯罪行为的积极参与者；对因被煽动、欺骗、裹胁而参加，情节较轻，经教育确有悔改表现的，应当依法从宽处理。

31. 对于一般共同犯罪案件，应当充分考虑各被告人在共同犯罪中的地位和作用，以及在主观恶性和人身危险性方面的不同，根据事实和证据能分清主从犯的，都应当认定主从犯。有多名主犯的，应在主犯中进一步区分出罪行最为严重者。对于多名被告人共同致死一名被害人的案件，要进一步分清各被告人的作用，准确确定各被告人的罪责，以做到区别对待；不能以分不清主次为由，简单地一律判处重刑。

32. 对于过失犯罪，如安全责任事故犯罪等，主要应当根据犯罪造成危害后果的严重程度、被告人主观罪过的大小以及被告人案发后的表现等,综合掌握处罚的宽严尺度。对于过失犯罪后积极抢救、挽回损失或者有效防止损失进一步扩大的,要依法从宽。对于造成的危害后果虽然不是特别严重,但情节特别恶劣或案发后故意隐瞒案情,甚至逃逸,给及时查明事故原因和迅速组织抢救造成贻误的,则要依法从重处罚。

33. 在共同犯罪案件中,对于主犯或首要分子检举、揭发同案地位、作用较次犯罪分子构成立功的,从轻或者减轻处罚应当从严掌握,如果从轻处罚可能导致全案量刑失衡的,一般不予从轻处罚;如果检举、揭发的是其他犯罪案件中罪行同样严重的犯罪分子,或者协助抓获的是同案中的其他主犯、首要分子的,原则上应予依法从轻或者减轻处罚。对于从犯或犯罪集团中的一般成员立功,特别是协助抓获主犯、首要分子的,应当充分体现政策,依法从轻、减轻或者免除处罚。

34. 对于危害国家安全犯罪、故意危害公共安全犯罪、严重暴力犯罪、涉众型经济犯罪等严重犯罪;恐怖组织犯罪、邪教组织犯罪、黑恶势力犯罪等有组织犯罪的领导者、组织者和骨干分子;毒品犯罪再犯的严重犯罪者;确有执行能力而拒不依法积极主动缴付财产执行财产刑或确有履行能力而不积极主动履行附带民事赔偿责任的,在依法减刑、假释时,应当从严掌握。对累犯减刑时,应当从严掌握。拒不交代真实身份或对减刑、假释材料弄虚作假,不符合减刑、假释条件的,不得减刑、假释。

对于因犯故意杀人、爆炸、抢劫、强奸、绑架等暴力犯罪,致人死亡或严重残疾而被判处死刑缓期二年执行或无期徒刑的罪犯,要严格控制减刑的频度和每次减刑的幅度,要保证其相对较长的实际服刑期限,维护公平正义,确保改造效果。

对于未成年犯、老年犯、残疾罪犯、过失犯、中止犯、胁从犯、积极主动缴付财产执行财产刑或履行民事赔偿责任的罪犯、因防卫过当或避险过当而判处徒刑的罪犯以及其他主观恶性不深、人身危险性不大的罪犯,在依法减刑、假释时,应当根据悔改表现予以从宽掌握。对认罪伏法,遵守监规,积极参加学习、劳动,确有悔改表现的,依法予以减刑,减刑的幅度可以适当放宽,间隔的时间可以相应缩短。符合刑法第八十一条第一款规定的假释条件的,应当依法多适用假释。

五、完善贯彻宽严相济刑事政策的工作机制

35. 要注意总结审判经验,积极稳妥地推进量刑规范化工作。要规范法官的自由裁量权,逐步把量刑纳入法庭审理程序,增强量刑的公开性和透明度，充分实现量刑的公正和均衡，不断提高审理刑事案件的质量和效率。

36. 最高人民法院将继续通过总结审判经验，制发典型案例，加强审判指导，并制定关于案例指导制度的规范性文件，推进对贯彻宽严相济刑事政策案例指导制度的不断健全和完善。

37. 要积极探索人民法庭受理轻微刑事案件的工作机制，充分发挥人民法庭便民、利民和受案、审理快捷的优势，进一步促进轻微刑事案件及时审判，确保法律效果和社会效果的有机统一。

38. 要充分发挥刑事简易程序节约司法资源、提高审判效率、促进司法公正的功能，进一步强化简易程序的适用。对于被告人对被指控的基本犯罪事实无异议，并自愿认罪的第一审公诉案件，要依法进一步强化普通程序简化审的适用力度，以保障符合条件的案件都能得到及时高效的审理。

39. 要建立健全符合未成年人特点的刑事案件审理机制，寓教于审，惩教结合，通过科学、人性化的审理方式，更好地实现"教育、感化、挽救"的目的，促使未成年犯罪人早日回归社会。要积极推动有利于未成年犯罪人改造和管理的各项制度建设。对公安部门针对未成年人在缓刑、假释期间违法犯罪情况报送的拟撤销未成年犯罪人的缓刑或假释的报告，要及时审查，并在法定期限内及时做出决定，以真正形成合力，共同做好未成年人犯罪的惩戒和预防工作。

40. 对于刑事自诉案件，要尽可能多做化解矛盾的调解工作，促进双方自行和解。对于经过司法机关做工作，被告人认罪悔过，愿意赔偿被害人损失，取得被害人谅解，从而达成和解协议的，可以由自诉人撤回起诉，或者对被告人依法从轻或免予刑事处罚。对于可公诉也可自诉的刑事案件，检察机关提起公诉的，人民法院应当依法进行审理，依法定罪处罚。对民间纠纷引发的轻伤害等轻微刑事案件，诉至法院后当事人自行和解的，应当予以准许并记录在案。人民法院也可以在不违反法律规定的前提下，对此类案件尝试做一些促进和解的工作。

41. 要尽可能把握一切有利于附带民事诉讼调解结案的积极因素，多做促进当事人双方和解的辨法析理工作，以更好地落实宽严相济刑事政策，努力做到案结事了。要充分发挥被告人、被害人所在单位、社区基层组织、辩护人、诉讼代理人和近亲属在附带民事诉讼调解工作中的积极作用，协调各方共同做好促进调解工作，尽可能通过调解达成民事赔偿协议并以此取得被害人及其家属对被告人的谅解,化解矛盾,促进社会和谐。

42. 对于因受到犯罪行为侵害、无法及时获得有效赔偿、存在特殊生活困难的被害人及其亲属,由有关方面给予适当的资金救助,有利于化解矛盾纠纷,促进社会和谐稳定。各地法院要结合当地实际,在党委、政府的统筹协调和具体指导下,落实好、执行好刑事被害人救助制度,确保此项工作顺利开展,取得实效。

43. 对减刑、假释案件,要采取开庭审理与书面审理相结合的方式。对于职务犯罪案件,尤其是原为县处级以上领导干部罪犯的减刑、假释案件,要一律开庭审理。对于故意杀人、抢劫、故意伤害等严重危害社会治安的暴力犯罪分子,有组织犯罪案件中的首要分子和其他主犯以及其他重大、有影响案件罪犯的减刑、假释,原则上也要开庭审理。书面审理的案件,拟裁定减刑、假释的,要在羁押场所公示拟减刑、假释人员名单,接受其他在押罪犯的广泛监督。

44. 要完善对刑事审判人员贯彻宽严相济刑事政策的监督机制,防止宽严失当、枉法裁判、以权谋私。要改进审判考核考评指标体系,完善错案认定标准和错案责任追究制度,完善法官考核机制。要切实改变单纯以改判率、发回重审率的高低来衡量刑事审判工作质量和法官业绩的做法。要探索建立既能体现审判规律、符合法官职业特点,又能准确反映法官综合素质和司法能力的考评体制,对法官审理刑事案件质量,落实宽严相济刑事政策,实现刑事审判法律效果和社会效果有机统一进行全面、科学的考核。

45. 各级人民法院要加强与公安机关、国家安全机关、人民检察院、司法行政机关等部门的联系和协调,建立经常性的工作协调机制,共同研究贯彻宽严相济刑事政策的工作措施,及时解决工作中出现的具体问题。要根据"分工负责、相互配合、相互制约"的法律原则,加强与公安机关、人民检察院的工作联系,既各司其职,又进一步形成合力,不断提高司法公信,维护司法权威。要在律师辩护代理、法律援助、监狱提请减刑假释、开展社区矫正等方面加强与司法行政机关的沟通和协调,促进宽严相济刑事政策的有效实施。

2.《宽严相济在经济犯罪和职务犯罪案件审判中的具体贯彻》(2010年4月7日)

最高人民法院于2009年2月8日发布的《关于贯彻宽严相济刑事

政策的若干意见》(以下称《意见》),对宽严相济刑事政策的基本内涵作出了科学阐释,对宽严相济刑事政策的贯彻落实提出了明确要求,是新形势下刑事审判工作的一个纲领性文件,对于人民法院正确适用法律,充分发挥审判职能作用,最大限度地预防和减少犯罪、化解社会矛盾、维护社会和谐稳定,具有重要的实践指导意义。《意见》内涵深刻、内容丰富,为深入理解和正确适用本《意见》,现结合审判工作实际,就《意见》有关经济犯罪和职务犯罪案件审判工作中贯彻宽严相济刑事政策的规定说明如下:

一、宽严相济刑事政策在经济犯罪案件审判中的具体贯彻

(一)关于从严惩处的案件范围。根据《意见》第9条规定,发生在经济领域、需依法从严惩处的主要是指下列严重犯罪:以高利率或高回报为诱饵,针对社会公众实施的非法集资、非法证券、传销、地下"六合彩"等涉众型犯罪;制售假冒伪劣、有毒、有害食品、药品等损害群众切身利益的犯罪;制售伪劣农药、兽药、化肥、种子等坑农害农的犯罪;制贩假币、操纵证券期货市场、金融诈骗等严重危害金融秩序的犯罪;走私,逃税、骗税、虚开增值税专用发票等严重侵害国家经济利益的犯罪;重大环境污染、非法采矿、盗伐林木等各种严重破坏环境资源的犯罪。

(二)关于政策法律界限。对于当前金融危机背景下的经济违法行为,应当根据《意见》第4条规定的"审时度势"原则、第5条规定的"两个效果相统一"原则以及第14条、第23条规定的从宽要求,审慎分析判断其社会危害性,从有利于保障经济增长、维护社会稳定的角度依法准确定罪量刑。以非法集资案件为例说明如下:一是要准确界定非法集资与民间借贷、商业交易的政策法律界限。未经社会公开宣传,在单位职工或者亲友内部针对特定对象筹集资金的,一般可以不作为非法集资。二是要准确把握非法集资罪与非罪的界限。资金主要用于生产经营及相关活动,行为人有还款意愿,能够及时清退集资款项,情节轻微,社会危害不大的,可以免予刑事处罚或者不作为犯罪处理。此外,对于"边缘案"、"踩线案"、罪与非罪界限一时难以划清的案件,要从有利于促进企业生存发展、有利于保障员工生计、有利于维护社会和谐稳定的高度,依法妥善处理,可定可不定的,原则上不按犯罪处理。特别对于涉及企业、公司法定代表人、技术人员因政策界限不明而实施的轻微违法犯罪,更

要依法慎重处理。

(三)关于刑罚适用。(1)根据《意见》第6条关于从严处理的原则性规定以及第29条关于死刑适用政策的规定,对于数额特别巨大、情节特别恶劣、危害后果特别严重的经济犯罪,要依法从严惩处,对于罪行极其严重的经济犯罪分子,依法应当判处死刑的,要坚决适用死刑;对假币犯罪累犯、惯犯、涉案假币数额巨大或者全部流入社会的犯罪分子,应当依法从重判处;对于伪造货币集团的首要分子、骨干分子,伪造假币数额特别巨大或者有其他特别严重情节,罪行极其严重的犯罪分子,应当判处死刑的,要坚决依法判处死刑;对数额特别巨大,肆意挥霍集资资金或者归案后拒不交代赃款去向,造成特别重大经济损失或者致使被害人自杀身亡等严重后果的集资诈骗犯罪分子,应当依法从重判处;对造成严重疾患、伤亡后果或者以婴幼儿、危重病人为对象,社会影响恶劣的制售有毒有害食品、假药劣药犯罪分子,应当依法从重判处。(2)根据《意见》第25条规定的宽严"相济"要求,应当区分犯罪行为的具体情形区别对待。以走私犯罪为例,对海上偷运走私、绕关走私等未向海关报关的走私与价格瞒骗走私,走私特殊物品与走私普通货物、物品在具体量刑时都应当有所区别;对进口走私象牙等珍贵动物制品犯罪在量刑时应当酌情考虑出口国家的法律规定以及行为人的主观认识因素。(3)要切实执行《意见》第12条有关"对于侵财型和贪利型犯罪,更要注重通过依法适用财产刑使犯罪分子受到经济上的惩罚"的规定,以最大限度地挽回国家和人民利益的损失,安抚受害群众。同时,此类犯罪的目的就是获得非法利益,有针对性地加大经济制裁,特别是执行的力度,以有效地剥夺犯罪分子重新犯罪的条件,发挥刑罚的预防犯罪功能。

二、宽严相济刑事政策在职务犯罪案件审判中的具体贯彻

(一)关于从严惩处的案件范围。保持惩治腐败的高压态势,依法从严惩治腐败,是我国惩治和预防腐败工作的一项长期政策。根据《意见》第8条第1款规定,当前要特别注意严肃惩处以下职务犯罪:发生在领导机关和领导干部中滥用职权、贪污贿赂、腐化堕落、失职渎职等职务犯罪;工程建设、土地出让、产权交易、医药购销、政府采购、资源开发和经销、金融等多发易发领域的商业贿赂犯罪;在扩内需、保增长,灾后恢复重建等专项工作中发生的贪污贿赂、挪用公款、渎职等职务犯罪;黑恶势力犯罪、重大安全生产事故、重大食品安全等群体性事件背后的行贿受

贿、徇私舞弊、滥用职权、玩忽职守等职务犯罪;贪污、挪用、侵占农业投资专项资金等职务犯罪。

(二)关于政策法律界限。在坚持依法从严惩处职务犯罪的同时,同样需要根据《意见》第 14 条、第 25 条的规定,体现宽严"相济",做到严中有宽、宽以济严。以贿赂犯罪为例说明如下:(1)对于收受财物后于案发前退还或上交所收财物的,应当区分情况做出不同处理:收受请托人财物后及时退还或者上交的,因其受贿故意不能确定,同时为了感化、教育潜在受贿犯罪分子,故不宜以受贿处理;受贿后因自身或者与其受贿有关联的人、事被查处,为掩饰犯罪而退还或者上交的,因受贿行为既已完毕,且无主动悔罪之意思,故不影响受贿罪的认定。(2)对于行业、领域内带有一定普遍性、涉案人员众多的案件,要注意区别对待,防止因打击面过宽导致不良的社会效果。特别是对于普通医生的商业贿赂犯罪问题,更要注意运用多种手段治理应对。对收受回扣数额大的;明知药品伪劣,但为收受回扣而要求医院予以采购的;为收受回扣而给病人大量开药或者使用不对症药品,造成严重后果的;收受回扣造成其他严重影响的等情形,应依法追究刑事责任。(3)对于性质恶劣、情节严重、涉案范围广、影响面大的商业贿赂犯罪案件,特别是对于顶风作案的,或者案发后隐瞒犯罪事实、毁灭证据、订立攻守同盟、负案潜逃等企图逃避法律追究的,应当依照《意见》第 8 条第 2 款的规定依法从严惩处的同时,对于在自查自纠中主动向单位、行业主管(监管)部门讲清问题、积极退赃的,或者检举、揭发他人犯罪行为,有自首、立功情节的,应当依照《意见》有关规定依法从轻、减轻或者免予处罚。

(三)关于自首、立功等量刑情节的运用。自首、立功是法定的从宽情节。实践中要注意依照《意见》第 17 条、第 18 条等规定,结合"两高"《关于办理职务犯罪案件认定自首、立功等量刑情节若干问题的意见》的规定,做好职务犯罪案件审判工作中宽严相济刑事政策与法律规定的有机结合,具体如下:(1)要严格掌握自首、立功等量刑情节的法定标准和认定程序,确保自首、立功等量刑情节认定的严肃性和规范性的。(2)对于具有自首情节的犯罪分子,应当根据犯罪事实并结合自动投案的动机、阶段、客观环境,交代犯罪事实的完整性、稳定性以及悔罪表现等具体情节,依法决定是否从轻、减轻或者免除处罚以及从轻、减轻处罚的幅度。(3)对于具有立功情节的犯罪分子,应当根据犯罪事实并结合立功表现所起作用的大小、所破获案件的罪行轻重、所抓获犯罪嫌疑人可能判处的法定刑以及立功的时机等具体情节,依法决定是否从轻、减轻或者免除处罚以及从轻、减轻处罚的幅度。(4)对于犯罪分子依法不成立自首,但主动交代犯罪事实的,应当视其主动交代的犯罪事实情况及对证据收集的作用大小,酌情从轻处罚。(5)赃款赃物追回的,应当注意区分贪污、受贿等不同性质的犯罪以及犯罪分子在追赃中的具体表现,决定是否从轻处罚以及从轻处罚的幅度。

(四)关于缓刑等非监禁刑的适用。在依照《意见》第 14 条、第 15 条、第 16 条规定适用缓刑等非监禁刑时,应当充分考虑到当前职务犯罪案件缓刑等非监禁刑适用比例偏高的实际情况,以及职务犯罪案件适用非监禁刑所需要的社会民意基础和过多适用非监禁刑可能带来的社会负面影响。贪污、受贿犯罪分子具有下列情形之一的,一般不得适用缓刑:致使国家、集体和人民利益遭受重大损失或者影响恶劣的;不退赃或者退赃不积极,无悔罪表现的;犯罪动机、手段等情节恶劣,或者将赃款用于非法经营、走私、赌博、行贿等违法犯罪活动的;属于共同犯罪中情节严重的主犯,或者犯有数罪的;曾因职务、经济违法犯罪行为受过行政处分或者刑事处罚的;犯罪涉及的财物属于救灾、抢险、防汛、防疫、优抚、扶贫、移民、救济、捐助、社会保险、教育、征地、拆迁等专项款项和物资的。渎职犯罪分子具有下列情形之一的,一般不适用缓刑:(1)依法减轻处罚后判处三年有期徒刑以下刑罚的;(2)渎职犯罪造成特别恶劣影响的;(3)渎职行为同时构成其他犯罪,以渎职犯罪一罪处理或者实行数罪并罚的。

3.《最高人民法院关于常见犯罪的量刑指导意见》(法发〔2017〕7 号,2017 年 4 月 1 日)。

4.《最高人民法院、最高人民检察院、公安部、国家安全部、司法部关于规范量刑程序若干问题的意见(试行)》(法发〔2010〕35 号,2010 年 10 月 1 日)。

第一节　量　　刑[1]

S.1-1　《最高人民法院关于常见犯罪的量刑指导意见》(法发〔2017〕7号,2017年4月1日)

为进一步规范刑罚裁量权,落实宽严相济刑事政策,增强量刑的公开性,实现量刑公正,根据刑法和刑事司法解释等有关规定,结合审判实践,制定本指导意见。

一、量刑的指导原则

1. 量刑应当以事实为根据,以法律为准绳,根据犯罪的事实、犯罪的性质、情节和对于社会的危害程度,决定判处的刑罚。

2. 量刑既要考虑被告人所犯罪行的轻重,又要考虑被告人应负刑事责任的大小,做到罪责刑相适应,实现惩罚和预防犯罪的目的。

3. 量刑应当贯彻宽严相济的刑事政策,做到该宽则宽,当严则严,宽严相济,罚当其罪,确保裁判法律效果和社会效果的统一。

4. 量刑要客观、全面把握不同时期不同地区的经济社会发展和治安形势的变化,确保刑法任务的实现;对于同一地区同一时期、案情相似的案件,所判处的刑罚应当基本均衡。

二、量刑的基本方法

量刑时,量刑时,应以定性分析为主,定量分析为辅,依次确定量刑起点、基准刑和宣告刑。

1. 量刑步骤

(1)根据基本犯罪构成事实在相应的法定刑幅度内确定量刑起点;

(2)根据其他影响犯罪构成的犯罪数额、犯罪次数、犯罪后果等犯罪事实,在量刑起点的基础上增加刑罚量确定基准刑;

(3)根据量刑情节调节基准刑,并综合考虑全案情况,依法确定宣告刑。

2. 调节基准刑的方法

(1)具有单个量刑情节的,根据量刑情节的调节比例直接调节基准刑。

(2)具有多个量刑情节的,一般根据各个量刑情节的调节比例,采用同向相加、逆向相减的方法调节基准刑;具有未成年人犯罪、老年人犯罪、限制行为能力的精神病人犯罪、又聋又哑的人或者盲人犯罪,防卫过当、避险过当、犯罪预备、犯罪未遂、犯罪中止,从犯、胁从犯和教唆犯等量刑情节的,先适用该量刑情节对基准刑进行调节,在此基础上,再适用其他量刑情节进行调节。

(3)被告人犯数罪,同时具有适用于各个罪的立功、累犯等量刑情节的,先适用该量刑情节调节个罪的基准刑,确定个罪所应判处的刑罚,再依法实行数罪并罚,决定执行的刑罚。

3. 确定宣告刑的方法

(1)量刑情节对基准刑的调节结果在法定刑幅度内,且罪责刑相适应的,可以直接确定为宣告刑;如果具有应当减轻处罚情节的,应依法在法定最低刑以下确定宣告刑。

(2)量刑情节对基准刑的调节结果在法定最低刑以下,具有法定减轻处罚情节,且罪责刑相适应的,可以直接确定为宣告刑;只有从轻处罚情节的,可以依法确定法定最低刑为宣告刑;但是根据案件的特殊情况,经最高人民法院核准,也可以在法定刑以下判处刑罚。

(3)量刑情节对基准刑的调节结果在法定最高刑以上的,可以依法确定法定最高刑为宣告刑。

(4)综合考虑全案情况,独任审判员或合议庭可以在20%的幅度内对调节结果进行调整,确定宣告刑。当调节后的结果仍不符合罪责刑相适应原则的,应提交审判委员会讨论,依法确定宣告刑。

(5)综合全案犯罪事实和量刑情节,依法应当判处无期徒刑以上刑罚、管制或者单处附加刑、缓刑、免刑的,应当依法适用。

三、常见量刑情节的适用

量刑时要充分考虑各种法定和酌定量刑情节,根据案件的全部犯罪事实以及量刑情节的不同情形,依法确定量刑情节的适用及其调节比例。对严重暴力犯罪、毒品犯罪等严重危害社会治安犯罪,在确定从宽的幅度时,应当从严掌握;对犯罪情节较轻的犯罪,应当充分体现从宽。具体确定各个量刑情节的调节比例时,应当综合平衡调节幅度与实际增减刑罚量的关系,确保罪责刑相适应。

13. 对于犯罪对象为未成年人、老年人、残疾人、孕妇等弱势人员的,综合考虑犯罪的性质、犯罪的严重程度等情况,可以增加基准刑的20%以下。

14. 对于在重大自然灾害、预防、控制突发传染病疫情等灾害期间故意犯罪的，根据案件的具体情况，可以增加基准刑的20%以下。

第六十一条　【量刑根据】对于犯罪分子决定刑罚的时候，应当根据犯罪的事实、犯罪的性质、情节[1] 和对于社会的危害程度，依照本法的有关规定判处。

61-1　法释〔2012〕21号第一百五十七条　审理刑事附带民事诉讼案件，人民法院应当结合被告人赔偿被害人物质损失的情况认定其悔罪表现，并在量刑时予以考虑。

第六十二条　【从重处罚与从轻处罚】犯罪分子具有本法规定的从重处罚、从轻处罚情节的，应当在法定刑的限度以内判处刑罚。

第六十三条　（刑八）【减轻处罚】犯罪分子具有本法规定的减轻处罚情节的，应当在法定刑以下判处刑罚；本法规定有数个量刑幅度的，应当在法定量刑幅度的下一个量刑幅度内判处刑罚。*

犯罪分子虽然不具有本法规定的减轻处罚情节，但是根据案件的特殊情况**，经最高人民法院核准，[1] 也可以在法定刑以下判处刑罚。[2]

63-1　《最高人民法院关于适用〈中华人民共和国刑事诉讼法〉的解释》（法释〔2012〕21号，2013年1月1日）第三百三十六条　报请最高人民法院核准在法定刑以下判处刑罚的案件，按下列情形分别处理：

（一）被告人未上诉、人民检察院未抗诉的，在上诉、抗诉期满后三日内报请上一级人民法院复核。上一级人民法院同意原判的，应当书面层报最高人民法院核准；不同意的，应当裁定发回重新审判，或者改变管辖

---

* 《刑法修正案（八）》增加，原条文只规定了前半部分。限制减轻处罚只能在下一个量刑档量刑，限制了法官的量刑自由裁量权。

** 有论者认为，本款主要是解决具有特殊情节的个案中的“法律适用”问题，而非事实问题。

按照第一审程序重新审理。原判是基层人民法院作出的,高级人民法院可以指定中级人民法院按照第一审程序重新审理;

(二)被告人上诉或者人民检察院抗诉的,应当依照第二审程序审理。第二审维持原判,或者改判后仍在法定刑以下判处刑罚的,应当依照前项规定层报最高人民法院核准。

法释〔2012〕21号第三百三十七条 报请最高人民法院核准在法定刑以下判处刑罚的案件,应当报送判决书、报请核准的报告各五份,以及全部案卷、证据。

法释〔2012〕21号第三百三十八条 对在法定刑以下判处刑罚的案件,最高人民法院予以核准的,应当作出核准裁定书;不予核准的,应当作出不核准裁定书,并撤销原判决、裁定,发回原审人民法院重新审判或者指定其他下级人民法院重新审判。

63-2 《最高人民法院关于适用刑法时间效力规定若干问题的解释》(法释〔1997〕5号,1997年10月1日)第二条 犯罪分子在1997年9月30日以前犯罪,不具有法定减轻处罚情节,但是根据案件的具体情况需要在法定刑以下判处刑罚的,适用修订前的刑法第五十九条第二款的规定。

第六十四条 【犯罪物品的处理】犯罪分子违法所得的一切财物,应当予以追缴[1]或者责令退赔;[2]对被害人的合法财产,应当及时返还;违禁品和供犯罪所用的本人财物[*],应当予以没收。没收的财物和罚金,一律上缴国库,不得挪用和自行处理。

64-1 **1.**《最高人民法院关于刑事裁判涉财产部分执行的若干规定》(法释〔2014〕13号,2014年11月6日)第十条 对赃款赃物及其收益,人民法院应当一并追缴。

被执行人将赃款赃物投资或者置业,对因此形成的财产及其收益,人民法院应予追缴。

被执行人将赃款赃物与其他合法财产共同投资或者置业,对因此形

---

* 认定的标准有四:一是应直接用于犯罪之物;二是故意犯罪;三是用途专门或主要用于犯罪;四是适用罪刑相适应原则。借鉴德国刑法第74条B。

成的财产中与赃款赃物对应的份额及其收益,人民法院应予追缴。

对于被害人的损失,应当按照刑事裁判认定的实际损失予以发还或者赔偿。

2.《最高人民法院、最高人民检察院关于办理贪污贿赂刑事案件适用法律若干问题的解释》(法释〔2016〕9号,2016年4月18日)第十八条 贪污贿赂犯罪分子违法所得的一切财物,应当依照刑法第六十四条的规定予以追缴或者责令退赔,对被害人的合法财产应当及时返还。对尚未追缴到案或者尚未足额退赔的违法所得,应当继续追缴或者责令退赔。

3.《最高人民法院、最高人民检察院关于办理职务犯罪案件认定自首、立功等量刑情节若干问题的意见》(法发〔2009〕13号,2009年3月12日) 四、关于赃款赃物追缴等情形的处理

贪污案件中赃款赃物全部或者大部分追缴的,一般应当考虑从轻处罚。

受贿案件中赃款赃物全部或者大部分追缴的,视具体情况可以酌定从轻处罚。

犯罪分子及其亲友主动退赃或者在办案机关追缴赃款赃物过程中积极配合的,在量刑时应当与办案机关查办案件过程中依职权追缴赃款赃物的有所区别。

职务犯罪案件立案后,犯罪分子及其亲友自行挽回的经济损失,司法机关或者犯罪分子所在单位及其上级主管部门挽回的经济损失,或者因客观原因减少的经济损失,不予扣减,但可以作为酌情从轻处罚的情节。

64-2 **1.** 法释〔2012〕21号第一百三十九条 被告人非法占有、处置被害人财产的,应当依法予以追缴或者责令退赔。被害人提起附带民事诉讼的,人民法院不予受理。追缴、退赔的情况,可以作为量刑情节考虑。

2.《最高人民法院关于常见犯罪的量刑指导意见》(法发〔2017〕7号) 三、常见量刑情节的适用 8. 对于退赃、退赔的,综合考虑犯罪性质,退赃、退赔行为对损害结果所能弥补的程度,退赃、退赔的数额及主动程度等情况,可以减少基准刑的30%以下;其中抢劫等严重危害社会治安犯罪的应从严掌握。

第二节 累 犯[1]

S.2-1 法释〔2012〕21号第一百一十一条 证明被告人构成累犯、毒品再犯的证据材料,应当包括前罪的裁判文书、释放证明等材料;材料不全的,应当要求有关机关提供。

法释〔2012〕21号第六十四条第二款 认定被告人有罪和对被告人从重处罚,应当适用证据确实、充分的证明标准。

第六十五条 (刑八)**【一般累犯】**被判处有期徒刑以上刑罚的犯罪分子,刑罚执行完毕或者赦免以后*,在五年以内[1]再犯应当判处有期徒刑以上刑罚之罪的,是累犯,应当从重处罚,[2]但是过失犯罪和不满十八周岁的人犯罪的**除外。

前款规定的期限,对于被假释的犯罪分子,从假释期满之日起计算。

65-1 《最高人民法院关于适用刑法时间效力规定若干问题的解释》(法释〔1997〕5号,1997年10月1日)第三条 前罪判处的刑罚已经执行完毕或者赦免,在1997年9月30日以前又犯应当判处有期徒刑以上刑罚之罪,是否构成累犯,适用修订前的刑法第六十一条的规定;1997年10月1日以后又犯应当判处有期徒刑以上刑罚之罪的,是否构成累犯,适用刑法第六十五条的规定。

65-2 **1.**《最高人民法院关于贯彻宽严相济刑事政策的若干意见》(法发〔2010〕9号,2010年2月8日) 二、准确把握和正确适用依法从"严"的政策要求

11.要依法从严惩处累犯和毒品再犯。凡是依法构成累犯和毒品再犯的,即使犯罪情节较轻,也要体现从严惩处的精神。尤其是对于前罪

---

* 被假释的犯罪人在假释考验期内再犯新罪,被判处缓刑的犯罪人在缓刑考验期内再犯新罪,以及被判处缓刑的犯罪人在缓刑考验期后再犯新罪的,均不成立累犯。

** 《刑法修正案(八)》增加了"不满十八周岁的人犯罪"的情况。

为暴力犯罪或被判处重刑的累犯，更要依法从严惩处。

2.《最高人民法院关于常见犯罪的量刑指导意见》（法发〔2017〕7号）　三、常见量刑情节的适用

11. 对于累犯，应当综合考虑前后罪的性质、刑罚执行完毕或赦免以后至再犯罪时间的长短以及前后罪罪行轻重等情况，增加基准刑的10%～40%，一般不少于3个月。

12. 对于有前科的，综合考虑前科的性质、时间间隔长短、次数、处罚轻重等情况，可以增加基准刑的10%以下。前科犯罪为过失犯罪和未成年人犯罪的除外。

第六十六条　（刑八）【特别累犯】危害国家安全犯罪、恐怖活动犯罪、黑社会性质的组织犯罪*的犯罪分子，在刑罚执行完毕或者赦免以后，在任何时候再犯上述任一类罪的，都以累犯论处。

第三节[1]　自首和立功**

S.3-1　1.《最高人民法院关于处理自首和立功具体应用法律若干问题的解释》（法释〔1998〕8号，1998年5月9日）。2.《最高人民法院、最高人民检察院关于办理职务犯罪案件认定自首、立功等量刑情节若干问题的意见》***（法发〔2009〕13号，2009年3月12日）。3.《最高人民法院印发〈关于处理自首和立功若干具体问题的意见〉的通知》（法发〔2010〕60号，2010年12月22日）。

---

* 《刑法修正案（八）》增加了恐怖活动犯罪、黑社会性质的组织犯罪等两类犯罪也构成特别累犯。

** 自首和立功似乎存在矛盾，如某人是自首的，那么其他人就不会因此而立功，因为立功必须是犯罪人带领侦查人员将其他犯罪人抓获的，而不可能是后者自首。解决这一矛盾在于放宽对立功的认定标准，只要起到了协助作用，就可以认定立功。参见《刑事审判参考》第42期第331号案例，带领侦查人员抓捕同案犯未果后电话劝说对方自首的行为是否属于立功表现。

*** 该意见进一步规范了自首和立功的认定标准，严格了认定程序，明确了从宽幅度，对准确处理自首和立功问题，正确贯彻宽严相济刑事政策和“保留死刑，严格控制和慎重适用死刑”政策，进一步提高刑事审判工作的质量和效率，都具有十分重要的意义。

第六十七条　【自首】犯罪以后自动投案,[1] 如实供述自己的罪行的*,[2] 是自首。对于自首的犯罪分子,可以从轻或者减轻处罚。[3] 其中,犯罪较轻的,可以免除处罚。

被采取强制措施的犯罪嫌疑人、被告人和正在服刑的罪犯,如实供述司法机关还未掌握的本人其他罪行[4] 的,以自首论。**

(刑八)【坦白】***犯罪嫌疑人虽不具有前两款规定的自首情节,但是如实供述自己罪行的,可以从轻处罚[5];因其如实供述自己罪行,避免特别严重后果发生的,可以减轻处罚。

67-1　1. 法释〔1998〕8号第一条　根据刑法第六十七条第一款的规定,犯罪以后自动投案,如实供述自己的罪行的,是自首。

(一)自动投案,是指犯罪事实或者犯罪嫌疑人未被司法机关发觉,或者虽被发觉,但犯罪嫌疑人尚未受到讯问、未被采取强制措施****时,主动、直接向公安机关、人民检察院或者人民法院投案。

犯罪嫌疑人向其所在单位、城乡基层组织或者其他有关负责人员投案的(亲首);犯罪嫌疑人因病、伤或者为了减轻犯罪后果,委托他人先代

---

* 有观点认为,"如实供述",必须是在司法机关掌握主要犯罪之前,才能体现悔罪态度和节约司法资源。故将"如实供述"的时间限定在犯罪嫌疑人到案后的第一份口供。犯罪嫌疑人自动投案后,虽然投案初期没有交代自己的主要犯罪事实,但在司法机关掌握其主要犯罪事实之前主动交代的,还应认定为如实供述自己的罪行。

《最高人民法院关于处理自首和立功若干具体问题的意见》规定:"类似情况下,对具有自首情节的被告人的从宽幅度要适当宽于具有立功情节的被告人。"之所以这样规定,主要是考虑到自首情节对每一名犯罪分子机会均等,而立功则不是人人都有机会,且自首比立功更能充分体现出犯罪分子的悔罪态度,故对自首的认定标准和从宽幅度的掌握要更宽一些。

** 一般自首与特殊自首或余罪自首的区别有两点:1. 投案的主体不同。前者指的是尚未受到强制措施的人,而后者是受到强制措施的人。2. 一般自首所供述的罪行,既可以是司法机关已掌握的罪行,也可以包括司法机关尚未掌握的罪行;而特殊自首所供述的必须是司法机关尚未掌握的罪行。

*** 坦白原是酌定量刑情节,后在《刑法修正案(八)》中增加第六十七条第三款,成为法定量刑情节。这里并不要求行为人以自己的身体动作直接避免特别严重后果发生,只要行为人的如实供述使得司法机关或被害人等能够采取措施避免特别严重后果发生,或者说,只要行为人的如实供述对避免特别严重后果的发生起到了重要作用,便符合上述条件。(张明楷:《刑法学(上)》(第五版),法律出版社2016年版,第567页)

**** 传唤不是强制措施,而拘传属于强制措施。

为投案(代首),或者先以信电投案的;罪行未被司法机关发觉,仅因形迹可疑被有关组织或者司法机关盘问、教育后,主动交代自己的罪行的;犯罪后逃跑,在被通缉、追捕过程中,主动投案的;经查实确已准备去投案,或者正在投案途中,被公安机关捕获的,应当视为自动投案。

并非出于犯罪嫌疑人主动,而是经亲友规劝、陪同投案的(陪首);公安机关通知犯罪嫌疑人的亲友,或者亲友主动报案后,将犯罪嫌疑人送去投案的(送首),也应当视为自动投案。*

犯罪嫌疑人自动投案后又逃跑的,不能认定为自首。

2. 法发〔2010〕60号　一、关于"自动投案"的具体认定:《解释》(此为《最高人民法院关于处理自首和立功具体应用法律若干问题的解释》之简称):第一条第(一)项规定七种应当视为自动投案的情形,体现了犯罪嫌疑人投案的主动性和自愿性。根据《解释》第一条第(一)项的规定,犯罪嫌疑人具有以下情形之一的,也应当视为自动投案:

1. 犯罪后主动报案,虽未表明自己是作案人,但没有逃离现场,在司法机关询问时交代自己罪行的;

2. 明知他人报案而在现场等待,抓捕时无拒捕行为,供认犯罪事实的;

3. 在司法机关未确定犯罪嫌疑人,尚在一般性排查询问时主动交代自己罪行的;

4. 因特定违法行为被采取劳动教养、行政拘留、司法拘留、强制隔离戒毒等行政、司法强制措施期间,主动向执行机关交代尚未被掌握的犯罪行为的;

5. 其他符合立法本意,应当视为自动投案的情形。

罪行未被有关部门、司法机关发觉,仅因形迹可疑被盘问、教育后,主动交代了犯罪事实的,应当视为自动投案,但有关部门、司法机关在其身上、随身携带的物品、驾乘的交通工具等处发现与犯罪有关的物品的,不能认定为自动投案。交通肇事后保护现场、抢救伤者,并向公安机关报告的,应认定为自动投案,构成自首的,因上述行为同时系犯罪嫌疑人的法定义务,对其是否从宽、从宽幅度要适当从严掌握。

---

* 法发〔2010〕60号　一、关于"自动投案"的具体认定:犯罪嫌疑人被亲友采用捆绑等手段送到司法机关,或者在亲友带领侦查人员前来抓捕时无拒捕行为,并如实供认犯罪事实的,虽然不能认定为自动投案,但可以参照法律对自首的有关规定酌情从轻处罚。

交通肇事逃逸后自动投案,如实供述自己罪行的,应认定为自首,但应依法以较重法定刑为基准,视情决定对其是否从宽处罚以及从宽处罚的幅度。

犯罪嫌疑人被亲友采用捆绑等手段送到司法机关,或者在亲友带领侦查人员前来抓捕时无拒捕行为,并如实供认犯罪事实的,虽然不能认定为自动投案,但可以参照法律对自首的有关规定酌情从轻处罚。

3. 法发〔2009〕13号　一、关于自首的认定和处理

根据刑法第六十七条第一款的规定,成立自首需同时具备自动投案和如实供述自己的罪行两个要件。犯罪事实或者犯罪分子未被办案机关掌握,或者虽被掌握,但犯罪分子尚未受到调查谈话、讯问,或者未被宣布采取调查措施或者强制措施时,向办案机关投案的,是自动投案。在此期间如实交代自己的主要犯罪事实的,应当认定为自首。

犯罪分子向所在单位等办案机关以外的单位、组织或者有关负责人员投案的,应当视为自动投案。

没有自动投案,在办案机关调查谈话、讯问、采取调查措施或者强制措施期间,犯罪分子如实交代办案机关掌握的线索所针对的事实的,不能认定为自首。

单位犯罪案件中,单位集体决定或者单位负责人决定而自动投案,如实交代单位犯罪事实的,或者单位直接负责的主管人员自动投案,如实交代单位犯罪事实的,应当认定为单位自首。单位自首的,直接负责的主管人员和直接责任人员未自动投案,但如实交代自己知道的犯罪事实的,可以视为自首;拒不交代自己知道的犯罪事实或者逃避法律追究的,不应当认定为自首。单位没有自首,直接责任人员自动投案并如实交代自己知道的犯罪事实的,对该直接责任人员应当认定为自首。

对于具有自首情节的犯罪分子,办案机关移送案件时应当予以说明并移交相关证据材料。

4. 法释〔2012〕21号第一百零八条　对侦查机关出具的被告人到案经过、抓获经过等材料,应当审查是否有出具该说明材料的办案人、办案机关的签名、盖章。对到案经过、抓获经过或者确定被告人有重大嫌疑的根据有疑问的,应当要求侦查机关补充说明。

法释〔2012〕21号第一百一十条　证明被告人自首、坦白、立功的证据材料,没有加盖接受被告人投案、坦白、检举揭发等的单位的印章,或

者接受人员没有签名的,不得作为定案的根据。对被告人及其辩护人提出有自首、坦白、立功的事实和理由,有关机关未予认定,或者有关机关提出被告人有自首、坦白、立功表现,但证据材料不全的,人民法院应当要求有关机关提供证明材料,或者要求相关人员作证,并结合其他证据作出认定。

67-2　1. 法释〔1998〕8 号第一条　根据刑法第六十七条第一款的规定,犯罪以后自动投案,如实供述自己的罪行的,是自首。

(二)如实供述自己的罪行,是指犯罪嫌疑人自动投案后,如实交代自己的主要犯罪事实。

犯有数罪的犯罪嫌疑人仅如实供述所犯数罪中部分犯罪的,只对如实供述部分犯罪的行为,认定为自首。

共同犯罪案件中的犯罪嫌疑人,除如实供述自己的罪行,还应当供述所知的同案犯,主犯则应当供述所知其他同案的共同犯罪事实*,才能认定为自首。

犯罪嫌疑人自动投案并如实供述自己的罪行后又翻供的,不能认定为自首,但在一审判决前又能如实供述的,应当认定为自首。

2.《最高人民法院关于被告人对行为性质的辩解是否影响自首成立问题的批复》(法释〔2004〕2 号,2004 年 4 月 1 日)　根据刑法第六十七条第一款和最高人民法院《关于处理自首和立功具体应用法律若干问题的解释》第一条的规定,犯罪以后自动投案,如实供述自己的罪行的,是自首。被告人对行为性质的辩解不影响自首的成立。

理解与适用:成立自首的两个条件,从性质上看,属于客观要件;如实供述的核心内容是"客观事实",而非"主观心理"。如果行为人不否认或基本不否认犯罪行为的客观事实方面,能如实交代其行为的客观方面,而仅否认主观内容方面,无论是否认其主观犯罪故意,还是否认其客观行为的犯罪性质,均属于辩解,不影响自首的成立。从逻辑关系上看,属于充分必要条件,即只要符合这两个要件,就成立自首,成立自首,必

---

* 共犯和主犯在如实供述自己的罪行方面有明显区别,共犯只要如实供述所知的同案犯,而主犯除此之外,还应供述同案犯的罪行。1979 年刑法对自首的内涵未作具体规定,但当年的刑法理论将悔改作为自首成立条件之一,自首的三要件是,自动投案、如实交代自己的罪行、接受审查和裁判,现行刑法理论不再将悔罪作为自首的条件。

须符合这两个要件。动机并不影响自首的成立。被告人对其行为性质进行辩解,是其依法行使辩护权的具体体现。需要注意的是,在共同犯罪中,犯罪故意的共谋本身,不仅是一种主观心理态度,而且是一种应如实交代的客观事实,辩解中对主观故意的否定不包括对共谋行为及内容的否定,如果犯罪分子不如实交代共谋的过程及内容,就不能认为是作了如实供述,也就不应认定为自首。

3. 法发〔2010〕60 号　二、关于"如实供述自己的罪行"的具体认定:《解释》*:第一条第(二)项规定如实供述自己的罪行,除供述自己的主要犯罪事实外,还应包括姓名、年龄、职业、住址、前科等情况。犯罪嫌疑人供述的身份等情况与真实情况虽有差别,但不影响定罪量刑的,应认定为如实供述自己的罪行。犯罪嫌疑人自动投案后隐瞒自己的真实身份等情况,影响对其定罪量刑的,不能认定为如实供述自己的罪行。犯罪嫌疑人多次实施同种罪行的,应当综合考虑已交代的犯罪事实与未交代的犯罪事实的危害程度,决定是否认定为如实供述主要犯罪事实。虽然投案后没有交代全部犯罪事实,但如实交代的犯罪情节重于未交代的犯罪情节,或者如实交代的犯罪数额多于未交代的犯罪数额,一般应认定为如实供述自己的主要犯罪事实。无法区分已交代的与未交代的犯罪情节的严重程度,或者已交代的犯罪数额与未交代的犯罪数额相当,一般不认定为如实供述自己的主要犯罪事实。犯罪嫌疑人自动投案时虽然没有交代自己的主要犯罪事实,但在司法机关掌握其主要犯罪事实之前主动交代的,应认定为如实供述自己的罪行。

67-3　1.《最高人民法院关于常见犯罪的量刑指导意见》(法发〔2017〕7 号)　三、常见量刑情节的适用　4. 对于自首情节,综合考虑自首的动机、时间、方式、罪行轻重、如实供述罪行的程度以及悔罪表现等情况,可以减少基准刑的 40% 以下;犯罪较轻的,可以减少基准刑的 40% 以上或者依法免除处罚。恶意利用自首规避法律制裁等不足以从宽处罚的除外。

2. 法发〔2010〕9 号　三、准确把握和正确适用依法从"宽"的政策要求

17. 对于自首的被告人,除了罪行极其严重、主观恶性极深、人身危险性极大,或者恶意地利用自首规避法律制裁者以外,一般均应当依法

* 此为《最高人民法院关于处理自首和立功具体应用法律若干问题的解释》之简称。

从宽处罚*。对于亲属以不同形式送被告人归案或协助司法机关抓获被告人而认定为自首的，原则上都应当依法从宽处罚；有的虽然不能认定为自首，但考虑到被告人亲属支持司法机关工作，促使被告人到案、认罪、悔罪，在决定对被告人具体处罚时，也应当予以充分考虑。

3. 法发〔2009〕13号　一、关于自首的认定和处理　对于具有自首情节的犯罪分子，应当根据犯罪的事实、性质、情节和对于社会的危害程度，结合自动投案的动机、阶段、客观环境，交代犯罪事实的完整性、稳定性以及悔罪表现等具体情节，依法决定是否从轻、减轻或者免除处罚以及从轻、减轻处罚的幅度。

67-4　1. 法释〔1998〕8号第二条　根据刑法第六十七条第二款的规定，被采取强制措施的犯罪嫌疑人、被告人和已宣判**的罪犯，如实供述司法机关尚未掌握的罪行，与司法机关已掌握的或者判决确定的罪行属不同种罪行的，以自首论。

法释〔1998〕8号第四条　被采取强制措施的犯罪嫌疑人、被告人和已宣判的罪犯，如实供述司法机关尚未掌握的罪行，与司法机关已掌握的或者判决确定的罪行属同种罪行的，可以酌情从轻处罚；如实供述的同种罪行较重的，一般应当从轻处罚。

2. 法发〔2009〕13号　一、关于自首的认定和处理　没有自动投案，但具有以下情形之一的，以自首论：(1)犯罪分子如实交代办案机关未掌握的罪行，与办案机关已掌握的罪行属不同种罪行的；(2)办案机关所掌握线索针对的犯罪事实不成立，在此范围外犯罪分子交代同种罪行的。

理解与适用：刑法规定的以自首论的立法本意，与自首一样，是立足于有利于案件侦破。当犯罪分子不具有自动投案的情节，但由于交代了办案机关没有掌握的其他罪行，从而使案件得以侦破的，应当视为自首，即以自首论。基于职务犯罪案件的实际，《意见》对职务犯罪分子没有自动投案但如实供述司法机关还未掌握的本人其他罪行的，规定了两种以自首论的情形：一是犯罪分子如实交代办案机关未掌握的罪行，与办案机

---

* 1. 具体确定从轻、减轻还是免除处罚，应当根据犯罪轻重，并考虑自首的具体情节。2. 如实供述罪行并非绝对的，而是相对的，故有程度之分。（诸犯罪未发而自首者，原其罪。其轻罪虽发，因首重罪，免其重罪；即因问所劾之事而别言余罪者，亦如之。即遣人代首，若于法得相容隐者为首及相告言者，各听如罪人身首首法。）

** 将“正在服刑”改为“已宣判”。

关已掌握的罪行属不同种罪行的。如办案机关掌握的是犯罪分子贪污的罪行,但是在办案机关对其采取调查谈话等措施后,犯罪分子交代了受贿的罪行,对于犯罪分子交代受贿的罪行,应当视为自首。二是办案机关所掌握线索针对的犯罪事实不成立,在此范围外犯罪分子交代同种罪行的。如办案机关收到了某甲收受某乙贿赂的举报材料,但是在对某甲采取调查谈话等措施后,通过调查发现某甲收受某乙贿赂的犯罪事实不存在或者不成立犯罪,但在此期间某甲主动交代了收受某丙贿赂的犯罪事实,对此应视为自首。

3. 法发〔2010〕60号　三、关于"司法机关还未掌握的本人其他罪行"和"不同种罪行"的具体认定:犯罪嫌疑人、被告人在被采取强制措施期间,向司法机关主动如实供述本人的其他罪行,该罪行能否认定为司法机关已掌握,应根据不同情形区别对待。如果该罪行已被通缉,一般应以该司法机关是否在通缉令发布范围内作出判断,不在通缉令发布范围内的,应认定为还未掌握,在通缉令发布范围内的,应视为已掌握;如果该罪行已录入全国公安信息网络在逃人员信息数据库,应视为已掌握。如果该罪行未被通缉也未录入全国公安信息网络在逃人员信息数据库,应以该司法机关是否已实际掌握该罪行为标准。犯罪嫌疑人、被告人在被采取强制措施期间如实供述本人其他罪行,该罪行与司法机关已掌握的罪行属同种罪行还是不同种罪行,一般应以罪名区分。虽然如实供述的其他罪行的罪名与司法机关已掌握犯罪的罪名不同,但如实供述的其他犯罪与司法机关已掌握的犯罪属选择性罪名或者在法律、事实上密切关联,如因受贿被采取强制措施后,又交代因受贿为他人谋取利益行为,构成滥用职权罪的,应认定为同种罪行。

理解与适用:如果"其他罪行"包括同种罪行,则自首范围过宽,将导致实践中几乎所有的盗窃、抢劫、贪污、受贿等案件都有自首,既不严肃,也使处理案件时,有一部分罪行算自首,另一部分不算自首,不便于执行。当然,对于如实供述同种罪名,仍可依法酌情从轻处罚。

4. 刘某、姚某挪用公款案(《刑事审判参考》总第84辑第755号)裁判要旨:职务犯罪案件中办案机关掌握的线索,不限于直接查证犯罪事实的线索,还包括与查证犯罪事实有关的线索。被告人交代的事实与办案机关所掌握的线索针对的事实属于同种罪行,则不成立自首。

办案机关掌握的线索是认定职务犯罪自首的重要标准,准确理解和把握办案机关掌握的线索范围，是职务犯罪自首认定最关键的问题之一。线索本身是一个中性概念，线索并不等于犯罪事实本身，有时甚至不能起到直接查证犯罪事实的作用。在刑事案件中，线索大致可分为两种类型：一种是能够直接查证犯罪事实的线索；另一种是不能直接查证犯罪事实，但与查证犯罪事实有关联的线索。后一种线索虽不能直接认定犯罪事实，但其具有指向犯罪事实的作用。办案机关掌握此类线索后，能够研判行为人可能涉嫌的犯罪事实的类型。只要办案机关掌握了上述任何一种线索，对被告人均不能认定为自首。

67-5 《最高人民法院关于常见犯罪的量刑指导意见》（法发〔2017〕7号）　三、常见量刑情节的适用

5. 对于坦白情节，综合考虑如实供述罪行的阶段、程度、罪行轻重以及悔罪程度等情况，确定从宽的幅度。

（1）如实供述自己罪行的，可以减少基准刑的20%以下；

（2）如实供述司法机关尚未掌握的同种较重罪行的，可以减少基准刑的10%～30%；

（3）因如实供述自己罪行，避免特别严重后果发生的，可以减少基准刑的30%～50%。

6. 对于当庭自愿认罪的，根据犯罪的性质、罪行的轻重、认罪程度以及悔罪表现等情况，可以减少基准刑的10%以下。依法认定自首、坦白的除外。

第六十八条*　（刑八）【立功】犯罪分子有揭发他人[1]犯罪行为，查证属实的，或者提供重要线索，[2]从而得以侦破其他案件等立功表现的，[3]可以从轻或者减轻处罚；[4]有重大立功表现的，[5]可以减轻或者免除处罚。

68-1 法释〔2012〕22号第七条　因行贿人在被追诉前主动交待行

---

* 原刑法第六十八条第二款规定，犯罪后自首又有重大立功表现的，应当减轻或者免除处罚。其中缺乏从轻处罚的量刑档次，且应当减轻或者免除刑罚的规定过于绝对，缺乏灵活性，如果不严格限定重大立功的认定标准，对于那些罪行严重应当依法严惩的犯罪分子，由于具有自首和重大立功表现，只能对其“减轻或者免除处罚”，可能造成量刑失衡，故《刑法修正案（八）》删除该款规定。

贿行为*而破获相关受贿案件的,对行贿人不适用刑法第六十八条关于立功的规定,依照刑法第三百九十条第二款的规定,可以减轻或者免除处罚。

法释〔2012〕22号第九条　行贿人揭发受贿人与其行贿无关的其他犯罪行为,查证属实的,依照刑法第六十八条关于立功的规定,可以从轻、减轻或者免除处罚。

68-2　法发〔2010〕60号　四、关于立功线索来源的具体认定

犯罪分子通过贿买、暴力、胁迫等非法手段,或者被羁押后与律师、亲友会见过程中违反监管规定,获取他人犯罪线索并"检举揭发"的,不能认定为有立功表现。

犯罪分子将本人以往查办犯罪职务活动中掌握的,或者从负有查办犯罪、监管职责的国家工作人员处获取的他人犯罪线索予以检举揭发的,不能认定为有立功表现。

犯罪分子亲友为使犯罪分子"立功",向司法机关提供他人犯罪线索、协助抓捕犯罪嫌疑人的,不能认定为犯罪分子有立功表现。

六、关于立功线索的查证程序和具体认定

被告人在一、二审审理期间检举揭发他人犯罪行为或者提供侦破其他案件的重要线索,人民法院经审查认为该线索内容具体、指向明确的,应及时移交有关人民检察院或者公安机关依法处理。

侦查机关出具材料,表明在三个月内还不能查证并抓获被检举揭发的人,或者不能查实的,人民法院审理案件可不再等待查证结果。

被告人检举揭发他人犯罪行为或者提供侦破其他案件的重要线索经查证不属实,又重复提供同一线索,且没有提出新的证据材料的,可以不再查证。

---

* 例如,甲向国家工作人员乙行贿后,主动投案后,向司法机关交待了自己向乙行贿和乙收受甲提供的贿赂的事实。此时,一个如实供述行为同时符合了自首(或坦白)与立功的条件,只能认定其中一个最有利于行为人的情节。如果认定为自首对行为人最有利,就认定为自首;如果认定为立功对行为人最有利,就认定为立功。一方面,甲只有交待了自己向谁行贿(谁收受贿赂)的事实,才能认定为如实供述了自己所犯罪行(成立自首或坦白),而供述乙收受贿赂的事实,也的确属于揭发他人罪行的立功表现。但是甲只有一个行为,如果认定为自首,就不能再认定为立功;反之亦然。(张明楷:《刑法学(上)》(第五版),法律出版社2016年版,第570页)

根据被告人检举揭发破获的他人犯罪案件，如果已有审判结果，应当依据判决确认的事实认定是否查证属实；如果被检举揭发的他人犯罪案件尚未进入审判程序，可以依据侦查机关提供的书面查证情况认定是否查证属实。检举揭发的线索经查确有犯罪发生，或者确定了犯罪嫌疑人，可能构成重大立功，只是未能将犯罪嫌疑人抓获归案的，对可能判处死刑的被告人一般要留有余地，对其他被告人原则上应酌情从轻处罚。

被告人检举揭发或者协助抓获的人的行为构成犯罪，但因法定事由不追究刑事责任、不起诉、终止审理的，不影响对被告人立功表现的认定；被告人检举揭发或者协助抓获的人的行为应判处无期徒刑以上刑罚，但因具有法定、酌定从宽情节，宣告刑为有期徒刑或者更轻刑罚的，不影响对被告人重大立功表现的认定。

七、关于自首、立功证据材料的审查

人民法院审查的自首证据材料，应当包括被告人投案经过、有罪供述以及能够证明其投案情况的其他材料。投案经过的内容一般应包括被告人投案时间、地点、方式等。证据材料应加盖接受被告人投案的单位的印章，并有接受人员签名。

人民法院审查的立功证据材料，一般应包括被告人检举揭发材料及证明其来源的材料、司法机关的调查核实材料、被检举揭发人的供述等。被检举揭发案件已立案、侦破，被检举揭发人被采取强制措施、公诉或者审判的，还应审查相关的法律文书。证据材料应加盖接收被告人检举揭发材料的单位的印章，并有接收人员签名。

人民法院经审查认为证明被告人自首、立功的材料不规范、不全面的，应当由检察机关、侦查机关予以完善或者提供补充材料。

上述证据材料在被告人被指控的犯罪一、二审审理时已形成的，应当经庭审质证。

68-3　**1.** 法释〔1998〕8号第五条　根据《刑法》第六十八条第一款的规定，犯罪分子到案后有检举、揭发他人犯罪行为，包括共同犯罪案件中的犯罪分子揭发同案犯共同犯罪以外的其他犯罪，经查证属实；提供侦破其他案件的重要线索，经查证属实；阻止他人犯罪活动；协助司法机关抓捕其他犯罪嫌疑人（包括同案犯）；具有其他有利于国家和社会的突出表现的，应当认定为有立功表现。

法释〔1998〕8号第六条 共同犯罪案件的犯罪分子到案后,揭发同案犯共同犯罪事实的,可以酌情予以从轻处罚。

2. 法发〔2010〕60号 五、关于“协助抓捕其他犯罪嫌疑人”的具体认定

犯罪分子具有下列行为之一,使司法机关抓获其他犯罪嫌疑人的,属于《解释》第五条规定的“协助司法机关抓捕其他犯罪嫌疑人”:1.按照司法机关的安排,以打电话、发信息等方式将其他犯罪嫌疑人(包括同案犯)约至指定地点的;2.按照司法机关的安排,当场指认、辨认其他犯罪嫌疑人(包括同案犯)的;3.带领侦查人员抓获其他犯罪嫌疑人(包括同案犯)的;4.提供司法机关尚未掌握的其他案件犯罪嫌疑人的联络方式、藏匿地址的;等等。

犯罪分子提供同案犯姓名、住址、体貌特征等基本情况,或者提供犯罪前、犯罪中掌握、使用的同案犯联络方式、藏匿地址,司法机关据此抓捕同案犯的,不能认定为协助司法机关抓捕同案犯。

68-4 **1.** 法发〔2010〕60号 八、关于对自首、立功的被告人的处罚

对具有自首、立功情节的被告人是否从宽处罚、从宽处罚的幅度,应当考虑其犯罪事实、犯罪性质、犯罪情节、危害后果、社会影响、被告人的主观恶性和人身危险性等。自首的还应考虑投案的主动性、供述的及时性和稳定性等。立功的还应考虑检举揭发罪行的轻重、被检举揭发的人可能或者已经被判处的刑罚、提供的线索对侦破案件或者协助抓捕其他犯罪嫌疑人所起作用的大小等。

具有自首或者立功情节的,一般应依法从轻、减轻处罚;犯罪情节较轻的,可以免除处罚。类似情况下,对具有自首情节的被告人的从宽幅度要适当宽于具有立功情节的被告人。

虽然具有自首或者立功情节,但犯罪情节特别恶劣、犯罪后果特别严重、被告人主观恶性深、人身危险性大,或者在犯罪前即为规避法律、逃避处罚而准备自首、立功的,可以不从宽处罚。

对于被告人具有自首、立功情节,同时又有累犯、毒品再犯等法定从重处罚情节的,既要考虑自首、立功的具体情节,又要考虑被告人的主观恶性、人身危险性等因素,综合分析判断,确定从宽或者从严处罚。累犯的前罪为非暴力犯罪的,一般可以从宽处罚,前罪为暴力犯罪或者前、后罪为同类犯罪的,可以不从宽处罚。

在共同犯罪案件中，对具有自首、立功情节的被告人的处罚，应注意共同犯罪人以及首要分子、主犯、从犯之间的量刑平衡。犯罪集团的首要分子、共同犯罪的主犯检举揭发或者协助司法机关抓捕同案地位、作用较次的犯罪分子的，从宽处罚与否应当从严掌握，如果从轻处罚可能导致全案量刑失衡的，一般不从轻处罚；如果检举揭发或者协助司法机关抓捕的是其他案件中罪行同样严重的犯罪分子，一般应依法从宽处罚。对于犯罪集团的一般成员、共同犯罪的从犯立功的，特别是协助抓捕首要分子、主犯的，应当充分体现政策，依法从宽处罚。

2.《最高人民法院关于常见犯罪的量刑指导意见》（法发〔2017〕7号） 三、常见量刑情节的适用 7. 对于立功情节，综合考虑立功的大小、次数、内容、来源、效果以及罪行轻重等情况，确定从宽的幅度。

（1）一般立功的，可以减少基准刑的20%以下。

68-5 **1.** 法释〔1998〕8号第七条 根据刑法第六十八条第一款的规定，犯罪分子有检举、揭发他人重大犯罪行为，经查证属实；提供侦破其他重大案件的重要线索，经查证属实；阻止他人重大犯罪活动；协助司法机关抓捕其他重大犯罪嫌疑人（包括同案犯）；对国家和社会有其他重大贡献等表现的，应当认定为有重大立功表现。

前款所称“重大犯罪”、“重大案件”、“重大犯罪嫌疑人”的标准，一般是指犯罪嫌疑人、被告人可能被判处无期徒刑以上刑罚或者案件在本省、自治区、直辖市或者全国范围内有较大影响等情形。

2.《最高人民法院关于常见犯罪的量刑指导意见》（法发〔2017〕7号） 三、常见量刑情节的适用 7. 对于立功情节，综合考虑立功的大小、次数、内容、来源、效果以及罪行轻重等情况，确定从宽的幅度。

（2）重大立功的，可以减少基准刑的20%～50%；犯罪较轻的，减少基准刑的50%以上或者依法免除处罚。

第四节 数罪并罚*

第六十九条 (刑八)【判决宣告前一人犯数罪的并罚】判决宣告以前一人犯数罪的,除判处死刑和无期徒刑的以外,应当在总和刑期以下、数刑中最高刑期以上,酌情决定执行的刑期,但是管制最高不能超过三年,拘役最高不能超过一年,有期徒刑总和刑期不满三十五年的**,最高不能超过二十年,总和刑期在三十五年以上的,最高不能超过二十五年。

(刑九)数罪中有判处有期徒刑和拘役的,执行有期徒刑。数罪中有判处有期徒刑和管制,或者拘役和管制的,有期徒刑、拘役执行完毕后,管制仍须执行。

数罪中有判处附加刑的,附加刑仍须执行***,其中附加刑种类相同的,合并执行,种类不同的,分别执行。

第七十条[1] 【判决宣告后发现漏罪的并罚】判决宣告以后,刑罚执行完毕以前,发现被判刑的犯罪分子在判决宣告以前还有其他罪[2]没有判决的,应当对新发现的罪作出判决,把前后两个判决****所判处的刑罚,依照本法第六十九条的规定,决定执行的刑罚。已经执行的刑期,[3] 应当计算在新判决决定的刑期以内。

---

* 数罪并罚必须发生在刑罚执行完毕之前发现的新罪或漏罪才适用,如果是在刑罚执行完毕之后发现罪犯在判决宣告之前还有其他罪没有判决的,如果没有超过追诉时效的,应依法定罪量刑,但这既不是数罪并罚问题,也不是累犯问题。

** 《刑法修正案(八)》将有期徒刑数罪并罚的刑期总和从二十年提高到三十五年。

*** 例如,前罪的罚金刑没有执行,即缴纳罚金,后罪再次判处罚金刑,应就前罪和后罚所处罚金刑实行数罪并罚。

**** 如果前一个案件涉及数罪并罚,那么前一个判决是数罪并罚的结果,所以应将就漏罪所作出的新的判决和前一个经数罪并罚所得出的判决采取先加后减的方式,决定新的判决。无论是发现新罪还是发现漏罪,并不区分前罪和后罪是否属于同种罪行,一律实行数罪并罚。

70-1　《最高人民法院关于判决宣告后又发现被判刑的犯罪分子的同种漏罪是否实行数罪并罚问题的批复》(法复〔1993〕3号,1993年4月16日)人民法院的判决宣告并已发生法律效力以后,刑罚还没有执行完毕以前,发现被判刑的犯罪分子在判决宣告以前还有其他罪没有判决的,不论新发现的罪与原判决的罪是否属于同种罪,都应当依照刑法第六十九条的规定实行数罪并罚。但如果在第一审人民法院的判决宣告以后,被告人提出上诉或者人民检察院提出抗诉,判决尚未发生法律效力的,第二审人民法院在审理期间,发现原审被告人在第一审判决宣告以前还有同种漏罪没有判决的,第二审人民法院应当依照刑事诉讼法(1996年)第一百八十九条第(三)项的规定(以事实不清、证据不足为由),裁定撤销原判,发回原审人民法院重新审判,第一审人民法院重新审判时,不适用刑法关于数罪并罚的规定。

70-2　《最高人民法院关于适用〈中华人民共和国刑事诉讼法〉的解释》(法释〔2012〕21号,2013年1月1日)第十一条第一款　正在服刑的罪犯在判决宣告前还有其他罪没有判决的,由原审地人民法院管辖;由罪犯服刑地或者犯罪地的人民法院审判更为适宜的,可以由罪犯服刑地或者犯罪地的人民法院管辖。

70-3　《最高人民法院关于罪犯因漏罪、新罪数罪并罚时原减刑裁定应如何处理的意见》(法〔2012〕44号,2012年1月18日)　罪犯被裁定减刑后,因被发现漏罪或者又犯新罪而依法进行数罪并罚时,经减刑裁定减去的刑期不计入已经执行的刑期。在此后对因漏罪数罪并罚的罪犯依法减刑,决定减刑的频次、幅度时,应当对其原经减刑裁定减去的刑期酌予考虑。

第七十一条　【判决宣告后又犯新罪的并罚】判决宣告以后,刑罚执行完毕以前,被判刑的犯罪分子又犯罪的,应当对新犯的罪[1]作出判决,把前罪没有执行的刑罚[2]和后罪所判处的刑罚*,依照本法第六十九条的规定,决定执行的刑罚。

71-1　《最高人民法院关于适用〈中华人民共和国刑事诉讼法〉的解释》(法释〔2012〕21号,2013年1月1日)第十一条　罪犯在服刑期间又

---

* 发现新罪,是将前一个判决未执行的刑罚和后一个判决进行合罚。实行先减后加决定最终的刑罚。

犯罪的,由服刑地的人民法院管辖。罪犯在脱逃期间犯罪的,由服刑地的人民法院管辖。但是,在犯罪地抓获罪犯并发现其在脱逃期间的犯罪的,由犯罪地的人民法院管辖。

71-2 《最高人民法院关于在执行附加刑剥夺政治权利期间犯新罪应如何处理的批复》(法释〔2009〕10号,2009年6月10日)*

一、对判处有期徒刑并处剥夺政治权利的罪犯,主刑已执行完毕,在执行附加刑剥夺政治权利期间又犯新罪,如果所犯新罪无须附加剥夺政治权利的,依照刑法第七十一条的规定数罪并罚。

二、前罪尚未执行完毕的附加刑剥夺政治权利的刑期从新罪的主刑有期徒刑执行之日起停止计算,并依照刑法第五十八条规定从新罪的主刑有期徒刑执行完毕之日或者假释之日起继续计算;附加刑剥夺政治权利的效力施用于新罪的主刑执行期间。**

三、对判处有期徒刑的罪犯,主刑已执行完毕,在执行附加刑剥夺政治权利期间又犯新罪,如果所犯新罪也剥夺政治权利的,依照刑法第五十五条、第五十七条、第七十一条的规定并罚。***

第五节　缓　　刑[1]

S.5-1　1.《最高人民法院、最高人民检察院关于办理职务犯罪案件严格适用缓刑、免予刑事处罚若干问题的意见》(法发〔2012〕17号,2012

---

* 根据刑法第三十二条之规定,刑罚包括主刑和附加刑。故刑罚执行完毕,应该是指主刑和附加刑均执行完毕,如果主刑执行完毕而附加刑未执行完毕,不属于刑罚执行完毕,在数罪并罚时按本法第七十一条执行。故执行剥夺政治权利期间犯新罪仍依本条实行数罪并罚。

** 根据刑法第五十八条第一款规定,剥夺政治权利的效力当然施用于主刑执行期间,而刑法第四十七条规定有期徒刑的刑期从判决执行之日起计算。因此,前罪尚未执行完毕的剥夺政治权利从新罪的有期徒刑执行之日起停止计算,待有期徒刑执行完毕或假释之日起连续计算,可以使罪犯在剥夺政治权利执行完毕之前始终不享有政治权利。而罪犯在新罪的有期徒刑执行之日前,剥夺其政治权利的依据只能是正在执行的前罪的剥夺政治权利的生效判决,而不能以新罪尚未作出的判决为依据。

*** 根据不同情况采取了限制加重为主、以吸收和并科为补充的数罪并罚原则,也参照了最高人民法院研究室《关于数罪中有判处两个以上剥夺政治权利附加刑的应如何并罚问题的电话答复》(1986年10月20日)。

年8月8日）　一、严格掌握职务犯罪案件缓刑、免予刑事处罚的适用。

职务犯罪案件的刑罚适用直接关系反腐败工作的实际效果。人民法院、人民检察院要深刻认识职务犯罪的严重社会危害性，正确贯彻宽严相济刑事政策，充分发挥刑罚的惩治和预防功能。要在全面把握犯罪事实和量刑情节的基础上严格依照刑法规定的条件适用缓刑、免予刑事处罚，既要考虑从宽情节，又要考虑从严情节；既要做到刑罚与犯罪相当，又要做到刑罚执行方式与犯罪相当，切实避免缓刑、免予刑事处罚不当适用造成的消极影响。

二、具有下列情形之一的职务犯罪分子，一般不适用缓刑或者免予刑事处罚：

（一）不如实供述罪行的；

（二）不予退缴赃款赃物或者将赃款赃物用于非法活动的；

（三）属于共同犯罪中情节严重的主犯的；

（四）犯有数个职务犯罪依法实行并罚或者以一罪处理的；

（五）曾因职务违纪违法行为受过行政处分的；

（六）犯罪涉及的财物属于救灾、抢险、防汛、优抚、扶贫、移民、救济、防疫等特定款物的；

（七）受贿犯罪中具有索贿情节的；

（八）渎职犯罪中徇私舞弊情节或者滥用职权情节恶劣的；

（九）其他不应适用缓刑、免予刑事处罚的情形。

三、不具有本意见第二条规定的情形，全部退缴赃款赃物，依法判处三年有期徒刑以下刑罚，符合刑法规定的缓刑适用条件的贪污、受贿犯罪分子，可以适用缓刑；符合刑法第三百八十三条第一款第（三）项的规定，依法不需要判处刑罚的，可以免予刑事处罚。

不具有本意见第二条所列情形，挪用公款进行营利活动或者超过三个月未还构成犯罪，一审宣判前已将公款归还，依法判处三年有期徒刑以下刑罚，符合刑法规定的缓刑适用条件的，可以适用缓刑；在案发前已归还，情节轻微，不需要判处刑罚的，可以免予刑事处罚。

四、人民法院审理职务犯罪案件时应当注意听取检察机关、被告人、辩护人提出的量刑意见，分析影响性案件案发前后的社会反映，必要时可以征求案件查办等机关的意见。对于情节恶劣、社会反映强烈的职务犯罪案件，不得适用缓刑、免予刑事处罚。

五、对于具有本意见第二条规定的情形之一,但根据全案事实和量刑情节,检察机关认为确有必要适用缓刑或者免予刑事处罚并据此提出量刑建议的,应经检察委员会讨论决定;审理法院认为确有必要适用缓刑或者免予刑事处罚的,应经审判委员会讨论决定。

2. 最高人民法院刑二庭《宽严相济在经济犯罪和职务犯罪案件审判中的具体贯彻》(2010 年 4 月 7 日)

二、宽严相济刑事政策在职务犯罪案件审判中的具体贯彻

(四)关于缓刑等非监禁刑的适用。渎职犯罪分子具有下列情形之一的,一般不适用缓刑:(1)依法减轻处罚后判处三年有期徒刑以下刑罚的;(2)渎职犯罪造成特别恶劣影响的;(3)渎职行为同时构成其他犯罪,以渎职犯罪一罪处理或者实行数罪并罚的。

第七十二条　(刑八)【适用条件】对于被判处拘役、三年以下*[1] 有期徒刑的犯罪分子,同时符合下列条件的**,可以宣告缓刑,对其中不满十八周岁的人、怀孕的妇女和已满七十五周岁的人,应当宣告缓刑:

(一)犯罪情节较轻;

(二)有悔罪表现;

(三)没有再犯罪的危险;

(四)宣告缓刑对所居住社区没有重大不良影响。

宣告缓刑,可以根据犯罪情况,同时禁止犯罪分子在缓刑考验期限内从事特定活动[2],进入特定区域、场所,接触特定的人。

被宣告缓刑的犯罪分子,如果被判处附加刑,附加刑仍须执行。

72-1 《最高人民检察院研究室关于对数罪并罚决定执行刑期为三年以下有期徒刑的犯罪分子能否适用缓刑问题的复函》(〔1998〕高检研发第 16 号,1998 年 9 月 17 日)　对于判决宣告以前犯罪的犯罪分子***,只要判决执

* 三年以下包括本数。

** 《刑法修正案(八)》将缓刑的条件细化为四种情况,增强了可操作性。

*** 只有累犯不适用缓刑,至于危害国家安全等罪行性质并不影响缓刑的适用。

行的刑罚为拘役、三年以下有期徒刑，且符合根据犯罪分子的犯罪情节和悔罪表现，适用缓刑确实不致再危害社会的条件，依法可以适用缓刑。

72-2 《最高人民法院、最高人民检察院关于办理生产安全刑事案件适用法律若干问题的解释》（法释〔2015〕22号，2015年12月16日）第十六条　对于实施危害生产安全犯罪适用缓刑的犯罪分子，可以根据犯罪情况，禁止其在缓刑考验期限内从事与安全生产相关联的特定活动。

第七十三条　【考验期限】拘役的缓刑考验期限为原判刑期以上一年以下，但是不能少于二个月。

有期徒刑的缓刑考验期限为原判刑期以上五年以下，但是不能少于一年。

缓刑考验期限，从判决确定之日起计算。

第七十四条　（刑八）【累犯和犯罪集团的首要分子不适用缓刑】对于累犯和犯罪集团的首要分子*，不适用缓刑。

第七十五条　【缓刑犯应遵守的规定】被宣告缓刑的犯罪分子，应当遵守下列规定：

（一）遵守法律、行政法规，服从监督；

（二）按照考察机关的规定报告自己的活动情况；

（三）遵守考察机关关于会客的规定；

（四）离开所居住的市、县或者迁居，应当报经考察机关批准。

第七十六条　（刑八）【缓刑的考察】对宣告缓刑的犯罪分子，在缓刑考验期限内，依法实行社区矫正**，如果没有本法第七十七条规定的情形，缓刑考验期满，原判的刑罚就不再执行***，并公开予以宣告。

---

* 《刑法修正案（八）》增加规定了犯罪集团的首要分子不适用缓刑的规定。

** 《刑法修正案（八）》增加规定了对缓刑犯实行社会矫正的规定。

*** 这种情况不构成累犯，因为不认定前罪被判处刑罚。主刑不再执行，但附加刑仍然执行。

第七十七条[*] **【缓刑的撤销】**被宣告缓刑的犯罪分子,在缓刑考验期限内犯新罪[**]或者发现判决宣告以前还有其他罪没有判决的[***],应当撤销缓刑[****],对新犯的罪或者新发现的罪作出判决,把前罪和后罪所判处的刑罚[*****],依照本法第六十九条的规定,决定执行的刑罚。

(刑八)被宣告缓刑的犯罪分子,在缓刑考验期限内,违反法律、行政法规或者国务院有关部门关于缓刑的监督管理规定,或者违反人民法院判决中的禁止令,情节严重的,[1] 应当撤销缓刑,执行原判刑罚。[2]

77-1 《最高人民法院、最高人民检察院、公安部、司法部关于对判处管制、宣告缓刑的犯罪分子适用禁止令有关问题的规定(试行)》(法发〔2011〕9 号,2011 年 5 月 1 日)第十二条　被宣告缓刑的犯罪分子违反禁止令,情节严重的,应当撤销缓刑,执行原判刑罚。原作出缓刑裁判的人民法院应当自收到当地社区矫正机构提出的撤销缓刑建议书之日起一个月内依法作出裁定。人民法院撤销缓刑的裁定一经作出,立即生效。违反禁止令,具有下列情形之一的,应当认定为"情节严重":

(一)三次以上违反禁止令的;

(二)因违反禁止令被治安管理处罚后,再次违反禁止令的;

(三)违反禁止令,发生较为严重危害后果的;

(四)其他情节严重的情形。

77-2 《最高人民法院关于撤销缓刑时罪犯在宣告缓刑前羁押的时间能否折抵刑期问题的批复》(法释〔2002〕11 号,2002 年 4 月 18 日)

---

* 《刑法修正案(八)》修改了本条第二款,原第二款为:"被宣告缓刑的犯罪分子,在缓刑考验期限内,违反法律、行政法规或者国务院公安部门有关缓刑的监督管理规定,情节严重的,应当撤销缓刑,执行原判刑罚"。

** 如果行为人在缓刑考验期内所犯新罪,是在缓刑考验期之后才发现,也应该撤销缓刑。所谓新罪,也包括过失犯罪。如果在缓刑考验期内发现,撤销缓刑。

*** 对于新发现的犯罪,在追诉时,要考虑到追诉时效。此外,发现旧罪,肯定要撤销缓刑。

**** 新发现的犯罪涉及追诉时效的,也许不予追诉,但应当撤销缓刑。

***** 不同于在判决宣告以后刑罚执行完毕之前的数罪并罚方式。

根据刑法第七十七条的规定，对被宣告缓刑的犯罪分子撤销缓刑执行原判刑罚的，对其在宣告缓刑前羁押的时间应当折抵刑期。

第六节 减 刑[1]

S.6-1 1.《最高人民法院关于办理减刑、假释案件具体应用法律的规定》(法释〔2016〕23号，2017年1月1日)。

2.《最高人民法院关于办理减刑、假释案件具体应用法律若干问题的规定》(法释〔2012〕2号，2012年7月1日)。

3.《最高人民法院关于办理减刑、假释案件审理程序的规定》(法释〔2014〕5号，2014年6月1日)。

4.《人民检察院办理减刑、假释案件规定》(2014年7月21日)。

5.《最高人民法院关于贯彻宽严相济刑事政策的若干意见》(法发〔2010〕9号，2010年2月8日)

四、准确把握和正确适用依法从“宽”的政策要求

对于未成年犯、老年犯、残疾罪犯、过失犯、中止犯、胁从犯、积极主动缴付财产执行财产刑或履行民事赔偿责任的罪犯、因防卫过当或避险过当而判处徒刑的罪犯以及其他主观恶性不深、人身危险性不大的罪犯，在依法减刑、假释时，应当根据悔改表现予以从宽掌握。对认罪服法，遵守监规，积极参加学习、劳动，确有悔改表现的，依法予以减刑，减刑的幅度可以适当放宽，间隔的时间可以相应缩短。符合刑法第八十一条第一款规定的假释条件的，应当依法多适用假释。

第七十八条 【适用条件与限度】被判处管制、拘役[1]、有期徒刑[2]、无期徒刑[3]的犯罪分子[4]，在执行期间，如果认真遵守监规，接受教育改造，确有悔改表现的[5]，或者有立功表现的[6]，可以减刑；有下列重大立功表现[7]之一的，应当减刑：

(一)阻止他人重大犯罪活动的；

(二)检举监狱内外重大犯罪活动，经查证属实的；

(三)有发明创造或者重大技术革新的；

(四)在日常生产、生活中舍己救人的;

(五)在抗御自然灾害或者排除重大事故中,有突出表现的;

(六)对国家和社会有其他重大贡献的。

(刑八)减刑以后实际执行的刑期[8]不能少于下列期限[9]:

(一)判处管制、拘役、有期徒刑的,不能少于原判刑期的二分之一;

(二)判处无期徒刑的,不能少于十三年;

(三)人民法院依照本法第五十条第二款规定限制减刑的死刑缓期执行的犯罪分子,缓期执行期满后依法减为无期徒刑的,不能少于二十五年,缓期执行期满后依法减为二十五年有期徒刑的,不能少于二十年。

78-1 法释〔2016〕23号第十六条 被判处管制、拘役的罪犯,以及判决生效后剩余刑期不满二年有期徒刑的罪犯,符合减刑条件的,可以酌情减刑,减刑起始时间可以适当缩短,但实际执行的刑期不得少于原判刑期的二分之一。

法释〔2016〕23号第十八条 被判处拘役或者三年以下有期徒刑,并宣告缓刑的罪犯,一般不适用减刑。

前款规定的罪犯在缓刑考验期内有重大立功表现的,可以参照刑法第七十八条的规定予以减刑,同时应当依法缩减其缓刑考验期。缩减后,拘役的缓刑考验期限不得少于二个月,有期徒刑的缓刑考验期限不得少于一年。

78-2 法释〔2016〕23号第六条 被判处有期徒刑的罪犯减刑起始时间为:不满五年有期徒刑的,应当执行一年以上方可减刑;五年以上不满十年有期徒刑的,应当执行一年六个月以上方可减刑;十年以上有期徒刑的,应当执行二年以上方可减刑。有期徒刑减刑的起始时间自判决执行之日起计算。

确有悔改表现或者有立功表现的,一次减刑不超过九个月有期徒刑;确有悔改表现并有立功表现的,一次减刑不超过一年有期徒刑;有重大立功表现的,一次减刑不超过一年六个月有期徒刑;确有悔改表现并有重大立功表现的，一次减刑不超过二年有期徒刑。

被判处不满十年有期徒刑的罪犯，两次减刑间隔时间不得少于一年；被判处十年以上有期徒刑的罪犯，两次减刑间隔时间不得少于一年六个月。减刑间隔时间不得低于上次减刑减去的刑期。

罪犯有重大立功表现的，可以不受上述减刑起始时间和间隔时间的限制。

法释〔2016〕23号第四十条第二款　本规定所称“减刑间隔时间”，是指前一次减刑裁定送达之日起至本次减刑报请之日止的期间。

法释〔2016〕23号第七条　对符合减刑条件的职务犯罪罪犯，破坏金融管理秩序和金融诈骗犯罪罪犯，组织、领导、参加、包庇、纵容黑社会性质组织犯罪罪犯，危害国家安全犯罪罪犯，恐怖活动犯罪罪犯，毒品犯罪集团的首要分子及毒品再犯，累犯，确有履行能力而不履行或者不全部履行生效裁判中财产性判项的罪犯，被判处十年以下有期徒刑的，执行二年以上方可减刑，减刑幅度应当比照本规定第六条从严掌握，一次减刑不超过一年有期徒刑，两次减刑之间应当间隔一年以上。

对被判处十年以上有期徒刑的前款罪犯，以及因故意杀人、强奸、抢劫、绑架、放火、爆炸、投放危险物质或者有组织的暴力性犯罪被判处十年以上有期徒刑的罪犯，数罪并罚且其中两罪以上被判处十年以上有期徒刑的罪犯，执行二年以上方可减刑，减刑幅度应当比照本规定第六条从严掌握，一次减刑不超过一年有期徒刑，两次减刑之间应当间隔一年六个月以上。

罪犯有重大立功表现的，可以不受上述减刑起始时间和间隔时间的限制。

78-3　法释〔2016〕23号第八条　被判处无期徒刑的罪犯在刑罚执行期间，符合减刑条件的，执行二年以上，可以减刑。减刑幅度为：确有悔改表现或者有立功表现的，可以减为二十二年有期徒刑；确有悔改表现并有立功表现的，可以减为二十一年以上二十二年以下有期徒刑；有重大立功表现的，可以减为二十年以上二十一年以下有期徒刑；确有悔改表现并有重大立功表现的，可以减为十九年以上二十年以下有期徒刑。无期徒刑罪犯减为有期徒刑后再减刑时，减刑幅度依照本规定第六条的规定执行。两次减刑间隔时间不得少于二年。

罪犯有重大立功表现的，可以不受上述减刑起始时间和间隔时间的限制。

法释〔2016〕23号第九条　对被判处无期徒刑的职务犯罪罪犯，破坏金融管理秩序和金融诈骗犯罪罪犯，组织、领导、参加、包庇、纵容黑社会性质组织犯罪罪犯，危害国家安全犯罪罪犯，恐怖活动犯罪罪犯，毒品犯罪集团的首要分子及毒品再犯，累犯以及因故意杀人、强奸、抢劫、绑架、放火、爆炸、投放危险物质或者有组织的暴力性犯罪的罪犯，确有履行能力而不履行或者不全部履行生效裁判中财产性判项的罪犯，数罪并罚被判处无期徒刑的罪犯，符合减刑条件的，执行三年以上方可减刑，减刑幅度应当比照本规定第八条从严掌握，减刑后的刑期最低不得少于二十年有期徒刑；减为有期徒刑后再减刑时，减刑幅度比照本规定第六条从严掌握，一次不超过一年有期徒刑，两次减刑之间应当间隔二年以上。

罪犯有重大立功表现的，可以不受上述减刑起始时间和间隔时间的限制。

法释〔2016〕23号第十条　被判处死刑缓期执行的罪犯减为无期徒刑后，符合减刑条件的，执行三年以上方可减刑。减刑幅度为：确有悔改表现或者有立功表现的，可以减为二十五年有期徒刑；确有悔改表现并有立功表现的，可以减为二十四年以上二十五年以下有期徒刑；有重大立功表现的，可以减为二十三年以上二十四年以下有期徒刑；确有悔改表现并有重大立功表现的，可以减为二十二年以上二十三年以下有期徒刑。

被判处死刑缓期执行的罪犯减为有期徒刑后再减刑时，比照本规定第八条的规定办理。

法释〔2016〕23号第十一条　对被判处死刑缓期执行的职务犯罪罪犯，破坏金融管理秩序和金融诈骗犯罪罪犯，组织、领导、参加、包庇、纵容黑社会性质组织犯罪罪犯，危害国家安全犯罪罪犯，恐怖活动犯罪罪犯，毒品犯罪集团的首要分子及毒品再犯，累犯以及因故意杀人、强奸、抢劫、绑架、放火、爆炸、投放危险物质或者有组织的暴力性犯罪的罪犯，确有履行能力而不履行或者不全部履行生效裁判中财产性判项的罪犯，数罪并罚被判处死刑缓期执行的罪犯，减为无期徒刑后，符合减刑条件的，执行三年以上方可减刑，一般减为二十五年有期徒刑，有立功表现或者重大立功表现的，可以比照本规定第十条减为二十三年以上二十五年以下有期徒刑；减为有期徒刑后再减刑时，减刑幅度比照本规定第六条从严掌握，一次不超过一年有期徒刑，两次减刑之间应当间隔二年以上。

法释〔2016〕23号第三十七条 被判处无期徒刑的罪犯在减为有期徒刑后因发现漏罪，依据刑法第七十条规定数罪并罚，决定执行无期徒刑的，前罪无期徒刑生效之日起至新判决生效之日止已经实际执行的刑期，应当在新判决的无期徒刑减为有期徒刑时，在减刑裁定决定执行的刑期内扣减。

无期徒刑罪犯减为有期徒刑后因发现漏罪判处三年有期徒刑以下刑罚，数罪并罚决定执行无期徒刑的，在新判决生效后执行一年以上，符合减刑条件的，可以减为有期徒刑，减刑幅度依照本规定第八条、第九条的规定执行。

原减刑裁定减去的刑期依照本规定第三十四条处理。

78-4 法释〔2016〕23号第十九条 对在报请减刑前的服刑期间不满十八周岁，且所犯罪行不属于刑法第八十一条第二款规定情形的罪犯，认罪悔罪，遵守法律法规及监规，积极参加学习、劳动，应当视为确有悔改表现。

对上述罪犯减刑时，减刑幅度可以适当放宽，或者减刑起始时间、间隔时间可以适当缩短，但放宽的幅度和缩短的时间不得超过本规定中相应幅度、时间的三分之一。

法释〔2016〕23号第二十条 老年罪犯、患严重疾病罪犯或者身体残疾罪犯减刑时，应当主要考察其认罪悔罪的实际表现。

对基本丧失劳动能力，生活难以自理的上述罪犯减刑时，减刑幅度可以适当放宽，或者减刑起始时间、间隔时间可以适当缩短，但放宽的幅度和缩短的时间不得超过本规定中相应幅度、时间的三分之一。

法释〔2016〕23号第三十九条 本规定所称“老年罪犯”，是指报请减刑、假释时年满六十五周岁的罪犯。

本规定所称“患严重疾病罪犯”，是指因患有重病，久治不愈，而不能正常生活、学习、劳动的罪犯。

本规定所称“身体残疾罪犯”，是指因身体有肢体或者器官残缺、功能不全或者丧失功能，而基本丧失生活、学习、劳动能力的罪犯，但是罪犯犯罪后自伤致残的除外。

对刑罚执行机关提供的证明罪犯患有严重疾病或者有身体残疾的证明文件，人民法院应当审查，必要时可以委托有关单位重新诊断、鉴定。

78-5 法释〔2016〕23号第三条 “确有悔改表现”是指同时具备以下条件:

(一)认罪悔罪;

(二)遵守法律法规及监规,接受教育改造;

(三)积极参加思想、文化、职业技术教育;

(四)积极参加劳动,努力完成劳动任务。

对职务犯罪、破坏金融管理秩序和金融诈骗犯罪、组织(领导、参加、包庇、纵容)黑社会性质组织犯罪等罪犯,不积极退赃、协助追缴赃款赃物、赔偿损失,或者服刑期间利用个人影响力和社会关系等不正当手段意图获得减刑、假释的,不认定其“确有悔改表现”。

罪犯在刑罚执行期间的申诉权利应当依法保护,对其正当申诉不能不加分析地认为是不认罪悔罪。

法释〔2016〕23号第三十八条 人民法院作出的刑事判决、裁定发生法律效力后,在依照刑事诉讼法第二百五十三条、第二百五十四条的规定将罪犯交付执行刑罚时,如果生效裁判中有财产性判项,人民法院应当将反映财产性判项执行、履行情况的有关材料一并随案移送刑罚执行机关。罪犯在服刑期间本人履行或者其亲属代为履行生效裁判中财产性判项的,应当及时向刑罚执行机关报告。刑罚执行机关报请减刑时应随案移送以上材料。

人民法院办理减刑、假释案件时,可以向原一审人民法院核实罪犯履行财产性判项的情况。原一审人民法院应当出具相关证明。

刑罚执行期间,负责办理减刑、假释案件的人民法院可以协助原一审人民法院执行生效裁判中的财产性判项。

法释〔2016〕23号第四十一条 本规定所称“财产性判项”是指判决罪犯承担的附带民事赔偿义务判项,以及追缴、责令退赔、罚金、没收财产等判项。

78-6 法释〔2016〕23号第四条 具有下列情形之一的,可以认定为有“立功表现”:

(一)阻止他人实施犯罪活动的;

(二)检举、揭发监狱内外犯罪活动,或者提供重要的破案线索,经查证属实的;

(三)协助司法机关抓捕其他犯罪嫌疑人的;

（四）在生产、科研中进行技术革新，成绩突出的；

（五）在抗御自然灾害或者排除重大事故中，表现积极的；

（六）对国家和社会有其他较大贡献的。

第（四）项、第（六）项中的技术革新或者其他较大贡献应当由罪犯在刑罚执行期间独立或者为主完成，并经省级主管部门确认。

78-7　法释〔2016〕23号第五条　具有下列情形之一的，应当认定为有“重大立功表现”：

（一）阻止他人实施重大犯罪活动的；

（二）检举监狱内外重大犯罪活动，经查证属实的；

（三）协助司法机关抓捕其他重大犯罪嫌疑人的；

（四）有发明创造或者重大技术革新的；

（五）在日常生产、生活中舍己救人的；

（六）在抗御自然灾害或者排除重大事故中，有突出表现的；

（七）对国家和社会有其他重大贡献的。

第（四）项中的发明创造或者重大技术革新应当是罪犯在刑罚执行期间独立或者为主完成并经国家主管部门确认的发明专利，且不包括实用新型专利和外观设计专利；第（七）项中的其他重大贡献应当由罪犯在刑罚执行期间独立或者为主完成，并经国家主管部门确认。

78-8　法释〔2016〕23号第四十条第一款　本规定所称“判决执行之日”，是指罪犯实际送交刑罚执行机关之日。

78-9　法释〔2016〕23号第十二条　被判处死刑缓期执行的罪犯经过一次或者几次减刑后，其实际执行的刑期不得少于十五年，死刑缓期执行期间不包括在内。

死刑缓期执行罪犯在缓期执行期间不服从监管、抗拒改造，尚未构成犯罪的，在减为无期徒刑后再减刑时应当适当从严。

第七十九条　【减刑程序】对于犯罪分子的减刑，由执行机关[1]向中级以上人民法院[2]提出减刑建议书。人民法院应当组成合议庭进行审理，对确有悔改或者立功事实的，裁定予以减刑。非经法定程序不得减刑。

79-1　《监狱提请减刑假释工作程序规定》（司法部令第130号，2014年10月10日第一次修订，自同年12月1日起施行）。

79-2 **1.**《最高人民法院关于适用〈中华人民共和国刑事诉讼法〉的解释》(法释〔2012〕21号,2013年1月1日) 第四百四十九条 对减刑、假释案件,应当按照下列情形分别处理:

(一)对被判处死刑缓期执行的罪犯的减刑,由罪犯服刑地的高级人民法院根据同级监狱管理机关审核同意的减刑建议书裁定;

(二)对被判处无期徒刑的罪犯的减刑、假释,由罪犯服刑地的高级人民法院,在收到同级监狱管理机关审核同意的减刑、假释建议书后一个月内作出裁定,案情复杂或者情况特殊的,可以延长一个月;

(三)对被判处有期徒刑和被减为有期徒刑的罪犯的减刑、假释,由罪犯服刑地的中级人民法院,在收到执行机关提出的减刑、假释建议书后一个月内作出裁定,案情复杂或者情况特殊的,可以延长一个月;

(四)对被判处拘役、管制的罪犯的减刑,由罪犯服刑地中级人民法院,在收到同级执行机关审核同意的减刑、假释建议书后一个月内作出裁定。对暂予监外执行罪犯的减刑,应当根据情况,分别适用前款的有关规定。

2. 法释〔2016〕23号第三十二条 人民法院按照审判监督程序重新审理的案件,裁定维持原判决、裁定的,原减刑、假释裁定继续有效。

再审裁判改变原判决、裁定的,原减刑、假释裁定自动失效,执行机关应当及时报请有管辖权的人民法院重新作出是否减刑、假释的裁定。重新作出减刑裁定时,不受本规定有关减刑起始时间、间隔时间和减刑幅度的限制。重新裁定时应综合考虑各方面因素,减刑幅度不得超过原裁定减去的刑期总和。

再审改判为死刑缓期执行或者无期徒刑的,在新判决减为有期徒刑之时,原判决已经实际执行的刑期一并扣减。

再审裁判宣告无罪的,原减刑、假释裁定自动失效。

法释〔2016〕23号第三十四条 罪犯被裁定减刑后,刑罚执行期间因发现漏罪而数罪并罚的,原减刑裁定自动失效。如漏罪系罪犯主动交代的,对其原减去的刑期,由执行机关报请有管辖权的人民法院重新作出减刑裁定,予以确认;如漏罪系有关机关发现或者他人检举揭发的,由执行机关报请有管辖权的人民法院,在原减刑裁定减去的刑期总和之内,酌情重新裁定。

第八十条 【无期徒刑减刑的刑期计算】无期徒刑减为有期徒

刑的刑期,从裁定减刑之日起计算。

第七节　假　　释

第八十一条[1]　**(刑八)【适用条件】**被判处有期徒刑的犯罪分子[2],执行原判刑期[3]二分之一以上,被判处无期徒刑的犯罪分子,实际执行[4]十三年以上,如果认真遵守监规,接受教育改造,确有悔改表现,没有再犯罪的危险的[5],可以假释。如果有特殊情况[6],经最高人民法院核准,可以不受上述执行刑期的限制。

对累犯以及因故意杀人、强奸、抢劫、绑架、放火、爆炸、投放危险物质或者有组织的暴力性犯罪被判处十年以上有期徒刑、无期徒刑的犯罪分子,不得假释[7]。

对犯罪分子决定假释时,应当考虑其假释后对所居住社区的影响。

81-1　1.《最高人民法院关于适用刑法时间效力规定若干问题的解释》(法释〔1997〕5号,1997年10月1日)第八条　1997年9月30日以前犯罪,1997年10月1日以后仍在服刑的累犯以及因杀人、爆炸、抢劫、强奸、绑架等暴力性犯罪被判处十年以上有期徒刑、无期徒刑的犯罪分子,适用修订前的刑法第七十三条的规定,可以假释。

2.《最高人民法院研究室关于假释时间效力法律适用问题的答复》(法研〔2011〕97号,2011年7月15日)

安徽省高级人民法院:

你院(2011)皖刑他字第10号《关于假释时间效力法律适用问题的请示》收悉。经研究,答复如下:

一、根据刑法第十二条的规定,应当以行为实施时,而不是审判时,作为新旧法选择适用的判断基础。故《最高人民法院关于适用刑法时间效力规定若干问题的解释》第八条规定的"1997年9月30日以前犯罪,1997年10月1日以后仍在服刑的累犯以及因杀人、爆炸、抢劫、强奸、绑架等暴力性犯罪被判处十年以上有期徒刑、无期徒刑的犯罪分子”,包括1997年9月30日以前犯罪,已被羁押尚未判决的犯罪分子。

二、经《中华人民共和国刑法修正案(八)》修正前刑法第八十一条第二款规定的“暴力性犯罪”,不仅包括杀人、爆炸、抢劫、强奸、绑架五种,也包括故意伤害等其他暴力性犯罪。

3. 法释〔2016〕23号第二十八条 罪犯减刑后又假释的,间隔时间不得少于一年;对一次减去一年以上有期徒刑后,决定假释的,间隔时间不得少于一年六个月。

罪犯减刑后余刑不足二年,决定假释的,可以适当缩短间隔时间。

81-2 法释〔2016〕23号第二十六条 对下列罪犯适用假释时可以依法从宽掌握:

(一)过失犯罪的罪犯、中止犯罪的罪犯、被胁迫参加犯罪的罪犯;

(二)因防卫过当或者紧急避险过当而被判处有期徒刑以上刑罚的罪犯;

(三)犯罪时未满十八周岁的罪犯;

(四)基本丧失劳动能力、生活难以自理,假释后生活确有着落的老年罪犯、患严重疾病罪犯或者身体残疾罪犯;

(五)服刑期间改造表现特别突出的罪犯;

(六)具有其他可以从宽假释情形的罪犯。

罪犯既符合法定减刑条件,又符合法定假释条件的,可以优先适用假释。

法释〔2016〕23号第三十一条 年满八十周岁、身患疾病或者生活难以自理、没有再犯罪危险的罪犯,既符合减刑条件,又符合假释条件的,优先适用假释;不符合假释条件的,参照本规定第二十条有关的规定从宽处理。

81-3 法释〔2016〕23号第二十三条第一款 被判处有期徒刑的罪犯假释时,执行原判刑期二分之一的时间,应当从判决执行之日起计算,判决执行以前先行羁押的,羁押一日折抵刑期一日。

81-4 法释〔2016〕23号第二十三条第二款 被判处无期徒刑的罪犯假释时,刑法中关于实际执行刑期不得少于十三年的时间,应当从判决生效之日起计算。判决生效以前先行羁押的时间不予折抵。

被判处死刑缓期执行的罪犯减为无期徒刑或者有期徒刑后,实际执行十五年以上，方可假释，该实际执行时间应当从死刑缓期执行期满之日起计算。死刑缓期执行期间不包括在内，判决确定以前先行羁押的时间不予折抵。

81-5　法释〔2016〕23号第二十二条　办理假释案件，认定“没有再犯罪的危险”，除符合刑法第八十一条规定的情形外，还应当根据犯罪的具体情节、原判刑罚情况，在刑罚执行中的一贯表现，罪犯的年龄、身体状况、性格特征，假释后生活来源以及监管条件等因素综合考虑。

法释〔2016〕23号第二十七条　对于生效裁判中有财产性判项，罪犯确有履行能力而不履行或者不全部履行的，不予假释。

81-6　法释〔2016〕23号第二十四条　刑法第八十一条第一款规定的“特殊情况”，是指有国家政治、国防、外交等方面特殊需要的情况。

81-7　法释〔2016〕23号第二十五条　对累犯以及因故意杀人、强奸、抢劫、绑架、放火、爆炸、投放危险物质或者有组织的暴力性犯罪被判处十年以上有期徒刑、无期徒刑的罪犯，不得假释。

因前款情形和犯罪被判处死刑缓期执行的罪犯，被减为无期徒刑、有期徒刑后，也不得假释。

第八十二条　【假释程序】对于犯罪分子的假释，依照本法第七十九条规定的程序进行。非经法定程序不得假释。

第八十三条　【考验期限】有期徒刑的假释考验期限，为没有执行完毕的刑期；无期徒刑的假释考验期限为十年。

假释考验期限，从假释之日起计算*。

第八十四条　【假释犯应遵守的规定】被宣告假释的犯罪分子，应当遵守下列规定**：

（一）遵守法律、行政法规，服从监督；

（二）按照监督机关的规定报告自己的活动情况；

---

* 如附加剥夺政治权利问题，其期限自假释之日起计算。

** 同缓刑的要求，不同之处，是缓刑的是考察机关，而假释是监督机关。

(三)遵守监督机关关于会客的规定；

(四)离开所居住的市、县或者迁居，应当报经监督机关批准。

第八十五条　(刑八)【假释考验】对假释的犯罪分子，在假释考验期限内，依法实行社区矫正，如果没有本法第八十六条规定的情形，假释考验期满，就认为原判刑罚已经执行完毕，并公开予以宣告。

第八十六条[1]　**【假释的撤销】**被假释的犯罪分子，在假释考验期限内犯新罪，应当撤销假释，依照本法第七十一条的规定实行数罪并罚。

在假释考验期限内，发现被假释的犯罪分子在判决宣告以前还有其他罪没有判决的，应当撤销假释，依照本法第七十条的规定实行数罪并罚。

(刑八)被假释的犯罪分子，在假释考验期限内，有违反法律、行政法规或者国务院有关部门关于假释的监督管理规定的行为，尚未构成新的犯罪的，应当依照法定程序[2] 撤销假释，收监执行未执行完毕的刑罚。

86-1　法释〔2016〕23号第三十条　依照刑法第八十六条规定被撤销假释的罪犯，一般不得再假释。但依照该条第二款被撤销假释的罪犯，如果罪犯对漏罪曾作如实供述但原判未予认定，或者漏罪系其自首，符合假释条件的，可以再假释。

被撤销假释的罪犯，收监后符合减刑条件的，可以减刑，但减刑起始时间自收监之日起计算。

86-2　法释〔2016〕23号第二十九条　罪犯在假释考验期内违反法律、行政法规或者国务院有关部门关于假释的监督管理规定的，作出假释裁定的人民法院，应当在收到报请机关或者检察机关撤销假释建议书后及时审查，作出是否撤销假释的裁定，并送达报请机关，同时抄送人民检察院、公安机关和原刑罚执行机关。

罪犯在逃的，撤销假释裁定书可以作为对罪犯进行追捕的依据。

第八节　时　　效*

第八十七条　【追诉时效期限】犯罪经过下列期限不再追诉：

（一）法定最高刑为不满五年有期徒刑的，经过五年；

（二）法定最高刑为五年以上不满十年有期徒刑的，经过十年；

（三）法定最高刑为十年以上有期徒刑的，经过十五年；

（四）法定最高刑为无期徒刑、死刑的，经过二十年。如果二十年以后认为必须追诉的，[1] 须报请最高人民检察院核准[2]。

87-1　《人民检察院刑事诉讼规则（试行）》（高检发释字〔2012〕2号，2013年1月1日）第三百五十一条　法定最高刑为无期徒刑、死刑的犯罪，已过二十年追诉期限的，不再追诉。如果认为必须追诉的，须报请最高人民检察院核准。

高检发释字〔2012〕2号第三百五十二条　须报请最高人民检察院核准追诉的案件，侦查机关在核准之前可以依法对犯罪嫌疑人采取强制措施。

侦查机关报请核准追诉并提请逮捕犯罪嫌疑人，人民检察院经审查认为必须追诉而且符合法定逮捕条件的，可以依法批准逮捕，同时要求侦查机关在报请核准追诉期间不得停止对案件的侦查。

未经最高人民检察院核准，不得对案件提起公诉。

高检发释字〔2012〕2号第三百五十三条　报请核准追诉的案件应当同时符合下列条件：

（一）有证据证明存在犯罪事实，且犯罪事实是犯罪嫌疑人实施的；

（二）涉嫌犯罪的行为应当适用的法定量刑幅度的最高刑为无期徒刑或者死刑的；

（三）涉嫌犯罪的性质、情节和后果特别严重，虽然已过二十年追诉期限，但社会危害性和影响依然存在，不追诉会严重影响社会稳定或者

---

* 追诉时效制度是罪刑相适应原则在追诉制度上的具体体现，体现了宽严相济刑事政策，体现了“历史从宽，现实从严”的政策，有利于司法机关集中精力追诉现行犯罪，有利于社会秩序的安定。

产生其他严重后果,而必须追诉的;

(四)犯罪嫌疑人能够及时到案接受追诉的。

高检发释字〔2012〕2号第三百五十八条　最高人民检察院决定核准追诉的案件,最初受理案件的人民检察院应当监督侦查机关的侦查工作。最高人民检察院决定不予核准追诉,侦查机关未及时撤销案件的,同级人民检察院应当予以监督纠正。犯罪嫌疑人在押的,应当立即释放。

87-2　1. 马世龙(抢劫)核准追诉案(检例第20号)

关键词　核准追诉　后果严重　影响恶劣

最高人民检察院审查认为:犯罪嫌疑人马世龙伙同他人入室抢劫,造成一人死亡的严重后果,依据《中华人民共和国刑法》第十二条、1979年《中华人民共和国刑法》第一百五十条规定,应当适用的法定量刑幅度的最高刑为死刑。本案对被害人家庭和亲属造成严重伤害,在案发当地造成恶劣影响,虽然经过二十年追诉期限,被害方以及案发地群众反映强烈,社会影响没有消失,不追诉可能严重影响社会稳定或者产生其他严重后果。综合上述情况,依据1979年《中华人民共和国刑法》第七十六条第四项规定,决定对犯罪嫌疑人马世龙核准追诉。

案件结果　2014年6月26日,最高人民检察院作出对马世龙核准追诉决定。2014年11月5日,吉林省四平市中级人民法院以马世龙犯抢劫罪,同时考虑其具有自首情节,判处其有期徒刑十五年,并处罚金1000元。被告人马世龙未上诉,检察机关未抗诉,一审判决生效。

要旨　故意杀人、抢劫、强奸、绑架、爆炸等严重危害社会治安的犯罪,经过二十年追诉期限,仍然严重影响人民群众安全感,被害方、案发地群众、基层组织等强烈要求追究犯罪嫌疑人刑事责任,不追诉可能影响社会稳定或者产生其他严重后果的,对犯罪嫌疑人应当追诉。

2. 丁国山等(故意伤害)核准追诉案(检例第21号)

关键词　核准追诉　情节恶劣　无悔罪表现

核准追诉案件办理过程　最高人民检察院审查认为:犯罪嫌疑人丁国山、丁国义、常永龙、闫立军涉嫌故意伤害罪,并造成一人死亡的严重后果,依据《中华人民共和国刑法》第十二条、1979年《中华人民共和国刑法》第一百三十四条、全国人民代表大会常务委员会《关于严惩严重危害社会治安的犯罪分子的决定》第一条规定,应当适用的法定量刑幅度的最高刑为死刑。本案情节恶劣、后果严重，虽然已过20年追诉期限，但社会影响没有消失，不追诉可能严重影响社会稳定或者产生其他严重后果。本案系共同犯罪，四名犯罪嫌疑人具有共同犯罪故意，共同实施了故意伤害行为，应当对犯罪结果共同承担责任。综合上述情况，依据1979年《中华人民共和国刑法》第七十六条第四项规定，决定对犯罪嫌疑人丁国山、常永龙、丁国义、闫立军核准追诉。

案件结果　2014年6月13日，最高人民检察院作出对丁国山、常永龙、丁国义、闫立军核准追诉决定。2015年2月26日，内蒙古自治区呼伦贝尔市中级人民法院以犯故意伤害罪，同时考虑审理期间被告人向被害人进行赔偿等因素，判处主犯丁国山、常永龙、丁国义有期徒刑十四年、十三年、十二年，从犯闫立军有期徒刑三年。被告人均未上诉，检察机关未抗诉，一审判决生效。

要旨　涉嫌犯罪情节恶劣、后果严重，并且犯罪后积极逃避侦查，经过二十年追诉期限，犯罪嫌疑人没有明显悔罪表现，也未通过赔礼道歉、赔偿损失等获得被害方谅解，犯罪造成的社会影响没有消失，不追诉可能影响社会稳定或者产生其他严重后果的，对犯罪嫌疑人应当追诉。

3. 杨菊云（故意杀人）不核准追诉案（检例第22号）

关键词　不予核准追诉　家庭矛盾　被害人谅解

核准追诉案件办理过程　最高人民检察院审查认为：犯罪嫌疑人杨菊云故意非法剥夺他人生命，依据《中华人民共和国刑法》第十二条、1979年《中华人民共和国刑法》第一百三十二条规定，应当适用的法定量刑幅度的最高刑为死刑。本案虽然情节、后果严重，但属于因家庭矛盾引发的刑事案件，且多数被害人家属已经表示原谅杨菊云，被害人与犯罪嫌疑人杨菊云之子吴某也要求不追究杨菊云刑事责任。案发地群众反映案件造成的社会影响已经消失。综合上述情况，本案不属于必须追诉的情形，依据1979年《中华人民共和国刑法》第七十六条第四项规定，决定对杨菊云不予核准追诉。

案件结果　2013年7月19日，最高人民检察院作出对杨菊云不予核准追诉决定。2013年7月29日，简阳市公安局对杨菊云予以释放。

要旨　1. 因婚姻家庭等民间矛盾激化引发的犯罪，经过二十年追诉期限，犯罪嫌疑人没有再犯罪危险性，被害人及其家属对犯罪嫌疑人表示谅解，不追诉有利于化解社会矛盾、恢复正常社会秩序，同时不会影响社会稳定或者产生其他严重后果的,对犯罪嫌疑人可以不再追诉。

2. 须报请最高人民检察院核准追诉的案件,侦查机关在核准之前可以依法对犯罪嫌疑人采取强制措施。侦查机关报请核准追诉并提请逮捕犯罪嫌疑人,人民检察院经审查认为必须追诉而且符合法定逮捕条件的,可以依法批准逮捕。

4. 蔡金星、陈国辉等(抢劫)不核准追诉案(检例第23号)

关键词 不予核准追诉 悔罪表现 共同犯罪

核准追诉案件办理过程 最高人民检察院审查认为:犯罪嫌疑人蔡金星、陈国辉伙同他人入户抢劫14万余元,依据《中华人民共和国刑法》第十二条、1979年《中华人民共和国刑法》第一百五十条规定,应当适用的法定量刑幅度的最高刑为死刑。本案发生在1991年3月12日,案发后公安机关只发现了犯罪嫌疑人李建忠、蔡金文、陈锦城,在追诉期限内没有发现犯罪嫌疑人蔡金星、陈国辉,二人在案发后也没有再犯罪,因此已超过二十年追诉期限。本案虽然犯罪数额巨大,但未造成被害人人身伤害等其他严重后果。犯罪嫌疑人与被害人达成和解协议,并实际赔偿了被害人损失,被害人不再要求追究其刑事责任。综合上述情况,本案不属于必须追诉的情形,依据1979年《中华人民共和国刑法》第七十六条第四项规定,决定对蔡金星、陈国辉不予核准追诉。

案件结果 2012年12月31日,最高人民检察院作出对蔡金星、陈国辉不予核准追诉决定。2013年2月20日,芜湖市公安局对蔡金星、陈国辉解除取保候审。

要旨 1. 涉嫌犯罪已过二十年追诉期限,犯罪嫌疑人没有再犯罪危险性,并且通过赔礼道歉、赔偿损失等方式积极消除犯罪影响,被害方对犯罪嫌疑人表示谅解,犯罪破坏的社会秩序明显恢复,不追诉不会影响社会稳定或者产生其他严重后果的,对犯罪嫌疑人可以不再追诉。

2. 1997年9月30日以前实施的共同犯罪,已被司法机关采取强制措施的犯罪嫌疑人逃避侦查或者审判的,不受追诉期限限制。司法机关在追诉期限内未发现或者未采取强制措施的犯罪嫌疑人,应当受追诉期限限制;涉嫌犯罪应当适用的法定量刑幅度的最高刑为无期徒刑、死刑,犯罪行为发生二十年以后认为必须追诉的,须报请最高人民检察院核准。

第八十八条 【追诉期限的延长】在人民检察院、公安机关、国家安全机关立案侦查或者在人民法院受理案件以后,逃避侦查或者审判的*,不受追诉期限的限制**。

被害人在追诉期限内提出控告,人民法院、人民检察院、公安机关应当立案而不予立案的,不受追诉期限的限制。

第八十九条[1] **【追诉期限的计算】**追诉期限从犯罪之日[2]起计算;犯罪行为有连续或者继续状态[3]的,从犯罪行为终了之日起计算。

在追诉期限以内又犯罪的,前罪追诉的期限从犯后罪之日起计算***。

89-1 《最高人民法院关于挪用公款犯罪如何计算追诉期限问题的批复》(法释〔2003〕16号,2003年9月18日) 根据刑法第八十九条、第三百八十四条的规定,挪用公款归个人使用,进行非法活动的,或者挪用公款数额较大、进行营利活动的,犯罪的追诉期限从挪用行为实施完毕之日起计算;挪用公款数额较大、超过三个月未还的,犯罪的追诉期限从挪用公款罪成立之日起计算。挪用公款行为有连续状态的,犯罪的追诉期限应当从最后一次挪用行为实施完毕之日或者犯罪成立之日起计算。

89-2 法释〔1998〕7号第九条 被害人请求保护其民事权利的诉讼时效在公安机关、检察机关查处经济犯罪嫌疑期间中断。如果公安机关决定撤销涉嫌经济犯罪案件或者检察机关决定不起诉的,诉讼时效从撤销案件或决定不起诉之次日起重新计算。

---

* 只有同时具备公安司法机关立案或受理案件后,并且有逃避侦查或审判行为的,才不受追诉期限的限制。另逃避侦查或者审判的,宜理解为积极的、明显的,致使侦查、审判工作无法进行的逃避行为,主要是指逃跑或者藏匿;对于行为人实施了毁灭证据、串供等行为的,不宜认定为“逃避侦查和审判”,对逃避侦查和审判作过于宽泛的理解,追诉时效制度就会丧失其应有的意义。

** 追诉时效的延长。

*** 本款属于追诉时效的中断。既然行为人实施了某种犯罪之后又重新犯罪,就说明其并没有悔改,或者说前罪所反映的人身危险性并没有消失,故需要从犯后罪之日起重新计算。如果后罪的法定最高刑轻于前罪,而后罪的追诉期限届满,而前罪的追诉期限未届满,则只能追究前罪的刑事责任。

89-3 《最高人民检察院关于对跨越修订刑法施行日期的继续犯罪、连续犯罪以及其他同种数罪应如何具体适用刑法问题的批复》(高检发释字〔1998〕6号,1998年12月2日) 对于开始于1997年9月30日以前,继续或者连续到1997年10月1日以后的行为,以及在1997年10月1日前后分别实施的同种类数罪,如果原刑法和修订刑法都认为是犯罪并且应当追诉,按照下列原则决定如何适用法律:

一、对于开始于1997年9月30日以前,继续到1997年10月1日以后终了的继续犯罪,应当适用修订刑法一并进行追诉。

二、对于开始于1997年9月30日以前,连续到1997年10月1日以后的连续犯罪,或者在1997年10月1日前后分别实施同种类数罪,其中罪名、构成要件、情节以及法定刑均没有变化的,应当适用修订刑法,一并进行追诉;罪名、构成要件、情节以及法定刑已经变化的,也应当适用修订刑法,一并进行追诉,但是修订刑法比原刑法所规定的构成要件和情节较为严格,或者法定刑较重的,在提起公诉时应当提出酌情从轻处理意见。

第五章 其他规定

第九十条 【民族自治地方刑法适用的变通】民族自治地方不能全部适用本法规定的，可以由自治区或者省的人民代表大会根据当地民族的政治、经济、文化的特点和本法规定的基本原则，制定变通或者补充的规定，报请全国人民代表大会常务委员会批准[1]施行。

90-1 《立法法》* 第七十五条 民族自治地方的人民代表大会有权依照当地民族的政治、经济和文化的特点，制定自治条例和单行条例。自治区的自治条例和单行条例，报全国人民代表大会常务委员会批准后生效。

第九十一条 【公共财产的范围】本法所称公共财产，是指下列财产：

（一）国有财产；

（二）劳动群众集体所有的财产；

（三）用于扶贫和其他公益事业的社会捐助或者专项基金的财产。

在国家机关、国有公司、企业、集体企业和人民团体管理、使用或者运输中的私人财产，以公共财产论。

---

* 第九届全国人大第三次会议通过，2000 年 7 月 1 日；第十二届全国人大第三次会议通过修改，2015 年 3 月 15 日。

第九十二条 【公民私人所有财产的范围】本法所称公民私人所有的财产,是指下列财产:

(一)公民的合法收入、储蓄、房屋和其他生活资料;

(二)依法归个人、家庭所有的生产资料;

(三)个体户和私营企业的合法财产;

(四)依法归个人所有的股份、股票、债券和其他财产。

第九十三条 【国家工作人员的范围】本法所称国家工作人员[1],是指国家机关中从事公务[2]的人员。

国有公司、企业[3]、事业单位、人民团体*中从事公务的人员和国家机关、国有公司、企业、事业单位委派[4]到非国有公司、企业、事业单位、社会团体[5]从事公务的人员,以及其他依照法律从事公务的人员,[6]以国家工作人员论。

93-1 《最高人民法院研究室关于对行为人通过伪造国家机关公文、证件担任国家工作人员职务并利用职务上的便利侵占本单位财物、收受贿赂、挪用本单位资金等行为如何适用法律问题的答复》(法研〔2004〕38号,2004年3月20日) 行为人通过伪造国家机关公文、证件担任国家工作人员职务以后,又利用职务上的便利实施侵占本单位财物、收受贿赂、挪用本单位资金等行为,构成犯罪的,应当分别以伪造国家机关公文、证件罪和相应的贪污罪、受贿罪、挪用公款罪等追究刑事责任,实行数罪并罚。

93-2 《全国法院审理经济犯罪案件工作座谈会纪要》(法〔2003〕

---

* 在我国现实语境中,人民团体有其特定含义,始见中华民国时期于1943年制定的《人民团体法》当时将人民团体分为三类,职业团体、政治团体和社会团体,但未说明划分标准。《共同纲领》规定人民团体参加政协。《社会团体登记管理条例》(国务院令第250号,1998年10月25日)第三条第一款规定,参加政治的人民团体,不属于该条例登记管理的范围。在我国,人民团体主要包括总工会、共青团、学联、妇联、工商联、侨联、台联、文联等。该条例规定,社会团体是指中国公民自愿组成,为实现会员共同意愿,按照其章程开展活动的非营利性社会组织。《社会团体登记暂行办法》(1950年10月19日)和《社会团体登记管理条例》(1989年10月13日)均已废止。

167 号,2003 年 11 月 13 日)

一、关于贪污贿赂犯罪和渎职犯罪的主体

(四)关于"从事公务"的理解

从事公务,是指代表国家机关、国有公司、企业事业单位、人民团体等履行组织、领导、监督、管理等职责。公务主要表现为与职权相联系的公共事务以及监督、管理国有财产的职务活动。如国家机关工作人员依法履行职责,国有公司的董事、经理、监事、会计、出纳人员等管理、监督国有财产等活动,属于从事公务。那些不具备职权内容的劳务活动、技术服务工作,如售货员、售票员等所从事的工作,一般不认为是公务。

93-3　**1.**《最高人民法院关于在国有资本控股、参股的股份有限公司中从事管理工作的人员利用职务便利非法占有本公司财物如何定罪问题的批复》(法释〔2001〕17 号,2001 年 5 月 26 日)　在国有资本控股、参股的股份有限公司中从事管理工作的人员,除受国家机关、国有公司、企业、事业单位委派从事公务的以外,不属于国家工作人员。对其利用职务上的便利,将本单位财物非法占为己有,数额较大的,应当依照刑法第二百七十一条第一款的规定,以职务侵占罪定罪处罚。

2.《最高人民法院、最高人民检察院关于办理国家出资企业中职务犯罪案件具体应用法律若干问题的意见》(法发〔2010〕49 号,2010 年 10 月 2 日)

五、关于改制前后主体身份发生变化的犯罪的处理

国家工作人员在国家出资企业改制前利用职务上的便利实施犯罪,在其不再具有国家工作人员身份后又实施同种行为,依法构成不同犯罪的,应当分别定罪,实行数罪并罚。国家工作人员利用职务上的便利,在国家出资企业改制过程中隐匿公司、企业财产,在其不再具有国家工作人员身份后将所隐匿财产据为己有的,依照刑法第三百八十二条、第三百八十三条的规定,以贪污罪定罪处罚。国家出资企业中的国家工作人员在公司、企业改制或者国有资产处置过程中徇私舞弊,将国有资产低价折股或者低价出售给特定关系人持有股份或者本人实际控制的公司、企业,致使国家利益遭受重大损失的,依照刑法第三百八十二条、第三百八十三条的规定,以贪污罪定罪处罚。贪污数额以国有资产的损失数额计算。

六、关于国家出资企业中国家工作人员的认定

经国家机关、国有公司、企业、事业单位提名、推荐、任命、批准等,在

国有控股、参股公司及其分支机构中从事公务的人员,应当认定为国家工作人员。具体的任命机构和程序,不影响国家工作人员的认定。

经国家出资企业中负有管理、监督国有资产职责的组织批准或者研究决定,代表其在国有控股、参股公司及其分支机构中从事组织、领导、监督、经营、管理工作的人员,应当认定为国家工作人员。

国家出资企业中的国家工作人员,在国家出资企业中持有个人股份或者同时接受非国有股东委托的,不影响其国家工作人员身份的认定。

七、关于国家出资企业的界定

本意见所称"国家出资企业",包括国家出资的国有独资公司、国有独资企业,以及国有资本控股公司、国有资本参股公司。

是否属于国家出资企业不清楚的,应遵循"谁投资、谁拥有产权"的原则进行界定。企业注册登记中的资金来源与实际出资不符的,应根据实际出资情况确定企业的性质。企业实际出资情况不清楚的,可以综合工商注册、分配形式、经营管理等因素确定企业的性质。

93-4 **1.**《全国法院审理经济犯罪案件工作座谈会纪要》(法〔2003〕167 号,2003 年 11 月 13 日)

一、关于贪污贿赂犯罪和渎职犯罪的主体

(二)国家机关、国有公司、企业、事业单位委派到非国有公司、企业、事业单位、社会团体从事公务的人员的认定

所谓委派,即委任、派遣,其形式多种多样,如任命、指派、提名、批准等。不论被委派的人身份如何,只要是接受国家机关、国有公司、企业、事业单位委派,代表国家机关、国有公司、企业、事业单位在非国有公司、企业、事业单位、社会团体中从事组织、领导、监督、管理等工作,都可以认定为国家机关、国有公司、企业、事业单位委派到非国有公司、企业、事业单位、社会团体从事公务的人员,如国家机关、国有公司、企业、事业单位委派在国有控股或者参股的股份有限公司从事组织、领导、监督、管理等工作的人员,应当以国家工作人员论。国有公司、企业改制为股份有限公司后原国有公司、企业的工作人员和股份有限公司新任命的人员中,除代表国有投资主体行使监督、管理职权的人外不以国家工作人员论。

2.《最高人民法院关于如何认定国有控股、参股股份有限公司中的国有公司、企业人员的解释》(法释〔2005〕10 号,2005 年 8 月 11 日) 国有公司、企业委派到国有控股、参股公司从事公务的人员,以国有公司、

企业人员论。

93-5　《最高人民检察院关于佛教协会工作人员能否构成受贿罪或者公司、企业人员受贿主体问题的答复》（高检研发〔2003〕2号，2003年1月13日）　佛教协会属于社会团体，其工作人员除符合刑法第九十三条第二款的规定属于受委托从事公务的人员外，既不属于国家工作人员，也不属于公司、企业人员。根据刑法的规定，对非受委托从事公务的佛教协会的工作人员利用职务之便收受他人财物，为他人谋取利益的行为，不能按受贿罪或者公司、企业人员受贿罪追究刑事责任。

93-6　**1.**《全国人大常委会关于〈刑法〉第九十三条第二款的解释》（2000年4月29日）　全国人民代表大会常务委员会讨论了村民委员会等村基层组织人员在从事哪些工作时属于刑法第九十三条第二款规定的“其他依照法律从事公务的人员”，解释如下：村民委员会等村基层组织人员协助人民政府从事下列行政管理工作时，属于刑法第九十三条第二款规定的“其他依照法律从事公务的人员”：

（一）救灾、抢险、防汛、优抚、扶贫、移民、救济款物的管理；

（二）社会捐助公益事业款物的管理；

（三）国有土地的经营和管理*；

（四）土地征收、征用补偿费用的管理；

（五）代征、代缴税款；

（六）有关计划生育、户籍、征兵工作；

（七）协助人民政府从事的其他行政管理工作。

村民委员会等村基层组织人员**从事前款规定的公务，利用职务上的便利，非法占有公共财物、挪用公款、索取他人财物或者非法收受他人财物，构成犯罪的，适用刑法第三百八十二条和第三百八十三条贪污罪、第三百八十四条挪用公款罪、第三百八十五条和第三百八十六条受贿罪的规定。

2.《最高人民检察院关于〈全国人民代表大会常务委员会关于《中华人民共和国刑法》第九十三条第二款的解释〉的时间效力的批复》（高

---

* 如果是农村集体土地的承包经营、管理和宅基地的管理等工作，则不属于本项内容

** 村民委员会成员不是刑法意义上的国家工作人员，其身份是农民，不脱离生产，不享有国家工作人员的待遇及其权利，犯罪后按国家工作人员处理，权利义务不对等。

检发研字〔2000〕15号 2000年6月29日) 天津市人民检察院:你院“关于《全国人民代表大会常务委员会关于〈中华人民共和国刑法〉第九十三条第二款的解释》的实施时间问题的请示”收悉。经研究,批复如下:

《全国人民代表大会常务委员会关于〈中华人民共和国刑法〉第九十三条第二款的解释》是对刑法第九十三条第二款关于“其他依照法律从事公务的人员”规定的进一步明确,并不是对刑法的修改。因此,该解释的效力适用于修订刑法的施行日期,其溯及力适用修订刑法第12条的规定。

3.《全国法院审理经济犯罪案件工作座谈会纪要》(法〔2003〕167号,2003年11月13日)

一、关于贪污贿赂犯罪和渎职犯罪的主体

(三)“其他依照法律从事公务的人员”的认定

刑法第九十三条第二款规定的“其他依照法律从事公务的人员”应当具有两个特征:一是在特定条件下行使国家管理职能;二是依照法律规定从事公务。具体包括:(1)依法履行职责的各级人民代表大会代表;(2)依法履行审判职责的人民陪审员;(3)协助乡镇人民政府、街道办事处从事行政管理工作的村民委员会、居民委员会等农村和城市基层组织人员;(4)其他由法律授权从事公务的人员。

理解与适用:其他依照法律从事公务的人员,具有两个特征:(1)在特定的条件下行使国家管理职能,如果不是在特定条件下行使国家管理职能,就直接认定为国家工作人员了。(2)其行使国家管理职能有法律依据,是依照法律、法规从事公务的。该条件系为了防止主体的不当扩大化。龚建平案最初起诉的是公司、企业人员受贿罪,最后定为受贿罪,其理由是其受中国足协指派,在全国足球联赛中执行裁判工作任务。《刑事审判参考》总第31集。

4.《最高人民检察院对〈关于中国保险监督管理委员会主体认定的请示〉的答复》(2000年10月8日) 对于中国保险监督管理委员会可参照对国家机关的办法进行管理。据此,中国保险监督管理委员会干部应视同国家机关工作人员。

5.《最高人民法院研究室关于国家工作人员在农村合作基金会兼职从事管理工作如何认定身份问题的答复》(2000年6月29日) 国家工作人员自行到农村合作基金会兼职从事管理工作的,因其兼职工作与国家工作人员身份无关，应认定为农村合作基金会一般从业人员；国家机关、国有公司、企业、事业单位委派到农村合作基金会兼职从事管理工作的人员，以国家工作人员论。

6.《最高人民检察院关于镇财政所所长是否适用国家机关工作人员的批复》（高检发研字〔2000〕9 号，2000 年 5 月 4 日）　对于属行政执法事业单位的镇财政所中按国家机关在编干部管理的工作人员，在履行政府行政公务活动中，滥用职权或玩忽职守构成犯罪的，应以国家机关工作人员论。

7.《最高人民检察院对〈关于中国证监会主体认定的请示〉的答复函》（高检法发字〔2000〕7 号，2000 年 4 月 30 日）　中国证券监督管理委员会为国务院直属事业单位，是全国证券期货市场的主管部门。其主要职责是统一管理证券期货市场，按规定对证券期货监管机构实行垂直领导，所以，它是具有行政职责的事业单位。据此，北京证券监督管理委员会干部应视同为国家机关工作人员。

8.《最高人民检察院法律政策研究室关于集体性质的乡镇卫生院院长利用职务之便收受他人财务的行为如何适用法律问题的批复》（高检研发〔2003〕9 号，2003 年 4 月 2 日）　经过乡镇政府或者主管行政机关任命的乡镇卫生院院长，在依法从事本区域卫生工作的管理与业务技术指导，承担医疗预防保健服务工作等公务活动时，属于刑法第九十三条第二款规定的其他依照法律从事公务的人员。对其利用职务上的便利，索取他人财物的，或者非法收受他人财物，为他人谋取利益的，应当依照刑法第三百八十五条、第三百八十六条的规定，以受贿罪追究刑事责任。

第九十四条　【司法工作人员的范围】本法所称司法工作人员，是指有侦查、[1] 检察、审判、监管职责的工作人员。

94-1　《最高人民检察院关于企业事业单位的公安机构在机构改革过程中其工作人员能否构成渎职侵权犯罪主体问题的批复》（高检发释字〔2002〕3 号，2002 年 5 月 16 日）　企业事业单位的公安机构在机构改革过程中虽尚未列入公安机关建制，其工作人员在行使侦查职责时，实施渎职侵权行为的，可以成为渎职侵权犯罪的主体。

理解与适用：如何界定司法工作人员，主要依据是其所担负的职责和行使的职权,而不能简单以具体什么样的身份加以认定。在机构改革中的企业事业单位的公安机构是改革过程中的特定产物,是阶段性、暂时性的,其实质仍然行使与县级公安机关同等的侦查职权,负有侦查的职责,故应属于司法工作人员范畴。但应明确的仅是其在行使侦查职权时属于司法工作人员,而其在行使其他职权时,则不属于国家机关工作人员。

第九十五条[1] **【重伤】**本法所称重伤,是指有下列情形之一的伤害:

(一)使人肢体残废或者毁人容貌的;

(二)使人丧失听觉、视觉或者其他器官机能的;

(三)其他对于人身健康有重大伤害的。

95-1 《最高人民法院、最高人民检察院、公安部、国家安全部、司法部〈人体损伤程度鉴定标准〉》(2014年1月1日)。

第九十六条[1] **【违反国家规定之含义】**本法所称违反国家规定,是指违反全国人民代表大会及其常务委员会制定的法律和决定,国务院制定的行政法规、规定的行政措施、发布的决定和命令。

96-1 《最高人民法院关于准确理解和适用刑法中"国家规定"的有关问题的通知》(法发〔2011〕155号,2011年4月8日) 日前,国务院法制办就国务院办公厅文件的有关规定是否可以认定为刑法中的"国家规定"予以统一、规范。为切实做好相关刑事案件审判工作,准确把握刑法有关条文规定的"违反国家规定"的认定标准,依法惩治犯罪,统一法律适用,现就有关问题通知如下:

一、根据刑法第九十六条的规定,刑法中的"国家规定"是指,全国人民代表大会及其常务委员会制定的法律和决定,国务院制定的行政法规、规定的行政措施、发布的决定和命令。其中,"国务院规定的行政措施"应当由国务院决定,通常以行政法规或者国务院制发文件的形式加以规定。以国务院办公厅名义制发的文件,符合以下条件的,亦应视为刑法中的"国家规定":(1)有明确的法律依据或者同相关行政法规不相抵触;(2)经国务院常务会议讨论通过或者经国务院批准;(3)在国务院公报上公开发布。

二、各级人民法院在刑事审判工作中,对有关案件所涉及的“违反国家规定”的认定,要依照相关法律、行政法规及司法解释的规定准确把握。对于规定不明确的,要按照本通知的要求审慎认定。对于违反地方性法规、部门规章的行为,不得认定为“违反国家规定”。对被告人的行为是否“违反国家规定”存在争议的,应当作为法律适用问题,逐级向最高人民法院请示。

三、各级人民法院审理非法经营犯罪案件,要依法严格把握刑法第二百二十五条第(四)项的适用范围。对被告人的行为是否属于刑法第二百二十五条第(四)项规定的“其他严重扰乱市场秩序的非法经营行为”,有关司法解释未作明确规定的,应当作为法律适用问题,逐级向最高人民法院请示。

第九十七条　【首要分子的范围】本法所称首要分子,是指在犯罪集团或者聚众犯罪中起组织、策划、指挥作用的犯罪分子。

第九十八条　【告诉才处理的含义】本法所称告诉才处理,是指被害人告诉才处理*。如果被害人因受强制、威吓无法告诉的,人民检察院和被害人的近亲属也可以告诉。

第九十九条　【以上、以下、以内的界定】本法所称以上、以下、以内,包括本数**。

第一百条[1]　【前科报告制度】依法受过刑事处罚的人,在入伍、就业的时候,应当如实向有关单位报告自己曾受过刑事处罚,不得隐瞒。

---

* 告诉才处理的案件:侮辱罪、诽谤罪、暴力干涉婚姻自由罪、虐待罪(不包括造成重伤)和侵占罪。参见本法第二百六十条第三款。

** 如果某罪可以判处三年以上七年以下有期徒刑,那么可以判处三年有期徒刑,而这一刑罚仍可适用缓刑。不满不包括本数。

(刑八)犯罪的时候不满十八周岁被判处五年有期徒刑以下刑罚的人,免除前款规定的报告义务。

100-1 《最高人民法院、最高人民检察院、公安部、国家安全部、司法部印发〈关于建立犯罪人员犯罪记录制度的意见〉的通知》(法发〔2012〕10号,2012年5月10日)。

第一百零一条 【总则的效力】本法总则适用于其他有刑罚规定的法律,但是其他法律有特别规定的除外。

第二编

分　　则*

P127－736

* 一、分则罪名的确定:1.《最高人民法院关于执行〈中华人民共和国刑法〉确定罪名的规定》(法释〔1997〕9号,1997年12月16日);2.《最高人民法院、最高人民检察院关于执行〈中华人民共和国刑法〉确定罪名的补充规定》(法释〔2002〕7号,2002年3月26日);3.《最高人民法院、最高人民检察院关于执行〈中华人民共和国刑法〉确定罪名的补充规定(二)》(法释〔2003〕12号,2003年8月21日);4.《最高人民法院、最高人民检察院关于执行〈中华人民共和国刑法〉确定罪名的补充规定(三)》(法释〔2007〕16号,2007年11月6日);5.《最高人民法院、最高人民检察院关于执行〈中华人民共和国刑法〉确定罪名的补充规定(四)》(法释〔2009〕13号,2009年10月16日);6.《最高人民法院、最高人民检察院关于执行〈中华人民共和国刑法〉确定罪名的补充规定(五)》(法释〔2011〕10号,2011年5月1日);7.《最高人民法院、最高人民检察院关于执行〈中华人民共和国刑法〉确定罪名的补充规定(六)》(法释〔2015〕20号,2015年11月1日)。

二、分则罪名的立案标准:1.《最高人民检察院、公安部关于公安机关管辖的刑事案件立案追诉标准的规定(一)》(公通字〔2008〕36号);2.《最高人民检察院、公安部关于公安机关管辖的刑事案件立案追诉标准的规定(二)》(公通字〔2010〕23号);3.《最高人民检察院、公安部关于公安机关管辖的刑事案件立案追诉标准的规定(二)的补充规定》(公通字〔2011〕47号);4.《最高人民检察院、公安部关于公安机关管辖的刑事案件立案追诉标准的规定(三)》(公通字〔2012〕26号,2012年5月16日,以下简称《立案标准(三)》)。

第一章　危害国家安全[1]罪*

C.1-1 《中华人民共和国国家安全法》(第十二届全国人民代表大会常务委员会第十五次会议,2015年7月1日)第二条　国家安全是指国家政权、主权、统一和领土完整、人民福祉、经济社会可持续发展和国家其他重大利益相对处于没有危险和不受内外威胁的状态,以及保障持续安全状态的能力。

第一百零二条　【背叛国家罪】勾结外国,危害中华人民共和国的主权、领土完整和安全的,处无期徒刑或者十年以上有期徒刑。

与境外机构、组织、个人相勾结,犯前款罪的,依照前款的规定处罚。

第一百零三条　【分裂国家罪】组织、策划、实施分裂国家、破坏国家统一的,对首要分子或者罪行重大的,处无期徒刑或者十年以上有期徒刑;对积极参加的,处三年以上十年以下有期徒刑;对其他参加的,处三年以下有期徒刑、拘役、管制或者剥夺政治权利。

【煽动分裂国家罪】煽动分裂国家、破坏国家统一的[1],处五年以下有期徒刑、拘役、管制或者剥夺政治权利;首要分子或者罪行重大的,处五年以上有期徒刑。

---

* 凡背叛国家罪、武装叛乱罪、投敌叛变罪、叛逃罪,只要有一个"叛"字,只能是中国公民才构成犯罪。(张明楷)

103-1 **1.**《最高人民法院关于审理非法出版物刑事案件具体应用法律若干问题的解释》(法释〔1998〕30号,1998年12月23日)第一条 明知出版物中载有煽动分裂国家、破坏国家统一或者煽动颠覆国家政权、推翻社会主义制度的内容,而予以出版、印刷、复制、发行、传播的,依照刑法第一百零三条第二款或者第一百零五条第二款的规定,以煽动分裂国家罪或者煽动颠覆国家政权罪定罪处罚。

2.《最高人民法院、最高人民检察院、公安部关于办理暴力恐怖和宗教极端刑事案件适用法律若干问题的意见》(公通字〔2014〕34号,2014年9月22日)

二、准确认定案件性质(三)实施下列行为之一,煽动分裂国家、破坏国家统一的,以煽动分裂国家罪定罪处罚:

1. 组织、纠集他人,宣扬、散布、传播宗教极端、暴力恐怖思想的;

2. 出版、印刷、复制、发行载有宣扬宗教极端、暴力恐怖思想内容的图书、期刊、音像制品、电子出版物或者制作、印刷、复制载有宣扬宗教极端、暴力恐怖思想内容的传单、图片、标语、报纸的;

3. 通过建立、开办、经营、管理网站、网页、论坛、电子邮件、博客、微博、即时通讯工具、群组、聊天室、网络硬盘、网络电话、手机应用软件及其他网络应用服务,或者利用手机、移动存储介质、电子阅读器等登载、张贴、复制、发送、播放、演示载有宗教极端、暴力恐怖思想内容的图书、文稿、图片、音频、视频、音像制品及相关网址,宣扬、散布、传播宗教极端、暴力恐怖思想的;

4. 制作、编译、编撰、编辑、汇编或者从境外组织、机构、个人、网站直接获取载有宣扬宗教极端、暴力恐怖思想内容的图书、文稿、图片、音像制品等,供他人阅读、观看、收听、出版、印刷、复制、发行、传播的;

5. 设计、制造、散发、邮寄、销售、展示含有宗教极端、暴力恐怖思想内容的标识、标志物、旗帜、徽章、服饰、器物、纪念品的;

6. 以其他方式宣扬宗教极端、暴力恐怖思想的。

实施上述行为,煽动民族仇恨、民族歧视,情节严重的,以煽动民族仇恨、民族歧视罪定罪处罚。同时构成煽动分裂国家罪的,依照处罚较重的规定定罪处罚。

第一百零四条 【武装叛乱、暴乱罪】组织、策划、实施武装叛乱或者武装暴乱的，对首要分子或者罪行重大的，处无期徒刑或者十年以上有期徒刑；对积极参加的，处三年以上十年以下有期徒刑；对其他参加的，处三年以下有期徒刑、拘役、管制或者剥夺政治权利。

策动、胁迫、勾引、收买国家机关工作人员、武装部队人员、人民警察、民兵进行武装叛乱或者武装暴乱的，依照前款的规定从重处罚。

第一百零五条　【颠覆国家政权罪】组织、策划、实施颠覆国家政权、推翻社会主义制度的，对首要分子或者罪行重大的，处无期徒刑或者十年以上有期徒刑；对积极参加的，处三年以上十年以下有期徒刑；对其他参加的，处三年以下有期徒刑、拘役、管制或者剥夺政治权利。

【煽动颠覆国家政权罪】以造谣、诽谤或者其他方式煽动颠覆国家政权、推翻社会主义制度的，处五年以下有期徒刑、拘役、管制或者剥夺政治权利；首要分子或者罪行重大的，处五年以上有期徒刑。

第一百零六条　【与境外勾结的处罚规定】与境外机构、组织、个人相勾结，实施本章第一百零三条（分裂国家罪、煽动分裂国家罪）、第一百零四条（武装叛乱、暴乱罪）、第一百零五条（颠覆国家政权罪、煽动颠覆国家政权罪）规定之罪的，依照各该条的规定从重处罚。

第一百零七条　（刑八）【资助危害国家安全犯罪活动罪】[*]境内外[**]机构、组织或者个人资助实施本章第一百零二条（背叛国家

---

* 将资助行为单独定罪。

** 《刑法修正案（八）》将资助对象扩大到境外组织或者个人，从此不再限于境内组织和人员。

罪)、第一百零三条(分裂国家罪、煽动分裂国家罪)、第一百零四条(武装叛乱罪、武装暴乱罪)、第一百零五条(颠覆国家政权罪、煽动颠覆国家政权罪)规定之罪的,对直接责任人员,处五年以下有期徒刑、拘役、管制或者剥夺政治权利;情节严重的,处五年以上有期徒刑。

第一百零八条　【投敌叛变罪】投敌叛变的,处三年以上十年以下有期徒刑;情节严重或者带领武装部队人员、人民警察、民兵投敌叛变的,处十年以上有期徒刑或者无期徒刑。

第一百零九条*　(刑八)【叛逃罪】国家机关工作人员在履行公务期间,擅离岗位,叛逃境外或者在境外叛逃的,处五年以下有期徒刑、拘役、管制或者剥夺政治权利;情节严重的,处五年以上十年以下有期徒刑。

掌握国家秘密的国家工作人员叛逃境外或者在境外叛逃的,依照前款的规定从重处罚。

第一百一十条　【间谍罪】有下列间谍行为[1]之一,危害国家安全的,处十年以上有期徒刑或者无期徒刑;情节较轻的,处三年以上十年以下有期徒刑:

(一)参加间谍组织或者接受间谍组织及其代理人的任务的;

(二)为敌人指示轰击目标的。

---

* 1. 将第一百零九条第一款删除了"危害中华人民共和国国家安全的,"处罚未变。第二款将犯前款罪,具体写明为"叛逃境外或者在境外叛逃"。

2. 在2012年2月原重庆市公安局局长王立军叛逃一案中,其辩护人提出,王立军自动离开美领馆,其叛逃行为应认定为犯罪中止,应减轻或免除处罚;公诉人则指出,叛逃罪属于行为犯,一经实施,就属于既遂,被告人经过事先预谋,以洽谈工作为由进入美领馆,滞留馆内并书写政治避难申请,属于犯罪既遂。王立军犯叛逃罪后自动投案,并如实供述其叛逃的主要犯罪事实,属自首,根据《中华人民共和国刑法》第六十七条之规定,依法可以从轻或者减轻处罚。法院最终以叛逃罪判处王立军有期徒刑二年,剥夺政治权利一年。

110-1 《反间谍法》(2014 年 11 月 1 日第十二届全国人民代表大会常务委员会第十一次会议通过,自通过之日起施行)第三十八条 本法所称间谍行为,是指下列行为:

(一)间谍组织及其代理人实施或者指使、资助他人实施,或者境内外机构、组织、个人与其相勾结实施的危害中华人民共和国国家安全的活动;

(二)参加间谍组织或者接受间谍组织及其代理人的任务的;

(三)间谍组织及其代理人以外的其他境外机构、组织、个人实施或者指使、资助他人实施,或者境内机构、组织、个人与其相勾结实施的窃取、刺探、收买或者非法提供国家秘密或者情报,或者策动、引诱、收买国家工作人员叛变的活动;

(四)为敌人指示攻击目标的;

(五)进行其他间谍活动的。

第一百一十一条[1] **【为境外窃取、刺探、收买、非法提供国家秘密、情报罪】**为境外的机构、组织、人员窃取、刺探、收买、非法提供国家秘密[2] 或者情报[3] 的,[4] 处五年以上十年以下有期徒刑;情节特别严重的,[5] 处十年以上有期徒刑或者无期徒刑;情节较轻的,[6] 处五年以下有期徒刑、拘役、管制或者剥夺政治权利。

111-1 《最高人民法院关于审理为境外窃取、刺探、收买、非法提供国家秘密、情报案件具体应用法律若干问题的解释》(法释〔2001〕4 号,2001 年 1 月 22 日)第五条 行为人知道或者应当知道* 没有标明密级的事项关系国家安全和利益,而为境外窃取、刺探、收买、非法提供的,依照刑法第一百一十一条的规定以为境外窃取、刺探、收买、非法提供国家秘密罪定罪处罚。

第六条 通过互联网将国家秘密或者情报非法发送给境外的机构、组织、个人的,依照刑法第一百一十一条的规定定罪处罚。

第七条 审理为境外窃取、刺探、收买、非法提供国家秘密案件,需

---

* 将应当知道而实际上并不知道的情形,认定为故意犯罪,意味着将过失行为认定为故意犯罪,存在疑问。(张明楷)

要对有关事项是否属于国家秘密以及属于何种密级进行鉴定的,由国家保密工作部门或者省、自治区、直辖市保密工作部门*鉴定。

111-2　1. 法释〔2001〕4 号第一条　刑法第一百一十一条规定的“国家秘密”,是指《中华人民共和国保守国家秘密法》**第二条、第八条以及《中华人民共和国保守国家秘密法实施办法》第四条确定的事项。

2.《保守国家秘密法》第二条　国家秘密是关系国家安全和利益,依照法定程序确定,在一定时间内只限一定范围的人员知悉的事项。

《保守国家秘密法》第九条　下列涉及国家安全和利益的事项,泄露后可能损害国家在政治、经济、国防、外交等领域的安全和利益的,应当确定为国家秘密:

(一)国家事务重大决策中的秘密事项;

(二)国防建设和武装力量活动中的秘密事项;

(三)外交和外事活动中的秘密事项以及对外承担保密义务的秘密事项;

(四)国民经济和社会发展中的秘密事项;

(五)科学技术中的秘密事项;

(六)维护国家安全活动和追查刑事犯罪中的秘密事项;

(七)经国家保密行政管理部门确定的其他秘密事项***。

政党的秘密事项中符合前款规定的,属于国家秘密。

111-3　1. 法释〔2001〕4 号第一条第二款　刑法第一百一十一条规定的“情报”,是指关系国家安全和利益、尚未公开或者依照有关规定不应公开的事项。****

法释〔2001〕4 号第一条第三款　对为境外机构、组织、人员窃取、刺探、收买、非法提供国家秘密之外的情报的行为,以为境外窃取、刺探、收买、非法提供情报罪定罪处罚。

2.《最高人民法院、国家保密局关于执行〈关于审理为境外窃取、刺探、收买、非法提供国家秘密、情报案件具体应用法律若干问题的解释〉

---

* 特殊鉴定的鉴定人为单位而非个人。

** 《保守国家秘密法》(1988 年 9 月 5 日制定,2010 年 4 月 29 日修订)以及《保守国家秘密法实施办法》(2014 年 1 月 17 日修订)。

*** 自 2005 年起,自然灾害死亡人数不再作为国家秘密。

**** 缩小解释。

有关问题的通知》(法发〔2001〕117 号,2001 年 8 月 22 日)
各省、自治区、直辖市高级人民法院,解放军军事法院,新疆维吾尔自治区高级人民法院生产建设兵团分院;各省、自治区、直辖市保密局:

为正确执行最高人民法院法释〔2001〕4 号《关于审理为境外窃取、刺探、收买、非法提供国家秘密、情报案件具体应用法律若干问题的解释》,审理好涉及情报的刑事案件,现就有关情报的鉴定问题通知如下:

人民法院审理为境外窃取、刺探、收买、非法提供情报案件,需要对有关事项是否属于情报进行鉴定的,由国家保密工作部门或者省、自治区、直辖市保密工作部门鉴定。

111-4 法释〔2001〕4 号第三条 为境外窃取、刺探、收买、非法提供国家秘密或者情报,具有下列情形之一的,处五年以上十年以下有期徒刑,可以并处没收财产:

(一)为境外窃取、刺探、收买、非法提供机密级国家秘密的;

(二)为境外窃取、刺探、收买、非法提供三项以上秘密级国家秘密的;

(三)为境外窃取、刺探、收买、非法提供国家秘密或者情报,对国家安全和利益造成其他严重损害的。

111-5 法释〔2001〕4 号第二条 为境外窃取、刺探、收买、非法提供国家秘密或者情报,具有下列情形之一的,属于"情节特别严重",处十年以上有期徒刑、无期徒刑,可以并处没收财产:

(一)为境外窃取、刺探、收买、非法提供绝密级国家秘密的;

(二)为境外窃取、刺探、收买、非法提供三项以上机密级国家秘密的;

(三)为境外窃取、刺探、收买、非法提供国家秘密或者情报,对国家安全和利益造成其他特别严重损害的。

实施前款行为,对国家和人民危害特别严重、情节特别恶劣的,可以判处死刑,并处没收财产。

111-6 法释〔2001〕4 号第四条 为境外窃取、刺探、收买、非法提供秘密级国家秘密或者情报,属于"情节较轻",处五年以下有期徒刑、拘役、管制或者剥夺政治权利,可以并处没收财产。

第一百一十二条 【资敌罪】战时供给敌人武器装备、军用物资资敌的,处十年以上有期徒刑或者无期徒刑;情节较轻的,处三年以上十年以下有期徒刑。

第一百一十三条 【危害国家安全罪适用死刑、没收财产的规定】本章上述危害国家安全罪行中,除第一百零三条第二款(煽动分裂国家罪)、第一百零五条(颠覆国家政权罪、煽动颠覆国家政权罪)、第一百零七条(资助危害国家安全犯罪活动罪)、第一百零九条(叛逃罪)外,对国家和人民危害特别严重、情节特别恶劣的,可以判处死刑。

犯本章之罪的,可以并处没收财产。

第二章　危害公共安全*罪[1]

C.2-1　《最高人民检察院、公安部关于公安机关管辖的刑事案件立案追诉标准的规定（一）》（公通字〔2008〕36号，以下简称《立案标准（一）》）。

第一百一十四条**　**（刑三）【放火罪、决水罪、爆炸罪、投放危险物质罪、以危险方法危害公共安全罪】**放火、决水、爆炸以及投放毒害性、放射性、传染病病原体等物质***或者以其他危险方法危害公共安全，尚未造成严重后果的，处三年以上十年以下有期徒刑。

114-1　《最高人民法院、最高人民检察院关于办理妨害预防、控制突发传染病疫情等灾害的刑事案件具体应用法律若干问题的解释》（法释〔2003〕8号，2003年5月15日）第一条　故意传播突发传染病病原

---

*　危害公共安全罪的保护法益是公共安全，此类罪在国外被称为公共危险罪。本罪的保护法益是不特定或者多数人的生命、身体或者财产。所谓"不特定"，是指犯罪行为可能侵犯的对象和可能造成的结果事先无法确定，行为人对此既无法具体预料也难以实际控制，行为的危险或行为造成的危害结果可能随时扩大或增加。所谓"多数人"，则难以用具体数字表述，行为使较多的人（即使是特定的多数人）感受到生命、健康或者财产受到威胁时，应认为危害了公共安全。我国通说认为"不特定多数人"这一范围有误，应为"不特定或者多数人"。所谓"安全"是指不特定或者多数人的生命、健康、财产等不受不法侵犯与威胁而存续的状态。只要行为危害了不特定或者多数人的生命、健康、财产的安全，就属于危害公共安全。只有当行为仅侵犯了特定的少数人的生命、健康或财产时，才不构成危害公共安全罪。（张明楷）

**　原条文放火、决水、爆炸、投毒或者以其他危险方法破坏工厂、矿场、油田、港口、河流、水源、仓库、住宅、森林、农场、谷场、牧场、重要管道、公共建筑物或者其他公私财产，危害公共安全，尚未造成严重后果的，处三年以上十年以下有期徒刑。原条文系从犯罪对象的角度来界定本罪的罪质，而新的表述则主要从犯罪手段的角度来界定罪质。

***　《刑法修正案（三）》将"投毒"改为"投放毒害性、放射性、传染病病原体等物质"，删除列举式规定侵犯对象。

体,危害公共安全的,以第一百一十四条、第一百一十五条第一款,以危险方法危害公共安全罪定罪处罚。患有突发传染病或疑似突发传染病而拒绝接受检疫、强制隔离或者治疗,过失造成传染病传播,情节严重,危害公共安全的,依照第一百一十五条第二款的规定,按照过失以危险办法危害公共安全罪定罪处罚。

第一百一十五条*　(刑三)【放火罪、决水罪、爆炸罪、投放危险物质罪、以危险方法危害公共安全罪】放火、决水、爆炸以及投放毒害性、放射性、传染病病原体等物质或者以其他危险方法致人重伤、死亡或者使公私财产遭受重大损失的,处十年以上有期徒刑、无期徒刑或者死刑。

【失火罪、过失决水罪、过失爆炸罪、过失投放危险物质罪、过失以危险方法危害公共安全罪】**过失犯前款罪的,处三年以上七年以下有期徒刑;情节较轻的,[1] 处三年以下有期徒刑或者拘役。

115-1　《立案标准(一)》第一条　过失引起火灾,涉嫌下列情形之一的,应予立案追诉:

(一)造成死亡一人以上,或者重伤三人以上的;

(二)造成公共财产或者他人财产直接经济损失五十万元以上的;

(三)造成十户以上家庭的房屋以及其他基本生活资料烧毁的;

(四)造成森林火灾,过火有林地面积二公顷以上,或者过火疏林地、灌木林地、未成林地、苗圃地面积四公顷以上的;

(五)其他造成严重后果的情形。

本条和本规定第十五条规定的"有林地"、"疏林地"、"灌木林地"、"未成林地"、"苗圃地",按照国家林业主管部门的有关规定确定。

第一百一十六条　【破坏交通工具罪】破坏火车、汽车、电车、

---

* 原条文:放火、决水、爆炸、投毒或者以其他危险方法致人重伤、死亡或者使公私财产遭受重大损失的,处十年以上有期徒刑、无期徒刑或者死刑。

** 失火罪与其他过失引起火灾的犯罪的区别,在于发生在日常生活之中因用火不慎而引起的,还是以特定方法或针对特定对象或违反特定物品管理规定,或在生产、管理过程中造成的责任事故。

船只、航空器，足以使火车、汽车、电车、船只、航空器发生倾覆、毁坏危险，尚未造成严重后果的，处三年以上十年以下有期徒刑。

第一百一十七条　【破坏交通设施罪】破坏轨道、桥梁、隧道、公路、机场、航道、灯塔、标志或者进行其他破坏活动，足以使火车、汽车、电车、船只、航空器发生倾覆、毁坏危险，尚未造成严重后果的，处三年以上十年以下有期徒刑。

第一百一十八条[1]　【破坏电力设备罪、破坏易燃易爆设备罪】破坏电力[2]、燃气或者其他易燃易爆设备，[3] 危害公共安全，尚未造成严重后果的，处三年以上十年以下有期徒刑。

118-1　《最高人民法院关于审理破坏电力设备刑事案件具体应用法律若干问题的解释》（法释〔2007〕15 号，2007 年 8 月 21 日）。

118-2　法释〔2007〕15 号第三条　盗窃电力设备，危害公共安全，但不构成盗窃罪的，以破坏电力设备罪定罪处罚；同时构成盗窃罪和破坏电力设备罪的，依照刑法处罚较重的规定定罪处罚。

盗窃电力设备，没有危及公共安全，但应当追究刑事责任的，可以根据案件的不同情况，按照盗窃罪等犯罪处理。

理解与适用：盗窃使用中的电力设备，同时构成盗窃罪和破坏电力设备罪的，择一重罪处罚。所谓“使用中”，一般理解为正在通电的，但以下两种情形即使不通电也属于“正在使用中”：1. 已经架设完毕交付电力部门验收的，即使尚未通电使用，也认为是正在使用中的电力设备；如果已经架设完毕，但尚未交付电力部门验收的线路，不认为是正在使用中。2. 农村小水电站季节性通电的线路，或者季节性使用的电力排灌设备，即使在暂停使用期间不通电的，也认为是正在使用中。

118-3　《最高人民法院、最高人民检察院关于办理盗窃油气*、破坏油气设备等刑事案件具体应用法律若干问题的解释》（法释〔2007〕3 号，2007 年 1 月 19 日）。

法释〔2007〕3 号第一条　在实施盗窃油气等行为过程中，采用切

---

* 何为危害公共安全，涉及本章全部罪名，不宜仅对涉油气方面的犯罪作出具体规定。

割、打孔、撬砸、拆卸、开关等手段破坏正在使用的油气设备的,属于刑法第一百一十八条规定的"破坏燃气或者其他易燃易爆设备"的行为;危害公共安全,尚未造成严重后果的,依照刑法第一百一十八条的规定定罪处罚。

理解与适用:开关行为之所以被定为破坏性手段,其原因在于,输油、输气管道、油气井等油气设备都有严格的操作规程,不得随意开关。违反操作规程擅自开关行为对油气设备也会造成安全事故。当然,司法解释将其严格限定在盗窃油气行为过程中的开关行为。

第三条　盗窃油气或者正在使用的油气设备,构成犯罪,但未危害公共安全的,依照刑法第二百六十四条的规定,以盗窃罪定罪处罚。盗窃油气,数额巨大但尚未运离现场的,以盗窃未遂定罪处罚。为他人盗窃油气而偷开油气井、油气管道等油气设备阀门排放油气或者提供其他帮助的,以盗窃罪的共犯定罪处罚。

第四条　盗窃油气同时构成盗窃罪和破坏易燃易爆设备罪的,依照刑法处罚较重的规定定罪处罚。

第五条　明知是盗窃犯罪所得的油气或者油气设备,而予以窝藏、转移、收购、加工、代为销售或者以其他方法掩饰、隐瞒的,依照刑法第三百一十二条的规定定罪处罚。

实施前款规定的犯罪行为,事前通谋的,以盗窃犯罪的共犯定罪处罚。

第六条　违反矿产资源法的规定,非法开采或者破坏性开采石油、天然气资源的,依照刑法第三百四十三条以及《最高人民法院关于审理非法采矿、破坏性采矿刑事案件具体应用法律若干问题的解释》的规定追究刑事责任。

第七条　国家机关工作人员滥用职权或者玩忽职守,实施下列行为之一,致使公共财产、国家和人民利益遭受重大损失的,依照刑法第三百九十七条的规定,以滥用职权罪或者玩忽职守罪定罪处罚:

(一)超越职权范围,批准发放石油、天然气勘查、开采、加工、经营等许可证的;

(二)违反国家规定,给不符合法定条件的单位、个人发放石油、天然气勘查、开采、加工、经营等许可证的;

(三)违反《石油天然气管道保护条例》等国家规定,在油气设备安

全保护范围内批准建设项目的;

（四）对发现或者经举报查实的未经依法批准、许可擅自从事石油、天然气勘查、开采、加工、经营等违法活动不予查封、取缔的。

第八条　本解释所称的“油气”，是指石油、天然气。其中，石油包括原油、成品油；天然气包括煤层气。本解释所称“油气设备”，是指用于石油、天然气生产、储存、运输等易燃易爆设备。

第一百一十九条　【破坏交通工具罪、破坏交通设施罪、破坏电力设备罪、破坏易燃易爆设备罪】破坏交通工具、交通设施、电力设备、[1] 燃气设备、易燃易爆设备，造成严重后果的，[2] 处十年以上有期徒刑、无期徒刑或者死刑[*]。

【过失损坏交通工具罪、过失损坏交通设施罪、过失损坏电力设备罪、过失损坏易燃易爆设备罪】过失犯前款罪的，处三年以上七年以下有期徒刑；情节较轻的，处三年以下有期徒刑或者拘役。

119-1　法释〔2007〕15号第四条第一款　本解释所称电力设备，是指处于运行、应急等使用中的电力设备；已经通电使用，只是由于枯水季节或电力不足等原因暂停使用的电力设备；已经交付使用但尚未通电的电力设备。不包括尚未安装完毕，或者已经安装完毕但尚未交付使用的电力设备。

119-2　1. 法释〔2007〕15号第一条　破坏电力设备，具有下列情形之一的，属于刑法第一百一十九条第一款规定的“造成严重后果”，以破坏电力设备罪判处十年以上有期徒刑、无期徒刑或者死刑：

（一）造成一人以上死亡、三人以上重伤或者十人以上轻伤的；

（二）造成一万以上用户电力供应中断六小时以上，致使生产、生活受到严重影响的；

（三）造成直接经济损失一百万元以上的；

（四）造成其他危害公共安全严重后果的。

2. 法释〔2007〕3号第四条第二款　本解释中直接经济损失的计算范围，包括电量损失金额，被毁损设备材料的购置、更换、修复费用，以及

---

* 为杀人而破坏交通工具，可以不定杀人罪，而定破坏交通工具罪，同样能实现罪刑相适应。

因停电给用户造成的直接经济损失等。

法释〔2007〕3号第二条　实施本解释第一条规定的行为,具有下列情形之一的,属于刑法第一百一十九条第一款规定的"造成严重后果",依照刑法第一百一十九条第一款的规定定罪处罚:

(一)造成一人以上死亡、三人以上重伤或者十人以上轻伤的;

(二)造成井喷或者重大环境污染事故的;

(三)造成直接经济损失数额在五十万元以上的;

(四)造成其他严重后果的。

理解与适用:如案件中出现的重伤、轻伤单项达不到规定的人数,但重伤、轻伤合计的人数明显超过了单项人数的情况,如同时造成重伤2人轻伤9人的情况,则可归于第4种情况。

第一百二十条　(刑三、刑九)【组织、领导、参加恐怖组织罪】组织、领导恐怖活动组织[1]* 的[2],处十年以上有期徒刑或者无期徒刑,并处没收财产;积极参加的**[3],处三年以上十年以下有期徒刑,并处罚金;其他参加的,处三年以下有期徒刑、拘役、管制或者剥夺政治权利,可以并处罚金。

犯前款罪并实施杀人、爆炸、绑架等犯罪的,依照数罪并罚的规定处罚。

120-1　《中华人民共和国反恐怖主义法》(2016年1月1日)第三条第三款　本法所称恐怖活动组织,是指三人以上为实施恐怖活动而组成的犯罪组织。

120-2　《最高人民法院、最高人民检察院、公安部关于办理暴力恐怖和宗教极端刑事案件适用法律若干问题的意见》(公通字〔2014〕34号,2014年9月22日)

---

* 《刑法修正案(三)》起草时,曾有人建议应明确恐怖活动组织的含义,但鉴于国际社会对恐怖主义没有一个统一的认定标准,故未作出定义性的规定。2015年2月25日两会审议了反恐怖主义法草案。

** 《刑法修正案(三)》将恐怖组织的成员区分为组织领导者、积极参加者和其他一般参加者,对恐怖组织的首要分子提高刑罚,有利于打击和分化、瓦解恐怖组织。

二、准确认定案件性质　（一）为制造社会恐慌、危害公共安全或者胁迫国家机关、国际组织，组织、纠集他人，策划、实施下列行为之一，造成或者意图造成人员伤亡、重大财产损失、公共设施损坏、社会秩序混乱的，以组织、领导、参加恐怖组织罪定罪处罚：

1. 发起、建立恐怖活动组织或者以从事恐怖活动为目的的训练营地，进行恐怖活动体能、技能训练的；

2. 为组建恐怖活动组织、发展组织成员或者组织、策划、实施恐怖活动，宣扬、散布、传播宗教极端、暴力恐怖思想的；

3. 在恐怖活动组织成立以后，利用宗教极端、暴力恐怖思想控制组织成员，指挥组织成员进行恐怖活动的；

4. 对特定或者不特定的目标进行爆炸、放火、杀人、伤害、绑架、劫持、恐吓、投放危险物质及其他暴力活动的；

5. 制造、买卖、运输、储存枪支、弹药、爆炸物的；

6. 设计、制造、散发、邮寄、销售、展示含有暴力恐怖思想内容的标识、标志物、旗帜、徽章、服饰、器物、纪念品的；

7. 参与制定行动计划、准备作案工具等活动的。

组织、领导、参加恐怖活动组织，同时实施杀人、放火、爆炸、非法制造爆炸物、绑架、抢劫等犯罪的，以组织、领导、参加恐怖组织罪和故意杀人罪、放火罪、爆炸罪、非法制造爆炸物罪、绑架罪、抢劫罪等数罪并罚。

120-3　《最高人民法院、最高人民检察院、公安部关于办理暴力恐怖和宗教极端刑事案件适用法律若干问题的意见》（公通字〔2014〕34号，2014年9月22日）

二、准确认定案件性质　（二）参加或者纠集他人参加恐怖活动组织的，或者为参加恐怖活动组织、接受其训练，出境或者组织、策划、煽动、拉拢他人出境，或者在境内跨区域活动，进行犯罪准备行为的，以参加恐怖组织罪定罪处罚。

第一百二十条之一　（刑三、刑九）*[1]【帮助恐怖活动罪】**资

* 联合国于1999年12月9日通过了《制止向恐怖主义提供资助的国际公约》，中国也签署了该公约。联合国安理会于2001年9月29日通过了第1739号决议，规定各国应将为恐怖活动提供或者筹集资金的行为规定为犯罪。

** 资助行为本为帮助行为，但此处单独成罪。

助[2]恐怖活动组织、实施[3]恐怖活动的个人的,或者资助恐怖活动培训的,处五年以下有期徒刑、拘役、管制或者剥夺政治权利,并处罚金;情节严重的,处五年以上有期徒刑,并处罚金或者没收财产。

(刑九)为恐怖活动组织、实施恐怖活动或者恐怖活动培训招募、运送人员的,依照前款的规定处罚。

单位犯前两款罪的,对单位判处罚金,并对其直接负责的主管人员和其他直接责任人员,依照第一款的规定处罚。

120A-1 《最高人民法院关于审理洗钱等刑事案件具体应用法律若干问题的解释》(法释〔2009〕15号,2009年11月11日)。

120A-2 **1.**《最高人民法院关于审理洗钱等刑事案件具体应用法律若干问题的解释》(法释〔2009〕15号,2009年11月11日)第五条 “资助”,是指为恐怖活动组织或者实施恐怖活动的个人筹集、提供经费、物资或者提供场所以及其他物质便利的行为。

2.《最高人民法院、最高人民检察院、公安部关于办理暴力恐怖和宗教极端刑事案件适用法律若干问题的意见》(公通字〔2014〕34号,2014年9月22日)

二、准确认定案件性质 (四)明知是恐怖活动组织或者实施恐怖活动人员而为其提供经费,或者提供器材、设备、交通工具、武器装备等物质条件,或者提供场所以及其他物质便利的,以资助恐怖活动罪定罪处罚。

通过收取宗教课税募捐,为暴力恐怖、宗教极端犯罪活动筹集经费的,以相应犯罪的共同犯罪定罪处罚;构成资助恐怖活动罪的,以资助恐怖活动罪定罪处罚。

120A-3 法释〔2009〕15号第五条第二款 “实施恐怖活动的个人”,包括预谋实施、准备实施和实际实施恐怖活动的个人。

第一百二十条之二 (刑九)【准备实施恐怖活动罪】有下列情形之一的,处五年以下有期徒刑、拘役、管制或者剥夺政治权利,并处罚金;情节严重的,处五年以上有期徒刑,并处罚金或者没收财产:

(一)为实施恐怖活动准备凶器、危险物品或者其他工具的;

(二)组织恐怖活动培训或者积极参加恐怖活动培训的;

（三）为实施恐怖活动与境外恐怖活动组织或者人员联络的；

（四）为实施恐怖活动进行策划或者其他准备的。

有前款行为，同时构成其他犯罪的，依照处罚较重的规定定罪处罚。

第一百二十条之三 （刑九）【宣扬恐怖主义、极端主义、煽动实施恐怖活动罪】以制作、散发宣扬恐怖主义[1]、极端主义的图书、音频视频资料或者其他物品，或者通过讲授、发布信息等方式宣扬恐怖主义、极端主义的，或者煽动实施恐怖活动的，处五年以下有期徒刑、拘役、管制或者剥夺政治权利，并处罚金；情节严重的，处五年以上有期徒刑，并处罚金或者没收财产。

120C-1 《中华人民共和国反恐怖主义法》（2016年1月1日）第三条第一款 本法所称恐怖主义，是指通过暴力、破坏、恐吓等手段，制造社会恐慌、危害公共安全、侵犯人身财产，或者胁迫国家机关、国际组织，以实现其政治、意识形态等目的的主张和行为。

本法所称恐怖活动，是指恐怖主义性质的下列行为：

（一）组织、策划、准备实施、实施造成或者意图造成人员伤亡、重大财产损失、公共设施损坏、社会秩序混乱等严重社会危害的活动的；

（二）宣扬恐怖主义，煽动实施恐怖活动，或者非法持有宣扬恐怖主义的物品，强制他人在公共场所穿戴宣扬恐怖主义的服饰、标志的；

（三）组织、领导、参加恐怖活动组织的；

（四）为恐怖活动组织、恐怖活动人员、实施恐怖活动或者恐怖活动培训提供信息、资金、物资、劳务、技术、场所等支持、协助、便利的；

（五）其他恐怖活动。

第一百二十条之四 （刑九）【利用极端主义破坏法律实施罪】利用极端主义煽动、胁迫群众破坏国家法律确立的婚姻、司法、教育、社会管理等制度实施的，处三年以下有期徒刑、拘役或者管制，并处罚金；情节严重的，处三年以上七年以下有期徒刑，并处罚金；情节特别严重的，处七年以上有期徒刑，并处罚金或者没收财产。

第一百二十条之五 (刑九)【强制穿戴宣扬恐怖主义、极端主义服饰、标志罪】以暴力、胁迫等方式强制他人在公共场所穿着、佩戴宣扬恐怖主义、极端主义服饰、标志的,处三年以下有期徒刑、拘役或者管制,并处罚金。

第一百二十条之六 (刑九)【非法持有宣扬恐怖主义、极端主义物品罪】明知是宣扬恐怖主义、极端主义的图书、音频视频资料或者其他物品而非法持有,情节严重的,处三年以下有期徒刑、拘役或者管制,并处或者单处罚金。

第一百二十一条*【劫持航空器罪】以暴力、胁迫或者其他方法劫持航空器的,处十年以上有期徒刑或者无期徒刑;致人重伤、死亡或者使航空器遭受严重破坏的,处死刑。

第一百二十二条 【劫持船只、汽车罪】以暴力、胁迫或者其他方法劫持船只、汽车的**,处五年以上十年以下有期徒刑;造成严重后果的,处十年以上有期徒刑或者无期徒刑。

第一百二十三条 【暴力危及飞行安全罪】对飞行中的航空器上的人员***使用暴力****,危及飞行安全,尚未造成严重后果的,处五年以下有期徒刑或者拘役;造成严重后果的,处五年以上有期徒刑。

第一百二十四条[1] 【破坏广播电视设施、公用电信设施罪】破坏广播电视设施、公用电信设施*****,危害公共安全的[2],处三年以

---

* 劫持航空器罪与暴力危及飞行安全罪的区别,在于前者有控制、支配航行的意图,而后者不具备这一意图。关于航空器,在我国刑法中,既包括民用航空器,也包括非民用航空器,但在国际刑法中,只包括民用航空器。(张明楷)

** 正在使用中的船只、汽车。

*** 航空器上的人员,既包括航空器上的驾驶人员、服务人员,也包括航空器上的乘客。

**** 暴力危及飞行安全罪的行为方式仅限于暴力,而劫持航空器罪和劫持船只、汽车罪的行为方式包括暴力、胁迫或者其他方法。暴力危及飞行安全罪的行为对象,只能是正在飞行中的航空器。

***** 本罪的犯罪主体是自然人,不是单位。

上七年以下有期徒刑;造成严重后果的,[3] 处七年以上有期徒刑。

【过失损坏广播电视设施、公用电信设施罪】过失犯前款罪的[4],处三年以上七年以下有期徒刑;情节较轻的,处三年以下有期徒刑或者拘役。

124-1 1.《最高人民法院关于审理破坏公用电信设施刑事案件具体应用法律若干问题的解释》(法释〔2004〕21 号,2005 年 1 月 11 日)。2.《最高人民法院关于审理破坏广播电视设施等刑事案件具体应用法律若干问题的解释》(法释〔2011〕13 号,2011 年 6 月 13 日)。

124-2 **1.** 法释〔2004〕21 号第一条 采用截断通信线路、损毁通信设备或者删除、修改、增加电信网计算机信息系统中存储、处理或者传输的数据和应用程序等手段,故意破坏正在使用的公用电信设施,具有下列情形之一的,属于刑法第一百二十四条规定的"危害公共安全",依照刑法第一百二十四条第一款规定,以破坏公用电信设施罪处三年以上七年以下有期徒刑:

(一)造成火警、匪警、医疗急救、交通事故报警、救灾、抢险、防汛等通信中断或者严重障碍,并因此贻误救助、救治、救灾、抢险等,致使人员死亡一人、重伤三人以上或者造成财产损失三十万元以上的;

(二)造成二千以上不满一万用户通信中断一小时以上,或者一万以上用户通信中断不满一小时的;

(三)在一个本地网范围内,网间通信全阻、关口局至某一局向全部中断或网间某一业务全部中断不满二小时或者直接影响范围不满五万(用户×小时)的;

(四)造成网间通信严重障碍,一日内累计二小时以上不满十二小时的;

(五)其他危害公共安全的情形。

法释〔2004〕21 号第三条 故意破坏正在使用的公用电信设施尚未危害公共安全,或者故意毁坏尚未投入使用的公用电信设施,造成财物损失,构成犯罪的,依照刑法第二百七十五条规定,以故意毁坏财物罪定罪处罚。

盗窃公用电信设施价值数额不大,但是构成危害公共安全犯罪的,依照刑法第一百二十四条的规定定罪处罚;盗窃公用电信设施同时构成盗窃罪和破坏公用电信设施罪的,依照处罚较重的规定定罪处罚。

盗窃广播电视设施、公用电信设施价值数额不大,但是构成危害公共安全犯罪的,依照刑法第一百二十四条的规定定罪处罚;盗窃广播电视设施、公用电信设施同时构成盗窃罪和破坏广播电视设施、公用电信设施罪的,择一重罪处罚。

法释〔2004〕21号第四条　指使、组织、教唆他人实施本解释规定的故意犯罪行为的,按照共犯定罪处罚。

法释〔2004〕21号第五条　本解释中规定的公用电信设施的范围、用户数、通信中断和严重障碍的标准和时间长度,依据国家电信行业主管部门的有关规定确定。

2.《最高人民法院、最高人民检察院、工业和信息化部、公安部关于印发〈公用电信设施损坏经济损失计算方法〉的通知》(工信部联电管〔2014〕372号,2014年8月28日)

《公用电信设施损坏经济损失计算方法》

第一条　为保障公用电信设施安全稳定运行,规范公用电信设施损坏经济损失计算,制定本方法。

第二条　中华人民共和国境内由于盗窃、破坏等因素造成公用电信设施损坏所带来的经济损失,根据本方法计算。

第三条　本方法中公用电信设施主要包括:

(一)通信线路类:包括光(电)缆、电力电缆等;交接箱、分(配)线盒等;管道、槽道、人井(手孔);电杆、拉线、吊线、挂钩等支撑加固和保护装置;标石、标志标牌、井盖等附属配套设施。

(二)通信设备类:包括基站、中继站、微波站、直放站、室内分布系统、无线局域网(WLAN)系统、有线接入设备、公用电话终端等。

(三)其他配套设备类:包括通信铁塔、收发信天(馈)线;公用电话亭;用于维系通信设备正常运转的通信机房、空调、蓄电池、开关电源、不间断电源(UPS)、太阳能电池板、油机、变压器、接地铜排、消防设备、安防设备、动力环境设备等附属配套设施。

(四)电信主管部门认定的其他电信设施。

第四条　公用电信设施损坏经济损失,主要包括公用电信设施修复损失、阻断通信业务损失和阻断通信其他损失。

公用电信设施修复损失,是指公用电信设施损坏后临时抢修、正式恢复所需各种修复费用总和，包括人工费、机具使用费、仪表使用费、调遣费、赔补费、更换设施设备费用等。

阻断通信业务损失，是指公用电信设施损坏造成通信中断所带来的业务损失的总和，包括干线光传送网阻断通信损失、城域/本地光传送网阻断通信损失和接入网阻断通信损失。

阻断通信其他损失，是指公用电信设施损坏造成通信中断所带来的除通信业务损失以外的其他损失的总和，包括基础电信企业依法向电信用户支付的赔偿费用等损失。

第五条　公用电信设施修复损失计算

公用电信设施损坏后临时抢修、正式修复所需费用按照《关于发布〈通信建设工程概算、预算编制办法〉及相关定额的通知》（工信部规〔2008〕75号）核实确定。

公用电信设施损坏后通过设置应急通信设备、使用备份设备或迂回路由等方式临时抢修产生的费用，可由当地通信管理局确定。

第六条　阻断通信业务损失计算

阻断通信业务损失＝阻断通信时间×单位时间通信业务价值。

阻断通信时间，是指自该类业务通信阻断发生时始，至该类业务修复后经测试验证后通信可用时止的时间长度。

单位时间通信业务价值，是指阻断通信时间段前三十天对应时段内的平均业务量与业务单价的乘积。

各类业务单价可在该类业务标价和套餐折合最低价之间取值，具体由当地通信管理局根据当地实际情况确定。

（一）干线光传送网阻断通信损失

干线光传送网，按照阻断通信的使用带宽进行计算，即

干线光传送网阻断通信损失＝阻断通信时间（分钟）×前三十天对应时段内平均使用带宽（Mbps）×单位带宽价格（元/Mbps/分钟）。

单位带宽价格按基础电信企业向当地通信管理局资费备案的互联网100Mbps专线接入（当地静态路由接入方式）价格的百分之一计算。

（二）城域/本地光传送网阻断通信损失

城域/本地光传送网阻断通信损失参照干线光传送网阻断通信损失计算。

(三)接入网阻断通信损失

接入网可明确区分不同业务类型,应分别计算该网络内不同业务实际阻断通信时间内的损失,并将不同业务类型损失进行叠加。

接入网阻断通信损失包括固定和移动语音业务损失、固定数据业务损失、移动数据业务损失、固定和移动专线出租电路损失、短信业务损失和增值电信业务损失。

固定和移动语音业务损失包括国际长途、国内长途和本地通话三类业务损失,每类业务损失计算公式为:固定和移动语音业务损失 = 前三十天对应时段内平均通话时长(分钟) × 单价(元/分钟)。

固定数据业务损失计算公式为:固定数据业务损失 = 阻断通信时间(分钟) × 月均固定数据业务资费/当月分钟数(元/分钟)。

移动数据业务损失计算公式为:移动数据业务损失 = 前三十天对应时段内平均数据流量(MB/秒) × 阻断时长(秒) × 单价(元/MB)。

固定和移动专线出租电路损失根据基础电信企业和党、政、军机关、事业单位、企业等签订的专线电路租用合同相关条款进行计算。

短信业务损失计算公式为:短信业务阻断损失 = 前三十天对应时段内平均短信量(条) × 单价(元/条)。

增值电信业务损失可由当地通信管理局确定。

第七条　专用电信设施损坏经济损失计算可参照本方法执行。

第八条　各省、自治区、直辖市通信管理局可根据本规定,结合具体情况制定适合本行政区域内的公用电信设施损坏经济损失计算方法。

第九条　本方法由工业和信息化部负责解释。

第十条　本规定自印发之日起实施。

3.《最高人民法院关于审理破坏广播电视设施等刑事案件具体应用法律若干问题的解释》(法释〔2011〕13号,2011年6月13日)第一条

采取拆卸、毁坏设备,剪割缆线,删除、修改、增加广播电视设备系统中存储、处理、传输的数据和应用程序,非法占用频率等手段,破坏正在使用的广播电视设施,具有下列情形之一的,依照刑法第一百二十四条第一款的规定,以破坏广播电视设施罪处三年以上七年以下有期徒刑:

(一)造成救灾、抢险、防汛和灾害预警等重大公共信息无法发布的;

(二)造成县级、地市(设区的市)级广播电视台中直接关系节目播出的设施无法使用,信号无法播出的;

（三）造成省级以上广播电视传输网内的设施无法使用，地市（设区的市）级广播电视传输网内的设施无法使用三小时以上，县级广播电视传输网内的设施无法使用十二小时以上，信号无法传输的；

（四）其他危害公共安全的情形。

法释〔2011〕13号第四条　建设、施工单位的管理人员、施工人员，在建设、施工过程中，违反广播电视设施保护规定，故意或者过失损毁正在使用的广播电视设施，构成犯罪的，以破坏广播电视设施罪或者过失损坏广播电视设施罪定罪处罚。其定罪量刑标准适用本解释第一至三条的规定。

法释〔2011〕13号第五条　盗窃正在使用的广播电视设施，尚未构成盗窃罪，但具有本解释第一条、第二条规定情形的，以破坏广播电视设施罪定罪处罚；同时构成盗窃罪和破坏广播电视设施罪的，依照处罚较重的规定定罪处罚。

法释〔2011〕13号第六条　破坏正在使用的广播电视设施未危及公共安全，或者故意毁坏尚未投入使用的广播电视设施，造成财物损失数额较大或者有其他严重情节的，以故意毁坏财物罪定罪处罚。

法释〔2011〕13号第七条　实施破坏广播电视设施犯罪，并利用广播电视设施实施煽动分裂国家、煽动颠覆国家政权、煽动民族仇恨、民族歧视或者宣扬邪教等行为，同时构成其他犯罪的，依照处罚较重的规定定罪处罚。

法释〔2011〕13号第八条　本解释所称广播电视台中直接关系节目播出的设施、广播电视传输网内的设施，参照国家广播电视行政主管部门和其他相关部门的有关规定确定。

124-3　法释〔2004〕21号第二条　实施本解释第一条规定的行为，具有下列情形之一的，属于刑法第一百二十四条第一款规定的“严重后果”，以破坏公用电信设施罪处七年以上有期徒刑：

（一）造成火警、匪警、医疗急救、交通事故报警、救灾、抢险、防汛等通信中断或者严重障碍，并因此贻误救助、救治、救灾、抢险等，致使人员死亡二人以上、重伤六人以上或者造成财产损失六十万元以上的；

（二）造成一万以上用户通信中断一小时以上的；

（三）在一个本地网范围内，网间通信全阻、关口局至某一局向全部中断或网间某一业务全部中断二小时以上或者直接影响范围五万（用

户×小时)以上的;

(四)造成网间通信严重障碍,一日内累计十二小时以上的;

(五)造成其他严重后果的。

124-4 《最高人民法院关于审理破坏广播电视设施等刑事案件具体应用法律若干问题的解释》(法释〔2011〕13号,2011年6月13日)第三条 过失损坏正在使用的广播电视设施,造成本解释第二条规定的严重后果的,依照刑法第一百二十四条第二款的规定,以过失损坏广播电视设施罪处三年以上七年以下有期徒刑;情节较轻的,处三年以下有期徒刑或者拘役。

过失损坏广播电视设施构成犯罪,但能主动向有关部门报告,积极赔偿损失或者修复被损坏设施的,可以酌情从宽处罚。

第一百二十五条[1] **【非法制造、买卖、运输、邮寄、储存枪支、弹药、爆炸物罪】**非法制造、买卖、运输、邮寄、储存[2]枪支[3]、弹药、爆炸物的,[4]处三年以上十年以下有期徒刑;情节严重的[5],处十年以上有期徒刑、无期徒刑或者死刑。

(刑三)***【非法制造、买卖、运输、储存危险物质罪】**非法制造、买卖、运输、储存毒害性、[6]放射性、传染病病原体等物质,危害公共安全的,[7]依照前款的规定处罚。

单位犯前两款罪的,对单位判处罚金,并对其直接负责的主管人员和其他直接责任人员,依照第一款的规定处罚。

125-1 《最高人民法院关于审理非法制造、买卖、运输枪支、弹药、爆炸物等刑事案件具体应用法律若干问题的解释》(法释〔2009〕18号,2009年11月16日)。

125-2 法释〔2009〕18号第八条第一款 刑法第一百二十五条第一款规定的"非法储存",是指明知是他人非法制造、买卖、运输、邮寄的枪支、弹药而为其存放的行为,或者非法存放爆炸物**的行为。

---

* 原第二款为"非法买卖、运输核材料的,依照前款的规定处罚。"

** 本条修订了法释〔2001〕15号司法解释,将爆炸物单列。

125-3 《最高人民检察院法律政策研究室关于非法制造、买卖、运输、储存以火药为动力发射弹药的大口径武器的行为如何适用法律问题的答复》(〔2004〕高检研发第18号,2004年11月3日) 对于非法制造、买卖、运输、储存以火药为动力发射弹药的大口径武器的行为,应当依照刑法第一百二十五条第一款的规定,以非法制造、买卖、运输、储存枪支罪追究刑事责任。

125-4 法释〔2009〕18号第一条 个人或者单位非法制造、买卖、运输、邮寄、储存枪支、弹药、爆炸物,具有下列情形之一的,依照刑法第一百二十五条第一款的规定,以非法制造、买卖、运输、邮寄、储存枪支、弹药、爆炸物罪定罪处罚:

(一)非法制造、买卖、运输、邮寄、储存军用枪支一支以上的;

(二)非法制造、买卖、运输、邮寄、储存以火药为动力发射枪弹的非军用枪支一支以上或者以压缩气体等为动力的其他非军用枪支二支以上的;

(三)非法制造、买卖、运输、邮寄、储存军用子弹十发以上、气枪铅弹五百发以上或者其他非军用子弹一百发以上的;

(四)非法制造、买卖、运输、邮寄、储存手榴弹一枚以上的;

(五)非法制造、买卖、运输、邮寄、储存爆炸装置的;

(六)非法制造、买卖、运输、邮寄、储存炸药、发射药、黑火药一千克以上或者烟火药三千克以上、雷管三十枚以上或者导火索、导爆索三十米以上的;

(七)具有生产爆炸物品资格的单位不按照规定的品种制造,或者具有销售、使用爆炸物品资格的单位超过限额买卖炸药、发射药、黑火药十千克以上或者烟火药三十千克以上、雷管三百枚以上或者导火索、导爆索三百米以上的;

(八)多次非法制造、买卖、运输、邮寄、储存弹药、爆炸物的;

(九)虽未达到上述最低数量标准,但具有造成严重后果等其他恶劣情节的。

介绍买卖枪支、弹药、爆炸物的,以买卖枪支、弹药、爆炸物罪的共犯论处。

法释〔2009〕18号第十条 实施非法制造、买卖、运输、邮寄、储存、盗窃、抢夺、持有、私藏其他弹药、爆炸物品等行为,参照本解释有关条文规定的定罪量刑标准处罚。

法释〔2009〕18号第九条　因筑路、建房、打井、整修宅基地和土地等正常生产、生活需要,以及因从事合法的生产经营活动而非法制造、买卖、运输、邮寄、储存爆炸物,数量达到本解释第一条规定标准,没有造成严重社会危害,并确有悔改表现的,可依法从轻处罚;情节轻微的,可以免除处罚。

具有前款情形,数量虽达到本解释第二条规定标准的,也可以不认定为刑法第一百二十五条第一款规定的"情节严重"。

在公共场所、居民区等人员集中区域非法制造、买卖、运输、邮寄、储存爆炸物,或者因非法制造、买卖、运输、邮寄、储存爆炸物三年内受到两次以上行政处罚又实施上述行为,数量达到本解释规定标准的,不适用前两款量刑的规定。

125-5　法释〔2009〕18号第二条　非法制造、买卖、运输、邮寄、储存枪支、弹药、爆炸物,具有下列情形之一的,属于刑法第一百二十五条第一款规定的"情节严重":

(一)非法制造、买卖、运输、邮寄、储存枪支、弹药、爆炸物的数量达到本解释第一条第(一)、(二)、(三)、(六)、(七)项规定的最低数量标准五倍以上的;

(二)非法制造、买卖、运输、邮寄、储存手榴弹三枚以上的;

(三)非法制造、买卖、运输、邮寄、储存爆炸装置,危害严重的;

(四)达到本解释第一条规定的最低数量标准,并具有造成严重后果等其他恶劣情节的。

125-6　**1.** 最高人民法院指导性案例第13号王召成等非法买卖、储存危险物质案(2013年1月31日)　1. 国家严格监督管理的氰化钠等剧毒化学品,易致人中毒或者死亡,对人体、环境具有极大的毒害性和危险性,属于刑法第一百二十五条第二款规定的"毒害性"物质。2. "非法买卖"毒害性物质,是指违反法律和国家主管部门规定,未经有关主管部门批准许可,擅自购买或者出售毒害性物质的行为,并不需要兼有买进和卖出的行为。

2.《最高人民法院研究室关于磷化铝是否属于刑法规定的毒害性物质研究意见》*　磷化铝片剂属于刑法中规定的毒害性物质,但是结合

---

* 转引自刘德权主编:《最高人民法院司法观点集成—刑事卷》(第二版),人民法院出版社2014年版,第450页。

磷化铝在粮食存储中被广泛使用以及案件的具体情况，可以对被告人从宽处理。

125-7　《立案标准（一）》第二条　非法制造、买卖、运输、储存毒害性、放射性、传染病病原体等物质，危害公共安全，涉嫌下列情形之一的，应予立案追诉：

（一）造成人员重伤或者死亡的；

（二）造成直接经济损失十万元以上的；

（三）非法制造、买卖、运输、储存毒鼠强、氟乙酰胺、氟乙酰钠、毒鼠硅、甘氟原粉、原液、制剂五十克以上，或者饵料二千克以上的；

（四）造成急性中毒、放射性疾病或者造成传染病流行、爆发的；

（五）造成严重环境污染的；

（六）造成毒害性、放射性、传染病病原体等危险物质丢失、被盗、被抢或者被他人利用进行违法犯罪活动的；

（七）其他危害公共安全的情形。

第一百二十六条　【违规制造、销售枪支罪】依法被指定、确定的枪支制造企业、销售企业，违反枪支管理规定，有下列行为之一的[1]，对单位判处罚金，并对其直接负责的主管人员和其他直接责任人员，处五年以下有期徒刑；情节严重的[2]，处五年以上十年以下有期徒刑；情节特别严重的[3]，处十年以上有期徒刑或者无期徒刑：

（一）以非法销售为目的，超过限额或者不按照规定的品种制造、配售枪支的；

（二）以非法销售为目的，制造无号、重号、假号的枪支的；

（三）非法销售枪支或者在境内销售为出口制造的枪支的。

126-1　《立案标准（一）》第三条　涉嫌下列情形之一的，应予立案追诉：

（一）违规制造枪支五支以上的；

（二）违规销售枪支二支以上的；

（三）虽未达到上述数量标准，但具有造成严重后果等其他恶劣情节的。

本条和本规定第四条“枪支”,包括枪支散件。成套枪支散件,以相应数量的枪支计;非成套枪支散件,以每三十件为一成套枪支散件计。

126-2 法释〔2009〕18号第三条第二款 具有下列情形之一的,属于刑法第一百二十六条规定的“情节严重”:

(一)违规制造枪支二十支以上的;

(二)违规销售枪支十支以上的;

(三)达到本条第一款规定的最低数量标准,并具有造成严重后果等其他恶劣情节的。

126-3 法释〔2009〕18号第三条第三款 具有下列情形之一的,属于刑法第一百二十六条规定的“情节特别严重”:

(一)违规制造枪支五十支以上的;

(二)违规销售枪支三十支以上的;

(三)达到本条第二款规定的最低数量标准,并具有造成严重后果等其他恶劣情节的。

第一百二十七条 (刑三)【盗窃、抢夺枪支、弹药、爆炸物、危险物质罪】盗窃、抢夺枪支、弹药、爆炸物的,或者盗窃、抢夺毒害性、放射性、传染病病原体等物质,危害公共安全的[1],处三年以上十年以下有期徒刑;情节严重的[2],处十年以上有期徒刑、无期徒刑或者死刑。

【抢劫枪支、弹药、爆炸物、危险物质罪;盗窃、抢夺枪支、弹药、爆炸物、危险物质罪】抢劫枪支、弹药、爆炸物的,或者抢劫毒害性、放射性、传染病病原体等物质,危害公共安全的,或者盗窃、抢夺国家机关、军警人员、民兵的枪支、弹药、爆炸物的,处十年以上有期徒刑、无期徒刑或者死刑。

127-1 法释〔2009〕18号第四条第一款 盗窃、抢夺枪支、弹药、爆炸物,具有下列情形之一的,依照刑法第一百二十七条第一款的规定,以盗窃、抢夺枪支、弹药、爆炸物罪定罪处罚:

(一)盗窃、抢夺以火药为动力的发射枪弹非军用枪支一支以上或者以压缩气体等为动力的其他非军用枪支二支以上的；

（二）盗窃、抢夺军用子弹十发以上、气枪铅弹五百发以上或者其他非军用子弹一百发以上的；

（三）盗窃、抢夺爆炸装置的；

（四）盗窃、抢夺炸药、发射药、黑火药一千克以上或者烟火药三千克以上、雷管三十枚以上或者导火索、导爆索三十米以上的；

（五）虽未达到上述最低数量标准，但具有造成严重后果等其他恶劣情节的。

127-2　法释〔2009〕18号第四条第二款　具有下列情形之一的，属于刑法第一百二十七条第一款规定的“情节严重”：

（一）盗窃、抢夺枪支、弹药、爆炸物的数量达到本条第一款规定的最低数量标准五倍以上的；

（二）盗窃、抢夺军用枪支的；

（三）盗窃、抢夺手榴弹的；

（四）盗窃、抢夺爆炸装置，危害严重的；

（五）达到本条第一款规定的最低数量标准，并具有造成严重后果等其他恶劣情节的。

第一百二十八条* 　**【非法持有、私藏枪支、弹药罪】**违反枪支管理规定，非法持有[1]、私藏[2]枪支、弹药的，[3]处三年以下有期徒刑、拘役或者管制；情节严重的[4]，处三年以上七年以下有期徒刑。

【非法出租、出借枪支罪】依法配备公务用枪的人员，非法出租、出借枪支的，[5]依照前款的规定处罚。[6]

依法配置枪支的人员，非法出租、出借枪支，造成严重后果的，依照第一款的规定处罚。

单位犯第二款、第三款罪的，对单位判处罚金，并对其直接负责的主管人员和其他直接责任人员，依照第一款的规定处罚。

---

* 本罪原属于妨害社会管理秩序罪，1997年刑法将其纳入到危害公共安全罪，并修改了构成要件，这说明本罪虽然妨害了枪支、弹药的管理秩序，但更主要的是危害了公共安全。

128-1　法释〔2009〕18号第八条第二款　刑法第一百二十八条第一款规定的"非法持有",是指不符合配备、配置枪支、弹药条件的人员,违反枪支管理法律、法规的规定,擅自持有枪支、弹药的行为。

128-2　法释〔2009〕18号第八条第三款　刑法第一百二十八条第一款规定的"私藏",是指依法配备、配置枪支、弹药的人员,在配备、配置枪支、弹药的条件消除后,违反枪支管理法律、法规的规定,私自藏匿所配备、配置的枪支、弹药且拒不交出*的行为。

128-3　法释〔2009〕18号第五条第一款**　具有下列情形之一的,依照刑法第一百二十八条第一款的规定,以非法持有、私藏枪支、弹药罪定罪处罚:

(一)非法持有、私藏军用枪支一支的;

(二)非法持有、私藏以火药为动力发射枪弹的非军用枪支一支或者以压缩气体等为动力的其他非军用枪支二支以上的;

(三)非法持有、私藏军用子弹二十发以上,气枪铅弹一千发以上或者其他非军用子弹二百发以上的;

(四)非法持有、私藏手榴弹一枚以上的;

(五)非法持有、私藏的弹药造成人员伤亡、财产损失的。

128-4　法释〔2009〕18号第五条第二款　具有下列情形之一的,属于刑法第一百二十八条第一款规定的"情节严重":

(一)非法持有、私藏军用枪支二支以上的;

(二)非法持有、私藏以火药为动力发射枪弹的非军用枪支二支以上或者以压缩气体等为动力的其他非军用枪支五支以上的;

(三)非法持有、私藏军用子弹一百发以上,气枪铅弹五千发以上或者其他非军用子弹一千发以上的;

(四)非法持有、私藏手榴弹三枚以上的;

(五)达到本条第一款规定的最低数量标准,并具有造成严重后果等其他恶劣情节的。

---

* 非法持有和私藏行为的区别在于主体身份上的不同。非法持有行为的主体是不具有持有枪支的资格,而非法私藏行为的主体则具有合法持有枪支的资格。1979年刑法对私藏行为规定了拒不交出的要件,但1997年刑法删除了该要件。现司法解释又恢复了这一要件。

** 《立案标准(一)》第四条从略。

128-5　《最高人民检察院关于将公务用枪用作借债质押的行为如何适用法律的批复》(高检发释字〔1998〕4号,1998年11月3日)　依法配备公务用枪的人员,违反法律规定,将公务用枪用作借债质押物,使枪支处于非依法持枪人控制、使用之下,严重危害公共安全的,以非法出借枪支罪论处,对接受枪支质押的人员,构成犯罪的,以非法持有枪支罪追究刑事责任。

128-6　《立案标准(一)》第五条　依法配备公务用枪的人员或单位,非法将枪支出租、出借给未取得公务用枪配备资格的人员或单位,或者将公务用枪用作借债质押物的,应予立案追诉。

依法配备公务用枪的人员或单位,非法将枪支出租、出借给具有公务用枪配备资格的人员或单位,以及依法配置民用枪支的人员或单位,非法出租、出借民用枪支,涉嫌下列情形之一的,应予立案追诉:

(一)造成人员轻伤以上伤亡事故的;

(二)造成枪支丢失、被盗、被抢的;

(三)枪支被他人利用进行违法犯罪活动的;

(四)其他造成严重后果的情形。

第一百二十九条　【丢失枪支不报罪】依法配备公务用枪的人员,丢失枪支不及时报告,造成严重后果的,[1] 处三年以下有期徒刑或者拘役。

129-1　《立案标准(一)》第六条　依法配备公务用枪的人员,丢失枪支不及时报告,涉嫌下列情形之一的,应予立案追诉:

(一)丢失的枪支被他人使用造成人员轻伤以上伤亡事故的;

(二)丢失的枪支被他人利用进行违法犯罪活动的;

(三)其他造成严重后果的情形。

第一百三十条　【非法携带枪支、弹药、管制刀具、危险物品危及公共安全罪】非法携带枪支、弹药、管制刀具或者爆炸性、易燃性、放射性、毒害性、腐蚀性物品,进入公共场所或者公共交通工具,危及公共安全,情节严重的[1],处三年以下有期徒刑、拘役或者管制。

130-1 **1.**《立案标准(一)》第七条 非法携带枪支、弹药、管制刀具或者爆炸性、易燃性、放射性、毒害性、腐蚀性物品,进入公共场所或者公共交通工具,危及公共安全,涉嫌下列情形之一的*,应予立案追诉:

……

(五)携带管制刀具二十把以上,或者虽未达到上述数量标准,但拒不交出,或者用来进行违法活动尚未构成其他犯罪的;

(六)携带的爆炸性、易燃性、放射性、毒害性、腐蚀性物品在公共场所或者公共交通工具上发生泄漏、遗洒,尚未造成严重后果的;

(七)其他情节严重的情形。

2. 法释〔2009〕18 号第六条 非法携带枪支、弹药、爆炸物进入公共场所或者公共交通工具,危及公共安全,具有下列情形之一的,属于刑法第一百三十条规定的"情节严重":

(一)携带枪支或者手榴弹的;

(二)携带爆炸装置的;

(三)携带炸药、发射药、黑火药五百克以上或者烟火药一千克以上、雷管二十枚以上或者导火索、导爆索二十米以上的;

(四)携带的弹药、爆炸物在公共场所或者公共交通工具上发生爆炸或者燃烧,尚未造成严重后果的;

(五)具有其他严重情节的。

行为人非法携带本条第一款第(三)项规定的爆炸物进入公共场所或者公共交通工具,虽未达到上述数量标准,但拒不交出的,依照刑法第一百三十条的规定定罪处罚;携带的数量达到最低数量标准,能够主动、全部交出的,可不以犯罪论处。

第一百三十一条[1] **【重大飞行事故罪】**航空人员违反规章制度,致使发生重大飞行事故,造成严重后果的,处三年以下有期徒刑或者拘役;造成飞机坠毁或者人员死亡的,处三年以上七年以下有期徒刑。

131-1 《公安部关于对重大飞行事故刑事案件管辖问题的批复》

---

* 第(一)项至第(四)项与法释〔2009〕18 号第六条相同,故从略。

（公复字〔2011〕2 号，2011 年 5 月 4 日）　重大飞行事故刑事案件由犯罪结果发生地机场公安机关管辖。犯罪结果发生地未设机场公安机关或者不在机场公安机关管辖范围内的，由地方公安机关管辖，有关机场公安机关予以协助。

第一百三十二条*　**【铁路运营安全事故罪】**铁路职工违反规章制度，致使发生铁路运营安全事故，造成严重后果的，处三年以下有期徒刑或者拘役；造成特别严重后果的**，处三年以上七年以下有期徒刑。

第一百三十三条[1]　**【交通肇事罪】**违反交通运输管理法规，因而发生重大事故，致人重伤、死亡或者使公私财产遭受重大损失的，[2] 处三年以下有期徒刑或者拘役；[3] 交通运输肇事后逃逸[4] 或者有其他特别恶劣情节[5] 的[6]，处三年以上七年以下有期徒刑；因逃逸致人死亡的，[7] 处七年以上有期徒刑。[8]

133-1《最高人民法院关于审理交通肇事刑事案件具体应用法律若干问题的解释》（法释〔2000〕33 号，2000 年 11 月 21 日）第一条　从事交通运输人员或者非交通运输人员，违反交通运输管理法规发生重大交通事故，在分清事故责任的基础上，对于构成犯罪的，依照刑法第一百三十三条的规定定罪处罚。

法释〔2000〕33 号第五条第二款　交通肇事后，单位主管人员、机动车辆所有人、承包人或者乘车人指使肇事人逃逸，致使被害人因得不到救助而死亡的，以交通肇事罪的共犯论处。

法释〔2000〕33 号第七条　单位主管人员、机动车辆所有人或者机动车辆承包人指使、强令他人违章驾驶造成重大交通事故，具有本解释第二条规定情形之一的，以交通肇事罪定罪处罚。

法释〔2000〕33 号第八条　在实行公共交通管理的范围内发生重大交通事故的，依照刑法第一百三十三条和本解释的有关规定办理。

---

*　本罪的量刑标准依照本法第一百三十四条重大责任事故罪的相关规定。

**　对基本犯罪持过失心态，但规定了结果加重犯。

133-2　法释〔2000〕33号第二条　交通肇事具有下列情形之一的,处三年以下有期徒刑或者拘役:

(一)死亡一人或者重伤三人以上,负事故全部或者主要责任的;

(二)死亡三人以上,负事故同等责任的;

(三)造成公共财产或者他人财产直接损失,负事故全部或者主要责任,无能力赔偿数额在三十万元以上的。

交通肇事致一人以上重伤,负事故全部或者主要责任,并具有下列情形之一的,以交通肇事罪定罪处罚:

(一)酒后、吸食毒品后驾驶机动车辆的;

(二)无驾驶资格驾驶机动车辆的;

(三)明知是安全装置不全或者安全机件失灵的机动车辆而驾驶的;

(四)明知是无牌证或者已报废的机动车辆而驾驶的;

(五)严重超载驾驶的;

(六)为逃避法律追究逃离事故现场的。

133-3　《最高人民法院关于常见犯罪的量刑指导意见》(法发〔2017〕7号)　四、常见犯罪的量刑　(一)交通肇事罪

1.(1)致人重伤、死亡或者使公私财产遭受重大损失的,可以在二年以下有期徒刑、拘役幅度内确定量刑起点……

2.在量刑起点的基础上,可以根据事故责任、致人重伤、死亡的人数或者财产损失的数额以及逃逸等其他影响犯罪构成的犯罪事实增加刑罚量,确定基准刑。

133-4　**1.** 法释〔2000〕33号第三条　"交通肇事后逃逸",是指在发生交通事故后,为逃避法律追究而逃跑的行为。*

理解与适用:这里并不区分是送伤者到医院后逃逸还是从现场直接逃逸,只要是在肇事后为逃避法律追究而逃跑的行为,都应视为"肇事后逃逸"。

2.《最高人民法院关于处理自首和立功若干具体问题的意见》(法发〔2010〕60号,2010年12月22日)　一、关于"自动投案"的具体认定　交通肇事后保护现场、抢救伤者,并向公安机关报告的,应认定为自动投

---

* 肇事后逃逸,就理解为以不救助被害人为核心来理解逃逸,因逃逸是犯罪人之常情,不具有期待可能性,否则为何仅在交通肇事罪中将逃逸规定为法定刑升格的情节。(张明楷)

案,构成自首的,因上述行为同时系犯罪嫌疑人的法定义务,对其是否从宽、从宽幅度要适当从严掌握。交通肇事逃逸后自动投案,如实供述自己罪行的,应认定为自首,但应依法以较重法定刑为基准,视情决定对其是否从宽处罚以及从宽处罚的幅度。犯罪嫌疑人被亲友采用捆绑等手段送到司法机关,或者在亲友带领侦查人员前来抓捕时无拒捕行为,并如实供认犯罪事实的,虽然不能认定为自动投案,但可以参照法律对自首的有关规定酌情从轻处罚。

133-5　法释〔2000〕33号第四条　交通肇事具有下列情形之一的,属于“有其他特别恶劣情节”,处三年以上七年以下有期徒刑:

(一)死亡二人以上或者重伤五人以上,负事故全部或者主要责任的;

(二)死亡六人以上,负事故同等责任的;

(三)造成公共财产或者他人财产直接损失,负事故全部或者主要责任,无能力赔偿数额在六十万元以上的。

133-6　《最高人民法院关于常见犯罪的量刑指导意见》(法发〔2017〕7号)　四、常见犯罪的量刑　(一)交通肇事罪

1.(2)交通运输肇事后逃逸或者有其他特别恶劣情节的,可以在三年至五年有期徒刑幅度内确定量刑起点。

133-7　法释〔2000〕33号第五条　“因逃逸致人死亡”,是指行为人在交通肇事后为逃避法律追究而逃跑,致使被害人因得不到救助而死亡的情形。*

法释〔2000〕33号第六条　行为人在交通肇事后为逃避法律追究,将被害人带离事故现场后隐藏或者遗弃,致使被害人无法得到救助而死亡或者严重残疾的,应当分别依照第二百三十二条(故意杀人罪)、第二百三十四条第二款(故意伤害致人重伤)的规定,以故意杀人罪或者故意伤害罪定罪处罚。

133-8　《最高人民法院关于常见犯罪的量刑指导意见》(法发〔2017〕7号)　四、常见犯罪的量刑　(一)交通肇事罪

1.(3)因逃逸致一人死亡的,可以在七年至十年有期徒刑幅度内确定量刑起点。

---

* 这种情况主要是指行为人主观上并不希望发生被害人死亡的后果,但是没有救助被害人或者未采取得力的救助措施,导致发生被害人死亡的结果。

第一百三十三条之一[1] **(刑八、刑九)【危险驾驶罪】**在道路上驾驶机动车,有下列情形之一的,处拘役[2],并处罚金[3]:

(一)追逐竞驶[4],情节恶劣[5]的;

(二)醉酒[*6]驾驶机动车的;

(三)从事校车业务或者旅客运输,严重超过额定乘员载客,或者严重超过规定时速行驶的;

(四)违反危险化学品安全管理规定运输危险化学品,危及公共安全的。

机动车所有人、管理人对前款第三项、第四项行为负有直接责任的,依照前款的规定处罚。

有前两款行为[7],同时构成其他犯罪的,依照处罚较重的规定定罪处罚。

133A-1 1.《最高人民法院关于印发醉酒驾车犯罪法律适用问题指导意见及相关典型案例的通知》(2009年9月11日);2.《最高人民法院、最高人民检察院、公安部关于办理醉酒驾驶机动车刑事案件适用法律若干问题的意见》(法发〔2013〕15号,2013年12月26日)。

133A-2 **1.** 法发〔2013〕15号 七、办理醉酒驾驶机动车刑事案件,应当严格执行刑事诉讼法的有关规定,切实保障犯罪嫌疑人、被告人的诉讼权利,在法定诉讼期限内及时侦查、起诉、审判。

对醉酒驾驶机动车的犯罪嫌疑人、被告人,根据案件情况,可以拘留或者取保候审。对符合取保候审条件,但犯罪嫌疑人、被告人不能提出保证人,也不缴纳保证金的,可以监视居住。对违反取保候审、监视居住规定的犯罪嫌疑人、被告人,情节严重的,可以予以逮捕。

2.《全国人大常委会关于〈中华人民共和国刑事诉讼法〉第七十九条第三款的解释》(2014年4月24日第十二届全国人民代表大会常务委员会第八次会议通过) 全国人民代表大会常务委员会根据司法实践中遇到的情况,讨论了刑事诉讼法第七十九条第三款关于违反取保候

---

* 美酒是上帝赐予的,醉鬼是自己造成的。

审、监视居住规定情节严重可以逮捕的规定，是否适用于可能判处徒刑以下刑罚的犯罪嫌疑人、被告人的问题，解释如下：根据刑事诉讼法第七十九条第三款的规定，对于被取保候审、监视居住的可能判处徒刑以下*刑罚的犯罪嫌疑人、被告人，违反取保候审、监视居住规定，严重影响诉讼活动正常进行的，可以予以逮捕。

133A-2　3.《最高人民法院关于常见犯罪的量刑指导意见（二）（试行）》（2017年5月1日起试行）

（一）危险驾驶罪

1. 构成危险驾驶罪的，可以在一个月至二个月拘役幅度内确定量刑起点。

2. 在量刑起点的基础上，可以根据危险驾驶行为等其他影响犯罪构成的犯罪事实增加刑罚量，确定基准刑。

3. 对于醉酒驾驶机动车的被告人，应当综合考虑被告人的醉酒程度、机动车类型、车辆行驶道路、行车速度、是否造成实际损害以及认罪悔罪等情况，准确定罪量刑。对于情节显著轻微危害不大的，不予定罪处罚；犯罪情节轻微不需要判处刑罚的，可以免予刑事处罚。

133A-3　法发〔2013〕15号　四、对醉酒驾驶机动车的被告人判处罚金，应当根据被告人的醉酒程度、是否造成实际损害、认罪悔罪态度等情况，确定与主刑相适应的罚金数额。

133A-4　最高人民法院指导案例32号张某某、金某危险驾驶案裁判要点：1. 机动车驾驶人员出于竞技、追求刺激、斗气或者其他动机，在道路上曲折穿行、快速追赶行驶的，属于《中华人民共和国刑法》第一百三十三条之一规定的"追逐竞驶"。

裁判理由　法院生效裁判认为：根据《中华人民共和国刑法》第一百三十三条之一第一款规定，"在道路上驾驶机动车追逐竞驶，情节恶劣的"构成危险驾驶罪。刑法规定的"追逐竞驶"，一般指行为人出于竞技、追求刺激、斗气或者其他动机，二人或二人以上分别驾驶机动车，违反道路交通安全规定，在道路上快速追赶行驶的行为。本案中，从主观

---

* 我国刑事诉讼法规定，逮捕针对的必须是可能判处徒刑以上刑罚的罪名，故本罪不适用逮捕措施。但刑事诉讼法的有关立法解释改变了这一法律困局。另参见谭淼："严而不厉的人身保全措施"，载《比较法研究》2008年第2期。

驾驶心态上看,二被告人张某某、金某到案后先后供述“心里面想找点享乐和刺激”“在道路上穿插、超车、得到心理满足”;在面临红灯时,“刹车不舒服、逢车必超”、“前方有车就变道曲折行驶再超越”。二被告人上述供述与相关视听资料相互印证,可以反映出其追求刺激、炫耀驾驶技能的竞技心理。从客观行为上看,二被告人驾驶超标大功率的改装摩托车,为追求速度,多次随意变道、闯红灯、大幅超速等严重违章。从行驶路线来看,二被告人共同自浦东新区乐园路99号出发,至陆家浜路、河南南路路口接人,约定了竞相行驶的起点和终点。综上,可以认定二被告人的行为属于危险驾驶罪中的“追逐竞驶”。

133A-5 最高人民法院指导案例32号张某某、金某危险驾驶案裁判要点:2.追逐竞驶虽未造成人员伤亡或财产损失,但综合考虑超过限速、闯红灯、强行超车、抗拒交通执法等严重违反道路交通安全法的行为,足以威胁他人生命、财产安全的,属于危险驾驶罪中“情节恶劣”的情形。

关于本案被告人的行为是否属于“情节恶劣”,应从其追逐竞驶行为的具体表现、危害程度、造成的危害后果等方面,综合分析其对道路交通秩序、不特定多人生命、财产安全威胁的程度是否“恶劣”。本案中,二被告人追逐竞驶行为,虽未造成人员伤亡和财产损失,但从以下情形分析,属于危险驾驶罪中的“情节恶劣”:第一,从驾驶的车辆看,二被告人驾驶的系无牌和套牌的大功率改装摩托车;第二,从行驶速度看,总体驾驶速度很快,多处路段超速达50%以上;第三,从驾驶方式看,反复并线、穿插前车、多次闯红灯行驶;第四,从对待执法的态度看,二被告人在民警盘查时驾车逃离;第五,从行驶路段看,途经的杨高路、张杨路、南浦大桥、复兴东路隧道等均系城市主干道,沿途还有多处学校、公交和地铁站点、居民小区、大型超市等路段,交通流量较大,行驶距离较长,在高速驾驶的刺激心态下和躲避民警盘查的紧张心态下,极易引发重大恶性交通事故。上述行为,给公共交通安全造成一定危险,足以威胁他人生命、财产安全,故可以认定二被告人追逐竞驶的行为属于危险驾驶罪中的“情节恶劣”。

133A-6 **1.** 法发〔2013〕15号 一、在道路上驾驶机动车,血液酒精含量达到80毫克/100毫升以上的,属于醉酒驾驶机动车,依照刑法第一百三十三条之一第一款的规定,以危险驾驶罪定罪处罚。

前款规定的“道路”“机动车”,适用道路交通安全法的有关规定。

2. 法发〔2013〕15号 二、醉酒驾驶机动车,具有下列情形之一的,依照刑法第一百三十三条之一第一款的规定,从重处罚:

(一)造成交通事故且负事故全部或者主要责任,或者造成交通事故后逃逸,尚未构成其他犯罪的;

(二)血液酒精含量达到200毫克/100毫升以上的;

(三)在高速公路、城市快速路上驾驶的;

(四)驾驶载有乘客的营运机动车的;

(五)有严重超员、超载或者超速驾驶,无驾驶资格驾驶机动车,使用伪造或者变造的机动车牌证等严重违反道路交通安全法的行为的;

(六)逃避公安机关依法检查,或者拒绝、阻碍公安机关依法检查尚未构成其他犯罪的;

(七)曾因酒后驾驶机动车受过行政处罚或者刑事追究的;

(八)其他可以从重处罚的情形。

3. 法发〔2013〕15号 五、公安机关在查处醉酒驾驶机动车的犯罪嫌疑人时,对查获经过、呼气酒精含量检验和抽取血样过程应当制作记录;有条件的,应当拍照、录音或者录像;有证人的,应当收集证人证言。

六、血液酒精含量检验鉴定意见是认定犯罪嫌疑人是否醉酒的依据。犯罪嫌疑人经呼气酒精含量检验达到本意见第一条规定的醉酒标准,在抽取血样之前脱逃的,可以以呼气酒精含量检验结果作为认定其醉酒的依据。

犯罪嫌疑人在公安机关依法检查时,为逃避法律追究,在呼气酒精含量检验或者抽取血样前又饮酒,经检验其血液酒精含量达到本意见第一条规定的醉酒标准的,应当认定为醉酒。

133A-7 法发〔2013〕15号 三、醉酒驾驶机动车,以暴力、威胁方法阻碍公安机关依法检查,又构成妨害公务罪等其他犯罪的,依照数罪并罚的规定处罚。

第一百三十四条[1*] **(刑六)【重大责任事故罪】**在生产、作业

---

* 原条文为:工厂、矿山、林场、建筑企业或者其他企业、事业单位的职工,由于不服管理、违反规章制度,或者强令工人违章冒险作业,因而发生重大伤亡事故或者造成其他严重后果的,处三年以下有期徒刑或者拘役;情节特别恶劣的,处三年以上七年以下有期徒刑。

中违反有关安全管理的规定,因而发生重大伤亡事故或者造成其他严重后果的,[2] 处三年以下有期徒刑或者拘役;情节特别恶劣的,[3] 处三年以上七年以下有期徒刑。

【强令违章冒险作业罪】强令[4] 他人违章冒险作业,因而发生重大伤亡事故或者造成其他严重后果的,[5] 处五年以下有期徒刑或者拘役;情节特别恶劣的,处五年以上有期徒刑。

134-1 《最高人民法院、最高人民检察院关于办理生产安全刑事案件适用法律若干问题的解释》(法释〔2015〕22 号,2015 年 12 月 16 日)

法释〔2015〕22 号第一条　刑法第一百三十四条第一款规定的犯罪主体,包括对生产、作业负有组织、指挥或者管理职责的负责人、管理人员、实际控制人、投资人等人员,以及直接从事生产、作业的人员。

法释〔2015〕22 号第十四条　国家工作人员违反规定投资入股生产经营,构成本解释规定的有关犯罪的,或者国家工作人员的贪污、受贿犯罪行为与安全事故发生存在关联性的,从重处罚;同时构成贪污、受贿犯罪和危害生产安全犯罪的,依照数罪并罚的规定处罚。

134-2 法释〔2015〕22 号第六条第一款　实施刑法第一百三十二条、第一百三十四条第一款、第一百三十五条、第一百三十五条之一、第一百三十六条、第一百三十九条规定的行为,因而发生安全事故,具有下列情形之一的,应当认定为"造成严重后果"或者"发生重大伤亡事故或者造成其他严重后果",对相关责任人员,处三年以下有期徒刑或者拘役:

(一)造成死亡一人以上,或者重伤三人以上的;

(二)造成直接经济损失一百万元以上的;

(三)其他造成严重后果或者重大安全事故的情形。

法释〔2015〕22 号第十三条　实施刑法第一百三十二条、第一百三十四条至第一百三十九条之一规定的犯罪行为,在安全事故发生后积极组织、参与事故抢救,或者积极配合调查、主动赔偿损失的,可以酌情从轻处罚。

法释〔2015〕22 号第十六条　对于实施危害生产安全犯罪适用缓刑的犯罪分子,可以根据犯罪情况,禁止其在缓刑考验期限内从事与安全生产相关联的特定活动;对于被判处刑罚的犯罪分子,可以根据犯罪情况和预防再犯罪的需要，禁止其自刑罚执行完毕之日或者假释之日起三年至五年内从事与安全生产相关的职业。

法释〔2015〕22号第十二条　实施刑法第一百三十二条、第一百三十四条至第一百三十九条之一规定的犯罪行为，具有下列情形之一的，从重处罚：

（一）未依法取得安全许可证件或者安全许可证件过期、被暂扣、吊销、注销后从事生产经营活动的；

（二）关闭、破坏必要的安全监控和报警设备的；

（三）已经发现事故隐患，经有关部门或者个人提出后，仍不采取措施的；

（四）一年内曾因危害生产安全违法犯罪活动受过行政处罚或者刑事处罚的；

（五）采取弄虚作假、行贿等手段，故意逃避、阻挠负有安全监督管理职责的部门实施监督检查的；

（六）安全事故发生后转移财产意图逃避承担责任的；

（七）其他从重处罚的情形。

实施前款第五项规定的行为，同时构成刑法第三百八十九条（行贿罪）规定的犯罪的，依照数罪并罚的规定处罚。

理解与适用：危害生产安全犯罪均系过失犯罪，依法不能适用刑法关于累犯从重处罚的规定。但行为人因实施危害生产安全违法犯罪行为受到行政处罚或者刑事处罚后拒不悔改，事后又因过失行为构成危害生产安全犯罪的，表明其藐视法律规范，再犯可能性较大，理应从重处罚。故上述解释第十二条第一款第（四）项对此作出了规定，同时为避免打击面过大，将受到行政处罚或者刑事处罚的期间限定在一年之内。

134-3　法释〔2015〕22号第七条　实施刑法第一百三十二条、第一百三十四条第一款、第一百三十五条、第一百三十五条之一、第一百三十六条、第一百三十九条规定的行为，因而发生安全事故，具有下列情形之一的，对相关责任人员，处三年以上七年以下有期徒刑：

（一）造成死亡三人以上或者重伤十人以上，负事故主要责任的；

（二）造成直接经济损失五百万元以上，负事故主要责任的；

（三）其他造成特别严重后果、情节特别恶劣或者后果特别严重的情形。

理解与适用:2007年《矿山司法解释》主要以事故后果的严重程度,即责任事故造成的人身伤亡结果和直接经济损失数额作为标准,来确定处第二档刑罚。但上述标准在实践中适用效果不佳,主要体现在以下几个方面:(1)唯事故结果量刑,导致轻罪重罚。危害生产安全犯罪均属过失犯罪,对于过失犯罪中因果关系的确定,司法实践中的作法接近于条件说,过失行为与事故结果之间具有条件因果关系的行为人,均有可能被认定为犯罪人。虽然安全事故造成的危害后果是客观存在的,但是行为人的行为对引发事故结果所起的原因力是不同的。由于我国刑法并不承认过失共同犯罪,故对于危害生产安全犯罪中处于同一因果链条上的多个犯罪人,无法适用共同犯罪的从犯、胁从犯减轻、免除处罚的相关规定。某一安全事故发生后,对事故负有责任的人员众多,其中既有直接责任人和主要责任人,也有间接责任人和次要责任人,均需对同一事故结果承担刑事责任,适用同一档法定刑。根据原有的标准,只要事故后果达到一定程度,对该事故负主要责任和次要责任的相关人员均需处以第二档法定刑,导致同一案件众多被告人的量刑幅度无法拉开,特别是负次要责任人的处刑明显过重。(2)引起法律适用方面的连锁反应。由于对某些负次要责任的被告人无法降档处刑,有的法院为追求个案量刑的合理性,将不具备法定自首条件的被告人认定为自首,有的法院则直接对部分被告人适用免予刑事处罚措施。(3)不利于突出打击重点,预防再次犯罪。从刑事政策的角度考虑,刑法打击重点应当是对安全事故的发生起最直接作用、负最主要责任的犯罪人,而对众多负次要责任的人课以重刑,对于预防其再次犯罪并无太大意义,甚至还可能引发案件当事人和社会公众对安全生产工作的抵触心理。

经研究认为,对于危害生产安全犯罪处第二档法定刑的条件,应当改变唯事故结果论罚的不利局面。各被告人应负的刑事责任是主客观相统一的结果,对于同一事故后果,主要责任人和次要责任人应负责任大小不一,理应在量刑幅度上有所体现,而不应一律处以第二档法定刑,这是现代刑法罪责刑相适应原则的当然要求。经反复研究,上述解释对第二档法定刑量刑标准采取了"事故结果+责任大小"的规定方式,即原则上安全事故造成的后果达到一定程度,同时行为人对事故承担主要责任的,方可处以第二档法定刑;对于事故仅负次要责任的被告人,即使事故后果达到了一定严重程度,原则上也不应处以第二档法定刑。

法释〔2015〕22号第十条　在安全事故发生后，直接负责的主管人员和其他直接责任人员故意阻挠开展抢救，导致人员死亡或者重伤，或者为了逃避法律追究，对被害人进行隐藏、遗弃，致使被害人因无法得到救助而死亡或者重度残疾的，分别依照刑法第二百三十二条、第二百三十四条的规定，以故意杀人罪或者故意伤害罪定罪处罚。

134-4　法释〔2015〕22号第二条　刑法第一百三十四条第二款规定的犯罪主体，包括对生产、作业负有组织、指挥或者管理职责的负责人、管理人员、实际控制人、投资人等人员。

法释〔2015〕22号第五条　明知存在事故隐患、继续作业存在危险，仍然违反有关安全管理的规定，实施下列行为之一的，应当认定为刑法第一百三十四条第二款规定的"强令他人违章冒险作业"：

（一）利用组织、指挥、管理职权，强制他人违章作业的；

（二）采取威逼、胁迫、恐吓等手段，强制他人违章作业的；

（三）故意掩盖事故隐患，组织他人违章作业的；

（四）其他强令他人违章作业的行为。

理解与适用：实践中，有的生产经营单位管理人员在明知存在事故隐患、继续作业存在危险的情况下，采用关闭、破坏相关的安全监控和报警设备等方式，故意掩盖工作环境中存在事故隐患的事实，使一线作业者放松心理戒备而违章作业，此类行为的社会危险性极大，以重大责任事故罪论处无法做到罪责刑相适应。经研究认为，这种情况下，一线作业者开展作业看似未受强制和胁迫，但其如果知悉实情，绝不肯违章冒险作业。管理者故意掩盖事故隐患的行为，让一线作业者失去了进行理性选择的机会，这与采用强制手段或者利用自身职务身份要求他人违章冒险作业的行为并没有根本性区别，故也应认定为"强令"。

法释〔2015〕22号第七条第二款　实施刑法第一百三十四条第二款规定的行为，因而发生安全事故，具有本条第一款规定情形的，对相关责任人员，处五年以上有期徒刑。

134-5　法释〔2015〕22号第六条第二款　实施刑法第一百三十四条第二款规定的行为，因而发生安全事故，具有本条第一款规定情形的，应当认定为"发生重大伤亡事故或者造成其他严重后果"，对相关责任人员，处五年以下有期徒刑或者拘役。

第一百三十五条[1]　**（刑六）【重大劳动安全事故罪】**安全生产

设施或者安全生产条件[2]不符合国家规定,因而发生重大伤亡事故或者造成其他严重后果的,[3]对直接责任的主管人员和其他直接责任人员,[4*]处三年以下有期徒刑或者拘役;情节特别恶劣的,处三年以上七年以下有期徒刑。

135-1 本罪的量刑标准依照本法第一百三十四条重大责任事故罪的相关规定。

立法背景:1.原条文:工厂、矿山、林场、建筑企业或者其他企业、事业单位的劳动安全设施不符合国家规定,经有关部门或者单位职工提出后,对事故隐患仍不采取措施,因而发生重大伤亡事故或者造成其他严重后果的,对直接责任人员,处三年以下有期徒刑或者拘役;情节特别恶劣的,处三年以上七年以下有期徒刑。2.量刑未改,只是修改了犯罪构成要件。当重大劳动安全事故罪与重大责任事故罪竞合时,按照罪名评价的最相符合性考虑确定罪名。当两罪情形基本相当时,对于实际控制人、投资人,他们对安全生产设施或者安全生产条件是否符合国家规定负有直接责任,在无法查清对生产、作业是否负有组织、指挥或者管理规定时,以重大劳动安全事故定罪量刑,如果对生产、作业同时负有组织、指挥或者管理职责时,为了司法实践的统一,一般仍以重大劳动安全事故罪定罪为宜,而将“生产、作业中违反有关安全管理的规定”的行为作为从重处罚的情节;对于负责人、管理人员,他们既对生产、作业负有组织、指挥或者管理职责,又对安全生产设施或者安全生产条件是否符合国家规定负有直接责任。出于同样的考虑,对他们一般也以重大劳动安全事故罪定罪为宜,而将“在生产、作业中违反有关安全管理的规定”作为从重处罚的情节。

135-2 **立法背景:**原为“劳动安全设施”,现修改为“安全生产设施或者安全生产条件”,范围有所扩大。安全生产设施,是指用于保护劳动者人身安全的各种设施,如隔离栏、防护网、危险标志、紧急逃生通道等。安全生产条件,主要是指保障劳动者安全生产、作业必不可少的安全防护用品和措施,如用于防毒、绝缘、避雷、防火、通风等的用品和措施。

---

* 原条文为“直接责任人员”,现《刑法修正案(六)》将其修改为“直接负责的主管人员和其他直接责任人员”,使本罪犯罪主体的范围更加明确。

135-3　《立案标准(一)》第十条　安全生产设施或者安全生产条件不符合国家规定,涉嫌下列情形之一的,应予立案追诉:

(一)造成死亡一人以上,或者重伤三人以上;

(二)造成直接经济损失五十万元以上的;

(三)发生矿山生产安全事故,造成直接经济损失一百万元以上的;

(四)其他造成严重后果的情形。

135-4　法释〔2015〕22号第三条　刑法第一百三十五条规定的"直接负责的主管人员和其他直接责任人员",是指对安全生产设施或者安全生产条件不符合国家规定负有直接责任的生产经营单位负责人、管理人员、实际控制人、投资人,以及其他对安全生产设施或者安全生产条件负有管理、维护职责的人员。

第一百三十五条之一*　(刑六)【大型群众性活动重大安全事故罪】举办大型群众性活动违反安全管理规定,因而发生重大伤亡事故或者造成其他严重后果的,[1] 对直接负责的主管人员和其他直接责任人员,处三年以下有期徒刑或者拘役;情节特别恶劣的,处三年以上七年以下有期徒刑。

135A-1　《立案标准(一)》第十一条　举办大型群众性活动违反安全管理规定,涉嫌下列情形之一的,应予立案追诉:

(一)造成死亡一人以上,或者重伤三人以上;

(二)造成直接经济损失五十万元以上的;

(三)其他造成严重后果的情形。

第一百三十六条**　【危险物品肇事罪】违反爆炸性、易燃性、放射性、毒害性、腐蚀性物品的管理规定,在生产、储存、运输、使用中发生重大事故,造成严重后果的,[1] 处三年以下有期徒刑或者拘役;后果特别严重的,处三年以上七年以下有期徒刑。

---

* 本罪的量刑标准依照本法第一百三十四条重大责任事故罪的相关规定。

** 本罪与投放危险物质罪的区别在于,本罪系过失犯罪,且发生在特定过程中。而投放危险物质罪系故意犯罪。本罪的量刑标准依照本法第一百三十四条重大责任事故罪的相关规定。

136-1 《立案标准(一)》第十二条　违反爆炸性、易燃性、放射性、毒害性、腐蚀性物品的管理规定,在生产、储存、运输、使用中发生重大事故,涉嫌下列情形之一的,应予立案追诉:

(一)造成死亡一人以上,或者重伤三人以上;

(二)造成直接经济损失五十万元以上的;

(三)其他造成严重后果的情形。

第一百三十七条[*][1] **【工程重大安全事故罪】**建设单位、设计单位、施工单位、工程监理单位违反国家规定,降低工程质量标准,造成重大安全事故的,[2] 对直接责任人员,处五年以下有期徒刑或者拘役,并处罚金;后果特别严重的,[3] 处五年以上十年以下有期徒刑,并处罚金。

137-1 法释〔2015〕22号第六条第三款　实施刑法第一百三十七条规定的行为,因而发生安全事故,具有本条第一款规定情形的,应当认定为"造成重大安全事故",对直接责任人员,处五年以下有期徒刑或者拘役,并处罚金。

法释〔2015〕22号第六条第一款　实施刑法第一百三十二条、第一百三十四条第一款、第一百三十五条、第一百三十五条之一、第一百三十六条、第一百三十九条规定的行为,因而发生安全事故,具有下列情形之一的,应当认定为"造成严重后果"或者"发生重大伤亡事故或者造成其他严重后果",对相关责任人员,处三年以下有期徒刑或者拘役:

(一)造成死亡一人以上,或者重伤三人以上的;

(二)造成直接经济损失一百万元以上的;

(三)其他造成严重后果或者重大安全事故的情形。

137-2 法释〔2015〕22号第七条第三款　实施刑法第一百三十七条规定的行为,因而发生安全事故,具有本条第一款规定情形的,对直接责任人员,处五年以上十年以下有期徒刑,并处罚金。

法释〔2015〕22号第七条第一款　实施刑法第一百三十二条、第一百三十四条第一款、第一百三十五条、第一百三十五条之一、第一百三十

---

* 本罪的量刑标准依照本法第一百三十四条重大责任事故罪的相关规定。

六条、第一百三十九条规定的行为，因而发生安全事故，具有下列情形之一的，对相关责任人员，处三年以上七年以下有期徒刑：

（一）造成死亡三人以上或者重伤十人以上，负事故主要责任的；

（二）造成直接经济损失五百万元以上，负事故主要责任的；

（三）其他造成特别严重后果、情节特别恶劣或者后果特别严重的情形。

第一百三十八条　【教育设施重大安全事故罪】明知校舍或者教育教学设施有危险，而不采取措施或者不及时报告，致使发生重大伤亡事故的，[1] 对直接责任人员，处三年以下有期徒刑或者拘役；后果特别严重的，[2] 处三年以上七年以下有期徒刑。

138-1　法释〔2015〕22号第六条第四款　实施刑法第一百三十八条规定的行为，因而发生安全事故，具有本条第一款第一项规定情形的，应当认定为“发生重大伤亡事故”，对直接责任人员，处三年以下有期徒刑或者拘役。

138-2　法释〔2015〕22号第七条第四款　实施刑法第一百三十八条规定的行为，因而发生安全事故，具有下列情形之一的，对直接责任人员，处三年以上七年以下有期徒刑：

（一）造成死亡三人以上或者重伤十人以上，负事故主要责任的；

（二）具有本解释第六条第一款第一项规定情形，同时造成直接经济损失五百万元以上并负事故主要责任的，或者同时造成恶劣社会影响的。

第一百三十九条*　【消防责任事故罪】违反消防管理法规，经消防监督机构通知采取改正措施而拒绝执行，造成严重后果的，[1] 对直接责任人员，处三年以下有期徒刑或者拘役；后果特别严重的，处三年以上七年以下有期徒刑。

139-1　《立案标准（一）》第十五条　违反消防管理法规，经消防监督机构通知采取改正措施而拒绝执行，涉嫌下列情形之一的，应予立案

---

* 本罪的量刑标准依照本法第一百三十四条重大责任事故罪的相关规定。

追诉:

(一)造成死亡一人以上,或者重伤三人以上;

(二)造成直接经济损失五十万元以上的;

(三)造成森林火灾,过火有林地面积二公顷以上,或者过火疏林地、灌木林地、未成林地、苗圃地面积四公顷以上的;

(四)其他造成严重后果的情形。

第一百三十九条之一 (刑六)【不报、谎报安全事故罪】在安全事故发生后,负有报告职责的人员[1]* 不报或者谎报事故情况,贻误事故抢救,情节严重的,[2] 处三年以下有期徒刑或者拘役;情节特别严重的,[3] 处三年以上七年以下有期徒刑。

139A-1 法释〔2015〕22号第四条 刑法第一百三十九条之一规定的"负有报告职责的人员",是指负有组织、指挥或者管理职责的负责人、管理人员、实际控制人、投资人,以及其他负有报告职责的人员。

法释〔2015〕22号第九条 在安全事故发生后,与负有报告职责的人员串通,不报或者谎报事故情况,贻误事故抢救,情节严重的,依照刑法第一百三十九条之一的规定,以共犯论处。

理解与适用:2007年《矿山司法解释》第7条规定:"在矿山生产安全事故发生后,实施本解释第6条规定的相关行为,帮助负有报告职责的人员不报或者谎报事故情况,贻误事故抢救的,对组织者或者积极参加者,依照刑法第一百三十九条之一的规定,以共犯论处。"该条规定存在的问题:首先,将共犯的成立范围限定为帮助行为,即认为无身份之人只可能构成帮助犯和从犯,但实践中,对于组织、指使、强令负有报告职责的人员不报、谎报事故情况的,也可以认定为共犯,甚至可能构成主犯;其次,仅对帮助犯中的组织者或者积极参加者以共犯论处,不当缩小了共犯成立范围,并无明确的理论基础,且在仅有一名帮助犯的情况下,由于不存在参照对象,难以认定为组织者或积极参加者,这种情况下是否应当认定为共犯,实践中存在争议。经研究,删去了《矿山司法解释》

---

* 全国人大法工委刑法室认为,刑法第三百九十七条是第一百三十九条之一的特别规定,对国家工作人员有此行为者,应按滥用职权罪或玩忽职守罪处罚。

的上述规定，明确与负有报告职责的人员串通，不报或者谎报安全事故情况的，只要符合刑法规定的共犯成立条件，即可认定为共犯。

139A-2　法释〔2015〕22号第八条第一款　在安全事故发生后，负有报告职责的人员不报或者谎报事故情况，贻误事故抢救，具有下列情形之一的，应当认定为刑法第一百三十九条之一规定的“情节严重”：

（一）导致事故后果扩大，增加死亡一人以上，或者增加重伤三人以上，或者增加直接经济损失一百万元以上的；

（二）实施下列行为之一，致使不能及时有效开展事故抢救的：

1. 决定不报、迟报、谎报事故情况或者指使、串通有关人员不报、迟报、谎报事故情况的；

2. 在事故抢救期间擅离职守或者逃匿的；

3. 伪造、破坏事故现场，或者转移、藏匿、毁灭遇难人员尸体，或者转移、藏匿受伤人员的；

4. 毁灭、伪造、隐匿与事故有关的图纸、记录、计算机数据等资料以及其他证据的；

（三）其他情节严重的情形。

139A-3　法释〔2015〕22号第八条第二款　具有下列情形之一的，应当认定为刑法第一百三十九条之一规定的“情节特别严重”：

（一）导致事故后果扩大，增加死亡三人以上，或者增加重伤十人以上，或者增加直接经济损失五百万元以上的；

（二）采用暴力、胁迫、命令等方式阻止他人报告事故情况，导致事故后果扩大的；

（三）其他情节特别严重的情形。

第三章　破坏社会主义市场经济秩序罪*[1]

C.3-1　最高人民法院刑二庭《宽严相济在经济犯罪和职务犯罪案件审判中的具体贯彻》(2010年4月7日)　一、宽严相济刑事政策在经济犯罪案件审判中的具体贯彻

(一)关于从严惩处的案件范围。根据《意见》第9条规定,发生在经济领域、需依法从严惩处的主要是指下列严重犯罪:以高利率或高回报为诱饵,针对社会公众实施的非法集资、非法证券、传销、地下"六合彩"等涉众型犯罪;制售假冒伪劣、有毒、有害食品、药品等损害群众切身利益的犯罪;制售伪劣农药、兽药、化肥、种子等坑农害农的犯罪;制贩假币、操纵证券期货市场、金融诈骗等严重危害金融秩序的犯罪;走私,逃税、骗税、虚开增值税专用发票等严重侵害国家经济利益的犯罪;重大环境污染、非法采矿、盗伐林木等各种严重破坏环境资源的犯罪。

(二)关于政策法律界限。对于当前金融危机背景下的经济违法行为,应当根据《意见》第4条规定的"审时度势"原则、第5条规定的"两个效果相统一"原则以及第14条、第23条规定的从宽要求,审慎分析判断其社会危害性,从有利于保障经济增长、维护社会稳定的角度依法准确定罪量刑。以非法集资案件为例说明如下:一是要准确界定非法集资与民间借贷、商业交易的政策法律界限。未经社会公开宣传,在单位职工或者亲友内部针对特定对象筹集资金的,一般可以不作为非法集资。二是要准确把握非法集资罪与非罪的界限。资金主要用于生产经营及相关活动,行为人有还款意愿,能够及时清退集资款项,情节轻微,社会危害不大的,可以免予刑事处罚或者不作为犯罪处理。此外,对于"边缘

* 本章犯罪由公安机关管辖。生产、销售伪劣商品案件(严重危害社会秩序和国家利益的除外)属于由人民法院直接受理的"被害人有证据证明的轻微刑事案件"。

案”、“踩线案”、罪与非罪界限一时难以划清的案件，要从有利于促进企业生存发展、有利于保障员工生计、有利于维护社会和谐稳定的高度，依法妥善处理，可定可不定的，原则上不按犯罪处理。特别对于涉及企业、公司法定代表人、技术人员因政策界限不明而实施的轻微违法犯罪，更要依法慎重处理。

(三)关于刑罚适用。(1)根据《意见》第6条关于从严处理的原则性规定以及第29条关于死刑适用政策的规定，对于数额特别巨大、情节特别恶劣、危害后果特别严重的经济犯罪，要依法从严惩处，对于罪行极其严重的经济犯罪分子，依法应当判处死刑的，要坚决适用死刑。……(3)要切实执行《意见》第12条有关“对于侵财型和贪利型犯罪，更要注重通过依法适用财产刑使犯罪分子受到经济上的惩罚”的规定，以最大限度地挽回国家和人民利益的损失，安抚受害群众。同时，此类犯罪的目的就是获得非法利益，有针对性地加大经济制裁，特别是执行的力度，以有效地剥夺犯罪分子重新犯罪的条件，发挥刑罚的预防犯罪功能。

第一节[1]　生产、销售*伪劣产品罪

S.1-1　**1.**《最高人民法院、最高人民检察院关于办理生产、销售伪劣商品刑事案件具体应用法律若干问题的解释》(法释〔2001〕10号，2001年4月10日)第十条　实施生产、销售伪劣商品犯罪，同时构成侵犯知识产权、非法经营等其他犯罪的，依照处罚较重的规定定罪处罚。

第十一条　实施刑法第一百四十条至第一百四十八条规定的犯罪，又以暴力、威胁方法抗拒查处，构成其他犯罪的，依照数罪并罚的规定处罚。

第十二条　国家机关工作人员参与生产、销售伪劣商品犯罪的，从重处罚。

2.《最高人民法院、最高人民检察院关于办理生产、销售假药、劣药刑事案件具体应用法律若干问题的解释》(法释〔2009〕9号，2009年5月27日)。

---

* 对产品、商品的有偿转让的行为通常称为“销售”，而对于通常不允许买卖的物品，则常常使用“倒卖、贩卖”一语。(张明楷)

3.《最高人民法院、最高人民检察院关于办理非法生产、销售烟草专卖品等刑事案件具体应用法律若干问题的解释》(法释〔2010〕7号,2010年3月26日)。

4.《最高人民法院、最高人民检察院、公安部关于依法严惩"地沟油"犯罪活动的通知》(公通字〔2012〕1号,2012年1月9日)。

5.《最高人民法院、最高人民检察院关于办理危害食品安全刑事案件适用法律若干问题的解释》(法释〔2013〕12号,2013年5月4日)。

第一百四十条 【生产、销售伪劣产品罪】生产者、销售者[1]在产品中掺杂、掺假,[2]以假充真,[3]以次充好[4]或者以不合格产品[5]冒充合格产品,销售金额五万元以上不满二十万元的,[6]处二年以下有期徒刑或者拘役,并处或者单处销售金额[7]百分之五十以上二倍以下罚金;销售金额二十万元以上不满五十万元的,处二年以上七年以下有期徒刑,并处销售金额百分之五十以上二倍以下罚金;销售金额五十万元以上不满二百万元的,处七年以上有期徒刑,并处销售金额百分之五十以上二倍以下罚金;销售金额二百万元以上的,处十五年有期徒刑或者无期徒刑,并处销售金额百分之五十以上二倍以下罚金或者没收财产。

140-1 法释〔2001〕10号第九条 知道*他人实施生产、销售伪劣产品罪,而为其提供贷款、资金、账号、发票、证明、许可证件,或者提供生产、经营场所或者运输、仓储、保管、邮寄等便利条件,或者提供制假生产技术的,以本罪的共犯论处。

140-2 法释〔2001〕10号第一条第一款 刑法第一百四十条规定的"在产品中掺杂、掺假",是指在产品中掺入杂质或者异物,致使产品质量不符合国家法律、法规或者产品明示质量标准规定的质量要求,降低、失去应有使用性能的行为。

140-3 法释〔2001〕10号第一条第二款 刑法第一百四十条规定的

---

* 张明楷教授指出,行为人"应当知道"他人实施本罪,而提供各种帮助行为,不应以共犯论处,因为"应当知道"而不知道的,不具备故意的认识因素。

“以假充真”，是指以不具有某种使用性能的产品冒充具有该种使用性能的产品的行为。

140-4　法释〔2001〕10号第一条第三款　刑法第一百四十条规定的“以次充好”，是指以低等级、低档次产品冒充高等级、高档次产品，或者以残次、废旧零配件组合、拼装后冒充正品或者新产品的行为。

140-5　**1.** 法释〔2001〕10号第一条第四款　刑法第一百四十条规定的“不合格产品”，是指不符合《中华人民共和国产品质量法》第二十六条第二款规定的质量要求的产品。

2.《产品质量法》第二十六条第二款产品质量应当符合下列要求：

（一）不存在危及人身、财产安全的不合理的危险，有保障人体健康和人身、财产安全的国家标准、行业标准的，应当符合该标准；

（二）具备产品应当具备的使用性能，但是，对产品存在使用性能的瑕疵作出说明的除外；

（三）符合在产品或者其包装上注明采用的产品标准，符合以产品说明、实物样品等方式表明的质量状况。

3.《最高人民法院关于审理生产、销售伪劣商品刑事案件有关鉴定问题的通知》（法〔2001〕70号，2001年5月21日）　由于涉案产品是否“以假充真”、“以次充好”、“以不合格产品冒充合格产品”，直接影响到对被告人的定罪及处刑，为准确适用刑法和《最高人民法院、最高人民检察院关于办理生产、销售伪劣商品刑事案件具体应用法律若干问题的解释》（以下简称《解释》），严惩假冒伪劣商品犯罪，不放纵和轻纵犯罪分子，现就审理生产、销售伪劣商品、假冒商标和非法经营等严重破坏社会主义市场经济秩序的犯罪案件中可能涉及的假冒伪劣商品的有关鉴定问题通知如下：

一、对于提起公诉的生产、销售伪劣产品、假冒商标、非法经营等严重破坏社会主义市场经济秩序的犯罪案件，所涉生产、销售的产品是否属于“以假充真”、“以次充好”、“以不合格产品冒充合格产品”难以确定的，应当根据《解释》第一条第五款的规定，由公诉机关委托法律、行政法规规定的产品质量检验机构进行鉴定。

二、根据《解释》第三条和第四条的规定，人民法院受理（自诉案件）的生产、销售假药犯罪案件和生产、销售不符合卫生标准的食品犯罪案件，均需有“省级以上药品监督管理部门设置或者确定的药品检验机构”

和"省级以上卫生行政部门确定的机构"出具的鉴定结论。

三、经鉴定确系伪劣商品,被告人的行为既构成生产、销售伪劣产品罪,又构成生产、销售假药罪或者生产、销售不符合卫生标准的食品罪,或者同时构成侵犯知识产权、非法经营等其他犯罪的,根据刑法第一百四十九条第二款和《解释》第十条的规定,应当依照处罚较重的规定定罪处罚。

4. 法释〔2013〕12号第十条　生产、销售不符合食品安全标准的食品添加剂,用于食品的包装材料、容器、洗涤剂、消毒剂,或者用于食品生产经营的工具、设备等,构成犯罪的,依照刑法第一百四十条的规定以生产、销售伪劣产品罪定罪处罚。

140-6　《立案标准(一)》第十六条　生产者、销售者在产品中掺杂、掺假,以假充真,以次充好或者以不合格产品冒充合格产品,涉嫌下列情形之一的,应予立案追诉:

(一)伪劣产品销售金额五万元以上的;

(二)伪劣产品尚未销售,货值金额十五万元以上的;

(三)伪劣产品销售金额不满五万元,但将已销售金额乘以三倍后,与尚未销售的伪劣产品货值金额合计十五万元以上的。

140-7　**1.** 法释〔2001〕10号第二条　"销售金额",是指生产者、销售者出售伪劣产品后所得和应得的全部违法收入。伪劣产品尚未销售,货值金额达到刑法第一百四十条规定的销售金额三倍以上的,以生产、销售伪劣产品罪(未遂)定罪处罚。货值金额以违法生产、销售的伪劣产品的标价计算;没有标价的,按照同类合格产品的市场中间价格计算。货值金额难以确定的,按照国家计划委员会、最高人民法院、最高人民检察院、公安部1997年4月22日联合发布的《扣押、追缴、没收物品估价管理办法》的规定,委托指定的估价机构确定。多次实施生产、销售伪劣产品行为,未经处理的,伪劣产品的销售金额或者货值金额累计计算。

2.《国家工商行政管理局关于〈反不正当竞争法〉第二十三条和第三十条"质次价高"、"滥收费用"及"违法所得"认定问题的答复》(工商公字〔1999〕313号,1999年12月1日)　一、《反不正当竞争法》第二十三条规定的"质次价高"、"滥收费用"和"违法所得"是密切相关的三个法律概念。"质次价高商品"* 是指被指定的经营者所销售的商品属于不合格商品，或者质量与价格明显不符的合格商品，即商品虽然合格，但其价格明显高于同类商品的通常市场价格，而同类商品的通常市场价格是指政府定价、政府指导价或者同期市场同类商品的中等市场价格。

第一百四十一条[1**]　（刑八）**【生产、销售假药罪】**生产[2]、销售[3]假药的[4]，处三年以下有期徒刑[5]或者拘役，并处罚金[6]；对人体健康造成严重危害[7]或者有其他严重情节[8]的，处三年以上十年以下有期徒刑，并处罚金；致人死亡或者有其他特别严重情节的[9]，处十年以上有期徒刑、无期徒刑或者死刑，并处罚金或者没收财产。

本条所称假药，是指依照《中华人民共和国药品管理法》的规定属于假药[10]和按假药处理的药品、非药品。

141-1　《最高人民法院、最高人民检察院关于办理危害药品安全刑事案件具体应用法律若干问题的解释》（法释〔2014〕14号，2014年12月1日）第十七条　本解释发布施行后，《最高人民法院、最高人民检察院关于办理生产、销售假药、劣药刑事案件具体应用法律若干问题的解释》（法释〔2009〕9号）同时废止；之前发布的司法解释和规范性文件与本解释不一致的，以本解释为准。

法释〔2014〕14号第一条　生产、销售假药，具有下列情形之一的，应当酌情从重处罚：

---

* 这一解释的实质意义就是将"质次"和"价高"这两者有机地结合起来认定"以次充好"。此前的最高人民法院、最高人民检察院司法解释均采用了"违法所得"，现以"销售金额"取而代之，体现了立法技术的进步，也体现了刑法将犯罪的本质界定为侵犯了利益，而不在于得到了利益（标价 > 同类产品中间价 > 估价）。销售金额，是指所得和应得的全部违法收入，无论是"所得"还是"应得"均是以真实的交易价格为依据的，而尚未销售的伪劣产品按货值金额计算，而货值金额则以标价为准，其潜在前提是假设标价是真实的。如果标价是虚假的，那么就不宜按标价计算，而应参照其他证据予以确定，否则有失公正。

** 由于《刑法修正案（八）》将本罪的犯罪构成要件作了较大修改，一是取消了"足以严重危害人体健康"的定罪要件，将本罪由危险犯调整为行为犯；二是在加重处罚的情节中增加了"其他严重情节"、"其他特别严重情节"的规定，以适应刑事打击的需要；三是删去了单处罚金和罚金刑数额标准的规定，以解决经济处罚力度不够和罚金刑数额难以确定、罚金刑数额与行政罚金不协调的问题。

(一)生产、销售的假药以孕产妇、婴幼儿、儿童或者危重病人为主要使用对象的;

(二)生产、销售的假药属于麻醉药品、精神药品、医疗用毒性药品、放射性药品、避孕药品、血液制品、疫苗的;

(三)生产、销售的假药属于注射剂药品、急救药品的;

(四)医疗机构、医疗机构工作人员生产、销售假药的;

(五)在自然灾害、事故灾难、公共卫生事件、社会安全事件等突发事件期间,生产、销售用于应对突发事件的假药的;

(六)两年内曾因危害药品安全违法犯罪活动受过行政处罚或者刑事处罚的;

(七)其他应当酌情从重处罚的情形。

法释〔2014〕14号第十条　实施生产、销售假药、劣药犯罪,同时构成生产、销售伪劣产品、侵犯知识产权、非法经营、非法行医、非法采供血等犯罪的,依照处罚较重的规定定罪处罚。

141-2　法释〔2014〕14号第六条第一款　以生产、销售假药、劣药为目的,实施下列行为之一的,应当认定为刑法第一百四十一条、第一百四十二条规定的"生产":

(一)合成、精制、提取、储存、加工炮制药品原料的行为;

(二)将药品原料、辅料、包装材料制成成品过程中,进行配料、混合、制剂、储存、包装的行为;

(三)印制包装材料、标签、说明书的行为。

141-3　法释〔2014〕14号第六条第二款　医疗机构、医疗机构工作人员明知是假药、劣药而有偿提供给他人使用,或者为出售而购买、储存的行为,应当认定为刑法第一百四十一条、第一百四十二条规定的"销售"。

法释〔2014〕14号第八条　明知他人生产、销售假药、劣药,而有下列情形之一的,以共同犯罪论处:

(一)提供资金、贷款、账号、发票、证明、许可证件的;

(二)提供生产、经营场所、设备或者运输、储存、保管、邮寄、网络销售渠道等便利条件的;

(三)提供生产技术或者原料、辅料、包装材料、标签、说明书的;

(四)提供广告宣传等帮助行为的。

141-4　《立案标准(一)》第十七条　生产(包括配制)、销售假药,涉嫌下列情形之一的，应予立案追诉：

（一）含有超标准的有毒有害物质的；

（二）不含所标明的有效成份，可能贻误诊治的；

（三）所标明的适应症或者功能主治超出规定范围，可能造成贻误诊治的；

（四）缺乏所标明的急救必需的有效成份的；

（五）其他足以严重危害人体健康或者对人体健康造成严重危害的情形。

141-5　法释〔2014〕14 号第十一条　对实施本解释规定之犯罪的犯罪分子，应当依照刑法规定的条件，严格缓刑、免予刑事处罚的适用。对于适用缓刑的，应当同时宣告禁止令，禁止犯罪分子在缓刑考验期内从事药品生产、销售及相关活动。

销售少量根据民间传统配方私自加工的药品，或者销售少量未经批准进口的国外、境外药品，没有造成他人伤害后果或者延误诊治，情节显著轻微危害不大的，不认为是犯罪。

141-6　法释〔2014〕14 号第十二条　犯生产、销售假药罪的，一般应当依法判处生产、销售金额二倍以上的罚金。共同犯罪的，对各共同犯罪人合计判处的罚金应当在生产、销售金额的二倍以上。

第十三条　单位犯本解释规定之罪的，对单位判处罚金，并对直接负责的主管人员和其他直接责任人员，依照本解释规定的自然人犯罪的定罪量刑标准处罚。

141-7　法释〔2014〕14 号第二条　生产、销售假药，具有下列情形之一的，应当认定为刑法第一百四十一条规定的“对人体健康造成严重危害”：

（一）造成轻伤或者重伤的；

（二）造成轻度残疾或者中度残疾的；

（三）造成器官组织损伤导致一般功能障碍或者严重功能障碍的；

（四）其他对人体健康造成严重危害的情形。

法释〔2014〕14 号第十六条　本解释规定的“轻伤”“重伤”按照《人体损伤程度鉴定标准》进行鉴定。

本解释规定的“轻度残疾”“中度残疾”“重度残疾”按照相关伤残等级评定标准进行评定。

141-8　法释〔2014〕14 号第三条　生产、销售假药，具有下列情形之

一的,应当认定为刑法第一百四十一条规定的“其他严重情节”:

(一)造成较大突发公共卫生事件的;

(二)生产、销售金额二十万元以上不满五十万元的;

(三)生产、销售金额十万元以上不满二十万元,并具有本解释第一条规定情形之一的;

(四)根据生产、销售的时间、数量、假药种类等,应当认定为情节严重的。

法释〔2014〕14号第十五条　本解释所称“生产、销售金额”,是指生产、销售假药、劣药所得和可得的全部违法收入。

141-9　法释〔2014〕14号第四条　生产、销售假药,具有下列情形之一的,应当认定为刑法第一百四十一条规定的“其他特别严重情节”:

(一)致人重度残疾的;

(二)造成三人以上重伤、中度残疾或者器官组织损伤导致严重功能障碍的;

(三)造成五人以上轻度残疾或者器官组织损伤导致一般功能障碍的;

(四)造成十人以上轻伤的;

(五)造成重大、特别重大突发公共卫生事件的;

(六)生产、销售金额五十万元以上的;

(七)生产、销售金额二十万元以上不满五十万元,并具有本解释第一条规定情形之一的;

(八)根据生产、销售的时间、数量、假药种类等,应当认定为情节特别严重的。

141-10　**1.**《药品管理法》第四十八条　禁止生产(包括配制,下同)、销售假药。有下列情形之一的,为假药:

(一)药品所含成份与国家药品标准规定的成份不符的;

(二)以非药品冒充药品或者以他种药品冒充此种药品的。

有下列情形之一的药品,按假药论处:

(一)国务院药品监督管理部门规定禁止使用的;

(二)依照本法必须批准而未经批准生产、进口,或者依照本法必须检验而未经检验即销售的;

(三)变质的;

（四）被污染的；

（五）使用依照本法必须取得批准文号而未取得批准文号的原料药生产的；

（六）所标明的适应症或者功能主治超出规定范围的。

2. 法释〔2014〕14号第十四条　是否属于刑法第一百四十一条、第一百四十二条规定的“假药”“劣药”难以确定的，司法机关可以根据地市级以上药品监督管理部门出具的认定意见等相关材料进行认定。必要时，可以委托省级以上药品监督管理部门设置或者确定的药品检验机构进行检验。

第一百四十二条　【生产、销售劣药罪】生产、销售劣药，对人体健康造成严重危害的[1]，处三年以上十年以下有期徒刑，并处销售金额百分之五十以上二倍以下罚金；后果特别严重的[2]，处十年以上有期徒刑或者无期徒刑，并处销售金额百分之五十以上二倍以下罚金或者没收财产。

本条所称劣药，是指依照《中华人民共和国药品管理法》的规定属于劣药的药品[3]。

142-1　**1.**《立案标准（一）》第十八条　生产（包括配制）、销售劣药，涉嫌下列情形之一的，应予立案追诉：

（一）造成人员轻伤、重伤或者死亡的；

（二）其他对人体健康造成严重危害的情形。

2. 法释〔2014〕14号第五条第一款　生产、销售劣药，具有本解释第二条规定情形之一的，应当认定为刑法第一百四十二条规定的“对人体健康造成严重危害”。

生产、销售劣药，具有本解释第一条规定情形之一的，应当酌情从重处罚。

142-2　法释〔2014〕14号第五条第二款　生产、销售劣药，致人死亡，或者具有本解释第四条第一项至第五项规定情形之一的，应当认定为刑法第一百四十二条规定的“后果特别严重”。

142-3　《药品管理法》第四十九条　禁止生产、销售劣药。药品成份的含量不符合国家药品标准的，为劣药。有下列情形之一的药品，按

劣药论处:

(一)未标明有效期或者更改有效期的;

(二)不注明或者更改生产批号的;

(三)超过有效期的;

(四)直接接触药品的包装材料和容器未经批准的;

(五)擅自添加着色剂、防腐剂、香料、矫味剂及辅料的;

(六)其他不符合药品标准规定的。

第一百四十三条[1] **(刑八)**[*]**【生产、销售不符合安全标准的食品罪】**生产、销售[2]不符合食品[3]安全[4]标准[5]的食品,[**]足以造成严重食物中毒[6]事故或者其他严重食源性疾病的,[7]处三年以下有期徒刑[8]或者拘役,并处罚金;[9]对人体健康造成严重危害[10]或者有其他严重情节的,[11]处三年以上七年以下有期徒刑,并处罚金;后果特别严重的,[12]处七年以上有期徒刑或者无期徒刑,并处罚金或者没收财产。

143-1 1.《最高人民法院、最高人民检察院关于办理危害食品安全刑事案件适用法律若干问题的解释》(法释〔2013〕12号,2013年5月4日);2.《食品安全法》(2009年2月28日通过,2015年4月24日修订)。

法释〔2013〕12号第十三条 生产、销售不符合食品安全标准的食品,有毒、有害食品,符合刑法第一百四十三条、第一百四十四条规定的,以生产、销售不符合安全标准的食品罪或者生产、销售有毒、有害食品罪定罪处罚。同时构成其他犯罪的,依照处罚较重的规定定罪处罚。

生产、销售不符合食品安全标准的食品,无证据证明足以造成严重食物中毒事故或者其他严重食源性疾病,不构成生产、销售不符合安全

---

* 《刑法修正案(八)》将本罪作了四点修改,一是根据《食品安全法》的有关规定,将“卫生标准”修改为“食品安全标准”,将“食源性疾患”改为“食源性疾病”;二是在第二档刑罚中,增加了“其他严重情节”的规定,以适应打击犯罪的需要;三是取消了单处罚金刑,加大了打击力度;四是为了解决实践中罚金数额难以确定及行政罚款不协调的问题,取消了罚金数额的具体数额。

** 将“不符合卫生标准的食品”改为“不符合食品安全标准的食品”,从而与2009年修订的《食品安全法》相衔接。

标准的食品罪,但是构成生产、销售伪劣产品罪等其他犯罪的,依照该其他犯罪定罪处罚。

法释〔2013〕12号第十九条 单位实施本解释规定的犯罪的,依照本解释规定的定罪量刑标准处罚。

143-2 法释〔2013〕12号第十四条 明知他人生产、销售不符合食品安全标准的食品,有毒、有害食品,具有下列情形之一的,以生产、销售不符合安全标准的食品罪或者生产、销售有毒、有害食品罪的共犯论处:

(一)提供资金、贷款、账号、发票、证明、许可证件的;

(二)提供生产、经营场所或者运输、贮存、保管、邮寄、网络销售渠道等便利条件的;

(三)提供生产技术或者食品原料、食品添加剂、食品相关产品的;

(四)提供广告等宣传的。

143-3 《食品安全法》第九十九条第二款 食品,指各种供人食用或者饮用的成品和原料以及按照传统既是食品又是药品的物品,但是不包括以治疗为目的的物品。

143-4 《食品安全法》第九十九条第三款 食品安全,指食品无毒、无害,符合应当有的营养要求,对人体健康不造成任何急性、亚急性或者慢性危害。

143-5 《食品安全法》第十九条 食品安全标准是强制执行的标准。除食品安全标准外,不得制定其他的食品强制性标准。

第二十条 食品安全标准应当包括下列内容:

(一)食品、食品相关产品中的致病性微生物、农药残留、兽药残留、重金属、污染物质以及其他危害人体健康物质的限量规定;

(二)食品添加剂的品种、使用范围、用量;

(三)专供婴幼儿和其他特定人群的主辅食品的营养成分要求;

(四)对与食品安全、营养有关的标签、标识、说明书的要求;

(五)食品生产经营过程的卫生要求;

(六)与食品安全有关的质量要求;

(七)食品检验方法与规程;

(八)其他需要制定为食品安全标准的内容。

143-6 《食品安全法》第九十九条第十一款 食物中毒,指食用了被有毒有害物质污染的食品或者食用了含有毒有害物质的食品后出现的急性、亚急性疾病。

143-7 **1.**《立案标准(一)》第十九条　生产、销售不符合卫生标准的食品,涉嫌下列情形之一的,应予立案追诉:

(一)含有可能导致严重食物中毒事故或者其他严重食源性疾患的超标准的有害细菌的;

(二)含有可能导致严重食物中毒事故或者其他严重食源性疾患的超标准的其他污染物的。

2. 法释〔2013〕12号第一条　生产、销售不符合食品安全标准的食品,具有下列情形之一的,应当认定为刑法第一百四十三条规定的“足以造成严重食物中毒事故或者其他严重食源性疾病”:

(一)含有严重超出标准限量的致病性微生物、农药残留、兽药残留、重金属、污染物质以及其他危害人体健康的物质的;

(二)属于病死、死因不明或者检验检疫不合格的畜、禽、兽、水产动物及其肉类、肉类制品的;

(三)属于国家为防控疾病等特殊需要明令禁止生产、销售的;

(四)婴幼儿食品中生长发育所需营养成分严重不符合食品安全标准的;

(五)其他足以造成严重食物中毒事故或者严重食源性疾病的情形。

法释〔2013〕12号第八条　在食品加工、销售、运输、贮存等过程中,违反食品安全标准,超限量或者超范围滥用食品添加剂,足以造成严重食物中毒事故或者其他严重食源性疾病的,依照刑法第一百四十三条的规定以生产、销售不符合安全标准的食品罪定罪处罚。

在食用农产品种植、养殖、销售、运输、贮存等过程中,违反食品安全标准,超限量或者超范围滥用添加剂、农药、兽药等,足以造成严重食物中毒事故或者其他严重食源性疾病的,适用前款的规定定罪处罚。

143-8　法释〔2013〕12号第十八条　对实施本解释规定之犯罪的犯罪分子,应当依照刑法规定的条件严格适用缓刑、免予刑事处罚。根据犯罪事实、情节和悔罪表现,对于符合刑法规定的缓刑适用条件的犯罪分子,可以适用缓刑,但是应当同时宣告禁止令,禁止其在缓刑考验期限内从事食品生产、销售及相关活动。

143-9　法释〔2013〕12号第十七条　犯生产、销售不符合安全标准的食品罪,生产、销售有毒、有害食品罪,一般应当依法判处生产、销售金额二倍以上的罚金。

143-10　法释〔2013〕12号第二条　生产、销售不符合食品安全标准的食品，具有下列情形之一的，应当认定为刑法第一百四十三条规定的“对人体健康造成严重危害”：

（一）造成轻伤以上伤害的；

（二）造成轻度残疾或者中度残疾的；

（三）造成器官组织损伤导致一般功能障碍或者严重功能障碍的；

（四）造成十人以上严重食物中毒或者其他严重食源性疾病的；

（五）其他对人体健康造成严重危害的情形。

143-11　法释〔2013〕12号第三条　生产、销售不符合食品安全标准的食品，具有下列情形之一的，应当认定为刑法第一百四十三条规定的“其他严重情节”：

（一）生产、销售金额二十万元以上的；

（二）生产、销售金额十万元以上不满二十万元，不符合食品安全标准的食品数量较大或者生产、销售持续时间较长的；

（三）生产、销售金额十万元以上不满二十万元，属于婴幼儿食品的；

（四）生产、销售金额十万元以上不满二十万元，一年内曾因危害食品安全违法犯罪活动受过行政处罚或者刑事处罚的；

（五）其他情节严重的情形。

143-12　法释〔2013〕12号第四条　生产、销售不符合食品安全标准的食品，具有下列情形之一的，应当认定为刑法第一百四十三条规定的“后果特别严重”：

（一）致人死亡或者重度残疾的；

（二）造成三人以上重伤、中度残疾或者器官组织损伤导致严重功能障碍的；

（三）造成十人以上轻伤、五人以上轻度残疾或者器官组织损伤导致一般功能障碍的；

（四）造成三十人以上严重食物中毒或者其他严重食源性疾病的；

（五）其他特别严重的后果。

第一百四十四条　（刑八）【生产、销售有毒、有害食品罪】在生产、销售的食品中掺入[1]有毒、有害的非食品原料[2]的，或者销售明知掺有有毒、有害的非食品原料的食品的,[3] 处五年以下有期徒刑,并处罚金;对人体健康造成严重危害[4] 或者有其他严重情节的,[5] 处五年以上十年以下有期徒刑,并处罚金;致人死亡或者有其他特别严重情节的,[6] 依照本法第一百四十一条(生产、销售假药罪)的规定处罚。

144-1　1. 法释〔2013〕12号第九条　在食品加工、销售、运输、贮存等过程中,掺入有毒、有害的非食品原料,或者使用有毒、有害的非食品原料加工食品的,依照刑法第一百四十四条的规定以生产、销售有毒、有害食品罪定罪处罚。

在食用农产品种植、养殖、销售、运输、贮存等过程中,使用禁用农药、兽药等禁用物质或者其他有毒、有害物质的,适用前款的规定定罪处罚。

在保健食品或者其他食品中非法添加国家禁用药物等有毒、有害物质的,适用第一款的规定定罪处罚。

2. 徐孝伦等人生产、销售有害食品案(检例第13号)

关键词　生产、销售有害食品罪

要旨　在食品加工过程中,使用有毒、有害的非食品原料加工食品并出售的,应当认定为生产、销售有毒、有害食品罪;明知是他人使用有毒、有害的非食品原料加工出的食品仍然购买并出售的,应当认定为销售有毒、有害食品罪。

144-2　1. 法释〔2013〕12号第二十条　下列物质应当认定为"有毒、有害的非食品原料":

(一)法律、法规禁止在食品生产经营活动中添加、使用的物质;

(二)国务院有关部门公布的《食品中可能违法添加的非食用物质名单》《保健食品中可能非法添加的物质名单》上的物质;

(三)国务院有关部门公告禁止使用的农药、兽药以及其他有毒、有害物质;

(四)其他危害人体健康的物质。

法释〔2013〕12号第二十一条　"足以造成严重食物中毒事故或者其他严重食源性疾病"、"有毒、有害非食品原料"难以确定的,司法机关可以根据检验报告并结合专家意见等相关材料进行认定。必要时,人民法院可以依法通知有关专家出庭作出说明。

2. 孙建亮等人生产、销售有毒、有害食品案（检例第14号）

关键词　生产、销售有毒、有害食品罪　共犯

要旨　明知盐酸克伦特罗（俗称"瘦肉精"）是国家禁止在饲料和动物饮用水中使用的药品，而用以养殖供人食用的动物并出售的，应当认定为生产、销售有毒、有害食品罪。明知盐酸克伦特罗是国家禁止在饲料和动物饮用水中使用的药品，而买卖和代买盐酸克伦特罗片，供他人用以养殖供人食用的动物的，应当认定为生产、销售有毒、有害食品罪的共犯。

3. 北京阳光一佰生物技术开发有限公司、习文有等生产、销售有毒、有害食品案（指导案例第70号）

关键词　刑事　生产、销售有毒、有害食品罪　有毒有害的非食品原料

裁判要点　行为人在食品生产经营中添加的虽然不是国务院有关部门公布的《食品中可能违法添加的非食用物质名单》和《保健食品中可能非法添加的物质名单》中的物质，但如果该物质与上述名单中所列物质具有同等属性，并且根据检验报告和专家意见等相关材料能够确定该物质对人体具有同等危害的，应当认定为《中华人民共和国刑法》第一百四十四条规定的"有毒、有害的非食品原料"。

4.《最高人民法院、最高人民检察院、公安部关于依法严惩"地沟油"犯罪活动的通知》（公通字〔2012〕1号，2012年1月9日）　"地沟油"犯罪，是指用餐厨垃圾、废弃油脂、各类肉及肉制品加工废弃物等非食品原料，生产、加工"食用油"，以及明知是利用"地沟油"生产、加工的油脂而作为食用油销售的行为。

144-3　**1.**《立案标准（一）》第二十条　在生产、销售的食品中掺入有毒、有害的非食品原料的，或者销售明知掺有有毒、有害的非食品原料的食品的，应予立案追诉。

使用盐酸克仑特罗（俗称"瘦肉精"）等禁止在饲料和动物饮用水中使用的药品或者含有该类药品的饲料养殖供人食用的动物，或者销售明知是使用该类药品或者含有该类药品的饲料养殖的供人食用的动物的，应予立案追诉。

明知是使用盐酸克仑特罗等禁止在饲料和动物饮用水中使用的药品或者含有该类药品的饲料养殖的供人食用的动物，而提供屠宰等加工

服务,或者销售其制品的,应予立案追诉。

2.《最高人民法院、最高人民检察院、公安部关于依法严惩"地沟油"犯罪活动的通知》(公通字〔2012〕1号,2012年1月9日) 二、准确理解法律规定,严格区分犯罪界限

(一)对于利用"地沟油"生产"食用油"的,依照刑法第一百四十四条生产有毒、有害食品罪的规定追究刑事责任。

(二)明知是利用"地沟油"生产的"食用油"而予以销售的,依照刑法第一百四十四条销售有毒、有害食品罪的规定追究刑事责任。认定是否"明知",应当结合犯罪嫌疑人、被告人的认知能力,犯罪嫌疑人、被告人及其同案人的供述和辩解,证人证言,产品质量,进货渠道及进货价格、销售渠道及销售价格等主、客观因素予以综合判断。

(三)对于利用"地沟油"生产的"食用油",已经销售出去没有实物,但是有证据证明系已被查实生产、销售有毒、有害食品犯罪事实的上线提供的,依照刑法第一百四十四条销售有毒、有害食品罪的规定追究刑事责任。

(四)虽无法查明"食用油"是否系利用"地沟油"生产、加工,但犯罪嫌疑人、被告人明知该"食用油"来源可疑而予以销售的,应分别情形处理:经鉴定,检出有毒、有害成分的,依照刑法第一百四十四条销售有毒、有害食品罪的规定追究刑事责任;属于不符合安全标准的食品的,依照刑法第一百四十三条销售不符合安全标准的食品罪追究刑事责任;属于以假充真、以次充好、以不合格产品冒充合格产品或者假冒注册商标,构成犯罪的,依照刑法第一百四十条销售伪劣产品罪或者第二百一十三条假冒注册商标罪、第二百一十四条销售假冒注册商标的商品罪追究刑事责任。

(五)知道或应当知道他人实施以上第(一)、(二)、(三)款犯罪行为,而为其掏捞、加工、贩运"地沟油",或者提供贷款、资金、账号、发票、证明、许可证件,或者提供技术、生产、经营场所、运输、仓储、保管等便利条件的,依照本条第(一)、(二)、(三)款犯罪的共犯论处。

(六)对违反有关规定,掏捞、加工、贩运"地沟油",没有证据证明用于生产"食用油"的,交由行政部门处理。

(七)对于国家工作人员在食用油安全监管和查处"地沟油"违法犯罪活动中滥用职权、玩忽职守、徇私枉法,构成犯罪的,依照刑法有关规定追究刑事责任。

3. 柳立国等人生产、销售有毒、有害食品，生产、销售伪劣产品案（检例第12号）

关键词　生产、销售有毒、有害食品罪　生产、销售伪劣产品罪

要旨　明知对方是食用油经销者，仍将用餐厨废弃油（俗称"地沟油"）加工而成的劣质油脂销售给对方，导致劣质油脂流入食用油市场供人食用的，构成生产、销售有毒、有害食品罪；明知油脂经销者向饲料生产企业和药品生产企业等单位销售豆油等食用油，仍将用餐厨废弃油加工而成的劣质油脂销售给对方，导致劣质油脂流向饲料生产企业和药品生产企业等单位的，构成生产、销售伪劣产品罪。

144-4　法释〔2013〕12号第五条　生产、销售有毒、有害食品，具有本解释第二条规定情形之一的，应当认定为刑法第一百四十四条规定的"对人体健康造成严重危害"。

144-5　法释〔2013〕12号第六条　生产、销售有毒、有害食品，具有下列情形之一的，应当认定为刑法第一百四十四条规定的"其他严重情节"：

（一）生产、销售金额二十万元以上不满五十万元的；

（二）生产、销售金额十万元以上不满二十万元，有毒、有害食品的数量较大或者生产、销售持续时间较长的；

（三）生产、销售金额十万元以上不满二十万元，属于婴幼儿食品的；

（四）生产、销售金额十万元以上不满二十万元，一年内曾因危害食品安全违法犯罪活动受过行政处罚或者刑事处罚的；

（五）有毒、有害的非食品原料毒害性强或者含量高的；

（六）其他情节严重的情形。

144-6　法释〔2013〕12号第七条　生产、销售有毒、有害食品，生产、销售金额五十万元以上，或者具有本解释第四条规定的情形之一的，应当认定为刑法第一百四十四条规定的"致人死亡或者有其他特别严重情节"。

第一百四十五条*　（刑四）[1]【生产、销售不符合标准的医用器

---

* 《刑法修正案（四）》之前条文：生产不符合保障人体健康的国家标准、行业标准的医疗器械、医用卫生材料，或者销售明知是不符合保障人体健康的国家标准、行业标准的医疗器械、医用卫生材料，"对人体健康造成严重危害的"，处五年以下有期徒刑，并处销售金额百分之五十以上二倍以下罚金；后果特别严重的，处五年以上十年以下有期徒刑，并处销售金额百分之五十以上二倍以下罚金，其中情节特别恶劣的（修改后无此情节），处十年以上有期徒刑或者无期徒刑，并处销售金额百分之五十以上二倍以下罚金或者没收财产。

材罪】生产不符合保障人体健康的国家标准、行业标准的医疗器械、医用卫生材料，或者销售[2]明知是不符合保障人体健康的国家标准、行业标准的医疗器械、医用卫生材料，足以严重危害人体健康的，[3]处三年以下有期徒刑或者拘役，并处销售金额百分之五十以上二倍以下罚金；对人体健康造成严重危害的，[4]处三年以上十年以下有期徒刑，并处销售金额百分之五十以上二倍以下罚金；后果特别严重的，处十年以上有期徒刑或者无期徒刑，并处销售金额百分之五十以上二倍以下罚金或者没收财产。

145-1 立法背景 将本罪由结果犯改为危险犯，可以防患于未然，避免发生难以挽回的损失，这是加强保护公民生命和身体健康的要求。另外，由于有些病症有一定的潜伏期，发病时间与使用时间之间可能有一段较长的时间，证明起来有障碍，所以有必要将结果犯改为危险犯。依危险和结果来分别确定量刑幅度。这次修改没有将一般危险犯和一般结果犯规定为犯罪，而是留给行政机关处理。

145-2 法释〔2001〕10号第六条第四款 医疗机构或者个人知道或者应当知道是不符合保障人体健康的国家标准、行业标准的医疗器械、医用卫生材料而购买、使用，对人体健康造成严重危害的，以销售不符合标准的医用器材罪定罪处罚。

145-3 《立案标准(一)》第二十一条 ［生产、销售不符合标准的医用器材案(刑法第一百四十五条)］生产不符合保障人体健康的国家标准、行业标准的医疗器械、医用卫生材料，或者销售明知是不符合保障人体健康的国家标准、行业标准的医疗器械、医用卫生材料，涉嫌下列情形之一的，应予立案追诉：

(一)进入人体的医疗器械的材料中含有超过标准的有毒有害物质的；

(二)进入人体的医疗器械的有效性指标不符合标准要求，导致治疗、替代、调节、补偿功能部分或者全部丧失，可能造成贻误诊治或者人体严重损伤的；

(三)用于诊断、监护、治疗的有源医疗器械的安全指标不合符强制性标准要求，可能对人体构成伤害或者潜在危害的；

(四)用于诊断、监护、治疗的有源医疗器械的主要性能指标不合格，可能造成贻误诊治或者人体严重损伤的；

（五）未经批准，擅自增加功能或者适用范围，可能造成贻误诊治或者人体严重损伤的；

（六）其他足以严重危害人体健康或者对人体健康造成严重危害的情形。

医疗机构或者个人知道或者应当知道是不符合保障人体健康的国家标准、行业标准的医疗器械、医用卫生材料而购买并有偿使用的，视为本条规定的“销售”。

145-4 法释〔2001〕10号第六条第一款 生产、销售不符合标准的医疗器械、医用卫生材料，致人轻伤或者其他严重后果的，应认定为刑法第一百四十五条规定的“对人体健康造成严重危害”。

第一百四十六条 【生产、销售不符合安全标准的产品罪】生产不符合保障人身、财产安全的国家标准、行业标准的电器、压力容器、易燃易爆产品或者其他不符合保障人身、财产安全的国家标准、行业标准的产品，[1] 或者销售明知是以上不符合保障人身、财产安全的国家标准、行业标准的产品，造成严重后果的，[2] 处五年以下有期徒刑，并处销售金额百分之五十以上二倍以下罚金；后果特别严重的，处五年以上有期徒刑，并处销售金额百分之五十以上二倍以下罚金。

146-1 法释〔2015〕22号第十一条 生产不符合保障人身、财产安全的国家标准、行业标准的安全设备，或者明知安全设备不符合保障人身、财产安全的国家标准、行业标准而进行销售，致使发生安全事故，造成严重后果的，依照刑法第一百四十六条的规定，以生产、销售不符合安全标准的产品罪定罪处罚。

146-2 《立案标准（一）》第二十二条 ［生产、销售不符合安全标准的产品案（刑法第一百四十六条）］生产不符合保障人身、财产安全的国家标准、行业标准的电器、压力容器、易燃易爆或者其他不符合保障人身、财产安全的国家标准、行业标准的产品，或者销售明知是以上不符合保障人身、财产安全的国家标准、行业标准的产品，涉嫌下列情形之一的，应予立案追诉：

(一)造成人员重伤或者死亡的;

(二)造成直接经济损失十万元以上的;

(三)其他造成严重后果的情形。

第一百四十七条 【生产、销售伪劣农药、兽药、化肥、种子罪】 生产假农药[1]、假兽药、假化肥,销售明知是假的或者失去使用效能的农药、兽药、化肥、种子,或者生产者、销售者以不合格的农药[2]、兽药、化肥、种子冒充合格的农药、兽药、化肥、种子,使生产遭受较大损失的,[3] 处三年以下有期徒刑或者拘役,并处或者单处销售金额百分之五十以上二倍以下罚金;使生产遭受重大损失的,处三年以上七年以下有期徒刑,并处销售金额百分之五十以上二倍以下罚金;使生产遭受特别重大损失的,处七年以上有期徒刑或者无期徒刑,并处销售金额百分之五十以上二倍以下罚金或者没收财产。

147-1 农药管理条例》(1997年5月8日发布,2017年6月1日修订)第四十四条 有下列情形之一的,认定为假农药:

(一)以非农药冒充农药;

(二)以此种农药冒充他种农药;

(三)农药所含有效成分种类与农药的标签、说明书标注的有效成分不符。

禁用的农药,未依法取得农药登记证而生产、进口的农药,以及未附具标签的农药,按照假农药处理。

147-2 《农药管理条例》第四十五条 有下列情形之一的,认定为劣质农药:

(一)不符合农药产品质量标准;

(二)混有导致药害等有害成分。

超过农药质量保证期的农药,按照劣质农药处理。

147-3 《立案标准(一)》第二十三条 [生产、销售伪劣农药、兽药、化肥、种子案(刑法第一百四十七条)]生产假农药、假兽药、假化肥,销售明知是假的或者失去使用效能的农药、兽药、化肥、种子,或者生产者、销售者以不合格的农药、兽药、化肥、种子冒充合格的农药、兽药、化肥、种子，涉嫌下列情形之一的，应予立案追诉：

（一）使生产遭受损失二万元以上的；

（二）其他使生产遭受较大损失的情形。

第一百四十八条　【生产、销售不符合卫生标准的化妆品罪】 生产不符合卫生标准的化妆品，或者销售明知是不符合卫生标准的化妆品，造成严重后果的，[1] 处三年以下有期徒刑或者拘役，并处或者单处销售金额百分之五十以上二倍以下罚金。

148-1 《立案标准（一）》第二十四条　生产不符合卫生标准的化妆品，或者销售明知是不符合卫生标准的化妆品，涉嫌下列情形之一的，应予立案追诉：

（一）造成他人容貌毁损或者皮肤严重损伤的；

（二）造成他人器官组织损伤导致严重功能障碍的；

（三）致使他人精神失常或者自杀、自残造成重伤、死亡的；

（四）其他造成严重后果的情形。

第一百四十九条　【对生产、销售伪劣商品行为的法条适用原则】 生产、销售本节第一百四十一条至第一百四十八条所列产品，不构成各该条规定的犯罪，但是销售金额在五万元以上的，依照本节第一百四十条（生产、销售伪劣产品罪）的规定定罪处罚[*]。

生产、销售本节第一百四十一条至第一百四十八条所列产品，构成各该条规定的犯罪，同时又构成本节第一百四十条（生产、销售伪劣产品罪）规定之罪的，依照处罚较重的规定定罪处罚。

第一百五十条　【单位犯本节规定之罪的处罚规定】 单位犯本节第一百四十条至第一百四十八条规定之罪的，对单位判处罚金，

---

* 不是按照特殊法条优先于一般法条的原则处理，而是按照重法条优于轻法条的原则处理。特别注意的是，生产、销售伪劣商品罪，只需要销售额达到5万元以上即可，而本节其他罪有的是结果犯，有的是危险犯，还有的是行为犯，在没有产生结果或危险时，如果销售数额达到5万元以上，即可按照生产、销售伪劣产品罪论处。

并对其直接负责的主管人员和其他直接责任人员,依照各该条的规定处罚。

第二节 走　私　罪[1]

S.2-1 1.《最高人民法院、最高人民检察院关于办理走私刑事案件具体应用法律若干问题的解释》(法释〔2014〕10号,2014年9月10日);2.《最高人民法院、最高人民检察院、海关总署关于办理走私刑事案件适用法律若干问题的意见》(法〔2002〕139号,2002年7月8日)。

法释〔2014〕10号第二十五条　本解释发布实施后,《最高人民法院关于审理走私刑事案件具体应用法律若干问题的解释》(法释〔2000〕30号)、《最高人民法院关于审理走私刑事案件具体应用法律若干问题的解释(二)》(法释〔2006〕9号)同时废止。之前发布的司法解释与本解释不一致的,以本解释为准。

法〔2002〕139号　一、关于走私犯罪案件的管辖问题

根据刑事诉讼法的规定,走私犯罪案件由犯罪地的走私犯罪侦查机关立案侦查。走私犯罪案件复杂,环节多,其犯罪地可能涉及多个犯罪行为发生地,包括货物、物品的进口(境)地、出口(境)地、报关地、核销地等。如果发生刑法第一百五十四条、第一百五十五条规定的走私犯罪行为的,走私货物、物品的销售地、运输地、收购地和贩卖地均属于犯罪行为的发生地。对有多个走私犯罪行为发生地的,由最初受理的走私犯罪侦查机关或者由主要犯罪地的走私犯罪侦查机关管辖。对管辖有争议的,由共同的上级走私犯罪侦查机关指定管辖。

对发生在海(水)上的走私犯罪案件由该辖区的走私犯罪侦查机关管辖,但对走私船舶有跨辖区连续追缉情形的,由缉获走私船舶的走私犯罪侦查机关管辖。

人民检察院受理走私犯罪侦查机关提请批准逮捕、移送审查起诉的走私犯罪案件,人民法院审理人民检察院提起公诉的走私犯罪案件,按照《最高人民法院、最高人民检察院、公安部、司法部、海关总署关于走私犯罪侦查机关办理走私犯罪案件适用刑事诉讼程序若干问题的通知》(署侦〔1998〕742号)的有关规定执行。

二、关于电子数据证据的收集、保全问题

走私犯罪侦查机关对于能够证明走私犯罪案件真实情况的电子邮件、电子合同、电子帐册、单位内部的电子信息资料等电子数据应当作为刑事证据予以收集、保全。

侦查人员应当对提取、复制电子数据的过程制作有关文字说明,记明案由、对象、内容,提取、复制的时间、地点,电子数据的规格、类别、文件格式等,并由提取、复制电子数据的制作人、电子数据的持有人和能够证明提取、复制过程的见证人签名或者盖章,附所提取、复制的电子数据一并随案移送。

电子数据的持有人不在案或者拒绝签字的,侦查人员应当记明情况;有条件的可将提取、复制有关电子数据的过程拍照或者录像。

四、关于走私犯罪嫌疑人的逮捕条件

对走私犯罪嫌疑人提请逮捕和审查批准逮捕,应当依照刑事诉讼法第六十条规定的逮捕条件来办理。一般按照下列标准掌握:

(一)有证据证明有走私犯罪事实

1. 有证据证明发生了走私犯罪事实

有证据证明发生了走私犯罪事实,须同时满足下列两项条件:

(1)有证据证明发生了违反国家法律、法规,逃避海关监管的行为;

(2)查扣的或者有证据证明的走私货物、物品的数量、价值或者偷逃税额达到刑法及相关司法解释规定的起刑点。

2. 有证据证明走私犯罪事实系犯罪嫌疑人实施的

有下列情形之一,可认为走私犯罪事实系犯罪嫌疑人实施的:

(1)现场查获犯罪嫌疑人实施走私犯罪的;

(2)视听资料显示犯罪嫌疑人实施走私犯罪的;

(3)犯罪嫌疑人供认的;

(4)有证人证言指证的;

(5)有同案的犯罪嫌疑人供述的;

(6)其他证据能够证明犯罪嫌疑人实施走私犯罪的。

3. 证明犯罪嫌疑人实施走私犯罪行为的证据已经查证属实的

符合下列证据规格要求之一,属于证明犯罪嫌疑人实施走私犯罪行为的证据已经查证属实的:

(1)现场查获犯罪嫌疑人实施犯罪,有现场勘查笔录、留置盘问记

录、海关扣留查问笔录或者海关查验(检查)记录等证据证实的;

(2)犯罪嫌疑人的供述有其他证据能够印证的;

(3)证人证言能够相互印证的;

(4)证人证言或者同案犯供述能够与其他证据相互印证的;

(5)证明犯罪嫌疑人实施走私犯罪的其他证据已经查证属实的。

(二)可能判处有期徒刑以上的刑罚

是指根据刑法第一百五十一条、第一百五十二条、第一百五十三条、第三百四十七条、第三百五十条等规定和《最高人民法院关于审理走私刑事案件具体应用法律若干问题的解释》等有关司法解释的规定,结合已查明的走私犯罪事实,对走私犯罪嫌疑人可能判处有期徒刑以上的刑罚。

(三)采取取保候审、监视居住等方法,尚不足以防止发生社会危险性而有逮捕必要的

主要是指:走私犯罪嫌疑人可能逃跑、自杀、串供、干扰证人作证以及伪造、毁灭证据等妨碍刑事诉讼活动的正常进行的,或者存在行凶报复、继续作案可能的。

S.2-2　法〔2002〕139号　二十三、关于走私货物、物品、走私违法所得以及走私犯罪工具的处理问题

在办理走私犯罪案件过程中,对发现的走私货物、物品、走私违法所得以及属于走私犯罪分子所有的犯罪工具,走私犯罪侦查机关应当及时追缴,依法予以查扣、冻结。在移送审查起诉时应当将扣押物品文件清单、冻结存款证明文件等材料随案移送,对于扣押的危险品或者鲜活、易腐、易失效、易贬值等不宜长期保存的货物、物品,已经依法先行变卖、拍卖的,应当随案移送变卖、拍卖物品清单以及原物的照片或者录像资料;人民检察院在提起公诉时应当将上述扣押物品文件清单、冻结存款证明和变卖、拍卖物品清单一并移送;人民法院在判决走私罪案件时,应当对随案清单、证明文件中载明的款、物审查确认并依法判决予以追缴、没收;海关根据人民法院的判决和海关法的有关规定予以处理,上缴中央国库。

二十四、关于走私货物、物品无法扣押或者不便扣押情况下走私违法所得的追缴问题

在办理走私普通货物、物品犯罪案件中,对于走私货物、物品因流入

国内市场或者投入使用，致使走私货物、物品无法扣押或者不便扣押的，应当按照走私货物、物品的进出口完税价格认定违法所得予以追缴；走私货物、物品实际销售价格高于进出口完税价格的，应当按照实际销售价格认定违法所得予以追缴。

第一百五十一条　（刑八、刑九）【走私武器、弹药罪、走私核材料罪、走私假币罪】走私武器、弹药、[1]核材料*或者伪造的货币[2]的，处七年以上有期徒刑，并处罚金或者没收财产；情节特别严重的[3]，处无期徒刑**，并处没收财产；情节较轻的[4]，处三年以上七年以下有期徒刑，并处罚金。

（刑八）【走私文物罪、走私贵重金属罪、走私珍贵动物、珍贵动物制品罪】***走私国家禁止出口的文物[5]****、黄金、白银和其他贵重金属或者国家禁止进出口的珍贵动物[6]及其制品的[7]，处五年以上十年以下有期徒刑，并处罚金；情节特别严重的，[8]处十年以上有期徒刑或者无期徒刑*****，并处没收财产；情节较轻的[9]，处五年以下有期徒刑，并处罚金。

（刑七、刑八）【走私国家禁止进出口的货物、物品罪】*****[10]走私珍稀植物[11]及其制品等国家禁止进出口的其他货物、物品的[12]，处

---

* 核材料是指核燃料、核燃料产物、核聚变材料的统称。核材料不等于核武器。

** 《刑法修正案（八）》废除了本条第四款之规定，将有关死刑的规定移至第一款。《刑法修正案（九）》最终废除了本罪的死刑。

*** 原第二款为："走私国家禁止出口的文物、黄金、白银和其他贵重金属或者国家禁止进出口的珍贵动物及其制品的，处五年以上有期徒刑，并处罚金；情节较轻的，处五年以下有期徒刑，并处罚金。"

**** 如果走私的只是普通文物，并非国家禁止出口的文物，不构成走私文物罪，数额达到较大，只构成走私普通货物罪。

***** 《刑法修正案（八）》废除了本条第四款之规定，废除了本罪的死刑规定，故增补了本段规定。

****** 原第三款为："走私国家禁止进出口的珍稀植物及其制品的，处五年以下有期徒刑，并处或者单处罚金；情节严重的，处五年以上有期徒刑，并处罚金。"

五年以下有期徒刑或者拘役,并处或者单处罚金;情节严重的[13],处五年以上有期徒刑,并处罚金。

单位犯本条规定之罪的,对单位判处罚金,并对其直接负责的主管人员和其他直接责任人员,依照本条各款的规定处罚。

151-1 法释〔2014〕10号第二条 刑法第一百五十一条第一款规定的"武器、弹药"的种类,参照《中华人民共和国进口税则》及《中华人民共和国禁止进出境物品表》的有关规定确定。

法释〔2014〕10号第三条 走私枪支散件,构成犯罪的,依照刑法第一百五十一条第一款的规定,以走私武器罪定罪处罚。成套枪支散件以相应数量的枪支计,非成套枪支散件以每三十件为一套枪支散件计。

法释〔2014〕10号第四条 走私各种弹药的弹头、弹壳,构成犯罪的,依照刑法第一百五十一条第一款的规定,以走私弹药罪定罪处罚。具体的定罪量刑标准,按照本解释第一条规定的数量标准的五倍执行。

走私报废或者无法组装并使用的各种弹药的弹头、弹壳,构成犯罪的,依照刑法第一百五十三条的规定,以走私普通货物、物品罪定罪处罚;属于废物的,依照刑法第一百五十二条第二款的规定,以走私废物罪定罪处罚。

弹头、弹壳是否属于前款规定的"报废或者无法组装并使用"或者"废物",由国家有关技术部门进行鉴定。

法释〔2014〕10号第五条 走私国家禁止或者限制进出口的仿真枪、管制刀具,构成犯罪的,依照刑法第一百五十一条第三款的规定,以走私国家禁止进出口的货物、物品罪定罪处罚。具体的定罪量刑标准,适用本解释第十一条第一款第六、七项和第二款的规定。

走私的仿真枪经鉴定为枪支,构成犯罪的,依照刑法第一百五十一条第一款的规定,以走私武器罪定罪处罚。不以牟利或者从事违法犯罪活动为目的,且无其他严重情节的,可以依法从轻处罚;情节轻微不需要判处刑罚的,可以免予刑事处罚。

法释〔2014〕10号第一条第二款 走私武器、弹药,具有下列情形之一的,依照刑法第一百五十一条第一款的规定处七年以上有期徒刑,并处罚金或者没收财产:

(一)走私以火药为动力发射枪弹的枪支一支,或者以压缩气体等非火药为动力发射枪弹的枪支五支以上不满十支的；

（二）走私第一款第二项规定的弹药，数量在该项规定的最高数量以上不满最高数量五倍的；

（三）走私各种口径在六十毫米以下常规炮弹、手榴弹或者枪榴弹等分别或者合计达到五枚以上不满十枚，或者各种口径超过六十毫米以上常规炮弹合计不满五枚的；

（四）达到第一款第一、二、四项规定的数量标准，且属于犯罪集团的首要分子，使用特种车辆从事走私活动，或者走私的武器、弹药被用于实施犯罪等情形的。

理解与适用：关于枪支的划分。《走私解释（一）》第1条将枪支划分为"军用"与"非军用"，并据此规定了不同的定罪量刑标准。上述解释将之调整为"以火药为动力发射枪弹的枪支"和"以压缩气体等非火药为动力发射枪弹的枪支"，主要出于以下考虑：（1）"军用"、"非军用"是按照枪支使用者身份和用途的不同进行的划分，这种分类方法不能准确反映枪支杀伤力的大小，且没有明确的法律依据；（2）根据《公安机关涉案枪支弹药性能鉴定工作规定》（公通字〔2010〕67号）的规定，枪支鉴定机构对枪支只作"制式"、"非制式"的鉴定，鉴定意见与司法解释规定不能有机衔接；（3）相关司法解释为该问题的处理提供了有益借鉴。2001《最高人民法院关于审理非法制造、买卖、运输枪支、弹药、爆炸物等刑事案件具体应用法律若干问题的解释》将枪支按发射动力的不同，分为"军用枪支"、"以火药为动力发射枪弹的非军用枪支"和"以压缩气体等为动力的其他非军用枪支"，并就前两种枪支规定了相同的定罪量刑标准。这样的规定正是考虑到无论是军用还是非军用枪支，只要是以火药为动力发射枪弹，杀伤力基本相当，而以压缩气体为动力发射枪弹的枪支，其杀伤力通常要小于以火药为动力发射枪弹的枪支。

151-2　法释〔2014〕10号第七条　刑法第一百五十一条第一款规定的"货币"，包括正在流通的人民币和境外货币。伪造的境外货币数额，折合成人民币计算。

法释〔2014〕10号第六条第二款　走私伪造的货币，具有下列情形之一的，依照刑法第一百五十一条第一款的规定处七年以上有期徒刑，并处罚金或者没收财产：

（一）走私数额在二万元以上不满二十万元，或者数量在二千张

(枚)以上不满二万张(枚)的;

(二)走私数额或者数量达到第一款规定的标准,且具有走私的伪造货币流入市场等情节的。

151-3 **1.** 法释〔2014〕10号第一条第三款 走私武器、弹药,具有下列情形之一的,应当认定为刑法第一百五十一条第一款规定的"情节特别严重":

(一)走私第二款第一项规定的枪支,数量超过该项规定的数量标准的;

(二)走私第一款第二项规定的弹药,数量在该项规定的最高数量标准五倍以上的;

(三)走私第二款第三项规定的弹药,数量超过该项规定的数量标准,或者走私具有巨大杀伤力的非常规炮弹一枚以上的;

(四)达到第二款第一项至第三项规定的数量标准,且属于犯罪集团的首要分子,使用特种车辆从事走私活动,或者走私的武器、弹药被用于实施犯罪等情形的。

2. 法释〔2014〕10号第六条第三款 走私伪造的货币,具有下列情形之一的,应当认定为刑法第一百五十一条第一款规定的"情节特别严重":

(一)走私数额在二十万元以上,或者数量在二万张(枚)以上的;

(二)走私数额或者数量达到第二款第一项规定的标准,且属于犯罪集团的首要分子,使用特种车辆从事走私活动,或者走私的伪造货币流入市场等情形的。

151-4 法释〔2014〕10号第一条第一款 走私武器、弹药,具有下列情形之一的,可以认定为刑法第一百五十一条第一款规定的"情节较轻":

(一)走私以压缩气体等非火药为动力发射枪弹的枪支二支以上不满五支的;

(二)走私气枪铅弹五百发以上不满二千五百发,或者其他子弹十发以上不满五十发的;

(三)未达到上述数量标准,但属于犯罪集团的首要分子,使用特种车辆从事走私活动,或者走私的武器、弹药被用于实施犯罪等情形的;

(四)走私各种口径在六十毫米以下常规炮弹、手榴弹或者枪榴弹等分别或者合计不满五枚的。

理解与适用：关于弹药的划分。出于同样的考虑，上述解释第1条将《走私解释(一)》中关于“军用子弹”和“非军用子弹”的分类调整为“气枪铅弹”和“其他子弹”之分。另外，从司法实践中查获的走私气枪铅弹进境的案件来看，行为人多是出于个人爱好等原因走私，查获的气枪铅弹的杀伤力也远小于其他以火药为动力发射的子弹，且气枪铅弹体积较小，往往查获的数量较大。因此，相较于“其他子弹”，对走私气枪铅弹的处罚规定了较高的数量标准。

法释〔2014〕10号第一条第四款　走私其他武器、弹药，构成犯罪的，参照本条各款规定的标准处罚。

法释〔2014〕10号第六条第一款　走私伪造的货币，数额在二千元以上不满二万元，或者数量在二百张(枚)以上不满二千张(枚)的，可以认定为刑法第一百五十一条第一款规定的“情节较轻”。

151-5　法释〔2015〕23号第一条　刑法第一百五十一条规定的“国家禁止出口的文物”，依照《中华人民共和国文物保护法》规定的“国家禁止出境的文物”的范围认定。

走私国家禁止出口的二级文物的，应当依照刑法第一百五十一条第二款的规定，以走私文物罪处五年以上十年以下有期徒刑，并处罚金。

走私国家禁止出口的文物，无法确定文物等级，或者按照文物等级定罪量刑明显过轻或者过重的，可以按照走私的文物价值定罪量刑。走私的文物价值在二十万元以上不满一百万元的，应当依照刑法第一百五十一条第二款的规定，以走私文物罪处五年以上十年以下有期徒刑，并处罚金……

理解与适用：关于走私文物罪的定罪量刑标准，上述解释在2014年“两高”《关于办理走私刑事案件适用法律若干问题的解释》第八条规定的基础上，对走私文物罪的定罪量刑确立了新的规则，即以走私文物的等级作为主要标准、以走私文物的价值作为辅助标准。

151-6　法释〔2014〕10号第十条　刑法第一百五十一条第二款规定的“珍贵动物”，包括列入《国家重点保护野生动物名录》中的国家一、二级保护野生动物，《濒危野生动植物种国际贸易公约》附录Ⅰ、附录Ⅱ中的野生动物，以及驯养繁殖的上述动物。

走私本解释附表中未规定的珍贵动物的，参照附表中规定的同属或者同科动物的数量标准执行。

走私本解释附表中未规定珍贵动物的制品的,按照《最高人民法院、最高人民检察院、国家林业局、公安部、海关总署关于破坏野生动物资源刑事案件中涉及的CITES附录Ⅰ和附录Ⅱ所列陆生野生动物制品价值核定问题的通知》(林濒发〔2012〕239号)的有关规定核定价值。

法释〔2014〕10号第九条第二款　走私国家一、二级保护动物,具有下列情形之一的,依照刑法第一百五十一条第二款的规定处五年以上十年以下有期徒刑,并处罚金:

(一)走私国家一、二级保护动物达到本解释附表中(一)规定的数量标准的;

(二)走私珍贵动物制品数额在二十万元以上不满一百万元的;

(三)走私国家一、二级保护动物未达到本解释附表中(一)规定的数量标准,但具有造成该珍贵动物死亡或者无法追回等情节的。

151-7　法释〔2014〕10号第八条第二款　具有下列情形之一的,依照刑法第一百五十一条第二款的规定处五年以上十年以下有期徒刑,并处罚金:

(一)走私国家禁止出口的二级文物不满三件,或者三级文物三件以上不满九件的;

(二)走私国家禁止出口的三级文物不满三件,且具有造成文物严重毁损或者无法追回等情节的。

151-8　**1.** 法释〔2015〕23号第一条第二款　走私国家禁止出口的一级文物的,应当认定为刑法第一百五十一条第二款规定的"情节特别严重"。

文物价值在一百万元以上的,应当认定为刑法第一百五十一条第二款规定的"情节特别严重";

2. 法释〔2014〕10号第八条第三款　具有下列情形之一的,应当认定为刑法第一百五十一条第二款规定的"情节特别严重":

(一)走私国家禁止出口的一级文物一件以上,或者二级文物三件以上,或者三级文物九件以上的;

(二)走私国家禁止出口的文物达到第二款第一项规定的数量标准,且属于犯罪集团的首要分子,使用特种车辆从事走私活动,或者造成文物严重毁损、无法追回等情形的。

法释〔2014〕10号第九条第三款　具有下列情形之一的,应当认定为刑法第一百五十一条第二款规定的“情节特别严重”：

（一）走私国家一、二级保护动物达到本解释附表中（二）规定的数量标准的；

（二）走私珍贵动物制品数额在一百万元以上的；

（三）走私国家一、二级保护动物达到本解释附表中（一）规定的数量标准，且属于犯罪集团的首要分子，使用特种车辆从事走私活动，或者造成该珍贵动物死亡、无法追回等情形的。

151-9　1. 法释〔2015〕23 号第一条第二款　走私国家禁止出口的三级文物的，应当认定为刑法第一百五十一条第二款规定的“情节较轻”。

文物价值在五万元以上不满二十万元的，应当认定为刑法第一百五十一条第二款规定的“情节较轻”。

2. 法释〔2014〕10 号第八条第一款　走私国家禁止出口的三级文物二件以下的，可以认定为刑法第一百五十一条第二款规定的“情节较轻”。

法释〔2014〕10 号第九条第一款　走私国家一、二级保护动物未达到本解释附表中（一）规定的数量标准，或者走私珍贵动物制品数额不满二十万元的，可以认定为刑法第一百五十一条第二款规定的“情节较轻”。

法释〔2014〕10 号第九条第四款　不以牟利为目的，为留作纪念而走私珍贵动物制品进境，数额不满十万元的，可以免予刑事处罚；情节显著轻微的，不作为犯罪处理。

理解与适用：（三）关于走私珍贵动物制品罪的定罪处罚

1. 走私珍贵动物制品罪的定罪量刑标准。上述解释第 9 条将《走私解释（一）》规定的“10 万元以下”、“10 万元以上不满 20 万元”、“20 万元以上”三个量刑档次数额标准分别调整为“20 万元以下”、“20 万元以上不满 100 万元”、“100 万元以上”，主要考虑是：珍贵动物制品的核定价值较高，走私少量珍贵动物制品其价值即可能超过 20 万元，按《走私解释（一）》规定，多数走私珍贵动物制品犯罪均应在 10 年以上有期徒刑或者无期徒刑判处刑罚，实践中普遍反映量刑过重。为切实解决走私珍贵动物制品罪重刑积聚严重的问题，在深入调研的基础上，上述解释大幅拉开了不同量刑档次的数额级差，以此赋予司法机关更大的刑罚裁量空间，确保罪刑相适应。

2. 走私珍贵动物制品罪的从宽处理。随着对外经济、文化交流的不断扩大，出入境人员的数量急剧增加，一些境外务工、旅游人员出于留作个人纪念的目的,将在境外购买的少量珍贵动物制品非法携带入境的现象时有发生。对于此种主观恶性不大、社会危害性较小的情形,需要按照宽严相济刑事政策的精神要求,在处理上与以牟利为目的的走私珍贵动物制品行为有所区别,以此突出刑事打击重点,适当控制刑事打击面。为此,上述解释第9条第4款规定,不以牟利为目的,为留作纪念而走私珍贵动物制品进境,数额不满10万元的,可以免予刑事处罚;情节显著轻微,不构成犯罪的,按一般行政违法行为处理。

3. 法〔2002〕139号　七、关于走私珍贵动物制品行为的处罚问题

走私珍贵动物制品的,应当根据刑法第一百五十一条第二、四、五款和《最高人民法院关于审理走私刑事案件具体应用法律若干问题的解释》(以下简称《解释》)第四条的有关规定予以处罚,但同时具有下列情形,情节较轻的,一般不以犯罪论处:

(一)珍贵动物制品购买地允许交易;

(二)入境人员为留作纪念或者作为礼品而携带珍贵动物制品进境,不具有牟利目的的。

同时具有上述两种情形,达到《解释》第四条第三款规定的量刑标准的,一般处五年以下有期徒刑,并处罚金;达到《解释》第四条第四款规定的量刑标准的,一般处五年以上有期徒刑,并处罚金。

151-10　法释〔2014〕10号第二十一条　未经许可进出口国家限制进出口的货物、物品,构成犯罪的,应当依照刑法第一百五十一条、第一百五十二条的规定,以走私国家禁止进出口的货物、物品罪等罪名定罪处罚;偷逃应缴税额,同时又构成走私普通货物、物品罪的,依照处罚较重的规定定罪处罚。

取得许可,但超过许可数量进出口国家限制进出口的货物、物品,构成犯罪的,依照刑法第一百五十三条的规定,以走私普通货物、物品罪定罪处罚。

租用、借用或者使用购买的他人许可证,进出口国家限制进出口的货物、物品的,适用本条第一款的规定定罪处罚。

理解与适用:(五)走私国家限制进出口的货物、物品行为的定罪处罚

1. 未经许可进出口国家限制进出口的货物、物品行为的性质认定。上述解释第21条明确,未经许可进出口国家限制进出口的货物、物品,应当依照刑法第一百五十一条、第一百五十二条的规定,以走私国家禁

止进出口的货物、物品罪等罪名定罪处罚。起草过程中有意见提出，限制进出口的货物、物品不同于禁止进出口的货物、物品，未经许可走私国家限制进出口的货物、物品，如果限制进出口的货物、物品属于涉税货物、物品的，应以走私普通货物、物品罪定罪处罚；属于非涉税货物、物品的，可不作犯罪处理。《解释》未采纳该意见，主要考虑是：禁止进出口货物、物品包括绝对禁止和相对禁止两种，刑法规定的禁止进出口不限于绝对禁止的情形。例如，针对部分驯养繁殖的野生动植物及其制品在经国务院行政主管部门批准并取得证明书的情况下可以合法进出口的问题，全国人大常委会法工委刑法室在回复有关单位的意见中明确指出："刑法第一百五十一条规定的走私国家禁止进出口的珍贵动物、珍稀植物及其制品的行为，是指走私未经国家有关部门批准，并取得相应进出口证明的珍贵动物、珍稀植物及其制品的行为。"

2. 使用他人许可证进出口国家限制进出口的货物、物品行为的处理。实践中大量存在租用、借用或者使用购买的他人许可证进出口国家限制进出口的货物、物品的情形。经研究，此情形同样属于未经许可走私国家禁止进出口货物、物品的行为，应一并纳入走私国家禁止进出口的货物、物品犯罪处理。适用本规定时需要注意与取得许可证但超过许可数量进出口行为的区分，对于后者应依法以走私普通货物、物品罪处理。

3. 既逃证又逃税行为的处理。部分限制进出口的货物、物品的进出口除要求取得行政主管部门核发的许可文件之外，还需要向海关缴纳一定的税额，走私此类货物、物品还有可能同时构成走私普通货物、物品罪。按照竞合犯的一般处理原则，《解释》明确，未经许可进出口国家限制进出口的货物、物品，偷逃应缴税额，同时又构成走私普通货物、物品罪的，依照处罚较重的规定定罪处罚。

151-11　法释〔2014〕10号第十二条　刑法第一百五十一条第三款规定的"珍稀植物"，包括列入《国家重点保护野生植物名录》《国家重点保护野生药材物种名录》《国家珍贵树种名录》中的国家一、二级保护野生植物、国家重点保护的野生药材、珍贵树木，《濒危野生动植物种国际贸易公约》附录Ⅰ、附录Ⅱ中的野生植物，以及人工培育的上述植物。

本解释规定的"古生物化石"，按照《古生物化石保护条例》的规定予以认定。走私具有科学价值的古脊椎动物化石、古人类化石，构成犯罪的,依照刑法第一百五十一条第二款的规定,以走私文物罪定罪处罚。

151-12 法释〔2014〕10号第五条 走私国家禁止或者限制进出口的仿真枪、管制刀具,构成犯罪的,依照刑法第一百五十一条第三款的规定,以走私国家禁止进出口的货物、物品罪定罪处罚。具体的定罪量刑标准,适用本解释第十一条第一款第六、七项和第二款的规定。

走私的仿真枪经鉴定为枪支,构成犯罪的,依照刑法第一百五十一条第一款的规定,以走私武器罪定罪处罚。不以牟利或者从事违法犯罪活动为目的,且无其他严重情节的,可以依法从轻处罚;情节轻微不需要判处刑罚的,可以免予刑事处罚。

理解与适用:(二)关于走私仿真枪、管制刀具行为的定罪处罚

1.走私仿真枪、管制刀具行为的性质认定。《走私解释(一)》规定,走私管制刀具、仿真枪支构成犯罪的,以走私普通货物、物品罪定罪处罚。上述解释第5条明确,此类行为以走私国家禁止进出口的货物、物品罪定罪处罚。主要理由如下:(1)根据治安管理处罚法等法律以及《海关总署关于将仿真武器列为禁止进出境物品的通知》等规范性文件的规定,仿真枪、管制刀具属于禁止或限制进出口的货物、物品,并非普通货物、物品;(2)仿真枪、管制刀具属于非涉税货物、物品,而走私普通货物、物品罪属于数额犯,以偷逃一定数额的应缴税款为定罪条件,实践中不得已往往只好参照玩具或是厨具来核定仿真枪、管制刀具的偷逃税额;(3)《刑法修正案(七)》增设了走私国家禁止进出口的货物、物品罪,走私仿真枪、管制刀具的行为理当一并纳入该罪处理。

2.走私鉴定为枪支的仿真枪行为的处罚。根据有关枪支性能鉴定标准及仿真枪管理的规定,仿真枪所发射弹丸的枪口比动能大于等于1.8焦耳/平方厘米时,一律认定为枪支。据此,上述解释第5条第2款规定,走私的仿真枪经鉴定为枪支,构成犯罪的,应以走私武器罪定罪处罚。同时,考虑到实践中查获的仿真枪多是刚达到前述枪支鉴定标准,行为人走私仿真枪多是出于个人爱好等原因,并非是出于违法犯罪活动的目的走私,对其处理应与其他走私枪支的行为有所区别。为此,上述解释第5条第2款规定,走私的仿真枪虽经鉴定为枪支并构成犯罪,但不是以牟利或者从事违法犯罪活动为目的走私,且无其他严重情节的,可以依法从宽处理。

法释〔2014〕10号第十一条第一款 走私国家禁止进出口的货物、

物品,具有下列情形之一的,依照刑法第一百五十一条第三款的规定处五年以下有期徒刑或者拘役,并处或者单处罚金:

(一)走私国家一级保护野生植物五株以上不满二十五株,国家二级保护野生植物十株以上不满五十株,或者珍稀植物、珍稀植物制品数额在二十万元以上不满一百万元的;

(二)走私重点保护古生物化石或者未命名的古生物化石不满十件,或者一般保护古生物化石十件以上不满五十件的;

(三)走私禁止进出口的有毒物质一吨以上不满五吨,或者数额在二万元以上不满十万元的;

(四)走私来自境外疫区的动植物及其产品五吨以上不满二十五吨,或者数额在五万元以上不满二十五万元的;

(五)走私木炭、硅砂等妨害环境、资源保护的货物、物品十吨以上不满五十吨,或者数额在十万元以上不满五十万元的;

(六)走私旧机动车、切割车、旧机电产品或者其他禁止进出口的货物、物品二十吨以上不满一百吨,或者数额在二十万元以上不满一百万元的;

(七)数量或者数额未达到本款第一项至第六项规定的标准,但属于犯罪集团的首要分子,使用特种车辆从事走私活动,造成环境严重污染,或者引起甲类传染病传播、重大动植物疫情等情形的。

151-13　法释〔2014〕10号第十一条第二款　走私国家禁止进出口的货物、物品,具有下列情形之一的,应当认定为刑法第一百五十一条第三款规定的"情节严重":

(一)走私数量或者数额超过前款第一项至第六项规定的标准的;

(二)达到前款第一项至第六项规定的标准,且属于犯罪集团的首要分子,使用特种车辆从事走私活动,造成环境严重污染,或者引起甲类传染病传播、重大动植物疫情等情形的。

第一百五十二条*　【走私淫秽物品罪】以牟利或者传播为目

---

* 走私淫秽物品罪不涉及应纳税款,故不便于参照其他走私行为量刑,而必须单独予以规定。

的[*],走私淫秽的影片、录像带、录音带、图片、书刊或者其他淫秽物品的[1],处三年以上十年以下有期徒刑,并处罚金;情节严重的[2],处十年以上有期徒刑或者无期徒刑,并处罚金或者没收财产;情节较轻的[3],处三年以下有期徒刑、拘役或者管制,并处罚金。

(刑四)【走私废物罪】逃避海关监管将境外固体废物、液态废物和气态废物[4] 运输进境,情节严重的[5],处五年以下有期徒刑,并处或者单处罚金;情节特别严重的[6],处五年以上有期徒刑,并处罚金。

单位犯前款罪的,对单位判处罚金,并对其直接负责的主管人员和其他直接责任人员,依照前两款的规定处罚。

152-1 法释〔2014〕10号第十三条第二款 走私淫秽物品在前款规定的最高数量以上不满最高数量五倍的,依照刑法第一百五十二条第一款的规定处三年以上十年以下有期徒刑,并处罚金。

152-2 法释〔2014〕10号第十三条第三款 走私淫秽物品在第一款规定的最高数量五倍以上,或者在第一款规定的最高数量以上不满五倍,但属于犯罪集团的首要分子,使用特种车辆从事走私活动等情形的,应当认定为刑法第一百五十二条第一款规定的"情节严重"。

152-3 法释〔2014〕10号第十三条第一款 以牟利或者传播为目的,走私淫秽物品,达到下列数量之一的,可以认定为刑法第一百五十二条第一款规定的"情节较轻":

(一)走私淫秽录像带、影碟五十盘(张)以上不满一百盘(张)的;

(二)走私淫秽录音带、音碟一百盘(张)以上不满二百盘(张)的;

(三)走私淫秽扑克、书刊、画册一百副(册)以上不满二百副(册)的;

(四)走私淫秽照片、画片五百张以上不满一千张的;

(五)走私其他淫秽物品相当于上述数量的。

152-4 法释〔2014〕10号第十五条 国家限制进口的可用作原料

---

* 虽然规定需具有牟利或者传播目的,但该目的是否实现并不影响本罪的成立。

的废物的具体种类，参照国家有关部门的规定确定。

152-5 法释〔2014〕10号第十四条第一款 走私国家禁止进口的废物或者国家限制进口的可用作原料的废物，具有下列情形之一的，应当认定为刑法第一百五十二条第二款规定的“情节严重”：

（一）走私国家禁止进口的危险性固体废物、液态废物分别或者合计达到一吨以上不满五吨的；

（二）走私国家禁止进口的非危险性固体废物、液态废物分别或者合计达到五吨以上不满二十五吨的；

（三）走私国家限制进口的可用作原料的固体废物、液态废物分别或者合计达到二十吨以上不满一百吨的；

（四）未达到上述数量标准，但属于犯罪集团的首要分子，使用特种车辆从事走私活动，或者造成环境严重污染等情形的。

152-6 法释〔2014〕10号第十四条第二款 走私国家禁止进口的废物或者国家限制进口的可用作原料的废物，具有下列情形之一的，应当认定为刑法第一百五十二条第二款规定的“情节特别严重”：

（一）走私数量超过前款规定的标准的；

（二）达到前款规定的标准，且属于犯罪集团的首要分子，使用特种车辆从事走私活动，或者造成环境严重污染等情形的；

（三）未达到前款规定的标准，但造成环境严重污染且后果特别严重的。

走私置于容器中的气态废物，构成犯罪的，参照前两款规定的标准处罚。

第一百五十三条[1] **（刑八）【走私普通货物、物品罪】**走私[2] 本法第一百五十一条、第一百五十二条、第三百四十七条规定以外的货物、物品的[3]，根据情节轻重，分别依照下列规定处罚：

（1）走私货物、物品偷逃应缴税额[4] 较大[5] 或者一年内曾因走私被给予二次行政处罚后又走私的[*6]，处三年以下有期徒刑或者拘役，并处偷逃应缴税额一倍以上五倍以下罚金。

---

* 《刑法修正案（八）》为加大对多次小额走私普通货物、物品行为的打击力度，而对上述行为追究刑事责任。该行为是独立于偷逃应纳税额之外的一个独立定罪情节。

(2)走私货物、物品偷逃应缴税额巨大[7]或者有其他严重情节[8]的,处三年以上十年以下有期徒刑,并处偷逃应缴税额一倍以上五倍以下罚金。

(3)走私货物、物品偷逃应缴税额特别巨大[9]或者有其他特别严重情节[10]的,处十年以上有期徒刑或者无期徒刑,并处偷逃应缴税额一倍以上五倍以下罚金或者没收财产。

单位[11]犯前款罪的[12],对单位判处罚金,并对其直接负责的主管人员和其他直接责任人员[13],处三年以下有期徒刑或者拘役;情节严重的[14],处三年以上十年以下有期徒刑;情节特别严重的[15],处十年以上有期徒刑。

对多次走私未经处理的[16],按照累计走私货物、物品的偷逃应缴税额处罚。

153-1 最高人民法院刑二庭《宽严相济在经济犯罪和职务犯罪案件审判中的具体贯彻》(2010年4月7日) 一、宽严相济刑事政策在经济犯罪案件审判中的具体贯彻

(三)关于刑罚适用。(2)根据《意见》第25条规定的宽严"相济"要求,应当区分犯罪行为的具体情形区别对待。以走私犯罪为例,对海上偷运走私、绕关走私等未向海关报关的走私与价格瞒骗走私,走私特殊物品与走私普通货物、物品在具体量刑时都应当有所区别;对进口走私象牙等珍贵动物制品犯罪在量刑时应当酌情考虑出口国家的法律规定以及行为人的主观认识因素。

153-2 法释〔2014〕10号第二十三条 实施走私犯罪,具有下列情形之一的,应当认定为犯罪既遂:

(一)在海关监管现场被查获的;

(二)以虚假申报方式走私,申报行为实施完毕的;

(三)以保税货物或者特定减税、免税进口的货物、物品为对象走私,在境内销售的,或者申请核销行为实施完毕的。

理解与适用:(六)走私犯罪既遂和未遂的认定

走私犯罪有无未遂以及未遂的认定标准,实践中长期存在意见分

歧。一种意见认为，走私犯罪属于行为犯，不存在未遂形态；另一种意见认为，走私犯罪属于结果犯，只有成功逃避海关监管的才成立既遂。经研究，行为犯同样存在未遂形态，犯罪既未遂的认定标准，需要结合某一类犯罪的实际情况予以具体确定。基于走私犯罪表现形式的多样性、行为实施的多环节性以及查获的现场性等特点，上述解释第23条区分情形对走私犯罪的既未遂认定标准作出了具体规定，即"实施走私犯罪，具有下列情形之一的，应当认定为犯罪既遂：（一）在海关监管现场被查获的；（二）以虚假申报方式走私，申报行为实施完毕的；（三）以保税货物或者特定减税、免税进口的货物、物品为对象走私，在境内销售的，或者申请核销行为实施完毕的。"其中，1. 规定不论何种形式的走私，凡是在海关监管现场被查获的一概以犯罪既遂处理，主要是考虑到，走私犯罪因海关监管现场查获而案发的情况较为普遍，如果将成功逃避海关监管作为既未遂的界定标准，绝大多数走私犯罪都将按未遂处理，既不利于对走私犯罪的有效惩治，也与立法初衷不符。2. 规定虚假申报行为实施完毕即构成既遂，主要是考虑到，申报通关走私行为主要体现为申报环节，申报之后的海关审单、查验环节不再受走私犯罪行为人的意志支配。3. 规定后续走私除了销售之外，申请核销行为实施完毕的也应以既遂处理，主要是考虑到实践中一些申请核销行为发生在销售之前，而相对于销售而言，申请核销对于走私犯罪是否完成的认定更具实质性意义。

法〔2002〕139号　五、关于走私犯罪嫌疑人、被告人主观故意的认定问题

行为人明知自己的行为违反国家法律法规，逃避海关监管，偷逃进出境货物、物品的应缴税额，或者逃避国家有关进出境的禁止性管理，并且希望或者放任危害结果发生的，应认定为具有走私的主观故意。

走私主观故意中的"明知"是指行为人知道或者应当知道所从事的行为是走私行为。具有下列情形之一的，可以认定为"明知"，但有证据证明确属被蒙骗的除外：

（一）逃避海关监管，运输、携带、邮寄国家禁止进出境的货物、物品的；

（二）用特制的设备或者运输工具走私货物、物品的；

（三）未经海关同意，在非设关的码头、海（河）岸、陆路边境等地点，运输（驳载）、收购或者贩卖非法进出境货物、物品的；

(四)提供虚假的合同、发票、证明等商业单证委托他人办理通关手续的;

(五)以明显低于货物正常进(出)口的应缴税额委托他人代理进(出)口业务的;

(六)曾因同一种走私行为受过刑事处罚或者行政处罚的;

(七)其他有证据证明的情形。

九、关于利用购买的加工贸易登记手册、特定减免税批文等涉税单证进口货物行为的定性处理问题

加工贸易登记手册、特定减免税批文等涉税单证是海关根据国家法律法规以及有关政策性规定,给予特定企业用于保税货物经营管理和减免税优惠待遇的凭证。利用购买的加工贸易登记手册、特定减免税批文等涉税单证进口货物,实质是将一般贸易货物伪报为加工贸易保税货物或者特定减免税货物进口,以达到偷逃应缴税款的目的,应当适用刑法第一百五十三条以走私普通货物、物品罪定罪处罚。如果行为人与走私分子通谋出售上述涉税单证,或者在出卖批文后又以提供印章、向海关伪报保税货物、特定减免税货物等方式帮助买方办理进口通关手续的,对卖方依照刑法第一百五十六条以走私罪共犯定罪处罚。买卖上述涉税单证情节严重尚未进口货物的,依照刑法第二百八十条的规定定罪处罚。

十、关于在加工贸易活动中骗取海关核销行为的认定问题

在加工贸易经营活动中,以假出口、假结转或者利用虚假单证等方式骗取海关核销,致使保税货物、物品脱离海关监管,造成国家税款流失,情节严重的,依照刑法第一百五十三条的规定,以走私普通货物、物品罪追究刑事责任。但有证据证明因不可抗力原因导致保税货物脱离海关监管,经营人无法办理正常手续而骗取海关核销的,不认定为走私犯罪。

十一、关于伪报价格走私犯罪案件中实际成交价格的认定问题

走私犯罪案件中的伪报价格行为,是指犯罪嫌疑人、被告人在进出口货物、物品时,向海关申报进口或者出口的货物、物品的价格低于或者高于进出口货物的实际成交价格。

对实际成交价格的认定,在无法提取真、伪两套合同、发票等单证的情况下,可以根据犯罪嫌疑人、被告人的付汇渠道、资金流向、会计账册、

境内外收发货人的真实交易方式，以及其他能够证明进出口货物实际成交价格的证据材料综合认定。

153-3 **1.** 法〔2002〕139号 八、关于走私旧汽车、切割车等货物、物品的行为的定罪问题

走私刑法第一百五十一条、第一百五十二条、第三百四十七条、第三百五十条规定的货物、物品以外的，已被国家明令禁止进出口的货物、物品，例如旧汽车、切割车、侵犯知识产权的货物、来自疫区的动植物及其产品等，应当依照刑法第一百五十三条的规定，以走私普通货物、物品罪追究刑事责任。

法〔2002〕139号 六、关于行为人对其走私的具体对象不明确的案件的处理问题

走私犯罪嫌疑人主观上具有走私犯罪故意，但对其走私的具体对象不明确的，不影响走私犯罪构成，应当根据实际的走私对象定罪处罚。但是，确有证据证明行为人因受蒙骗而对走私对象发生认识错误的，可以从轻处罚。

2. 法释〔2014〕10号第二十二条 在走私的货物、物品中藏匿刑法第一百五十一条、第一百五十二条、第三百四十七条、第三百五十条规定的货物、物品，构成犯罪的，以实际走私的货物、物品定罪处罚；构成数罪的，实行数罪并罚。

153-4 **1.** 法释〔2014〕10号第十八条第一款 刑法第一百五十三条规定的"应缴税额"，包括进出口货物、物品应当缴纳的进出口关税和进口环节海关代征税的税额。应缴税额以走私行为实施时的税则、税率、汇率和完税价格计算；多次走私的，以每次走私行为实施时的税则、税率、汇率和完税价格逐票计算；走私行为实施时间不能确定的，以案发时的税则、税率、汇率和完税价格计算。

2. 法〔2002〕139号 三、关于办理走私普通货物、物品刑事案件偷逃应缴税额的核定问题

在办理走私普通货物、物品刑事案件中，对走私行为人涉嫌偷逃应缴税额的核定，应当由走私犯罪案件管辖地的海关出具《涉嫌走私的货物、物品偷逃税款海关核定证明书》(以下简称《核定证明书》)。海关出具的《核定证明书》，经走私犯罪侦查机关、人民检察院、人民法院审查确认，可以作为办案的依据和定罪量刑的证据。

走私犯罪侦查机关、人民检察院和人民法院对《核定证明书》提出异议或者因核定偷逃税额的事实发生变化,认为需要补充核定或者重新核定的,可以要求原出具《核定证明书》的海关补充核定或者重新核定。

走私犯罪嫌疑人、被告人或者辩护人对《核定证明书》有异议,向走私犯罪侦查机关、人民检察院或者人民法院提出重新核定申请的,经走私犯罪侦查机关、人民检察院或者人民法院同意,可以重新核定。重新核定应当另行指派专人进行。

十二、关于出售走私货物已缴纳的增值税应否从走私偷逃应缴税额中扣除的问题

走私犯罪嫌疑人为出售走私货物而开具增值税专用发票并缴纳增值税,是其走私行为既遂后在流通领域获违法所得的一种手段,属于非法开具增值税专用发票。对走私犯罪嫌疑人因出售走私货物而实际缴纳走私货物增值税的,在核定走私货物偷逃应缴税额时,不应当将其已缴纳的增值税额从其走私偷逃应缴税额中扣除。

153-5　理解与适用:1. 走私普通货物、物品罪定罪量刑的数额标准。《刑法修正案(八)》取消了走私普通货物、物品罪中的具体数额规定,将该罪定罪量刑的数额标准留给司法解释来解决。上述解释第16条规定,自然人走私普通货物、物品偷逃应缴税额10万元、50万元、250万元分别为偷逃应缴税额较大、巨大、特别巨大的起点数额,较之于修正前刑法确定的5万元、15万元、50万元的数额标准,上述解释作了较大幅度的上提。其主要考虑是:(1)随着经济社会发展水平的不断提高,有必要对经济犯罪的数额标准相应地作出适度调整。与1997年刑法颁布时相比,2011年《刑法修正案(八)》出台时的全国城镇居民人均可支配收入以及农村居民人均纯收入分别增长了4.6倍和3.7倍。(2)走私普通货物、物品罪的定罪处罚标准与其他近似犯罪有必要保持基本平衡。刑法中骗取出口退税罪等涉税犯罪与走私普通货物、物品罪较为接近,根据2002年《最高人民法院关于审理骗取出口退税刑事案件具体应用法律若干问题的解释》的规定,骗取出口退税“数额较大”、“数额巨大”、“数额特别巨大”的标准分别为5万元、50万元、250万元。(3)为确保罪刑均衡,有必要进一步拉大不同量刑档次数额标准的倍比关系。将刑法原规定的大致3倍的比例关系调整为5倍,有利于克服重者不重、轻者不轻的问题,更好地体现轻轻重重的政策要求。

2.《刑法修正案(八)》完善了本罪的定罪量刑标准,将单纯的计赃论罚式修改为数额与其他情节结合的方式,将具体的数额标准代之以数额较大、数额巨大、数额特别巨大的原则表述。但并没有采用逃税罪的"比例标准",因为企业向国税或地税机关缴纳的按一个会计年度计算"比例标准",而进出口贸易环节,企业向海关缴纳关税不存在会计年度的计算方式。

法释〔2014〕10号第十六条第一款 走私普通货物、物品,偷逃应缴税额在十万元以上不满五十万元的,应当认定为刑法第一百五十三条第一款规定的"偷逃应缴税额较大";

153-6 **1.** 法释〔2014〕10号第十七条 刑法第一百五十三条第一款规定的"一年内曾因走私被给予二次行政处罚后又走私"中的"一年内",以因走私第一次受到行政处罚的生效之日与"又走私"行为实施之日的时间间隔计算确定;"被给予二次行政处罚"的走私行为,包括走私普通货物、物品以及其他货物、物品;"又走私"行为仅指走私普通货物、物品。

2. 法〔2011〕163号 二、对于一年内曾因走私被给予二次行政处罚后又走私需要追究刑事责任的,具体的定罪量刑标准可由各地人民法院结合案件具体情况和本地实际确定。各地人民法院要依法审慎稳妥把握好案件的法律适用和政策适用,争取社会效果和法律效果的统一。

153-7 法释〔2014〕10号第十六条第一款 走私普通货物、物品,偷逃应缴税额在五十万元以上不满二百五十万元的,应当认定为"偷逃应缴税额巨大";

153-8 法释〔2014〕10号第十六条第二款 走私普通货物、物品,具有下列情形之一,偷逃应缴税额在三十万元以上不满五十万元的,应当认定为刑法第一百五十三条第一款规定的"其他严重情节";

(一)犯罪集团的首要分子;

(二)使用特种车辆从事走私活动的;

(三)为实施走私犯罪,向国家机关工作人员行贿的;

(四)教唆、利用未成年人、孕妇等特殊人群走私的;

(五)聚众阻挠缉私的。

153-9 法释〔2014〕10号第十六条第一款 走私普通货物、物品,偷逃应缴税额在二百五十万元以上的,应当认定为"偷逃应缴税额特别巨大"。

153-10 法释〔2014〕10号第十六条第二款 走私普通货物、物品，具有下列情形之一，偷逃应缴税额在一百五十万元以上不满二百五十万元的，应当认定为“其他特别严重情节”：

(一)犯罪集团的首要分子；

(二)使用特种车辆从事走私活动的；

(三)为实施走私犯罪，向国家机关工作人员行贿的；

(四)教唆、利用未成年人、孕妇等特殊人群走私的；

(五)聚众阻挠缉私的。

153-11 **1.**《最高人民法院研究室关于外国公司、企业、事业单位在我国领域内犯罪如何适用法律问题的答复》(法研〔2003〕153号，2003年10月15日)符合我国法人资格条件的外国公司、企业、事业单位，在我国领域内实施危害社会的行为，依照我国《刑法》构成犯罪的，应当依照我国《刑法》关于单位犯罪的规定追究刑事责任。

个人为在我国领域内进行违法犯罪活动而设立的外国公司、企业、事业单位实施犯罪的，或者外国公司、企业、事业单位设立后在我国领域内以实施违法犯罪为主要活动的，不以单位犯罪论处。

2. 法〔2002〕139号 十七、关于单位走私犯罪案件诉讼代表人的确定及其相关问题

单位走私犯罪案件的诉讼代表人，应当是单位的法定代表人或者主要负责人。单位的法定代表人或者主要负责人被依法追究刑事责任或者因其他原因无法参与刑事诉讼的，人民检察院应当另行确定被告单位的其他负责人作为诉讼代表人参加诉讼。

接到出庭通知的被告单位的诉讼代表人应当出庭应诉。拒不出庭的，人民法院在必要的时候，可以拘传到庭。

对直接负责的主管人员和其他直接责任人员均无法归案的单位走私犯罪案件，只要单位走私犯罪的事实清楚、证据确实充分，且能够确定诉讼代表人代表单位参与刑事诉讼活动的，可以先行追究该单位的刑事责任。

被告单位没有合适人选作为诉讼代表人出庭的，因不具备追究该单位刑事责任的诉讼条件，可按照单位犯罪的条款先行追究单位犯罪中直接负责的主管人员或者其他直接责任人员的刑事责任。人民法院在对单位犯罪中直接负责的主管人员或者直接责任人员进行判决时，对于扣

押、冻结的走私货物、物品、违法所得以及属于犯罪单位所有的走私犯罪工具,应当一并判决予以追缴、没收。

十八、关于单位走私犯罪及其直接负责的主管人员和直接责任人员的认定问题

具备下列特征的,可以认定为单位走私犯罪:(1)以单位的名义实施走私犯罪,即由单位集体研究决定,或者由单位的负责人或者被授权的其他人员决定、同意;(2)为单位谋取不正当利益或者违法所得大部分归单位所有。

依照《最高人民法院关于审理单位犯罪案件具体应用法律有关问题的解释》第二条的规定,个人为进行违法犯罪活动而设立的公司、企业、事业单位实施犯罪的,或者个人设立公司、企业、事业单位后,以实施犯罪为主要活动的,不以单位犯罪论处。单位是否以实施犯罪为主要活动,应根据单位实施走私行为的次数、频度、持续时间、单位进行合法经营的状况等因素综合考虑认定。

根据单位人员在单位走私犯罪活动中所发挥的不同作用,对其直接负责的主管人员和其他直接责任人员,可以确定为一人或者数人。对于受单位领导指派而积极参与实施走私犯罪行为的人员,如果其行为在走私犯罪的主要环节起重要作用的,可以认定为单位犯罪的直接责任人员。

十九、关于单位走私犯罪后发生分立、合并或者其他资产重组情形以及单位被依法注销、宣告破产等情况下,如何追究刑事责任的问题

单位走私犯罪后,单位发生分立、合并或者其他资产重组等情况的,只要承受该单位权利义务的单位存在,应当追究单位走私犯罪的刑事责任。走私单位发生分立、合并或者其他资产重组后,原单位名称发生更改的,仍以原单位(名称)作为被告单位。承受原单位权利义务的单位法定代表人或者负责人为诉讼代表人。

单位走私犯罪后,发生分立、合并或者其他资产重组情形,以及被依法注销、宣告破产等情况的,无论承受该单位权利义务的单位是否存在,均应追究原单位直接负责的主管人员和其他直接责任人员的刑事责任。

人民法院对原走私单位判处罚金的,应当将承受原单位权利义务的单位作为被执行人。罚金超出新单位所承受的财产的,可在执行中予以减除。

二十、关于单位与个人共同走私普通货物、物品案件的处理问题

单位和个人(不包括单位直接负责的主管人员和其他直接责任人

员)共同走私的,单位和个人均应对共同走私所偷逃应缴税额负责。

对单位和个人共同走私偷逃应缴税额为5万元以上不满25万元的,应当根据其在案件中所起的作用,区分不同情况做出处理。单位起主要作用的,对单位和个人均不追究刑事责任,由海关予以行政处理;个人起主要作用的,对个人依照刑法有关规定追究刑事责任,对单位由海关予以行政处理。无法认定单位或个人起主要作用的,对个人和单位分别按个人犯罪和单位犯罪的标准处理。

单位和个人共同走私偷逃应缴税额超过25万元且能区分主、从犯的,应当按照刑法关于主、从犯的有关规定,对从犯从轻、减轻处罚或者免除处罚。

153-12 法释〔2014〕10号第二十四条 单位犯刑法第一百五十一条、第一百五十二条规定之罪,依照本解释规定的标准定罪处罚。

单位犯走私普通货物、物品罪,偷逃应缴税额在二十万元以上不满一百万元的,应当依照刑法第一百五十三条第二款的规定,对单位判处罚金,并对其直接负责的主管人员和其他直接责任人员,处三年以下有期徒刑或者拘役……

理解与适用:(七)单位走私犯罪的定罪量刑标准

1. 单位走私普通货物、物品罪的定罪量刑标准。《走私解释(一)》规定单位走私普通货物、物品罪的定罪量刑标准按照自然人犯罪标准的5倍掌握。上述解释第24条将之下调为自然人犯罪标准的两倍,主要有以下几点考虑:第一,刑法第一百五十三条对于走私普通货物、物品罪区分单位犯罪和自然人犯罪配置了不同的法定刑,其中单位犯罪的刑罚明显要轻于自然人犯罪,这一点在确定单位犯罪的定罪量刑标准时也应有所体现;第二,随着公司设立门槛的不断降低,单位走私犯罪数量的急剧攀升,单位利益与个人利益更趋紧密,在预留出行政处罚必要空间的基础上,单位犯罪的定罪量刑标准与自然人犯罪不宜拉开过大;第三,按照两倍标准把握,上述解释实际上将《走私解释(一)》原确定的25万元、75万元、250万元三个量刑档次起点数额调整为20万元、100万元、500万元。两相比较,入罪门槛基本相当但不同量刑档次的数额标准明显拉大,既可以避免案件总体数量的大起大落,同时也为均衡量刑预留出了更大的裁量空间。

2. 单位走私特定对象犯罪的定罪处罚标准。上述解释第24条沿用了《走私解释(一)》的做法,规定对单位走私特定对象犯罪适用与自然人犯罪相同的定罪处罚标准。其主要考虑有两点:一是刑法对于单位实施的走私特定对象犯罪与走私普通货物、物品罪在处罚规定上有所不同。单位犯前者罪与自然人犯罪同罪同罚,单位犯后者罪的处罚则轻于自然人犯罪,体现出了立法机关对于单位实施走私特定对象犯罪与自然人犯罪处罚上不作区分的倾向性立场。二是走私特定对象犯罪与走私普通货物、物品罪的危害性具体表现有所不同。走私普通货物、物品罪的危害性主要表现为偷逃税款及由此给国家造成的经济损失,而走私特定对象犯罪的危害性主要表现为对国家出于经济、社会、国防、环境安全等制定的管理制度的侵害,危害性质明显更为严重,依法应予更为严厉的否定评价。

153-13　法〔2002〕139号　二十一、关于单位走私犯罪案件自首的认定问题

在办理单位走私犯罪案件中,对单位集体决定自首的,或者单位直接负责的主管人员自首的,应当认定单位自首。认定单位自首后,如实交代主要犯罪事实的单位负责的其他主管人员和其他直接责任人员,可视为自首,但对拒不交代主要犯罪事实或逃避法律追究的人员,不以自首论。

153-14　法释〔2014〕10号第二十四条第二款　单位偷逃应缴税额在一百万元以上不满五百万元的,应当认定为"情节严重"……

153-15　法释〔2014〕10号第二十四条第二款　单位偷逃应缴税额在五百万元以上的,应当认定为"情节特别严重"。

153-16　法释〔2014〕10号第十八条第二款　刑法第一百五十三条第三款规定的"多次走私未经处理",包括未经行政处理和刑事处理。

第一百五十四条　【特殊形式的走私普通货物、物品罪】下列走私行为*,根据本节规定构成犯罪的,依照本法第一百五十三条

---

* 本条规定的是后续走私,是指行为人合法地进口了货物、物品,但行为人并不合法地开展经营(加工、装配、储存、运输、展示、寄售或者特定使用),而是未经海关许可并且未补缴税款,擅自将未脱离海关监管的保税货物、特定减免税货物、物品在境内销售的行为。后续走私的特点是违法犯罪活动不是发生在出入境的口岸或者通关现场,而是发生在通关后海关对保税货物、特定减免税货物的后续监管阶段,即在境内开展保税货物的经营活动中和某些享受特定减免税待遇的企业身上。

的规定定罪处罚:

(一)未经海关许可并且未补缴应缴税额,擅自将批准进口的来料加工、来件装配、补偿贸易的原材料、零件、制成品、设备等保税货物[1],在境内销售牟利的[2];

(二)未经海关许可并且未补缴应缴税额,擅自将特定减税、免税进口的货物、物品*,在境内销售牟利的。

154-1 **1.** 法释〔2014〕10号第十九条 刑法第一百五十四条规定的"保税货物",是指经海关批准,未办理纳税手续进境,在境内储存、加工、装配后应予复运出境的货物,包括通过加工贸易、补偿贸易等方式进口的货物,以及在保税仓库、保税工厂、保税区或者免税商店内等储存、加工、寄售的货物。

2.《最高人民检察院关于擅自销售进料加工保税货物的行为法律适用问题解释》(高检发释字〔2000〕3号,2000年10月16日) 保税货物是指经海关批准未办理纳税手续进境,在境内储存、加工、装配后复运出境的货物。经海关批准进口的进料加工的货物属于保税货物。未经海关许可并且未补缴应缴税额,擅自将批准进口的进料加工的原材料、零件、制成品、设备等保税货物,在境内销售牟利,偷逃应缴税额在五万元以上的,依照刑法第一百五十四条、第一百五十三条的规定,以走私普通货物、物品罪追究刑事责任。

154-2 法〔2002〕139号 十三、关于刑法第一百五十四条规定的"销售牟利"的理解问题 刑法第一百五十四条第(一)、(二)项规定的"销售牟利",是指行为人主观上为了牟取非法利益而擅自销售海关监管的保税货物、特定减免税货物。该种行为是否构成犯罪,应当根据偷逃的应缴税额是否达到刑法第一百五十三条及相关司法解释规定的数额标准予以认定。实际获利与否或者获利多少并不影响其定罪。

---

* 所谓特定减税、免税进口的货物、物品,是指1.经济特区等特定地区进口的货物;2.三资企业等特定企业进口的货物;3.有特定用途的进口的货物、物品;4.用于公益事业的境外捐赠物品。凡是特定减免税进口的货物、物品,只能用于特定地区或特定企业,不得转为他用。

第一百五十五条[*]　【间接走私行为以相应走私犯罪论处的规定】下列行为[1]，以走私罪论处，依照本节的有关规定处罚：

（一）直接向走私人非法收购国家禁止进口物品的，或者直接向走私人非法收购走私进口的其他货物、物品，数额较大的；

（二）在内海[2]、领海、界河、界湖[**]运输[3]、收购、贩卖国家禁止进出口物品的，或者运输、收购、贩卖国家限制进出口货物、物品，数额较大，没有合法证明的。**（刑四）**

155-1　法释〔2014〕10号第二十条第一款　直接向走私人非法收购走私进口的货物、物品，在内海、领海、界河、界湖运输、收购、贩卖国家禁止进出口的物品，或者没有合法证明，在内海、领海、界河、界湖运输、收购、贩卖国家限制进出口的货物、物品，构成犯罪的，应当按照走私货物、物品的种类，分别依照刑法第一百五十一条、第一百五十二条、第一百五十三条、第三百四十七条、第三百五十条的规定定罪处罚。

155-2　法释〔2014〕10号第二十条第二款　刑法第一百五十五条第二项规定的"内海"，包括内河的入海口水域。

155-3　法〔2002〕139号　十四、关于海上走私犯罪案件如何追究运输人的刑事责任问题

对刑法第一百五十五条第（二）项规定的实施海上走私犯罪行为的运输人、收购人或者贩卖人应当追究刑事责任。对运输人，一般追究运输工具的负责人或者主要责任人的刑事责任，但对于事先通谋的、集资走私的、或者使用特殊的走私运输工具从事走私犯罪活动的，可以追究其他参与人员的刑事责任。

第一百五十六条　【走私共犯】与走私罪犯通谋[1]，为其提供贷

---

* 《刑法修正案（四）》之前条文：在内海、领海运输、收购、贩卖国家禁止进出口物品的，或者运输、收购、贩卖国家限制进出口货物、物品，数额较大，没有合法证明的；（三）逃避海关监管将境外固体废物运输进境的。

** 将以走私罪论处的行为范围扩大到界河和界湖。2000年海关法第八十三条已作了修改，在内海、领海、界河、界湖、船舶及所载人员运输、收购、贩卖国家禁止或者限制进出境的货物、物品，或者运输、收购、贩卖依法应缴纳税款的货物，没有合法证明的，以走私行为论处，构成犯罪的，依法追究刑事责任。

款、资金、账号、发票、证明,或者为其提供运输、保管、邮寄或者其他方便[2] 的,以走私罪的共犯[3] 论处。

156-1 法〔2002〕139 号 十五、关于刑法第一百五十六条规定的"与走私罪犯通谋"的理解问题

通谋是指犯罪行为人之间事先或者事中形成的共同的走私故意。下列情形可以认定为通谋:

(一)对明知他人从事走私活动而同意为其提供贷款、资金、账号、发票、证明、海关单证,提供运输、保管、邮寄或者其他方便的;

(二)多次为同一走私犯罪分子的走私行为提供前项帮助的。

156-2 法〔2002〕139 号 十六、关于放纵走私罪的认定问题

依照刑法第四百一十一条的规定,负有特定监管义务的海关工作人员徇私舞弊,利用职权,放任、纵容走私犯罪行为,情节严重的,构成放纵走私罪。放纵走私行为,一般是消极的不作为。如果海关工作人员与走私分子通谋,在放纵走私过程中以积极的行为配合走私分子逃避海关监管或者在放纵走私之后分得赃款的,应以共同走私犯罪追究刑事责任。

海关工作人员收受贿赂又放纵走私的,应以受贿罪和放纵走私罪数罪并罚。

156-3 法〔2002〕139 号 二十二、关于共同走私犯罪案件如何判处罚金刑问题

审理共同走私犯罪案件时,对各共同犯罪人判处罚金的总额应掌握在共同走私行为偷逃应缴税额的一倍以上五倍以下。

第一百五十七条* **(刑八)【武装掩护走私、抗拒缉私的处罚规定】**武装掩护走私的,依照本法第一百五十一条第一款(走私武器、弹药罪)的规定从重处罚。

以暴力、威胁方法抗拒缉私的,以走私罪和本法第二百七十七条(妨害公务罪)规定的阻碍国家机关工作人员依法执行职务罪,依照数罪并罚的规定处罚。

---

* 《刑法修正案(八)》之前条文的第一款为:"武装掩护走私的,依照本法第一百五十一条第一款、第四款的规定从重处罚。"废除第四款,其实就是废除了相应罪名的死刑规定。

第三节　妨害对公司、企业的管理秩序罪

第一百五十八条　【虚报注册资本罪】申请公司[1]登记使用虚假证明文件或者采取其他欺诈手段虚报注册资本，欺骗公司登记主管部门，取得公司登记，虚报注册资本*数额巨大、后果严重或者有其他严重情节的，[2]处三年以下有期徒刑或者拘役，并处或者单处虚报注册资本金额百分之一以上百分之五以下罚金。

单位犯前款罪的，对单位判处罚金，并对其直接负责的主管人员和其他直接责任人员，处三年以下有期徒刑或者拘役。

158-1　1.《全国人民代表大会常务委员会关于〈中华人民共和国刑法〉第一百五十八条、第一百五十九条的解释》(2014年4月24日第十二届全国人民代表大会常务委员会第八次会议通过)　全国人民代表大会常务委员会讨论了公司法修改后刑法第一百五十八条、第一百五十九条对实行注册资本实缴登记制、认缴登记制的公司的适用范围问题，解释如下：刑法第一百五十八条、第一百五十九条的规定，只适用于依法实行注册资本实缴登记制的公司。

2.《国务院关于印发注册资本登记制度改革方案的通知》(国发〔2014〕7号，2014年2月7日)　现行法律、行政法规以及国务院决定明确规定实行注册资本实缴登记制的银行业金融机构、证券公司、期货公司、基金管理公司、保险公司、保险专业代理机构和保险经纪人、直销企业、对外劳务合作企业、融资性担保公司、募集设立的股份有限公司，以及劳务派遣企业、典当行、保险资产管理公司、小额贷款公司实行注册资本认缴登记制问题，另行研究决定。在法律、行政法规以及国务院决定未修改前，暂按现行规定执行。

已经实行申报(认缴)出资登记的个人独资企业、合伙企业、农民专

---

* 虚报注册资本，是指公司股东的实际出资额低于申请公司登记的法定最低出资额而谎称已经达到了法定出资额的情形。这是规避强制性规定。

业合作社仍按现行规定执行。

3.《最高人民检察院、公安部关于严格依法办理虚报注册资本和虚假出资抽逃出资刑事案件的通知》(公经〔2014〕247号,2014年5月20日) 2013年12月28日,第十二届全国人民代表大会常务委员会第六次会议通过了关于修改《中华人民共和国公司法》的决定,自2014年3月1日起施行。2014年4月24日,第十二届全国人民代表大会常务委员会第八次会议通过了《全国人大常委会关于刑法第一百五十八条、第一百五十九条的解释》。为了正确执行新修改的公司法和全国人大常委会立法解释,现就严格依法办理虚报注册资本和虚假出资、抽逃出资刑事案件的有关要求通知如下:

一、充分认识公司法修改对案件办理工作的影响。新修改的公司法主要涉及三个方面:一是将注册资本实缴登记制改为认缴登记制,除对公司注册资本实缴有另行规定的以外,取消了公司法定出资期限的规定,采取公司股东(发起人)自主约定认缴出资额、出资方式、出资期限等并记载于公司章程的规定。二是放宽注册资本登记条件,除对公司注册资本最低限额有另行规定的以外,取消了公司最低注册资本限制、公司设立时股东(发起人)的首次出资比例以及货币出资比例限制。三是简化登记事项和登记文件,有限责任公司股东认缴出资额、公司实收资本不再作为登记事项,公司登记时不需要提交验资报告。全国人大常委会立法解释规定:"刑法第一百五十八条、第一百五十九条的规定,只适用于依法实行注册资本实缴登记制的公司。"新修改的公司法和上述立法解释,必将对公安机关、检察机关办理虚报注册资本和虚假出资、抽逃出资刑事案件产生重大影响。各级公安机关、检察机关要充分认识新修改的公司法和全国人大常委会立法解释的重要意义,深刻领会其精神实质,力争在案件办理工作中准确适用,并及时了解掌握本地区虚报注册资本和虚假出资、抽逃出资案件新情况、新问题以及其他相关犯罪态势,进一步提高办理虚报注册资本和虚假出资、抽逃出资刑事案件的能力和水平。

二、严格把握罪与非罪的界限。根据新修改的公司法和全国人大常委会立法解释,自2014年3月1日起,除依法实行注册资本实缴登记制的公司[参见《国务院关于印发注册资本登记制度改革方案的通知》(国发〔2014〕7号)]以外,对申请公司登记的单位和个人不得以虚报注册资本罪追究刑事责任;对公司股东、发起人不得以虚假出资、抽逃出资罪追究刑事责任。对依法实行注册资本实缴登记制的公司涉嫌虚报注册资本和虚假出资、抽逃出资犯罪的,各级公安机关、检察机关依照刑法和《立案追诉标准(二)》的相关规定追究刑事责任时,应当认真研究行为性质和危害后果,确保执法办案的法律效果和社会效果。

三、依法妥善处理跨时限案件。各级公安机关、检察机关对发生在2014年3月1日以前尚未处理或者正在处理的虚报注册资本和虚假出资、抽逃出资刑事案件,应当按照刑法第十二条规定的精神处理:除依法实行注册资本实缴登记制的公司以外,依照新修改的公司法不再符合犯罪构成要件的案件,公安机关已经立案侦查的,应当撤销案件;检察机关已经批准逮捕的,应当撤销批准逮捕决定,并监督公安机关撤销案件;检察机关审查起诉的,应当作出不起诉决定;检察机关已经起诉的,应当撤回起诉并作出不起诉决定;检察机关已经抗诉的,应当撤回抗诉。

四、进一步加强工作联系和沟通。各级公安机关、检察机关应当加强工作联系,对重大、疑难、复杂案件,主动征求意见,共同研究案件定性和法律适用等问题;应当加强与人民法院、工商行政管理等部门的工作联系,建立健全案件移送制度和有关工作协作制度,全面掌握公司注册资本制度改革后面临的经济犯罪态势;上级公安机关、检察机关应当加强对下级公安机关、检察机关的指导,确保虚报注册资本和虚假出资、抽逃出资案件得到依法妥善处理。

158-2 《立案标准(二)》第三条 申请公司登记使用虚假证明文件或者采取其他欺诈手段虚报注册资本,欺骗公司登记主管部门,取得公司登记,涉嫌下列情形之一的,应予立案追诉:

(一)超过法定出资期限*,实缴注册资本不足法定注册资本最低限额,有限责任公司虚报数额在三十万元以上并占其应缴出资数额百分之六十以上的,股份有限公司虚报数额在三百万元以上并占其应缴出资数额百分之三十以上的;

(二)超过法定出资期限,实缴注册资本达到法定注册资本最低限额,但仍虚报注册资本,有限责任公司虚报数额在一百万元以上并占其

---

* 根据《国务院关于印发注册资本登记制度改革方案的通知》(国发〔2014〕7号,2014年2月7日)的相关规定,取消了股东的出资期限的规定。

应缴出资数额百分之六十以上的,股份有限公司虚报数额在一千万元以上并占其应缴出资数额百分之三十以上的;

(三)造成投资者或者其他债权人直接经济损失累计数额在十万元以上的;

(四)虽未达到上述数额标准,但具有下列情形之一的:

1. 两年内因虚报注册资本受过行政处罚二次以上,又虚报注册资本的;

2. 向公司登记主管人员行贿的;

3. 为进行违法活动而注册的。

(五)其他后果严重或者有其他严重情节的情形。

第一百五十九条*　【虚假出资、抽逃出资罪】公司发起人、股东违反公司法的规定未交付货币、实物或者未转移财产权,虚假出资,或者在公司成立后又抽逃其出资,[1] 数额巨大、后果严重或者有其他严重情节的,[2] 处五年以下有期徒刑或者拘役,并处或者单处虚假出资金额或者抽逃出资金额百分之二以上百分之十以下罚金。

单位犯前款罪的,对单位判处罚金,并对其直接负责的主管人员和其他直接责任人员,处五年以下有期徒刑或者拘役。

159-1　《最高人民法院关于适用〈中华人民共和国公司法〉若干问题的规定(三)》(法释〔2011〕3号)第十二条　公司成立后,公司、股东或者公司债权人以相关股东的行为符合下列情形之一且损害公司权益为由,请求认定该股东抽逃出资的,人民法院应予支持:

(一)~~将出资款项转入公司账户验资后又转出;~~**

(二)通过虚构债权债务关系将其出资转出;

(三)制作虚假财务会计报表虚增利润进行分配;

---

* 注意处理本罪与职务侵占罪的关系,张明楷教授认为,实施本罪行为触犯职务侵占罪或挪用资金罪,属于想象竞合犯,从一重罪论处。

** 根据《最高人民法院关于修改关于适用〈中华人民共和国公司法〉若干问题的规定的决定》(法释〔2014〕2号,2014年3月1日)删除本项。

（四）利用关联交易将出资转出；

（五）其他未经法定程序将出资抽回的行为。

159-2 《立案标准（二）》第四条 公司发起人、股东违反公司法的规定未交付货币、实物或者未转移财产权，虚假出资，或者在公司成立后又抽逃其出资，涉嫌下列情形之一的，应予立案追诉：

（一）超过法定出资期限，有限责任公司股东虚假出资数额在三十万元以上并占其应缴出资数额百分之六十以上的，股份有限公司发起人、股东虚假出资数额在三百万元以上并占其应缴出资数额百分之三十以上的；

（二）有限责任公司股东抽逃出资数额在三十万元以上并占其实缴出资数额百分之六十以上的，股份有限公司发起人、股东抽逃出资数额在三百万元以上并占其实缴出资数额百分之三十以上的；

（三）造成公司、股东、债权人的直接经济损失累计数额在十万元以上的；

（四）虽未达到上述数额标准，但具有下列情形之一的：

1. 致使公司资不抵债或者无法正常经营的；

2. 公司发起人、股东合谋虚假出资、抽逃出资的；

3. 两年内因虚假出资、抽逃出资受过行政处罚二次以上，又虚假出资、抽逃出资的；

4. 利用虚假出资、抽逃出资所得资金进行违法活动的。

（五）其他后果严重或者有其他严重情节的情形。

第一百六十条 【欺诈发行股票、债券罪】在招股说明书、认股书、公司、企业债券募集办法中隐瞒重要事实或者编造重大虚假内容，发行股票或者公司、企业债券，数额巨大、后果严重或者有其他严重情节的，[1] 处五年以下有期徒刑或者拘役，并处或者单处非法募集资金金额百分之一以上百分之五以下罚金。

单位犯前款罪的，对单位判处罚金，并对其直接负责的主管人员和其他直接责任人员，处五年以下有期徒刑或者拘役。

160-1 《立案标准（二）》第五条 在招股说明书、认股书、公司、企业债券募集办法中隐瞒重要事实或者编造重大虚假内容，发行股票或者

公司、企业债券,涉嫌下列情形之一的,应予立案追诉:

(一)发行数额在五百万元以上的;

(二)伪造、变造国家机关公文、有效证明文件或者相关凭证、单据的;

(三)利用募集的资金进行违法活动的;

(四)转移或者隐瞒所募集资金的;

(五)其他后果严重或者有其他严重情节的情形。

第一百六十一条*　(刑六)【违规披露、不披露重要信息罪】 依法负有信息披露义务的公司、企业向股东和社会公众提供虚假的或者隐瞒重要事实的财务会计报告,或者对依法应当披露的其他重要信息不按照规定披露,严重损害股东或者其他人利益的,或者有其他严重情节的,[1] 对其直接负责的主管人员和其他直接责任人员**,处三年以下有期徒刑或者拘役,并处或者单处二万元以上二十万元以下罚金。

161-1　《立案标准(二)》第六条　[违规披露、不披露重要信息案(刑法第一百六十一条)]　依法负有信息披露义务的公司、企业向股东和社会公众提供虚假的或者隐瞒重要事实的财务会计报告,或者对依法应当披露的其他重要信息不按照规定披露,涉嫌下列情形之一的,应予立案追诉:

(一)造成股东、债权人或者其他人直接经济损失数额累计在五十万元以上的;

(二)虚增或者虚减资产达到当期披露的资产总额百分之三十以上的;

(三)虚增或者虚减利润达到当期披露的利润总额百分之三十以上的;

(四)未按照规定披露的重大诉讼、仲裁、担保、关联交易或者其他重

---

* 《刑法修正案(六)》之前条文　公司向股东和社会公众提供虚假的或者隐瞒重要事实的财务会计报告,严重损害股东或者其他人利益的,对其直接负责的主管人员和其他直接责任人员,处三年以下有期徒刑或者拘役,并处或者单处二万元以上二十万元以下罚金。

** 本罪是单位犯罪,但实行单罚制,即只处罚直接责任人员。如果处罚单位,会连累无辜,损害股东利益。

大事项所涉及的数额或者连续十二个月的累计数额占净资产百分之五十以上的；

（五）致使公司发行的股票、公司债券或者国务院依法认定的其他证券被终止上市交易或者多次被暂停上市交易的；

（六）致使不符合发行条件的公司、企业骗取发行核准并且上市交易的；

（七）在公司财务会计报告中将亏损披露为盈利，或者将盈利披露为亏损的；

（八）多次提供虚假的或者隐瞒重要事实的财务会计报告，或者多次对依法应当披露的其他重要信息不按照规定披露的；

（九）其他严重损害股东、债权人或者其他人利益，或者有其他严重情节的情形。

第一百六十二条　【妨害清算罪】公司、企业进行清算时，隐匿财产，对资产负债表或者财产清单作虚伪记载或者在未清偿债务前分配公司、企业财产，严重损害债权人或者其他人利益的，[1] 对其直接负责的主管人员和其他直接责任人员，处五年以下有期徒刑或者拘役，并处或者单处二万元以上二十万元以下罚金。

162-1　《立案标准（二）》第七条　公司、企业进行清算时，隐匿财产，对资产负债表或者财产清单作虚伪记载或者在未清偿债务前分配公司、企业财产，涉嫌下列情形之一的，应予立案追诉：

（一）隐匿财产价值在五十万元以上的；

（二）对资产负债表或者财产清单作虚伪记载涉及金额在五十万元以上的；

（三）在未清偿债务前分配公司、企业财产价值在五十万元以上的；

（四）造成债权人或者其他人直接经济损失数额累计在十万元以上的；

（五）虽未达到上述数额标准，但应清偿的职工的工资、社会保险费用和法定补偿金得不到及时清偿，造成恶劣社会影响的；

（六）其他严重损害债权人或者其他人利益的情形。

第一百六十二条之一[1]　（1999 年修正案）【隐匿、故意销毁会

计凭证、会计账簿、财务会计报告罪】隐匿或者故意销毁依法应当保存的会计凭证、会计账簿、财务会计报告,情节严重的,[2] 处五年以下有期徒刑或者拘役,并处或者单处二万元以上二十万元以下罚金。

单位犯前款罪的,对单位判处罚金,并对其直接负责的主管人员和其他直接责任人员,依照前款的规定处罚。

162A-1 《全国人民代表大会常务委员会法制工作委员会关于对"隐匿、销毁会计凭证、会计账簿、财务会计报告构成犯罪的主体范围"问题的答复意见》(法工委复字〔2002〕3 号,2002 年 1 月 14 日)

根据全国人大常委会 1999 年 12 月 25 日刑法修正案第一条的规定,任何单位和个人在办理会计事务时对依法应当保存的会计凭证、会计账簿、财务会计报告,进行隐匿、销毁,情节严重的,构成犯罪,应当依法追究其刑事责任。

根据刑事诉讼法第十八条关于刑事案件侦查管辖的规定,除法律规定的特定案件由人民检察院立案侦查以外,其他刑事案件的侦查应由公安机关进行。隐匿、销毁会计凭证、会计账簿、财务会计报告,构成犯罪的,应当由公安机关立案侦查。

162A-2 《立案标准(二)》第八条　隐匿或者故意销毁依法应当保存的会计凭证、会计账簿、财务会计报告,涉嫌下列情形之一的,应予立案追诉:

(一)隐匿、故意销毁的会计凭证、会计账簿、财务会计报告涉及金额在五十万元以上的;

(二)依法应当向司法机关、行政机关、有关主管部门等提供而隐匿、故意销毁或者拒不交出会计凭证、会计账簿、财务会计报告的;

(三)其他情节严重的情形。

第一百六十二条之二*　(刑六)【虚假破产罪】公司、企业通

---

* 本罪属于结果犯,故以给债权人或者其他人直接遭受的财产损毁、减少的实际价值的总和计算。但只要实施本罪规定的行为,数额巨大的,就已经严重损害了债权人或者其他人的利益,也应追究其刑事责任,只是两者在数额上按 1∶5 来处理。

过隐匿财产、承担虚构的债务或者以其他方法转移、处分财产，实施虚假破产，严重损害债权人或者其他人利益的，[1] 对其直接负责的主管人员和其他直接责任人员，处五年以下有期徒刑或者拘役，并处或者单处二万元以上二十万元以下罚金。

162B-1　《立案标准（二）》第九条　公司、企业通过隐匿财产、承担虚构的债务或者以其他方法转移、处分财产，实施虚假破产，涉嫌下列情形之一的，应予立案追诉：

（一）隐匿财产价值在五十万元以上的；

（二）承担虚构的债务涉及金额在五十万元以上的；

（三）以其他方法转移、处分财产价值在五十万元以上的；

（四）造成债权人或者其他人直接经济损失数额累计在十万元以上的；

（五）虽未达到上述数额标准，但应清偿的职工的工资、社会保险费用和法定补偿金得不到及时清偿，造成恶劣社会影响的；

（六）其他严重损害债权人或者其他人利益的情形。

第一百六十三条[1]　**（刑六）【非国家工作人员受贿罪】**公司、企业或者其他单位[2] 的工作人员[3] 利用职务上的便利，[4] 索取他人财物或者非法收受他人财物，[5] 为他人谋取利益，[*]数额较大的，[6] 处五年以下有期徒刑或者拘役；数额巨大的，处五年以上有期徒刑，可以并处没收财产。

公司、企业或者其他单位的工作人员在经济往来中，利用职务上的便利，违反国家规定，收受各种名义的回扣、[7] 手续费，归个人所有的，依照前款的规定处罚。

国有公司、企业或者其他国有单位中从事公务的人员和国有

---

* 有人将本条与第三百八十五条作同一理解，即索贿不需要为他人谋取利益。但其认为，为他人谋取利益同时适用于索取他人财物与非法收受他人财物。为他人谋取利益，只是一种允诺行为，而不要求行为人实际上为他人谋取了利益。（张明楷）

公司、企业或者其他国有单位委派到非国有公司、企业以及其他单位从事公务的人员有前两款行为的,依照本法第三百八十五条(受贿罪)、第三百八十六条(对受贿罪的处罚规定)的规定定罪处罚。

163-1 《最高人民法院、最高人民检察院关于办理商业贿赂刑事案件适用法律若干问题的意见》(法发〔2008〕33号,2008年11月20日)

一、商业贿赂犯罪*涉及刑法规定的以下八种罪名:(1)非国家工作人员受贿罪(刑法第一百六十三条);(2)对非国家工作人员行贿罪(刑法第一百六十四条);(3)受贿罪(刑法第三百八十五条);(4)单位受贿罪(刑法第三百八十七条);(5)行贿罪(刑法第三百八十九条);(6)对单位行贿罪(刑法第三百九十一条);(7)介绍贿赂罪(刑法第三百九十二条);(8)单位行贿罪(刑法第三百九十三条)。

163-2 **1.** 法发〔2008〕33号 二、刑法第一百六十三条、第一百六十四条规定的"其他单位",既包括事业单位、社会团体、村民委员会、居民委员会、村民小组等常设性的组织,也包括为组织体育赛事、文艺演出或者其他正当活动而成立的组委会、筹委会、工程承包队等非常设性的组织。

理解与适用:刑法中的单位,既有作为犯罪主体的犯罪单位,也有作为被害人的被害单位。本条"其他单位"是被告人所在的单位,可以视作是被害单位。犯罪单位和被害单位两者在外延和内涵上不尽相同,被害单位的成立条件、形式要件较之作为犯罪主体的单位相对宽松,因而范围更广泛。目前无法全面、准确地抽象出其一般性特征,不能作出一般性定义,故只能采取列举的方式加以规定,对于没有明确列举的临时性组织,如债权人会议、清算组等是否属于其他单位,需要在实践中具体把握。

《刑法修正案(六)》增加了其他单位的人员,这意味着医院工作人员采购药品收取回扣将以商业贿赂犯罪被追究刑事责任。《刑法修正案(六)》以前的罪名为"公司、企业人员受贿罪"。

---

* 商业贿赂犯罪并非刑法规定的独立罪名或类罪名,而是对与商业活动有关的贿赂犯罪的统称。商业活动既包括平等主体之间的商业交易活动,也包括行政管理人对相对人的商业管理活动。

2. 最高人民法院刑二庭《宽严相济在经济犯罪和职务犯罪案件审判中的具体贯彻》(2010年4月7日)　二、宽严相济刑事政策在职务犯罪案件审判中的具体贯彻　(二)关于政策法律界限。(2)对于行业、领域内带有一定普遍性、涉案人员众多的案件,要注意区别对待,防止因打击面过宽导致不良的社会效果。特别是对于普通医生的商业贿赂犯罪问题,更要注意运用多种手段治理应对。对收受回扣数额大的;明知药品伪劣,但为收受回扣而要求医院予以采购的;为收受回扣而给病人大量开药或者使用不对症药品,造成严重后果的;收受回扣造成其他严重影响的等情形,应依法追究刑事责任。

163-3　法发〔2008〕33号　三、刑法第一百六十三条、第一百六十四条规定的"公司、企业或者其他单位的工作人员",包括国有公司、企业以及其他国有单位中的非国家工作人员。

163-4　**1. 理解与适用:**《刑法修正案(六)》新增构成要件要素。准确区分利用"职务"还是提供"劳务"或"技术服务",是正确把握罪与非罪的关键。认定思路可借鉴《全国法院审理经济犯罪案件工作座谈会纪要》(法〔2003〕167号),该会议纪要指出:"从事公务,是指代表国家机关、国有公司、企业、事业单位、人民团体等履行组织、领导、监督、管理等职责。公务主要表现为与职权相联系的公共事务以及监督、管理国有财产的职务活动。如国家机关工作人员依法履行职责,国有公司的董事、经理、监事、会计、出纳人员等管理、监督国有财产等活动,属于从事公务。那些不具有职权内容的劳务活动、技术服务工作,如售货员、售票员等所从事的工作,一般不认为是公务。"

2. 法发〔2008〕33号*　四、医疗机构中的国家工作人员,在药品、医疗器械、医用卫生材料等医药产品采购活动中,利用职务上的便利,索取销售方财物,或者非法收受销售方财物,为销售方谋取利益,构成犯罪的,依照刑法第三百八十五条的规定,以受贿罪定罪处罚。医疗机构中的非国家工作人员,有前款行为,数额较大的,依照刑法第一百六十三条的规定,以非国家工作人员受贿罪定罪处罚。医疗机构中的医务人员,利用开处方的职务便利,以各种名义非法收受药品、医疗器械、医用卫生材料等医药产品销售方财物,为医药产品销售方谋取利益,数额较大的,

* 本司法解释规定了几种不易把握的"利用职务之便"的情形。

依照刑法第一百六十三条的规定,以非国家工作人员受贿罪定罪处罚。

理解与适用:医生的处方行为虽然是一种职务行为,但不具有从事公务的性质,因而不符合受贿罪的主体特征,应当按非国家工作人员受贿论处。但这里的处方行为,不包括在国有医院的科室主任等担任领导职务的人员在接受医药产品销售方请托向院里推荐或者建议采购该医药产品的行为,这种行为属于从事公务的行为。

五、学校及其他教育机构中的国家工作人员,在教材、教具、校服或者其他物品的采购等活动中,利用职务上的便利,索取销售方财物,或者非法收受销售方财物,为销售方谋取利益,构成犯罪的,依照刑法第三百八十五条的规定,以受贿罪定罪处罚。学校及其他教育机构中的非国家工作人员,有前款行为,数额较大的,依照刑法第一百六十三条的规定,以非国家工作人员受贿罪定罪处罚。学校及其他教育机构中的教师,利用教学活动的职务便利,以各种名义非法收受教材、教具、校服或者其他物品销售方财物,为教材、教具、校服或者其他物品销售方谋取利益,数额较大的,依照刑法第一百六十三条的规定,以非国家工作人员受贿罪定罪处罚。

六、依法组建的评标委员会、竞争性谈判采购中谈判小组、询价采购中询价小组的组成人员,在招标、政府采购等事项的评标或者采购活动中,索取他人财物或者非法收受他人财物,为他人谋取利益,数额较大的,依照刑法第一百六十三条的规定,以非国家工作人员受贿罪定罪处罚。依法组建的评标委员会、竞争性谈判采购中谈判小组、询价采购中询价小组中国家机关或者其他国有单位的代表有前款行为的,依照刑法第三百八十五条的规定,以受贿罪定罪处罚。

理解与适用:评审专家均是根据法律的授权,以个人身份而非职权为采购人提供决策依据的,故统一按刑法第一百六十三条处理可以防止非代表国有单位的专家因身份不同而在定罪量刑中出现同罪不同罚的问题。

十一、非国家工作人员与国家工作人员通谋,共同收受他人财物,构成共同犯罪的,根据双方利用职务便利的具体情形分别定罪追究刑事责任:

(1)利用国家工作人员的职务便利为他人谋取利益的,以受贿罪追究刑事责任。

(2)利用非国家工作人员的职务便利为他人谋取利益的,以非国家工作人员受贿罪追究刑事责任。

(3)分别利用各自的职务便利为他人谋取利益的,按照主犯的犯罪性质追究刑事责任,不能分清主从犯的,可以受贿罪追究刑事责任。

理解与适用:理论上,主犯与从犯的区分,反映的是同一犯罪活动中各被告人的地位和作用,它解决量刑问题,而不解决犯罪的性质问题,不是定罪的根据,根据主犯行为定罪,无法反映全案犯罪的基本特征。并且在实践中,有些共同犯罪人的地位、作用难以区分,在分别构成犯罪且都是主犯的情况下,按哪个主犯的性质定罪将会陷入左右为难的境地。

3.《最高人民法院关于审理贪污、职务侵占案件如何认定共同犯罪几个问题的解释》(法释〔2000〕15号,2000年7月8日)为依法审理贪污或者职务侵占犯罪案件,现就这类案件如何认定共同犯罪问题解释如下:第三条 公司、企业或者其他单位中,不具有国家工作人员身份的人与国家工作人员勾结,分别利用各自的职务便利,共同将本单位财物非法占为己有的,按照主犯的犯罪性质定罪。

4.《全国法院审理经济犯罪案件工作座谈会纪要》(法〔2003〕167号,2003年11月13日) 二、贪污罪 (三)国家工作人员与非国家工作人员勾结共同非法占有单位财物行为的认定:对于国家工作人员与他人勾结,共同非法占有单位财物的行为,应当按照《最高人民法院关于审理贪污、职务侵占案件如何认定共同犯罪几个问题的解释》的规定定罪处罚。对于在公司、企业或者其他单位中,非国家工作人员与国家工作人员勾结,分别利用各自的职务便利,共同将本单位财物非法占有的,应当尽量区分主从犯,按照主犯的犯罪性质定罪。司法实践中,如果根据案件的实际情况。各共同犯罪人在共同犯罪中的地位、作用相当,难以区分主从犯的,可以贪污罪定罪处罚。

163-5 1. 理解与适用:《联合国反腐败公约》规定的贿赂包括任何不正当好处,其字面含义明显宽于我国刑法规定,既包括财产性收益,也包括非财产性收益。我国有关法律也有类似规定,如1.《招标投标法》表述为"财物或者其他好处";2.《反不正当竞争法》表述为"财物或者其他手段";3.《政府采购法》表述为"贿赂或者获取其他不正当利益"。从反腐败角度考虑有必要从立法层面上扩大财物的范围,但刑事司法解释在坚持贿赂仅为财物的同时又有所突破,部分可以直接物化的财产性收益可视具体情况被认定为贿赂。至于非财产性收益一般仍不被视为贿赂。

2. 法发〔2008〕33 号　七、商业贿赂中的财物,既包括金钱和实物,也包括可以用金钱计算数额的财产性利益,如提供房屋装修、含有金额的会员卡、代币卡(券)、旅游费用等。具体数额以实际支付的资费为准。

八、收受银行卡的,不论受贿人是否实际取出或者消费,卡内的存款数额一般应全额认定为受贿数额。使用银行卡透支的,如果由给予银行卡的一方承担还款责任,透支数额也应当认定为受贿数额。

十、办理商业贿赂犯罪案件,要注意区分贿赂与馈赠的界限。主要应当结合以下因素全面分析、综合判断:(1)发生财物往来的背景,如双方是否存在亲友关系及历史上交往的情形和程度;(2)往来财物的价值;(3)财物往来的缘由、时机和方式,提供财物方对于接受方有无职务上的请托;(4)接受方是否利用职务上的便利为提供方谋取利益。

163-6　《最高人民法院、最高人民检察院关于办理贪污贿赂刑事案件适用法律若干问题的解释》(法释〔2016〕9 号,2016 年 4 月 18 日)第十一条第一款　刑法第一百六十三条规定的非国家工作人员受贿罪、第二百七十一条规定的职务侵占罪中的"数额较大""数额巨大"的数额起点,按照本解释关于受贿罪、贪污罪相对应的数额标准规定的二倍、五倍执行。

理解与适用:第一款规定的非国家工作人员受贿罪、职务侵占罪的数额较大、数额巨大的认定,严格以受贿罪、贪污罪中的数额较大、数额巨大的数额标准为基准,而不得考虑其中"数额 + 情节"的情形,即数额较大为六万元(3 万元 ×2);数额巨大为一百万元(20 万元 ×5)

163-7　**1.**《反不正当竞争法》第八条第一款　经营者不得采用财物或者其他手段进行贿赂以销售或购买商品。在账外暗中给予对方单位或者个人回扣的,以行贿论处;对方单位或者个人在账外暗中接受回扣的,以受贿论处。

2.《国家工商行政管理局关于禁止商业贿赂行为的暂行规定》(国家工商行政管理局令第 60 号,1996 年 11 月 15 日)第五条第二款　回扣,是指经营者销售商品时在账外暗中以现金、实物或者其他方式退给对方单位或者个人的一定比例的商品价款;账外暗中,是指未在依法设立的反映其生产经营活动或者行政事业经费收支的财务账上按照财务会计制度规定明确如实记载,包括不记入财务账、转入其他财务账或者做假账等。回扣是指未入账的财物,如果是已入账的财产,则定贪污罪,未入账的财物则定受贿罪。

第一百六十四条 （刑六、刑九）【对非国家工作人员行贿罪】 为谋取不正当利益，*1 给予公司、企业或者其他单位**的工作人员以财物，数额较大的，2 处三年以下有期徒刑或者拘役，并处罚金；数额巨大的，处三年以上十年以下有期徒刑，并处罚金。

（刑八）【对外国公职人员、国际公共组织官员行贿罪】 为谋取不正当商业利益，给予外国公职人员或者国际公共组织官员以财物的，依照前款的规定处罚。

单位犯前两款罪的，对单位判处罚金，并对其直接负责的主管人员和其他直接责任人员，依照第一款的规定处罚。

行贿人在被追诉前主动交待行贿行为的，可以减轻处罚或者免除处罚。

164-1 法发〔2008〕33号 九、在行贿犯罪中，"谋取不正当利益"，是指行贿人谋取违反法律、法规、规章或者政策规定的利益，或者要求对方违反法律、法规、规章、政策、行业规范的规定提供帮助或者方便条件。

在招标投标、政府采购等商业活动中，违背公平原则，给予相关人员财物以谋取竞争优势的，属于"谋取不正当利益"。

164-2 《最高人民法院、最高人民检察院关于办理贪污贿赂刑事案件适用法律若干问题的解释》（法释〔2016〕9号，2016年4月18日）第十一条第三款 刑法第一百六十四条第一款规定的对非国家工作人员行贿罪中的"数额较大""数额巨大"的数额起点，按照本解释第七条、第八条第一款关于行贿罪的数额标准规定的二倍执行。

理解与适用： 对非国家工作人员行贿罪中数额较大、数额巨大的认定，

---

* 1. 与《最高人民法院、最高人民检察院关于在办理受贿犯罪大要案的同时要严肃查处严重行贿犯罪分子的通知》（高检发〔1999〕1号，1999年3月4日）相比，本解释扩大了违反的规定的范围，即加上了行业规范，其次对于"国家政策和国务院各部门规章"一语修改为"规章、政策"，使其外延有所扩张，一些地方政策和地方规章也成为评价利益是否正当的依据。2. 对招标投标、政府采购这两类商业活动，则从程序上判断是否属于谋取不正当利益的标准。

** 《刑法修正案（六）》增加其他单位。原罪名为"对公司、企业人员行贿罪"。

应当同时以行贿罪第一个、第二个量刑档中的单纯数额标准和“数额+情节”的数额标准为基准。即数额较大的标准为六万元(3万元×2)或者二万元(加重情节,1万元×2);数额巨大的标准为二百万元(100万元×2)或者一百万元(加重情节,50万元×2)。

第三款规定对非国家工作人员行贿罪的数额认定标准时,未涉及单位犯对非国家工作人员行贿罪的情形,故单位犯对非国家工作人员行贿罪的定罪量刑标准,不适用本款规定。

第一百六十五条　【非法经营同类营业罪】国有公司、企业的董事、经理利用职务便利,自己经营或者为他人经营与其所任职公司、企业同类的营业,获取非法利益,数额巨大的,[1] 处三年以下有期徒刑或者拘役,并处或者单处罚金;数额特别巨大的,处三年以上七年以下有期徒刑,并处罚金。

165-1　《立案标准(二)》第十二条　国有公司、企业的董事、经理利用职务便利,自己经营或者为他人经营与其所任职公司、企业同类的营业,获取非法利益*,数额在十万元以上的,应予立案追诉。

第一百六十六条** **【为亲友非法牟利罪】**国有公司、企业、事业单位的工作人员,***利用职务便利,有下列情形之一,使国家利益遭受重大损失的,****[1] 处三年以下有期徒刑或者拘役,并处或者单处罚金;致使国家利益遭受特别重大损失的,处三年以上七年以下有期徒刑,并处罚金:

(一)将本单位的盈利业务交由自己的亲友进行经营的;

---

* 本标准考虑到此处的非法利益是指因行为人的非法经营同类营业行为而获得的利润,与使国家利益遭受直接经济损失不同,后者的数额一般大于前者。同时,此种行为又与直接将国有公司、企业的财产占为己有的情况不同,其所获利益虽然是非法的,但毕竟还是通过经营行为获得的,故没有提高该数额标准。

** 本罪在民国时期刑法及其他国家中称之为“背信罪”或“背任罪”。

*** 本罪犯罪主体区别于非法经营同类营业罪,即本罪的犯罪主体为国有公司、企业、事业单位的工作人员,不限于董事和经理,而为工作人员。另外包括事业单位。

**** 本罪为结果犯,即使实施了法定的三种行为,但未造成法定结果,也不构成本罪。

(二)以明显高于市场的价格向自己的亲友经营管理的单位采购商品或者以明显低于市场的价格向自己的亲友经营管理的单位销售商品的;

(三)向自己的亲友经营管理的单位采购不合格商品的。

166-1 《立案标准(二)》第十三条 国有公司、企业、事业单位的工作人员,利用职务便利,为亲友非法牟利,涉嫌下列情形之一的,应予立案追诉:

(一)造成国家直接经济损失数额在十万元以上的;

(二)使其亲友非法获利数额在二十万元以上的;

(三)造成有关单位破产,停业、停产六个月以上,或者被吊销许可证和营业执照、责令关闭、撤销、解散的;

(四)其他致使国家利益遭受重大损失的情形。

第一百六十七条 【签订、履行合同失职被骗罪】国有公司、企业、事业单位直接负责的主管人员,在签订、履行合同过程中,因严重不负责任被诈骗,[1] 致使国家利益遭受重大损失的,[*2] 处三年以下有期徒刑或者拘役;致使国家利益遭受特别重大损失的,处三年以上七年以下有期徒刑。

167-1 《立案标准(二)》第十四条第三款 本条规定的"诈骗",是指对方当事人的行为已经涉嫌诈骗犯罪,不以对方当事人已经被人民法院判决构成诈骗犯罪作为立案追诉的前提。

167-2 1.《立案标准(二)》第十四条 国有公司、企业、事业单位直接负责的主管人员,在签订、履行合同过程中,因严重不负责任被诈骗,涉嫌下列情形之一的,应予立案追诉:

(一)造成国家直接经济损失数额在五十万元以上的;

(二)造成有关单位破产,停业、停产六个月以上,或者被吊销许可证和营业执照、责令关闭、撤销、解散的;

---

* 本罪是结果犯。如果行为人与对方当事人恶意串通,合伙诈骗国有公司、企业、事业单位的财产,则是诈骗的共同犯罪而不再是本罪。

(三)其他致使国家利益遭受重大损失的情形。

金融机构、从事对外贸易经营活动的公司、企业的工作人员严重不负责任,造成一百万美元以上外汇被骗购或者逃汇一千万美元以上的,应予立案追诉。

2.《全国人大常委会关于惩治骗购外汇、逃汇和非法买卖外汇犯罪的决定》 七、金融机构、从事对外贸易经营活动的公司、企业的工作人员严重不负责任,造成大量外汇被骗购或者逃汇,致使国家利益遭受重大损失的,依照刑法第一百六十七条的规定定罪处罚。

第一百六十八条*　(1999 年修正案)【国有公司、企业、事业单位人员失职罪;国有公司、企业、事业单位人员滥用职权罪】国有公司、企业的工作人员,[1] 由于严重不负责任[2] 或者滥用职权,[3] 造成国有公司、企业破产或者严重损失,致使国家利益遭受重大损失的,处三年以下有期徒刑或者拘役;致使国家利益遭受特别重大损失的,处三年以上七年以下有期徒刑。

国有事业单位的工作人员有前款行为,致使国家利益遭受重大损失的,依照前款的规定处罚。

国有公司、企业、事业单位的工作人员,徇私舞弊,犯前两款罪的,依照第一款的规定从重处罚。

168-1　1.《最高人民法院关于如何认定国有控股、参股股份有限公司中的国有公司、企业人员的解释》(法释〔2005〕10 号,2005 年 8 月 11 日)　为准确认定刑法分则第三章第三节中的国有公司、企业人员,现对国有控股、参股的股份有限公司中的国有公司、企业人员解释如下:国有公司、企业委派到国有控股、参股公司从事公务的人员,以国有公司、企业人员论。

理解与适用:受国有单位委派到国有控股、参股公司、企业从事公务

---

* 原条文【徇私舞弊造成破产、亏损罪】(已取消)国有公司、企业直接负责的主管人员,徇私舞弊,造成国有公司、企业破产或者严重亏损,致使国家利益遭受重大损失的,处三年以下有期徒刑或者拘役。

的人员具有双重身份，负有双重职责。一方面，对任职公司的财产行使监管、管理职能，属于任职公司的工作人员。另一方面，受国有公司、企业委派代表国家对任职公司中的国有资产行使监督、管理权，也属于国有公司、企业的工作人员。上述人员在工作中严重失职或滥用职权，致使其任职公司、企业的利益遭受严重损失，事实上必然导致作为股东的国有公司、企业的利益也遭受严重损失，致使国家利益遭受严重损失。对上述人员认定为国有公司、企业的工作人员，对其渎职行为依法追究刑事责任，既符合刑法第三章国有公司、企业人员渎职犯罪的构成要件，也符合刑法对国有资产予以突出保护的立法意图。根据《全国法院审理经济犯罪案件工作座谈会纪要》，委派有多种形式，如任命、指派、提名、批准。其次，委派内容具有公务性。即行使组织、领导、监督和管理等职责，才具有受委派的实质内容。虽然表面上董事长之类的高管的任命可能是出于国有控股、参股股份有限公司股东大会或董事会的决议或依照公司章程选举，但只要实质上符合受委派从事公务的情形，就应认定为国有公司、企业工作人员。

2. 法释〔2000〕12号第六条　国有电信企业的工作人员，由于严重不负责任或者滥用职权，造成国有电信企业破产或者严重损失，致使国家利益遭受重大损失的，依照刑法第一百六十八条的规定定罪处罚。

168-2　《立案标准（二）》第十五条　国有公司、企业、事业单位的工作人员，严重不负责任，涉嫌下列情形之一的，应予立案追诉：

（一）造成国家直接经济损失数额在五十万元以上的；

（二）造成有关单位破产，停业、停产一年以上，或者被吊销许可证和营业执照、责令关闭、撤销、解散的；

（三）其他致使国家利益遭受重大损失的情形。

168-3　《立案标准（二）》第十六条　国有公司、企业、事业单位的工作人员，滥用职权，涉嫌下列情形之一的，应予立案追诉：

（一）造成国家直接经济损失数额在三十万元以上的；

（二）造成有关单位破产，停业、停产六个月以上，或者被吊销许可证和营业执照、责令关闭、撤销、解散的；

（三）其他致使国家利益遭受重大损失的情形。

第一百六十九条　【徇私舞弊低价折股、出售国有资产罪】国有公司、企业或者其上级主管部门直接负责的主管人员,徇私舞弊,将国有资产低价折股或者低价出售,致使国家利益遭受重大损失的,[1] 处三年以下有期徒刑或者拘役;致使国家利益遭受特别重大损失的,处三年以上七年以下有期徒刑。

169-1 《立案标准(二)》第十七条　国有公司、企业或者其上级主管部门直接负责的主管人员,徇私舞弊,将国有资产低价折股或者低价出售,涉嫌下列情形之一的,应予立案追诉:

(一)造成国家直接经济损失数额在三十万元以上的;

(二)造成有关单位破产,停业、停产六个月以上,或者被吊销许可证和营业执照、责令关闭、撤销、解散的;

(三)其他致使国家利益遭受重大损失的情形。

第一百六十九条之一　(刑六)【背信损害上市公司利益罪】上市公司的董事、监事、高级管理人员违背对公司的忠实义务,利用职务便利,操纵上市公司从事下列行为之一,致使上市公司利益遭受重大损失的,[1] 处三年以下有期徒刑或者拘役,并处或者单处罚金;致使上市公司利益遭受特别重大损失的,处三年以上七年以下有期徒刑,并处罚金:

(1)无偿向其他单位或者个人提供资金、商品、服务或者其他资产的;

(2)以明显不公正的条件,提供或者接受资金、商品、服务或者其他资产的;

(3)向明显不具有清偿能力的单位或者个人提供资金、商品、服务或者其他资产的;

(4)为明显不具有清偿能力的单位或者个人提供担保,或者无正当理由为其他单位或者个人提供担保的;

(5)无正当理由放弃债权、承担债务的;

(6)采用其他方式损害上市公司利益的。[2]

上市公司的控股股东或者实际控制人，指使上市公司董事、监事、高级管理人实施前款行为的，依照前款的规定处罚。

犯前款罪的上市公司的控股股东或者实际控制人是单位的，对单位判处罚金，并对直接负责的主管人员和其他直接责任人员，依照第一款的规定处罚。

169A-1 《立案标准(二)》第十八条 上市公司的董事、监事、高级管理人员违背对公司的忠实义务，利用职务便利，操纵上市公司从事损害上市公司利益的行为，以及上市公司的控股股东或者实际控制人，指使上市公司董事、监事、高级管理人员实施损害上市公司利益的行为，涉嫌下列情形之一的，应予立案追诉：

(一)无偿向其他单位或者个人提供资金、商品、服务或者其他资产，致使上市公司直接经济损失数额在一百五十万元以上的；

(二)以明显不公平的条件，提供或者接受资金、商品、服务或者其他资产，致使上市公司直接经济损失数额在一百五十万元以上的；

(三)向明显不具有清偿能力的单位或者个人提供资金、商品、服务或者其他资产，致使上市公司直接经济损失数额在一百五十万元以上的；

(四)为明显不具有清偿能力的单位或者个人提供担保，或者无正当理由为其他单位或者个人提供担保，致使上市公司直接经济损失数额在一百五十万元以上的；

(五)无正当理由放弃债权、承担债务，致使上市公司直接经济损失数额在一百五十万元以上的；

(六)致使公司发行的股票、公司债券或者国务院依法认定的其他证券被终止上市交易或者多次被暂停上市交易的；

(七)其他致使上市公司利益遭受重大损失的情形。

169A-2 理解与适用：通过列举加概括的方式规定各种情况，在适用本兜底条款时，要结合构成本罪的前提条件，即是否构成违背对公司的忠实义务来综合判断。显然，上市公司的董事、监事、高级管理人员基于对市场判断的错误，单纯决策上的错误，虽然给上市公司利益造成损害，也不宜以本条追究其刑事责任。

第四节 破坏金融管理秩序罪[1]

S.4-1 《全国法院审理金融犯罪案件工作座谈会纪要》(法发〔2001〕8号,2001年1月21日)。

第一百七十条[1] (刑九)【伪造货币罪】伪造[2]货币[3]的,处三年以上十年以下有期徒刑,并处罚金;有下列情形之一的,处十年以上有期徒刑或者无期徒刑[4],并处罚金或者没收财产:

(一)伪造货币集团的首要分子;

(二)伪造货币数额特别巨大的;[5]

(三)有其他特别严重情节的。

170-1 1.《最高人民法院关于审理伪造货币等案件具体应用法律若干问题的解释》(法释〔2000〕26号,2000年9月14日)(对应第一百七十条~一百七十三条);2.《中国人民银行假币收缴、鉴定管理办法》(〔2003〕第4号,2003年7月1日);3.《最高人民法院、最高人民检察院和公安部关于严厉打击假币犯罪活动的通知》(公通字〔2009〕45号,2009年9月15日);4.《最高人民法院关于审理伪造货币等案件具体应用法律若干问题的解释(二)》(法释〔2010〕14号,2010年10月20日);5.《全国法院审理金融犯罪案件工作座谈会纪要》(法发〔2001〕8号,2001年1月21日)2.关于假币犯罪部分。

公通字〔2009〕45号 二、根据刑事诉讼法的有关规定,假币犯罪案件的地域管辖应当遵循以犯罪地管辖为主,犯罪嫌疑人居住地管辖为辅的原则。假币犯罪案件中的犯罪地,既包括犯罪预谋地、行为发生地,也包括运输假币的途经地。假币犯罪案件中的犯罪嫌疑人居住地,不仅包括犯罪嫌疑人经常居住地和户籍所在地,也包括其临时居住地。几个公安机关都有权管辖的假币犯罪案件,由最初立案地或者主要犯罪地公安机关管辖;对管辖有争议或者情况特殊的,由共同的上级公安机关指定管辖。如需人民检察院、人民法院指定管辖的,公安机关要及时提出相关建议。经审查需要指定的,人民检察院、人民法院要依法指定管辖。

法释〔2010〕14号第三条 以正在流通的境外货币为对象的假币犯罪，依照刑法第一百七十条至第一百七十三条的规定定罪处罚。

假境外货币犯罪的数额，按照案发当日中国外汇交易中心或者中国人民银行授权机构公布的人民币对该货币的中间价折合成人民币计算。中国外汇交易中心或者中国人民银行授权机构未公布汇率中间价的境外货币，按照案发当日境内银行人民币对该货币的中间价折算成人民币，或者该货币在境内银行、国际外汇市场对美元汇率，与人民币对美元汇率中间价进行套算。（法释〔2000〕26号第七条：~~本解释所称“货币”是指可在国内市场流通或者兑换的人民币和境外货币。~~

~~货币面额应当以人民币计算，其他币种以案发时国家外汇管理机关公布的外汇牌价折算成人民币。~~

~~贵金属纪念币的面额以中国人民银行授权中国金币总公司的初始发售价格为准~~）

理解与适用：伪造货币和诈骗两者在最终目的即非法占有他人财物方式上并无不同，在理论上，将伪造货币并使用的行为理解为一种特殊的诈骗行为并无不当，但以诈骗罪追究伪造货币并使用行为刑事责任时务必应当严格控制。

170-2 1. 法释〔2010〕14号第一条第一款 仿照真货币的图案、形状、色彩等特征非法制造假币，冒充真币的行为，应当认定为刑法第一百七十条规定的“伪造货币”。

理解与适用：1. 伪造货币应以“仿照真货币”为前提，如果仿照的货币根本不存在，则可能涉嫌诈骗犯罪。2. 本解释未对伪造币的外观特征作出限定，因为能否成立伪造货币罪，关键在于是否仿照真币，只要在图案、形状、色彩等方面具备了真币的基本要素，即可成立伪造货币罪。至于实际伪造出来的假币的外观效果和逼真程度如何，不应成为伪造货币罪的定罪要件，既不能因为伪造货币尚未制成成品，也不能因为做工粗糙而否认行为人实施了或者正在实施伪造货币行为。3. 冒充真币要件，间接说明了伪造货币应以意图流通或者使用为目的，如仅为炫耀技术或者提供鉴赏、教学、科研而不进入流通领域的，不属于伪造货币行为。

2. 法释〔2010〕14号第二条 同时采用伪造和变造手段，制造真伪拼凑货币的行为，依照刑法第一百七十条的规定，以伪造货币罪定罪处罚*。

---

* 想象竞合犯择一重罪处罚。

3. 法发〔2001〕8号　二、(二)关于破坏金融管理秩序活动案件的处理　2. 关于假币犯罪的认定。假币犯罪是一种严重破坏金融管理秩序的犯罪。只要有证据证明行为人实施了出售、购买、运输、使用假币行为,且数额较大,就构成犯罪。伪造货币的,只要实施了伪造行为,不论是否完成全部印制工序,即构成伪造货币罪;对于尚未制造出成品,无法计算伪造、销售假币面额的,或者制造、销售用于伪造货币的版样的,不认定犯罪数额,依据犯罪情节决定刑罚。明知是伪造的货币而持有,数额较大,根据现有证据不能认定行为人是为了进行其他假币犯罪的,以持有假币罪定罪处罚;如果有证据证明其持有的假币已构成其他假币犯罪的,应当以其他假币犯罪定罪处罚。

假币犯罪罪名的确定。假币犯罪案件中犯罪分子实施数个相关行为的,在确定罪名时应把握以下原则:(1)对同一宗假币实施了法律规定为选择性罪名的行为,应根据行为人所实施的数个行为,按相关罪名刑法规定的排列顺序并列确定罪名,数额不累计计算,不实行数罪并罚:(2)对不同宗假币实施法律规定为选择性罪名的行为,并列确定罪名,数额按全部假币面额累计计算,不实行数罪并罚。(3)对同一宗假币实施了刑法没有规定为选择性罪名的数个犯罪行为,择一重罪从重处罚。如伪造货币或者购买假币后使用的,以伪造货币罪或购买假币罪定罪,从重处罚。(4)对不同宗假币实施了刑法没有规定为选择性罪名的数个犯罪行为,分别定罪,数罪并罚。

出售假币被查获部分的处理。在出售假币时被抓获的,除现场查获的假币应认定为出售假币的犯罪数额外,现场之外在行为人住所或者其他藏匿地查获的假币,亦应认定为出售假币的犯罪数额。但有证据证实后者是行为人有实施其他假币犯罪的除外。

制造或者出售伪造的台币行为的处理。对于伪造台币的,应当以伪造货币罪定罪处罚;出售伪造的台币的,应当以出售假币罪定罪处罚。

4. 法释〔2000〕26号第一条第三款　行为人制造货币版样或者与他人事前通谋,为他人伪造货币提供版样的,依照刑法第一百七十条的规定定罪处罚。

170-3　**1.**《立案标准(二)》第十九条　伪造货币,涉嫌下列情形之一的,应予立案追诉:

(一)伪造货币,总面额在二千元以上或者币量在二百张(枚)以上的;

（二）制造货币版样或者为他人伪造货币提供版样的；

（三）其他伪造货币应予追究刑事责任的情形。

本规定中的“货币”是指流通的以下货币：

（一）人民币（含普通纪念币、贵金属纪念币）、港元、澳门元、新台币；

（二）其他国家及地区的法定货币。

贵金属纪念币的面额以中国人民银行授权中国金币总公司的初始发售价格为准。

2. 法释〔2010〕14号第四条　以中国人民银行发行的普通纪念币和贵金属纪念币为对象的假币犯罪，依照刑法第一百七十条至第一百七十三条的规定定罪处罚。

假普通纪念币犯罪的数额，以面额计算；假贵金属纪念币犯罪的数额，以贵金属纪念币的初始发售价格计算。

法释〔2010〕14号第五条　以使用为目的，伪造停止流通的货币，或者使用伪造的停止流通的货币的，依照刑法第二百六十六条的规定，以诈骗罪定罪处罚。

170-4　公通字〔2009〕45号　三、人民法院对于假币犯罪要依法从严惩处，对于假币犯罪累犯、惯犯、涉案假币数额巨大或者全部流入社会的犯罪分子，要坚决重判；对于伪造货币集团的首要分子、骨干分子，伪造货币数额特别巨大或有其他特别严重情节，罪行极其严重的犯罪分子，~~应当判处死刑的，要坚决依法判处死刑~~。上级法院要加强对下级法院审判工作的指导，保障依法及时正确审判假币犯罪案件。

170-5　法释〔2000〕26号第一条第二款　伪造货币的总面额在三万元以上的，属于“伪造货币数额特别巨大”。

第一百七十一条　【出售、购买、运输假币罪】出售、购买伪造的货币[1] 或者明知是伪造的货币而运输[*]，数额较大的，[2] 处三年以下有期徒刑或者拘役，并处二万元以上二十万元以下罚金；数额巨大的[3]，处三年以上十年以下有期徒刑，并处五万元以上五十万元以

---

* 运输假币的行为自然应以明知系假币为前提，但刑法规定运输行为主观方面的认识因素，是为了强调，这是一种注意规定。

下罚金;数额特别巨大的[4],处十年以上有期徒刑或者无期徒刑,并处五万元以上五十万元以下罚金或者没收财产。

【金融工作人员购买假币、以假币换取货币罪】银行或者其他金融机构的工作人员*购买伪造的货币或者利用职务上的便利,以伪造的货币换取货币的[5],处三年以上十年以下有期徒刑,并处二万元以上二十万元以下罚金;数额巨大或者有其他严重情节的[6],处十年以上有期徒刑或者无期徒刑,并处二万元以上二十万元以下罚金或者没收财产;情节较轻的,[7] 处三年以下有期徒刑或者拘役,并处或者单处一万元以上十万元以下罚金。

伪造货币并出售或者运输伪造的货币的,依照本法第一百七十条(伪造货币罪)的规定定罪从重处罚。**

171-1 法释〔2000〕26号第二条 行为人购买假币后使用,构成犯罪的,依照刑法第一百七十一条的规定,以购买假币罪定罪,从重处罚。

行为人出售、运输假币构成犯罪,同时有使用假币行为的,依照刑法第一百七十一条(出售假币罪)、第一百七十二条(使用假币罪)的规定,实行数罪并罚。

171-2 《立案标准(二)》第二十条 出售、购买伪造的货币或者明知是伪造的货币而运输,总面额在四千元以上或者币量在四百张(枚)以上的,应予立案追诉。

在出售假币时被抓获的,除现场查获的假币应认定为出售假币的数额外,现场之外在行为人住所或者其他藏匿地查获的假币,也应认定为出售假币的数额。

171-3 法释〔2000〕26号第三条 出售、购买假币或者明知是假币而运输,总面额在五万元以上不满二十万元的,属于"数额巨大"……

171-4 法释〔2000〕26号第三条 出售、购买假币或者明知是假币

---

* 虽然同为购买假币的行为,由于犯罪主体不同,则构成不同罪名。普通人员购买假币的行为成立购买假币罪,而金融工作人员购买假币则成立本罪。而且普通的购买假币罪有数额较大的要求,但金融工作人员购买假币没有数额要求。

** 吸收犯一般不从重处罚,但本款规定从重处罚。

而运输，总面额在二十万元以上的，属于“数额特别巨大”，依照刑法第一百七十一条第一款的规定定罪处罚。

171-5　法释〔2000〕26号第四条　银行或者其他金融机构的工作人员购买假币或者利用职务上的便利，以假币换取货币，总面额在四千元以上不满五万元或者币量在四百张（枚）以上不足五千张（枚）的，处三年以上十年以下有期徒刑，并处二万元以上二十万元以下罚金；

171-6　法释〔2000〕26号第四条　银行或者其他金融机构的工作人员购买假币或者利用职务上的便利，以假币换取货币，总面额在五万元以上或者币量在五千张（枚）以上或者有其他严重情节的，处十年以上有期徒刑或者无期徒刑，并处二万元以上二十万元以下罚金或者没收财产；

171-7　**1.**《立案标准（二）》第二十一条　银行或者其他金融机构的工作人员购买伪造的货币或者利用职务上的便利，以伪造的货币换取货币，总面额在二千元以上或者币量在二百张（枚）以上的，应予立案追诉。

2. 法释〔2000〕26号第四条　银行或者其他金融机构的工作人员购买假币或者利用职务上的便利，以假币换取货币，总面额不满人民币四千元或者币量不足四百张（枚）或者具有其他情节较轻情形的，处三年以下有期徒刑或者拘役，并处或者单处一万元以上十万元以下罚金。*

第一百七十二条** 　**【持有、使用假币罪】**明知是伪造的货币而持有***、使用****，数额较大的，[1] 处三年以下有期徒刑或者拘役，并处或者单处一万元以上十万元以下罚金；数额巨大的，[2] 处三年以上十年以下有期徒刑，并处二万元以上二十万元以下罚金；数额特

---

* 《立案标准（二）》降低了本罪的入罪标准，故本条可能不再适用。

** 本罪较之前罪的量刑较轻，即财产刑为并处或单处，且罚金数额较少。（张明楷）

*** 即使出于收藏的目的持有假币，也应定罪，但量刑时可以考虑从轻。（张明楷）

**** 使用假币者，只是使用方明知假币，而接受方并不知道，但出售假币时，买卖双方都知道标的物是假币。使用假币可以用于合法用途，也可以用于非法用途。如果某人将假币作为证明自己资信的手段而向他人显示，是否为使用，张明楷教授认为，使用应是指将假币作为真正的货币用于流通的行为，故这种行为不是使用假币的行为，但可能成立持有假币罪。（张明楷）

别巨大的,[3] 处十年以上有期徒刑,并处五万元以上五十万元以下罚金或者没收财产。

172-1 《立案标准(二)》第二十二条　明知是伪造的货币而持有、使用,总面额在四千元以上或者币量在四百张(枚)以上的,应予立案追诉。

172-2 法释〔2000〕26号第五条　明知是假币而持有、使用,总面额在五万元以上不满二十万元的,属于"数额巨大"。

172-3 法释〔2000〕26号第五条　明知是假币而持有、使用,总面额在二十万元以上的,属于"数额特别巨大"。

第一百七十三条　【变造货币罪】变造[1] 货币,数额较大的,[2] 处三年以下有期徒刑或者拘役,并处或者单处一万元以上十万元以下罚金;数额巨大的,[3] 处三年以上十年以下有期徒刑,并处二万元以上二十万元以下罚金。

173-1　1. 法释〔2010〕14号第一条第二款　对真货币采用剪贴、挖补、揭层、涂改、移位、重印等方法加工处理,改变真币形态、价值的行为,应当认定为刑法第一百七十三条规定的"变造货币"。

理解与适用:将"升值"修改为"改变价值",变造货币的行为特征在于改变真币形态,其危害实质在于侵害货币的公共信用,多数变造货币行为的动机固然是为了非法获利,但不排除其他动机。

2.《最高人民法院研究室关于对外国残损、变形硬币进行加工修复是否属于"变造货币"问题的研究意见》* 有关部门就对外国残损、变形硬币进行加工修复是否属于"变造货币"问题征求最高人民法院研究室意见。我室经研究认为:

对从废旧金属、洋垃圾中分拣的外国残损、变形硬币进行加工修复的行为所涉情形较为复杂,应当区分情况处理:对其中内芯、外圈分离的硬币进行重新拼装的,加工修复的,可以认定为"变造货币";对分拣出的外国硬币进行清洗、挑选,或者对扭曲外形的外国硬币进行敲打、压平,

---

* 载张军主编、最高人民法院研究室编:《司法研究与指导》2012年第2辑(总第2辑),人民法院出版社2012年版,第105~109页。

不应认定为“变造货币”。

173-2 **1.** 法释〔2000〕26号第六条 变造货币,总面额在二千元以上不满三万元的,属于“数额较大”*……

2.《立案标准(二)》第二十三条 变造货币,总面额在二千元以上或者币量在二百张(枚)以上的,应予立案追诉。

3.《公安部经济犯罪侦查局关于马党权变造货币案中变造货币数额认定问题的批复》(公经〔2003〕1329号,2003年11月12日)犯罪嫌疑人以货币为基本材料,采用挖补、撕揭、拼凑等方法,改变货币的外在形态,变造货币的数额应以实际变造出的货币的票面数额计算,包括被因挖补、撕揭而改变了外在形态的货币,但已灭失的货币除外。

173-3 法释〔2000〕26号第六条 变造货币,总面额在三万元以上的,属于“数额巨大”,依照刑法第一百七十三条的规定定罪处罚。

第一百七十四条 (1999年修正案)**【擅自设立金融机构罪】**未经国家有关主管部门批准,擅自设立商业银行、证券交易所、期货交易所、证券公司、期货经纪公司、保险公司或者其他金融机构的,[1] 处三年以下有期徒刑或者拘役,并处或者单处二万元以上二十万元以下罚金;情节严重的,处三年以上十年以下有期徒刑,并处五万元以上五十万元以下罚金。

【伪造、变造、转让金融机构经营许可证、批准文件罪】伪造、变造、转让商业银行、证券交易所、期货交易所、证券公司、期货经纪公司、保险公司或者其他金融机构的经营许可证或者批准文件的,依照前款的规定处罚。

单位犯前两款罪的,对单位判处罚金,并对其直接负责的主管人员和其他直接责任人员,依照第一款的规定处罚。

174-1 **1.**《立案标准(二)》第二十四条 未经国家有关主管部门批准,擅自设立金融机构,涉嫌下列情形之一的,应予立案追诉:

---

* 后半段从略。

(一)擅自设立商业银行、证券交易所、期货交易所、证券公司、期货公司、保险公司或者其他金融机构的;

(二)擅自设立商业银行、证券交易所、期货交易所、证券公司、期货公司、保险公司或者其他金融机构筹备组织的。

2.《全国法院审理金融犯罪案件工作座谈会纪要》(法发〔2001〕8号,2001年1月21日)。(二)关于破坏金融管理秩序罪 1. 非金融机构非法从事金融活动案件的处理

1998年7月13日,国务院发布了《非法金融机构和非法金融业务活动取缔办法》。1998年8月11日,国务院办公厅转发了中国人民银行整顿乱集资、乱批设金融机构和乱办金融业务实施方案,对整顿金融"三乱"工作的政策措施等问题做出了规定。各地根据整顿金融"三乱"工作实施方案的规定,对于未经中国人民银行批准,但是根据地方政府或有关部门文件设立并从事或变相从事金融业务的各类基金会、互助会、储金会等机构和组织,由各地人民政府和各有关部门限期进行清理整顿。超过实施方案规定期限继续从事非法金融业务活动的,依法予以取缔;情节严重、构成犯罪的,依法追究刑事责任。因此,上述非法从事金融活动的机构和组织只要在实施方案规定期限之前停止非法金融业务活动的,对有关单位和责任人员,不应以擅自设立金融机构罪处理;对其以前从事的非法金融活动,一般也不作犯罪处理;这些机构和组织的人员利用职务实施的个人犯罪,如贪污罪、职务侵占罪、挪用公款罪、挪用资金罪等,应当根据具体案情分别依法定罪处罚。

第一百七十五条 【高利转贷罪】以转贷牟利为目的,套取金融机构信贷资金高利转贷他人,违法所得数额较大的,[1] 处三年以下有期徒刑或者拘役,并处违法所得一倍以上五倍以下罚金;数额巨大的,处三年以上七年以下有期徒刑,并处违法所得一倍以上五倍以下罚金。

单位犯前款罪的,对单位判处罚金,并对其直接负责的主管人员和其他直接责任人员,处三年以下有期徒刑或者拘役。

175-1 《立案标准(二)》第二十六条 以转贷牟利为目的,套取金融机构信贷资金高利转贷他人,涉嫌下列情形之一的,应予立案追诉:

（一）高利转贷，违法所得数额在十万元以上的；

（二）虽未达到上述数额标准，但两年内因高利转贷受过行政处罚二次以上，又高利转贷的。

第一百七十五条之一　（刑六）【骗取贷款、票据承兑、金融票证罪】以欺骗手段取得银行或者其他金融机构贷款、票据承兑、信用证、保函等，给银行或者其他金融机构造成重大损失或者有其他严重情节的，[1*] 处三年以下有期徒刑或者拘役，并处或者单处罚金；给银行或者其他金融机构造成特别重大损失或者有其他特别严重情节的，处三年以上七年以下有期徒刑，并处罚金。

单位犯前款罪的，对单位判处罚金，并对直接负责的主管人员和其他直接责任人员，依照前款的规定处罚。

175A-1　《立案标准（二）》第二十七条　以欺骗手段取得银行或者其他金融机构贷款、票据承兑、信用证、保函等，涉嫌下列情形之一的，应予立案追诉：

（一）以欺骗手段取得贷款、票据承兑、信用证、保函等，数额在一百万元以上的；

（二）以欺骗手段取得贷款、票据承兑、信用证、保函等，给银行或者其他金融机构造成直接经济损失数额在二十万元以上的；

（三）虽未达到上述数额标准，但多次以欺骗手段取得贷款、票据承兑、信用证、保函等的；

（四）其他给银行或者其他金融机构造成重大损失或者有其他严重情节的情形。

第一百七十六条[1**]　**【非法吸收公众存款罪】**非法吸收公众存

---

* 本罪区别于第一百九十三条贷款诈骗罪，由于本罪不具有非法占有为目的，故其量刑较贷款诈骗罪明显偏轻。

** 本罪与擅自发行股票、债券罪以及集资诈骗罪的区别，在于本罪是不具有金融职能的单位或者个人违法吸收公众存款，行为人不具备非法占有的目的，而只有非法牟利的目的，而擅自发行股票、债券罪不具有吸收公众存款的目的和行为，其侵犯的是国家对股票、债券的管理制度，而集资诈骗行为人主观上具有非法占有的目的。

款[2]或者变相吸收公众存款,[3]扰乱金融秩序的,[4]处三年以下有期徒刑或者拘役,并处或者单处二万元以上二十万元以下罚金;数额巨大或者有其他严重情节的,[5]处三年以上十年以下有期徒刑,并处五万元以上五十万元以下罚金。

单位犯前款罪的,对单位判处罚金,并对其直接负责的主管人员和其他直接责任人员,依照前款的规定处罚。

176-1　1.《非法金融机构和非法金融业务活动取缔办法》(国务院令〔1998〕第247号,1998年6月30日通过,2011年1月8日修订);2.《最高人民法院关于审理非法集资刑事案件具体应用法律若干问题的解释》(法释〔2010〕18号,2011年1月4日);3.《最高人民法院、最高人民检察院、公安部关于办理非法集资刑事案件适用法律若干问题的意见》(公通字〔2014〕16号,2014年3月25日)。

公通字〔2014〕16号　一、关于行政认定的问题

行政部门对于非法集资的性质认定,不是非法集资刑事案件进入刑事诉讼程序的必经程序。行政部门未对非法集资作出性质认定的,不影响非法集资刑事案件的侦查、起诉和审判。

公安机关、人民检察院、人民法院应当依法认定案件事实的性质,对于案情复杂、性质认定疑难的案件,可参考有关部门的认定意见,根据案件事实和法律规定作出性质认定。

4.《最高人民法院、最高人民检察院、公安部关于办理非法集资刑事案件适用法律若干问题的意见》(2014年3月25日)

四、关于共同犯罪的处理问题

为他人向社会公众非法吸收资金提供帮助,从中收取代理费、好处费、返点费、佣金、提成等费用,构成非法集资共同犯罪的,应当依法追究刑事责任。能够及时退缴上述费用的,可依法从轻处罚;其中情节轻微的,可以免除处罚;情节显著轻微、危害不大的,不作为犯罪处理。

五、关于涉案财物的追缴和处置问题

向社会公众非法吸收的资金属于违法所得。以吸收的资金向集资参与人支付的利息、分红等回报,以及向帮助吸收资金人员支付的代理费、好处费、返点费、佣金、提成等费用,应当依法追缴。集资参与人本金尚未归还的,所支付的回报可予折抵本金。

将非法吸收的资金及其转换财物用于清偿债务或者转让给他人,有下列情形之一的,应当依法追缴:

(一)他人明知是上述资金及财物而收取的;

(二)他人无偿取得上述资金及财物的;

(三)他人以明显低于市场的价格取得上述资金及财物的;

(四)他人取得上述资金及财物系源于非法债务或者违法犯罪活动的;

(五)其他依法应当追缴的情形。

查封、扣押、冻结的易贬值及保管、养护成本较高的涉案财物,可以在诉讼终结前依照有关规定变卖、拍卖。所得价款由查封、扣押、冻结机关予以保管,待诉讼终结后一并处置。

查封、扣押、冻结的涉案财物,一般应在诉讼终结后,返还集资参与人。涉案财物不足全部返还的,按照集资参与人的集资额比例返还。

六、关于证据的收集问题

办理非法集资刑事案件中,确因客观条件的限制无法逐一收集集资参与人的言词证据的,可结合已收集的集资参与人的言词证据和依法收集并查证属实的书面合同、银行账户交易记录、会计凭证及会计账簿、资金收付凭证、审计报告、互联网电子数据等证据,综合认定非法集资对象人数和吸收资金数额等犯罪事实。

七、关于涉及民事案件的处理问题

对于公安机关、人民检察院、人民法院正在侦查、起诉、审理的非法集资刑事案件,有关单位或者个人就同一事实向人民法院提起民事诉讼或者申请执行涉案财物的,人民法院应当不予受理,并将有关材料移送公安机关或者检察机关。

人民法院在审理民事案件或者执行过程中,发现有非法集资犯罪嫌疑的,应当裁定驳回起诉或者中止执行,并及时将有关材料移送公安机关或者检察机关。

公安机关、人民检察院、人民法院在侦查、起诉、审理非法集资刑事案件中,发现与人民法院正在审理的民事案件属同一事实,或者被申请执行的财物属于涉案财物的,应当及时通报相关人民法院。人民法院经审查认为确属涉嫌犯罪的,依照前款规定处理。

八、关于跨区域案件的处理问题

跨区域非法集资刑事案件,在查清犯罪事实的基础上,可以由不同地区的公安机关、人民检察院、人民法院分别处理。

对于分别处理的跨区域非法集资刑事案件,应当按照统一制定的方案处置涉案财物。

国家机关工作人员违反规定处置涉案财物,构成渎职等犯罪的,应当依法追究刑事责任。

176-2 1.《非法金融机构和非法金融业务活动取缔办法》第四条第二款 本办法所称非法金融业务活动,是指未经中国人民银行批准,擅自从事的下列活动:

(一)非法吸收公众存款或者变相吸收公众存款;

(二)未经依法批准,以任何名义向社会不特定对象进行的非法集资;

(三)非法发放贷款、办理结算、票据贴现、资金拆借、信托投资、金融租赁、融资担保、外汇买卖;

(四)中国人民银行认定的其他非法金融业务活动。

前款所称非法吸收公众存款,是指未经中国人民银行批准,向社会不特定对象吸收资金,出具凭证,承诺在一定期限内还本付息的活动;所称变相吸收公众存款,是指未经中国人民银行批准,不以吸收公众存款的名义,向社会不特定对象吸收资金,但承诺履行的义务与吸收公众存款性质相同的活动。

理解与适用:1. 该行政法规将经过批准设立的金融机构采用提高利率等不正当手段吸收公众存款的行为,排除在"非法吸收公众存款"的行为方式之外。2."公众"不包括单位。3. 注意民间借贷和非法吸收公众存款的区别。关键在于范围性。如果民间借贷的对象范围满足"非法性"和"广延性",即未经有权机关批准和向社会不特定多数人吸收资金,且借款利率高于法定利率,扰乱了国家金融秩序,则就超出了民间借贷的范畴,演化为非法吸收公众存款。而对于像"只向少数个人或者特定对象如仅限于本单位人员等吸收存款"的行为当然不是本罪中非法吸收公众存款的行为,因为这种民间借贷不可能对国家金融秩序造成破坏。

2.《最高人民法院关于审理非法集资刑事案件具体应用法律若干问题的解释》(法释〔2010〕18号,2011年1月4日)第一条 违反国家金融管理法律规定,向社会公众(包括单位和个人)吸收资金的行为,同时具备下列四个条件的,除刑法另有规定的以外,应当认定为刑法第一百七十六条规定的"非法吸收公众存款或者变相吸收公众存款":

（一）未经有关部门依法批准或者借用合法经营的形式吸收资金；

理解与适用：原来规定主体适格就不构成本罪，现已修改，故规定借用合法经营的形式吸收资金仍然构成本罪。如果将非法限定为未经有关部门依法批准，就意味着仅考虑程序上的非法性，而忽视了实体上的非法性。故非法集资，是指违反了法律、法规、规章有关集资的实体规定或程序规定，而不限于“未经有关部门依法批准”。

（二）通过媒体、推介会、传单、手机短信等途径向社会公开宣传；

理解与适用：关于口口相传是否属于公开宣传，能否将口口相传的效果归责于集资人，需要根据主客观相一致的原则进行具体分析，对于这种行为，实践中可以结合“集资人”对此是否知情、对此态度如何，有无具体参与，是否设法加以阻止等主客观因素，认定是否符合公开性特征要件。

（三）承诺在一定期限内以货币、实物、股权等方式还本付息或者给付回报；

理解与适用：回报的方式，既包括固定回报，也包括非固定回报；回报的形式，除货币之外，还有实物、消费、股权等形式；具体给付回报的名义，除了较为常见的利息、分红之外，还有所谓的“工资”、“奖金”、“销售提成”等。

（四）向社会公众即社会不特定对象吸收资金。

理解与适用：未向社会公开宣传，在亲友或者单位内部针对特定对象吸收资金的，不属于非法吸收或者变相吸收公众存款。

3.《最高人民法院、最高人民检察院、公安部关于办理非法集资刑事案件适用法律若干问题的意见》（2014年3月25日） 二、关于“向社会公开宣传”的认定问题

《最高人民法院关于审理非法集资刑事案件具体应用法律若干问题的解释》第一条第一款第二项中的“向社会公开宣传”，包括以各种途径向社会公众传播吸收资金的信息，以及明知吸收资金的信息向社会公众扩散而予以放任等情形。

三、关于“社会公众”的认定问题

下列情形不属于《最高人民法院关于审理非法集资刑事案件具体应用法律若干问题的解释》第一条第二款规定的“针对特定对象吸收资金”的行为，应当认定为向社会公众吸收资金：

（一）在向亲友或者单位内部人员吸收资金的过程中，明知亲友或者

单位内部人员向不特定对象吸收资金而予以放任的;

(二)以吸收资金为目的,将社会人员吸收为单位内部人员,并向其吸收资金的。

4. 法释〔2010〕18号第二条　实施下列行为之一,符合本解释第一条第一款规定的条件的,应当依照刑法第一百七十六条的规定,以非法吸收公众存款罪定罪处罚:

(一)不具有房产销售的真实内容或者不以房产销售为主要目的,以返本销售、售后包租、约定回购、销售房产份额等方式非法吸收资金的;

(二)以转让林权并代为管护等方式非法吸收资金的;

(三)以代种植(养殖)、租种植(养殖)、联合种植(养殖)等方式非法吸收资金的;

(四)不具有销售商品、提供服务的真实内容或者不以销售商品、提供服务为主要目的,以商品回购、寄存代售等方式非法吸收资金的;

(五)不具有发行股票、债券的真实内容,以虚假转让股权、发售虚构债券等方式非法吸收资金的;

(六)不具有募集基金的真实内容,以假借境外基金、发售虚构基金等方式非法吸收资金的;

(七)不具有销售保险的真实内容,以假冒保险公司、伪造保险单据等方式非法吸收资金的;

(八)以投资入股的方式非法吸收资金的;

(九)以委托理财的方式非法吸收资金的;

(十)利用民间"会"、"社"等组织非法吸收资金的;

(十一)其他非法吸收资金的行为。

176-3 《非法金融机构和非法金融业务活动取缔办法》第四条第二款　变相吸收公众存款,是指未经中国人民银行批准,不以吸收公众存款的名义,向社会不特定对象吸收资金,但承诺履行的义务与吸收公众存款性质相同的活动。

176-4 **1.** 法释〔2010〕18号第三条第一款　非法吸收或者变相吸收公众存款,具有下列情形之一的,应当依法追究刑事责任:

(一)个人非法吸收或者变相吸收公众存款,数额在20万元以上的,单位非法吸收或者变相吸收公众存款,数额在100万元以上的;

(二)个人非法吸收或者变相吸收公众存款对象30人以上的,单位非法吸收或者变相吸收公众存款对象150人以上的；

（三）个人非法吸收或者变相吸收公众存款，给存款人造成直接经济损失数额在10万元以上的，单位非法吸收或者变相吸收公众存款，给存款人造成直接经济损失数额在50万元以上的；

（四）造成恶劣社会影响或者其他严重后果的。*

法释〔2010〕18号第三条第三款　非法吸收或者变相吸收公众存款的数额，以行为人所吸收的资金全额计算。案发前后已归还的数额，可以作为量刑情节酌情考虑。

非法吸收或者变相吸收公众存款，主要用于正常的生产经营活动，能够及时清退所吸收资金，可以免予刑事处罚；情节显著轻微的，不作为犯罪处理。

理解与适用：1."案发前后已归还的资金"是否在非法吸收存款的数额计算中扣除，经研究，非法吸收存款罪不属于占有型犯罪，也不属于结果犯，将已归还数额计入犯罪数额可以更为全面客观地反映非法吸收公众存款的资金规模，更准确地判断其社会危害性的程度。至于打击面的控制，可以通过本条第四款的规定来解决。2.非法吸收公众存款罪的社会危害性主要体现在不能归还所吸收资金及由此引发的社会稳定问题，而不在于吸收公众资金的数额，故本解释对这一从宽情节不设定数额限制。

2.《最高人民法院关于常见犯罪的量刑指导意见（二）（试行）》（2017年5月1日起试行）

（二）非法吸收公众存款罪

1.构成非法吸收公众存款罪的，可以根据下列不同情形在相应的幅度内确定量刑起点：

（1）犯罪情节一般的，可以在一年以下有期徒刑、拘役幅度内确定量刑起点。

（2）达到数额巨大起点或者有其他严重情节的，可以在三年至四年有期徒刑幅度内确定量刑起点。

2.在量刑起点的基础上，可以根据非法吸收存款数额等其他影响犯

---

* 1.法释〔2010〕18号较之《全国法院审理金融犯罪案件工作座谈会纪要》增加了第四项的两个情形，以体现加大打击力度，严惩破坏金融秩序犯罪的国家意志。2.原来的"损失"概念比较笼统，故改为"直接经济损失"。3.个人犯罪数额与单位犯罪数额比例是1∶5。

罪构成的犯罪事实增加刑罚量,确定基准刑。

3.《宽严相济在经济犯罪和职务犯罪案件审判中的具体贯彻》(2010年4月7日)

一、宽严相济刑事政策在经济犯罪案件审判中的具体贯彻

(二)关于政策法律界限。对于当前金融危机背景下的经济违法行为,应当根据《意见》第4条规定的"审时度势"原则、第5条规定的"两个效果相统一"原则以及第14条、第23条规定的从宽要求,审慎分析判断其社会危害性,从有利于保障经济增长、维护社会稳定的角度依法准确定罪量刑。以非法集资案件为例说明如下:一是要准确界定非法集资与民间借贷、商业交易的政策法律界限。未经社会公开宣传,在单位职工或者亲友内部针对特定对象筹集资金的,一般可以不作为非法集资。二是要准确把握非法集资罪与非罪的界限。资金主要用于生产经营及相关活动,行为人有还款意愿,能够及时清退集资款项,情节轻微,社会危害不大的,可以免予刑事处罚或者不作为犯罪处理。此外,对于"边缘案"、"踩线案"、罪与非罪界限一时难以划清的案件,要从有利于促进企业生存发展、有利于保障员工生计、有利于维护社会和谐稳定的高度,依法妥善处理,可定可不定的,原则上不按犯罪处理。特别对于涉及企业、公司法定代表人、技术人员因政策界限不明而实施的轻微违法犯罪,更要依法慎重处理。

4.《全国法院审理金融犯罪案件工作座谈会纪要》 二、(二)关于破坏金融管理秩序罪 4.破坏金融管理秩序相关犯罪数额和情节的认定

关于非法吸收公众存款罪。非法吸收或者变相吸收公众存款的,要从非法吸收公众存款的数额,范围以及给存款人造成的损失等方面来判定扰乱金融秩序造成危害的程度。

理解与适用:有论者认为,扰乱金融秩序的表述是对行为性质的阐述,而不是作为构成要件的犯罪结果。本罪是行为犯,即只要行为人实施了非法吸收公众存款或者变相吸收公众存款的,且达到扰乱金融秩序的程度,即为本案的既遂。具体而言,只要其向社会不特定多数人开展非法吸收公众存款业务,且为后者知晓,即构成既遂,无论其是否现实地吸纳了存款。

176-5 法释〔2010〕18号第三条第二款 具有下列情形之一的,属于刑法第一百七十六条规定的"数额巨大或者有其他严重情节":

（一）个人非法吸收或者变相吸收公众存款，数额在100万元以上的，单位非法吸收或者变相吸收公众存款，数额在500万元以上的；

（二）个人非法吸收或者变相吸收公众存款对象100人以上的，单位非法吸收或者变相吸收公众存款对象500人以上的；

（三）个人非法吸收或者变相吸收公众存款，给存款人造成直接经济损失数额在50万元以上的，单位非法吸收或者变相吸收公众存款，给存款人造成直接经济损失数额在250万元以上的；

（四）造成特别恶劣社会影响或者其他特别严重后果的。

第一百七十七条[1]　**【伪造、变造金融票证罪】**有下列情形之一，伪造、变造金融票证的，[2] 处五年以下有期徒刑或者拘役，并处或者单处二万元以上二十万元以下罚金；情节严重的，[3] 处五年以上十年以下有期徒刑，并处五万元以上五十万元以下罚金；情节特别严重的，[4] 处十年以上有期徒刑或者无期徒刑，并处五万元以上五十万元以下罚金*或者没收财产：

（一）伪造、变造汇票、本票、支票的；

（二）伪造、变造委托收款凭证、汇款凭证、银行存单等其他银行结算凭证的；

（三）伪造、变造信用证或者附随的单据、文件的；

（四）伪造信用卡的。[5]

单位犯前款罪的，对单位判处罚金，并对其直接负责的主管人员和其他直接责任人员，依照前款的规定处罚。

177-1　《最高人民法院、最高人民检察院关于办理妨害信用卡管理刑事案件具体应用法律若干问题的解释》（法释〔2009〕19号，2009年12月19日）

---

* 1997年刑法基本沿用了1995年6月《全国人大常委会关于惩治破坏金融秩序犯罪的决定》的内容，但在本段“没收财产”之前增加规定了“五万元以上五十万元以下罚金”的附加财产刑和幅度，以便更好地体现罪刑相适应原则。

177-2　《立案标准(二)》第二十九条　伪造、变造金融票证,涉嫌下列情形之一的,应予立案追诉:

(一)伪造、变造汇票、本票、支票,或者伪造、变造委托收款凭证、汇款凭证、银行存单等其他银行结算凭证,或者伪造、变造信用证或者附随的单据、文件,总面额在一万元以上或者数量在十张以上的;

(二)伪造信用卡一张以上,或者伪造空白信用卡十张以上的。

177-3　法释〔2009〕19号第一条第三款　伪造信用卡,有下列情形之一的,应当认定为刑法第一百七十七条规定的"情节严重":

(一)伪造信用卡5张以上不满25张的;

(二)伪造的信用卡内存款余额、透支额度单独或者合计数额在20万元以上不满100万元的;

(三)伪造空白信用卡50张以上不满250张的;

(四)其他情节严重的情形。

本条所称"信用卡内存款余额、透支额度",以信用卡被伪造后发卡行记录的最高存款余额、可透支额度计算。

理解与适用:由于被伪造信用卡的持卡人或持伪卡的人可能取现或者消费,卡内存款余额、透支额度处于变动之中,为了从严惩处此类犯罪,按最高存款余额、可透支额度计算信用卡内存款余额、透支额度。

177-4　法释〔2009〕19号第一条第四款　伪造信用卡,有下列情形之一的,应当认定为刑法第一百七十七条规定的"情节特别严重":

(一)伪造信用卡25张以上的;

(二)伪造的信用卡内存款余额、透支额度单独或者合计数额在100万元以上的;

(三)伪造空白信用卡250张以上的;

(四)其他情节特别严重的情形。

177-5　法释〔2009〕19号第一条　复制他人信用卡、将他人信用卡信息资料写入磁条介质、芯片或者以其他方法伪造信用卡1张以上的,应当认定为刑法第一百七十七条第一款第(四)项规定的"伪造信用卡",以伪造金融票证罪定罪处罚。

伪造空白信用卡10张以上的,应当认定为刑法第一百七十七条第一款第(四)项规定的"伪造信用卡",以伪造金融票证罪定罪处罚。

理解与适用:1. 伪造信用卡可以通过多次写卡而形成不同信用卡,

伪造一张信用卡即具有严重的社会危害性。2.由于本法第一百七十七条之一规定了明知是伪造的空白信用卡而持有、运输的行为构成犯罪，而本法第一百七十七条并未规定伪造空白的信用卡是否构成犯罪，故本解释将伪造空白的信用卡也规定为犯罪，以便与本法第一百七十七条之一的规定相协调，另伪造空白的信用卡是整个伪造信用卡过程中的重要一环，故将该行为规定为犯罪，但考虑到伪造空白信用卡行为的社会危害性略小于伪造信用卡行为，故规定了10张的数量标准。

第一百七十七条之一　(刑五)【妨害信用卡管理罪】有下列情形之一，妨害信用卡管理的，[1] 处三年以下有期徒刑或者拘役，并处或者单处一万元以上十万元以下罚金；数量巨大[2] 或者有其他严重情节的，处三年以上十年以下有期徒刑，并处二万元以上十万元以下罚金。

(一)明知是伪造的信用卡而持有、[3] 运输[4] 的，或者明知是伪造的空白信用卡而持有、运输，数量较大的；[5]

(二)非法持有他人信用卡，数量较大的；[6]

(三)使用虚假的身份证明骗领信用卡的；[7]

(四)出售、购买、为他人提供伪造的信用卡或者以虚假的身份证明骗领信用卡的。

【窃取、收买、非法提供信用卡信息罪】窃取、收买或者非法提供他人信用卡信息资料的[8]，依照前款规定处罚。

银行或者其他金融机构的工作人员利用职务上的便利，犯第二款罪的，从重处罚。

177A-1 《立案标准(二)》第三十条　妨害信用卡管理，涉嫌下列情形之一的，应予立案追诉：

(一)明知是伪造的信用卡而持有、运输的；

(二)明知是伪造的空白信用卡而持有、运输，数量累计在十张以上的；

(三)非法持有他人信用卡,数量累计在五张以上的;

(四)使用虚假的身份证明骗领信用卡的;

(五)出售、购买、为他人提供伪造的信用卡或者以虚假的身份证明骗领的信用卡的。

177A-2 法释〔2009〕19号第二条第二款 有下列情形之一的,应当认定为刑法第一百七十七条之一第一款规定的“数量巨大”:*

(一)明知是伪造的信用卡而持有、运输10张以上的;

(二)明知是伪造的空白信用卡而持有、运输100张以上的;

(三)非法持有他人信用卡50张以上的;

(四)使用虚假的身份证明骗领信用卡10张以上的;

(五)出售、购买、为他人提供伪造的信用卡或者以虚假的身份证明骗领的信用卡10张以上的。

177A-3 理解与适用:持有,即对伪造的信用卡的实际控制,是一种事实上的占有和支配。持有型犯罪的行为特点是既不是积极的作为,也不是违背义务的消极的不作为,而是行为人将国家禁止公民拥有的违禁品置于其实际支配、控制或占有之下。

177A-4 理解与适用:运输,是指将伪造的信用卡从一处带到另一处,持有、运输伪造的信用卡,无论数量多少,均构成犯罪。因为行为人持有、运输的是已经伪造好的信用卡,这些伪造的信用卡已经具备使用的条件,其社会危害性已经现实存在,只是在尚未投入使用前被查获。

177A-5 法释〔2009〕19号第二条第一款 明知是伪造的空白信用卡而持有、运输10张以上不满100张的,应当认定为刑法第一百七十七条之一第一款第(一)项规定的“数量较大”……

177A-6 法释〔2009〕19号第二条第一款 非法持有他人信用卡5张以上不满50张的,应当认定为刑法第一百七十七条之一第一款第(二)项规定的“数量较大”。

177A-7 1. 法释〔2009〕19号第二条第三款 违背他人意愿,使用其居民身份证、军官证、士兵证、港澳居民往来内地通行证、台湾居民来往大陆通行证、护照等身份证明申领信用卡的,或者使用伪造、变造的身份证明申领信用卡的,应当认定为“使用虚假的身份证明骗领信用卡”。

---

* 以起刑点的10倍为标准。

理解与适用：1. 申请信用卡通常需要提交身份证明和资信证明，本款针对的是身份证明，而非资信证明。2. 本款从实质角度强调了“违背他人意愿”，这样的限制性条件，既可以防止不合理地扩大打击面，又更符合实际情况，便于操作。

2.《公安部经济犯罪侦查局关于对以虚假的工作单位证明及收入证明骗领信用卡是否可以认定为妨害信用卡管理罪请示的批复》（公经金融〔2008〕107号，2008年7月1日）你总队《关于以虚假的工作单位证明及收入证明骗领信用卡是否可以认定为妨害信用卡管理罪的请示》（鲁公经〔2008〕335号）收悉。经研究，并征求人民银行意见，以虚假的工作单位证明及收入证明骗领信用卡不能认定为妨害信用卡管理罪。

177A-8　1. 法释〔2009〕19号第三条　窃取、收买、非法提供他人信用卡信息资料，足以伪造可进行交易的信用卡（有磁交易），或者足以使他人以信用卡持卡人名义进行交易（无磁交易），涉及信用卡1张以上不满5张的，依照刑法第一百七十七条之一第二款的规定，以窃取、收买、非法提供信用卡信息罪定罪处罚；涉及信用卡5张以上的，应当认定为刑法第一百七十七条之一第一款规定的“数量巨大”。

2.《立案标准（二）》第三十一条　窃取、收买或者非法提供他人信用卡信息资料，足以伪造可进行交易的信用卡，或者足以使他人以信用卡持卡人名义进行交易，涉及信用卡一张以上的，应予立案追诉。

第一百七十八条　【伪造、变造国家有价证券罪】伪造、变造国库券或者国家发行的其他有价证券，数额较大的，[1] 处三年以下有期徒刑或者拘役，并处或者单处二万元以上二十万元以下罚金；数额巨大的，处三年以上十年以下有期徒刑，并处五万元以上五十万元以下罚金；数额特别巨大的，处十年以上有期徒刑或者无期徒刑，并处五万元以上五十万元以下罚金或者没收财产。

【伪造、变造股票、公司、企业债券罪】伪造、变造股票或者公司、企业债券，数额较大的，[2] 处三年以下有期徒刑或者拘役，并处或者单处一万元以上十万元以下罚金；数额巨大的，处三年以上十年以下有期徒刑，并处二万元以上二十万元以下罚金。

单位犯前两款罪的,对单位判处罚金,并对其直接负责的主管人员和其他直接责任人员,依照前两款的规定处罚。

178-1 《立案标准(二)》第三十二条　伪造、变造国库券或者国家发行的其他有价证券,总面额在二千元以上的,应予立案追诉。

178-2 《立案标准(二)》第三十三条　伪造、变造股票或者公司、企业债券,总面额在五千元以上的,应予立案追诉。

第一百七十九条　【擅自发行股票、公司、企业债券罪】未经国家有关主管部门批准,擅自发行股票或者公司、企业债券,数额巨大、后果严重或者有其他严重情节的,[1] 处五年以下有期徒刑或者拘役,并处或者单处非法募集资金金额百分之一以上百分之五以下罚金。

单位犯前款罪的,对单位判处罚金,并对其直接负责的主管人员和其他直接责任人员,处五年以下有期徒刑或者拘役。

179-1 **1.**《最高人民法院关于审理非法集资刑事案件具体应用法律若干问题的解释》(法释〔2010〕18号,2011年1月4日)第六条　未经国家有关主管部门批准,向社会不特定对象发行、以转让股权等方式变相发行股票或者公司、企业债券,或者向特定对象发行、变相发行股票或者公司、企业债券累计超过200人的,应当认定为刑法第一百七十九条规定的"擅自发行股票、公司、企业债券"。构成犯罪的,以擅自发行股票、公司、企业债券罪定罪处罚。

2.《立案标准(二)》第三十四条　未经国家有关主管部门批准,擅自发行股票或者公司、企业债券,涉嫌下列情形之一的,应予立案追诉:

(一)发行数额在五十万元以上的;

(二)虽未达到上述数额标准,但擅自发行致使三十人以上的投资者购买了股票或者公司、企业债券的;

(三)不能及时清偿或者清退的;

(四)其他后果严重或者有其他严重情节的情形。

第一百八十条[1]　(1999年修正案、刑七)**【内幕交易、泄露内幕信息罪】**证券、期货交易内幕信息的知情人员[2] 或者非法获取[3] 证券、期货交易内幕信息的人员,在涉及证券的发行,证券、期货交易或者其他对证券、期货交易价格有重大影响的信息尚未公开[4]前，买入或者卖出该证券，或者从事与该内幕信息有关的期货交易，或者泄露该信息，或者明示、暗示[5]他人从事上述交易活动，*[6]情节严重的，[7]处五年以下有期徒刑或者拘役，并处或者单处违法所得[8]一倍以上五倍以下罚金；情节特别严重的，[9]处五年以上十年以下有期徒刑，并处违法所得一倍以上五倍以下罚金。

单位犯前款罪的，[10]对单位判处罚金，并对其直接负责的主管人员和其他直接责任人员，处五年以下有期徒刑或者拘役。

内幕信息、[11]知情人员**[12]的范围，依照法律、行政法规的规定确定。

(刑七)【利用未公开信息交易罪】证券交易所、期货交易所、证券公司、期货经纪公司、基金管理公司、商业银行、保险公司等金融机构的从业人员以及有关监管部门或者行业协会的工作人员，利用因职务便利获取的内幕信息以外的其他未公开的信息，违反规定，从事与该信息相关的证券、期货交易活动，或者明示、暗示他人从事相关交易活动，情节严重的，[13]依照第一款的规定处罚。[14]

180-1　1.《证券法》第七十三条　禁止证券交易内幕信息的知情人和非法获取内幕信息的人利用***内幕信息从事证券交易活动。

2.《最高人民法院、最高人民检察院关于办理内幕交易、泄露内幕信息刑事案件具体应用法律若干问题的解释》(法释〔2012〕6号，2012年6月1日)

3.《最高人民法院、最高人民检察院、公安部、中国证监会关于办理证券期货违法犯罪案件工作若干问题的意见》(证监发〔2011〕30号，

---

*　《刑法修正案(七)》新增。

**　1.修正前内幕信息和知情人员分两款规定，现合为一款。2.发行人(上市公司)的控股股东、实际控制人控制的其他公司的董事、监事、高级管理人员不是法定的内幕信息的知情人员。

***　证券法规定的内幕交易行为明确规定了“利用”内幕信息这一要求，但刑法只是将“内幕信息敏感期”作为构成要件，而并未将内幕信息的“利用”行为明确规定为构成要件。

2011年4月27日) 十、涉嫌证券期货犯罪的第一审案件,由中级人民法院管辖,同级人民检察院负责提起公诉,地(市)级以上公安机关负责立案侦查。

4.《最高人民法院关于审理证券行政处罚案件证据若干问题的座谈会纪要》(法〔2011〕225号,2011年7月13日)

5.《中国证券监督管理委员会证券市场内幕交易行为认定指引(试行)》(证监稽查字〔2007〕1号,2007年3月27日)

180-2 法释〔2012〕6号第一条 下列人员应当认定为刑法第一百八十条第一款规定的"证券、期货交易内幕信息的知情人员":

(一)证券法第七十四条规定的人员;

(二)期货交易管理条例第八十五条第十二项规定的人员。

法释〔2012〕6号第五条第二款 影响内幕信息形成的动议、筹划、决策或者执行人员,其动议、筹划、决策或者执行初始时间,应当认定为内幕信息的形成之时。

180-3 法释〔2012〕6号第二条 具有下列行为的人员应当认定为刑法第一百八十条第一款规定的"非法获取证券、期货交易内幕信息的人员":

(一)利用窃取、骗取、套取、窃听、利诱、刺探或者私下交易等手段获取内幕信息的;

(二)内幕信息知情人员的近亲属或者其他与内幕信息知情人员关系密切的人员,在内幕信息敏感期内,从事或者明示、暗示他人从事,或者泄露内幕信息导致他人从事与该内幕信息有关的证券、期货交易,相关交易行为明显异常,且无正当理由或者正当信息来源的;

(三)在内幕信息敏感期内,与内幕信息知情人员*联络、接触,从事或者明示、暗示他人从事,或者泄露内幕信息导致他人从事与该内幕信息有关的证券、期货交易,相关交易行为明显异常,且无正当理由或者正当信息来源的。

法释〔2012〕6号第三条 本解释第二条第二项、第三项规定的"相关交易行为明显异常",要综合以下情形,从时间吻合程度、交易背离程

---

* 证券法中的内幕交易行为的主体范围只包括合法的内幕信息知情人员,不包括非法获取的内幕信息知情人员。

度和利益关联程度等方面予以认定：

（一）开户、销户、激活资金账户或者指定交易（托管）、撤销指定交易（转托管）的时间与该内幕信息形成、变化、公开时间基本一致的；

（二）资金变化与该内幕信息形成、变化、公开时间基本一致的；

（三）买入或者卖出与内幕信息有关的证券、期货合约时间与内幕信息的形成、变化和公开时间基本一致的；

（四）买入或者卖出与内幕信息有关的证券、期货合约时间与获悉内幕信息的时间基本一致的；

（五）买入或者卖出证券、期货合约行为明显与平时交易习惯不同的；

（六）买入或者卖出证券、期货合约行为，或者集中持有证券、期货合约行为与该证券、期货公开信息反映的基本面明显背离的；

（七）账户交易资金进出与该内幕信息知情人员或者非法获取人员有关联或者利害关系的；

（八）其他交易行为明显异常情形。

180-4　法释〔2012〕6号第五条　本解释所称"内幕信息敏感期"是指内幕信息自形成至公开的期间。证券法第六十七条第二款所列"重大事件"的发生时间，第七十五条规定的"计划"、"方案"以及期货交易管理条例第八十五条第十一项规定的"政策"、"决定"等的形成时间，应当认定为内幕信息的形成之时。

内幕信息的公开，是指内幕信息在国务院证券、期货监督管理机构指定的报刊、网站等媒体披露。

理解与适用：内幕信息敏感期的第一种情形是一般情形，而第二种情形是特殊情况，从而将内幕信息的形成时间提前，避免放纵犯罪。

180-5　**理解与适用**：《证券法》第二百零二条表述为"建议"他人买卖该证券，但《刑法修正案（七）》将"明示、暗示"他人买卖证券的行为新规定为泄露内幕信息犯罪行为，但不再使用"建议"一词，而置换为"明示、暗示"。虽然"明示、暗示"都是"建议"的不同表现形式，两者没有本质区别，但将"建议"置换为"明示、暗示"实质在于解决了"告知"的问题，即"暗示"行为的入罪，表示"建议"行为入罪并不需要"告知"，"建议"并不以内幕信息的知情人员必须将内幕信息告知被建议者为要件，建议者的"暗示"行为同样可以构成内幕交易罪。

法释〔2012〕6号第十条第二款　内幕信息的泄露人员或者内幕交易

的明示、暗示人员未实际从事内幕交易的,其罚金数额按照因泄露而获悉内幕信息人员或者被明示、暗示人员从事内幕交易的违法所得计算。

理解与适用:“违法所得”是指从事内幕交易的违法所得还是指因泄露内幕信息或者明示、暗示行为而获取的报酬,该问题亟须明确。本条所规定的“违法所得”应是指内幕交易人员的违法所得。该条之所以未具体明确违法所得的主体,从一个角度可以理解为是立法者的疏漏,但从另一个角度也可以理解为一种立法技术,将此处的“违法所得”理解为内幕交易人员的违法所得,并未违背立法原意。对关系密切的人泄露内幕信息,可能根本不存在什么报酬。因此将“违法所得”理解为泄露内幕信息行为,明示、暗示行为的报酬,与立法原意不符。

180-6　1.《最高人民法院关于审理证券行政处罚案件证据若干问题的座谈会纪要》(法〔2011〕225 号,2011 年 7 月 13 日)　五、关于内幕交易行为的认定问题

会议认为,监管机构提供的证据能够证明以下情形之一,且被处罚人不能作出合理说明或者提供证据排除其存在利用内幕信息从事相关证券交易活动的,人民法院可以确认被诉处罚决定认定的内幕交易行为成立:(一)证券法第七十四条规定的证券交易内幕信息知情人,进行了与该内幕信息有关的证券交易活动;(二)证券法第七十四条规定的内幕信息知情人的配偶、父母、子女以及其他有密切关系的人,其证券交易活动与该内幕信息基本吻合;(三)因履行工作职责知悉上述内幕信息并进行了与该信息有关的证券交易活动;(四)非法获取内幕信息*,并进行了与该内幕信息有关的证券交易活动;(五)内幕信息公开前与内幕信息知情人或知晓该内幕信息的人联络、接触,其证券交易活动与内幕信息高度吻合。

---

* 《证券法》和《刑法》均将内幕交易主体界定内幕信息的知情人员和非法获取内幕信息的人员这两大类。《证券市场内幕交易行为认定指引(试行)》对上述两类主体采取了不同的认定标准。对于内幕信息的知情人员,只要稽查机关查证其在内幕信息敏感期内买卖相关证券,或者明示、暗示他人买卖相关证据,即可认定其为内幕交易,除非其有足够证据证明自己并不知悉有关内幕信息。而对于非法获取内幕信息的人员,如在内幕信息敏感期内有交易行为,并不能直接被认定为内幕交易,稽查方“应在根据相关证据综合判断其是否知悉内幕信息的基础上认定其是否构成内幕交易”。由此可见,认定非法获取内幕信息的人员构成内幕交易,举证责任主要在稽查方。

2. 法释〔2012〕6号第四条　具有下列情形之一的，不属于刑法第一百八十条第一款规定的从事与内幕信息有关的证券、期货交易：

（一）持有或者通过协议、其他安排与他人共同持有上市公司百分之五以上股份的自然人、法人或者其他组织收购该上市公司股份的；

（二）按照事先订立的书面合同、指令、计划从事相关证券、期货交易的；

（三）依据已被他人披露的信息而交易的；

（四）交易具有其他正当理由或者正当信息来源的。

180-7　法释〔2012〕6号第六条*　在内幕信息敏感期内从事或者明示、暗示他人从事或者泄露内幕信息导致他人从事与该内幕信息有关的证券、期货交易，具有下列情形之一的，应当认定为刑法第一百八十条第一款规定的"情节严重"：

（一）证券交易成交额在五十万元以上的；

（二）期货交易占用保证金数额在三十万元以上的；

（三）获利或者避免损失数额在十五万元以上的；

（四）三次以上的；

（五）具有其他严重情节的。

180-8　法释〔2012〕6号第九条　同一案件中，成交额、占用保证金额、获利或者避免损失额分别构成情节严重、情节特别严重的，按照处罚较重的数额定罪处罚。构成共同犯罪的，按照共同犯罪行为人的成交总额、占用保证金总额、获利或者避免损失总额定罪处罚，但判处各被告人罚金的总额应掌握在获利或者避免损失总额的一倍以上五倍以下。

法释〔2012〕6号第十条　刑法第一百八十条第一款规定的"违法所得"**，是指通过内幕交易行为所获利益或者避免的损失。

内幕信息的泄露人员或者内幕交易的明示、暗示人员未实际从事内幕交易的，其罚金数额按照因泄露而获悉内幕信息人员或者被明示、暗示人员从事内幕交易的违法所得计算。

180-9　法释〔2012〕6号第七条　在内幕信息敏感期内从事或者明示、暗示他人从事或者泄露内幕信息导致他人从事与该内幕信息有关的

---

* 同《立案标准（二）》第三十五条，故从略。

** 参见《中国证券监督管理委员会证券市场内幕交易行为认定指引（试行）》第六章违法所得的认定。

证券、期货交易,具有下列情形之一的,应当认定为刑法第一百八十条第一款规定的“情节特别严重”:

(一)证券交易成交额在二百五十万元以上的;

(二)期货交易占用保证金数额在一百五十万元以上的;

(三)获利或者避免损失数额在七十五万元以上的;

(四)具有其他特别严重情节的。

180-10 法释〔2012〕6号第十一条 单位实施刑法第一百八十条第一款规定的行为,具有本解释第六条规定情形之一的,按照刑法第一百八十条第二款的规定定罪处罚。

180-11 《证券法》第七十五条 【内幕信息】 证券交易活动中,涉及公司的经营、财务或者对该公司证券的市场价格有重大影响的尚未公开的信息,为内幕信息。下列信息皆属内幕信息:

(一)本法第六十七条第二款所列重大事件;

(二)公司分配股利或者增资的计划;

(三)公司股权结构的重大变化;

(四)公司债务担保的重大变更;

(五)公司营业用主要资产的抵押、出售或者报废一次超过该资产的百分之三十;

(六)公司的董事、监事、高级管理人员的行为可能依法承担重大损害赔偿责任;

(七)上市公司收购的有关方案;

(八)国务院证券监督管理机构认定的对证券交易价格有显著影响的其他重要信息。

《证券法》第六十七条 【临时报告制度】 发生可能对上市公司股票交易价格产生较大影响的重大事件,投资者尚未得知时,上市公司应当立即将有关该重大事件的情况向国务院证券监督管理机构和证券交易所报送临时报告,并予公告,说明事件的起因、目前的状态和可能产生的法律后果。下列情况为前款所称重大事件:

(一)公司的经营方针和经营范围的重大变化;

(二)公司的重大投资行为和重大的购置财产的决定;

(三)公司订立重要合同,可能对公司的资产、负债、权益和经营成果产生重要影响;

（四）公司发生重大债务和未能清偿到期重大债务的违约情况；

（五）公司发生重大亏损或者重大损失；

（六）公司生产经营的外部条件发生的重大变化；

（七）公司的董事、三分之一以上监事或者经理发生变动；

（八）持有公司百分之五以上股份的股东或者实际控制人，其持有股份或者控制公司的情况发生较大变化；

（九）公司减资、合并、分立、解散及申请破产的决定；

（十）涉及公司的重大诉讼，股东大会、董事会决议被依法撤销或者宣告无效；

（十一）公司涉嫌犯罪被司法机关立案调查，公司董事、监事、高级管理人员涉嫌犯罪被司法机关采取强制措施；

（十二）国务院证券监督管理机构规定的其他事项。

180-12　**1.** 法释〔2012〕6号第一条　下列人员应当认定为刑法第一百八十条第一款规定的“证券、期货交易内幕信息的知情人员”：

（一）证券法第七十四条规定的人员；

（二）期货交易管理条例第八十五条第十二项规定的人员。

2.《证券法》第七十四条　【知情人】　证券交易内幕信息的知情人包括：

（一）发行人的董事、监事、高级管理人员；

（二）持有公司百分之五以上股份的股东及其董事、监事、高级管理人员，公司的实际控制人及其董事、监事、高级管理人员；

（三）发行人控股的公司及其董事、监事、高级管理人员；

（四）由于所任公司职务可以获取公司有关内幕信息的人员；

（五）证券监督管理机构工作人员以及由于法定职责对证券的发行、交易进行管理的其他人员；

（六）保荐人、承销的证券公司、证券交易所、证券登记结算机构、证券服务机构的有关人员；

（七）国务院证券监督管理机构规定的其他人。

3.《期货交易管理条例》第八十二条第十二项　内幕信息的知情人员，是指由于其管理地位、监督地位或者职业地位，或者作为雇员、专业顾问履行职务，能够接触或者获得内幕信息的人员，包括：期货交易所的管理人员以及其他由于任职可获取内幕信息的从业人员，国务院期货监督管理机构和其他有关部门的工作人员以及国务院期货监督管理机构规定的其他人员。

180-13 《立案标准(二)》第三十六条 证券交易所、期货交易所、证券公司、期货公司、基金管理公司、商业银行、保险公司等金融机构的从业人员以及有关监管部门或者行业协会的工作人员,利用因职务便利获取的内幕信息以外的其他未公开的信息,违反规定,从事与该信息相关的证券、期货交易活动,或者明示、暗示他人从事相关交易活动,涉嫌下列情形之一的,应予立案追诉:

(一)证券交易成交额累计在五十万元以上的;

(二)期货交易占用保证金数额累计在三十万元以上的;

(三)获利或者避免损失数额累计在十五万元以上的;

(四)多次利用内幕信息以外的其他未公开信息进行交易活动的;

(五)其他情节严重的情形。*

180-14 **1.** 最高人民法院指导性案例61号马乐利用未公开信息交易案

基本案情 2011年3月9日至2013年5月30日期间,被告人马乐担任博时基金管理有限公司旗下的博时精选股票证券投资经理,全权负责投资基金投资股票市场,掌握了博时精选股票证券投资基金交易的标的股票、交易时间和交易数量等未公开信息。马乐在任职期间利用其掌控的上述未公开信息,从事与该信息相关的证券交易活动,操作自己控制的"金某""严某甲""严某乙"三个股票账户,通过临时购买的不记名神州行电话卡下单,先于(1~5个交易日)、同期或稍晚于(1~2个交易日)其管理的"博时精选"基金账户买卖相同股票76只,累计成交金额10.5亿余元,非法获利18833374.74元。2013年7月17日,马乐主动到深圳市公安局投案,且到案之后能如实供述其所犯罪行,属自首;马乐认罪态度良好,违法所得能从扣押、冻结的财产中全额返还,判处的罚金亦能全额缴纳。

关键词 刑事 利用未公开信息交易罪 援引法定刑 情节特别严重

裁判要点 刑法第一百八十条第四款规定的利用未公开信息交易

---

* 俗称"老鼠仓"。

罪援引法定刑的情形,应当是对第一款内幕交易、泄露内幕信息罪全部法定刑的引用,即利用未公开信息交易罪应有“情节严重”“情节特别严重”两种情形和两个量刑档次。

裁判结果　广东省深圳市中级人民法院一审对马乐利用未公开信息交易案作出(2014)深中法刑二初字第27号刑事判决。宣判后,深圳市人民检察院提出抗诉认为,被告人马乐的行为应认定为犯罪情节特别严重,依照“情节特别严重”的量刑档次处罚。一审判决适用法律错误,量刑明显不当,应当依法改判。

广东省高级人民法院(2014)粤高法刑二终字第137号刑事裁定认为,刑法第一百八十条第四款规定,利用未公开信息交易,情节严重的,依照第一款的规定处罚,该条款并未对利用未公开信息交易罪规定有“情节特别严重”情形;而根据第一百八十条第一款的规定,情节严重的,处五年以下有期徒刑或者拘役,并处或者单处违法所得一倍以上五倍以下罚金,故马乐利用未公开信息交易,属于犯罪情节严重,应在该量刑幅度内判处刑罚。原审判决量刑适当,抗诉机关的抗诉理由不成立,不予采纳。遂裁定驳回抗诉,维持原判。

二审裁定生效后,广东省人民检察院提请最高人民检察院按照审判监督程序向最高人民法院提出抗诉。最高人民法院依法组成合议庭对该案直接进行再审,并公开开庭审理了本案作出(2015)刑抗字第1号刑事判决:一、维持广东省高级人民法院(2014)粤高法刑二终字第137号刑事裁定和深圳市中级人民法院(2014)深中法刑二初字第27号刑事判决中对原审被告人马乐的定罪部分;二、撤销广东省高级人民法院(2014)粤高法刑二终字第137号刑事裁定和深圳市中级人民法院(2014)深中法刑二初字第27号刑事判决中对原审被告人马乐的量刑及追缴违法所得部分;三、原审被告人马乐犯利用未公开信息交易罪,判处有期徒刑三年,并处罚金人民币1913万元;四、违法所得人民币19120246.98元依法予以追缴,上缴国库。

裁判理由　法院生效裁判认为:本案事实清楚,定罪准确,争议的焦点在于如何正确理解刑法第一百八十条第四款对于第一款的援引以及如何把握利用未公开信息交易罪“情节特别严重”的认定标准。

一、对刑法第一百八十条第四款援引第一款量刑情节的理解和把握

刑法第一百八十条第一款对内幕交易、泄露内幕信息罪规定为:“证

券、期货交易内幕信息的知情人员或者非法获取证券、期货交易内幕信息的人员,在涉及证券的发行,证券、期货交易或者其他对证券、期货交易价格有重大影响的信息尚未公开前,买入或者卖出该证券,或者从事与该内幕信息有关的期货交易,或者泄露该信息,或者明示、暗示他人从事上述交易活动,情节严重的,处五年以下有期徒刑或者拘役,并处或者单处违法所得一倍以上五倍以下罚金;情节特别严重的,处五年以上十年以下有期徒刑,并处违法所得一倍以上五倍以下罚金。”第四款对利用未公开信息交易罪规定为:“证券交易所、期货交易所、证券公司、期货经济公司、基金管理公司、商业银行、保险公司等金融机构的从业人员以及有关监管部门或者行业协会的工作人员,利用因职务便利获取的内幕信息以外的其他未公开的信息,违反规定,从事与该信息相关的证券、期货交易活动,或者明示、暗示他人从事相关交易活动,情节严重的,依照第一款的规定处罚。”

对于第四款中“情节严重的,依照第一款的规定处罚”应如何理解,在司法实践中存在不同的认识。一种观点认为,第四款中只规定了“情节严重”的情形,而未规定“情节特别严重”的情形,因此,这里的“情节严重的,依照第一款的规定处罚”只能是依照第一款中“情节严重”的量刑档次予以处罚;另一种观点认为,第四款中的“情节严重”只是入罪条款,即达到了情节严重以上的情形,依据第一款的规定处罚。至于具体处罚,应看符合第一款中的“情节严重”还是“情节特别严重”的情形,分别情况依法判处。情节严重的,“处五年以下有期徒刑”,情节特别严重的,“处五年以上十年以下有期徒刑”。

最高人民法院认为,刑法第一百八十条第四款援引法定刑的情形,应当是对第一款全部法定刑的引用,即利用未公开信息交易罪应有“情节严重”“情节特别严重”两种情形和两个量刑档次。这样理解的具体理由如下:

(一)符合刑法的立法目的。由于我国基金、证券、期货等领域中,利用未公开信息交易行为比较多发,行为人利用公众投入的巨额资金作后盾,以提前买入或者提前卖出的手段获得巨额非法利益,将风险与损失转嫁到其他投资者,不仅对其任职单位的财产利益造成损害,而且严重破坏了公开、公正、公平的证券市场原则,严重损害客户投资者或处于信息弱势的散户利益,严重损害金融行业信誉,影响投资者对金融机构的信任,进而对资产管理和基金、证券、期货市场的健康发展产生严重影响。为此,《中华人民共和国刑法修正案(七)》新增利用未公开信息交易罪,并将该罪与内幕交易、泄露内幕信息罪规定在同一法条中,说明两罪的违法与责任程度相当。利用未公开信息交易罪也应当适用“情节特别严重”。

(二)符合法条的文意。首先,刑法第一百八十条第四款中的“情节严重”是入罪条款。《最高人民检察院、公安部关于公安机关管辖的刑事案件立案追诉标准的规定(二)》,对利用未公开信息交易罪规定了追诉的情节标准,说明该罪需达到“情节严重”才能被追诉。利用未公开信息交易罪属情节犯,立法要明确其情节犯属性,就必须借助“情节严重”的表述,以避免“情节不严重”的行为入罪。其次,该款中“情节严重”并不兼具量刑条款的性质。刑法条文中大量存在“情节严重”兼具定罪条款及量刑条款性质的情形,但无一例外均在其后列明了具体的法定刑。刑法第一百八十条第四款中“情节严重”之后,并未列明具体的法定刑,而是参照内幕交易、泄露内幕信息罪的法定刑。因此,本款中的“情节严重”仅具有定罪条款的性质,而不具有量刑条款的性质。

(三)符合援引法定刑立法技术的理解。援引法定刑是指对某一犯罪并不规定独立的法定刑,而是援引其他犯罪的法定刑作为该犯罪的法定刑。刑法第一百八十条第四款援引法定刑的目的是为了避免法条文字表述重复,并不属于法律规定不明确的情形。

综上,刑法第一百八十条第四款虽然没有明确表述“情节特别严重”,但是根据本条款设立的立法目的、法条文意及立法技术,应当包含“情节特别严重”的情形和量刑档次。

二、利用未公开信息交易罪“情节特别严重”的认定标准

目前虽然没有关于利用未公开信息交易罪“情节特别严重”认定标准的专门规定,但鉴于刑法规定利用未公开信息交易罪是参照内幕交易、泄露内幕信息罪的规定处罚,《最高人民法院、最高人民检察院关于办理内幕交易、泄露内幕信息刑事案件具体应用法律若干问题的解释》将成交额250万元以上、获利75万元以上等情形认定为内幕交易、泄露内幕信息罪“情节特别严重”的标准,利用未公开信息交易罪也应当遵循相同的标准。马乐利用未公开信息进行交易活动,累计成交额达10.5亿余元,非法获利达1912万余元,已远远超过上述标准,且在案发时属

全国查获的该类犯罪数额最大者,参照《最高人民法院、最高人民检察院关于办理内幕交易、泄露内幕信息刑事案件具体应用法律若干问题的解释》,马乐的犯罪情节应当属于“情节特别严重”。

2. 马乐利用未公开信息交易案(检例第24号)

关键词 适用法律错误 刑事抗诉 援引法定刑 情节特别严重

基本案情 略

诉讼过程 略

抗诉理由 最高人民检察院审查认为,原审被告人马乐利用因职务便利获取的未公开信息,违反规定从事相关证券交易活动,累计成交额人民币10.5亿余元,非法获利人民币1883万余元,属于利用未公开信息交易罪“情节特别严重”的情形。本案终审裁定以刑法第一百八十条第四款并未对利用未公开信息交易罪有“情节特别严重”规定为由,对此情形不作认定,降格评价被告人的犯罪行为,属于适用法律确有错误,导致量刑不当。理由如下:

一、刑法第一百八十条第四款属于援引法定刑的情形,应当引用第一款处罚的全部规定。按照立法精神,刑法第一百八十条第四款中的“情节严重”是入罪标准,在处罚上应当依照本条第一款的全部罚则处罚,即区分情形依照第一款规定的“情节严重”和“情节特别严重”两个量刑档次处罚。首先,援引的重要作用就是减少法条重复表述,只需就该罪的基本构成要件作出表述,法定刑全部援引即可;如果法定刑不是全部援引,才需要对不同量刑档次作出明确表述,规定独立的罚则。刑法分则多个条文都存在此种情形,这是业已形成共识的立法技术问题。其次,刑法第一百八十条第四款“情节严重”的规定是入罪标准,作此规定是为了避免“情节不严重”也入罪,而非量刑档次的限缩。最后,从立法和司法解释先例来看,刑法第二百八十五条第三款也存在相同的文字表述,2011年《最高人民法院、最高人民检察院关于办理危害计算机信息系统安全刑事案件应用法律若干问题的解释》第三条明确规定了刑法第二百八十五条第三款包含有“情节严重”、“情节特别严重”两个量刑档次。司法解释的这一规定,表明了最高司法机关对援引法定刑立法例的一贯理解。

二、利用未公开信息交易罪与内幕交易、泄露内幕信息罪的违法与责任程度相当,法定刑亦应相当。内幕交易、泄露内幕信息罪和利用未公开信息交易罪，都属于特定人员利用未公开的可能对证券、期货市场交易价格产生影响的信息从事交易活动的犯罪。两罪的主要差别在于信息范围不同，其通过信息的未公开性和价格影响性获利的本质相同，均严重破坏了金融管理秩序，损害了公众投资者利益。刑法将两罪放在第一百八十条中分款予以规定，亦是对两罪违法和责任程度相当的确认。因此，从社会危害性理解，两罪的法定刑也应相当。

三、马乐的行为应当认定为“情节特别严重”，对其适用缓刑明显不当。《最高人民检察院、公安部关于公安机关管辖的刑事案件立案追诉标准的规定（二）》对内幕交易、泄露内幕信息罪和利用未公开信息交易罪“情节严重”规定了相同的追诉标准，《最高人民法院、最高人民检察院关于办理内幕交易、泄露内幕信息刑事案件具体应用法律若干问题的解释》将成交额250万元以上、获利75万元以上等情形认定为内幕交易、泄露内幕信息罪“情节特别严重”。如前所述，利用未公开信息交易罪“情节特别严重”的，也应当依照第一款的规定，遵循相同的标准。马乐利用未公开信息进行交易活动，累计成交额人民币10.5亿余元，从中非法获利人民币1883万余元，显然属于“情节特别严重”，应当在“五年以上十年以下有期徒刑”的幅度内量刑。其虽有自首情节，但适用缓刑无法体现罪责刑相适应，无法实现惩罚和预防犯罪的目的，量刑明显不当。

四、本案所涉法律问题的正确理解和适用，对司法实践和维护我国金融市场的健康发展具有重要意义。自《刑法修正案（七）》增设利用未公开信息交易罪以来，司法机关对该罪是否存在“情节特别严重”、是否有两个量刑档次长期存在分歧，亟须统一认识。正确理解和适用本案所涉法律问题，对明确同类案件的处理、同类从业人员犯罪的处罚具有重要指导作用，对于加大打击“老鼠仓”等严重破坏金融管理秩序的行为，维护社会主义市场经济秩序，保障资本市场健康发展具有重要意义。

案件结果　略

要旨　刑法第一百八十条第四款利用未公开信息交易罪为援引法定刑的情形，应当是对第一款法定刑的全部援引。其中，“情节严重”是入罪标准，在处罚上应当依照本条第一款内幕交易、泄露内幕信息罪的全部法定刑处罚，即区分不同情形分别依照第一款规定的“情节严重”和

"情节特别严重"两个量刑档次处罚。

【指导意义】我国刑法分则"罪状+法定刑"的立法模式决定了在性质相近、危害相当罪名的法条规范上,基本采用援引法定刑的立法技术。本案对刑法第一百八十条第四款援引法定刑理解的争议是刑法解释的理论问题。正确理解刑法条文,应当以文义解释为起点,综合运用体系解释、目的解释等多种解释方法,按照罪刑法定原则和罪责刑相适应原则的要求,从整个刑法体系中把握立法目的,平衡法益保护。

1. 从法条文义理解,刑法第一百八十条第四款中的"情节严重"是入罪条款,为犯罪构成要件,表明该罪情节犯的属性,具有限定处罚范围的作用,以避免"情节不严重"的行为也入罪,而非量刑档次的限缩。本条款中"情节严重"之后并未列明具体的法定刑,不兼具量刑条款的性质,量刑条款为"依照第一款的规定处罚",应当理解为对第一款法定刑的全部援引而非部分援引,即同时存在"情节严重"、"情节特别严重"两种情形和两个量刑档次。

2. 从刑法体系的协调性考量,一方面,刑法中存在与第一百八十条第四款表述类似的条款,印证了援引法定刑为全部援引。如刑法第二百八十五条第三款规定"情节严重的,依照前款的规定处罚",2011年《最高人民法院、最高人民检察院关于办理危害计算机信息系统安全刑事案件应用法律若干问题的解释》第三条明确了本款包含有"情节严重"、"情节特别严重"两个量刑档次。另一方面,从刑法其他条文的反面例证看,法定刑设置存在细微差别时即无法援引。如刑法第一百八十条第二款关于内幕交易、泄露内幕信息罪单位犯罪的规定,没有援引前款个人犯罪的法定刑,而是单独明确规定处五年以下有期徒刑或者拘役。这是因为第一款规定了情节严重、情节特别严重两个量刑档次,而第二款只有一个量刑档次,并且不对直接负责的主管人员和其他直接责任人员并处罚金。在这种情况下,为避免发生歧义,立法不会采用援引法定刑的方式,而是对相关法定刑作出明确表述。

3. 从设置利用未公开信息交易罪的立法目的分析,刑法将本罪与内幕交易、泄露内幕信息罪一并放在第一百八十条中分款予以规定,就是由于两罪虽然信息范围不同,但是其通过信息的未公开性和价格影响性获利的本质相同,对公众投资者利益和金融管理秩序的实质危害性相当,行为人的主观恶性相当,应当适用相同的法定量刑幅度,具体量刑标准也应一致。如果只截取情节严重部分的法定刑进行援引，势必违反罪刑法定原则和罪刑相适应原则，无法实现惩罚和预防犯罪的目的。

第一百八十一条　（1999 年修正案）**【编造并传播证券、期货交易虚假信息罪】**编造并且传播影响证券、期货交易的虚假信息，扰乱证券、期货交易市场，造成严重后果的，[1] 处五年以下有期徒刑或者拘役，并处或者单处一万元以上十万元以下罚金。

【诱骗投资者买卖证券、期货合约罪】证券交易所、期货交易所、证券公司、期货经纪公司的从业人员，证券业协会、期货业协会或者证券期货监督管理部门的工作人员，故意提供虚假信息或者伪造、变造、销毁交易记录，诱骗投资者买卖证券、期货合约，造成严重后果的，[2] 处五年以下有期徒刑或者拘役，并处或者单处一万元以上十万元以下罚金；情节特别恶劣的，处五年以上十年以下有期徒刑，并处二万元以上二十万元以下罚金。

单位犯前两款罪的，对单位判处罚金，并对其直接负责的主管人员和其他直接责任人员，处五年以下有期徒刑或者拘役。

181-1　《立案标准（二）》第三十七条　编造并且传播影响证券、期货交易的虚假信息，扰乱证券、期货交易市场，涉嫌下列情形之一的，应予立案追诉：

（一）获利或者避免损失数额累计在五万元以上的；

（二）造成投资者直接经济损失数额在五万元以上的；

（三）致使交易价格和交易量异常波动的；

（四）虽未达到上述数额标准，但多次编造并且传播影响证券、期货交易的虚假信息的；

（五）其他造成严重后果的情形。

181-2　《立案标准（二）》第三十八条　证券交易所、期货交易所、证券公司、期货公司的从业人员，证券业协会、期货业协会或者证券期货监督管理部门的工作人员，故意提供虚假信息或者伪造、变造、销毁交易记

录,诱骗投资者买卖证券、期货合约,涉嫌下列情形之一的,应予立案追诉:

(一)获利或者避免损失数额累计在五万元以上的;

(二)造成投资者直接经济损失数额在五万元以上的;

(三)致使交易价格和交易量异常波动的;

(四)其他造成严重后果的情形。

第一百八十二条[1] (1999年修正案、刑六)**【操纵证券、期货市场罪】**有下列情形之一,操纵证券、期货市场,情节严重的,[2] 处五年以下有期徒刑或者拘役,并处或者单处罚金;情节特别严重的,处五年以上十年以下有期徒刑,并处罚金:

(一)单独或者合谋,集中资金优势、持股或者持仓优势或者利用信息优势联合或者连续买卖,操纵证券、期货交易价格或者证券、期货量的;

(二)与他人串通,以事先约定的时间、价格和方式相互进行证券、期货交易,影响证券、期货交易价格或者证券、期货交易量的;

(三)在自己实际控制的账户之间进行证券交易,或者以自己为交易对象,自买自卖期货合约,影响证券、期货交易价格或者证券、期货交易量的;

(四)以其他方法操纵证券、期货市场的。

单位犯前款罪的,对单位判处罚金,并对其直接负责的主管人员和其他直接责任人员,依照前款的规定处罚。

182-1 中国证券监督管理委员会证券市场操纵行为认定指引(试行)(证监稽查字〔2007〕1号,2007年3月27日)

182-2 《立案标准(二)》第三十九条 操纵证券、期货市场,涉嫌下列情形之一的,应予立案追诉:

(一)单独或者合谋,持有或者实际控制证券的流通股份数达到该证券的实际流通股份总量百分之三十以上,且在该证券连续二十个交易日内联合或者连续买卖股份数累计达到该证券同期总成交量百分之三十以上；

（二）单独或者合谋，持有或者实际控制期货合约的数量超过期货交易所业务规则限定的持仓量百分之五十以上，且在该期货合约连续二十个交易日内联合或者连续买卖期货合约数累计达到该期货合约同期总成交量百分之三十以上的；

（三）与他人串通，以事先约定的时间、价格和方式相互进行证券或者期货合约交易，且在该证券或者期货合约连续二十个交易日内成交量累计达到该证券或者期货合约同期总成交量百分之二十以上的；

（四）在自己实际控制的账户之间进行证券交易，或者以自己为交易对象，自买自卖期货合约，且在该证券或者期货合约连续二十个交易日内成交量累计达到该证券或者期货合约同期总成交量百分之二十以上的；

（五）单独或者合谋，当日连续申报买入或者卖出同一证券、期货合约并在成交前撤回申报，撤回申报量占当日该种证券总申报量或者该种期货合约总申报量百分之五十以上的；

（六）上市公司及其董事、监事、高级管理人员、实际控制人、控股股东或者其他关联人单独或者合谋，利用信息优势，操纵该公司证券交易价格或者证券交易量的；

（七）证券公司、证券投资咨询机构、专业中介机构或者从业人员，违背有关从业禁止的规定，买卖或者持有相关证券，通过对证券或者其发行人、上市公司公开作出评价、预测或者投资建议，在该证券的交易中谋取利益，情节严重的；

（八）其他情节严重的情形。

第一百八十三条　【职务侵占罪】保险公司的工作人员利用职务上的便利，故意编造未曾发生的保险事故进行虚假理赔，骗取保险金归自己所有的，依照本法第二百七十一条（职务侵占罪）的规定定罪处罚。

国有保险公司工作人员和国有保险公司委派到非国有保险公司从事公务的人员有前款行为的，依照本法第三百八十二条（贪污罪的定罪）、第三百八十三条（贪污罪的量刑）的规定定罪处罚。

第一百八十四条 【非国家工作人员受贿罪】银行或者其他金融机构的工作人员在金融业务活动中索取他人财物或者非法收受他人财物,为他人谋取利益的,或者违反国家规定,收受各种名义的回扣、手续费,归个人所有的,依照本法第一百六十三条(非国家工作人员受贿罪)的规定定罪处罚。

国有金融机构工作人员和国有金融机构委派到非国有金融机构从事公务的人员有前款行为的,依照本法第三百八十五条(受贿罪)、第三百八十六条(对犯受贿罪的处罚)的规定定罪处罚。

第一百八十五条 (1999年修正案)【挪用资金罪】商业银行、证券交易所、期货交易所、证券公司、期货经纪公司、保险公司或者其他金融机构的工作人员利用职务上的便利,挪用本单位或者客户资金的,依照本法第二百七十二条(挪用资金罪)的规定定罪处罚。

国有商业银行、证券交易所、期货交易所、证券公司、期货经纪公司、保险公司或者其他国有金融机构的工作人员和国有商业银行、证券交易所、期货交易所、证券公司、期货经纪公司、保险公司或者其他国有金融机构委派到前款规定中的非国有机构从事公务的人员有前款行为的,依照本法第三百八十四条(挪用公款罪)的规定定罪处罚。

第一百八十五条之一 (刑六)【背信运用受托财产罪】商业银行、证券交易所、期货交易所、证券公司、期货经纪公司*、保险公司或者其他金融机构,违背受托义务,[1] 擅自运用客户资金或者其他委托、信托的财产,情节严重的,[2] 对单位判处罚金,并对其直接负

---

* 《期货交易管理条例》[2007年2月7日通过,原《期货交易管理暂行条例》(1999年5月25日)废止;2012年9月12日修订,同年12月1日施行]"期货经纪公司"改称"期货公司"。

责的主管人员和其他直接责任人员，处三年以下有期徒刑或者拘役，并处三万元以上三十万元以下罚金；情节特别严重的，处三年以上十年以下有期徒刑，并处五万元以上五十万元罚金。

【违法运用资金罪】社会保障基金管理机构、住房公积金管理等公众资金管理机构，以及保险公司、保险资产管理公司、证券投资基金管理公司，违反国家规定运用资金的，[3] * 对其直接负责的主管人员和其他直接责任人员，依照前款的规定处罚。

185A-1　理解与适用：不能简单地限定为约定义务，首先是违反了法定义务。委托与信托是不同的法律关系，受托人首先应当遵守法律、行政法规、规章规定的法定义务以及与委托人约定的具体义务才真正构成受托义务的完整内容。

185A-2　《立案标准（二）》第四十条　商业银行、证券交易所、期货交易所、证券公司、期货公司、保险公司或者其他金融机构，违背受托义务，擅自运用客户资金或者其他委托、信托的财产，涉嫌下列情形之一的，应予立案追诉：

（一）擅自运用客户资金或者其他委托、信托的财产数额在三十万元以上的；

（二）虽未达到上述数额标准，但多次擅自运用客户资金或者其他委托、信托的财产，或者擅自运用多个客户资金或者其他委托、信托的财产的；

（三）其他情节严重的情形。

185A-3　《立案标准（二）》第四十一条　社会保障基金管理机构、住房公积金管理机构等公众资金管理机构，以及保险公司、保险资产管理公司、证券投资基金管理公司，违反国家规定运用资金，涉嫌下列情形之一的，应予立案追诉：

（一）违反国家规定运用资金数额在三十万元以上的；

（二）虽未达到上述数额标准，但多次违反国家规定运用资金的；

（三）其他情节严重的情形。

---

* 注意本罪与挪用资金罪的区别。

第一百八十六条 (刑六)*【违法发放贷款罪】银行或者其他金融机构的工作人员[1]违反国家规定发放贷款,数额巨大或者造成重大损失的[2],处五年以下有期徒刑或者拘役,并处一万元以上十万元以下罚金;数额特别巨大或者造成特别重大损失[3]的,处五年以上有期徒刑,并处二万元以上二十万元以下罚金。

银行或者其他金融机构的工作人员违反国家规定,向关系人发放贷款[4],依照前款的规定从重处罚。

单位犯前两款罪的[5],对单位判处罚金,并对其直接负责的主管人员和其他直接责任人员,依照前两款的规定处罚。

关系人的范围,依照《中华人民共和国商业银行法》和有关金融法规确定。

186-1 《最高人民法院关于农村合作基金会从业人员犯罪如何定性问题的批复》(法释〔2000〕10号)农村合作基金会从业人员,除具有金融机构现职工作人员身份的以外,不属于金融机构工作人员,对其实施的犯罪行为,应当依照刑法的有关规定定罪处罚。

186-2 **1.**《立案标准(二)》第四十二条 银行或者其他金融机构及其工作人员违反国家规定发放贷款,涉嫌下列情形之一的,应予立案

---

* 1.本罪最初源自《全国人大常委会关于惩治破坏金融秩序犯罪的决定》(1995年6月30日)第九条,即〔违法发放贷款罪〕银行或者其他金融机构的工作人员违反法律、行政法规规定,向关系人以外的其他人发放贷款,造成重大损失的,处五年以下有期徒刑或者拘役,并处一万元以上十万元以下罚金;造成特别重大损失的,处五年以上有期徒刑,并处二万元以上二十万元以下罚金。

2.1997年刑法对此全面吸收,但删去了第二款中"玩忽职守或者滥用职权"这一要件,增加了有关关系人范围的规定。1997年刑法原条文:〔违法向关系人发放贷款罪〕银行或者其他金融机构的工作人员违反法律、行政法规规定,向关系人发放信用贷款或者发放担保贷款的条件优于其他借款人同类贷款的条件,造成较大损失的,处五年以下有期徒刑或者拘役,并处一万元以上十万元以下罚金;造成重大损失的,处五年以上有期徒刑,并处二万元以上二十万元以下罚金。原罪名为违法向关系人发放贷款罪。

3.《刑法修正案(六)》对上述两罪作了如下修订:1.将"违反法律、行政法规规定"修改为"违反国家规定";2.对犯罪构成作了修改,将违反国家规定发放贷款,"造成较大损失"修改为"数额巨大或者造成重大损失"。

追诉：

（一）违法发放贷款，数额在一百万元以上的；

（二）违法发放贷款，造成直接经济损失数额在二十万元以上的。

2.《公安部经济犯罪侦查局关于对违法发放贷款案件中损失认定问题的批复》（公经〔2007〕1458号，2007年7月27日）在案件侦办过程中，如有证据证明犯罪嫌疑人实施了违法、违规发放贷款的行为，只要发生贷款已无法收回的情况且达到追诉标准的，就应视为《刑法》第一百八十六条所规定的造成损失。案中提及的未到期贷款及其利息，如确定不能追回，应视为犯罪损失。

186-3　《全国法院审理金融犯罪案件工作座谈会纪要》（法发〔2001〕8号，2001年1月21日）二、关于破坏金融管理秩序罪　4.破坏金融管理秩序相关犯罪数额和情节的认定　关于违法发放贷款罪。银行或者其他金融机构工作人员违反法律、行政法规规定，向关系人以外的其他人发放贷款，造成50万～100万元以上损失的，可以认定为“造成重大损失”；造成300万～500万元以上损失的，可以认定为“造成特别重大损失”。

186-4　《全国法院审理金融犯罪案件工作座谈会纪要》（法发〔2001〕8号，2001年1月21日）二、关于破坏金融管理秩序罪　4.破坏金融管理秩序相关犯罪数额和情节的认定　关于违法发放贷款罪。银行或者其他金融机构工作人员违反法律、行政法规规定，向关系人发放信用贷款或者发放担保贷款的条件优于其他借款人同类贷款条件，造成10万～30万元以上损失的，可以认定为“造成较大损失”；造成50万～100万元以上损失的，可以认定为“造成重大损失”。

186-5　《全国法院审理金融犯罪案件工作座谈会纪要》（法发〔2001〕8号，2001年1月21日）二、关于破坏金融管理秩序罪　4.破坏金融管理秩序相关犯罪数额和情节的认定　对于单位实施违法发放贷款和用账外客户资金非法拆借、发放贷款造成损失构成犯罪的数额标准，可按个人实施上述犯罪的数额标准二至四倍掌握。

由于各地经济发展不平衡，各省、自治区、直辖市高级人民法院可参照上述数额标准或幅度，根据本地的具体情况，确定在本地区掌握的具体标准。

第一百八十七条　(刑六) *[1]**【吸收客户资金不入账罪】**银行或者其他金融机构的工作人员吸收客户资金不入账,[2] 数额巨大或者造成重大损失的,[3] 处五年以下有期徒刑或者拘役,并处二万元以上二十万元以下罚金;数额特别巨大或者造成特别重大损失[4] 的,处五年以上有期徒刑,并处五万元以上五十万元以下罚金。

单位犯前款罪的,对单位判处罚金,并对其直接负责的主管人员和其他直接责任人员,依照前款的规定处罚。

187-1 《全国法院审理金融犯罪案件工作座谈会纪要》(法发〔2001〕8号)　(二)关于破坏金融管理秩序罪　3.用账外客户资金非法拆借、发放贷款行为的认定和处罚:银行或者其他金融机构及其工作人员以牟利为目的,采取吸收客户资金不入账的方式,将客户资金用于非法拆借、发放贷款,造成重大损失的,构成用账外客户资金非法拆借、发放贷款罪。以牟利为目的,是指金融机构及其工作人员为本单位或者个人牟利,不具有这种目的,不构成该罪。这里的"牟利",一般是指谋取用账外客户资金非法拆借、发放贷款所产生的非法收益,如利息、差价等。对于用款人为取得贷款而支付的回扣、手续费等,应根据具体情况分别处理:银行或者其他金融机构用账外客户资金非法拆借、发放贷款,收取的回扣、手续费等,应认定为"牟利";银行或者其他金融机构的工作人员利用职务上的便利,用账外客户资金非法拆借、发放贷款,收取回扣、手续费等,数额较小的,以"牟利"论处;银行或者其他金融机构的工作人员将用款人支付给单位的回扣、手续费秘密占为己有,数额较大的,以贪污罪定罪处罚;银行或者其他金融机构的工作人员利用职务便利,用账外客户资金非法拆借、发放贷款,索取用款人的财物,或

---

* 1997年刑法原条文:银行或者其他金融机构的工作人员以牟利为目的,采取吸收客户资金不入账的方式,将资金用于非法拆借、发放贷款,造成重大损失的,处五年以下有期徒刑或者拘役,并处二万元以上二十万元以下罚金;造成特别重大损失的,处五年以上有期徒刑,并处五万元以上五十万元以下罚金。原罪名为用账外客户资金非法拆借、发放贷款罪。构成本罪,有两个要求:一是以牟利为目的,二是要造成严重后果。本罪与违法发放贷款罪的区别在于,本罪使用的是账外客户资金,而后者使用的是账内资金,本罪以牟利为目的,而违法发放贷款罪则不以牟利为目的。

者非法收受其他财物，或者收取回扣、手续费等，数额较大的，以受贿罪定罪处罚。

审理银行或者其他金融机构及其工作人员用账外客户资金非法拆借、发放贷款案件，要注意将用账外客户资金非法拆借、发放贷款的行为与挪用公款罪和挪用资金罪区别开来。对于利用职务上的便利，挪用已经记入金融机构法定存款账户的客户资金归个人使用的，或者吸收客户资金不入账，却给客户开具银行存单，客户也认为将款已存入银行，该款却被行为人以个人名义借贷给他人的，均应认定为挪用公款罪或者挪用资金罪。

187-2　法发〔2001〕8号　（二）关于破坏金融管理秩序罪　3. 用账外客户资金非法拆借、发放贷款行为的认定和处罚　采取吸收客户资金不入账，指不记入金融机构的法定存款账目，以逃避国家金融监管。至于是否记入法定帐目之外设立的账目，不影响该罪成立。

187-3　《立案标准(二)》第四十三条　银行或者其他金融机构及其工作人员吸收客户资金不入账，涉嫌下列情形之一的，应予立案追诉：

（一）吸收客户资金不入账，数额在一百万元以上的；

（二）吸收客户资金不入账，造成直接经济损失数额在二十万元以上的。

187-4　《全国法院审理金融犯罪案件工作座谈会纪要》（法发〔2001〕8号，2001年1月21日）二、关于破坏金融管理秩序罪　4. 破坏金融管理秩序相关犯罪数额和情节的认定　关于用账外客户资金非法拆借、发放贷款罪。对于银行或者其他金融机构工作人员以牟利为目的，采取吸收客户资金不入账的方式，将资金用于非法拆借、发放贷款，造成50万～100万元以上损失的，可以认定为“造成重大损失”；造成300万～500万元以上损失的，可以认定为“造成特别重大损失”。

第一百八十八条　（刑六）【违规出具金融票证罪】银行或者其他金融机构的工作人员违反规定，为他人出具信用证或者其他保函、票据、存单、资信证明，情节严重的，*[1] 处五年以下有期徒刑或

* 《刑法修正案（六）》将“造成重大损失”修改为“情节严重”。

者拘役;情节特别严重的,处五年以上有期徒刑。

单位犯前款罪的,对单位判处罚金,并对其直接负责的主管人员和其他直接责任人员,依照前款的规定处罚。

188-1　《立案标准(二)》第四十四条　银行或者其他金融机构及其工作人员违反规定,为他人出具信用证或者其他保函、票据、存单、资信证明,涉嫌下列情形之一的,应予立案追诉:

(一)违反规定为他人出具信用证或者其他保函、票据、存单、资信证明,数额在一百万元以上的;

(二)违反规定为他人出具信用证或者其他保函、票据、存单、资信证明,造成直接经济损失数额在二十万元以上的;

(三)多次违规出具信用证或者其他保函、票据、存单、资信证明的;

(四)接受贿赂违规出具信用证或者其他保函、票据、存单、资信证明的;

(五)其他情节严重的情形。

第一百八十九条　【对违法票据承兑、付款、保证罪】银行或者其他金融机构的工作人员在票据业务中,对违反票据法规定的票据予以承兑、付款或者保证,造成重大损失的,[1] 处五年以下有期徒刑或者拘役;造成特别重大损失的,处五年以上有期徒刑。

单位犯前款罪的,对单位判处罚金,并对其直接负责的主管人员和其他直接责任人员,依照前款的规定处罚。

189-1　《立案标准(二)》第四十五条　银行或者其他金融机构及其工作人员在票据业务中,对违反票据法规定的票据予以承兑、付款或者保证,造成直接经济损失数额在二十万元以上的,应予立案追诉。

第一百九十条[1 *]　**【逃汇罪】**公司、企业或者其他单位,违反国家规定,擅自将外汇存放境外,或者将境内的外汇非法转移到

---

* 《全国人民代表大会常务委员会关于惩治骗购外汇、逃汇和非法买卖外汇犯罪的决定》(1998年12月29日)第三条修订本条,对本罪的犯罪主体取消了"国有的"这一限制,从而扩大了本罪犯罪主体的外延。本罪只能由单位构成,系纯正的单位犯罪。

境外,数额较大的[2],对单位判处逃汇数额百分之五以上百分之三十以下罚金,并对其直接负责的主管人员和其他直接责任人员处五年以下有期徒刑或者拘役;数额巨大或者有其他严重情节的,对单位判处逃汇数额百分之五以上百分之三十以下罚金,并对其直接负责的主管人员和其他直接责任人员处五年以上有期徒刑。

【骗购外汇罪】[*]有下列情形之一,骗购外汇[3],数额较大的[4],处五年以下有期徒刑或者拘役,并处骗购外汇数额百分之五以上百分之三十以下罚金;数额巨大或者有其他严重情节的,处五年以上十年以下有期徒刑,并处骗购外汇数额百分之五以上百分之三十以下罚金;数额特别巨大或者有其他特别严重情节的,处十年以上有期徒刑或者无期徒刑,并处骗购外汇数额百分之五以上百分之三十以下罚金或者没收财产:

(一)使用伪造、变造的海关签发的报关单、进口证明、外汇管理部门核准件等凭证和单据的;

(二)重复使用海关签发的报关单、进口证明、外汇管理部门核准件等凭证和单据的;

(三)以其他方式骗购外汇的。

伪造、变造海关签发的报关单、进口证明、外汇管理部门核准件等凭证和单据,并用于骗购外汇的,依照前款的规定从重处罚。

明知用于骗购外汇而提供人民币资金的,以共犯论处。

单位犯前三款罪的,对单位依照第一款的规定判处罚金,并对

---

* 《全国人民代表大会常务委员会关于惩治骗购外汇、逃汇和非法买卖外汇犯罪的决定》第三条增设本罪。《决定》第四条所规定的非法经营罪与骗购外汇罪的区别在于行为发生的地点。与非法经营罪有关的骗购外汇行为发生于国家规定的交易场所以外,而骗购外汇罪发生在国家规定的交易场所以内。

其直接负责的主管人员和其他直接责任人员,处五年以下有期徒刑或者拘役;数额巨大或者有其他严重情节的,处五年以上十年以下有期徒刑;数额特别巨大或者有其他特别严重情节的,处十年以上有期徒刑或者无期徒刑。

190-1 《最高人民法院关于审理骗购外汇、非法买卖外汇刑事案件具体应用法律若干问题的解释》(法释〔1998〕20号,1998年9月1日)

190-2 《立案标准(二)》第四十六条　公司、企业或者其他单位,违反国家规定,擅自将外汇存放境外,或者将境内的外汇非法转移到境外,单笔在二百万美元以上或者累计数额在五百万美元以上的,应予立案追诉。

190-3 **1.**《全国人民代表大会常务委员会关于惩治骗购外汇、逃汇和非法买卖外汇犯罪的决定》(1998年12月29日)四、在国家规定的交易场所以外非法买卖外汇,扰乱市场秩序,情节严重的,依照刑法第二百二十五条的规定定罪处罚。

单位犯前款罪的,依照刑法第二百三十一条的规定处罚。

五、海关、外汇管理部门以及金融机构、从事对外贸易经营活动的公司、企业或者其他单位的工作人员与骗购外汇或者逃汇的行为人通谋,为其提供购买外汇的有关凭证或者其他便利的,或者明知是伪造、变造的凭证和单据而售汇、付汇的,以共犯论,依照本决定从重处罚。

2.《最高人民法院、最高人民检察院、公安部关于印发〈办理骗汇、逃汇犯罪案件联席会议纪要〉的通知》(公通字〔1999〕39号,1999年6月7日)四、公安机关侦查骗汇、逃汇犯罪案件,要及时全面收集和固定犯罪证据,抓紧缉捕犯罪分子。人民检察院和人民法院对正在办理的骗汇、逃汇犯罪案件,只要基本犯罪事实清楚,基本证据确实充分,应当及时依法起诉、审判。主犯在逃或者骗购外汇所需人民币资金的来源无法彻底查清,但证明在案的其他犯罪嫌疑人实施犯罪的基本证据确实充分的,为在法定时限内结案,可以对在案的其他犯罪嫌疑人先行处理。对于已收集到外汇指定银行汇出凭证和境外收汇银行收款凭证等证据,能够证明所骗购外汇确已汇至港澳台地区或国外的,应视为骗购外汇既遂。

五、坚持"惩办与宽大相结合"的政策。对骗购外汇共同犯罪的主犯,或者参与伪造、变造购汇凭证的骗汇人员,以及与骗购外汇的犯罪分子相勾结的国家工作人员,要从严惩处。对具有自首、立功或者其他法定从轻、减轻情节的,依法从轻、减轻处理。

190-4　《立案标准(二)》规定第四十七条　[骗购外汇案(全国人民代表大会常务委员会《关于惩治骗购外汇、逃汇和非法买卖外汇犯罪的决定》第一条)]骗购外汇,数额在五十万美元以上的,应予立案追诉。

第一百九十一条[1]　**(刑三、刑六)【洗钱罪】**明知[2]是毒品犯罪、黑社会性质的组织犯罪、恐怖活动犯罪、走私犯罪、贪污贿赂犯罪、破坏金融管理秩序犯罪、金融诈骗犯罪的违法所得及其产生的收益,为掩饰、隐瞒其来源和性质,有下列行为之一的,[3]没收实施以上犯罪的违法所得及其产生的收益,处五年以下有期徒刑或者拘役,并处或者单处洗钱数额百分之五以上百分之二十以下罚金;情节严重的,处五年以上十年以下有期徒刑,并处洗钱数额百分之五以上百分之二十以下罚金:

(一)提供资金账户的;

(二)协助将财产转换为现金、金融票据、有价证券的;

(三)通过转账或者其他结算方式协助资金转移的;

(四)协助将资金汇往境外的;

(五)以其他方法[4]掩饰、隐瞒犯罪的违法所得及其收益的性质和来源的。

单位犯前款罪的,对单位判处罚金,并对其直接负责的主管人员和其他直接责任人员,处五年以下有期徒刑或者拘役。情节严重的,处五年以上十年以下有期徒刑。

191-1　《最高人民法院关于审理洗钱等刑事案件具体应用法律若干问题的解释》(法释〔2009〕15号,2009年11月11日)

191-2　法释〔2009〕15号第一条　刑法第一百九十一条、第三百一十二条规定的"明知",应当结合被告人的认知能力,接触他人犯罪所得及其收益的情况,犯罪所得及其收益的种类、数额,犯罪所得及其收益的转换、转移方式以及被告人的供述等主、客观因素进行认定。具有下列情形之一的,可以认定被告人明知系犯罪所得及其收益,但有证据证明确实不知道的除外:

(一)知道他人从事犯罪活动,协助转换或者转移财物的;

(二)没有正当理由,通过非法途径协助转换或者转移财物的;

(三)没有正当理由,以明显低于市场的价格收购财物的;

(四)没有正当理由,协助转换或者转移财物,收取明显高于市场的"手续费"的;

(五)没有正当理由,协助他人将巨额现金散存于多个银行账户或者在不同银行账户之间频繁划转的;

(六)协助近亲属或者其他关系密切的人转换或者转移与其职业或者财产状况明显不符的财物的;

(七)其他可以认定行为人明知的情形。

被告人将刑法第一百九十一条规定的某一上游犯罪的犯罪所得及其收益误认为刑法第一百九十一条规定的上游犯罪范围内的其他犯罪所得及其收益的,不影响刑法第一百九十一条规定的"明知"的认定。

法释〔2009〕15号第四条　刑法第一百九十一条、第三百一十二条、第三百四十九条规定的犯罪,应当以上游犯罪事实成立为认定前提。上游犯罪尚未依法裁判,但查证属实的,不影响刑法第一百九十一条、第三百一十二条、第三百四十九条规定的犯罪的审判。

上游犯罪事实可以确认,因行为人死亡等原因依法不予追究刑事责任的,不影响刑法第一百九十一条、第三百一十二条、第三百四十九条规定的犯罪的认定。

上游犯罪事实可以确认,依法以其他罪名定罪处罚的,不影响刑法第一百九十一条、第三百一十二条、第三百四十九条规定的犯罪的认定。

本条所称"上游犯罪",是指产生刑法第一百九十一条、第三百一十二条、第三百四十九条规定的犯罪所得及其收益的各种犯罪行为。

191-3　法释〔2009〕15号第三条　明知是犯罪所得及其产生的收益而予以掩饰、隐瞒,构成刑法第三百一十二条规定的犯罪,同时又构成刑法第一百九十一条或者第三百四十九条规定的犯罪的,依照处罚较重的规定定罪处罚。

191-4 法释〔2009〕15号第二条 具有下列情形之一的，可以认定为刑法第一百九十一条第一款第（五）项规定的“以其他方法掩饰、隐瞒犯罪所得及其收益的来源和性质”：

（一）通过典当、租赁、买卖、投资等方式，协助转移、转换犯罪所得及其收益的；

（二）通过与商场、饭店、娱乐场所等现金密集型场所的经营收入相混合的方式，协助转移、转换犯罪所得及其收益的；

（三）通过虚构交易、虚设债权债务、虚假担保、虚报收入等方式，协助将犯罪所得及其收益转换为“合法”财物的；

（四）通过买卖彩票、奖券等方式，协助转换犯罪所得及其收益的；

（五）通过赌博方式，协助将犯罪所得及其收益转换为赌博收益的；

（六）协助将犯罪所得及其收益携带、运输或者邮寄出入境的；

（七）通过前述规定以外的方式协助转移、转换犯罪所得及其收益的。

第五节 金融诈骗罪[1]

S.5-1 1.《全国法院审理金融犯罪案件工作座谈会纪要》（法发〔2001〕8号，2001年1月21日）。2.《最高人民法院关于审理非法集资刑事案件具体应用法律若干问题的解释》（法释〔2010〕18号，2011年1月4日）。

法发〔2001〕8号 二、（五）财产刑的适用

金融犯罪是图利型犯罪，惩罚和预防此类犯罪，应当注重同时从经济上制裁犯罪分子。刑法对金融犯罪都规定了财产刑，人民法院应当严格依法判处。罚金的数额，应当根据被告人的犯罪情节，在法律规定的数额幅度内确定。对于具有从轻、减轻或者免除处罚情节的被告人，对于本应并处的罚金刑原则上也应当从轻、减轻或者免除。

单位金融犯罪中直接负责的主管人员和其他直接责任人员，是否适用罚金刑，应当根据刑法的具体规定。刑法分则条文规定有罚金刑，并规定对单位犯罪中直接负责的主管人员和其他直接责任人员依照自然

人犯罪条款处罚的,应当判处罚金刑,但是对直接负责的主管人员和其他直接责任人员判处罚金的数额,应当低于对单位判处罚金的数额;刑法分则条文明确规定对单位犯罪中直接负责的主管人员和其他直接责任人员只判处自由刑的,不能附加判处罚金刑。

第一百九十二条　【集资诈骗罪】以非法占有为目的,*[1] 使用诈骗方法非法集资,数额较大的,[2] 处五年以下有期徒刑或者拘役,并处二万元以上二十万元以下罚金;数额巨大[3] 或者有其他严重情节的,处五年以上十年以下有期徒刑,并处五万元以上五十万元以下罚金;数额特别巨大[4] 或者有其他特别严重情节的,处十年以上有期徒刑或者无期徒刑,并处五万元以上五十万元以下罚金或者没收财产。

192-1　1. 法发〔2001〕8 号　二、(三)关于金融诈骗罪

1.金融诈骗罪中非法占有目的的认定。金融诈骗犯罪都是以非法占有为目的的犯罪。在司法实践中,认定是否具有非法占有为目的,应当坚持主客观相一致的原则,既要避免单纯根据损失结果客观归罪,也不能仅凭被告人自己的供述,而应当根据案件具体情况具体分析。根据司法实践,对于行为人通过诈骗的方法非法获取资金,造成数额较大资金不能归还,并具有下列情形之一的,可以认定为具有非法占有的目的:(1)明知没有归还能力而大量骗取资金的;(2)非法获取资金后逃跑的;(3)肆意挥霍骗取资金的;(4)使用骗取的资金进行违法犯罪活动的;(5)抽逃、转移资金、隐匿财产,以逃避返还资金的;(6)隐匿、销毁账目,或者搞假破产、假倒闭,以逃避返还资产的;(7)其他非法占有资金、拒不返还的行为。但是,在处理具体案件的时候,对于有证据证明行为人不具

---

* 本节各罪只有第一百九十二条和第一百九十三条明确规定了"以非法占有为目的"。其他各条均未规定这一主观目的,但这并不意味着其他各罪并不需要这一主观目的,而这属于立法技术上的省略方式,因为其他各罪属于特殊类型的诈骗犯罪行为,自然具有诈骗的基本特征,其中必然包括"以非法占有为目的"这一主观构成要件。第一百九十二条和第一百九十三条之所以明确规定了"以非法占有为目的"是因为集资诈骗罪和贷款诈骗罪容易与经济纠纷、贷款纠纷以及非法吸收公众存款等罪相混淆。需要注意的是,以非法占有为目的,侵犯的是公私财产的所有权。(张明楷)

有非法占有为目的的，不能单纯以财产不能返还就按金融诈骗罪处罚。

……

3. 集资诈骗罪的认定和处理。集资诈骗罪和欺诈发行股票、债券罪、非法吸收公众存款罪在客观上均表现为向社会公众非法募集资金。区别的关键在于行为人是否具有非法占有的目的。对于以非法占有为目的而非法集资，或者在非法集资过程中产生了非法占有他人资金的故意，均构成集资诈骗罪。但是，在处理具体案件时要注意以下两点：一是不能仅凭较大数额的非法集资款不能返还的结果，推定行为人具有非法占有的目的；二是行为人将大部分资金用于投资或生产经营活动，而将少量资金用于个人消费或挥霍的，不应仅以此便认定具有非法占有的目的。

2. 法释〔2010〕18 号第四条　以非法占有为目的，使用诈骗方法实施本解释第二条规定所列行为的，应当依照刑法第一百九十二条的规定，以集资诈骗罪定罪处罚。使用诈骗方法非法集资，具有下列情形之一的，可以认定为“以非法占有为目的”：

（一）集资后不用于生产经营活动或者用于生产经营活动与筹集资金规模明显不成比例，致使集资款不能返还的；

（二）肆意挥霍集资款，致使集资款不能返还的；

（三）携带集资款逃匿的；

（四）将集资款用于违法犯罪活动的；

（五）抽逃、转移资金、隐匿财产，逃避返还资金的；

（六）隐匿、销毁账目，或者搞假破产、假倒闭，逃避返还资金的；

（七）拒不交代资金去向，逃避返还资金的；

（八）其他可以认定非法占有目的的情形。

集资诈骗罪中的非法占有目的，应当区分情形进行具体认定。行为人部分非法集资行为具有非法占有目的的，对该部分非法集资行为所涉集资款以集资诈骗罪定罪处罚；非法集资共同犯罪中部分行为人具有非法占有目的，其他行为人没有非法占有集资款的共同故意和行为的，对具有非法占有目的的行为人以集资诈骗罪定罪处罚。

理解与适用：1. 行为人是就事实进行欺骗，还是就价值进行欺骗，均不影响欺骗行为的性质。对集资诈骗行为的“诈骗方法”只能进行实质的限定，而不可能穷尽其具体表现，故不能人为地将集资诈骗的欺骗行为局限为上文几种特定的手段。2. 由于故意、非法占有目的都是与行为同时存在的主观要素,故按照行为后的事实所证明或推定的结论,是可能被相反证据推翻的。行为人不能返还非法集资款,只是一种结果。这种结果本身并不能证明行为人具有集资诈骗的故意与非法占有的目的,不能证明募集资金的行为属于集资诈骗,正如死亡结果不能证明行为人有杀人故意一样,故需仔细考察行为人不能返还的具体原因。3. 上述解释既坚持了主客观相一致原则,又体现了部分犯罪共同说的理论成果。

3.《最高人民法院关于非法集资刑事案件性质认定问题的通知》(法〔2011〕262 号,2011 年 8 月 18 日)为依法、准确、及时审理非法集资刑事案件,现就非法集资性质认定的有关问题通知如下:

一、行政部门对于非法集资的性质认定,不是非法集资案件进入刑事程序的必经程序。行政部门未对非法集资作出性质认定的,不影响非法集资刑事案件的审判。

二、人民法院应当依照刑法和最高人民法院《关于审理非法集资刑事案件具体应用法律若干问题的解释》等有关规定认定案件事实的性质,并认定相关行为是否构成犯罪。

三、对于案情复杂、性质认定疑难的案件,人民法院可以在有关部门关于是否符合行业技术标准的行政认定意见的基础上,根据案件事实和法律规定作出性质认定。

四、非法集资刑事案件的审判工作涉及领域广、专业性强,人民法院在审理此类案件当中要注意加强与有关行政主(监)管部门以及公安机关、人民检察院的配合。审判工作中遇到重大问题难以解决的,请及时报告最高人民法院。

192-2 **1.**《立案标准(二)》第四十九条　以非法占有为目的,使用诈骗方法非法集资,涉嫌下列情形之一的,应予立案追诉:

(一)个人集资诈骗,数额在十万元以上的;

(二)单位集资诈骗,数额在五十万元以上的。

2.《最高人民法院关于常见犯罪的量刑指导意见(二)(试行)》(2017 年 5 月 1 日起试行)

(三)集资诈骗罪

1. 构成集资诈骗罪的,可以根据下列不同情形在相应的幅度内确定量刑起点:

(1)达到数额较大起点的,可以在二年以下有期徒刑、拘役幅度内确定量刑起点。

(2)达到数额巨大起点或者有其他严重情节的,可以在五年至六年有期徒刑幅度内确定量刑起点。

(3)达到数额特别巨大起点或者有其他特别严重情节的,可以在十年至十二年有期徒刑幅度内确定量刑起点。依法应当判处无期徒刑的除外。

2. 在量刑起点的基础上,根据集资诈骗数额等其他影响犯罪构成的犯罪事实增加刑罚量,确定基准刑。

3. 法发〔2001〕8号　二、(三)关于金融诈骗罪　4. 金融诈骗犯罪定罪量刑的数额标准和犯罪数额的计算

金融诈骗的数额不仅是定罪的重要标准,也是量刑的主要依据。在没有新的司法解释之前,可参照1996年《最高人民法院关于审理诈骗案件具体应用法律的若干问题的解释》* 的规定执行。在具体认定金融诈骗犯罪的数额时,应当以行为人实际骗取的数额计算。对于行为人为实施金融诈骗活动而支付的中介费、手续费、回扣等,或者用于行贿、赠与等费用,均应计入金融诈骗的犯罪数额。但应当将案发前已归还的数额扣除。

192-3　法释〔2010〕18号第五条第一款　个人进行集资诈骗,数额在30万元以上的,应当认定为"数额巨大";

法释〔2010〕18号第五条第二款　单位进行集资诈骗,数额在150万元以上的,应当认定为"数额巨大";

192-4　法释〔2010〕18号第五条第一款　个人进行集资诈骗,数额在100万元以上的,应当认定为"数额特别巨大"。

法释〔2010〕18号第五条第二款　单位进行集资诈骗,数额在500万元以上的,应当认定为"数额特别巨大"。

第一百九十三条[1]　**【贷款诈骗罪】**有下列情形之一,以非法占有为目的,诈骗银行或者其他金融机构的贷款,数额较大的,[2] 处五年以下有期徒刑或者拘役,并处二万元以上二十万元以下罚金;数额巨大或者有其他严重情节的,处五年以上十年以下有期徒刑,并

---

* 《最高人民法院、最高人民检察院关于办理诈骗刑事案件具体应用法律若干问题的解释》(法释〔2011〕7号,2011年4月8日)法释〔2011〕7号第十一条　以前发布的司法解释与本解释不一致的,以本解释为准。

处五万元以上五十万元以下罚金;数额特别巨大或者有其他特别严重情节的,处十年以上有期徒刑或者无期徒刑,并处五万元以上五十万元以下罚金或者没收财产:

(一)编造引进资金、项目等虚假理由的;

(二)使用虚假的经济合同的;

(三)使用虚假的证明文件的;

(四)使用虚假的产权证明作担保或者超出抵押物价值重复担保的;

(五)以其他方法诈骗贷款的。

193-1 《全国法院审理金融犯罪案件工作座谈会纪要》(法〔2001〕8号)　(三)关于金融诈骗罪　2.贷款诈骗罪的认定和处理。贷款诈骗犯罪是目前案发较多的金融诈骗犯罪之一。审理贷款诈骗犯罪案件,应当注意以下两个问题:

一是单位不能构成贷款诈骗罪。根据刑法第三十条和第一百九十三条的规定,单位不构成贷款诈骗罪。对于单位实施的贷款诈骗行为,不能以贷款诈骗罪定罪处罚,也不能以贷款诈骗罪追究直接负责的主管人员和其他直接责任人员的刑事责任。但是,在司法实践中,对于单位十分明显地以非法占有为目的,利用签订、履行借款合同诈骗银行或其他金融机构贷款,符合刑法第二百二十四条规定的合同诈骗罪构成要件的,应当以合同诈骗罪定罪处罚。

二是要严格区分贷款诈骗与贷款纠纷的界限。对于合法取得贷款后,没有按规定的用途使用贷款,到期没有归还贷款的,不能以贷款诈骗罪定罪处罚;对于确有证据证明行为人不具有非法占有的目的,因不具备贷款的条件而采取了欺骗手段获取贷款,案发时有能力履行还贷义务,或者案发时不能归还贷款是因为意志以外的原因,如因经营不善、被骗、市场风险等,不应以贷款诈骗罪定罪处罚。

193-2 《立案标准(二)》第五十条　以非法占有为目的,诈骗银行或者其他金融机构的贷款,数额在二万元以上的,应予立案追诉。

第一百九十四条　【票据诈骗罪】有下列情形之一,进行金融票据诈骗活动,数额较大的,[1] 处五年以下有期徒刑或者拘役,并处二万元以上二十万元以下罚金;数额巨大或者有其他严重情节的,处五年以上十年以下有期徒刑,并处五万元以上五十万元以下罚金;数额特别巨大或者有其他特别严重情节的,处十年以上有期徒刑或者无期徒刑,并处五万元以上五十万元以下罚金或者没收财产:

(一)明知是伪造、变造的汇票、本票、支票而使用的;

(二)明知是作废的汇票、本票、支票而使用的;

(三)冒用他人的汇票、本票、支票的;

(四)签发空头支票或者与其预留印鉴不符的支票,骗取财物的;

(五)汇票、本票的出票人签发无资金保证的汇票、本票或者在出票时作虚假记载,骗取财物的。

【金融凭证诈骗罪】使用伪造、变造的委托收款凭证、汇款凭证、银行存单等其他银行结算凭证[2] 的,[3] 依照前款的规定处罚。

194-1 《立案标准(二)》第五十一条　进行金融票据诈骗活动,涉嫌下列情形之一的,应予立案追诉:

(一)个人进行金融票据诈骗,数额在一万元以上的;

(二)单位进行金融票据诈骗,数额在十万元以上的。

194-2 《公安部经济犯罪侦查局关于银行进账单、支票存根联、支付系统专用凭证、转账贷方传票是否属于银行结算凭证的批复》(公经金融〔2008〕116 号,2008 年 7 月 22 日)广东省公安厅经济犯罪侦查局:你局《关于银行进账单、支票存根联、支付系统专用凭证、转账贷方传票是否属于银行结算凭证的请示》[广公(经)字〔2008〕878 号]收悉。经研究,并征求人民银行意见,银行进账单、支付系统专用凭证、转账贷方传票属于银行结算凭证,而支票存根联是出票人自行留存、用于核对账务的内部凭证,不属于银行结算凭证。

194-3 《立案标准(二)》第五十二条　使用伪造、变造的委托收款凭证、汇款凭证、银行存单等其他银行结算凭证进行诈骗活动,涉嫌下列情形之一的,应予立案追诉:

(一)个人进行金融凭证诈骗,数额在一万元以上的;

(二)单位进行金融凭证诈骗,数额在十万元以上的。

第一百九十五条 【信用证诈骗罪】有下列情形之一,进行信用证诈骗活动的,处五年以下有期徒刑或者拘役,并处二万元以上二十万元以下罚金;数额巨大或者有其他严重情节的,处五年以上十年以下有期徒刑,并处五万元以上五十万元以下罚金;数额特别巨大或者有其他特别严重情节的,处十年以上有期徒刑或者无期徒刑,并处五万元以上五十万元以下罚金或者没收财产:

(一)使用伪造、变造的信用证或者附随的单据、文件的;

(二)使用作废的信用证的;

(三)骗取信用证的;

(四)以其他方法进行信用证诈骗活动的。

第一百九十六条[1] (刑五)【信用卡诈骗罪】有下列情形之一,进行信用卡[2]诈骗活动,数额较大的,[3]处五年以下有期徒刑或者拘役,并处二万元以上二十万元以下罚金;数额巨大[4]或者有其他严重情节的,处五年以上十年以下有期徒刑,并处五万元以上五十万元以下罚金;数额特别巨大[5]或者有其他特别严重情节的,处十年以上有期徒刑或者无期徒刑,并处五万元以上五十万元以下罚金或者没收财产:

(一)使用伪造的信用卡的;或者使用以虚假的身份证明骗领信用卡的[*];

(二)使用作废的信用卡的;

(三)冒用[**6]他人信用卡的;

---

* 本项后一部分是2005年2月28日《刑法修正案(五)》所增加的。同一修正案的内容之一就是将以虚假的身份证明骗领信用卡的数量较大的行为,认定为犯罪。

** 冒用他人信用卡,是指擅自以持卡人的名义,使用自己无权使用的他人的信用卡。

(四)恶意透支的。[7]

前款所称恶意透支,是指持卡人以非法占有为目的,[8] 超过规定限额或者规定期限[9] 透支,并且经发卡银行催收后仍不归还的行为。

盗窃信用卡并使用的[*],依照本法第二百六十四条(盗窃罪)的规定定罪处罚。

196-1　1.《最高人民法院、最高人民检察院关于办理妨害信用卡管理刑事案件具体应用法律若干问题的解释》(法释〔2009〕19 号,2009 年 12 月 16 日)

2.《最高人民法院、最高人民检察院、公安部关于信用卡诈骗犯罪管辖有关问题的通知》(公通字〔2011〕29 号,2011 年 8 月 23 日)　近年来,信用卡诈骗流窜作案逐年增多,受害人在甲地申领的信用卡,被犯罪嫌疑人在乙地盗取了信用卡信息,并在丙地被提现或消费。犯罪嫌疑人企图通过空间的转换逃避刑事打击。为及时有效打击此类犯罪,现就有关案件管辖问题通知如下:对以窃取、收买等手段非法获取他人信用卡信息资料后在异地使用的信用卡诈骗犯罪案件,持卡人信用卡申领地的公安机关、人民检察院、人民法院可以依法立案侦查、起诉、审判。

196-2　《全国人大常委会关于〈中华人民共和国刑法〉有关信用卡规定的解释》(第十届全国人大常委会第十三次会议于 2004 年 12 月 29 日通过)　刑法规定的"信用卡",是指由商业银行或者其他金融机构发行的具有消费支付、信用贷款、转账结算、存取现金等全部功能或部分功能的电子支付卡。

196-3　1. 法释〔2009〕19 号第五条　使用伪造的信用卡、以虚假的身份证明骗领的信用卡、作废的信用卡或者冒用他人信用卡,进行信用卡诈骗活动,数额在 5000 元以上不满 5 万元的,应当认定为刑法第一百九十六条规定的"数额较大";

2.《立案标准(二)》第五十四条　进行信用卡诈骗活动,涉嫌下列情形之一的,应予立案追诉:

---

[*] 这一种情况中的信用卡应该是真实有效的信用卡,如果盗窃伪造或作废的信用卡并使用的,应认定为信用卡诈骗。其盗窃数额应当根据行为人盗窃信用卡使用的数额认定。如果定盗窃罪,则被害人为信用卡的主人,而不是银行。信用卡的主人就为自己的保管不善负责。

(一)使用伪造的信用卡,或者使用以虚假的身份证明骗领的信用卡,或者使用作废的信用卡,或者冒用他人信用卡,进行诈骗活动,数额在五千元以上的;

(二)恶意透支,数额在一万元以上的。

3.《最高人民法院关于常见犯罪的量刑指导意见(二)(试行)》(2017年5月1日起试行)

(四)信用卡诈骗罪

1. 构成信用卡诈骗罪的,可以根据下列不同情形在相应的幅度内确定量刑起点:

(1)达到数额较大起点的,可以在二年以下有期徒刑、拘役幅度内确定量刑起点。

(2)达到数额巨大起点或者有其他严重情节的,可以在五年至六年有期徒刑幅度内确定量刑起点。

(3)达到数额特别巨大起点或者有其他特别严重情节的,可以在十年至十二年有期徒刑幅度内确定量刑起点。依法应当判处无期徒刑的除外。

2. 在量刑起点的基础上,可以根据信用卡诈骗数额等其他影响犯罪构成的犯罪事实增加刑罚量,确定基准刑。

196-4 法释〔2009〕19号第五条第一款 使用伪造的信用卡、以虚假的身份证明骗领的信用卡、作废的信用卡或者冒用他人信用卡,进行信用卡诈骗活动,数额在5万元以上不满50万元的,应当认定为刑法第一百九十六条规定的“数额巨大”;

196-5 法释〔2009〕19号第五条第一款 使用伪造的信用卡、以虚假的身份证明骗领的信用卡、作废的信用卡或者冒用他人信用卡,进行信用卡诈骗活动,数额在50万元以上的,应当认定为刑法第一百九十六条规定的“数额特别巨大。”

196-6 **1.**《最高人民检察院关于拾得他人信用卡并在自动柜员机(ATM)上使用的行为如何定性的问题的批复》(高检发释字〔2008〕1号,2008年4月18日) 拾得他人信用卡并在自动柜台机(ATM机)上使用的行为,属于刑法第一百九十六条第一款第(三)项规定的“冒用他人信用卡”的情形,构成犯罪的,以信用卡诈骗罪追究刑事责任。

2. 法释〔2009〕19号第五条第二款 刑法第一百九十六条第一款第

(三)项所称“冒用他人信用卡”,包括以下情形:

(一)拾得他人信用卡并使用的;

(二)骗取他人信用卡并使用的;

(三)窃取、收买、骗取或者以其他非法方式获取他人信用卡信息资料,并通过互联网、通讯终端等使用的;

(四)其他冒用他人信用卡的情形。

196-7　法释〔2009〕19号第七条　违反国家规定,使用销售点终端机具(POS机)等方法,以虚构交易、虚开价格、现金退货等方式向信用卡持卡人直接支付现金,情节严重的,应当依据刑法第二百二十五条的规定,以非法经营罪定罪处罚。持卡人以非法占有为目的,采用上述方式恶意透支,应当追究刑事责任的,依照刑法第一百九十六条的规定,以信用卡诈骗罪定罪处罚。

196-8　法释〔2009〕19号第六条第二款　有以下情形之一的,应当认定为刑法第一百九十六条第二款规定的“以非法占有为目的”:

(一)明知没有还款能力而大量透支,无法归还的;

(二)肆意挥霍透支的资金,无法归还的;

(三)透支后逃匿、改变联系方式,逃避银行催收的;

(四)抽逃、转移资金,隐匿财产,逃避还款的;

(五)使用透支的资金进行违法犯罪活动的;

(六)其他非法占有资金,拒不归还的行为。

196-9　法释〔2009〕19号第六条第一款　持卡人以非法占有为目的,超过规定限额或者规定期限透支,并且经发卡银行两次催收后超过3个月仍不归还的,应当认定为刑法第一百九十六条规定的“恶意透支”。

法释〔2009〕19号第六条第三款　恶意透支,数额在1万元以上不满10万元的,应当认定为刑法第一百九十六条规定的“数额较大”;数额在10万元以上不满100万元的,应当认定为刑法第一百九十六条规定的“数额巨大”;数额在100万元以上的,应当认定为刑法第一百九十六条规定的“数额特别巨大”。

法释〔2009〕19号第六条第四款　恶意透支的数额,是指在第一款规定的条件下持卡人拒不归还的数额或者尚未归还的数额。不包括复利、滞纳金、手续费等发卡银行收取的费用。

法释〔2009〕19号第六条第五款　恶意透支应当追究刑事责任,但在公安机关立案后人民法院判决宣告前已偿还全部透支款息的,可以从轻处罚,情节轻微的,可以免除处罚。恶意透支数额较大,在公安机关立案前已偿还全部透支款息,情节显著轻微的,可以依法不追究刑事责任。

理解与适用:1. 为了从严掌握恶意透支的定罪量刑标准,故将其标准按普通信用卡诈骗的2倍计算。2. 由于复利、滞纳金、手续费等发卡银行收取的费用,具有民事违约金的性质,并且不同银行对其规定的数额不同,作为恶意透支数额予以认定不尽合理,故上述解释作了排除性规定,客观上明确了构成犯罪的数额认定标准。

第一百九十七条　【有价证券诈骗罪】使用伪造、变造的国库券或者国家发行的其他有价证券,进行诈骗活动,数额较大的,[1] 处五年以下有期徒刑或者拘役,并处二万元以上二十万元以下罚金;数额巨大或者有其他严重情节的,处五年以上十年以下有期徒刑,并处五万元以上五十万元以下罚金;数额特别巨大或者有其他特别严重情节的,处十年以上有期徒刑或者无期徒刑,并处五万元以上五十万元以下罚金或者没收财产。

197-1 《立案标准(二)》第五十五条　使用伪造、变造的国库券或者国家发行的其他有价证券进行诈骗活动,数额在一万元以上的,应予立案追诉。

第一百九十八条　【保险诈骗罪】有下列情形之一,进行保险诈骗活动,[1] 数额较大的,[2] 处五年以下有期徒刑或者拘役,并处一万元以上十万元以下罚金;数额巨大或者有其他严重情节的,处五年以上十年以下有期徒刑,并处二万元以上二十万元以下罚金;数额特别巨大或者有其他特别严重情节的,处十年以上有期徒刑,并处二万元以上二十万元以下罚金或者没收财产:

(一)投保人故意虚构保险标的,骗取保险金的;

(二)投保人、被保险人或者受益人对发生的保险事故编造虚假的原因或者夸大损失的程度,骗取保险金的;

（三）投保人、被保险人或者受益人编造未曾发生的保险事故，骗取保险金的；

（四）投保人、被保险人故意造成财产损失的保险事故，骗取保险金的；

（五）投保人、受益人故意造成被保险人死亡、伤残或者疾病，骗取保险金的。

有前款第四项、第五项所列行为，同时构成其他犯罪的，依照数罪并罚的规定处罚。

单位犯第一款罪的，对单位判处罚金，并对其直接负责的主管人员和其他直接责任人员，处五年以下有期徒刑或者拘役；数额巨大或者有其他严重情节的，处五年以上十年以下有期徒刑；数额特别巨大或者有其他特别严重情节的，处十年以上有期徒刑。

保险事故的鉴定人、证明人、财产评估人故意提供虚假的证明文件，为他人诈骗提供条件的，以保险诈骗的共犯论处。

198-1　《最高人民检察院法律政策研究室关于保险诈骗未遂能否按犯罪处理问题的答复》（高检研发〔1998〕20号，1998年11月27日）行为人已经着手实施保险诈骗行为，但由于其意志以外的原因未能获得保险赔偿的，是诈骗未遂，情节严重的，应依法追究刑事责任。

198-2　《立案标准（二）》第五十六条　进行保险诈骗活动，涉嫌下列情形之一的，应予立案追诉：

（一）个人进行保险诈骗，数额在一万元以上的；

（二）单位进行保险诈骗，数额在五万元以上的。

~~第一百九十九条*~~ **~~（刑八、刑九）【部分金融诈骗罪的死刑规~~**

---

* 《刑法修正案（八）》废除了票据诈骗罪、金融凭证诈骗罪和信用证诈骗罪的死刑。鉴于集资诈骗罪作为典型的涉众型犯罪，涉案金额大，受害人数多，作案周期长，案发后大部分集资款已被挥霍、转移、隐匿，资金返还率低，集资群众损失惨重，频频引发聚众上访等大规模群体性事件和受害群众自杀自残等恶性事件，其严重危害远非其他金融诈骗罪可比，故对该罪仍保留了死刑。《刑法修正案（九）》最终废除了本罪死刑。

定】犯本节第一百九十二条(集资诈骗罪)规定之罪,数额特别巨大并且给国家和人民利益造成特别重大损失的[1],处无期徒刑或者死刑,并处没收财产。

199-1 《全国法院审理金融犯罪案件工作座谈会纪要》(法〔2001〕8号) (四)死刑的适用

刑法对危害特别严重的金融诈骗犯罪规定了死刑。人民法院应当运用这一法律武器,有力地打击金融诈骗犯罪。对于罪行极其严重、依法该判死刑的犯罪分子,一定要坚决判处死刑。但需要强调的是,金融诈骗犯罪的数额特别巨大不是判处死刑的唯一标准,只有诈骗"数额特别巨大并且给国家和人民利益造成特别重大损失"的犯罪分子,才能依法选择适用死刑。对于犯罪数额特别巨大,但追缴、退赔后,挽回了损失或者损失不大的,一般不应当判处死刑立即执行;对具有法定从轻、减轻处罚情节的,一般不应当判处死刑。

第二百条 (刑八)【单位犯金融诈骗罪的处罚规定】单位犯本节第一百九十二条(集资诈骗罪)、第一百九十四条(票据诈骗罪)、第一百九十五条(信用证诈骗罪)规定之罪的,对单位判处罚金,并对其直接负责的主管人员和其他直接责任人员,处五年以下有期徒刑或者拘役,可以并处罚金;数额巨大或者有其他严重情节的,处五年以上十年以下有期徒刑,并处罚金;数额特别巨大或者有其他特别严重情节的,处十年以上有期徒刑或者无期徒刑,并处罚金*。

第六节 危害税收征管罪[1]

S.6-1 《公安机关办理危害税收征管刑事案件管辖若干问题的规定》(公通字〔2004〕12号,2004年2月19日)

为进一步规范危害税收征管刑事案件的管辖问题,根据《中华人民

---

* 《刑法修正案(八)》增加了"并处罚金"。

共和国刑法》、《中华人民共和国刑事诉讼法》和《公安机关办理刑事案件程序规定》等有关法律和规章的规定，结合公安机关的办案实际和危害税收征管刑事案件的特点，制定本规定。

一、偷税案、逃避追缴欠税案（刑法第201条，第203条）

纳税人未根据法律、行政法规规定应当向税务机关办理税务登记的，由税务登记机关所在地县级以上公安机关管辖。如果由纳税义务发生地公安机关管辖更为适宜的，可以由纳税义务发生地县级以上公安机关管辖；纳税人未根据法律、行政法规规定不需要向税务机关办理税务登记的，由纳税义务发生地或其他法定纳税地县级以上公安机关管辖。

扣缴义务人偷税案适用前款规定。

二、抗税案（刑法第202条）

由抗税行为发生地县级以上公安机关管辖。

三、骗取出口退税案（刑法第204条第1款）

由骗取出口退税地县级以上公安机关管辖，其他涉案地公安机关予以配合。

四、虚开增值税专用发票、用于骗取出口退税、抵扣税款发票案（刑法第205条）

为他人虚开案件，由开票企业税务登记机关所在地县级以上公安机关管辖；为自己虚开案件、让他人为自己虚开案件，由受票企业税务登记机关所在地县级以上公安机关管辖；介绍他人虚开案件，可以与为他人虚开案件、让他人为自己虚开案件并案处理。

对于自然人实施的前款规定的虚开案件，由虚开地县级以上公安机关管辖。如果几个公安机关都有权管辖的，由最初受理的公安机关管辖；必要时，可以由主要犯罪地县级以上公安机关管辖。

对为他人虚开、为自己虚开、让他人为自己虚开、介绍他人虚开等几种情况交织在一起，且几个公安机关都有权管辖的，由最初受理的公安机关管辖；必要时，由票源集中地或虚开行为集中企业的税务登记机关所在地县级以上公安机关管辖。

五、伪造增值税专用发票案、非法制造用于骗取出口退税、抵扣税款发票案、非法制造发票案（刑法第206条、第209条第1款、第2款）

由伪造地、非法制造地县级以上公安机关管辖。

六、出售伪造的增值税专用发票案、购买伪造的增值税专用发票案、出售非法制造的用于骗取出口退税、抵扣税款发票案、出售非法制造的发票案(刑法第206条、第208条第1款、第209条第1款、第2款)

由出售地、购买地县级以上公安机关管辖;在办理本条规定的案件过程中,发现伪造地、非法制造地的,由最初受理的公安机关管辖,伪造地、非法制造地公安机关予以配合;如果由伪造地、非法制造地公安机关管辖更为适宜的,可以将案件移交伪造地、非法制造地县级以上公安机关管辖。

七、非法出售增值税专用发票案、非法购买增值税专用发票案、非法出售用于骗取出口退税、抵扣税款发票案、非法出售发票案(刑法第207条、208条第1款、第209条第3款、第4款)

由出售地、购买地县级以上公安机关管辖。如果由最初受理的公安机关管辖更为适宜的,由最初受理的公安机关管辖;必要时,可以将案件移交票源集中地县级以上公安机关管辖。

八、对于本规定第一条至第七条规定的案件,如果由犯罪嫌疑人居住地公安机关管辖更为适宜的,由犯罪嫌疑人居住地县级以上公安机关管辖。

九、对于本规定第一条至第七条规定的案件,凡是属予重大涉外犯罪、重大集团犯罪和下级公安机关侦破有困难的严重刑事案件,由地(市)级以上公安机关管辖。

十、对管辖不明确或者几个公安机关都有权管辖的案件,可以由有关公安机关协商确定管辖。对管辖有争议或者情况特殊的案件,可以由共同的上级公安机关指定管辖。

十一、上级公安机关可以指定下级公安机关立案侦查管辖不明确或者需要改变管辖的案件。下级公安机关认为案情重大、复杂,需要由上级公安机关侦查的案件,可以请求移送上级公安机关侦查。

第二百零一条[1] **(刑七)【逃税罪】**纳税人[2]采取欺骗、隐瞒手段[3]*进行虚假纳税申报或者不申报**,逃避缴纳税款数额较大并且

---

* 《刑法修正案(七)》之前的条文表述为:"采取伪造、变造、擅自销毁账簿、记账凭证、在账簿上多列支出或者不列、少列收入"修改后为"采取欺骗、隐瞒手段"不再具体说明行为,而是抽象地概括其本质特征。

** 因不申报而成立逃税罪的,不需要采取欺骗、隐瞒手段,但张明楷教授认为,对此应作限制解释,即只有经税务机关通知申报而不申报的,才能认定为逃税罪。

占应纳税额[4]百分之十以上的，[5]处三年以下有期徒刑或者拘役，并处罚金；数额巨大并且占应纳税额百分之三十以上的，处三年以上七年以下有期徒刑，并处罚金。

扣缴义务人采取前款所列手段，不缴或者少缴已扣、已收税款，数额较大*的，依照前款的规定处罚。

对多次实施前两款行为，未经处理的，[6]按照累计数额计算。

（刑七）有第一款行为，经税务机关依法下达追缴通知[7]后，补缴应纳税款，缴纳滞纳金，已受行政处罚的，不予追究刑事责任；**[8]但是，五年内因逃避缴纳税款受过刑事处罚或者被税务机关给予二次以上行政处罚的除外。[9]

201-1　《最高人民法院关于审理偷税抗税刑事案件具体应用法律若干问题的解释》（法释〔2002〕33号，2002年11月7日）

201-2　《公安部关于对未依法办理税务登记的纳税人能否成为偷税犯罪主体问题的批复》（公复字〔2007〕3号，2007年5月23日）根据《中华人民共和国税收管理法》第四条、第三十七条的规定，未按照规定办理税务登记的从事生产、经营的纳税人以及临时从事经营的纳税人，可以构成偷税罪的犯罪主体。其行为触犯《中华人民共和国刑法》第二百零一条规定的，公安机关应当以偷税罪立案侦查，依法追究刑事责任。

2002年1月23日公安部《关于无证经营的行为人能否成为偷税主体问题的批复》（公复字〔2002〕1号）不再适用。

201-3　**1.** 法释〔2002〕33号第一条　纳税人实施下列行为之一，不缴或者少缴应纳税款，偷税数额占应纳税额的百分之十以上且偷税数额

---

* 《刑法修正案（七）》之前的条文的表述为“占应纳税额百分之十以上的并且数额在一万元以上的”，为避免重复而使用了“数额较大”一语，以示简洁。

《立案标准（二）》第五十七条　逃避缴纳税款，涉嫌下列情形之一的，应予立案追诉：（三）扣缴义务人采取欺骗、隐瞒手段，不缴或者少缴已扣、已收税款，数额在五万元以上的。

** 《刑法修正案（七）》增加本款，仅适用于逃税罪的初犯，开创了刑事立法上入罪与出罪相结合的先例，在行为已构成犯罪的情况下，只要行为人满足了法定条件，即不予追究其刑事责任，这契合了当前构建和谐社会的大背景，从立法上体现了宽严相济的刑事政策，既有利于税款征收，又极大地节约了司法资源。

在一万元以上的,依照刑法第二百零一条第一款的规定定罪处罚:

(一)伪造、变造、隐匿、擅自销毁帐簿、记帐凭证;

(二)在帐簿上多列支出或者不列、少列收入;

(三)经税务机关通知申报而拒不申报纳税;

(四)进行虚假纳税申报;

(五)缴纳税款后,以假报出口或者其他欺骗手段,骗取所缴纳的税款。

扣缴义务人实施前款行为之一,不缴或者少缴已扣、已收税款,数额在一万元以上且占应缴税额百分之十以上的,依照刑法第二百零一条第一款的规定定罪处罚。扣缴义务人书面承诺代纳税人支付税款的,应当认定扣缴义务人"已扣、已收税款"。

实施本条第一款、第二款规定的行为,偷税数额在五万元以下,纳税人或者扣缴义务人在公安机关立案侦查以前已经足额补缴应纳税款和滞纳金,犯罪情节轻微,不需要判处刑罚的,可以免予刑事处罚。

2. 法释〔2002〕33号第二条　纳税人伪造、变造、隐匿、擅自销毁用于记帐的发票等原始凭证的行为,应当认定为刑法第二百零一条第一款规定的伪造、变造、隐匿、擅自销毁记帐凭证的行为。

《公安部经济犯罪侦查局关于对两种涉税违法行为适用法律问题的批复》(公经〔2003〕1449号,2003年12月5日)1. 行为人没有实施其他违法犯罪行为,仅仅持有非法制造的发票的行为,不宜按照犯罪处理。

2. 行为人使用非法制造的发票的行为,应视具体情况而定:如果行为人不知道是非法制造的发票,主观上也没有偷逃税款的目的,即使客观上使用了该发票,也不宜按照犯罪处理;如果行为人明知是非法制造的发票而使用,且偷逃税款达到了法定数额、比例要求,根据刑法第二百零一条和最高人民法院《关于审理偷税抗税刑事案件具体应用法律若干问题的解释》第二条的规定,应当以偷税罪追究刑事责任。

201-4　《公安部关于如何理解刑法第201条规定的应纳税款问题的批复》(公复字〔1999〕4号,1999年11月23日)应纳税款,是指某一法定纳税期限或者税务机关依法核定的纳税期间内应纳税额的总和。逃税行为涉及两个以上税种的,只要其中一个税种的逃税数额、比例达到法定标准的,即构成逃税罪,其他税种的逃税数额应累计计算。

201-5　《立案标准(二)》第五十七条　逃避缴纳税款,涉嫌下列情形之一的,应予立案追诉:

（一）纳税人采取欺骗、隐瞒手段进行虚假纳税申报或者不申报，逃避缴纳税款，数额在五万元以上并且占各税种应纳税总额百分之十以上，经税务机关依法下达追缴通知后，不补缴应纳税款、不缴纳滞纳金或者不接受行政处罚的；

（二）纳税人五年内因逃避缴纳税款受过刑事处罚或者被税务机关给予二次以上行政处罚，又逃避缴纳税款，数额在五万元以上并且占各税种应纳税总额百分之十以上的；纳税人在公安机关立案后再补缴应纳税款、缴纳滞纳金或者接受行政处罚的，不影响刑事责任的追究。

201-6　法释〔2002〕33号第二条第四款　刑法第二百零一条第三款规定的“未经处理”，是指纳税人或者扣缴义务人在五年内多次实施偷税行为，但每次偷税数额均未达到刑法第二百零一条规定的构成犯罪的数额标准，且未受行政处罚的情形。纳税人、扣缴义务人因同一偷税犯罪行为受到行政处罚，又被移送起诉的，人民法院应当依法受理。依法定罪并判处罚金的，行政罚款折抵罚金。

201-7　法释〔2002〕33号第二条第二款　具有下列情形之一的，应当认定为刑法第二百零一条第一款规定的“经税务机关通知申报”：

（一）纳税人、扣缴义务人已经依法办理税务登记或者扣缴税款登记的；

（二）依法不需要办理税务登记的纳税人，经税务机关依法书面通知其申报的；

（三）尚未依法办理税务登记、扣缴税款登记的纳税人、扣缴义务人，经税务机关依法书面通知其申报的。

201-8　法释〔2002〕33号第一条第四款　实施本条第一款、第二款规定的行为，偷税数额在五万元以下，纳税人或者扣缴义务人在公安机关立案侦查以前已经足额补缴应纳税款和滞纳金，犯罪情节轻微，不需要判处刑罚的，可以免予刑事处罚。

201-9　法释〔2002〕33号第四条　两年内因偷税受过二次行政处罚，又偷税且数额在一万元以上的，应当以偷税罪定罪处罚。

第二百零二条*　【抗税罪】以暴力、威胁方法拒不缴纳税款

---

* 妨害公务罪只有一个量刑幅度，而抗税罪根据情节严重而多规定了一个量刑档，同包庇罪与包庇涉毒犯罪分子一样。抗税罪只能由自然人构成。

的,[1] 处三年以下有期徒刑或者拘役,并处拒缴税款一倍以上五倍以下罚金;情节严重的,[2] 处三年以上七年以下有期徒刑,并处拒缴税款一倍以上五倍以下罚金。

202-1 《立案标准(二)》第五十八条 以暴力、威胁方法拒不缴纳税款,涉嫌下列情形之一的,应予立案追诉:

(一)造成税务工作人员轻微伤以上的;

(二)以给税务工作人员及其亲友的生命、健康、财产等造成损害为威胁,抗拒缴纳税款的;

(三)聚众抗拒缴纳税款的;

(四)以其他暴力、威胁方法拒不缴纳税款的。

202-2 法释〔2002〕33号第五条 实施抗税行为具有下列情形之一的,属于刑法第二百零二条规定的"情节严重":

(一)聚众抗税的首要分子;

(二)抗税数额在十万元以上的;

(三)多次抗税的;

(四)故意伤害致人轻伤的;

(五)具有其他严重情节。

法释〔2002〕33号第六条 实施抗税行为致人重伤、死亡,构成故意伤害罪、故意杀人罪的,分别依照*刑法第二百三十四条第二款、第二百三十二条的规定定罪处罚。与纳税人或者扣缴义务人共同实施抗税行为的,以抗税罪的共犯依法处罚。

第二百零三条 【逃避追缴欠税罪】纳税人欠缴应纳税款,采取转移或者隐匿财产的手段,致使税务机关无法追缴欠缴的税款,数额在一万元以上不满十万元的,处三年以下有期徒刑或者拘役,并处或者单处欠缴税款一倍以上五倍以下罚金;数额在十万元以上的,处三年以上七年以下有期徒刑,并处欠缴税款一倍以上五倍以下罚金。

---

* 转化犯。

第二百零四条[1]　**【骗取出口退税罪】**以假报出口[2]或者其他[3]欺骗手段，骗取国家出口退税款，数额较大的，[4]处五年以下有期徒刑或者拘役，并处骗取税款一倍以上五倍以下罚金；数额巨大[5]或者有其他严重情节的，[6]处五年以上十年以下有期徒刑，并处骗取税款一倍以上五倍以下罚金；数额特别巨大[7]或者有其他特别严重情节的，[8]处十年以上有期徒刑或者无期徒刑，并处骗取税款一倍以上五倍以下罚金或者没收财产。

纳税人缴纳税款后，采取前款规定的欺骗方法，骗取所缴纳的税款的，依照本法第二百零一条(逃税罪)的规定定罪处罚；骗取税款超过所缴纳的税款部分，依照前款的规定处罚。*

204-1　《最高人民法院关于审理骗取出口退税刑事案件具体应用法律若干问题的解释》(法释〔2002〕30号，2002年9月23日)第七条　实施骗取国家出口退税行为，没有实际取得出口退税款的，可以比照既遂犯从轻或者减轻处罚。

第八条　国家工作人员参与实施骗取出口退税犯罪活动的，依照刑法第二百零四条第一款的规定从重处罚。

204-2　法释〔2002〕30号第一条　刑法第二百零四条规定的"假报出口"，是指以虚构已税货物出口事实为目的，具有下列情形之一的行为：

(一)伪造或者签订虚假的买卖合同；

(二)以伪造、变造或者其他非法手段取得出口货物报关单、出口收汇核销单、出口货物专用缴款书等有关出口退税单据、凭证；

(三)虚开、伪造、非法购买增值税专用发票或者其他可以用于出口退税的发票；

(四)其他虚构已税货物出口事实的行为。

法释〔2002〕30号第九条　实施骗取出口退税犯罪，同时构成虚开

---

* 本款似乎是对特殊的想象竞合犯以数罪论处。行为人的一个行为触犯了两个罪名，但刑法规定实行了并罚，即以偷税罪和骗取出口退税罪，实行数罪并罚，而不是以一罪论处。

增值税专用发票罪等其他犯罪的,依照刑法处罚较重的规定定罪处罚。

204-3 法释〔2002〕30号第二条 具有下列情形之一的,应当认定为刑法第二百零四条规定的“其他欺骗手段”:

(一)骗取出口货物退税资格的;

(二)将未纳税或者免税货物作为已税货物出口的;

(三)虽有货物出口,但虚构该出口货物的品名、数量、单价等要素,骗取未实际纳税部分出口退税款的;

(四)以其他手段骗取出口退税款的。

法释〔2002〕30号第六条 有进出口经营权的公司、企业,明知他人意欲骗取国家出口退税款,仍违反国家有关进出口经营的规定,允许他人自带客户、自带货源、自带汇票并自行报关,骗取国家出口退税款的,依照刑法第二百零四条第一款、第二百一十一条(单位犯罪)的规定定罪处罚。

204-4 法释〔2002〕30号第三条 骗取国家出口退税款5万元以上的,为刑法第二百零四条规定的“数额较大”;

《立案标准(二)》第六十条 以假报出口或者其他欺骗手段,骗取国家出口退税款,数额在五万元以上的,应予立案追诉。

204-5 法释〔2002〕30号第三条 骗取国家出口退税款50万元以上的,为刑法第二百零四条规定的“数额巨大”;

204-6 法释〔2002〕30号第四条 具有下列情形之一的,属于刑法第二百零四条规定的“其他严重情节”:

(一)造成国家税款损失30万元以上并且在第一审判决宣告前无法追回的;

(二)因骗取国家出口退税行为受过行政处罚,两年内又骗取国家出口退税款数额在30万元以上的;

(三)情节严重的其他情形。

204-7 法释〔2002〕30号第三条 骗取国家出口退税款250万元以上的,为刑法第二百零四条规定的“数额特别巨大”。

204-8 法释〔2002〕30号第五条 具有下列情形之一的,属于刑法第二百零四条规定的“其他特别严重情节”:

(一)造成国家税款损失150万元以上并且在第一审判决宣告前无法追回的;

（二）因骗取国家出口退税行为受过行政处罚，两年内又骗取国家出口退税款数额在150万元以上的；

（三）情节特别严重的其他情形。

第二百零五条*　（刑八）【虚开增值税专用发票、用于骗取出口退税、抵扣税款发票罪】虚开[1]增值税专用发票或者虚开用于骗取出口退税、抵扣税款的其他发票的，[2]处三年以下有期徒刑或者拘役，并处二万元以上二十万元以下罚金；虚开的税款数额较大或者有其他严重情节的[3]，处三年以上十年以下有期徒刑，并处五万元以上五十万元以下罚金；虚开的税款数额巨大或者有其他特别严重情节的[4]，处十年以上有期徒刑或者无期徒刑，并处五万元以上五十万元以下罚金或者没收财产。

单位犯本条规定之罪的，对单位判处罚金，并对其直接负责的主管人员和其他直接责任人员，处三年以下有期徒刑或者拘役；虚开的税款数额较大或者有其他严重情节的，处三年以上十年以下有期徒刑；虚开的税款数额巨大或者有其他特别严重情节的，处十年以上有期徒刑或者无期徒刑。

虚开增值税专用发票或者虚开用于骗取出口退税、抵扣税款的其他发票，是指有为他人虚开、为自己虚开、让他人为虚开、介绍他人虚开行为之一的[5]。

205-1　《最高人民检察院法律政策研究室关于税务机关工作人员通过企业以“高开低征”的方法代开增值税专用发票的行为如何适用法律问题的答复》（高检研发〔2004〕6号，2004年3月17日）　税务机关及其工作人员将不具备条件的小规模纳税人虚报为一般纳税人，并让其采用“高开低征”的方法为他人代开增值税专用发票的行为，属于虚开增值税专用发票。

---

* 《刑法修正案（八）》仅废除了本罪的死刑，而并未修改本罪的犯罪构成。

对于造成国家税款损失,构成犯罪的,应当依照刑法第二百零五条的规定追究刑事责任。

205-2 **1.**《全国人大常委会关于〈中华人民共和国刑法〉有关出口退税、抵扣税款的其他发票的规定的解释》(2005 年 12 月 29 日) 全国人大常委会根据司法实践中遇到的情况,讨论了刑法规定的"出口退税、抵扣税款的其他发票"的含义问题,解释如下:刑法规定的"出口退税、抵扣税款的其他发票",是指除增值税专用发票以外的,具有出口退税、抵扣税款功能的收付款凭证或者完税凭证。

2.《立案标准(二)》第六十一条 虚开增值税专用发票或者虚开用于骗取出口退税、抵扣税款的其他发票,虚开的税款数额在一万元以上或者致使国家税款被骗数额在五千元以上的,应予立案追诉。

205-3 《最高人民法院关于适用〈全国人民代表大会常务委员会关于惩治虚开、伪造和非法出售增值税专用发票犯罪的决定〉的若干问题的解释》(法发〔1996〕30 号,1996 年 10 月 17 日)虚开税款数额 10 万元以上的,属于"虚开的税款数额较大";具有下列情形之一的,属于"有其他严重情节":(1)因虚开增值税专用发票致使国家税款被骗取 5 万元以上的;(2)具有其他严重情节的。

205-4 《最高人民法院关于适用〈全国人民代表大会常务委员会关于惩治虚开、伪造和非法出售增值税专用发票犯罪的决定〉的若干问题的解释》(法发〔1996〕30 号,1996 年 10 月 17 日)虚开税款数额 50 万元以上的,属于"虚开的税款数额巨大";具有下列情形之一的,属于"有其他特别严重情节":(1)因虚开增值税专用发票致使国家税款被骗取 30 万元以上的;(2)虚开的税款数额接近巨大并有其他严重情节的;(3)具有其他特别严重情节的。

利用虚开的增值税专用发票实际抵扣税款或者骗取出口退税 100 万元以上的,属于"骗取国家税款数额特别巨大";造成国家税款损失 50 万元以上并且在侦查终结前仍无法追回的,属于"给国家利益造成特别重大损失"。利用虚开的增值税专用发票骗取国家税款数额特别巨大、给国家利益造成特别重大损失,为"情节特别严重"的基本内容。

虚开增值税专用发票犯罪分子与骗取税款犯罪分子均应当对虚开的税款数额和实际骗取的国家税款数额承担刑事责任。

利用虚开的增值税专用发票抵扣税款或者骗取出口退税的，应当依照《决定》第一条的规定定罪处罚；以其他手段骗取国家税款的，仍应依照《全国人民代表大会常务委员会关于惩治偷税、抗税犯罪的补充规定》的有关规定定罪处罚。

205-5　《公安部经济犯罪侦查局关于对购买非法制造的用于抵扣税款的其他发票又虚开的行为适用法律问题的批复》（公经〔2003〕1448号，2003年12月5日）行为人购买非法制造的用于抵扣税款的其他发票又虚开的行为，根据刑法第二百零五条的规定，构成犯罪的，以虚开用于抵扣税款发票罪追究刑事责任。因此，犯罪嫌疑人彭大达购买非法制造的运输业发票后又虚开的行为，已经构成犯罪，应以虚开用于抵扣税款发票罪追究其刑事责任。

第二百零五条之一　（刑八）【虚开发票罪】虚开本法第二百零五条规定以外的其他发票，情节严重的[1]，处二年以下有期徒刑、拘役或者管制，并处罚金；情节特别严重的，处二年以上七年以下有期徒刑，并处罚金。

单位犯前款罪的，对单位判处罚金，并对其直接负责的主管人员和其他直接责任人员，依照前款的规定处罚。

205A-1　**1.**《立案标准（二）补充》第六十一条之一　虚开刑法第二百零五条规定以外的其他发票，涉嫌下列情形之一的，应予立案追诉：

（一）虚开发票一百份以上或者虚开金额累计在四十万元以上的；

（二）虽未达到上述数额标准，但五年内因虚开发票行为受过行政处罚二次以上，又虚开发票的；

（三）其他情节严重的情形。

2.《最高人民法院关于适用〈全国人民代表大会常务委员会关于惩治虚开、伪造和非法出售增值税专用发票犯罪的决定〉的若干问题的解释》（法发〔1996〕30号，1996年10月17日）五、根据《决定》第五条规定，虚开用于骗取出口退税、抵扣税款的其他发票的，构成虚开专用发票罪，依照《决定》第一条的规定处罚。

“用于骗取出口退税、抵扣税款的其他发票”是指可以用于申请出口退税、抵扣税款的非增值税专用发票，如运输发票、废旧物品收购发票、农业产品收购发票等。

第二百零六条 (刑八)*【伪造、出售伪造的增值税专用发票罪】伪造或者出售伪造的增值税专用发票的,[1] 处三年以下有期徒刑、拘役或者管制,并处二万元以上二十万元以下罚金;数量较大或者有其他严重情节的[2],处三年以上十年以下有期徒刑,并处五万元以上五十万元以下罚金;数量巨大或者有其他特别严重情节的[3],处十年以上有期徒刑或者无期徒刑,并处五万元以上五十万元以下罚金或者没收财产。

单位犯本条规定之罪的,对单位判处罚金,并对其直接负责的主管人员和其他直接责任人员,处三年以下有期徒刑、拘役或者管制;数量较大或者有其他严重情节的,处三年以上十年以下有期徒刑;数量巨大或者有其他特别严重情节的,处十年以上有期徒刑或者无期徒刑。

206-1 **1.**《立案标准(二)》第六十二条 伪造或者出售伪造的增值税专用发票二十五份以上或者票面额累计在十万元以上的,应予立案追诉。

2.《最高人民法院关于适用〈全国人民代表大会常务委员会关于惩治虚开、伪造和非法出售增值税专用发票犯罪的决定〉的若干问题的解释》(法发〔1996〕30 号,1996 年 10 月 17 日)二、根据《决定》第二条规定,伪造或者出售伪造的增值税专用发票的,构成伪造、出售伪造的增值税专用发票罪。

伪造或者出售伪造的增值税专用发票 25 份以上或者票面额(百元版以每份 100 元,千元版以每份 1000 元,万元版以每份 1 万元计算,以此类推。下同)累计 10 万元以上的应当依法定罪处罚。

206-2 《最高人民法院关于适用〈全国人民代表大会常务委员会关于惩治虚开、伪造和非法出售增值税专用发票犯罪的决定〉的若干问题

* 《刑法修正案(八)》只是废除了本罪的死刑,而并未修改本罪的犯罪构成。

的解释》(法发〔1996〕30号,1996年10月17日)二、伪造或者出售伪造的增值税专用发票100份以上或者票面额累计50万元以上的,属于“数量较大”;具有下列情形之一的,属于“有其他严重情节”:(1)违法所得数额在1万元以上的;(2)伪造并出售伪造的增值税专用发票60份以上或者票面额累计30万元以上的;(3)造成严重后果或者具有其他严重情节的。

206-3 《最高人民法院关于适用〈全国人民代表大会常务委员会关于惩治虚开、伪造和非法出售增值税专用发票犯罪的决定〉的若干问题的解释》(法发〔1996〕30号,1996年10月17日)伪造或者出售伪造的增值税专用发票500份以上或者票面额累计250万元以上的,属于“数量巨大”;具有下列情形之一的,属于“有其他特别严重情节”:(1)违法所得数额在5万元以上的;(2)伪造并出售伪造的增值税专用发票300份以上或者票面额累计200万元以上的;(3)伪造或者出售伪造的增值税专用发票接近“数量巨大”并有其他严重情节的;(4)造成特别严重后果或者具有其他特别严重情节的。

第二百零七条 【非法出售增值税专用发票罪】非法出售增值税专用发票的,[1] 处三年以下有期徒刑、拘役或者管制,并处二万元以上二十万元以下罚金;数量较大的,处三年以上十年以下有期徒刑,并处五万元以上五十万元以下罚金;数量巨大的,处十年以上有期徒刑或者无期徒刑,并处五万元以上五十万元以下罚金或者没收财产。

207-1 **1.**《立案标准(二)》第六十三条 非法出售增值税专用发票二十五份以上或者票面额累计在十万元以上的,应予立案追诉。

2.《最高人民法院关于适用〈全国人民代表大会常务委员会关于惩治虚开、伪造和非法出售增值税专用发票犯罪的决定〉的若干问题的解释》(法发〔1996〕30号,1996年10月17日)三、根据《决定》第三条规定,非法出售增值税专用发票的,构成非法出售增值税专用发票罪。

非法出售增值税专用发票案件的定罪量刑数量标准按照本解释第二条第二、三、四款的规定执行。*

---

* 本罪的量刑标准参照伪造、出售伪造的增值税专用发票罪。

第二百零八条 【非法购买增值税专用发票、购买伪造的增值税专用发票罪】非法购买增值税专用发票或者购买伪造的增值税专用发票的,[1] 处五年以下有期徒刑或者拘役,并处或者单处二万元以上二十万元以下罚金。

非法购买增值税专用发票或者购买伪造的增值税专用发票又虚开或者出售的,分别依照本法第二百零五条(虚开增值税专用发票罪)、第二百零六条(出售伪造的专用发票罪)、第二百零七条(非法出售增值税专用发票罪)的规定定罪处罚。

208-1 1.《立案标准(二)》第六十四条 非法购买增值税专用发票或者购买伪造的增值税专用发票二十五份以上或者票面额累计在十万元以上的,应予立案追诉。

2.《最高人民法院关于适用〈全国人民代表大会常务委员会关于惩治虚开、伪造和非法出售增值税专用发票犯罪的决定〉的若干问题的解释》(法发〔1996〕30号,1996年10月17日)四、根据《决定》第四条规定,非法购买增值税专用发票或者购买伪造的增值税专用发票的,构成非法购买增值税专用发票、伪造的增值税专用发票罪。

非法购买增值税专用发票或者购买伪造的增值税专用发票25份以上或者票面额累计10万元以上的,应当依法定罪处罚。

非法购买真、伪两种增值税专用发票的,数量累计计算,不实行数罪并罚。

第二百零九条 【非法制造、出售非法制造的用于骗取出口退税、抵扣税款发票罪】伪造、擅自制造或者出售伪造、擅自制造的可以用于骗取出口退税、抵扣税款的其他发票的,[1] 处三年以下有期徒刑、拘役或者管制,并处二万元以上二十万元以下罚金;数量巨大的[2],处三年以上七年以下有期徒刑,并处五万元以上五十万元以下罚金;数量特别巨大的[3],处七年以上有期徒刑,并处五万元以上五十万元以下罚金或者没收财产。

【非法制造、出售非法制造的发票罪】伪造、擅自制造或者出售伪造、擅自制造的前款规定以外的其他发票的，[4] 处二年以下有期徒刑、拘役或者管制，并处或者单处一万元以上五万元以下罚金；情节严重的，处二年以上七年以下有期徒刑，并处五万元以上五十万元以下罚金。

【非法出售用于骗取出口退税、抵扣税款发票罪】非法出售可以用于骗取出口退税、抵扣税款的其他发票的，[5] 依照第一款的规定处罚。

【非法出售发票罪】非法出售第三款规定以外的其他发票的[6]，依照第二款的规定处罚。

209-1　《立案标准(二)》第六十五条　伪造、擅自制造或者出售伪造、擅自制造的可以用于骗取出口退税、抵扣税款的非增值税专用发票五十份以上或者票面额累计在二十万元以上的，应予立案追诉。

209-2　《最高人民法院关于适用〈全国人民代表大会常务委员会关于惩治虚开、伪造和非法出售增值税专用发票犯罪的决定〉的若干问题的解释》(法发〔1996〕30 号，1996 年 10 月 17 日)第六条　伪造、擅自制造或者出售伪造、擅自制造的可以用于骗取出口退税、抵扣税款的其他发票 200 份以上的，属于“数量巨大”；

209-3　《最高人民法院关于适用〈全国人民代表大会常务委员会关于惩治虚开、伪造和非法出售增值税专用发票犯罪的决定〉的若干问题的解释》(法发〔1996〕30 号，1996 年 10 月 17 日)第六条　伪造、擅自制造或者出售伪造、擅自制造的可以用于骗取出口退税、抵扣税款的其他发票 1000 份以上的，属于“数量特别巨大”。

209-4　**1.**《立案标准(二)》第六十六条　伪造、擅自制造或者出售伪造、擅自制造的不具有骗取出口退税、抵扣税款功能的普通发票一百份以上或者票面额累计在四十万元以上的，应予立案追诉。

2.《全国人民代表大会常务委员会法制工作委员会刑法室关于对变造、出售变造普通发票行为的定性问题的意见》(刑发〔2005〕1 号，2005 年 1 月 17 日)刑法第二百零九条第二款规定的“伪造、擅自制造，或者出售伪造、擅自制造的前款规定以外的其他发票”的行为，包括变造、出售变造的普通发票的行为。

209-5　《立案标准(二)》第六十七条　非法出售可以用于骗取出口退税、抵扣税款的非增值税专用发票五十份以上或者票面额累计在二十万元以上的,应予立案追诉。

209-6　《立案标准(二)》第六十八条　非法出售普通发票一百份以上或者票面额累计在四十万元以上的,应予立案追诉。

第二百一十条　**【盗窃罪、诈骗罪】**盗窃增值税专用发票或者可以用于骗取出口退税、抵扣税款的其他发票的[1],依照本法第二百六十四条(盗窃罪)的规定定罪处罚。

使用欺骗手段骗取增值税专用发票或者可以用于骗取出口退税、抵扣税款的其他发票的,依照本法第二百六十六条(诈骗罪)的规定定罪处罚。

210-1　《最高人民法院关于适用〈全国人民代表大会常务委员会关于惩治虚开、伪造和非法出售增值税专用发票犯罪的决定〉的若干问题的解释》(法发〔1996〕30号,1996年10月17日)七、盗窃增值税专用发票或者可以用于骗取出口退税、抵扣税款的其他发票25份以上,或者其他发票50份以上的;诈骗增值税专用发票或者可以用于骗取出口退税、抵扣税款的其他发票50份以上,或者其他发票100份以上的,依照刑法第一百五十一条的规定处罚。

盗窃增值税专用发票或者可以用于骗取出口退税、抵扣税款的其他发票250份以上,或者其他发票500份以上的;诈骗增值税专用发票或者可以用于骗取出口退税、抵扣税款的其他发票500份以上,或者其他发票1000份以上的,依照刑法第一百五十二条的规定处罚。

盗窃增值税专用发票或者其他发票情节特别严重的,依照《全国人民代表大会常务委员会关于严惩严重破坏经济的罪犯的决定》第一条第(一)项的规定处罚。

盗窃、诈骗增值税专用发票或者其他发票后,又实施《决定》规定的虚开、出售等犯罪的,按照其中的重罪定罪处罚,不实行数罪并罚。

第二百一十条之一　**(刑八)【持有伪造的发票罪】**明知是伪造的发票而持有,数量较大的,[1] 处二年以下有期徒刑、拘役或者管制，并处罚金；数量巨大的，处二年以上七年以下有期徒刑，并处罚金。

单位犯前款罪的，对单位判处罚金，并对其直接负责的主管人员和其他直接责任人员，依照前款的规定处罚。

210A-1　《立案标准（二）补充》第三条　明知是伪造的发票而持有，具有下列情形之一的，应予立案追诉：

（一）持有伪造的增值税专用发票五十份以上或者票面额累计在二十万元以上的，应予立案追诉；

（二）持有伪造的可以用于骗取出口退税、抵扣税款的其他发票一百份以上或者票面额累计在四十万元以上的，应予立案追诉；

（三）持有伪造的第（一）项、第（二）项规定以外的其他发票二百份以上或者票面额累计在八十万元以上的，应予立案追诉。

第二百一十一条　【单位犯危害税收征管罪的处罚规定】单位犯本节第二百零一条（逃税罪）、第二百零三条（逃避追缴欠税罪）、第二百零四条（骗取出口退税罪）、第二百零七条（非法出售增值税专用发票罪）、第二百零八条（非法购买增值税专用发票罪、购买伪造的增值税专用发票罪）、第二百零九条（非法制造、出售非法制造的用于骗取出口退税、抵扣税款发票罪）规定之罪的，对单位判处罚金，并对其直接负责的主管人员和其他直接责任人员，依照各该条的规定处罚。

第二百一十二条　【税务机关征缴优先原则】犯本节第二百零一条至第二百零五条规定之罪，被判处罚金、没收财产的，在执行前，应当先由税务机关追缴税款和所骗取的出口退税款。

第七节 侵犯知识产权罪*[1]

S.7-1 1.《最高人民法院、最高人民检察院关于办理侵犯知识产权刑事案件具体应用法律若干问题的解释》(法释〔2004〕19号,2004年12月22日);2.《最高人民法院、最高人民检察院关于办理侵犯知识产权刑事案件具体应用法律若干问题的解释(二)》(法释〔2007〕6号,2007年4月5日);3.《最高人民法院关于审理反不正当竞争民事案件应用法律若干问题的解释》(法释〔2007〕2号,2007年2月1日);4.《最高人民法院、最高人民检察院、公安部印发〈关于办理侵犯知识产权刑事案件适用法律若干问题的意见〉的通知》(法发〔2011〕3号,2011年1月10日)。

1.《民法总则》第一百二十三条 民事主体依法享有知识产权。

知识产权是权利人依法就下列客体享有的专有的权利:

(一)作品;

(二)发明、实用新型、外观设计;

(三)商标;

(四)地理标志;

(五)商业秘密;

(六)集成电路布图设计;

(七)植物新品种;

(八)法律规定的其他客体。

2. 法释〔2007〕6号第三条 侵犯知识产权犯罪,符合刑法规定的缓刑条件的,依法适用缓刑。有下列情形之一的,一般不适用缓刑:

(一)因侵犯知识产权被刑事处罚或者行政处罚后,再次侵犯知识产权构成犯罪的;

(二)不具有悔罪表现的;

---

* 侵犯知识产权罪,虽然也侵犯了财产权,但其并不属于侵犯财产罪,而属于破坏社会主义市场经济秩序罪,这说明其保护的法益更主要的是市场秩序。在知识产权法律体系中,反不正当竞争法是一般法,而专利法、著作权法和商标法则属于特别法。

（三）拒不交出违法所得的；

（四）其他不宜适用缓刑的情形。

法释〔2007〕6号第四条　对于侵犯知识产权犯罪的，人民法院应当综合考虑犯罪的违法所得、非法经营数额、给权利人造成的损失、社会危害性等情节，依法判处罚金。罚金数额一般在违法所得的一倍以上五倍以下，或者按照非法经营数额的50%以上一倍以下确定。

法释〔2007〕6号第五条　被害人有证据证明的侵犯知识产权刑事案件，直接向人民法院起诉的，人民法院应当依法受理；严重危害社会秩序和国家利益的侵犯知识产权刑事案件，由人民检察院依法提起公诉。

3.《最高人民法院、最高人民检察院、公安部印发〈关于办理侵犯知识产权刑事案件适用法律若干问题的意见〉的通知》（法发〔2011〕3号，2011年1月10日）　一、关于侵犯知识产权犯罪案件的管辖问题

侵犯知识产权犯罪案件由犯罪地公安机关立案侦查。必要时，可以由犯罪嫌疑人居住地公安机关立案侦查。侵犯知识产权犯罪案件的犯罪地，包括侵权产品制造地、储存地、运输地、销售地，传播侵权作品、销售侵权产品的网站服务器所在地、网络接入地、网站建立者或者管理者所在地，侵权作品上传者所在地，权利人受到实际侵害的犯罪结果发生地。对有多个侵犯知识产权犯罪地的，由最初受理的公安机关或者主要犯罪地公安机关管辖。多个侵犯知识产权犯罪地的公安机关对管辖有争议的，由共同的上级公安机关指定管辖，需要提请批准逮捕、移送审查起诉、提起公诉的，由该公安机关所在地的同级人民检察院、人民法院受理。

对于不同犯罪嫌疑人、犯罪团伙跨地区实施的涉及同一批侵权产品的制造、储存、运输、销售等侵犯知识产权犯罪行为，符合并案处理要求的，有关公安机关可以一并立案侦查，需要提请批准逮捕、移送审查起诉、提起公诉的，由该公安机关所在地的同级人民检察院、人民法院受理。

第二百一十三条　【假冒注册商标罪】未经注册商标所有人许可，在同一种商品[1]上使用[2]与其注册商标相同的商标，[3]情节严重的，[4]处三年以下有期徒刑或者拘役，并处或者单处罚金；情节特别严重的，[5]处三年以上七年以下有期徒刑，并处罚金。

213-1 **1.** 法发〔2011〕3号 五、关于刑法第二百一十三条规定的“同一种商品”的认定问题

名称相同的商品以及名称不同但指同一事物的商品,可以认定为“同一种商品”。“名称”是指国家工商行政管理总局商标局在商标注册工作中对商品使用的名称,通常即《商标注册用商品和服务国际分类》中规定的商品名称。“名称不同但指同一事物的商品”是指在功能、用途、主要原料、消费对象、销售渠道等方面相同或者基本相同,相关公众一般认为是同一种事物的商品。认定“同一种商品”,应当在权利人注册商标核定使用的商品和行为人实际生产销售的商品之间进行比较。

2.《最高人民法院、最高人民检察院关于办理非法生产、销售烟草专卖品等刑事案件具体应用法律若干问题的解释》(法释〔2010〕7号,2013年3月26日)第一条第二款 未经卷烟、雪茄烟等烟草专卖品注册商标所有人许可,在卷烟、雪茄烟等烟草专卖品上使用与其注册商标相同的商标,情节严重的,依照刑法第二百一十三条的规定,以假冒注册商标罪定罪处罚。

213-2 法释〔2004〕19号第八条第二款 使用,是指将注册商标或者假冒的注册商标用于商品、商品包装或者容器以及产品说明书、商品交易文书,或者将注册商标或者假冒的注册商标用于广告宣传、展览以及其他商业活动等行为。

213-3 **1.** 法释〔2004〕19号第八条第一款 相同的商标,是指与被假冒的注册商标完全相同,或者与被假冒的注册商标在视觉上基本无差别、足以对公众产生误导的商标。

2. 法发〔2011〕3号 六、关于刑法第二百一十三条规定的“与其注册商标相同的商标”的认定问题

具有下列情形之一,可以认定为“与其注册商标相同的商标”:

(一)改变注册商标的字体、字母大小写或者文字横竖排列,与注册商标之间仅有细微差别的;

(二)改变注册商标的文字、字母、数字等之间的间距,不影响体现注册商标显著特征的;

(三)改变注册商标颜色的;

(四)其他与注册商标在视觉上基本无差别、足以对公众产生误导的商标。

3.《最高人民法院刑事审判第二庭关于集体商标是否属于我国刑法的保护范围问题的复函》(〔2009〕刑二函字第28号,2009年4月10日)

一、我国《商标法》第三条规定:"经商标局核准注册的商标为注册商标,包括商品商标、服务商标和集体商标、证明商标;商标注册人享有商标专用权,受法律保护。"因此,刑法第二百一十三条至二百一十五条所规定的"注册商标"应当涵盖"集体商标"。

二、商标标识中注明了自己的注册商标的同时,又使用了他人注册为集体商标的地理名称,可以认定为刑法规定的"相同的商标"。根据贵局提供的材料,山西省清徐县溢美源醋业有限公司在其生产的食用醋的商标上用大号字体在显著位置上清晰地标明"镇江香(陈)醋",说明其已经使用了与江苏省镇江市醋业协会所注册的"镇江香(陈)醋"集体商标相同的商标。而且,山西省清徐县溢美源醋业有限公司还在其商标标识上注明了江苏省镇江市丹阳市某香醋厂的厂名厂址和QS标志,也说明其实施假冒注册"镇江香(陈)醋"集体商标的行为。

综上,山西省清徐县溢美源醋业有限公司的行为涉嫌触犯刑法第二百一十三条至二百一十五条的规定。

213-4 **1.**《立案标准(二)》第六十九条 未经注册商标所有人许可,在同一种商品上使用与其注册商标相同的商标,涉嫌下列情形之一的,应予立案追诉:

(一)非法经营数额在五万元以上或者违法所得数额在三万元以上的;

(二)假冒两种以上注册商标,非法经营数额在三万元以上或者违法所得数额在二万元以上的;

(三)其他情节严重的情形。

2. 法释〔2004〕19号第十二条 本解释所称"非法经营数额",是指行为人在实施侵犯知识产权行为过程中,制造、储存、运输、销售侵权产品的价值。已销售的侵权产品的价值,按照实际销售的价格计算。制造、储存、运输和未销售的侵权产品的价值,按照标价或者已经查清的侵权产品的实际销售平均价格计算。侵权产品没有标价或者无法查清其实际销售价格的,按照被侵权产品的市场中间价格计算。

多次实施侵犯知识产权行为,未经行政处理或者刑事处罚的,非法经营数额、违法所得数额或者销售金额累计计算。

本解释第三条所规定的“件”,是指标有完整商标图样的一份标识。

3. 郭明升、郭明锋、孙淑标假冒注册商标案(指导案例87号)

关键词 刑事 假冒注册商标罪 非法经营数额 网络销售 刷信誉

裁判要点 假冒注册商标犯罪的非法经营数额、违法所得数额,应当综合被告人供述、证人证言、被害人陈述、网络销售电子数据、被告人银行账户往来记录、送货单、快递公司电脑系统记录、被告人等所作记账等证据认定。被告人辩解称网络销售记录存在刷信誉的不真实交易,但无证据证实的,对其辩解不予采纳。

213-5 法释〔2004〕19号第一条第二款 未经注册商标所有人许可,在同一种商品上使用与其注册商标相同的商标,具有下列情形之一的,属于刑法第二百一十三条规定的“情节特别严重”,应当以假冒注册商标罪判处三年以上七年以下有期徒刑,并处罚金:

(一)非法经营数额在二十五万元以上或者违法所得数额在十五万元以上的;

(二)假冒两种以上注册商标,非法经营数额在十五万元以上或者违法所得数额在十万元以上的;

(三)其他情节特别严重的情形。

第二百一十四条 【销售假冒注册商标的商品罪】销售[*]明知[1]是假冒注册商标的商品,[2]销售金额数额较大的,[3]处三年以下有期徒刑或者拘役,并处或者单处罚金;销售金额数额巨大的,[4]处三年以上七年以下有期徒刑,并处罚金。

214-1 法释〔2004〕19号第九条第二款 具有下列情形之一,应当认定为属于刑法第二百一十四条规定的“明知”:

(一)知道自己销售的商品上的注册商标被涂改、调换或者覆盖的;

(二)因销售假冒注册商标的商品受到过行政处罚或者承担过民事

---

* 假冒注册商标的犯罪人销售自己假冒注册商标的商品的,属于吸收犯,只成立假冒注册商标罪,不成立本罪。但如果行为人在此商品上假冒他人注册商标,同时又销售他人假冒注册商标的商品,则成立假冒注册商标罪和销售假冒注册商标的商品罪,实行数罪并罚。因此,销售假冒注册商标的商品罪的主体,只能是本犯以外的自然人或单位。

责任,又销售同一种假冒注册商标的商品的;

(三)伪造、涂改商标注册人授权文件或者知道该文件被伪造、涂改的;

(四)其他知道或者应当知道是假冒注册商标的商品的情形。

214-2 《最高人民法院、最高人民检察院关于办理非法生产、销售烟草专卖品等刑事案件具体应用法律若干问题的解释》(法释〔2010〕7号,2013年3月26日)第一条第三款 销售明知是假冒他人注册商标的卷烟、雪茄烟等烟草专卖品,销售金额较大的,依照刑法第二百一十四条的规定,以销售假冒注册商标的商品罪定罪处罚。

214-3 **1.**《立案标准(二)》第七十条 销售明知是假冒注册商标的商品,涉嫌下列情形之一的,应予立案追诉:

(一)销售金额在五万元以上的;

(二)尚未销售,货值金额在十五万元以上的;

(三)销售金额不满五万元,但已销售金额与尚未销售的货值金额合计在十五万元以上的。

2. 法发〔2011〕3号 八、关于销售假冒注册商标的商品犯罪案件中尚未销售或者部分销售情形的定罪量刑问题

销售明知是假冒注册商标的商品,具有下列情形之一的,依照刑法第二百一十四条的规定,以销售假冒注册商标的商品罪(未遂)定罪处罚:

(一)假冒注册商标的商品尚未销售,货值金额在十五万元以上的;

(二)假冒注册商标的商品部分销售,已销售金额不满五万元,但与尚未销售的假冒注册商标的商品的货值金额合计在十五万元以上的。

假冒注册商标的商品尚未销售,货值金额分别达到十五万元以上不满二十五万元、二十五万元以上的,分别依照刑法第二百一十四条规定的各法定刑幅度定罪处罚。

销售金额和未销售货值金额分别达到不同的法定刑幅度或者均达到同一法定刑幅度的,在处罚较重的法定刑或者同一法定刑幅度内酌情从重处罚。

214-4 法释〔2004〕19号第二条第二款 销售金额在二十五万元以上的,属于刑法第二百一十四条规定的"数额巨大",应当以销售假冒注册商标的商品罪判处三年以上七年以下有期徒刑,并处罚金。

第二百一十五条 【非法制造、销售非法制造的注册商标标识罪】伪造、擅自制造他人注册商标标识[1]或者销售伪造、擅自制造的注册商标标识,情节严重的,[2]处三年以下有期徒刑、拘役或者管制,并处或者单处罚金;情节特别严重的,[3]处三年以上七年以下有期徒刑,并处罚金。

215-1 《最高人民法院、最高人民检察院关于办理非法生产、销售烟草专卖品等刑事案件具体应用法律若干问题的解释》(法释〔2010〕7号,2013年3月26日)第一条第四款 伪造、擅自制造他人卷烟、雪茄烟注册商标标识或者销售伪造、擅自制造的卷烟、雪茄烟注册商标标识,情节严重的,依照刑法第二百一十五条的规定,以非法制造、销售非法制造的注册商标标识罪定罪处罚。

215-2 **1.**《立案标准(二)》第七十一条 伪造、擅自制造他人注册商标标识或者销售伪造、擅自制造的注册商标标识,涉嫌下列情形之一的,应予立案追诉:

(一)伪造、擅自制造或者销售伪造、擅自制造的注册商标标识数量在二万件以上,或者非法经营数额在五万元以上,或者违法所得数额在三万元以上的;

(二)伪造、擅自制造或者销售伪造、擅自制造两种以上注册商标标识数量在一万件以上,或者非法经营数额在三万元以上,或者违法所得数额在二万元以上的;

(三)其他情节严重的情形。

2. 法发〔2011〕3号 九、关于销售他人非法制造的注册商标标识犯罪案件中尚未销售或者部分销售情形的定罪问题

销售他人伪造、擅自制造的注册商标标识,具有下列情形之一的,依照刑法第二百一十五条的规定,以销售非法制造的注册商标标识罪(未遂)定罪处罚:

(一)尚未销售他人伪造、擅自制造的注册商标标识数量在六万件以上的;

(二)尚未销售他人伪造、擅自制造的两种以上注册商标标识数量在三万件以上的;

(三)部分销售他人伪造、擅自制造的注册商标标识,已销售标识数

量不满二万件，但与尚未销售标识数量合计在六万件以上的；

（四）部分销售他人伪造、擅自制造的两种以上注册商标标识，已销售标识数量不满一万件，但与尚未销售标识数量合计在三万件以上的。

215-3　法释〔2004〕19号第三条第二款　伪造、擅自制造他人注册商标标识或者销售伪造、擅自制造的注册商标标识，具有下列情形之一的，属于刑法第二百一十五条规定的“情节特别严重”，应当以非法制造、销售非法制造的注册商标标识罪判处三年以上七年以下有期徒刑，并处罚金：

（一）伪造、擅自制造或者销售伪造、擅自制造的注册商标标识数量在十万件以上，或者非法经营数额在二十五万元以上，或者违法所得数额在十五万元以上的；

（二）伪造、擅自制造或者销售伪造、擅自制造两种以上注册商标标识数量在五万件以上，或者非法经营数额在十五万元以上，或者违法所得数额在十万元以上的；

（三）其他情节特别严重的情形。

第二百一十六条　【假冒专利罪】假冒他人专利*，[1] 情节严重的，[2] 处三年以下有期徒刑或者拘役，并处或者单处罚金。

216-1　法释〔2004〕19号第十条　实施下列行为之一的，属于《刑法》第二百一十六条规定的“假冒他人专利”的行为：

（一）未经许可，在其制造或者销售的产品、产品的包装上标注他人专利号的；

（二）未经许可，在广告或者其他宣传材料中使用他人的专利号，使公众将所涉及的技术误认为是他人专利技术的；

（三）未经许可，在合同中使用他人的专利号，使公众将合同涉及的技术误认为是他人的专利技术；

（四）伪造或者变造他人的专利证书、专利文件或者专利申请文件的。

---

* 旧的《专利法实施细则》第八十四条和第八十五条将假冒他人专利和以非专利产品或方法冒充专利产品或方法分别加以规定。但《专利法实施细则》（2009年12月30日第三次修订）第八十四条将两者合并于同一法条中。虽然如此，但后者目前依然不构成犯罪。专利法将“假冒他人专利”修改为“假冒专利”。

216-2 《立案标准(二)》第七十二条 假冒他人专利,涉嫌下列情形之一的,应予立案追诉:

(一)非法经营数额在二十万元以上或者违法所得数额在十万元以上的;

(二)给专利权人造成直接经济损失在五十万元以上的*;

(三)假冒两项以上他人专利,非法经营数额在十万元以上或者违法所得数额在五万元以上的;

(四)其他情节严重的情形。

第二百一十七条 【侵犯著作权罪】以营利为目的,[1] 有下列侵犯著作权情形之一,违法所得数额较大[2] 或者有其他严重情节的,[3] 处三年以下有期徒刑或者拘役,并处或者单处罚金;违法所得数额巨大[4] 或者有其他特别严重情节的,[5] 处三年以上七年以下有期徒刑,并处罚金:

(一)未经著作权人许可,[6] 复制发行[7] 其文字作品、音乐、电影、电视、录像作品、计算机软件及其他作品的;

(二)出版他人享有专有出版权的图书;

(三)未经录音录像制作者许可,复制发行[8] 其制作的录音录像的;

(四)制作、出售假冒他人署名的美术作品的。**

217-1 **1.** 法释〔2004〕19号第十一条 以刊登收费广告等方式直接或者间接收取费用的情形,属于刑法第二百一十七条规定的"以营利为目的"。

2. 法发〔2011〕3号 十、关于侵犯著作权犯罪案件"以营利为目的"的认定问题。除销售外,具有下列情形之一的,可以认定为"以营利为目的":

---

* 本罪立案标准中的违法所得与直接经济损失之间按1∶5的比例计算,而侵犯商业秘密罪的立案标准按1∶1的标准计算。

** 属于邻接权(related rights)。此行为具有欺骗性,但不以诈骗罪论处。

（一）以在他人作品中刊登收费广告、捆绑第三方作品等方式直接或者间接收取费用的；

（二）通过信息网络传播他人作品，或者利用他人上传的侵权作品，在网站或者网页上提供刊登收费广告服务，直接或者间接收取费用的；

（三）以会员制方式通过信息网络传播他人作品，收取会员注册费或者其他费用的；

（四）其他利用他人作品牟利的情形。

217-2 《立案标准（一）》第二十六条　［侵犯著作权案（刑法第二百七十一条）］　以营利为目的，未经著作权人许可，复制发行其文字作品、音乐、电影、电视、录像作品、计算机软件及其他作品，或者出版他人享有专有出版权的图书，或者未经录音录像制作者许可，复制发行其制作的录音录像，或者制作、出售假冒他人署名的美术作品，涉嫌下列情形之一的，应予立案追诉：

（一）违法所得数额三万元以上的*；

（二）非法经营数额五万元以上的；

（三）未经著作权人许可，复制发行其文字作品、音乐、电影、电视、录像作品、计算机软件及其他作品，复制品数量合计五百张（份）以上的；

（四）未经录音录像制作者许可，复制发行其制作的录音录像制品，复制品数量合计五百张（份）以上的；

（五）其他情节严重的情形。

本条规定的"非法经营数额"，是指行为人在实施侵犯知识产权行为过程中，制造、储存、运输、销售侵权产品的价值。已销售的侵权产品的价值，按照实际销售的价格计算。制造、储存、运输和未销售的侵权产品的价值，按照标价或者已经查清的侵权产品的实际销售平均价格计算。侵权产品没有标价或者无法查清其实际销售价格的，按照被侵权产品的市场中间价格计算。

217-3　1. 《立案标准（一）》第二十六条　［侵犯著作权案（刑法第二百七十一条）］　具有下列情形之一的，属于"有其他严重情节"：

（一）因侵犯著作权曾经两次以上被追究行政责任或者民事责任，两

---

* 原为5万元。

年内又实施刑法第二百一十七条所列侵犯著作权行为之一的；

(二)个人非法经营数额在二十万元以上*,单位非法经营数额在一百万元以上的**；

(三)造成其他严重后果的。***

2. 法释〔2007〕6号第一条　以营利为目的,未经著作权人许可,复制发行其文字作品、音乐、电影、电视、录像作品、计算机软件及其他作品,复制品数量合计在五百张(份)以上的,属于刑法第二百一十七条规定的“有其他严重情节”;****

3. 法发〔2011〕3号　十三、关于通过信息网络传播侵权作品行为的定罪处罚标准问题。以营利为目的,未经著作权人许可,通过信息网络向公众传播他人文字作品、音乐、电影、电视、美术、摄影、录像作品、录音录像制品、计算机软件及其他作品,具有下列情形之一的,属于刑法第二百一十七条规定的“其他严重情节”:

(一)非法经营数额在五万元以上的；

(二)传播他人作品的数量合计在五百件(部)以上的；

(三)传播他人作品的实际被点击数达到五万次以上的；

(四)以会员制方式传播他人作品,注册会员达到一千人以上的；

(五)数额或者数量虽未达到第(一)项至第(四)项规定标准,但分别达到其中两项以上标准一半以上的；

(六)其他严重情节的情形。

217-4　法释〔2004〕19号第五条第二款　以营利为目的,实施刑法第二百一十七条所列侵犯著作权行为之一,违法所得数额在十五万元以上的,属于“违法所得数额巨大”。

217-5　法释〔2004〕19号第五条第二款　以营利为目的,实施刑法第二百一十七条所列侵犯著作权行为之一,具有下列情形之一的,属于

---

* 已改为5万元。

** 已改为15万元。

*** 作为情节犯,没有既遂和未遂的区别,而只有构成与不构成的区别。

**** 《最高人民法院、最高人民检察院关于办理侵犯知识产权刑事案件具体应用法律若干问题的解释(一)》规定的“有其他严重情节”和“有其他特别严重情节”的标准分别为一千张(分),五千张(分)。《最高人民法院、最高人民检察院关于办理侵犯知识产权刑事案件具体应用法律若干问题的解释(二)》将上述标准分别下调一半,大幅提高了立案标准。

“有其他特别严重情节”，应当以侵犯著作权罪判处三年以上七年以下有期徒刑，并处罚金：

（一）非法经营数额在二十五万元以上的；

（二）未经著作权人许可，复制发行其文字作品、音乐、电影、电视、录像作品、计算机软件及其他作品，复制品数量合计在五千张（份）以上的；

（三）其他特别严重情节的情形。

法释〔2007〕6号第一条 复制品数量在二千五百张（份）以上的，属于刑法第二百一十七条规定的“有其他特别严重情节”。

法发〔2011〕3号 十三、关于通过信息网络传播侵权作品行为的定罪处罚标准问题。实施前款规定的行为，数额或者数量达到前款第（一）项至第（五）项规定标准五倍以上的，属于刑法第二百一十七条规定的“其他特别严重情节”。

217-6 **1.** 法释〔2004〕19号第十一条第二款 未经著作权人许可，是指没有得到著作权人授权或者伪造、涂改著作权人授权许可文件或者超出授权许可范围的情形。

2. 法发〔2011〕3号 十一、关于侵犯著作权犯罪案件“未经著作权人许可”的认定问题

“未经著作权人许可”一般应当依据著作权人或者其授权的代理人、著作权集体管理组织、国家著作权行政管理部门指定的著作权认证机构出具的涉案作品版权认证文书，或者证明出版者、复制发行者伪造、涂改授权许可文件或者超出授权许可范围的证据，结合其他证据综合予以认定。在涉案作品种类众多且权利人分散的案件中，上述证据确实难以一一取得，但有证据证明涉案复制品系非法出版、复制发行的，且出版者、复制发行者不能提供获得著作权人许可的相关证明材料的，可以认定为“未经著作权人许可”。但是，有证据证明权利人放弃权利、涉案作品的著作权不受我国著作权法保护，或者著作权保护期限已经届满的除外。

217-7 **1.**《中华人民共和国著作权法》第十条第一款 复制权，即以印刷、复印、拓印、录音、录像、翻录、翻拍等方式将作品制作一份或者多份的权利；发行权，即以出售或者赠与方式向公众提供作品的原件或者复制件的权利；

2. 法释〔1998〕30号第三条 刑法第二百一十七条第（一）项中规定的“复制发行”，是指行为人以营利为目的，未经著作权人许可而实施的复制、发行或者既复制又发行其文字作品、音乐、电影、电视、录像作品、

计算机软件及其他作品的行为。

3. 法释〔2004〕19 号第十一条第三款　通过信息网络向公众传播他人文字作品、音乐、电影、电视、录像作品、计算机软件及其他作品的行为,应当视为刑法第二百一十七条规定的“复制发行”。*

4. 法释〔2007〕6 号第二条　刑法第二百一十七条侵犯著作权罪中的“复制发行”,包括复制、发行或者既复制又发行的行为。侵权产品的持有人通过广告、征订等方式推销侵权产品的,属于刑法第二百一十七条规定的“发行”。非法出版、复制、发行他人作品,侵犯著作权构成犯罪的,按照侵犯著作权罪定罪处罚。

理解与适用:1. 本条在于确定行为人持有侵权产品,同时又通过广告、征订等方式推销侵权产品,在两方面的证据都存在的情形下,行为人侵犯知识产权的行为比较明显。2. 复制权和发行权都是法律规定属于著作权人的权利,未经著作权人许可,不论是实施复制行为,还是发行行为,或者是既有复制行为又有发行行为,均侵犯了著作权人的著作权。故从保护著作权人的角度,作上述解释。3. 统一了罪名的适用。侵犯著作权罪与非法经营罪属于特殊法和一般法的关系,按照侵犯著作权罪定罪处罚,更加符合这种犯罪行为侵犯著作权的性质,也避免了非法经营罪成为“口袋罪”。不过,对于依照著作权法第四条(2010 年修订该条),不受保护的作品的复制发行行为,仍然按非法经营罪定罪处罚。

法发〔2011〕3 号　十二、关于刑法第二百一十七条规定的“发行”的认定及相关问题。“发行”,包括总发行、批发、零售、通过信息网络传播以及出租、展销等活动。非法出版、复制、发行他人作品,侵犯著作权构成犯罪的,按照侵犯著作权罪定罪处罚,不认定为非法经营罪等其他犯罪。

217-8　《最高人民法院、最高人民检察院关于办理侵犯著作权刑事案件中涉及录音录像制品有关问题的批复》(法释〔2005〕12 号,2005 年 10 月 18 日)　未经录音录像制作者许可,通过信息网络传播其制作的录音录像制品的行为,应当视为刑法第二百一十七条第三项规定的“复制发行”。以营利为目的,未经录音录像制作者许可,复制发行其制作的

---

* 《著作权法》2001 年 10 月 27 日第一次修订时新增了信息网络传播权的概念,即第十条规定了(十二)信息网络传播权,即以有线或者无线方式向公众提供作品,使公众可以在其个人选定的时间和地点获得作品的权利;同时《著作权法》第四十八条第(四)项规定,未经录音录像制作者许可,复制、发行、通过信息网络向公众传播其制作的录音录像制品的行为,系在线盗版,属于侵权行为,构成犯罪的,依法追究刑事责任。

录音录像制品的行为,复制品的数量标准分别适用《最高人民法院、最高人民检察院关于办理侵犯知识产权刑事案件具体应用法律若干问题的解释》第五条第一款第二项、第二款第二项的规定。

第二百一十八条[1] **【销售侵权复制品罪】**以营利为目的,销售明知是本法第二百一十七条规定的侵权复制品,违法所得数额巨大的,[2] 处三年以下有期徒刑或者拘役,并处或者单处罚金。

218-1 法释〔2004〕19号第十四条 实施《刑法》第二百一十七条规定的侵犯著作权犯罪,又销售该侵权复制品,构成犯罪的,应当依照《刑法》第二百一十七条的规定,以侵犯著作权罪定罪处罚。实施《刑法》第二百一十七条规定的侵犯著作权犯罪,又销售明知是他人的侵权复制品,构成犯罪的,应当实行数罪并罚。

218-2 《立案标准(一)》第二十七条 以营利为目的,销售明知是刑法第二百一十七条规定的侵权复制品,涉嫌下列情形之一的,应予立案追诉:

(一)违法所得数额十万元以上的;

(二)违法所得数额虽未达到上述数额标准,但尚未销售的侵权复制品货值金额达到三十万元以上的。

第二百一十九条[1] **【侵犯商业秘密罪】**有下列侵犯商业秘密行为之一*,给商业秘密的权利人造成重大损失[2] 的,处三年以下有期徒刑或者拘役,并处或者单处罚金;[3] 造成特别严重后果的,[4] 处三年以上七年以下有期徒刑,并处罚金:

(一)以盗窃、利诱、胁迫或者其他不正当手段[5] 获取**权利人的商业秘密的;

---

* 对于以上述几种非法手段获得他人商业秘密,然后使用该商业秘密制造产品并假冒他人注册商标的,原则上应以侵犯商业秘密罪和假冒注册商标罪实行并罚。对于单纯非法使用他人商业秘密制造产品并假冒他人注册商标的,应认定为想象竞合犯,从一重处。(张明楷)

** 单纯以不正当手段获取了商业秘密,既没有披露,也没有使用或者允许他人使用,权利人仍可继续使用该商业秘密,那么该行为就不可能给权利人造成任何损失。总之,单纯获取商业秘密的行为,并不是侵犯商业秘密罪的实行行为。真正的实行行为是行为人使用、允许他人使用或者披露商业秘密。(张明楷)

(二)披露、* [6] 使用 ** 或者允许他人使用以前项手段获取的权利人的商业秘密的;

(三)违反约定或者违反权利人有关保守商业秘密的要求,披露、使用或者允许他人***使用其所掌握的商业秘密的。

明知或者应知****前款所列行为,获取、使用或者披露他人的商业秘密的,以侵犯商业秘密论。

本条所称商业秘密,[7] 是指不为公众所知悉,*****[8] 能为权利人带来经济利益,具有实用性[9] 并经权利人采取保密措施[10] 的技术信息[11] 和经营信息。[12]

本条所称权利人 ******,是指商业秘密的所有人和经商业秘密所

---

* 此处为用词不当,不应为"披露",而应为"泄露"。同义词有泄露、披露和揭露。前两者是法律用语,后者是政治词汇。根据披露的范围,可分为将商业秘密披露给商业秘密权利人的竞争对手或其他人,最严重的披露行为是将有关商业秘密完全公之于众。如果侵权行为人将其通过不正当手段所获取的商业秘密申请专利,一旦被授予专利权,其直接后果就是使得有关商业秘密公之于众,不再是商业秘密。

** 使用商业秘密的方式,主要就是利用商业秘密制造产品,故司法实务中证明"使用"的方式,主要是通过技术鉴定来确定侵权人的产品和被侵犯人的产品是否相同或实质相同,而技术鉴定的依据应优先考虑实物,只有在实物无法取得的情况下才可以使用图纸,在这种情况下,对鉴定意见的审查宜更为审慎。

*** 在甲乙共同拥有商业秘密的情况下,甲擅自使用该商业秘密的,不成立本罪,但其违反约定,披露、允许他人使用该商业秘密,导致乙遭受重大损失的,则构成本罪。

**** 本罪的责任形式为故意,"应知"不是应当知道,而是推定行为人已经知道。张明楷教授曾认为,在"应知"的情况下,可以包括过失。(张明楷)

***** 不为公众所知悉由两个要件构成:一是不为普遍知悉,二是并非"容易获得",前者具有相对性,即只有相关技术或者经营领域内不为相关人员普遍知悉即可。后者则指一项信息要构成商业秘密,不仅要处于一般的保密状态,而且获得该项信息要有一定难度。

****** 1. 只有商业秘密的合法权利人才有权确定商业秘密,在审查是否构成商业秘密之前,首先应确定商业秘密占有人是否是合法占有者。无权利则无商业秘密可言,权利是商业秘密的前提。2. 商业秘密权是一种法定权利,具有法定权利的基本特征。同时又具有诸多特殊性:首先,其排他效力的相对性。因为商业秘密是通过权利人自己保护的方式而存在的权利,权利人并不具有排他的独占权。同一商业秘密完全可能被不同的主体同时享有。故在商业秘密侵权诉讼中特有的"反向工程"、"独立研发"等不侵权抗辩事由。其次,权利灭失的绝对性。信息的秘密状态是该信息成其为商业秘密的必要条件。不论商业秘密被哪个主体公开,也不论被公开的方式,更不论公开行为是否合法,其结果均是使商业秘密从此彻底且绝对地灭失,而这一灭失结果适用于该商业秘密的一切权利主体。

有人许可的商业秘密使用人。

219-1　1. 侵犯商业秘密罪的构成要件与《反不正当竞争法》第十条完全一致。2. 侵犯商业秘密罪的认定标准，主要参考《最高人民法院关于审理反不正当竞争民事案件应用法律若干问题的解释》（法释〔2007〕2号，2007年2月1日）的有关规定。3.《关于禁止侵犯商业秘密行为的若干规定》（1995年11月23日国家工商行政管理局令第41号公布，1998年12月3日国家工商行政管理局令第86号修订）。

219-2　**1.**《立案标准（二）》第七十三条　侵犯商业秘密，涉嫌下列情形之一的，应予立案追诉：

（一）给商业秘密权利人造成损失数额在五十万元以上的；*

（二）因侵犯商业秘密违法所得数额在五十万元以上的；**

（三）致使商业秘密权利人破产的；

（四）其他给商业秘密权利人造成重大损失的情形。

理解与适用：认定损失数额应当综合考虑各种因素：1. 该商业秘密的市场份额大小；2. 该商业秘密权利人的数量；3. 侵权人的生产能力；4. 被侵权人的生产能力；5. 该商业秘密的生命周期；6. 研发该商业秘密的成本；7. 侵权人在侵权期间因侵权行为所获取的利润。

2. 法释〔2012〕21号第一百八十六条　审判案件应当公开进行。

案件涉及国家秘密或者个人隐私的，不公开审理；涉及商业秘密，当事人提出申请的，法庭可以决定不公开审理。

不公开审理的案件，任何人不得旁听，但法律另有规定的除外。

219-3　法释〔2007〕6号第四条　对于侵犯知识产权犯罪的，人民法院应当综合考虑犯罪的违法所得、非法经营数额、给权利人造成的损失、社会危害性等情节，依法判处罚金。罚金数额一般在违法所得的一倍以上五倍以下，或者按照非法经营数额的50%以上一倍以下确定。

219-4　《最高人民法院、最高人民检察院关于办理侵犯知识产权刑事案件具体应用法律若干问题的解释》（法释〔2004〕19号）第七条第二款　给商业秘密权利人造成损失数额在二百五十万元以上的，即属于“造成特别严重后果”。

---

* 将“直接经济损失”修改为“损失”。

** 本项系新增。

219-5 法释〔2007〕2号第十二条 通过自行开发研制或者反向工程等方式获得的商业秘密,不认定为反不正当竞争法第十条第(一)、(二)项规定的侵犯商业秘密行为。

前款所称“反向工程”,是指通过技术手段对从公开渠道取得的产品进行拆卸、测绘、分析等而获得该产品的有关技术信息。当事人以不正当手段知悉了他人的商业秘密之后,又以反向工程为由主张获取行为合法的,不予支持。

219-6 法释〔2007〕2号第十七条第二款 因侵权行为导致商业秘密已为公众所知悉的,应当根据该项商业秘密的商业价值确定损害赔偿额。商业秘密的商业价值,根据其研究开发成本、实施该项商业秘密的收益、可得利益、可保持竞争优势的时间等因素确定。

219-7 法释〔2007〕2号第十四条 当事人指称他人侵犯其商业秘密的,应当对其拥有的商业秘密符合法定条件、对方当事人的信息与其商业秘密相同或者实质相同以及对方当事人采取不正当手段的事实负举证责任。其中,商业秘密符合法定条件的证据,包括商业秘密的载体、具体内容、商业价值和对该项商业秘密所采取的具体保密措施等。

219-8 法释〔2007〕2号第九条 有关信息不为其所属领域的相关人员普遍知悉和容易获得,应当认定为反不正当竞争法第十条第三款规定的“不为公众所知悉”。具有下列情形之一的,可以认定有关信息不构成不为公众所知悉:

(一)该信息为其所属技术或者经济领域的人的一般常识或者行业惯例;

(二)该信息仅涉及产品的尺寸、结构、材料、部件的简单组合等内容,进入市场后相关公众通过观察产品即可直接获得;

(三)该信息已经在公开出版物或者其他媒体上公开披露;

(四)该信息已通过公开的报告会、展览等方式公开;

(五)该信息从其他公开渠道可以获得;

(六)该信息无需付出一定的代价而容易获得。

219-9 法释〔2007〕2号第十条 有关信息具有现实的或者潜在的商业价值,能为权利人带来竞争优势的,应当认定为反不正当竞争法第十条第三款规定的“能为权利人带来经济利益、具有实用性”。

理解与适用:1. 这一认定,主要参考了《国家工商总局关于禁止侵犯商业秘密行为的若干规定》的规定。2. 这个要件具有相对性。信息分为积极信息和消极信息。通常而言，积极信息对权利人具有应用价值，而消极信息对权利人自身已无价值，对其对权利人的竞争对手仍有应用价值。

219-10　1. 法释〔2007〕2 号第十一条　权利人为防止信息泄漏所采取的与其商业价值等具体情况相适应的合理保护措施，应当认定为反不正当竞争法第十条第三款规定的“保密措施”。

人民法院应当根据所涉信息载体的特性、权利人保密的意愿、保密措施的可识别程度、他人通过正当方式获得的难易程度等因素，认定权利人是否采取了保密措施。

具有下列情形之一，在正常情况下足以防止涉密信息泄漏的，应当认定权利人采取了保密措施：

（一）限定涉密信息的知悉范围，只对必须知悉的相关人员告知其内容；

（二）对于涉密信息载体采取加锁等防范措施；

（三）在涉密信息的载体上标有保密标志；

（四）对于涉密信息采用密码或者代码等；

（五）签订保密协议；

（六）对于涉密的机器、厂房、车间等场所限制来访者或者提出保密要求；

（七）确保信息秘密的其他合理措施。

理解与适用：1. 商业秘密是权利人通过自行保密的方式产生的权利。如果权利人对其商业秘密未采取保密措施，法律自然没有必要加以保护。这是保密措施在商业秘密构成中的价值所在。如果商业秘密的权利人虽然采取了保密措施，但又将其商业秘密在一定范围内予以公开，那么基于这种不一致性，也不应认定有关信息属于商业秘密。2. 由于在司法实践中认定侵犯商业秘密比较困难，故本司法解释适当地降低了保密措施的要求，以便更好地认定商业秘密，上述 7 种具体的保密措施，都应当达到在正常情况下足以防止涉密信息泄露的要求，这是认定权利人采取了保密措施的前提条件。

2.《国家工商行政管理局关于商业秘密构成要件问题的答复》（工商公字〔1998〕第 109 号，1998 年 6 月 12 日）：商业秘密的构成要件有三：一是该信息不为公众所知悉。即该信息是不能从公开渠道直接获取的；二是该信息能为权利人带来经济利益，具有实用性；三是权利人对该信息采取了保密措施。概括地说,不能从公开渠道直接获取的,能为权利人带来经济利益,具有实用性,并经权利人采取保密措施的信息,即为《反不正当竞争法》所保护的商业秘密。

权利人采取保密措施,包括口头或书面的保密协议、对商业秘密权利人的职工或与商业秘密权利人有业务关系的他人提出保密要求等合理措施。只要权利人提出了保密要求,商业秘密权利人的职工或与商业秘密权利人有业务关系的他人知道或应该知道存在商业秘密,即为权利人采取了合理的保密措施,职工或他人就对权利人承担保密义务。

219-11　1. 法释〔2007〕2号第十七条　确定反不正当竞争法第十条规定的侵犯商业秘密行为的损害赔偿额,可以参照确定侵犯专利权的损害赔偿额的方法进行;

2.《关于禁止侵犯商业秘密行为的若干规定》(1995年11月23日国家工商行政管理局令第41号公布,1998年12月3日国家工商行政管理局令第86号修订)第一条　本规定所称技术信息和经营信息,包括设计、程序、产品配方、制作工艺、制作方法、管理诀窍、客户名单、货源情报、产销策略、招投标中的标底及标书内容等信息。

219-12　法释〔2007〕2号第十三条　商业秘密中的客户名单,一般是指客户的名称、地址、联系方式以及交易习惯、意向、内容等构成的区别于相关公知信息的特殊客户信息,包括汇集众多客户的客户名册,以及保持长期稳定交易关系的特定客户。

客户基于对职工个人的信赖而与职工所在单位进行市场交易,该职工离职后,能够证明客户自愿选择与自己或者其新单位进行市场交易的,应当认定没有采用不正当手段,但职工与原单位另有约定的除外。

理解与适用:1. 由于经营信息并非利用自然法则创作的成果,故性质上无法申请专利,只能通过保密方式加以保护。2. 客户信息不应是简单的客户信息,而应是深度信息。3. 后半段主要针对律师、医生这类职业特殊的群体,其客户往往是基于对律师、医生等的个人能力和品德的信赖,而且流动性也很强,如果他们离开原单位,其原先的客户不再与其有业务往来,有失公平。

第二百二十条　【单位犯侵犯知识产权罪的处罚规定】单位犯本节第二百一十三条至第二百一十九条规定之罪的,[1] 对单位判处罚金,并对其直接负责的主管人员和其他直接责任人员,依照本节各该条的规定处罚。

220-1 《最高人民法院、最高人民检察院关于办理侵犯知识产权刑事案件具体应用法律若干问题的解释(二)》(法释〔2007〕6号)第六条　单位实施刑法第二百一十三条至第二百一十九条规定的行为,按照《最高人民法院、最高人民检察院关于办理侵犯知识产权刑事案件具体应用法律若干问题的解释》和本解释规定的相应个人犯罪的定罪量刑标准定罪处罚。

理解与适用:单位犯罪和个人犯罪定罪量刑标准是否统一,一直备受争议,有的统一,有的不统一,不统一的差别通常是5倍或3倍。通常而言,有所区别是应该的,但鉴于单位侵犯知识产权犯罪现象比较普遍,其定罪量刑的标准从最初的5倍降低到2004年的3倍,再在本司法解释完全与个人持平,进一步加大了对单位侵犯知识产权犯罪的打击力度。

第八节　扰乱市场秩序罪

第二百二十一条*　【损害商业信誉、商品声誉罪】捏造并散布虚伪事实,损害他人的商业信誉、商品声誉,给他人造成重大损失或者有其他严重情节的,[1] 处二年以下有期徒刑或者拘役,并处或者单处罚金。

221-1 《立案标准(二)》第七十四条　捏造并散布虚伪事实,损害他人的商业信誉、商品声誉,涉嫌下列情形之一的,应予立案追诉:

(一)给他人造成直接经济损失数额在五十万元以上的;

(二)虽未达到上述数额标准,但具有下列情形之一的:1. 利用互联

---

* **理解与适用**:1. 损害商业信誉、商品声誉罪属于商业诽谤行为,与诽谤罪的行为方式基本相同,均是捏造虚假事实并加以散布的行为。前者和后者区别在于,诽谤罪侵害的是自然人,而损害商业信誉、商品声誉罪则以单位为对象。2. 本罪虽属于经济犯罪,但其犯罪构成中并不包括"以非法占有为目的"这一要件,即使行为人收受他人财物,该行为仅可用于证明行为人的犯罪动机,至于是否构成本罪,仍需结合本罪的犯罪构成要件,视其是否捏造并散布虚伪事实,损害他人的商业信誉、商品声誉。3. 在地域管辖方面,以非法占有为目的的经济犯罪,其犯罪地包括犯罪行为发生地和犯罪嫌疑人实际取得财产的犯罪结果发生地。本罪的犯罪构成中不包括以非法占有为目的,在实际发生收受他人财物时,是否由实际取得财产的犯罪结果发生地来管辖值得探讨。

网或者其他媒体公开损害他人商业信誉、商品声誉的;2. 造成公司、企业等单位停业、停产六个月以上,或者破产的。

(三)其他给他人造成重大损失或者有其他严重情节的情形。

第二百二十二条 【虚假广告罪】广告主[1]、广告经营者[2]、广告发布者[3]违反国家规定[*],利用广告[4]对商品或者服务作虚假宣传[5],情节严重的,[6]处二年以下有期徒刑或者拘役,并处或者单处罚金。

222-1 广告法第二条第二款 本法所称广告主,是指为推销商品或者服务,自行或者委托他人设计、制作、发布广告的自然人、法人或者其他组织。

222-2 广告法第二条第三款 本法所称广告经营者,是指接受委托提供广告设计、制作、代理服务的自然人、法人或者其他组织。

222-3 广告法第二条第四款 本法所称广告发布者,是指为广告主或者广告主委托的广告经营者发布广告的自然人、法人或者其他组织。

广告法第二条第五款 本法所称广告代言人,是指广告主以外的,在广告中以自己的名义或者形象对商品、服务作推荐、证明的自然人、法人或者其他组织。

222-4 **1.**《中华人民共和国广告法》(1994 年 10 月 27 日通过,2015 年 4 月 24 日第一次修订)第二条 在中华人民共和国境内,商品经营者或者服务提供者通过一定媒介和形式直接或者间接地介绍自己所推销的商品或者服务的商业广告活动,适用本法。

第十四条 广告应当具有可识别性,能够使消费者辨明其为广告。

大众传播媒介不得以新闻报道形式变相发布广告。通过大众传播媒介发布的广告应当显著标明"广告",与其他非广告信息相区别,不得使消费者产生误解。

广播电台、电视台发布广告,应当遵守国务院有关部门关于时长、方式的规定,并应当对广告时长作出明显提示。

2.《互联网广告管理暂行办法》(2016 年 9 月 1 日)第三条 本办法

---

* 《广告法》(1995 年 2 月 1 日制订,2015 年 4 月 24 日第一次修订)。

所称互联网广告,是指通过网站、网页、互联网应用程序等互联网媒介,以文字、图片、音频、视频或者其他形式,直接或者间接地推销商品或者服务的商业广告。

前款所称互联网广告包括:

(一)推销商品或者服务的含有链接的文字、图片或者视频等形式的广告;

(二)推销商品或者服务的电子邮件广告;

(三)推销商品或者服务的付费搜索广告;*

(四)推销商品或者服务的商业性展示中的广告,法律、法规和规章规定经营者应当向消费者提供的信息的展示依照其规定;

(五)其他通过互联网媒介推销商品或者服务的商业广告。

222-5 **1.**《消费者权益保护法》(1993年10月31日通过,2009年8月27日第一次修订,2013年10月25日第二次修订)第二十条** 经营者向消费者提供有关商品或者服务的质量、性能、用途、有效期限等信息,应当真实、全面,不得作虚假或者引人误解的宣传。

2.《广告法》第二十八条 广告以虚假或者引人误解的内容欺骗、误导消费者的,构成虚假广告。

广告有下列情形之一的,为虚假广告:

---

* 在魏则西事件中,互联网搜索竞价排名成为争议焦点。竞价排名机制存在的问题包括付费竞价权重过高、商业推广标识不清等,影响了搜索结果的公正性和客观性,极有可能误导相关公众,从而可能产生不良影响或不良后果。《办法》首次明确将竞价排名定性为广告,对相关纠纷的定纷止争将起到巨大的积极作用。

** 原条文:第十九条 经营者应当向消费者提供有关商品或者服务的真实信息,不得作引人误解的虚假宣传。《消费者权益保护法》重新界定了虚假宣传的内涵,特别是厘清了"虚假"和"引人误解"之间的逻辑关系。1. 信息全面义务是本次修订新增加的内容。本次修改增加了经营者提供信息应当全面,主要考虑到实践中有的经营者虽然向消费者提供的信息是真实的,但存在故意隐瞒一些可能影响消费者选择权的重要信息的情况,因此在提供信息真实的义务外又增加规定提供信息必须全面。2. 原条文规定"经营者不得作引人误解的虚假宣传"。在实践中,有的宣传虽然表面上并不"虚假",但是引人误解。虚假宣传和引人误解的宣传存在区别。虚假宣传是指宣传内容与商品或者服务的客观事实不符,如明明商品中不包含某种物质,宣传时宣称商品包含某种物质。引人误解的宣传是指可能使消费者对宣传或者服务的真实信息产生不正确的认识,误导消费者,如将商品包装成类似某知名品牌特有包装而让消费者误以为是某知名品牌的商品而购买。

(一)商品或者服务不存在的;

(二)商品的性能、功能、产地、用途、质量、规格、成分、价格、生产者、有效期限、销售状况、曾获荣誉等信息,或者服务的内容、提供者、形式、质量、价格、销售状况、曾获荣誉等信息,以及与商品或者服务有关的允诺等信息与实际情况不符,对购买行为有实质性影响的;

(三)使用虚构、伪造或者无法验证的科研成果、统计资料、调查结果、文摘、引用语等信息作证明材料的;

(四)虚构使用商品或者接受服务的效果的;

(五)以虚假或者引人误解的内容欺骗、误导消费者的其他情形。

222-6 **1.**《立案标准(二)》第七十五条　广告主、广告经营者、广告发布者违反国家规定,利用广告对商品或者服务作虚假宣传,涉嫌下列情形之一的,应予立案追诉:

(一)违法所得数额在十万元以上的;

(二)给单个消费者造成直接经济损失数额在五万元以上的,或者给多个消费者造成直接经济损失数额累计在二十万元以上的;

(三)假借预防、控制突发事件的名义,利用广告作虚假宣传,致使多人上当受骗,违法所得数额在三万元以上的;

(四)虽未达到上述数额标准,但两年内因利用广告作虚假宣传,受过行政处罚二次以上,又利用广告作虚假宣传的;

(五)造成人身伤残的;

(六)其他情节严重的情形。

2.《最高人民法院、最高人民检察院关于办理妨害预防、控制突发传染病疫情等灾害的刑事案件具体应用法律若干问题的解释》(法释〔2003〕8号,2003年5月15日)第五条　广告主、广告经营者、广告发布者违反国家规定,假借预防、控制突发传染病疫情等灾害的名义,利用广告对所推销的商品或者服务作虚假宣传,致使多人上当受骗,违法所得数额较大或者有其他严重情节的,依照刑法第二百二十二条的规定,以虚假广告罪定罪处罚。

3.《最高人民法院关于审理非法集资刑事案件具体应用法律若干问题的解释》(法释〔2010〕18号,2011年1月4日)第八条　广告经营者、广告发布者违反国家规定,利用广告为非法集资活动相关的商品或者服务作虚假宣传,具有下列情形之一的,依照刑法第二百二十二条的规定,以虚假广告罪定罪处罚:

(一)违法所得数额在10万元以上的;

(二)造成严重危害后果或者恶劣社会影响的;

(三)二年内利用广告作虚假宣传,受过行政处罚二次以上的;

(四)其他情节严重的情形。

明知他人*从事欺诈发行股票、债券,非法吸收公众存款,擅自发行股票、债券,集资诈骗或者组织、领导传销活动等集资犯罪活动,为其提供广告等宣传的,以相关犯罪的共犯论处。

4.《最高人民法院、最高人民检察院关于办理危害食品安全刑事案件适用法律若干问题的解释》(法释〔2013〕12号,2013年5月4日)第十四条 明知他人生产、销售不符合食品安全标准的食品,有毒、有害食品,具有下列情形之一的,以生产、销售不符合安全标准的食品罪或者生产、销售有毒、有害食品罪的共犯论处:

(一)提供资金、贷款、账号、发票、证明、许可证件的;

(二)提供生产、经营场所或者运输、贮存、保管、邮寄、网络销售渠道等便利条件的;

(三)提供生产技术或者食品原料、食品添加剂、食品相关产品的;

(四)提供广告等宣传的。

法释〔2013〕12号第十五条 广告主、广告经营者、广告发布者违反国家规定,利用广告对保健食品或者其他食品作虚假宣传,情节严重的,依照刑法第二百二十二条的规定以虚假广告罪定罪处罚。

5.《最高人民法院、最高人民检察院关于办理危害药品安全刑事案件若干问题的解释》(法释〔2014〕14号,2014年12月1日)第八条 明知他人生产、销售假药、劣药,而有下列情形之一的,以共同犯罪论处:

(一)提供资金、贷款、账号、发票、证明、许可证件的;

(二)提供生产、经营场所、设备或者运输、储存、保管、邮寄、网络销

---

* 他人即为“广告主”。

售渠道等便利条件的;

(三)提供生产技术或者原料、辅料、包装材料、标签、说明书的;

(四)提供广告宣传等帮助行为的。

法释〔2014〕14号第九条 广告主、广告经营者、广告发布者违反国家规定,利用广告对药品作虚假宣传,情节严重的,依照刑法第二百二十二条的规定以虚假广告罪定罪处罚。

第二百二十三条 【串通投标罪】投标人相互串通投标报价,损害招标人或者其他投标人利益,情节严重的,[1] 处三年以下有期徒刑或者拘役,并处或者单处罚金。

投标人与招标人串通投标,损害国家、集体、公民的合法利益的,依照前款的规定处罚。

223-1 《立案标准(二)》第七十六条 投标人相互串通投标报价,或者投标人与招标人串通投标,涉嫌下列情形之一的,应予立案追诉:

(一)损害招标人、投标人或者国家、集体、公民的合法利益,造成直接经济损失数额在五十万元以上的;

(二)违法所得数额在十万元以上的;

(三)中标项目金额在二百万元以上的;

(四)采取威胁、欺骗或者贿赂等非法手段的;

(五)虽未达到上述数额标准,但两年内因串通投标,受过行政处罚二次以上,又串通投标的;

(六)其他情节严重的情形。

第二百二十四条[*] **【合同诈骗罪】**有下列情形之一,以非法占有为目的,在签订、履行合同过程中,骗取对方当事人财物,数额较大的,[1] 处三年以下有期徒刑或者拘役,并处或者单处罚金;数额巨

---

* 区分合同诈骗罪与普通诈骗罪,不能简单地以有无合同为标准。合同诈骗罪中的"合同"不限于书面合同,也包括口头合同,但就合同内容而言,宜限于经济合同,即合同的文字内容是通过市场行为获得利润,这是由本罪性质决定的。基于同样的理由,至少对方当事人应是从事经营活动的市场主体,否则也难以认定为合同诈骗罪。

大或者有其他严重情节的，处三年以上十年以下有期徒刑，并处罚金；数额特别巨大或者有其他特别严重情节的，处十年以上有期徒刑或者无期徒刑，并处罚金或者没收财产：

（一）以虚构的单位或者冒用*他人名义签订合同的；

（二）以伪造、变造、作废的票据或者其他虚假的产权证明作担保的；

（三）没有实际履行能力，以先履行小额合同或者部分履行合同的方法，诱骗对方当事人继续签订和履行合同的；

（四）收受对方当事人给付的货物、货款、预付款或者担保财产后逃匿的；**

（五）以其他方法骗取对方当事人财物的。

224-1 **1.**《立案标准（二）》第七十七条 以非法占有为目的，在签订、履行合同过程中，骗取对方当事人财物，数额在二万元以上的***，应予立案追诉。

2.《最高人民法院关于常见犯罪的量刑指导意见（二）（试行）》（2017年5月1日起试行）

（五）合同诈骗罪

1. 构成合同诈骗罪的，可以根据下列不同情形在相应的幅度内确定量刑起点：

（1）达到数额较大起点的，可以在一年以下有期徒刑、拘役幅度内确定量刑起点。

---

* 应注意区分“冒用”和“借用”的区别。借用产生民法上的连带责任。

** 这种情况仅限于行为人在收受对方当事人给付的货物、货款、预付款和担保财产之前便已产生了非法占有目的，而且对方之所以愿意给付货物、货款、预付款和担保财产，是由于行为人的诈骗行为所致。如果是在收受对方当事人给付的货物、货款、预付款和担保财产之后才产生的非法占有目的，则不能成立本罪。行为人收受对方当事人给付的货物、货款、预付款或者担保财产之后，才产生非法占有目的，但仅仅是逃匿，而没有采取虚构事实、隐瞒真相的手段使对方免除其债务的，难以认定为合同诈骗罪。（张明楷）

*** 1. 统一了单位犯罪和自然人犯罪的立案标准。2. 适当提高立案标准，取2001年立案标准的上限，即2万元，以抵消近年来通货膨胀的影响。

(2)达到数额巨大起点或者有其他严重情节的,可以在三年至四年有期徒刑幅度内确定量刑起点。

(3)达到数额特别巨大起点或者有其他特别严重情节的,可以在十年至十二年有期徒刑幅度内确定量刑起点。依法应当判处无期徒刑的除外。

2. 在量刑起点的基础上,可以根据合同诈骗数额等其他影响犯罪构成的犯罪事实增加刑罚量,确定基准刑。

第二百二十四条之一[*][1] **(刑七)【组织、领导传销活动罪】**组织、领导[2]以推销商品、提供服务等经营活动为名,要求参加者以缴纳费用或者购买商品、服务等方式获得加入资格,并按照一定顺序组成层级,[3]直接或者间接以发展人员的数量作为计酬或者返利依据,[4]引诱、胁迫参加者继续发展他人参加,骗取财物,[5]扰乱经济社会秩序的传销活动的,处五年以下有期徒刑或者拘役,并处罚金;情节严重的,[6]处五年以上有期徒刑,并处罚金。

224A-1 **1.**《最高人民法院、最高人民检察院、公安部关于办理组织领导传销活动刑事案件适用法律若干问题的意见》(公通字〔2013〕37号,2013年11月14日) 六、关于罪名的适用问题

以非法占有为目的,组织、领导传销活动,同时构成组织、领导传销活动罪和集资诈骗罪的,依照处罚较重的规定定罪处罚。犯组织、领导传销活动罪,并实施故意伤害、非法拘禁、敲诈勒索、妨害公务、聚众扰乱社会秩序、聚众冲击国家机关、聚众扰乱公共场所秩序、交通秩序等行为,构成犯罪的,依照数罪并罚的规定处罚。

---

* 刑法第二百二十四条之一规定的传销概念的外延窄于国务院《禁止传销条例》所界定的传销概念的外延:1. 突出地表现在刑法第二百二十四条之一要求传销活动"骗取财物",而《禁止传销条例》所禁止的并不限于骗取财物类型的传销活动。2. 国务院《禁止传销条例》第二条在规定传销概念时使用了"等方式"的表述,而刑法第二百二十四条之一并未使用"等方式"的规定。3.《禁止传销条例》规定的"团队计酬"的依据有两种:一是以发展人员的数量,二是所发展人员的经营业绩,而刑法规定的组织、领导传销活动罪仅将"以发展人员的数量"作为计酬或者返利依据这一种情况作为犯罪构成要素加以明文规定。

2.《国务院关于禁止传销经营活动的通知》(国发〔1998〕10号,1998年4月18日)

3.《国务院办公厅转发工商局等部门关于严厉打击传销和变相传销等非法经营活动意见的通知》(国办发〔2000〕55号,2000年8月13日)
二、工商行政管理机关对下列传销或变相传销行为,要采取有力措施;坚决予以取缔;对情节严重涉嫌犯罪的,要移送公安机关,按照司法程序对组织者依照《刑法》第二百二十五条的有关规定处理:

(一)经营者通过发展人员、组织网络从事无店铺经营活动,参加者之间上线从下线的营销业绩中提取报酬的;

(二)参加者通过交纳入门费或以认购商品(含服务,下同)等变相交纳入门费的方式,取得加入、介绍或发展他人加入的资格,并以此获取回报的;

(三)先参加者从发展的下级成员所交纳费用中获取收益,且收益数额由其加入的先后顺序决定的;

(四)组织者的收益主要来自参加者交纳的入门费或以认购商品等方式变相交纳的费用的;

(五)组织者利用后参加者所交付的部分费用支付先参加者的报酬维持运作的;

(六)其他通过发展人员、组织网络或以高额回报为诱饵招揽人员从事变相传销活动的。

4.《禁止传销条例》(国务院令第444号,2005年11月1日)第七条　下列行为,属于传销行为:

(一)组织者或者经营者通过发展人员,要求被发展人员发展其他人员加入,对发展的人员以其直接或者间接滚动发展的人员数量为依据计算和给付报酬(包括物质奖励和其他经济利益,下同),牟取非法利益的;

(二)组织者或者经营者通过发展人员,要求被发展人员交纳费用或者以认购商品等方式变相交纳费用,取得加入或者发展其他人员加入的资格,牟取非法利益的;

(三)组织者或者经营者通过发展人员,要求被发展人员发展其他人员加入,形成上下线关系,并以下线的销售业绩为依据计算和给付上线报酬,牟取非法利益的。

224A-2　**1.**《立案标准(二)》第七十八条第一款　组织、领导以推销商品、提供服务等经营活动为名,要求参加者以缴纳费用或者购买商品、服务等方式获得加入资格,并按照一定顺序组成层级,直接或者间接以发展人员的数量作为计酬或者返利依据,引诱、胁迫参加者继续发展他人参加,骗取财物,扰乱经济社会秩序的传销活动,涉嫌组织、领导的传销活动人员在三十人以上且层级在三级以上的,对组织者、领导者,应予立案追诉。

《立案标准(二)》第七十八条第二款　组织者、领导者,是指在传销活动中起组织、领导作用的发起人、决策人、操纵人,以及在传销活动中担负策划、指挥、布置、协调等重要职责,或者在传销活动实施中起到关键作用的人员。

2. 公通字〔2013〕37号　二、关于传销活动有关人员的认定和处理问题

下列人员可以认定为传销活动的组织者、领导者:

(一)在传销活动中起发起、策划、操纵作用的人员;

(二)在传销活动中承担管理、协调等职责的人员;

(三)在传销活动中承担宣传、培训等职责的人员;

(四)曾因组织、领导传销活动受过刑事处罚,或者一年以内因组织、领导传销活动受过行政处罚,又直接或者间接发展参与传销活动人员在十五人以上且层级在三级以上的人员;

(五)其他对传销活动的实施、传销组织的建立、扩大等起关键作用的人员。

以单位名义实施组织、领导传销活动犯罪的,对于受单位指派,仅从事劳务性工作的人员,一般不予追究刑事责任。

224A-3　公通字〔2013〕37号　一、关于传销组织层级及人数的认定问题

以推销商品、提供服务等经营活动为名,要求参加者以缴纳费用或者购买商品、服务等方式获得加入资格,并按照一定顺序组成层级,直接或者间接以发展人员的数量作为计酬或者返利依据,引诱、胁迫参加者继续发展他人参加,骗取财物,扰乱经济社会秩序的传销组织,其组织内部参与传销活动人员在三十人以上且层级在三级以上的,应当对组织者、领导者追究刑事责任。

组织、领导多个传销组织,单个或者多个组织中的层级已达三级以

上的，可将在各个组织中发展的人数合并计算。

组织者、领导者形式上脱离原传销组织后，继续从原传销组织获取报酬或者返利的，原传销组织在其脱离后发展人员的层级数和人数，应当计算为其发展的层级数和人数。

办理组织、领导传销活动刑事案件中，确因客观条件的限制无法逐一收集参与传销活动人员的言词证据的，可以结合依法收集并查证属实的缴纳、支付费用及计酬、返利记录，视听资料，传销人员关系图，银行账户交易记录，互联网电子数据，鉴定意见等证据，综合认定参与传销的人数、层级数等犯罪事实。

七、其他问题

本意见所称“以上”、“以内”，包括本数。本意见所称“层级”和“级”，系指组织者、领导者与参与传销活动人员之间的上下线关系层次，而非组织者、领导者在传销组织中的身份等级。

对传销组织内部人数和层级数的计算，以及对组织者、领导者直接或者间接发展参与传销活动人员人数和层级数的计算，包括组织者、领导者本人及其本层级在内。

224A-4　公通字〔2013〕37号　五、关于“团队计酬”行为的处理问题

传销活动的组织者或者领导者通过发展人员，要求传销活动的被发展人员发展其他人员加入，形成上下线关系，并以下线的销售业绩为依据计算和给付上线报酬，牟取非法利益的，是“团队计酬”式传销活动。

以销售商品为目的、以销售业绩为计酬依据的单纯的“团队计酬”式传销活动，不作为犯罪处理。形式上采取“团队计酬”方式，但实质上属于“以发展人员的数量作为计酬或者返利依据”的传销活动，应当依照刑法第二百二十四条之一的规定，以组织、领导传销活动罪定罪处罚。

224A-5　公通字〔2013〕37号　三、关于“骗取财物”的认定问题

传销活动的组织者、领导者采取编造、歪曲国家政策，虚构、夸大经营、投资、服务项目及盈利前景，掩饰计酬、返利真实来源或者其他欺诈手段，实施刑法第二百二十四条之一规定的行为，从参与传销活动人员缴纳的费用或者购买商品、服务的费用中非法获利的，应当认定为骗取财物。参与传销活动人员是否认为被骗，不影响骗取财物的认定。

224A-6　公通字〔2013〕37号　四、关于“情节严重”的认定问题

对符合本意见第一条第一款规定的传销组织的组织者、领导者，具

有下列情形之一的,应当认定为刑法第二百二十四条之一规定的"情节严重":

(一)组织、领导的参与传销活动人员累计达一百二十人以上的;

(二)直接或者间接收取参与传销活动人员缴纳的传销资金数额累计达二百五十万元以上的;

(三)曾因组织、领导传销活动受过刑事处罚,或者一年以内因组织、领导传销活动受过行政处罚,又直接或者间接发展参与传销活动人员累计达六十人以上的;

(四)造成参与传销活动人员精神失常、自杀等严重后果的;

(五)造成其他严重后果或者恶劣社会影响的。

第二百二十五条　【非法经营罪】违反国家规定,有下列非法经营行为之一,扰乱市场秩序,情节严重的,处五年以下有期徒刑或者拘役,并处或者单处违法所得一倍以上五倍以下罚金;情节特别严重的,处五年以上有期徒刑,并处违法所得一倍以上五倍以下罚金或者没收财产:

(一)未经许可经营法律、行政法规规定的专营、专卖物品[1]或者其他限制买卖的物品的;

(二)买卖进出口许可证、进出口原产地证明以及其他法律、行政法规规定的经营许可证或者批准文件的;

(三)未经国家有关主管部门批准非法经营证券、期货或者保险业务的,或者非法从事资金支付结算业务的[2*];**(1999 年修正案)(刑七)**

(四)其他[3]严重扰乱市场秩序的非法经营行为。

在国家规定的交易场所以外非法买卖外汇,扰乱市场秩序,情节严重的[4],依照刑法第二百二十五条的规定定罪处罚。

---

* 《1999 年刑法修正案》增加一项,作为第三项;《刑法修正案(七)》又增加本项后半段,意在打击"地下钱庄"。

单位犯前款罪的，依照刑法第二百三十一条的规定处罚。

225-1　1.《最高人民检察院关于办理非法经营食盐刑事案件具体应用法律若干问题的解释》(高检发释字〔2002〕6号，2002年9月13日)第一条　违反国家有关盐业管理规定，非法生产、储运、销售食盐，扰乱市场秩序，情节严重的，应当依照刑法第二百二十五条的规定，以非法经营罪追究刑事责任。

高检发释字〔2002〕6号第二条*　非法经营食盐，具有下列情形之一的，应当依法追究刑事责任：

(一)非法经营食盐数量在二十吨以上的；

(二)曾因非法经营食盐行为受过二次以上行政处罚又非法经营食盐，数量在十吨以上的。

高检发释字〔2002〕6号第三条　非法经营食盐行为未经处理的，其非法经营的数量累计计算；行为人非法经营行为是否盈利，不影响犯罪的构成。

高检发释字〔2002〕6号第四条　以非碘盐充当碘盐或者以工业用盐等非食盐充当食盐进行非法经营，同时构成非法经营罪和生产、销售伪劣产品罪、生产、销售不符合卫生标准的食品罪、生产、销售有毒、有害食品罪等其他犯罪的，依照处罚较重的规定追究刑事责任。

高检发释字〔2002〕6号第五条　以暴力、威胁方法阻碍行政执法人员依法行使盐业管理职务的，依照刑法第二百七十七条的规定，以妨害公务罪追究刑事责任；其非法经营行为已构成犯罪的，依照数罪并罚的规定追究刑事责任。

2.《最高人民法院、最高人民检察院关于办理非法生产、销售烟草专卖品等刑事案件具体应用法律若干问题的解释》(法释〔2010〕7号，2010年)第三条**　非法经营烟草专卖品，具有下列情形之一的，应当认定为刑法第二百二十五条规定的"情节严重"：

---

* 《食盐专营许可证管理办法》(该办法已于2014年4月21日被国家发改委2014年第10号令废除。)的废除，只意味着食盐专营的管理主体由中央政府下放至地方各级政府，国务院《食盐专营办法》仍然有效，故我国食盐国家专营制度依然存在。《立案标准(二)》第七十九条与其相同，故从略。

** 《立案标准(二)》第七十九条与其相同，故从略。

(一)非法经营数额在五万元以上的,或者违法所得数额在二万元以上的;

(二)非法经营卷烟二十万支以上的;

(三)曾因非法经营烟草专卖品三年内受过二次以上行政处罚,又非法经营烟草专卖品且数额在三万元以上的。

具有下列情形之一的,应当认定为刑法第二百二十五条规定的“情节特别严重”:

(一)非法经营数额在二十五万元以上,或者违法所得数额在十万元以上的;

(二)非法经营卷烟一百万支以上的。

法释〔2010〕7号第四条　非法经营烟草专卖品,能够查清销售或者购买价格的,按照其销售或者购买的价格计算非法经营数额。无法查清销售或者购买价格的,按照下列方法计算非法经营数额:

(一)查获的卷烟、雪茄烟的价格,有品牌的,按照该品牌卷烟、雪茄烟的查获地省级烟草专卖行政主管部门出具的零售价格计算;无品牌的,按照查获地省级烟草专卖行政主管部门出具的上年度卷烟平均零售价格计算;

(二)查获的复烤烟叶、烟叶的价格按照查获地省级烟草专卖行政主管部门出具的上年度烤烟调拨平均基准价格计算;

(三)烟丝的价格按照第(二)项规定价格计算标准的一点五倍计算;

(四)卷烟辅料的价格,有品牌的,按照该品牌辅料的查获地省级烟草专卖行政主管部门出具的价格计算;无品牌的,按照查获地省级烟草专卖行政主管部门出具的上年度烟草行业生产卷烟所需该类卷烟辅料的平均价格计算;

(五)非法生产、销售、购买烟草专用机械的价格按照国务院烟草专卖行政主管部门下发的全国烟草专用机械产品指导价格目录进行计算;目录中没有该烟草专用机械的,按照省级以上烟草专卖行政主管部门出具的目录中同类烟草专用机械的平均价格计算。

法释〔2010〕7号第五条　行为人实施非法生产、销售烟草专卖品犯罪,同时构成生产、销售伪劣产品罪、侵犯知识产权犯罪、非法经营罪的,依照处罚较重的规定定罪处罚。

法释〔2010〕7号第九条　本解释所称“烟草专卖品”，是指卷烟、雪茄烟、烟丝、复烤烟叶、烟叶、卷烟纸、滤嘴棒、烟用丝束、烟草专用机械。

本解释所称“卷烟辅料”，是指卷烟纸、滤嘴棒、烟用丝束。

本解释所称“烟草专用机械”，是指由国务院烟草专卖行政主管部门烟草专用机械名录所公布的，在卷烟、雪茄烟、烟丝、复烤烟叶、烟叶、卷烟纸、滤嘴棒、烟用丝束的生产加工过程中，能够完成一项或者多项特定加工工序，可以独立操作的机械设备。

本解释所称“同类烟草专用机械”，是指在卷烟、雪茄烟、烟丝、复烤烟叶、烟叶、卷烟纸、滤嘴棒、烟用丝束的生产加工过程中，能够完成相同加工工序的机械设备。

225-2　**1.**《公安部经济犯罪侦查局关于对倒卖银行承兑汇票行为性质认定意见的批复》（公经金融〔2009〕253号，2009年9月18日）此类与他人串通注册成立空壳公司，伪造贸易合同，虚构贸易背景，从银行开出多份银行承兑汇票转手倒卖，及从他人手中购买银行承兑汇票进行倒卖，从中获利的行为，数额巨大，严重扰乱正常的票据管理秩序，可以认定为刑法修正案（七）第五条规定的“非法从事资金支付结算业务”的活动。

2.《立案标准（二）》第七十九条　违反国家规定，进行非法经营活动，扰乱市场秩序，涉嫌下列情形之一的，应予立案追诉：

（三）未经国家有关主管部门批准，非法经营证券、期货、保险业务，或者非法从事资金支付结算业务，具有下列情形之一的：

1. 非法经营证券、期货、保险业务，数额在三十万元以上的；

2. 非法从事资金支付结算业务，数额在二百万元以上的；

3.（从略）；

4. 违法所得数额在五万元以上的。

3.《最高人民法院、最高人民检察院关于办理妨害信用卡管理刑事案件具体应用法律若干问题的解释》（法释〔2009〕19号，2009年12月16日）第七条　违反国家规定，使用销售点终端机具（POS机）等方法，以虚构交易、虚开价格、现金退货等方式向信用卡持卡人直接支付现金，情节严重的，应当依据刑法第二百二十五条的规定，以非法经营罪定罪处罚。

实施前款行为，数额在100万元以上的，或者造成金融机构资金20万元以上逾期未还的，或者造成金融机构经济损失10万元以上的，应当认定为刑法第二百二十五条规定的“情节严重”;数额在500万元以上的,或者造成金融机构资金100万元以上逾期未还的,或者造成金融机构经济损失50万元以上的,应当认定为刑法第二百二十五条规定的“情节特别严重”。

225-3 **1.**《最高人民法院关于准确理解和适用刑法中“国家规定”的有关问题的通知》(法发〔2011〕155号,2011年4月8日)三、各级人民法院审理非法经营犯罪案件,要依法严格把握刑法第二百二十五条第(四)的适用范围。对被告人的行为是否属于刑法第二百二十五条第(四)规定的“其他严重扰乱市场秩序的非法经营行为”,有关司法解释未作明确规定的,应当作为法律适用问题,逐级向最高人民法院请示。

2.《立案标准(二)》第七十九条　违反国家规定,进行非法经营活动,扰乱市场秩序,涉嫌下列情形之一的,应予立案追诉:

(四)非法经营外汇,具有下列情形之一的:

1. 在外汇指定银行和中国外汇交易中心及其分中心以外买卖外汇,数额在二十万美元以上的,或者违法所得数额在五万元以上的;

2. 公司、企业或者其他单位违反有关外贸代理业务的规定,采用非法手段,或者明知是伪造、变造的凭证、商业单据,为他人向外汇指定银行骗购外汇,数额在五百万美元以上或者违法所得数额在五十万元以上的;

3. 居间介绍骗购外汇,数额在一百万美元以上或者违法所得数额在十万元以上的。*

3.《最高人民法院关于审理骗购外汇、非法买卖外汇刑事案件具体应用法律若干问题的解释》(法释〔1998〕20号,1998年9月1日)第四条　公司、企业或者其他单位,违反有关外贸代理业务的规定,采用非法手段或者明知是伪造、变造的凭证、商业单据,为他人向外汇指定银行骗购外汇,数额在五百万美元以上或者违法所得五十万元人民币以上的,按照刑法第二百二十五条第(三)项的规定定罪处罚;

居间介绍骗购外汇一百万美元以上或者违法所得十万元人民币以上的,按照刑法第二百二十五条第(三)项的规定定罪处罚。

第八条　骗购、非法买卖不同币种的外汇的,以案发时国家外汇管

---

* 刘汉案因其为偿还境外赌债的兑换外币行为,因不具有盈利目的,不属于经营行为,故依法不构成非法经营罪。

理机关制定的统一折算率折合后依照本解释处罚。

4.《最高人民法院、最高人民检察院、公安部关于印发〈办理骗汇、逃汇犯罪案件联席会议纪要〉的通知》(公通字〔1999〕39号,1999年6月7日)二、上述解释上述所称"采用非法手段",是指有国家批准的进出口经营权的外贸代理企业在经营代理进口业务时,不按国家经济主管部门有关规定履行职责,放任被代理方自带客户、自带货源、自带汇票、自行报关,在不见进口产品、不见供货货主、不见外商的情况下代理进口业务,或者采取法律、行政法规和部门规章禁止的其他手段代理进口业务。

认定上述解释第四条所称的"明知",要结合案件的具体情节予以综合考虑,不能仅仅因为行为人不供述就不予认定。报关行为先于签订外贸代理协议的,或者委托方提供的购汇凭证明显与真实凭证、商业单据不符的,应当认定为明知。

上述解释第四条所称"居间介绍骗购外汇",是指收取他人人民币、以虚假购汇凭证委托外贸公司、企业骗购外汇,获取非法收益的行为。

5.《中华人民共和国最高人民法院关于被告人何伟光、张勇泉等非法经营案的批复》(〔2012〕刑他字第136号,2012年2月26日)我院经研究认为,被告人何伟光、张勇泉等人发放高利贷的行为具有一定的社会危害性,但此类行为是否属于刑法第二百二十五条规定的"其他严重扰乱市场秩序的非法经营行为",相关立法解释和司法解释尚无明确规定,故对何伟光、张勇泉等人的行为不宜以非法经营罪定罪处罚。

6.《立案标准(二)》第七十九条　违反国家规定,进行非法经营活动,扰乱市场秩序,涉嫌下列情形之一的,应予立案追诉:

(五)出版、印刷、复制、发行严重危害社会秩序和扰乱市场秩序的非法出版物,具有下列情形之一的:

1. 个人非法经营数额在五万元以上的,单位非法经营数额在十五万元以上的;

2. 个人违法所得数额在二万元以上的,单位违法所得数额在五万元以上的;

3. 个人非法经营报纸五千份或者期刊五千本或者图书二千册或者音像制品、电子出版物五百张(盒)以上的,单位非法经营报纸一万五千份或者期刊一万五千本或者图书五千册或者音像制品、电子出版物一千五百张(盒)以上的;

4. 虽未达到上述数额标准,但具有下列情形之一的:

(1)两年内因出版、印刷、复制、发行非法出版物受过行政处罚二次以上的,又出版、印刷、复制、发行非法出版物的;

(2)因出版、印刷、复制、发行非法出版物造成恶劣社会影响或者其他严重后果的。

(六)非法从事出版物的出版、印刷、复制、发行业务,严重扰乱市场秩序,具有下列情形之一的:

1. 个人非法经营数额在十五万元以上的,单位非法经营数额在五十万元以上的;

2. 个人违法所得数额在五万元以上的,单位违法所得数额在十五万元以上的;

3. 个人非法经营报纸一万五千份或者期刊一万五千本或者图书五千册或者音像制品、电子出版物一千五百张(盒)以上的,单位非法经营报纸五万份或者期刊五万本或者图书一万五千册或者音像制品、电子出版物五千张(盒)以上的;

4. 虽未达到上述数额标准,两年内因非法从事出版物的出版、印刷、复制、发行业务受过行政处罚二次以上的,又非法从事出版物的出版、印刷、复制、发行业务的。

7.《最高人民法院关于审理非法出版物刑事案件具体应用法律若干问题的解释》(法释〔1998〕30号,1998年12月23日)第十二条　个人实施本解释第十一条规定的行为,具有下列情形之一的,属于非法经营行为"情节严重":

(一)经营数额在五万元至十万元以上的;

(二)违法所得数额在二万元至三万元以上的;

(三)经营报纸五千份或者期刊五千本或者图书二千册或者音像制品、电子出版物五百张(盒)以上的。

具有下列情形之一的,属于非法经营行为"情节特别严重":

(一)经营数额在十五万元至三十万元以上的;

(二)违法所得数额在五万元至十万元以上的;

(三)经营报纸一万五千份或者期刊一万五千本或者图书五千册或者音像制品、电子出版物一千五百张(盒)以上的。

第十三条　单位实施本解释第十一条规定的行为,具有下列情形之

一的,属于非法经营行为“情节严重”:

(一)经营数额在十五万元至三十万元以上的;

(二)违法所得数额在五万元至十万元以上的;

(三)经营报纸一万五千份或者期刊一万五千本或者图书五千册或者音像制品、电子出版物一千五百张(盒)以上的。

具有下列情形之一的,属于非法经营行为“情节特别严重”:

(一)经营数额在五十万元至一百万元以上的;

(二)违法所得数额在十五万元至三十万元以上的;

(三)经营报纸五万份或者期刊五万本或者图书一万五千册或者音像制品、电子出版物五千张(盒)以上的。

第十四条　实施本解释第十一条规定的行为,经营数额、违法所得数额或者经营数量接近非法经营行为“情节严重”、“情节特别严重”的数额、数量起点标准,并具有下列情形之一的,可以认定为非法经营行为“情节严重”、“情节特别严重”:

(一)两年内因出版、印刷、复制、发行非法出版物受过行政处罚两次以上的;

(二)因出版、印刷、复制、发行非法出版物造成恶劣社会影响或者其他严重后果的。

第十五条　非法从事出版物的出版、印刷、复制、发行业务,严重扰乱市场秩序,情节特别严重,构成犯罪的,可以依照刑法第二百二十五条第(三)项*,以非法经营罪定罪处罚。

8.《立案标准(二)》第七十九条　违反国家规定,进行非法经营活动,扰乱市场秩序,涉嫌下列情形之一的,应予立案追诉:

(七)采取租用国际专线、私设转接设备或者其他方法,擅自经营国际电信业务或者涉港澳台电信业务进行营利活动,扰乱电信市场管理秩序,具有下列情形之一的:

1. 经营去话业务数额在一百万元以上的;

2. 经营来话业务造成电信资费损失数额在一百万元以上的;

3. 虽未达到上述数额标准,但具有下列情形之一的:

(1)两年内因非法经营国际电信业务或者涉港澳台电信业务行为受

---

* 已改为第(四)项的规定。

过行政处罚二次以上,又非法经营国际电信业务或者涉港澳台电信业务的;

(2)因非法经营国际电信业务或者涉港澳台电信业务行为造成其他严重后果的。

9.《最高人民法院关于审理扰乱电信市场管理秩序案件具体应用法律若干问题的解释》(法释〔2000〕12 号)第二条第二款　具有下列情形之一的,属于非法经营行为“情节特别严重”:

(一)经营去话业务数额在五百万元以上的;

(二)经营来话业务造成电信资费损失数额在五百万元以上的。

法释〔2000〕12 号第十条　本解释所称“经营去话业务数额”,是指以行为人非法经营国际电信业务或者涉港澳台电信业务的总时长(分钟数)乘以行为人每分钟收取的用户使用费所得的数额。本解释所称“电信资费损失数额”,是指以行为人非法经营国际电信业务或者涉港澳台电信业务的总时长(分钟数)乘以在合法电信业务中我国应当得到的每分钟国际结算价格所得的数额。(八)从事其他非法经营活动,具有下列情形之一的:

1. 个人非法经营数额在五万元以上,或者违法所得数额在一万元以上的;

2. 单位非法经营数额在五十万元以上,或者违法所得数额在十万元以上的;

3. 虽未达到上述数额标准,但两年内因同种非法经营行为受过二次以上行政处罚,又进行同种非法经营行为的;

4. 其他情节严重的情形。

10.《最高人民法院、最高人民检察院关于办理赌博刑事案件具体应用法律若干问题的解释》(法释〔2005〕3 号,2005 年 5 月 11 日)第六条　未经国家批准擅自发行、销售彩票*,构成犯罪的,依照刑法第二百二十五条第四项之规定,以非法经营罪定罪处罚。

11.《最高人民法院、最高人民检察院、公安部关于办理利用赌博机开设赌场案件适用法律若干问题的意见》(2014 年 3 月 26 日)

---

* 有的地方对这一类行为以赌博罪论处,但该罪只能判处三年以下徒刑,不足以充分体现罪刑相适应原则。另外,由于彩票是国家专营的,擅自发行彩票本身就是非法经营行为。

四、关于生产、销售赌博机的定罪量刑标准

以提供给他人开设赌场为目的，违反国家规定，非法生产、销售具有退币、退分、退钢珠等赌博功能的电子游戏设施设备或者其专用软件，情节严重的，依照刑法第二百二十五条的规定，以非法经营罪定罪处罚。

实施前款规定的行为，具有下列情形之一的，属于非法经营行为“情节严重”：

（一）个人非法经营数额在五万元以上，或者违法所得数额在一万元以上的；

（二）单位非法经营数额在五十万元以上，或者违法所得数额在十万元以上的；

（三）虽未达到上述数额标准，但两年内因非法生产、销售赌博机行为受过二次以上行政处罚，又进行同种非法经营行为的；

（四）其他情节严重的情形。

具有下列情形之一的，属于非法经营行为“情节特别严重”：

（一）个人非法经营数额在二十五万元以上，或者违法所得数额在五万元以上的；

（二）单位非法经营数额在二百五十万元以上，或者违法所得数额在五十万元以上的。

12.《最高人民法院关于办理危害食品安全刑事案件适用法律若干问题的解释》（法释〔2013〕12号，2013年5月4日）第十一条　以提供给他人生产、销售食品为目的，违反国家规定，生产、销售国家禁止用于食品生产、销售的非食品原料，情节严重的，依照刑法第二百二十五条的规定以非法经营罪定罪处罚。

违反国家规定，生产、销售国家禁止生产、销售、使用的农药、兽药，饲料、饲料添加剂，或者饲料原料、饲料添加剂原料，情节严重的，依照前款的规定定罪处罚。

实施前两款行为，同时又构成生产、销售伪劣产品罪，生产、销售伪劣农药、兽药罪等其他犯罪的，依照处罚较重的规定定罪处罚。

法释〔2013〕12号第十二条　违反国家规定，私设生猪屠宰厂（场），从事生猪屠宰、销售等经营活动，情节严重的，依照刑法第二百二十五条的规定以非法经营罪定罪处罚。

实施前款行为，同时又构成生产、销售不符合安全标准的食品罪，生产、销售有毒、有害食品罪等其他犯罪的,依照处罚较重的规定定罪处罚。

13.《最高人民法院、最高人民检察院关于办理利用信息网络实施诽谤等刑事案件适用法律若干问题的解释》(法释〔2013〕21号,2013年9月10日)第七条 违反国家规定,以营利为目的,通过信息网络有偿提供删除信息服务,或者明知是虚假信息,通过信息网络有偿提供发布信息等服务,扰乱市场秩序,具有下列情形之一的,属于非法经营行为"情节严重",依照刑法第二百二十五条第(四)项的规定,以非法经营罪定罪处罚:

(一)个人非法经营数额在五万元以上,或者违法所得数额在二万元以上的;

(二)单位非法经营数额在十五万元以上,或者违法所得数额在五万元以上的。

实施前款规定的行为,数额达到前款规定的数额五倍以上的,应当认定为刑法第二百二十五条规定的"情节特别严重"。

理解与适用:利用信息网络实施非法经营犯罪的认定:利用信息网络实施的非法经营犯罪,反映出当前网络犯罪的非法牟利特征突出,组织链条明显。上述解释第七条规定了利用信息网络实施非法经营犯罪的行为方式和数额标准等问题。

1."违反国家规定"的理解:上述解释第七条规定的认定行为人"违反国家规定"的依据,主要是指违反全国人民代表大会常务委员会《关于维护互联网安全的决定》和国务院《互联网信息服务管理办法》的相关规定。依照《互联网信息服务管理办法》,国家对经营性互联网信息服务实行许可制度,对非经营性互联网信息服务实行备案制度,未取得国家有关部门的许可,不得从事互联网有偿信息服务。当前,一些"网络公关公司"以营利为目的提供非法删帖服务,或者明知是虚假信息而提供发布信息等服务,扰乱了信息网络服务市场管理秩序,属于未经国家许可,"通过互联网向上网用户有偿提供信息或者网页制作等服务活动"中"等服务活动"的情形。

2."以营利为目的"的认定:当前,一些"网络公关公司"、"营销公司"通过在信息网络上进行信息炒作、发布不实信息等方式,吸引公众关注,进而牟取非法利益。这种以营利为目的,通过信息网络向他人有偿提供删除信息服务,或者明知是虚假信息,通过信息网络有偿提供发布信息等服务的行为,实际上是为诽谤、敲诈勒索、寻衅滋事等违法犯罪提供了传播虚假信息的手段、平台,扩大了信息网络上虚假信息的影响范围。不仅扰乱网络秩序,而且破坏了市场管理秩序,是当前信息网络上种种乱象的重要推手,具有较大的社会危害性,应当以非法经营罪定罪处罚。对于个别网民并非专门从事经营活动,只是偶尔一两次帮助他人发帖,并收取一定费用的,即使数额达到了上述解释规定的标准,一般也不宜认定为"以营利为目的"。

3. 利用信息网络实施非法经营犯罪的行为方式:上述解释第七条规定了利用信息网络实施非法经营犯罪的两种行为方式:一是通过信息网络有偿提供删除信息服务;二是明知是虚假信息,通过信息网络有偿提供发布信息等服务。对于通过信息网络向他人有偿提供删除信息服务的,上述解释不要求行为人明知所删除的信息为虚假信息。当前一些"网络公关公司"的主要业务是"删帖"业务,但删除的信息中有相当一部分是广大网民发布的真实信息。国家依法保护网络用户合法的信息交流活动,这属于信息网络服务市场管理秩序的重要组成部分。行为人以营利为目的,有偿删除信息网络用户发布的真实信息,其行为既侵犯了广大网民的合法权益,也破坏了信息网络服务市场管理秩序,应当以非法经营罪定罪处罚。对于通过信息网络向他人有偿提供发布信息等服务的,上述解释明确规定,必须以行为人明知所发布的信息是虚假信息为前提。如果行为人通过信息网络有偿提供发布信息服务,但发布的信息是真实的,即使收取了一定数额的费用,也不应认定为非法经营罪。

4. 非法经营犯罪数额的认定:上述解释第七条第一款明确了个人和单位通过信息网络实施非法经营犯罪"情节严重"的数额标准,即:个人非法经营数额在五万元以上,或者违法所得数额在二万元以上;单位非法经营数额在十五万元以上,或者违法所得数额在五万元以上。此外,上述解释第二款还明确了个人和单位通过信息网络实施非法经营犯罪"情节特别严重"的数额标准,分别是"情节严重"标准的五倍以上。符合该数额标准的,应依法处五年以上有期徒刑,并处违法所得一倍以上五倍以下罚金或者没收财产。

225-4　《全国人大常委会关于惩治骗购外汇、逃汇和非法买卖外汇犯罪的决定》(1998 年 12 月 29 日)

第二百二十六条　(刑八)【强迫交易[1]罪】以暴力、威胁手段,

实施下列行为之一,情节严重的,[2] 处三年以下有期徒刑或者拘役,并处或者单处罚金;情节特别严重的,处三年以上七年以下有期徒刑,并处罚金:

(一)强买强卖商品的;

(二)强迫他人提供或者接受服务的;*[3]

(三)强迫他人参与或者退出投标、拍卖的;

(四)强迫他人转让或者收购公司、企业的股份、债券或者其他资产的;

(五)强迫他人参与或者退出特定的经营活动的。

226-1 《最高人民法院关于审理抢劫、抢夺刑事案件适用法律若干问题的意见》(法发〔2005〕8号,2005年7月16日) 九、关于抢劫罪与相似犯罪的界限

2. 以暴力、胁迫手段索取超出正常交易价钱、费用的钱财的行为定性**。

从事正常商品买卖、交易或者劳动服务的人,以暴力、胁迫手段迫使他人交出与合理价钱、费用相差不大钱物,情节严重的,以强迫交易罪定罪处罚;以非法占有为目的,以买卖、交易、服务为幌子采用暴力、胁迫手段迫使他人交出与合理价钱、费用相差悬殊的钱物的,以抢劫罪定罪处刑。在具体认定时,既要考虑超出合理价钱、费用的绝对数额,还要考虑超出合理价钱、费用的比例,加以综合判断。

226-2 《立案标准(一)》第二十八条 以暴力、威胁手段强买强卖商品、强迫他人提供服务或者强迫他人接受服务,涉嫌下列情形之一的,应予立案追诉:

---

* 原条文:"以暴力、威胁手段强买强卖商品、强迫他人提供~~服务~~或者~~强迫他人~~接受服务,情节严重的,处三年以下有期徒刑或者拘役,并处或者单处罚金。"新条文采用了省略的修辞方法,表述更简洁,简乃文章之尽境,愈简洁,愈能看出事物本来的面貌。

** 张明楷认为:这种观点试图通过价格、费用是否悬殊区分本罪与抢劫罪。其实本罪与抢劫罪、敲诈勒索罪之间不是对立关系,符合本罪的犯罪构成时,并不当然排除抢劫罪、敲诈勒索罪的成立。也不能因为刑法规定了强迫交易罪,就认定凡是有交易的行为都不成立抢劫罪或敲诈勒索罪,换言之,强迫交易罪完全可能同时触犯抢劫罪、敲诈勒索罪,因而属于想象竞合犯,应从一重罪论处。

（一）造成被害人轻微伤或者其他严重后果的；

（二）造成直接经济损失二千元以上的；

（三）强迫交易三次以上或者强迫三人以上交易的；

（四）强迫交易数额一万元以上，或者违法所得数额二千元以上的；

（五）强迫他人购买伪劣商品数额五千元以上，或者违法所得数额一千元以上的；

（六）其他情节严重的情形。

226-3 《最高人民检察院关于强迫借贷行为适用法律问题的批复》（2014年4月17日）广东省人民检察院：你院《关于强迫借贷案件法律适用的请示》（粤检发研字〔2014〕9号）收悉。经研究，批复如下：以暴力、胁迫手段强迫他人借贷，属于刑法第二百二十六条第二项规定的"强迫他人提供或者接受服务"，情节严重的，以强迫交易罪追究刑事责任；同时构成故意伤害罪等其他犯罪的，依照处罚较重的规定定罪处罚。以非法占有为目的，以借贷为名采用暴力、胁迫手段获取他人财物，符合刑法第二百六十三条或者第二百七十四条规定的，以抢劫罪或者敲诈勒索罪追究刑事责任。

第二百二十七条　【伪造、倒卖伪造的有价票证罪】伪造*[1]或者倒卖伪造的车票、船票、邮票或者其他有价票证，[2]数额较大的，[3]处二年以下有期徒刑、拘役或者管制，并处或者单处票证价额一倍以上五倍以下罚金；数额巨大的，处二年以上七年以下有期徒刑，并处票证价额一倍以上五倍以下罚金。

【倒卖车票、船票罪】[4]倒卖车票、船票，情节严重的，**[5]处三年以下有期徒刑、拘役或者管制，并处或者单处票证价额一倍以上五倍以下罚金。

---

* 伪造和变造是两种性质不同的行为，刑法通常将两者并列明确规定，如有伪造货币罪和变造货币罪。但本罪中的伪造，是指广义的伪造，除通常的伪造行为外，还包括变造行为。

** 2013年春运讨论了代买火车票而收取5元劳务费是否构成本罪的讨论，值得关注和深思，法律本乎人情。

本罪的既遂和未遂标准，不以车票是否已经售出，应认定为既遂，但在量刑上应当有所区别。为了出卖而买的行为就已经属于倒卖行为了，犯罪既遂。

227-1 《最高人民法院关于对变造、倒卖变造邮票行为如何适用法律问题的解释》(法释〔2000〕41号,2000年12月9日) 对变造或者倒卖变造的邮票数额较大的,应当依照刑法第二百二十七条第一款的规定定罪处罚*。

227-2 《最高人民检察院关于非法制作、出售、使用IC电话卡行为如何适用法律问题的答复》(高检研发〔2003〕10号,2003年4月2日) 非法制作或者出售非法制作的IC卡,数额较大的,应当以刑法第二百二十七条第一款之规定,以伪造、倒卖伪造的有价票证罪追究刑事责任,犯罪数额可以根据销售数额认定。

227-3 《立案标准(一)》第二十九条 伪造或者倒卖伪造的车票、船票、邮票或者其他有价票证,涉嫌下列情形之一的,应予立案追诉:

(一)车票、船票票面数额累计二千元以上,或者数量累计五十张以上的;

(二)邮票票面数额累计五千元以上,或者数量累计一千枚以上的;

(三)其他有价票证价额累计五千元以上,或者数量累计一百张以上的;

(四)非法获利累计一千元以上的;

(五)其他数额较大的情形。

227-4 《最高人民法院关于审理倒卖车票刑事案件有关问题的解释》(法释〔1999〕17号,1999年9月14日)

《公安部关于倒卖伪造变造火车票案件管辖问题的批复》(公复字〔2010〕5号,2010年8月31日)

一、对于倒卖、伪造、变造火车票案件,由最初受理案件的铁路或者地方公安机关管辖。必要时,可以移送主要违法行为发生地、主要犯罪地的铁路或者地方公安机关管辖。

二、铁路和地方公安机关在查办倒卖、伪造、变造火车票案件时,应当互相配合。管辖不明确的,由有关公安机关协商确定管辖;对管辖有

---

* 如果将变造或者倒卖变造的邮票的行为认定为诈骗罪,行为人最高可判处无期徒刑,而如果按照本罪处罚,最高刑为7年。且诈骗罪是结果犯,还要求造成实际损失。综上,故该司法解释将变造邮票的行为以伪造、倒卖伪造的有价票证罪论处,而不是诈骗罪论处。

争议或者情况特殊的，由共同的上一级公安机关指定管辖。

227-5 **1.**《立案标准(一)》第三十条 倒卖车票、船票或者倒卖车票坐席、卧铺签字号以及订购车票、船票凭证，涉嫌下列情形之一的，应予立案追诉：

(一)票面数额累计五千元以上的；

(二)非法获利累计二千元以上的；

(三)其他情节严重的情形。

2. 法释〔1999〕17号第一条 变价、变相加价倒卖车票或者倒卖坐席、卧铺签字号及订购车票凭证，票面数额在五千元以上，或者非法获利数额在二千元以上的，构成刑法第二百二十七条第二款规定的"倒卖车票情节严重"。

法释〔1999〕17号第二条 对于铁路职工倒卖车票或者与其他人员勾结倒卖车票；组织倒卖车票的首要分子；曾因倒卖车票受过治安处罚两次以上或者被劳动教养一次以上，两年内又倒卖车票，构成倒卖车票罪的，依法从重处罚。

第二百二十八条 【非法转让、倒卖土地使用权罪】以牟利为目的，违反土地管理法规，[1] 非法转让、倒卖土地使用权，情节严重的，[2] 处三年以下有期徒刑或者拘役，并处或者单处非法转让、倒卖土地使用权价额百分之五以上百分之二十以下罚金；情节特别严重的，[3] 处三年以上七年以下有期徒刑，并处非法转让、倒卖土地使用权价额百分之五以上百分之二十以下罚金。

228-1 《全国人大常委会关于刑法第二百二十八条、第三百四十二条、第四百一十条的解释》(2001年8月31日第九届全国人大常委会第二十三次会议通过) "违反土地管理法规"，是指违反土地管理法、森林法、草原法等法律以及有关行政法规中关于土地管理的规定。

228-2 《最高人民法院关于审理破坏土地资源刑事案件具体应用法律若干问题的解释》(法释〔2000〕14号，2000年6月22日)第一条* 以牟利为目的，违反土地管理法规，非法转让、倒卖土地使用权，具有下

* 《立案标准(二)》第八十条与本条完全一致，故从略。

列情形之一的,属于非法转让、倒卖土地使用权"情节严重",依照刑法第二百二十八条的规定,以非法转让、倒卖土地使用权罪定罪处罚:

(一)非法转让、倒卖基本农田五亩以上的;

(二)非法转让、倒卖基本农田以外的耕地十亩以上的;

(三)非法转让、倒卖其他土地二十亩以上的;

(四)非法获利五十万元以上的;

(五)非法转让、倒卖土地接近上述数量标准并具有其他恶劣情节的,如曾因非法转让、倒卖土地使用权受过行政处罚或者造成严重后果等。

228-3 《最高人民法院关于审理破坏土地资源刑事案件具体应用法律若干问题的解释》(法释〔2000〕14 号,2000 年 6 月 22 日)第二条 实施第一条规定的行为,具有下列情形之一的,属于非法转让、倒卖土地使用权"情节特别严重":

(一)非法转让、倒卖基本农田十亩以上的;

(二)非法转让、倒卖基本农田以外的耕地二十亩以上的;

(三)非法转让、倒卖其他土地四十亩以上的;

(四)非法获利一百万元以上的;

(五)非法转让、倒卖土地接近上述数量标准并具有其他恶劣情节,如造成严重后果等。

第二百二十九条　【提供虚假证明文件罪】承担资产评估、验资、验证、会计、审计、法律服务等职责的中介组织的人员故意提供虚假证明文件,情节严重的[1],处五年以下有期徒刑或者拘役,并处罚金。

前款规定的人员,索取他人财物或者非法收受他人财物,[*]犯前款罪的,处五年以上十年以下有期徒刑,并处罚金。

【出具证明文件重大失实罪】第一款规定的人员,[2]严重不负责任,出具的证明文件有重大失实,造成严重后果的,[3]处三年以下有

---

* 牵连犯,索贿和受贿,这是法定一罪,不实行数罪并罚,从重处罚。第三百九十九条也是如此处理。

期徒刑或者拘役,并处或者单处罚金。

229-1　**1.**《立案标准(二)》第八十一条　承担资产评估、验资、验证、会计、审计、法律服务等职责的中介组织的人员故意提供虚假证明文件,涉嫌下列情形之一的,应予立案追诉:

(一)给国家、公众或者其他投资者造成直接经济损失数额在五十万元以上的;

(二)违法所得数额在十万元以上的;

(三)虚假证明文件虚构数额在一百万元且占实际数额百分之三十以上的;

(四)虽未达到上述数额标准,但具有下列情形之一的:

1. 在提供虚假证明文件过程中索取或者非法接受他人财物的;

2. 两年内因提供虚假证明文件,受过行政处罚二次以上,又提供虚假证明文件的。

(五)其他情节严重的情形。

2.《最高人民法院、最高人民检察院关于办理环境污染刑事案件适用法律若干问题的解释》(法释〔2016〕29号,2017年1月1日)第九条　环境影响评价机构或其人员,故意提供虚假环境影响评价文件,情节严重的,或者严重不负责任,出具的环境影响评价文件存在重大失实,造成严重后果的,应当依照刑法第二百二十九条、第二百三十一条的规定,以提供虚假证明文件罪或者出具证明文件重大失实罪定罪处罚。

理解与适用:由于目前环境影响登记表审批改为备案,只有环境影响报告书和报告表需要审批,故此处的环境影响评价文件通常是指环境影响报告书、报告表。

229-2　《最高人民检察院关于公证员出具公证书有重大失实行为如何适用法律问题的批复》(高检发释字〔2009〕1号,2009年1月15日)《公证法》施行以后,公证员在履行公证职责过程中,严重不负责任,出具的公证书有重大失实,造成严重后果的,依照刑法第二百二十九条第三款的规定,以出具证明文件重大失实罪追究刑事责任。

229-3　**1.**《立案标准(二)》第八十二条　承担资产评估、验资、验证、会计、审计、法律服务等职责的中介组织的人员严重不负责任,出具的证明文件有重大失实,涉嫌下列情形之一的,应予立案追诉:

(一)给国家、公众或者其他投资者造成直接经济损失数额在一百万

元以上的;

(二)其他造成严重后果的情形。

2.《最高人民法院、最高人民检察院关于办理妨害信用卡管理刑事案件具体应用法律若干问题的解释》(法释〔2009〕19号,2009年12月19日)第四条第二款 承担资产评估、验资、验证、会计、审计、法律服务等职责的中介组织或其人员,为信用卡申请人提供虚假的财产状况、收入、职务等资信证明材料,应当追究刑事责任的,依照刑法第二百二十九条的规定,分别以提供虚假证明文件罪和出具证明文件重大失实罪定罪处罚。

第二百三十条 【逃避商检罪】违反进出口商品检验法的规定,逃避商品检验,将必须经商检机构检验的进口商品未报经检验而擅自销售、使用,或者将必须经商检机构检验的出口商品未报经检验合格而擅自出口,情节严重的,[1] 处三年以下有期徒刑或者拘役,并处或者单处罚金。

230-1 《立案标准(二)》第八十三条 违反进出口商品检验法的规定,逃避商品检验,将必须经商检机构检验的进口商品未报经检验而擅自销售、使用,或者将必须经商检机构检验的出口商品未报经检验合格而擅自出口,涉嫌下列情形之一的,应予立案追诉:

(一)给国家、单位或者个人造成直接经济损失数额在五十万元以上的;

(二)逃避商检的进出口货物货值金额在三百万元以上的;

(三)导致病疫流行、灾害事故的;

(四)多次逃避商检的;

(五)引起国际经济贸易纠纷,严重影响国家对外贸易关系,或者严重损害国家声誉的;

(六)其他情节严重的情形。

第二百三十一条 【单位犯扰乱市场秩序罪的处罚规定】单位犯本节第二百二十一条至第二百三十条规定之罪的,对单位判处罚金,并对其直接负责的主管人员和其他直接责任人员,依照本节各该条的规定处罚。

第四章　侵犯公民人身权利、[1]民主权利罪*[2]

C.4-1　《刑事诉讼法》第九十九条　【附带民事诉讼的提起】被害人由于被告人的犯罪行为而遭受物质损失的，在刑事诉讼过程中，有权提起附带民事诉讼。被害人死亡或者丧失行为能力的，被害人的法定代理人、近亲属有权提起附带民事诉讼。

《最高人民法院关于适用〈中华人民共和国刑事诉讼法〉的解释》（法释〔2012〕21号，2013年1月1日）第一百三十八条　被害人因人身权利受到犯罪侵犯或者财物被犯罪分子毁坏而遭受物质损失的，有权在刑事诉讼过程中提起附带民事诉讼；被害人死亡或者丧失行为能力的，其法定代理人、近亲属有权提起附带民事诉讼。因受到犯罪侵犯，提起附带民事诉讼或者单独提起民事诉讼要求赔偿精神损失的，人民法院不予受理。

C.4-2　1.《刑事诉讼法》第五编　第二章当事人和解的公诉案件诉讼程序　第二百七十七条　【适用范围】下列公诉案件，犯罪嫌疑人、被告人真诚悔罪，通过向被害人赔偿损失、赔礼道歉等方式获得被害人谅解，被害人自愿和解的，双方当事人可以和解：

（一）因民间纠纷引起，涉嫌刑法分则第四章、第五章规定的犯罪案件，可能判处三年有期徒刑以下刑罚的；

（二）除渎职犯罪以外的可能判处七年有期徒刑以下刑罚的过失犯罪案件。犯罪嫌疑人、被告人在五年以内曾经故意犯罪的，不适用本章

---

* 本章犯罪中，对被告人可能判处三年有期徒刑以下刑罚的其他轻微刑事案件，属于由人民法院直接受理的“被害人有证据证明的轻微刑事案件”。1979年刑法中的妨害婚姻家庭罪全部转移至侵犯公民人身权利、民主权利罪这一类罪。

规定的程序。

2.《民间纠纷处理办法》(1990年4月19日,司法部令第8号发布)第三条　基层人民政府处理民间纠纷的范围,为《人民调解委员会组织条例》规定的民间纠纷,即公民之间有关人身、财产权益和其他日常生活中发生的纠纷。

3.《公安机关办理刑事案件程序规定》第三百二十三条　有下列情形之一的,不属于因民间纠纷引起的犯罪案件:

(一)雇凶伤害他人的;

(二)涉及黑社会性质组织犯罪的;

(三)涉及寻衅滋事的;

(四)涉及聚众斗殴的;

(五)多次故意伤害他人身体的;

(六)其他不宜和解的。

第二百三十二条[*1]　**【故意杀人罪】**故意杀人的,处死刑[2]、无期徒刑或者十年以上有期徒刑;情节较轻的[3],处三年以上十年以下有期徒刑。

232-1　1.《最高人民法院、最高人民检察院关于办理组织和运用邪教组织犯罪案件具体应用法律若干问题的解释(一)》(法释〔1999〕18号,1999年10月9日)第四条　组织和利用邪教组织制造、散布迷信邪说,指使、胁迫其成员或其他人实施自杀或自伤行为的,以故意杀人罪和故意伤害罪论处。

2.《最高人民法院、最高人民检察院关于办理组织和运用邪教组织犯罪案件具体应用法律若干问题的解释(二)》(法释〔2001〕19号,2001年6月11日)第九条　组织、策划、煽动、教唆、帮助邪教组织人员自杀、自残的,以故意杀人罪和故意伤害罪论处。

3.《最高人民法院、最高人民检察院关于办理妨害预防、控制突发传染病疫情等灾害的刑事案件具体应用法律若干问题的解释》(法释

---

* 故意杀人罪应注意拟制规定。例如,对非法拘禁使用暴力致人死亡的,刑讯逼供或暴力取证致人死亡的,虐待被监管人致人死亡的,聚众"打砸抢"致人死亡的,聚众斗殴致人死亡的,均系拟制规定。(张明楷)

〔2003〕8号,2003年5月15日)第九条　在预防、控制突发传染病疫情等灾害期间,聚众"打砸抢",致人伤残、死亡的,依照刑法第二百八十九条、第二百三十四条、第二百三十二条的规定,以故意伤害罪或者故意杀人罪定罪,依法从重处罚。对毁坏或者抢走公私财物的首要分子,依照刑法第二百八十九条、第二百六十三条的规定,以抢劫罪定罪,依法从重处罚。

4.《最高人民法院、最高人民检察院关于办理生产安全刑事案件适用法律若干问题的解释》(法释〔2015〕22号,2015年12月16日)第十条　在安全事故发生后,直接负责的主管人员和其他直接责任人员故意阻挠开展抢救,导致人员死亡或者重伤,或者为了逃避法律追究,对被害人进行隐藏、遗弃,致使被害人因无法得到救助而死亡或者重度残疾的,分别依照刑法第二百三十二条、第二百三十四条的规定,以故意杀人罪或者故意伤害罪定罪处罚。

232-2　**1.**《全国法院维护农村稳定刑事审判工作座谈会纪要》(法〔1999〕217号,1999年10月27日)(一)关于故意杀人、故意伤害案件

要准确把握故意杀人犯罪适用死刑的标准。对故意杀人犯罪是否判处死刑,不仅要看是否造成了被害人死亡结果,还要综合考虑案件的全部情况。对于因婚姻家庭、邻里纠纷等民间矛盾激化引发的故意杀人犯罪,适用死刑一定要十分慎重,应当与发生在社会上的严重危害社会治安的其他故意杀人犯罪案件有所区别。对于被害人一方有明显过错或对矛盾激化负有直接责任,或者被告人有法定从轻处罚情节的,一般不应判处死刑立即执行。

要注意严格区分故意杀人罪与故意伤害罪的界限。在直接故意杀人与间接故意杀人案件中,犯罪人的主观恶性程度是不同的,在处刑上也应有所区别。间接故意杀人与故意伤害致人死亡,虽然都造成了死亡后果,但行为人故意的性质和内容是截然不同的。不注意区分犯罪的性质和故意的内容,只要有死亡后果就判处死刑的做法是错误的,这在今后的工作中,应当予以纠正。对于故意伤害致人死亡,手段特别残忍,情节特别恶劣的,才可以判处死刑。

2.《最高人民法院关于为构建社会主义和谐社会提供司法保障的若干意见》(2007年1月15日):因被害方的过错行为引发的案件应慎用死刑立即执行。

3. 刘宝利故意杀人案——如何认定被害人过错*

主要问题 被害人因盗窃分赃不均,数次带人纠缠被告人索要赃款,实施暴力威胁并拿走钱物的行为,能否认定过错行为?

裁判要旨 被害人过错需要具备的条件主要有:(1)过错方系被害人;(2)被害人必须出于故意;(3)被害人须实施了较为严重的违背社会伦理或违反法律的行为;(4)被害人的过错行为须侵犯了被告人的合法权利或者正当利益;(5)被害人的过错行为须引起被告人实施了犯罪行为或者激化了加害行为的危害程度。

确认被害人过错时,不仅要分析是否具备以上五点,还应当全面考察案件的来龙去脉、发案背景,具体情况具体分析。如果刑事犯罪的被害人故意侵犯被告人的生命权、健康权等权利,该行为引发了犯罪或加重犯罪侵害程度的,通常应将被害人过错作为酌定量刑情节。如果被害人的上述行为由于被告人的先行侵犯行为所引起,被害人的行为属于"以不法制不法"的,就不能简单认定为过错行为。

本案被害人虽曾对被告人的人身和财产实施侵犯,但前因是二人曾共同盗窃分赃不均,属于共同犯罪人为分赃引起的内讧。被害人为索要盗窃赃款而威胁、强拿财物的行为,缘于被告人占有二人共同盗窃的赃款,不能认定为被害人过错,被告人也不具有任何法定或者酌定从轻情节,又系累犯,应依法从重处罚,对其故意杀害被害人的行为适用死刑是正确的。

4. 最高人民法院院指导案例第4号王志才故意杀人案裁判要点:因恋爱、婚姻矛盾激化引发的故意杀人案件,被告人犯罪手段残忍,论罪应当判处死刑,但被告人具有坦白悔罪、积极赔偿等从轻处罚情节,同时被害人亲属要求严惩的,人民法院根据案件性质、犯罪情节、危害后果和被告人的主观恶性及人身危险性,可以依法判处被告人死刑,缓期二年执行,同时决定限制减刑,以有效化解社会矛盾,促进社会和谐。

5. 最高人民法院指导案例12号李飞故意杀人案裁判要点:对于因民间矛盾引发的故意杀人案件,被告人犯罪手段残忍,且系累犯,论罪应当判处死刑,但被告人亲属主动协助公安机关将其抓捕归案,并积极赔

---

* 本案一审法院系西安市中级人民法院。

偿的，人民法院根据案件具体情节，从尽量化解社会矛盾角度考虑，可以依法判处被告人死刑，缓期二年执行，同时决定限制减刑。

232-3　1.《最高人民法院、最高人民检察院、公安部、司法部关于依法办理家庭暴力犯罪案件的意见（法发〔2015〕4号，2015年3月2日）

三、定罪处罚　20. 充分考虑案件中的防卫因素和过错责任。对于长期遭受家庭暴力后，在激愤、恐惧状态下为了防止再次遭受家庭暴力，或者为了摆脱家庭暴力而故意杀害、伤害施暴人，被告人的行为具有防卫因素，施暴人在案件起因上具有明显过错或者直接责任的，可以酌情从宽处罚。对于因遭受严重家庭暴力，身体、精神受到重大损害而故意杀害施暴人；或者因不堪忍受长期家庭暴力而故意杀害施暴人，犯罪情节不是特别恶劣，手段不是特别残忍的，可以认定为刑法第二百三十二条规定的故意杀人"情节较轻"。在服刑期间确有悔改表现的，可以根据其家庭情况，依法放宽减刑的幅度，缩短减刑的起始时间与间隔时间；符合假释条件的，应当假释。被杀害施暴人的近亲属表示谅解的，在量刑、减刑、假释时应当予以充分考虑。

2. 姚国英故意杀人案（《刑事审判参考》指导案例647号）裁判摘要：因长期遭受虐待和家庭暴力而杀夫应当认定为刑法第二百三十二条规定的"情节较轻"。

如何理解"情节较轻"，法律和司法解释尚无具体、明确的规定。理论界和实务界通常将以下情形视为"情节较轻"：(1)防卫过当的故意杀人；(2)义愤杀人；(3)激情杀人；(4)受嘱托帮助他人自杀；(5)生父母溺婴。上述五类情节又以前三种较为常见和值得探讨，这三类情节有一个共通点，即被害人在案发起因上有严重过错。具体而言，是指被害人出于主观上的故意或过失，侵犯他人合法权益，对诱发被告人的犯意，激发被告人实施犯罪具有直接或间接作用。将"被害人严重过错"作为故意杀人罪的"情节较轻"情节的法理依据在于，刑事法律负有平衡被告人和被害人之间利益的任务。

第二百三十三条　【过失致人死亡罪】过失致人死亡的，处三年以上七年以下有期徒刑；情节较轻的，处三年以下有期徒刑。本法另有规定的,依照规定*。

第二百三十四条 【故意伤害罪】故意伤害他人**身体的,[1***]处三年以下有期徒刑、拘役或者管制。

犯前款罪,致人重伤的,[2]处三年以上十年以下有期徒刑;致人死亡****或者以特别残忍手段致人重伤造成严重残疾的,[3]处十年以上有期徒刑、无期徒刑或者死刑。本法另有规定的,依照规定。

234-1 《最高人民法院关于常见犯罪的量刑指导意见》(法发〔2017〕7号) 四、常见犯罪的量刑 (二)故意伤害罪

1. 构成故意伤害罪的,可以根据下列不同情形在相应的幅度内确定量刑起点:

(1)故意伤害致一人轻伤的,可以在二年以下有期徒刑、拘役幅度内确定量刑起点。

2. 在量刑起点的基础上,可以根据伤害后果、伤残等级、手段残忍程度等其他影响犯罪构成的犯罪事实增加刑罚量,确定基准刑。

故意伤害致人轻伤的,伤残程度可在确定量刑起点时考虑,或者作为调节基准刑的量刑情节。

---

* 失火罪、交通肇事罪。需要注意的是,过失致人死亡罪的最低刑期为3年以上有期徒刑,而同为过失致人死亡的交通肇事罪的最高刑期为3年以下有期徒刑。1997年刑法在一定程度上解决了这个问题,将因逃逸致人死亡的刑期提高到7年以上有期徒刑。

** 《人民法院量刑指导意见(试行)》(2009年4月修订)三、常见量刑情节的适用 11. 对于被害人有过错或者对矛盾激化负有责任的,应当综合考虑案发的原因、被害人过错的程度或者责任的大小等情况确定从宽的幅度。

(1)被害人有严重过错或者对矛盾激化负有直接责任的,可以减少基准刑的20%~30%;

(2)被害人有一般过错或者对矛盾激化负有一定责任的,可以减少基准刑的20%以下。

但《最高人民法院关于常见犯罪的量刑指导意见》(法发〔2013〕14号,2014年1月1日)不再将被害人过错作为减少被告人基准刑的依据。

*** 故意伤害案(轻伤)属于由人民法院直接受理的"被害人有证据证明的轻微刑事案件"。表面、偶然的背后,蕴含着本质和必然。行为人的伤害行为,其本质是一种故意伤害行为,其必然后果是对被害人造成一定的伤害,以至于是死亡、重伤、轻伤或者轻微伤,则是偶然的。(张明楷)

**** 1. 刑法对故意伤害致人死亡的法定刑,是以故意伤害行为系被害人死亡的直接原因,甚至是唯一原因作为标准配置的。2. 只能对致人死亡的结果持过失心态,否则就直接定故意杀人罪,而不是故意伤害致人死亡。

234-2　《最高人民法院关于常见犯罪的量刑指导意见》(法发〔2017〕7号)　四、常见犯罪的量刑　(二)故意伤害罪

1.(2)故意伤害致一人重伤的,可以在三年至五年有期徒刑幅度内确定量刑起点。

234-3　**1.**《最高人民法院关于印发〈全国法院维护农村稳定刑事审判工作座谈会纪要〉的通知》(法〔1999〕217号,1999年10月27日)要准确把握故意伤害致人重伤造成"严重残疾"的标准。参照1996年国家技术监督局颁布的《职工工伤与职业病致残程度鉴定标准》(以下简称"工伤标准"),刑法第二百三十四条第二款规定的"严重残疾"是指下列情形之一:被害人身体器官大部缺损、器官明显畸形、身体器官有中等功能障碍、造成严重并发症等。残疾程序可以分为一般残疾(十至七级)、严重残疾(六至三级)、特别严重残疾(二至一级),六级以上视为"严重残疾"。在有关司法解释出台前,可统一参照"工伤标准"确定残疾等级。实践中,并不是只要达到"严重残疾"就判处死刑,还要根据伤害致人"严重残疾"的具体情况,综合考虑犯罪情节和危害后果来决定刑罚。故意伤害致重伤造成严重残疾,只有犯罪手段特别残忍,后果特别严重的,才能考虑适用死刑(包括死刑,缓期二年执行)。

2.《最高人民法院关于常见犯罪的量刑指导意见》(法发〔2017〕7号)　四、常见犯罪的量刑　(二)故意伤害罪

1.(3)以特别残忍手段故意伤害致一人重伤,造成六级严重残疾的,可以在十年至十三年有期徒刑幅度内确定量刑起点。依法应当判处无期徒刑以上刑罚的除外。

第二百三十四条之一　**(刑八)【组织出卖人体器官罪】**组织他人出卖人体器官的,处五年以下有期徒刑,并处罚金;情节严重的,处五年以上有期徒刑,并处罚金或者没收财产。

未经本人同意摘取其器官,或者摘取不满十八周岁的人的器官,或者强迫、欺骗他人捐献器官的,依照本法第二百三十四条(故意伤害罪)、第二百三十二条(故意杀人罪)的规定定罪处罚。

违背本人生前意愿摘取其尸体器官,或者本人生前未表示同意,违反国家规定,违背其近亲属意愿摘取其尸体器官的,依照本

法第三百零二条(盗窃、侮辱尸体罪)的规定定罪处罚。

第二百三十五条 【过失致人重伤罪】过失伤害他人致人重伤的,处三年以下有期徒刑或者拘役。本法另有规定的*,依照规定。

第二百三十六条 【强奸罪】以暴力、胁迫或者其他手段强奸妇女的[1],处三年以上十年以下有期徒刑。

奸淫不满十四周岁的幼女的[2],以强奸论,从重处罚[3]。

强奸妇女、奸淫幼女,有下列情形之一的,处十年以上有期徒刑[4]、无期徒刑或者死刑:

(一)强奸妇女、奸淫幼女情节恶劣的;

(二)强奸妇女、奸淫幼女多人的;

(三)在公共场所当众[5]强奸妇女的;

(四)二人以上轮奸的;

(五)致使被害人重伤、死亡或者造成其他严重后果的。

236-1 《最高人民法院关于常见犯罪的量刑指导意见》(法发〔2017〕7号) 四、常见犯罪的量刑(三)强奸罪 1.构成强奸罪的,可以根据下列不同情形在相应的幅度内确定量刑起点:

(1)强奸妇女一人的,可以在三年至六年有期徒刑幅度内确定量刑起点。

2.在量刑起点的基础上,可以根据强奸妇女、奸淫幼女情节恶劣程度、强奸人数、致人伤害后果等其他影响犯罪构成的犯罪事实增加刑罚量,确定基准刑。

强奸多人多次的,以强奸人数作为增加刑罚量的事实,强奸次数作为调节基准刑的量刑情节。

236-2 《最高人民法院、最高人民检察院、公安部、司法部印发关于依法惩治性侵害未成年人犯罪的意见的通知》(法发〔2013〕12号,2013年10月23日)

---

* 例如,过失爆炸罪和危险物品肇事罪。

一、基本要求

1. 本意见所称性侵害未成年人犯罪,包括刑法第二百三十六条、第二百三十七条、第三百五十八条、第三百五十九条、第三百六十条第二款规定的针对未成年人实施的强奸罪,强制猥亵、侮辱妇女罪,猥亵儿童罪,组织卖淫罪,强迫卖淫罪,引诱、容留、介绍卖淫罪,引诱幼女卖淫罪,嫖宿幼女罪等。

2. 对于性侵害未成年人犯罪,应当依法从严惩治。

3. 办理性侵害未成年人犯罪案件,应当充分考虑未成年被害人身心发育尚未成熟、易受伤害等特点,贯彻特殊、优先保护原则,切实保障未成年人的合法权益。

4. 对于未成年人实施性侵害未成年人犯罪的,应当坚持双向保护原则,在依法保护未成年被害人的合法权益时,也要依法保护未成年犯罪嫌疑人、未成年被告人的合法权益。

5. 办理性侵害未成年人犯罪案件,对于涉及未成年被害人、未成年犯罪嫌疑人和未成年被告人的身份信息及可能推断出其身份信息的资料和涉及性侵害的细节等内容,审判人员、检察人员、侦查人员、律师及其他诉讼参与人应当予以保密。

对外公开的诉讼文书,不得披露未成年被害人的身份信息及可能推断出其身份信息的其他资料,对性侵害的事实注意以适当的方式叙述。

6. 性侵害未成年人犯罪案件,应当由熟悉未成年人身心特点的审判人员、检察人员、侦查人员办理,未成年被害人系女性的,应当有女性工作人员参与。

人民法院、人民检察院、公安机关设有办理未成年人刑事案件专门工作机构或者专门工作小组的,可以优先由专门工作机构或者专门工作小组办理性侵害未成年人犯罪案件。

7. 各级人民法院、人民检察院、公安机关和司法行政机关应当加强与民政、教育、妇联、共青团等部门及未成年人保护组织的联系和协作,共同做好性侵害未成年人犯罪预防和未成年被害人的心理安抚、疏导工作,从有利于未成年人身心健康的角度,对其给予必要的帮助。

8. 上级人民法院、人民检察院、公安机关和司法行政机关应当加强对下指导和业务培训。各级人民法院、人民检察院、公安机关和司法行政机关要增强对未成年人予以特殊、优先保护的司法理念,完善工作机制,提高办案能力和水平。

二、办案程序要求(略)

三、准确适用法律

19. 知道或者应当知道对方是不满十四周岁的幼女,而实施奸淫等性侵害行为的,应当认定行为人"明知"对方是幼女。

对于不满十二周岁的被害人实施奸淫等性侵害行为的,应当认定行为人"明知"对方是幼女。

对于已满十二周岁不满十四周岁的被害人,从其身体发育状况、言谈举止、衣着特征、生活作息规律等观察可能是幼女,而实施奸淫等性侵害行为的,应当认定行为人"明知"对方是幼女。

20. 以金钱财物等方式引诱幼女与自己发生性关系的;知道或者应当知道幼女被他人强迫卖淫而仍与其发生性关系的,均以强奸罪论处。

21. 对幼女负有特殊职责的人员与幼女发生性关系的,以强奸罪论处。

对已满十四周岁的未成年女性负有特殊职责的人员,利用其优势地位或者被害人孤立无援的境地,迫使未成年被害人就范,而与其发生性关系的,以强奸罪定罪处罚。

27. 已满十四周岁不满十六周岁的人偶尔与幼女发生性关系,情节轻微、未造成严重后果的,不认为是犯罪。

28. 对于强奸未成年人的成年犯罪分子判处刑罚时,一般不适用缓刑。

对于性侵害未成年人的犯罪分子确定是否适用缓刑,人民法院、人民检察院可以委托犯罪分子居住地的社区矫正机构,就对其宣告缓刑对所居住社区是否有重大不良影响进行调查。受委托的社区矫正机构应当及时组织调查,在规定的期限内将调查评估意见提交委托机关。

对于判处刑罚同时宣告缓刑的,可以根据犯罪情况,同时宣告禁止令,禁止犯罪分子在缓刑考验期内从事与未成年人有关的工作、活动,禁止其进入中小学校区、幼儿园园区及其他未成年人集中的场所,确因本人就学、居住等原因,经执行机关批准的除外。

31. 对于未成年人因被性侵害而造成的人身损害,为进行康复治疗所支付的医疗费、护理费、交通费、误工费等合理费用,未成年被害人及其法定代理人、近亲属提出赔偿请求的,人民法院依法予以支持。

32. 未成年人在幼儿园、学校或者其他教育机构学习、生活期间被性侵害而造成人身损害，被害人及其法定代理人、近亲属据此向人民法院起诉要求上述单位承担赔偿责任的，人民法院依法予以支持。

理解与适用：1. 对已满十二周岁的幼女实施奸淫等性侵害行为的，如无极其特殊的例外情况，一般均应当认定明知被害人是幼女。这里极其特殊的例外情况，可以从三方面把握：一是必须确有证据或者合理依据证明行为人根本不可能知道被害人是幼女；二是行为人已经足够谨慎行事，但仍然对幼女年龄产生了误认，即使是其他正常人处在行为人的场合，也难以避免这种错误判断；三是客观上被害人发育状况、言谈举止、衣着、生活作息规律等特征确实更像已满十四周岁。但是对这三方面应当特别严格把握。对于已满十四周岁不满十六周岁的男少年与幼女在正常恋爱交往过程中自愿发生性关系的，如果行为人提出不明知被害人是幼女的辩解，是否采纳其辩解，固然应考虑青少年认知、辨识能力有别于成年人的一面，但同样也应当从严把握，一般不宜以行为人不明知幼女年龄为由，认定其不构成犯罪。2. 所谓"利用优势地位"进行奸淫是指，行为人与未成年被害人之间具有监护、教育、训练、看护、救助、医疗等特殊关系，且行为人故意利用这种特殊关系，以使未成年被害人的生活条件、受教育或受训练的机会、接受救助或医疗等方面可能受到影响的方式，对被害人施加压力，使得不得不容忍行为人对其进行奸淫。所谓利用未成年人"孤立无援的境地"进行奸淫，是指由于各种原因，未成年被害人处于不得不依赖上述特殊职责人员的资助、抚育、照顾和救助等状况，而行为人有意利用此种状况，迫使被害人容忍其奸淫行为。

236-3　**1.**《最高人民法院关于常见犯罪的量刑指导意见》（法发〔2017〕7 号）

四、常见犯罪的量刑（三）强奸罪　1. 构成强奸罪的，可以根据下列不同情形在相应的幅度内确定量刑起点：

（1）奸淫幼女一人的，可以在四年至七年有期徒刑幅度内确定量刑起点。

2. 法发〔2013〕12 号　25. 针对未成年人实施强奸、猥亵犯罪的，应当从重处罚，具有下列情形之一的，更要依法从严惩处：

（1）对未成年人负有特殊职责的人员、与未成年人有共同家庭生活关系的人员、国家工作人员或者冒充国家工作人员，实施强奸、猥亵犯罪的；

（2）进入未成年人住所、学生集体宿舍实施强奸、猥亵犯罪的；

(3)采取暴力、胁迫、麻醉等强制手段实施奸淫幼女、猥亵儿童犯罪的;

(4)对不满十二周岁的儿童、农村留守儿童、严重残疾或者精神智力发育迟滞的未成年人,实施强奸、猥亵犯罪的;

(5)猥亵多名未成年人,或者多次实施强奸、猥亵犯罪的;

(6)造成未成年被害人轻伤、怀孕、感染性病等后果的;

(7)有强奸、猥亵犯罪前科劣迹的。

236-4 《最高人民法院关于常见犯罪的量刑指导意见》(法发〔2017〕7号)

四、常见犯罪的量刑(三)强奸罪 1.(2)有下列情形之一的,可以在十年至十三年有期徒刑幅度内确定量刑起点:强奸妇女、奸淫幼女情节恶劣的;强奸妇女、奸淫幼女三人的;在公共场所当众强奸妇女的;二人以上轮奸妇女的;强奸致被害人重伤或者造成其他严重后果的。依法应当判处无期徒刑以上刑罚的除外。

236-5 法发〔2013〕12号 23.在校园、游泳馆、儿童游乐场等公共场所对未成年人实施强奸、猥亵犯罪,只要有其他多人在场,不论在场人员是否实际看到,均可以依照刑法第二百三十六条第三款、第二百三十七条的规定,认定为在公共场所"当众"强奸妇女,强制猥亵、侮辱妇女,猥亵儿童。

第二百三十七条 (刑九)【强制猥亵、侮辱罪】以暴力、胁迫或者其他方法*强制猥亵他人或者侮辱妇女的**,处五年以下有期徒刑或者拘役。

聚众或者在公共场所当众犯前款罪的,或者有其他恶劣情节

---

* 强奸罪和强制猥亵、侮辱罪中的"以暴力、胁迫或者其他方法"应作出相同的解释。德国刑法将这两个行为规定在同一个罪名之中。(张明楷)

** 强制猥亵、侮辱罪与侮辱罪的区别,从实体法来讲,两罪的客体不同,后罪侵犯的客体是他人的名誉权,而前罪侵犯的是妇女的性的自己决定权,两者相比,前者的法益重于后者的法益,因此,不管出于什么动机与目的,不管在什么场所,强制剥光妇女衣裤的行为,都属于强制猥亵、侮辱罪。前罪不要求情节严重,而后罪要求情节严重;前者不要求公然进行(如果当众,则为结果加重犯),而后者要求公然进行。前者必须要求使用暴力、胁迫等暴力行为,而后者则不需要。从程序法来讲,前者属于公诉罪,而后者属于告诉才处理的犯罪。侮辱罪要求针对特定的妇女,而强制猥亵罪则无此要求,只要求是妇女即可。(张明楷)

的,处五年以上有期徒刑。

【猥亵儿童罪】猥亵儿童的*,依照前两款的规定从重处罚。

第二百三十八条　【非法拘禁罪】非法拘禁他人或者以其他方法非法剥夺他人人身自由的[1],处三年以下有期徒刑、拘役、管制或者剥夺政治权利。具有殴打、**侮辱情节的,[2] 从重处罚。

犯前款罪,致人重伤的,[3] 处三年以上十年以下有期徒刑;致人死亡的,[4] 处十年以上有期徒刑。使用暴力致人伤残、死亡的,依照本法第二百三十四条(故意伤害罪)、第二百三十二条(故意杀人罪)的规定定罪处罚。

为索取债务***[5] 非法扣押、拘禁他人的,依照前两款的规定处罚。

国家机关工作人员利用职权****[6] 犯前三款罪的,依照前三款的规定从重处罚。

238-1 《最高人民法院关于常见犯罪的量刑指导意见》(法发〔2017〕7号)

四、常见犯罪的量刑　(三)非法拘禁罪

1. 构成非法拘禁罪的,可以根据下列不同情形在相应的幅度内确定量刑起点:(1)犯罪情节一般的,可以在一年以下有期徒刑、拘役幅度内确定量刑起点。

---

* 和强制猥亵、侮辱罪不同,猥亵儿童罪不要求使用强制手段,即不论行为人采取什么手段,也不论儿童是否同意,均构成本罪。

** 非法拘禁中的殴打,应当以故意致人轻伤为限。如果行为人的非法拘禁行为过失造成被害人重伤、死亡的,属于非法拘禁罪的结果加重犯,应当以非法拘禁罪定罪处罚。如果在非法拘禁过程中,行为人故意造成被害人重伤或者故意杀害被害人的,其行为超出了非法拘禁罪的犯罪构成要件范畴,应当以故意伤害罪或者故意杀人罪处罚。(张明楷)

*** 非法拘禁罪与绑架罪区别不在于有无拘禁行为和要求财物行为,而在于是否凭空勒索,还是原本存在债务。

**** 本罪并不属于渎职犯罪,但仍由检察机关立案侦查。关于非法拘禁的既遂和未遂问题。本罪应当属于行为犯,如果在未达到剥夺他人行动自由程度时由于行为人意志以外的原因则未得逞,属于犯罪未遂。非法拘禁一旦既遂,其持续时间的长短并不影响行为的性质,但可能影响量刑。

2. 在量刑起点的基础上,可以根据非法拘禁人数、拘禁时间、致人伤亡后果等其他影响犯罪构成的犯罪事实增加刑罚量,确定基准刑。

非法拘禁多人多次的,以非法拘禁人数作为增加刑罚量的事实,非法拘禁次数作为调节基准刑的量刑情节。

238-2 《最高人民法院关于常见犯罪的量刑指导意见》(法发〔2017〕7号) 四、常见犯罪的量刑 (三)非法拘禁罪

3. 有下列情节之一的,可以增加基准刑的10%~20%:(1)具有殴打、侮辱情节的。

238-3 《最高人民法院关于常见犯罪的量刑指导意见》(法发〔2017〕7号) 四、常见犯罪的量刑 (三)非法拘禁罪

1. (2)致一人重伤的,可以在三年至五年有期徒刑幅度内确定量刑起点。

238-4 《最高人民法院关于常见犯罪的量刑指导意见》(法发〔2017〕7号) 四、常见犯罪的量刑 (三)非法拘禁罪

1. (3)致一人死亡的,可以在十年至十三年有期徒刑幅度内确定量刑起点。

238-5 《最高人民法院关于对为索取法律不予以保护的债务非法拘禁他人行为如何定罪问题的解释》(法释〔2000〕19号,2000年7月19日)行为人为索取高利贷、赌债等法律不予以保护的债务,非法扣押、拘禁他人的,依照刑法第二百三十八条的规定定罪处罚。

238-6 **1.**《最高人民检察院关于渎职侵权犯罪案件立案标准的规定》(高检发释字〔2006〕2号,2006年7月26日)国家机关工作人员利用职权非法拘禁,涉嫌下列情形之一的,应予立案:

1. 非法剥夺他人人身自由24小时以上的;

2. 非法剥夺他人人身自由,并使用械具或者捆绑等恶劣手段,或者实施殴打、侮辱、虐待行为的;

3. 非法拘禁,造成被拘禁人轻伤、重伤、死亡的;

4. 非法拘禁,情节严重,导致被拘禁人自杀、自残造成重伤、死亡,或者精神失常的;

5. 非法拘禁3人次以上的;

6. 司法工作人员对明知是没有违法犯罪事实的人而非法拘禁的;

7. 其他非法拘禁应予追究刑事责任的情形。

2.《最高人民法院关于常见犯罪的量刑指导意见》(法发〔2017〕7号)　四、常见犯罪的量刑　(三)非法拘禁罪

3. 有下列情节之一的,可以增加基准刑的10%~20%:(2)国家机关工作人员利用职权非法扣押、拘禁他人的。

第二百三十九条[*1]　**(刑七)**[2]**【绑架罪】**以勒索财物为目的绑架他人的,或者绑架他人作为人质的,处十年以上有期徒刑或者无期徒刑,并处罚金或者没收财产;情节较轻的,处五年以上十年以下有期徒刑,并处罚金。

(刑九)[**]犯前款罪,杀害被绑架人的[3],或者故意伤害被绑架人,致人重伤、死亡的,处无期徒刑或者死刑,并处没收财产。

以勒索财物为目的偷盗婴幼儿的,依照前两款的规定处罚。

239-1　《最高人民法院关于审理抢劫、抢夺刑事案件适用法律若干问题的意见》(法发〔2005〕8号,2005年6月8日)

九、关于抢劫罪与相似犯罪的界限之三　抢劫罪与绑架罪的界限

绑架罪是侵害他人人身自由权利的犯罪,其与抢劫罪的区别在于:第一,主观方面不尽相同。抢劫罪中,行为人一般出于非法占有他人财物的故意实施抢劫行为,绑架罪中,行为人既可能为勒索他人财物而实施绑架行为,也可能出于其他非经济目的实施绑架行为;第二,行为手段不尽相同。抢劫罪表现为行为人劫取财物一般应在同一时间、同一地点,具有"当场性";绑架罪表现为行为人以杀害、伤害等方式向被绑架人的亲属或其他人或单位发出威胁,索取赎金或提出其他非法要求,劫取财物一般不具有"当场性"。

绑架过程中又当场劫取被害人随身携带财物的,同时触犯绑架罪和

---

*　绑架罪与抢劫罪都在客观上使用暴力,绑架行为和抢劫行为都可能导致被害人重伤、死亡,主观上具有取财的目的,但两罪分属不同类罪,这说明两罪有着本质区别。两罪的本质区别在于,绑架罪对人身自由和生命健康的侵犯重于抢劫罪,所以不以取财为既遂的标准,而抢劫罪虽然使用了暴力,但这种暴力一般不具有持续性,多为一次性的,短暂的。而绑架行为则直接将被害人置于自己的控制之下,其生命任由行为人处置,因此其罪质更重。正因为这一区别,所以才将两罪分列不同类罪,并且规定了不同的既遂标准。

**　原条文"致使被绑架人死亡或者杀害被绑架人的,处死刑"。

抢劫罪两罪名,应择一重罪定罪处罚。

239-2 立法背景:《关于〈中华人民共和国刑法修正案(七)(草案)〉的说明》——2008年8月25日在第十一届全国人民代表大会常务委员会第四次会议上全国人大常委会法制工作委员会主任李适时:刑法第二百三十九条规定,以勒索财物为目的绑架他人的,或者绑架他人作为人质的,处十年以上有期徒刑或者无期徒刑,并处罚金或者没收财产;致使被绑架人死亡或者杀害被绑架人的,处死刑,并处没收财产。最高人民法院和公安部提出,从实践中来看,刑法对该罪设定的刑罚层次偏少,不能完全适应处理这类情况复杂的案件的需要,建议对绑架罪法定刑的设置作适当调整。有些全国人大代表建议规定,对绑架他人后主动放人的,从轻处罚。经同最高人民法院、最高人民检察院、公安部研究认为,绑架罪严重危及公民人身安全,应予严惩;同时,考虑到实际发生的这类案件的具体情况比较复杂,在刑罚设置上适当增加档次,有利于按照罪刑相适应的原则惩治犯罪。据此,建议在刑法第二百三十九条规定的绑架罪中增加一档刑罚:情节较轻的,处三年以上十年以下有期徒刑,并处罚金。

现在的绑架手段多样化,相对于变化了的客观环境,绑架罪较高的法定刑起点显得罪责刑不相适应。同时绑架罪法定刑的层次性不足,对实践中出现的多种常见的并有明显差异的情况没有体现出区别对待,如绑架过程中有无使用暴力,有无实施多次绑架或一次绑架多人的情况,是否有致使被绑架人重伤或者死亡的后果,勒索金额大小等情节,目前绑架罪的刑罚档次设置难以适应复杂的犯罪情况。建议对绑架他人后没有对人质进行人身伤害,又主动释放的,规定较轻刑罚。原条文将“致使被绑架人死亡或者杀害被绑架人的,处死刑”的规定过于绝对。在实际生活中,被绑架人死亡的原因比较复杂,既有被绑架人因受到惊吓而心脏病发作而死亡的,也有被绑架人试图跳楼逃离而摔死的。行为人对死亡的后果在主观上可能是间接故意或过失,不加区分地与直接撕票杀害被绑架人的情形一样对待,一律处以死刑是不合理的。另外,将本罪的最低刑确定为五年有期徒刑,避免了对绑架罪这种重罪适用缓刑。

239-3 立法背景:在实践中,杀害被绑架人未遂,是否一律判处死刑,有争论。但可以参考其他法条加以判断,应该纳入其中。其一,以故意伤害罪为例，以特别残忍手段致人重伤造成严重残疾的，处十年以上有期徒刑、无期徒刑或者死刑。说明，虽未造成死亡结果，仍有可能适用死刑。而绑架罪较之故意伤害罪危害更为严重，法定刑的设置自然比故意伤害罪重。其二，从罪过形式来看，致使被绑架人死亡，可能包括行为人过失致人死亡，而杀害被绑架人，则指对被绑架人实施故意杀害的行为，其主观恶性明显高于前者，自然也应该适用死刑。其三，从文义解释来看，杀害并不等同于杀死。

第二百四十条[1]　**【拐卖妇女、儿童罪】**拐卖[2]妇女[3]、儿童[4]的，处五年以上十年以下有期徒刑，并处罚金；有下列情形之一的，处十年以上有期徒刑或者无期徒刑，并处罚金或者没收财产；情节特别严重的，处死刑，并处没收财产：

（一）拐卖妇女、儿童集团的首要分子；

（二）拐卖妇女、儿童三人以上的；

（三）奸淫被拐卖的妇女的；

（四）诱骗、强迫被拐卖的妇女卖淫或者将被拐卖的妇女卖给他人迫使其卖淫的；

（五）以出卖为目的，使用暴力、胁迫或者麻醉方法绑架妇女、儿童的；

（六）以出卖为目的，偷盗婴幼儿的[5]*；

（七）造成被拐卖的妇女、儿童或者其亲属重伤、死亡或者其他严重后果的；**

（八）将妇女、儿童卖往境外的。

拐卖妇女、儿童是指以出卖为目的，有拐骗、绑架、收买、贩卖、接送、中转妇女、儿童[6]的行为之一的。

---

* 同样是偷盗婴幼儿的行为，其目的不同，成立的犯罪也不同，如果是以勒索财物为目的，则定绑架罪，如果以拐卖为目的，则定为拐卖儿童罪，但两罪的量刑是相同的。

** 如果是故意伤害或故意杀人，则实行数罪并罚，而不是结果加重犯。

240-1 1.《最高人民法院关于审理拐卖妇女儿童犯罪案件具体应用法律若干问题的解释》(法释〔2016〕28号,2017年1月1日)。2.《最高人民法院关于审理拐卖妇女案件适用法律有关问题的解释》(法释〔2000〕1号,2000年1月25日)。* 3.《最高人民法院、最高人民检察院、公安部、司法部关于依法惩治拐卖妇女儿童犯罪的意见》(法发〔2010〕7号,2010年3月15日)。

1. 法释〔2000〕1号第二条　外国人或者无国籍人拐卖外国妇女到我国境内被查获的,应当根据刑法第六条的规定,适用我国刑法**定罪处罚。

法释〔2000〕1号第三条　对于外国籍被告人身份无法查明或者其国籍国拒绝提供有关身份证明,人民检察院根据刑事诉讼法第一百二十八条第二款***的规定起诉的案件,人民法院应当依法受理。

2.《最高人民法院、最高人民检察院、公安部、司法部关于依法惩治拐卖妇女儿童犯罪的意见》(法发〔2010〕7号,2010年3月15日)

六、共同犯罪

21. 明知他人拐卖妇女、儿童,仍然向其提供被拐卖妇女、儿童的健康证明、出生证明或者其他帮助的,以拐卖妇女、儿童罪的共犯论处。

明知他人收买被拐卖的妇女、儿童,仍然向其提供被收买妇女、儿童的户籍证明、出生证明或者其他帮助的,以收买被拐卖的妇女、儿童罪的共犯论处,但是,收买人未被追究刑事责任的除外。

认定是否“明知”,应当根据证人证言、犯罪嫌疑人、被告人及其同案人供述和辩解,结合提供帮助的人次,以及是否明显违反相关规章制度、工作流程等,予以综合判断。

22. 明知他人系拐卖儿童的“人贩子”,仍然利用从事诊疗、福利救助等工作的便利或者了解被拐卖方情况的条件,居间介绍的,以拐卖儿童罪的共犯论处。

23. 对于拐卖妇女、儿童犯罪的共犯,应当根据各被告人在共同犯罪

---

* 1979年刑法规定为拐卖人口罪,但1997年刑法改为拐卖妇女、儿童罪,将成年男子排除在外。

** 地域管辖。

*** 新刑事诉讼法第一百五十八条第二款,即自报的姓名。

中的分工、地位、作用，参与拐卖的人数、次数，以及分赃数额等，准确区分主从犯。

对于组织、领导、指挥拐卖妇女、儿童的某一个或者某几个犯罪环节，或者积极参与实施拐骗、绑架、收买、贩卖、接送、中转妇女、儿童等犯罪行为，起主要作用的，应当认定为主犯。

对于仅提供被拐卖妇女、儿童信息或者相关证明文件，或者进行居间介绍，起辅助或者次要作用，没有获利或者获利较少的，一般可认定为从犯。

对于各被告人在共同犯罪中的地位、作用区别不明显的，可以不区分主从犯。

七、一罪与数罪

24. 拐卖妇女、儿童，又奸淫被拐卖的妇女、儿童，或者诱骗、强迫被拐卖的妇女、儿童卖淫的，以拐卖妇女、儿童罪处罚。

25. 拐卖妇女、儿童，又对被拐卖的妇女、儿童实施故意杀害、伤害、猥亵、侮辱等行为，构成其他犯罪的，依照数罪并罚的规定处罚。

26. 拐卖妇女、儿童或者收买被拐卖的妇女、儿童，又组织、教唆被拐卖、收买的妇女、儿童进行犯罪的，以拐卖妇女、儿童罪或者收买被拐卖的妇女、儿童罪与其所组织、教唆的罪数罪并罚。

27. 拐卖妇女、儿童或者收买被拐卖的妇女、儿童，又组织、教唆被拐卖、收买的未成年妇女、儿童进行盗窃、诈骗、抢夺、敲诈勒索等违反治安管理活动的，以拐卖妇女、儿童罪或者收买被拐卖的妇女、儿童罪与组织未成年人进行违反治安管理活动罪数罪并罚。

八、刑罚适用

28. 对于拐卖妇女、儿童犯罪集团的首要分子，情节严重的主犯，累犯，偷盗婴幼儿、强抢儿童情节严重，将妇女、儿童卖往境外情节严重，拐卖妇女、儿童多人多次、造成伤亡后果，或者具有其他严重情节的，依法从重处罚；情节特别严重的，依法判处死刑。

拐卖妇女、儿童，并对被拐卖的妇女、儿童实施故意杀害、伤害、猥亵、侮辱等行为，数罪并罚决定执行的刑罚应当依法体现从严。

29. 对于拐卖妇女、儿童的犯罪分子，应当注重依法适用财产刑，并切实加大执行力度，以强化刑罚的特殊预防与一般预防效果。

30. 犯收买被拐卖的妇女、儿童罪，对被收买妇女、儿童实施违法犯罪活动或者将其作为牟利工具的,处罚时应当依法体现从严。

收买被拐卖的妇女、儿童,对被收买妇女、儿童没有实施摧残、虐待行为或者与其已形成稳定的婚姻家庭关系,但仍应依法追究刑事责任的,一般应当从轻处罚;符合缓刑条件的,可以依法适用缓刑。

收买被拐卖的妇女、儿童,犯罪情节轻微的,可以依法免予刑事处罚。

31. 多名家庭成员或者亲友共同参与出卖亲生子女,或者"买人为妻""买人为子"构成收买被拐卖的妇女、儿童罪的,一般应当在综合考察犯意提起、各行为人在犯罪中所起作用等情节的基础上,依法追究其中罪责较重者的刑事责任。对于其他情节显著轻微危害不大,不认为是犯罪的,依法不追究刑事责任;必要时可以由公安机关予以行政处罚。

32. 具有从犯、自首、立功等法定从宽处罚情节的,依法从轻、减轻或者免除处罚。

对被拐卖的妇女、儿童没有实施摧残、虐待等违法犯罪行为,或者能够协助解救被拐卖的妇女、儿童,或者具有其他酌定从宽处罚情节的,可以依法酌情从轻处罚。

33. 同时具有从严和从宽处罚情节的,要在综合考察拐卖妇女、儿童的手段、拐卖妇女、儿童或者收买被拐卖妇女、儿童的人次、危害后果以及被告人主观恶性、人身危险性等因素的基础上,结合当地此类犯罪发案情况和社会治安状况,决定对被告人总体从严或者从宽处罚。

240-2　1.《最高人民法院、最高人民检察院、公安部、司法部关于依法惩治拐卖妇女儿童犯罪的意见》(法发〔2010〕7 号,2010 年 3 月 15 日)

五、定性

14. 犯罪嫌疑人、被告人参与拐卖妇女、儿童犯罪活动的多个环节,只有部分环节的犯罪事实查证清楚、证据确实、充分的,可以对该环节的犯罪事实依法予以认定。

15. 以出卖为目的强抢儿童,或者捡拾儿童后予以出卖,符合刑法第二百四十条第二款规定的,应当以拐卖儿童罪论处。

以抚养为目的偷盗婴幼儿或者拐骗儿童,之后予以出卖的,以拐卖儿童罪论处。

16. 以非法获利为目的,出卖亲生子女的,应当以拐卖妇女、儿童罪论处。

17. 要严格区分借送养之名出卖亲生子女与民间送养行为的界限。区分的关键在于行为人是否具有非法获利的目的。应当通过审查将子女“送”人的背景和原因、有无收取钱财及收取钱财的多少、对方是否具有抚养目的及有无抚养能力等事实，综合判断行为人是否具有非法获利的目的。

具有下列情形之一的，可以认定属于出卖亲生子女，应当以拐卖妇女、儿童罪论处：

(1)将生育作为非法获利手段，生育后即出卖子女的；

(2)明知对方不具有抚养目的，或者根本不考虑对方是否具有抚养目的，为收取钱财将子女“送”给他人的；

(3)为收取明显不属于“营养费”、“感谢费”的巨额钱财将子女“送”给他人的；

(4)其他足以反映行为人具有非法获利目的的“送养”行为的。

不是出于非法获利目的，而是迫于生活困难，或者受重男轻女思想影响，私自将没有独立生活能力的子女送给他人抚养，包括收取少量“营养费”“感谢费”的，属于民间送养行为，不能以拐卖妇女、儿童罪论处。对私自送养导致子女身心健康受到严重损害，或者具有其他恶劣情节，符合遗弃罪特征的，可以遗弃罪论处；情节显著轻微危害不大的，可由公安机关依法予以行政处罚。

18. 将妇女拐卖给有关场所，致使被拐卖的妇女被迫卖淫或者从事其他色情服务的，以拐卖妇女罪论处。

有关场所的经营管理人员事前与拐卖妇女的犯罪人通谋的，对该经营管理人员以拐卖妇女罪的共犯论处；同时构成拐卖妇女罪和组织卖淫罪的，择一重罪论处。

19. 医疗机构、社会福利机构等单位的工作人员以非法获利为目的，将所诊疗、护理、抚养的儿童贩卖给他人的，以拐卖儿童罪论处。

2. 法释〔2016〕28号第三条　以介绍婚姻为名，采取非法扣押身份证件、限制人身自由等方式，或者利用妇女人地生疏、语言不通、孤立无援等境况，违背妇女意志，将其出卖给他人的，应当以拐卖妇女罪追究刑事责任。

以介绍婚姻为名，与被介绍妇女串通骗取他人钱财，数额较大的，应当以诈骗罪追究刑事责任。

法释〔2016〕28号第二条　医疗机构、社会福利机构等单位的工作人员以非法获利为目的,将所诊疗、护理、抚养的儿童出卖给他人的,以拐卖儿童罪论处。

240-3　法释〔2000〕1号第一条　刑法第二百四十条规定的拐卖妇女罪中的“妇女”,既包括具有中国国籍的妇女,也包括具有外国国籍和无国籍的妇女。被拐卖的外国妇女没有身份证明的,不影响对犯罪分子的定罪处罚。

240-4　法释〔2016〕28号第九条　刑法第二百四十条、第二百四十一条规定的儿童,是指不满十四周岁的人。其中,不满一周岁的为婴儿,一周岁以上不满六周岁的为幼儿。

240-5　法释〔2016〕28号第一条　对婴幼儿采取欺骗、利诱等手段使其脱离监护人或者看护人的,视为刑法第二百四十条第一款第(六)项规定的“偷盗婴幼儿”。

240-6　《最高人民检察院法律政策研究室关于以出卖为目的的倒卖外国妇女的行为是否构成拐卖妇女罪的答复》(〔1998〕高检研发第21号　1998年12月24日)刑法第二百四十条明确规定:“拐卖妇女、儿童是以出卖为目的,有拐骗、绑架、收买、贩卖、接送、中转妇女、儿童的行为之一的。”其中作为“收买”对象的妇女、儿童并不要求必须是“被拐骗、绑架的妇女、儿童”。因此,以出卖为目的,收买、贩卖外国妇女,从中牟取非法利益的,应以拐卖妇女罪追究刑事责任。但确属为他人介绍婚姻收取介绍费,而非以出卖为目的的,不能追究刑事责任。

第二百四十一条[*1]　**【收买被拐卖的妇女、儿童罪】**收买被拐卖的妇女、儿童的,[2] 处三年以下有期徒刑、拘役或者管制。

收买被拐卖的妇女,强行与其发生性关系的,依照本法第二百三十六条(强奸罪)的规定定罪处罚。

收买被拐卖的妇女、儿童,非法剥夺、限制其人身自由或者有

---

* 本罪并未要求“不以出卖为目的”,但刑法通说均将该目的解释在内,属于不成文的构成要件要素。

伤害、侮辱等犯罪行为的，依照本法的有关规定定罪处罚。

收买被拐卖的妇女、儿童，并有第二款、第三款规定的犯罪行为的，依照数罪并罚[3]的规定处罚。

收买被拐卖的妇女、儿童又出卖的，依照本法第二百四十条（拐卖妇女、儿童罪）的规定定罪处罚。

（刑九）收买被拐卖的妇女、儿童，对被买儿童没有虐待行为，不阻碍[4]对其进行解救的，可以从轻处罚；按照被买妇女的意愿，不阻碍[5]其返回原居住地的，可以从轻或者减轻处罚。

241-1　《最高人民法院关于审理拐卖妇女儿童犯罪案件具体应用法律若干问题的解释》（法释〔2016〕28号，2017年1月1日）。

法释〔2016〕28号第八条　出于结婚目的收买被拐卖的妇女，或者出于抚养目的收买被拐卖的儿童，涉及多名家庭成员、亲友参与的，对其中起主要作用的人员应当依法追究刑事责任。

241-2　《最高人民法院、最高人民检察院、公安部、司法部关于依法惩治拐卖妇女儿童犯罪的意见》（法发〔2010〕7号，2010年3月15日）

五、定性

20. 明知是被拐卖的妇女、儿童而收买，具有下列情形之一的，以收买被拐卖的妇女、儿童罪论处；同时构成其他犯罪的，依照数罪并罚的规定处罚：

（1）收买被拐卖的妇女后，违背被收买妇女的意愿，阻碍其返回原居住地的；

（2）阻碍对被收买妇女、儿童进行解救的；

（3）非法剥夺、限制被收买妇女、儿童的人身自由，情节严重，或者对被收买妇女、儿童有强奸、伤害、侮辱、虐待等行为的；

（4）所收买的妇女、儿童被解救后又再次收买，或者收买多名被拐卖的妇女、儿童的；

（5）组织、诱骗、强迫被收买的妇女、儿童从事乞讨、苦役，或者盗窃、传销、卖淫等违法犯罪活动的；

（6）造成被收买妇女、儿童或者其亲属重伤、死亡以及其他严重后果的；

(7)具有其他严重情节的。

被追诉前主动向公安机关报案或者向有关单位反映,愿意让被收买妇女返回原居住地,或者将被收买儿童送回其家庭,或者将被收买妇女、儿童交给公安、民政、妇联等机关、组织,没有其他严重情节的,可以不追究刑事责任。

241-3 法释〔2016〕28号第六条 收买被拐卖的妇女、儿童后又组织、强迫卖淫或者组织乞讨、进行违反治安管理活动等构成其他犯罪的,依照数罪并罚的规定处罚。

241-4 法释〔2016〕28号第七条 收买被拐卖的妇女、儿童,又以暴力、威胁方法阻碍国家机关工作人员解救被收买的妇女、儿童,或者聚众阻碍国家机关工作人员解救被收买的妇女、儿童,构成妨害公务罪、聚众阻碍解救被收买的妇女、儿童罪的,依照数罪并罚的规定处罚。

法释〔2016〕28号第五条 收买被拐卖的妇女,业已形成稳定的婚姻家庭关系,解救时被买妇女自愿继续留在当地共同生活的,可以视为“按照被买妇女的意愿,不阻碍其返回原居住地”。

241-5 法释〔2016〕28号第四条 在国家机关工作人员排查来历不明儿童或者进行解救时,将所收买的儿童藏匿、转移或者实施其他妨碍解救行为,经说服教育仍不配合的,属于刑法第二百四十一条第六款规定的“阻碍对其进行解救”。

第二百四十二条 【妨害公务罪】以暴力、威胁方法阻碍国家机关工作人员解救被收买的妇女、儿童的,依照本法第二百七十七条(妨害公务罪)的规定定罪处罚。

【聚众阻碍解救被收买的妇女、儿童罪】聚众阻碍国家机关工作人员解救被收买的妇女、儿童的首要分子,处五年以下有期徒刑或者拘役;其他参与者使用暴力、威胁方法的,依照前款(妨害公务罪)的规定处罚。

第二百四十三条　【诬告陷害罪】[*]捏造事实诬告陷害他人[**]，意图使他人受刑事追究，情节严重的[***]，处三年以下有期徒刑、拘役或者管制；造成严重后果的[****]，处三年以上十年以下有期徒刑。

国家机关工作人员犯前款罪的，从重处罚。

不是有意诬陷，而是错告，或者检举失实的，不适用前两款的规定。

第二百四十四条　（刑八）【强迫劳动罪】以暴力、威胁或者限制人身自由的方法强迫他人劳动的，[1] 处三年以下有期徒刑或者拘役，并处罚金；情节严重的，处三年以上十年以下有期徒刑，并处罚金。

明知他人实施前款行为，为其招募、运送人员或者有其他协助强迫他人劳动行为的，依照前款的规定处罚。

单位犯前两款罪的，对单位判处罚金，并对其直接负责的主管

---

* 本罪通常是发生在立案之前，常常是立案的原因。诬告陷害罪所指向的是整个犯罪事实，而伪证罪只是与案件中的重要事实。本罪客观方面必须同时具备三个条件：一是行为人所捏造的事实必须是涉及犯罪的事实而非一般违法、不道德的行为；二是诬告陷害必须有特定的，即有具体明确的被害人（这一点和侮辱罪和诽谤罪相同）；三是行为人必须把所捏造的犯罪事实向司法机关或有关单位告发。

诬告陷害罪与报复陷害罪的区别，两者均表现为陷害他人，但两者不同：1. 诬告陷害罪侵害的是他人的人身权利，而报复陷害罪侵害的是公民的民主权利。2. 对象不同，诬告陷害罪可以针对任何公民，而报复陷害罪只针对控告人、申诉人、批评人与举报人。3. 主体不同，诬告陷害罪的主体是一般主体，而报复陷害罪的主体是国家机关工作人员。4. 目的不同，诬告陷害罪的目的，是意图使他人受到刑事追究，而报复陷害罪的目的，在于报复目的。当然国家机关工作人员为了报复陷害控告人等人，利用职权，捏造犯罪事实，并向有关机关告发的，符合诬告陷害罪的特征，应定诬告陷害罪，不以报复陷害罪论处。（张明楷）

** 他人必须特定化，否则不构成本罪。另外他人不一定要求具有刑事责任能力，因为诬告陷害行为可以使特定之他人受到刑事追究，失去正常生活。足以致使司法机关启动刑事追究活动，至于造成严重后果，则是本罪加重处罚的理由。（张明楷）

*** 诬告陷害罪的既遂标准，在于诬告陷害他人，足以致使司法机关启动刑事追诉程序，至于造成严重后果，则是本罪加重处罚的理由。

**** 造成严重后果，主要是指诬告陷害行为已经引起了司法机关对被诬告陷害人的刑事追究活动。

人员和其他直接责任人员,依照第一款的规定处罚。

244-1 《立案标准(一)》第三十一条　用人单位违反劳动管理法规,以限制人身自由方法强迫职工劳动,涉嫌下列情形之一的,应予立案追诉:

(一)强迫他人劳动,造成人员伤亡或者患职业病的;

(二)采用殴打、胁迫、扣发工资、扣留身份证件等手段限制人身自由,强迫他人劳动的;

(三)强迫妇女从事井下劳动、国家规定的第四级体力劳动强度的劳动或者其他禁忌从事的劳动,或者强迫处于经期、孕期和哺乳期妇女从事国家规定的第三级体力劳动强度以上的劳动或者其他禁忌从事的劳动的;

(四)强迫已满十六周岁未满十八周岁的未成年人从事国家规定的第四级体力劳动强度的劳动,或者从事高空、井下劳动,或者在爆炸性、易燃性、放射性、毒害性等危险环境下从事劳动的;

(五)其他情节严重的情形。

第二百四十四条之一　(刑四)【雇用童工从事危重劳动罪】违反劳动管理法规,雇用[1]未满十六周岁的未成年人从事超强度体力劳动的,或者从事高空、井下作业的,或者在爆炸性、易燃性、放射性、毒害性等危险环境下从事劳动,情节严重的,[2]对直接责任人员,处三年以下有期徒刑或者拘役,并处罚金;情节特别严重的,处三年以上七年以下有期徒刑,并处罚金。

有前款行为,造成事故,又构成其他犯罪的,依照数罪并罚的规定处罚。

244A-1　理解与适用:这里用"雇用",而非"使用"一词,其意在强调,雇用者与受雇的未成年人之间要形成比较固定的劳动关系。这与学者在假期进行勤工俭学,参加一些有偿劳动,或者由于家庭经济比较困难,缺乏劳动力,出于养家糊口的需要,以及出于本人或者家长的自愿或者请求,未成年人利用节假日到一些用人单位参加劳动获取报酬,甚至要求用人单位正式招用,用人单位与被雇用者所形成的劳动关系的目的是完全不同的。

244A-2　《立案标准（一）》第三十二条　涉嫌下列情形之一的，应予立案追诉：

（一）造成未满十六周岁的未成年人伤亡或者对其身体健康造成严重危害的；

（二）雇用未满十六周岁的未成年人三人以上的；

（三）以强迫、欺骗等手段雇用未满十六周岁的未成年人从事危重劳动的；

（四）其他情节严重的情形。

第二百四十五条　【非法搜查罪；非法侵入他人住宅罪*】非法搜查他人身体、住宅，[1] 或者非法侵入他人住宅的**，处三年以下有期徒刑或者拘役。

司法工作人员***滥用职权，犯前款罪的，从重处罚。

245-1　《最高人民检察院关于渎职侵权犯罪案件立案标准的规定》（高检发释字〔2006〕2号）　二、国家机关工作人员利用职权实施的侵犯公民人身权利、民主权利犯罪案件　（二）国家机关工作人员利用职权实施的非法搜查案（第二百四十五条）非法搜查罪是指非法搜查他人身体、住宅的行为。国家机关工作人员利用职权非法搜查，涉嫌下列情形之一的，应予立案：

1. 非法搜查他人身体、住宅，并实施殴打、侮辱等行为的；

2. 非法搜查，情节严重，导致被搜查人或者其近亲属自杀、自残造成重伤、死亡，或者精神失常的；

3. 非法搜查，造成财物严重损坏的；

4. 非法搜查3人（户）次以上的；

5. 司法工作人员对明知是与涉嫌犯罪无关的人身、住宅非法搜查的；

---

* 非法侵入他人住宅案，属于由人民法院直接受理的“被害人有证据证明的轻微刑事案件”。

** 非法侵入他人住宅的行为有两种：一是非法强行闯入他人住宅；二是经请求无理拒不退出他人住宅。非法侵入住宅罪，规定在侵犯人身权一章，住宅权是一种物权，物权是财产权，而住宅安宁权则属于人身权。

*** 本罪由检察机关立案侦查。

6. 其他非法搜查应予追究刑事责任的情形。

第二百四十六条[1] **【侮辱罪;诽谤罪】**以暴力或者其他方法[2]公然侮辱他人*或者捏造事实诽谤[3]他人,[4]情节严重的,[5]处三年以下有期徒刑、拘役、管制或者剥夺政治权利。

前款罪,告诉的才处理,但是严重危害社会秩序和国家利益的[6]除外。

(刑九)通过信息网络实施第一款规定的行为,被害人向人民法院告诉,但提供证据确有困难的,人民法院可以要求公安机关提供协助。

246-1 《最高人民法院、最高人民检察院关于办理利用信息网络实施诽谤等刑事案件适用法律若干问题的解释》(法释〔2013〕21号,2013年9月10日)为保护公民、法人和其他组织的合法权益,维护社会秩序,根据《中华人民共和国刑法》、《全国人民代表大会常务委员会关于维护互联网安全的决定》等规定,对办理利用信息网络实施诽谤、寻衅滋事、敲诈勒索、非法经营等刑事案件适用法律的若干问题进行解释。

第四条 一年内多次实施利用信息网络诽谤他人行为未经处理,诽谤信息实际被点击、浏览、转发次数累计计算构成犯罪的,应当依法定罪处罚。

第九条 利用信息网络实施诽谤、寻衅滋事、敲诈勒索、非法经营犯罪,同时又构成刑法第二百二十一条规定的损害商业信誉、商品声誉罪,第二百七十八条规定的煽动暴力抗拒法律实施罪,第二百九十一条之一规定的编造、故意传播虚假恐怖信息罪等犯罪的,依照处罚较重的规定定罪处罚。

第十条 本解释所称信息网络,包括以计算机、电视机、固定电话机、移动电话机等电子设备为终端的计算机互联网、广播电视网、固定通

---

* 本罪的性质是侵犯他人的名誉。名誉有三种含义:一是外部的名誉,即社会的名誉,社会对人的价值评判;二是内部的名誉,指客观存在的人的内部价值;三是主观的名誉,本人对自己所具有的价值意识、感情。作为侮辱罪和诽谤罪的法益应限于外部的名誉。侮辱行为客观上必须在败坏他人名誉的行为。侮辱行为的方式必须是公然进行的;侮辱对象必须是特定的人,死者和法人不能成为本罪的犯罪对象。(张明楷)

信网、移动通信网等信息网络，以及向公众开放的局域网络。

246-2　法释〔1998〕30 号第六条　在出版物中公然侮辱他人或者捏造事实诽谤他人，情节严重的，依照刑法第二百四十六条的规定，分别以侮辱罪或者诽谤罪定罪处罚。

246-3　法释〔2013〕21 号第八条　明知他人利用信息网络实施诽谤、寻衅滋事、敲诈勒索、非法经营等犯罪，为其提供资金、场所、技术支持等帮助的，以共同犯罪论处。

246-4　法释〔2013〕21 号第一条　具有下列情形之一的，应当认定为刑法第二百四十六条第一款规定的"捏造事实诽谤他人"：

（一）捏造损害他人名誉的事实，在信息网络上散布，或者组织、指使人员在信息网络上散布的；

（二）将信息网络上涉及他人的原始信息内容篡改为损害他人名誉的事实，在信息网络上散布，或者组织、指使人员在信息网络上散布的。

理解与适用：该项规定主要针对"歪曲捏造"的情形。"篡改"是指"用作伪的手段改动或曲解"，也就是"实质性修改"，即故意改变事实。如网络上出现一个原始帖子，称"某被害人在某酒店与异性友人共进晚餐"。原帖内容可能是真实的，或者即使失真，也达不到"损害名誉"的程度。行为人为达到诽谤他人的目的，借题发挥，恶意地将原帖内容歪曲修改为"某被害人与其情妇在某酒店开房过夜"。这就是典型的"篡改"，且"篡改"后的内容已经损害了他人的名誉。实践中除"歪曲捏造"外、还存在故意放大、渲染等情形。对此除非达到"实质性修改"的程度，否则一般不能认定为"篡改"。明知是捏造的损害他人名誉的事实，在信息网络上散布，情节恶劣的，以"捏造事实诽谤他人"论。

246-5　法释〔2013〕21 号第二条　利用信息网络诽谤他人，具有下列情形之一的，应当认定为刑法第二百四十六条第一款规定的"情节严重"：

（一）同一诽谤信息实际被点击、浏览次数达到五千次以上，或者被转发次数达到五百次以上的；

（二）造成被害人或者其近亲属精神失常、自残、自杀等严重后果的；

（三）二年内曾因诽谤受过行政处罚，又诽谤他人的；

（四）其他情节严重的情形。

理解与适用："情形的认定"。一是数量标准。上述解释第二条第

(一)项规定,“同一诽谤信息实际被点击、浏览次数达到五千次以上,或者被转发次数达到五百次以上的”,应当认定为诽谤行为“情节严重”。如果一个捏造的损害他人名誉的信息被众多人所点击、浏览而知晓,就说明被害人的名誉已经受到损害,具有现实的社会危害性。需要注意的是,上述解释规定的上述数量标准,是指同一诽谤信息“实际”被点击、浏览或者被转发次数。这就意味着,在计算具体数量时,应当扣除被害人自己点击、浏览或者转发的次数,也应当扣除网站管理人员为维护网站而点击等的次数。此外,还应扣除其他故意虚增而点击等,导致统计失真的次数。二是危害后果标准。上述解释第二条第(二)项规定,“造成被害人或者其近亲属精神失常、自残、自杀等严重后果的”,应当认定为诽谤行为“情节严重”。如果网络诽谤行为在现实生活中已经造成上述后果,显然具有现实的社会危害性,构成了犯罪。此种情形就不问诽谤信息实际被点击、浏览或者被转发次数,应当认定为“情节严重”。三是主观恶性标准。上述解释第二条第(三)项规定,“二年内曾因诽谤受过行政处罚,又诽谤他人的”,应当认定为诽谤行为“情节严重”。体现了刑法对行为人主观恶性、人身危险性的重视和评价。对于这种屡教不改,反复恶意诽谤他人的行为人,不论诽谤信息被点击、浏览、转发的次数,也不论是否造成被害人或者近亲属精神失常、自残、自杀等后果,也应当认定为“情节严重”。

246-6 法释〔2013〕21号第三条 利用信息网络诽谤他人,具有下列情形之一的,应当认定为刑法第二百四十六条第二款规定的“严重危害社会秩序和国家利益”:

(一)引发群体性事件的;

(二)引发公共秩序混乱的;

(三)引发民族、宗教冲突的;

(四)诽谤多人,造成恶劣社会影响的;

(五)损害国家形象,严重危害国家利益的;

(六)造成恶劣国际影响的;

(七)其他严重危害社会秩序和国家利益的情形。

理解与适用:关于“诽谤多人,造成恶劣社会影响的”情形。主要是考虑到,行为人不间断地恶意诽谤多人,不仅侵犯了各个被害人的名誉权,实际上也已经严重危害了社会秩序。如果对此也适用自诉程序,需要多个被害人分别提起自诉且需要并案处理，不利于切实保护被害人的合法权益。

关于“损害国家形象，严重危害国家利益的”情形。行为人通过诽谤特定的对象，抹黑我国的政治制度，损害我国的国家形象，涉及国家利益，社会危害性大。关于“造成恶劣国际影响的”情形。主要是指诽谤外国元首和政府首脑等，引发外事交涉、外交抗议等情形。

第二百四十七条　【刑讯逼供罪，暴力取证罪；故意伤害罪；故意杀人罪】司法工作人员对犯罪嫌疑人、被告人实行刑讯逼供[1]或者使用暴力逼取证人[2]证言的，处三年以下有期徒刑或者拘役。致人伤残、死亡的，依照本法第二百三十四条（故意伤害罪）、第二百三十二条（故意杀人罪）的规定定罪从重处罚。

247-1　1.《联合国禁止酷刑和其他残忍、不人道或有辱人格的待遇或处罚公约》（第七届全国人民代表大会常务委员会第三次会议批准，1988年9月5日）第一条　1.就本公约而言，“酷刑”系指为了向某人或第三者取得情报或供状，为了他或第三者所作或被怀疑所作的行为对他加以处罚，或为了恐吓或威胁他或第三者，或为了基于任何一种歧视的任何理由，蓄意使某人在肉体或精神上遭受剧烈疼痛或痛苦的任何行为，而这种疼痛或痛苦又是在公职人员或以官方身份行使职权的其他人所造成或在其唆使、同意或默许下造成的。纯因法律制裁而引起或法律制裁所固有或随附的疼痛或痛苦则不包括在内。

2.本条规定并不妨碍会有或可能会有适用范围更广的规定的任何国际文书或国家法律。

第2条　1.每一缔约国应采取有效的立法、行政、司法或其他措施，防止在其管辖的任何领土内出现施行酷刑的行为。

2.任何意外情况，如战争状态、战争威胁、国内政局不稳定或任何其它社会紧急状态，均不得作为施行酷刑之理由。

3.上级官员或政府当局之命令不得作为施行酷刑之理由。

2.《最高人民法院关于适用〈中华人民共和国刑事诉讼法〉的解释》（法释〔2012〕21号，2013年1月1日）第九十五条　使用肉刑或者变相肉刑，或者采用其他使被告人在肉体上或者精神上遭受剧烈疼痛或者痛苦的方法,迫使被告人违背意愿供述的,应当认定为刑事诉讼法第五十四条规定的“刑讯逼供等非法方法”。

认定刑事诉讼法第五十四条规定的“可能严重影响司法公正”,应当综合考虑收集物证、书证违反法定程序以及所造成后果的严重程度等情况。

3.《最高人民检察院关于渎职侵权犯罪案件立案标准的规定》(高检发释字〔2006〕2 号,2006 年 7 月 26 日) 二、国家机关工作人员利用职权实施的侵犯公民人身权利、民主权利犯罪案件 (三)刑讯逼供案(第二百四十七条)刑讯逼供罪是指司法工作人员对犯罪嫌疑人、被告人使用肉刑或者变相肉刑逼取口供的行为。

涉嫌下列情形之一的,应予立案:

1. 以殴打、捆绑、违法使用械具等恶劣手段逼取口供的;

2. 以较长时间冻、饿、晒、烤等手段逼取口供,严重损害犯罪嫌疑人、被告人身体健康的;

3. 刑讯逼供造成犯罪嫌疑人、被告人轻伤、重伤、死亡的;

4. 刑讯逼供,情节严重,导致犯罪嫌疑人、被告人自杀、自残造成重伤、死亡,或者精神失常的;

5. 刑讯逼供,造成错案的;

6. 刑讯逼供 3 人次以上的;

7. 纵容、授意、指使、强迫他人刑讯逼供,具有上述情形之一的;

8. 其他刑讯逼供应予追究刑事责任的情形。

247-2 《最高人民检察院关于渎职侵权犯罪案件立案标准的规定》(高检发释字〔2006〕2 号,2006 年 7 月 26 日) 二、国家机关工作人员利用职权实施的侵犯公民人身权利、民主权利犯罪案件 (四)暴力取证案(第二百四十七条)

暴力取证罪是指司法工作人员以暴力逼取证人证言*的行为。

涉嫌下列情形之一的,应予立案:

1. 以殴打、捆绑、违法使用械具等恶劣手段逼取证人证言的;

2. 暴力取证造成证人轻伤、重伤、死亡的;

---

* 《最高人民检察院关于检察机关自侦案件立案标准》(高检发释字〔1999〕2 号)本罪的对象不仅包括证人证言,还包括被害人陈述的行为。

3. 暴力取证，情节严重，导致证人自杀、自残造成重伤、死亡，或者精神失常的；

4. 暴力取证，造成错案的；

5. 暴力取证 3 人次以上的；

6. 纵容、授意、指使、强迫他人暴力取证，具有上述情形之一的；

7. 其他暴力取证应予追究刑事责任的情形。

第二百四十八条*　【虐待被监管人员罪；故意伤害罪；故意杀人罪】监狱、拘留所、看守所等监管机构的监管人员对被监管人进行殴打或者体罚虐待，情节严重的[1]，处三年以下有期徒刑或者拘役；情节特别严重的，处三年以上十年以下有期徒刑。致人伤残、死亡的，依照本法第二百三十四条（故意伤害罪）、第二百三十二条（故意杀人罪）的规定定罪从重处罚。

监管人员指使被监管人**殴打或者体罚虐待其他被监管人的，依照前款的规定处罚。

248-1　《最高人民检察院关于渎职侵权犯罪案件立案标准的规定》（高检发释字〔2006〕2 号，2006 年 7 月 26 日）　二、国家机关工作人员利用职权实施的侵犯公民人身权利、民主权利犯罪案件　（五）虐待被监管人案（第二百四十八条）　虐待被监管人罪是指监狱、拘留所、看守所、拘役所、劳教所等监管机构***的监管人员对被监管人进行殴打或者体罚虐待，情节严重的行为。

---

* 本罪由人民检察院管辖。虐待被监管人罪，是指监狱、拘留所、看守所、拘役所、劳教所等监管机构的监管人员对被监管人进行殴打或者体罚虐待，情节严重的行为。行为对象由行为人的身份决定。

** 被监管人受监管人指使而体罚虐待其他被监管人的行为如何认定？究竟应该认定为破坏监管秩序罪，还是虐待被监管人员罪的共犯？张明楷教授修正了《刑法学》第 1 版的观点而认为，在这种场合，监管人员是虐待被监管人罪的间接正犯；依法被关押的罪犯，其行为受监管人员的指使，似乎不存在破坏监管秩序的故意，宜作为虐待被监管人罪的共犯处理。当然，这个问题尚需进一步研究。但最好不以犯罪处理。编者认为，虽然被监管人处于受监管的地位，但其并没有完全丧失意志自由，其体罚虐待其他被监管人的行为，仍应作为犯罪处理，但应当从轻或减轻处罚。（张明楷）

*** 新增拘役所和劳教所，是否包括强制戒毒所？

涉嫌下列情形之一的,应予立案:

1. 以殴打、捆绑、违法使用械具等恶劣手段虐待被监管人的;

2. 以较长时间冻、饿、晒、烤等手段虐待被监管人,严重损害其身体健康的;

3. 虐待造成被监管人轻伤、重伤、死亡的;

4. 虐待被监管人,情节严重,导致被监管人自杀、自残造成重伤、死亡,或者精神失常的;

5. 殴打或者体罚虐待3人次以上的;

6. 指使被监管人殴打、体罚虐待其他被监管人,具有上述情形之一的;

7. 其他情节严重的情形。

第二百四十九条　【煽动民族仇恨、民族歧视罪】煽动民族仇恨、民族歧视,情节严重的[1],处三年以下有期徒刑、拘役、管制或者剥夺政治权利;情节特别严重的,处三年以上十年以下有期徒刑。

249-1　《最高人民法院、最高人民检察院、公安部关于办理暴力恐怖和宗教极端刑事案件适用法律若干问题的意见》(公通字〔2014〕34号,2014年9月9日)

二、正确认定案件性质

(六)明知图书、文稿、图片、音像制品、移动存储介质、电子阅读器中载有利用宗教极端、暴力恐怖思想煽动分裂国家、破坏国家统一或者煽动民族仇恨、民族歧视的内容,而提供仓储、邮寄、投递、运输、传输及其他服务的,以煽动分裂国家罪或者煽动民族仇恨、民族歧视罪的共同犯罪定罪处罚。

虽不明知图书、文稿、图片、音像制品、移动存储介质、电子阅读器中载有利用宗教极端、暴力恐怖思想煽动分裂国家、破坏国家统一或者煽动民族仇恨、民族歧视的内容,但出于营利或其他目的,违反国家规定,予以出版、印刷、复制、发行、传播或者提供仓储、邮寄、投递、运输、传输等服务的,按照其行为所触犯的具体罪名定罪处罚。

(七)网站、网页、论坛、电子邮件、博客、微博、即时通讯工具、群组、聊天室、网络硬盘、网络电话、手机应用软件及其他网络应用服务的建立、开办、经营、管理者,明知他人散布、宣扬利用宗教极端、暴力恐怖思想煽动分裂国家、破坏国家统一或者煽动民族仇恨、民族歧视的内容,允许或者放任他人在其网站、网页、论坛、电子邮件、博客、微博、即时通讯工具、群组、聊天室、网络硬盘、网络电话、手机应用软件及其他网络应用服务上发布的，以煽动分裂国家罪或者煽动民族仇恨、民族歧视罪的共同犯罪定罪处罚。

第二百五十条　**【出版歧视、侮辱少数民族作品罪】**在出版物中刊载歧视、侮辱少数民族的内容，情节恶劣，造成严重后果的，对直接责任人员，处三年以下有期徒刑、拘役或者管制。

第二百五十一条[*]　**【非法剥夺公民宗教信仰自由罪、侵犯少数民族风俗习惯罪】**国家机关工作人员非法剥夺公民的宗教信仰自由和侵犯少数民族风俗习惯，情节严重的，处二年以下有期徒刑或者拘役。

第二百五十二条[**]　**【侵犯通信自由罪】**隐匿、毁弃或者非法开拆他人信件，侵犯公民通信自由权利，情节严重的，处一年以下有期徒刑或者拘役。

第二百五十三条[***]　**【私自开拆、隐匿、毁弃邮件、电报罪】**邮政工作人员私自开拆或者隐匿、毁弃邮件、电报的，处二年以下有期徒刑或者拘役。

---

*　本罪虽然必属于国家机关工作人员利用职权实施的侵犯公民人身权利、民主权利罪这一类罪，但不由检察院管辖，而由公安机关管辖。

**　本罪属于由人民法院直接受理的“被害人有证据证明的轻微刑事案件”。不过六部委规定将此罪的罪名写为妨害通信自由罪。目前国内首例盗窃 QQ 号的案件，被定性为侵犯通信自由罪，以前 QQ 号未被视为财产，所以无法对其加以保护。根据 2000 年 12 月 28 日通过的《关于维护互联网安全的决定》第 4 条第 2 项规定：非法截获、篡改、删除他人电子邮件或者其他数据资料，侵犯公民通信自由和通信秘密的，依照刑法有关规定追究刑事责任。

***　本罪与侵犯通信自由罪的关键区别，在于本罪的犯罪主体是特定的，即邮政工作人员。旧刑法将本罪规定在渎职罪中，理所当然要求行为人利用职务上的便利；如果犯本罪并窃取财物的，定贪污罪。新刑法将本罪规定在侵犯公民人身权利和民主权利罪，不再要求利用职务之便，如窃取财产的，以盗窃罪论处。此外本罪的量刑较前一罪重一年。

犯前款罪而窃取财物的，依照本法第二百六十四条(盗窃罪)的规定定罪从重处罚。

第二百五十三条之一[1]　(刑七、刑九)【侵犯公民个人信息罪】 违反国家有关规定[2]，向他人出售或者提供[3]公民个人信息[4]，情节严重的[5]，处三年以下有期徒刑或者拘役，并处或者单处罚金[6]；情节特别严重的[7]，处三年以上七年以下有期徒刑，并处罚金。

违反国家有关规定，将在履行职责或者提供服务过程中获得的公民个人信息，出售或者提供给他人[*]的，依照前款的规定从重处罚。

窃取或者以其他方法非法获取[8]公民个人信息的，依照第一款的规定处罚。

单位[9]犯前三款罪的，对单位判处罚金，并对其直接负责的主管人员和其他直接责任人员，依照各该款的规定处罚。

253A-1　《最高人民法院、最高人民检察院关于办理侵犯公民个人信息刑事案件适用法律若干问题的解释》(法释〔2017〕10号，2017年6月1日)

法释〔2017〕10号第十三条　本解释自2017年6月1日起施行。

253A-2　《中华人民共和国网络安全法》第四十一条第一款　网络运营者收集、使用个人信息，应当遵循合法、正当、必要的原则，公开收集、使用规则，明示收集、使用信息的目的、方式和范围，并经被收集者同意。

第四十二条第一款　网络运营者不得泄露、篡改、毁损其收集的个人信息；未经被收集者同意，不得向他人提供个人信息。但是，经过处理无法识别特定个人且不能复原的除外。

法释〔2017〕10号第二条　违反法律、行政法规、部门规章有关公民个人信息保护的规定的，应当认定为刑法第二百五十三条之一规定的

---

* 包括单位和个人。

“违反国家有关规定”。

253A-3　法释〔2017〕10号第三条　向特定人提供公民个人信息，以及通过信息网络或者其他途径发布公民个人信息的，应当认定为刑法第二百五十三条之一规定的“提供公民个人信息”。

未经被收集者同意，将合法收集的公民个人信息向他人提供的，属于刑法第二百五十三条之一规定的“提供公民个人信息”，但是经过处理无法识别特定个人且不能复原的除外。

253A-4　**1.**《民法总则》第一百一十一条　自然人的个人信息受法律保护。任何组织和个人需要获取他人个人信息的，应当依法取得并确保信息安全，不得非法收集、使用、加工、传输他人个人信息，不得非法买卖、提供或者公开他人个人信息。

理解与适用：公民个人信息，包括姓名、职业、职务、年龄、婚姻状况、学历、专业资格、工作经历、家族住址、电话号码、信用卡号码、指纹、网上登录账号和密码等能够识别公民个人身份的信息。这些信息是单位在履行职责或者提供服务过程中获得的信息，即利用“公权力”或者提供公共服务过程中依法获得的信息。

2. 法释〔2017〕10号第一条　刑法第二百五十三条之一规定的“公民个人信息”，是指以电子或者其他方式记录的能够单独或者与其他信息结合识别特定自然人身份或者反映特定自然人活动情况的各种信息，包括姓名、身份证件号码、通信通讯联系方式、住址、账号密码、财产状况、行踪轨迹等。

253A-5　法释〔2017〕10号第五条第一款　非法获取、出售或者提供公民个人信息，具有下列情形之一的，应当认定为刑法第二百五十三条之一规定的“情节严重”：

（一）出售或者提供行踪轨迹信息，被他人用于犯罪的；

（二）知道或者应当知道他人利用公民个人信息实施犯罪，向其出售或者提供的；

（三）非法获取、出售或者提供行踪轨迹信息、通信内容、征信信息、财产信息五十条以上的；

（四）非法获取、出售或者提供住宿信息、通信记录、健康生理信息、交易信息等其他可能影响人身、财产安全的公民个人信息五百条以上的；

(五)非法获取、出售或者提供第三项、第四项规定以外的公民个人信息五千条以上的;

(六)数量未达到第三项至第五项规定标准,但是按相应比例合计达到有关数量标准的;

(七)违法所得五千元以上的;

(八)将在履行职责或者提供服务过程中获得的公民个人信息出售或者提供给他人,数量或者数额达到第三项至第七项规定标准一半以上的;

(九)曾因侵犯公民个人信息受过刑事处罚或者二年内受过行政处罚,又非法获取、出售或者提供公民个人信息的;

(十)其他情节严重的情形。

法释〔2017〕10号第六条　为合法经营活动而非法购买、收受本解释第五条第一款第三项、第四项规定以外的公民个人信息,具有下列情形之一的,应当认定为刑法第二百五十三条之一规定的"情节严重":

(一)利用非法购买、收受的公民个人信息获利五万元以上的;

(二)曾因侵犯公民个人信息受过刑事处罚或者二年内受过行政处罚,又非法购买、收受公民个人信息的;

(三)其他情节严重的情形。

实施前款规定的行为,将购买、收受的公民个人信息非法出售或者提供的,定罪量刑标准适用本解释第五条的规定。

法释〔2017〕10号第十一条　非法获取公民个人信息后又出售或者提供的,公民个人信息的条数不重复计算。

向不同单位或者个人分别出售、提供同一公民个人信息的,公民个人信息的条数累计计算。

对批量公民个人信息的条数,根据查获的数量直接认定,但是有证据证明信息不真实或者重复的除外。

253A-6　法释〔2017〕10号第十二条　对于侵犯公民个人信息犯罪,应当综合考虑犯罪的危害程度、犯罪的违法所得数额以及被告人的前科情况、认罪悔罪态度等,依法判处罚金。罚金数额一般在违法所得的一倍以上五倍以下。

253A-7　法释〔2017〕10号第五条第二款　实施前款规定的行为,具有下列情形之一的,应当认定为刑法第二百五十三条之一第一款规定的“情节特别严重”：

（一）造成被害人死亡、重伤、精神失常或者被绑架等严重后果的；

（二）造成重大经济损失或者恶劣社会影响的；

（三）数量或者数额达到前款第三项至第八项规定标准十倍以上的；

（四）其他情节特别严重的情形。

法释〔2017〕10号第十条　实施侵犯公民个人信息犯罪，不属于“情节特别严重”，行为人系初犯，全部退赃，并确有悔罪表现的，可以认定为情节轻微，不起诉或者免予刑事处罚；确有必要判处刑罚的，应当从宽处罚。

253A-8　法释〔2017〕10号第四条　违反国家有关规定，通过购买、收受、交换等方式获取公民个人信息，或者在履行职责、提供服务过程中收集公民个人信息的，属于刑法第二百五十三条之一第三款规定的“以其他方法非法获取公民个人信息”。

253A-9　法释〔2017〕10号第七条　单位犯刑法第二百五十三条之一规定之罪的，依照本解释规定的相应自然人犯罪的定罪量刑标准，对直接负责的主管人员和其他直接责任人员定罪处罚，并对单位判处罚金。

第二百五十四条　【报复陷害罪】国家机关工作人员滥用职权、假公济私，对控告人、申诉人、批评人、举报人实行报复陷害的，[1]处二年以下有期徒刑或者拘役；情节严重的，处二年以上七年以下有期徒刑。

254-1　《最高人民检察院关于渎职侵权犯罪案件立案标准的规定》（高检发释字〔2006〕2号，2006年7月26日）　二、国家机关工作人员利用职权实施的侵犯公民人身权利、民主权利犯罪案件　（六）报复陷害案（第二百五十四条）

报复陷害罪是指国家机关工作人员滥用职权、假公济私，对控告人、申诉人、批评人、举报人实行报复陷害的行为。

涉嫌下列情形应予立案：

1. 报复陷害，情节严重，导致控告人、申诉人、批评人、举报人或者其近亲属自杀、自残造成重伤、死亡，或者精神失常的；

2. 致使控告人、申诉人、批评人、举报人或者其近亲属的其他合法权

利受到严重损害的;

3. 其他报复陷害应予追究刑事责任的情形。

第二百五十五条*[*] 【打击报复会计、统计人员罪】公司、企业、事业单位、机关、团体的领导人,对依法履行职责、抵制违反会计法、统计法行为的会计、统计人员实行打击报复,情节恶劣的,处三年以下有期徒刑或者拘役。

第二百五十六条[**] 【破坏选举罪】在选举各级人民代表大会代表和[***]国家机关领导人员时,以暴力、威胁、欺骗、贿赂、伪造选举文件、虚报选举票数等手段破坏选举或者妨害选民和代表自由行使选举权和被选举权,情节严重的,[1] 处三年以下有期徒刑、拘役或者剥夺政治权利。

256-1 《最高人民检察院关于渎职侵权犯罪案件立案标准的规定》(高检发释字〔2006〕2号) 二、国家机关工作人员利用职权实施的侵犯公民人身权利、民主权利犯罪案件 (七)国家机关工作人员利用职权实施的破坏选举案(第二百五十六条) 破坏选举罪是指在选举各级人民代表大会代表和国家机关领导人员时,以暴力、威胁、欺骗、贿赂、伪造选举文件、虚报选举票数或者编造选举结果等手段破坏选举或者妨害选民和代表自由行使选举权和被选举权,情节严重的行为。

国家机关工作人员利用职权破坏选举,涉嫌下列情形之一的,应予立案:

1. 以暴力、威胁、欺骗、贿赂等手段,妨害选民、各级人民代表大会代表自由行使选举权和被选举权,致使选举无法正常进行,或者选举无效,或者选举结果不真实的;

2. 以暴力破坏选举场所或者选举设备,致使选举无法正常进行的;

---

* 如果是国家机关领导人利用职权打击报复会计、统计人员的,不由检察院管辖,而由公安机关管辖。

** 如果是国家机关工作人员利用职权实施的,本罪则由检察院管辖。

*** 并非并列关系,而是选择关系。

3. 伪造选民证、选票等选举文件，虚报选举票数，产生不真实的选举结果或者强行宣布合法选举无效、非法选举有效的；

4. 聚众冲击选举场所或者故意扰乱选举场所秩序，使选举工作无法进行的；

5. 其他情节严重的情形。

第二百五十七条　【暴力干涉婚姻自由罪】以暴力干涉他人婚姻自由的，处二年以下有期徒刑或者拘役。

犯前款罪，致使被害人死亡的*，处二年以上七年以下有期徒刑。

第一款罪，告诉的才处理。

第二百五十八条** **【重婚罪】**有配偶而重婚的，或者明知他人有配偶而与之结婚的，处二年以下有期徒刑或者拘役。

第二百五十九条　【破坏军婚罪】明知是现役军人的配偶***而与之同居****或者结婚的，处三年以下有期徒刑或者拘役。

利用职权、从属关系，以胁迫手段奸淫现役军人的妻子的，依

---

* 对于强奸、非法拘禁、刑讯逼供、侮辱、诽谤、暴力干涉婚姻自由，导致被害人自杀的，行为人的行为与被害人的自杀结果之间存在因果关系，但从行为人的主观方面来看，其并没有剥夺他人生命的犯罪故意，因此不能以故意杀人罪处罚，应当依其行为定罪，同时将引起被害人自杀的结果作为该罪从重处罚的情节予以考虑。

** 本罪属于由人民法院直接受理的“被害人有证据证明的轻微刑事案件”。重婚罪所侵害的前一个婚姻必须是合法的婚姻，而不是一个事实婚，而侵犯行为可以是事实婚，也可以“合法”婚姻。虽然事实婚在民法不予保护，但在刑事法领域还是给予保护的。

*** 现役军人与其他现役军人的配偶结婚或者同居的，构成本罪。两个现役军人重婚或者同居，而他们的配偶都不是现役军人的，则不构成本罪。本罪的被害人应为现役军人，在本罪中，被害人的身份决定此罪与彼罪。（张明楷）

**** 同居是指在一定时期内与现役军人的配偶姘居且共同生活。同居以两性关系为基础，同时还有经济上或者其他生活方面的特殊关系。所应注意的是，一方面，不能将同居理解为事实婚姻，因为这不利于对军人婚姻的特殊保护，也使“同居”一词失去了独立的意义；另一方面，也不能将同居理解为通奸，因为这与立法机关特地使用“同居”一词以缩小打击面的意图相矛盾。最高人民法院司法解释曾指出：对长期与现役军人通奸而给军人婚姻造成严重破坏后果的行为，直接以破坏军婚罪论处。1985 年 7 月 18 日《最高人民法院关于破坏军婚罪的四个案例的通知》。破坏军婚罪中的现役军人的配偶一般不构成本罪，但重婚罪中的对方只要符合构成要件也构成重婚罪。（张明楷）

照本法第二百三十六条(强奸罪)的规定定罪处罚。*

第二百六十条 【虐待罪】虐待家庭成员,情节恶劣的,处二年以下有期徒刑、拘役或者管制。

犯前款罪,致使被害人重伤**、死亡的,处二年以上七年以下有期徒刑。

(刑九)第一款罪,告诉的才处理,但被害人没有能力告诉,或者因受到强制、威吓无法告诉的除外。

第二百六十条之一 (刑九)【虐待被监护、看护人罪】对未成年人、老年人、患病的人、残疾人等负有监护、看护职责的人[1] 虐待被监护、看护的人,情节恶劣的,处三年以下有期徒刑或者拘役。

单位[2] 犯前款罪的,对单位判处罚金,并对其直接负责的主管人员和其他直接责任人员,依照前款的规定处罚。

有第一款行为,同时构成其他犯罪的,依照处罚较重的规定定罪处罚。

260A-1 《民法总则》第二十六条 父母对未成年子女负有抚养、教育和保护的义务。

成年子女对父母负有赡养、扶助和保护的义务。

《民法总则》第二十七条 父母是未成年子女的监护人。

未成年人的父母已经死亡或者没有监护能力的,由下列有监护能力的人按顺序担任监护人:

(一)祖父母、外祖父母;

(二)兄、姐;

(三)其他愿意担任监护人的个人或者组织,但是须经未成年人住所地的居民委员会、村民委员会或者民政部门同意。

---

* 本款属于注意规定,而不是拟制规定。

** 虐待罪致人重伤是公诉罪,而暴力干涉婚姻自由罪的公诉案不包括致人重伤,只包括致人死亡。

《民法总则》第二十九条　被监护人的父母担任监护人的，可以通过遗嘱指定监护人。

《民法总则》第三十条　依法具有监护资格的人之间可以协议确定监护人。协议确定监护人应当尊重被监护人的真实意愿。

《民法总则》第三十八条　被监护人的父母或者子女被人民法院撤销监护人资格后，除对被监护人实施故意犯罪的外，确有悔改表现的，经其申请，人民法院可以在尊重被监护人真实意愿的前提下，视情况恢复其监护人资格，人民法院指定的监护人与被监护人的监护关系同时终止。

261-2 《民法总则》第三十一条　对监护人的确定有争议的，由被监护人住所地的居民委员会、村民委员会或者民政部门指定监护人，有关当事人对指定不服的，可以向人民法院申请指定监护人；有关当事人也可以直接向人民法院申请指定监护人。

居民委员会、村民委员会、民政部门或者人民法院应当尊重被监护人的真实意愿，按照最有利于被监护人的原则在依法具有监护资格的人中指定监护人。

依照本条第一款规定指定监护人前，被监护人的人身权利、财产权利以及其他合法权益处于无人保护状态的，由被监护人住所地的居民委员会、村民委员会、法律规定的有关组织或者民政部门担任临时监护人。

监护人被指定后，不得擅自变更；擅自变更的，不免除被指定的监护人的责任。

第二百六十一条*　【遗弃罪】对于年老、年幼、患病或者**其他

---

* 遗弃罪，在1979年刑法中属于第七章妨害婚姻家庭的犯罪，通说认为本罪的本质是侵犯被害人受扶养的权利。1997年刑法将这一章整体转入到侵犯公民人身权利和民主权利罪之中。因此，应当将遗弃罪的法益解释为生命、身体的安全。国外刑法一般将遗弃罪规定在对生命的犯罪。遗弃罪是使他人的生命、身体处于危险状态的犯罪。刑法规定本罪是为了保护生命与身体法益，遗弃罪的主体和对象都不应限定于家庭成员。国外刑法一般规定了遗弃罪的结果加重犯。我国刑法没有相应的规定，对于遗弃行为致人重伤或死亡的，也只能在上述法定刑内处罚。本罪属于由人民法院直接受理的“被害人有证据证明的轻微刑事案件”。(张明楷)

** 此处用“或者”一语不当，宜用“以及”。一般地讲，连接词在连接同位语成分时候，联合性的用“以及”，选择性的用“或者”。本处的“或者”所连接的前后两个部分在意义上相交织，“年老”、“患病”的人未必没有独立生活能力，就其表述的本意应是不相交叠的，同时又一同修饰“人”，因而连接词应为“以及”，而非“或者”。

没有独立生活能力的人,负有扶养义务而拒绝扶养,情节恶劣的,处五年以下有期徒刑、拘役或者管制。

第二百六十二条　【拐骗儿童罪】拐骗不满十四周岁的未成年人,脱离家庭或者监护人的,处五年以下有期徒刑或者拘役。

第二百六十二条之一　(刑六)【组织残疾人、儿童乞讨罪】以暴力、胁迫手段组织残疾人或者不满十四周岁的未成年人乞讨的,处三年以下有期徒刑或者拘役,并处罚金;情节严重的,处三年以上七年以下有期徒刑,并处罚金。

第二百六十二条之二　(刑七)【组织未成年人进行违反治安管理活动罪】组织未成年人进行盗窃、诈骗、抢夺、敲诈勒索等违反治安管理活动的,处三年以下有期徒刑或者拘役,并处罚金;情节严重的,处三年以上七年以下有期徒刑,并处罚金。

第五章　侵犯财产[1]罪*

C.5-1 《民法总则》第一百一十五条　物包括不动产和动产。法律规定权利作为物权客体的，依照其规定。

《民法总则》第一百二十七条　法律对数据、网络虚拟财产的保护有规定的，依照其规定。

第二百六十三条[1]　**【抢劫罪】**以暴力、胁迫或者其他方法[2]抢劫公私财物[3]的，**[4]处三年以上十年以下有期徒刑，[5]并处罚金；有下列情形之一的[6]，处十年以上有期徒刑、[7]无期徒刑或者死刑，并处罚金或者没收财产：

（一）入户抢劫的；[8]

（二）在公共交通工具上抢劫的；[9]

（三）抢劫银行或者其他金融机构的；[10]

（四）多次抢劫[11]或者抢劫数额巨大的；[12]

（五）抢劫致人重伤、死亡的；[13]

（六）冒充军警人员抢劫的；[14]

---

* 本章犯罪中对被告人可能判处三年有期徒刑以下刑罚的案件，属于由人民法院直接受理的“被害人有证据证明的轻微刑事案件”。

** 张明楷教授认为，抢劫罪原则上以被害人是否丧失对财物的控制为既遂的标准，即只要行为人强取财物的行为使被害人丧失了对财物的控制，就是抢劫既遂。在难以认定被害人是否丧失了对财物的控制时，如果能够认定行为人控制了财物，也应认定为抢劫既遂。抢劫致人重伤、死亡的，属于结果加重犯，理论上仍然有成立未遂的余地，但由于发生了严重后果，即使抢劫财物未遂的，也可以不从轻或减轻处罚。犯罪未遂可以从轻或减轻处罚，而不是应当从轻或减轻处罚。不包括抢劫预备行为。

(七)持枪抢劫的;[15]

(八)抢劫军用物资或者抢险、救灾、救济物资的。

263-1 1.《最高人民法院关于审理抢劫案件具体应用法律若干问题的解释》(法释〔2000〕35号,2000年11月28日);2.《最高人民法院关于抢劫过程中故意杀人案件如何定罪问题的批复》(法释〔2001〕16号,2001年5月26日);3.《最高人民法院关于审理抢劫、抢夺刑事案件适用法律若干问题的意见》(法发〔2005〕8号,2001年6月8日);4.《最高人民法院关于审理抢劫刑事案件适用法律若干问题的指导意见》(法发〔2016〕2号,2016年1月6日)。

《最高人民法院关于审理抢劫刑事案件适用法律若干问题的指导意见》(法发〔2016〕2号,2016年1月6日)

一、关于审理抢劫刑事案件的基本要求

坚持贯彻宽严相济刑事政策。对于多次结伙抢劫,针对农村留守妇女、儿童及老人等弱势群体实施抢劫,在抢劫中实施强奸等暴力犯罪的,要在法律规定的量刑幅度内从重判处。

对于罪行严重或者具有累犯情节的抢劫犯罪分子,减刑、假释时应当从严掌握,严格控制减刑的幅度和频度。对因家庭成员就医等特定原因初次实施抢劫,主观恶性和犯罪情节相对较轻的,要与多次抢劫以及为了挥霍、赌博、吸毒等实施抢劫的案件在量刑上有所区分。对于犯罪情节较轻,或者具有法定、酌定从轻、减轻处罚情节的,坚持依法从宽处理。

确保案件审判质量。审理抢劫刑事案件,要严格遵守证据裁判原则,确保事实清楚,证据确实、充分。特别是对因抢劫可能判处死刑的案件,更要切实贯彻执行刑事诉讼法及相关司法解释、司法文件,严格依法审查判断和运用证据,坚决防止冤错案件的发生。

对抢劫刑事案件适用死刑,应当坚持"保留死刑,严格控制和慎重适用死刑"的刑事政策,以最严格的标准和最审慎的态度,确保死刑只适用于极少数罪行极其严重的犯罪分子。对被判处死刑缓期二年执行的抢劫犯罪分子,根据犯罪情节等情况,可以同时决定对其限制减刑。

五、抢劫共同犯罪的刑罚适用

1. 审理抢劫共同犯罪案件,应当充分考虑共同犯罪的情节及后果、共同犯罪人在抢劫中的作用以及被告人的主观恶性、人身危险性等情节，做到准确认定主从犯，分清罪责，以责定刑，罚当其罪。一案中有两名以上主犯的，要从犯罪提意、预谋、准备、行为实施、赃物处理等方面区分出罪责最大者和较大者；有两名以上从犯的，要在从犯中区分出罪责相对更轻者和较轻者。对从犯的处罚，要根据案件的具体事实、从犯的罪责，确定从轻还是减轻处罚。对具有自首、立功或者未成年人且初次抢劫等情节的从犯，可以依法免除处罚。

2. 对于共同抢劫致一人死亡的案件，依法应当判处死刑的，除犯罪手段特别残忍、情节及后果特别严重、社会影响特别恶劣、严重危害社会治安的外，一般只对共同抢劫犯罪中作用最突出、罪行最严重的那名主犯判处死刑立即执行。罪行最严重的主犯如因系未成年人而不适用死刑，或者因具有自首、立功等法定从宽处罚情节而不判处死刑立即执行的，不能不加区别地对其他主犯判处死刑立即执行。

3. 在抢劫共同犯罪案件中，有同案犯在逃的，应当根据现有证据尽量分清在押犯与在逃犯的罪责，对在押犯应按其罪责处刑。罪责确实难以分清，或者不排除在押犯的罪责可能轻于在逃犯的，对在押犯适用刑罚应当留有余地，判处死刑立即执行要格外慎重。

六、累犯等情节的适用

根据刑法第六十五条第一款的规定，对累犯应当从重处罚。抢劫犯罪被告人具有累犯情节的，适用刑罚时要综合考虑犯罪的情节和后果，所犯前后罪的性质、间隔时间及判刑轻重等情况，决定从重处罚的力度。对于前罪系抢劫等严重暴力犯罪的累犯，应当依法加大从重处罚的力度。对于虽不构成累犯，但具有抢劫犯罪前科的，一般不适用减轻处罚和缓刑。对于可能判处死刑的罪犯具有累犯情节的也应慎重，不能只要是累犯就一律判处死刑立即执行；被告人同时具有累犯和法定从宽处罚情节的，判处死刑立即执行应当综合考虑，从严掌握。

七、关于抢劫案件附带民事赔偿的处理原则

要妥善处理抢劫案件附带民事赔偿工作。审理抢劫刑事案件，一般情况下人民法院不主动开展附带民事调解工作。但是，对于犯罪情节不是特别恶劣或者被害方生活、医疗陷入困境，被告人与被害方自行达成民事赔偿和解协议的，民事赔偿情况可作为评价被告人悔罪态度的依据之一，在量刑上酌情予以考虑。

法发〔2005〕8号　十、抢劫罪的既遂、未遂的认定　抢劫罪侵犯的是复杂客体,既侵犯财产权利又侵犯人身权利,具备劫取财物或者造成他人轻伤以上后果两者之一的,均属抢劫既遂;既未劫取财物,又未造成他人人身伤害后果的,属抢劫未遂。据此,刑法第二百六十三条规定的八种处罚情节中除“抢劫致人重伤、死亡的”这一结果加重情节之外,其余七种处罚情节同样存在既遂、未遂问题,其中属抢劫未遂的,应当根据刑法关于加重情节的法定刑规定,结合未遂犯的处理原则量刑。

263-2 法释〔2013〕25号第六条 驾驶机动车、非机动车夺取他人财物,具有下列情形之一的,应当以抢劫罪定罪处罚:

(一)夺取他人财物时因被害人不放手而强行夺取的;

(二)驾驶车辆逼挤、撞击或者强行逼倒他人夺取财物的;

(三)明知会致人伤亡仍然强行夺取并放任造成财物持有人轻伤以上后果的。

263-3 法发〔2005〕8号 六、关于抢劫犯罪数额的计算

抢劫信用卡后使用、消费的,其实际使用、消费的数额为抢劫数额;抢劫信用卡后未实际使用、消费的,不计数额,根据情节轻重量刑。所抢信用卡数额巨大,但未实际使用、消费或者实际使用、消费的数额未达到巨大标准的,不适用“抢劫数额巨大”的法定刑。

为抢劫其他财物,劫取机动车辆当作犯罪工具或者逃跑工具使用的,被劫取机动车辆的价值计入抢劫数额;为实施抢劫以外的其他犯罪劫取机动车辆的,以抢劫罪和实施的其他犯罪实行数罪并罚。

抢劫存折、机动车辆的数额计算,参照执行《关于审理盗窃案件具体应用法律若干问题的解释》的相关规定。

七、关于抢劫特定财物的定性

以毒品、假币、淫秽物品等违禁品为对象,实施抢劫的,以抢劫罪定罪;抢劫的违禁品数量作为量刑情节予以考虑。抢劫违禁品后又以违禁品实施其他犯罪的,应以抢劫罪与具体实施的其他犯罪实行数罪并罚。

理解与适用:抢劫罪的对象并不仅仅是指他人的合法财产,他人违法持有、占有的、在法律意见上属于国家处理的违禁品,本质上仍然属于“他人财物”的范畴,也应属于抢劫罪的对象。应该注意的是,抢劫罪中的“他人财物”是相对于行为而言的,且范围不限于具体的个人物品,也包括单位、集体和国家的物品。无论行为人是否明知该物品的所有权属关系,只要其主观上明知该物品不属于自己所有或合法持有,以暴力或

暴力威胁的方式非法占有，就符合抢劫罪的构成要件。在实践中，刑法第一百二十七条将抢劫枪支、弹药等行为规定为抢劫枪支、弹药罪。《最高人民法院审理毒品犯罪案件工作座谈会纪要》也有相关规定。

抢劫赌资、犯罪所得的赃款财物的，以抢劫罪定罪，但行为人仅以其所输赌资或所赢赌债为抢劫对象，一般不以抢劫罪定罪处罚。构成其他犯罪的，依照刑法的相关规定处罚。

理解与适用：所有权的权属变更必须依法进行，在这种既有状态未改变之前，任何个人在没有法律依据的情况下无权擅自改变。赌资或赌债虽应由国家没收，但对于仅以自己所赢或所输的财物为对象，毕竟不如抢劫罪以他人财物的性质认识那么清晰明确。

为个人使用，以暴力、胁迫等手段取得家庭成员或近亲属财产的，一般不以抢劫罪定罪处罚，构成其他犯罪的，依照刑法的相关规定处理；教唆或者伙同他人采取暴力、胁迫等手段劫取家庭成员或近亲属财产的，可以抢劫罪定罪处罚。

理解与适用：家庭成员之间由于血亲关系，对财产有共同关系；从刑事政策来看，最好由家庭内部处理，法律尽量不加以干涉；盗窃罪的司法解释也有相同的规定。

263-4　《最高人民法院关于审理未成年人刑事案件具体应用法律若干问题的解释》(法释〔2006〕1号，2006年1月23日)第七条　已满十四周岁不满十六周岁的人使用轻微暴力或者威胁，强行索要其他未成年人随身携带的生活、学习用品或者钱财数量不大，且未造成被害人轻微伤以上或者不敢正常到校学习、生活等危害后果的，不认为是犯罪。

已满十六周岁不满十八周岁的人具有前款规定情形的，一般也不认为是犯罪。

263-5　《最高人民法院关于常见犯罪的量刑指导意见》(法发〔2017〕7号)　四、常见犯罪的量刑　(五)抢劫罪

构成抢劫罪的，可以根据下列不同情形在相应的幅度内确定量刑起点：

1.(1)抢劫一次的，可以在三年至六年有期徒刑幅度内确定量刑起点。

2.在量刑起点的基础上，可以根据抢劫情节严重程度、抢劫次数、数额、致人伤害后果等其他影响犯罪构成的犯罪事实增加刑罚量，确定基

准刑。

263-6 法发〔2016〕2号 四、具有法定八种加重处罚情节的刑罚适用

1. 根据刑法第二百六十三条的规定,具有"抢劫致人重伤、死亡"等八种法定加重处罚情节的,处十年以上有期徒刑、无期徒刑或者死刑,并处罚金或者没收财产。应当根据抢劫的次数及数额、抢劫对人身的损害、对社会治安的危害等情况,结合被告人的主观恶性及人身危险程度,并根据量刑规范化的有关规定,确定具体的刑罚。判处无期徒刑以上刑罚的,一般应并处没收财产。

2. 具有下列情形之一的,可以判处无期徒刑以上刑罚:

(1)抢劫致三人以上重伤,或者致人重伤造成严重残疾的;

(2)在抢劫过程中故意杀害他人,或者故意伤害他人,致人死亡的;

(3)具有除"抢劫致人重伤、死亡"外的两种以上加重处罚情节,或者抢劫次数特别多、抢劫数额特别巨大的。

3. 为劫取财物而预谋故意杀人,或者在劫取财物过程中为制服被害人反抗、抗拒抓捕而杀害被害人,且被告人无法定从宽处罚情节的,可依法判处死刑立即执行。对具有自首、立功等法定从轻处罚情节的,判处死刑立即执行应当慎重。对于采取故意杀人以外的其他手段实施抢劫并致人死亡的案件,要从犯罪的动机、预谋、实行行为等方面分析被告人主观恶性的大小,并从有无前科及平时表现、认罪悔罪情况等方面判断被告人的人身危险程度,不能不加区别,仅以出现被害人死亡的后果,一律判处死刑立即执行。

4. 抢劫致人重伤案件适用死刑,应当更加慎重、更加严格,除非具有采取极其残忍的手段造成被害人严重残疾等特别恶劣的情节或者造成特别严重后果的,一般不判处死刑立即执行。

5. 具有刑法第二百六十三条规定的"抢劫致人重伤、死亡"以外其他七种加重处罚情节,且犯罪情节特别恶劣、危害后果特别严重的,可依法判处死刑立即执行。认定"情节特别恶劣、危害后果特别严重",应当从严掌握,适用死刑必须非常慎重、非常严格。

263-7 《最高人民法院关于常见犯罪的量刑指导意见》(法发〔2017〕7号) 四、常见犯罪的量刑 (五)抢劫罪

构成抢劫罪的,可以根据下列不同情形在相应的幅度内确定量刑

起点：

1.（2）有下列情形之一的，可以在十年至十三年有期徒刑幅度内确定量刑起点：入户抢劫的；在公共交通工具上抢劫的；抢劫银行或者其他金融机构的；抢劫三次或者抢劫数额达到数额巨大起点的；抢劫致一人重伤的；冒充军警人员抢劫的；持枪抢劫的；抢劫军用物资或者抢险、救灾、救济物资的。依法应当判处无期徒刑以上刑罚的除外。

263-8 1. 法释〔2000〕35号第一条 "入户抢劫"，是指为实施抢劫行为而进入他人生活的与外界相对隔离的住所，包括封闭的院落、牧民的帐篷、渔民作为家庭生活场所的渔船、为生活租用的房屋等进行抢劫的行为。对于入户盗窃，因被发现而当场使用暴力或者以暴力相威胁的行为，应当认定为入户抢劫。

理解与适用：刑法将"入户抢劫"规定为抢劫罪的加重情节，其目的在于维护"家庭"这一社会生活中最为重要的法益。因为"户"是保障公民生活自由和安宁的重要场所。对于商住两用的场所，应根据行为人实施抢劫时该场所所处的状态来定，如处于营业状态，则不定，如已关门歇业，成为生活和休息的场所，则属于"户"此时，行为人以购物为名骗开房门，入室抢劫，属于"入户抢劫"。

2. 法发〔2005〕8号 一、关于"入户抢劫"的认定：根据《抢劫解释》第一条规定，认定"入户抢劫"时，应当注意以下三个问题：

一是"户"的范围。"户"在这里是指住所，其特征表现为供他人家庭生活和与外界相对隔离两个方面，前者为功能特征，后者为场所特征。一般情况下，集体宿舍、旅店宾馆、临时搭建工棚等不应认定为"户"，但在特定情况下，如果确实具有上述两个特征的，也可以认定为"户"。

二是"入户"目的的非法性。进入他人住所须以实施抢劫等犯罪为目的。抢劫行为虽然发生在户内，但行为人不以实施抢劫等犯罪*为目的进入他人住所，而是在户内临时起意实施抢劫的，不属于"入户抢劫"。

三是暴力或者暴力胁迫行为必须发生在户内。入户实施盗窃被发现，行为人为窝藏赃物、抗拒抓捕或者毁灭罪证而当场使用暴力或者以

* 将事后抢劫（准抢劫）包括在内。

暴力相威胁的,如果暴力或者暴力胁迫行为发生在户内,可以认定为“入户抢劫”*;如果发生在户外,不能认定为“入户抢劫”。

3. 法发〔2016〕2 号 二、关于抢劫犯罪部分加重处罚情节的认定

1. 认定“入户抢劫”,要注重审查行为人“入户”的目的,将“入户抢劫”与“在户内抢劫”区别开来。以侵害户内人员的人身、财产为目的,入户后实施抢劫,包括入户实施盗窃、诈骗等犯罪而转化为抢劫的,应当认定为“入户抢劫”。因访友办事等原因经户内人员允许入户后,临时起意实施抢劫,或者临时起意实施盗窃、诈骗等犯罪而转化为抢劫的,不应认定为“入户抢劫”。

对于部分时间从事经营、部分时间用于生活起居的场所,行为人在非营业时间强行入内抢劫或者以购物等为名骗开房门入内抢劫的,应认定为“入户抢劫”。对于部分用于经营、部分用于生活且之间有明确隔离的场所,行为人进入生活场所实施抢劫的,应认定为“入户抢劫”;如场所之间没有明确隔离,行为人在营业时间入内实施抢劫的,不认定为“入户抢劫”,但在非营业时间入内实施抢劫的,应认定为“入户抢劫”。

263-9 **1.** 法释〔2000〕35 号第二条 “在公共交通工具上抢劫”,既包括在从事旅客运输的各种公共汽车,大、中型出租车,火车,船只,飞机等正在运营中的机动公共交通工具上对旅客、司售、乘务人员实施的抢劫,也包括对运行途中的机动公共交通工具加以拦截后,对公共交通工具上的人员实施的抢劫。

2. 法发〔2005〕8 号 二、关于“在公共交通工具上抢劫”的认定 公共交通工具承载的旅客具有不特定多数人的特点。在未运营中的大、中型公共交通工具上针对司售、乘务人员抢劫的,或者在小型出租车上抢劫的,不属于“在公共交通工具上抢劫”。

---

* 如果劫财行为从户外发生,又延续到户内完成,应以入户抢劫论处。(黄祥青:《抢劫罪情节加重犯的认定思路与方法》,载《刑事审判参考》总第 42 集。)抢劫罪的情节加重犯的原因,应该在于对于双重客体的严重侵害。将“入户抢劫”作为情节加重犯,其正当性在于,抢劫行为同时涉及非法侵犯住宅罪。有必要从三个方面限定“入户抢劫”的适用:一是严格限定“户”的范围;二是入户行为的非法侵入性;三是暴力发生在户内。其他情况,不必根据致人重伤、死亡来定,而不必适用“入户抢劫”这一情节。准确认定抢劫罪情节加重犯的实质和重点,是在尚未造成严重实害的抢劫罪(一般危害程度的抢劫罪)与十年有期徒刑以上的重刑之间寻找可靠的连接。

理解与适用：强调正在运营，因为公共交通工具承载的旅客具有不特定多数的特点，只有在其运营时才具备公共交通的功能，未运营时不具备这种功能。另外，虽在公共交通工具上抢劫，但不具备“公然性”，仍然要定，因为只要在公共交通工具上实施了抢劫行为，就会在客观上造成极大的心理恐惧。设定这一加重情节的正当性在于，在侵害不特定公民的人身和财产权利的同时，还危害了公共交通运输安全。参见德国刑法第316A。

3. 法发〔2016〕2号　二、关于抢劫犯罪部分加重处罚情节的认定

2.“公共交通工具”，包括从事旅客运输的各种公共汽车，大、中型出租车，火车，地铁，轻轨，轮船，飞机等，不含小型出租车。对于虽不具有商业营运执照，但实际从事旅客运输的大、中型交通工具，可认定为“公共交通工具”。接送职工的单位班车、接送师生的校车等大、中型交通工具，视为“公共交通工具”。

“在公共交通工具上抢劫”，既包括在处于运营状态的公共交通工具上对旅客及司售、乘务人员实施抢劫，也包括拦截运营途中的公共交通工具对旅客及司售、乘务人员实施抢劫，但不包括在未运营的公共交通工具上针对司售、乘务人员实施抢劫。以暴力、胁迫或者麻醉等手段对公共交通工具上的特定人员实施抢劫的，一般应认定为“在公共交通工具上抢劫”。

263-10　法释〔2000〕35号第三条　“抢劫银行或者其他金融机构”，是指抢劫银行或者其他金融机构的经营资金、有价证券和客户的资金等。抢劫正在使用中的银行或者其他金融机构的运钞车的，视为“抢劫银行或者其他金融机构”。

263-11　法发〔2005〕8号　三、关于“多次抢劫”的认定　刑法第二百六十三条第(四)项中的“多次抢劫”是指抢劫三次以上。

对于“多次”的认定，应以行为人实施的每一次抢劫行为均已构成犯罪为前提，综合考虑犯罪故意的产生、犯罪行为实施的时间、地点等因素，客观分析、认定。对于行为人基于一个犯意实施犯罪的，如在同一地点同时对在场的多人实施抢劫的；或基于同一犯意在同一地点实施连续抢劫犯罪的，如在同一地点连续地对途经此地的多人进行抢劫的；或在一次犯罪中对一栋居民楼房中的几户居民连续实施入户抢劫的，一般应认定为一次犯罪。

理解与适用:1.没有将抢劫多人作为升格条件。2.多次抢劫是连续犯,规定为法定刑升格的条件。"多次抢劫"的严重社会危害性,无疑是与刑法上的惯犯的属性密切联系。重视"多次抢劫"背后的惯犯属性,将基于一个概括的犯意而实施的抢劫"重复侵害行为"排除在外,是符合罪刑相当原则要求和本款应作缩小解释论立场的。

263-12 **1.** 法释〔2000〕35 号第四条 "抢劫数额巨大"的认定标准,参照各地确定的盗窃罪数额巨大的认定标准执行。

2. 法发〔2016〕2 号 二、关于抢劫犯罪部分加重处罚情节的认定

3.认定"抢劫数额巨大",参照各地认定盗窃罪数额巨大的标准执行。抢劫数额以实际抢劫到的财物数额为依据。对以数额巨大的财物为明确目标,由于意志以外的原因,未能抢到财物或实际抢得的财物数额不大的,应同时认定"抢劫数额巨大"和犯罪未遂的情节,根据刑法有关规定,结合未遂犯的处理原则量刑。

根据《两抢意见》第六条第一款规定,抢劫信用卡后使用、消费的,以行为人实际使用、消费的数额为抢劫数额。由于行为人意志以外的原因无法实际使用、消费的部分,虽不计入抢劫数额,但应作为量刑情节考虑。通过银行转账或者电子支付、手机银行等支付平台获取抢劫财物的,以行为人实际获取的财物为抢劫数额。

263-13 《最高人民法院关于抢劫过程中故意杀人案件如何定罪问题的批复》(法释〔2001〕16 号,2001 年 5 月 26 日) 行为人为劫取财物而预谋故意杀人,或者在劫取财物过程中,为制服被害人反抗而故意杀人的,以抢劫罪定罪处罚。行为人实施抢劫后,为灭口而故意杀人的,以抢劫罪和故意杀人罪定罪,实行数罪并罚。

263-14 法发〔2016〕2 号 二、关于抢劫犯罪部分加重处罚情节的认定

4.认定"冒充军警人员抢劫",要注重对行为人是否穿着军警制服、携带枪支、是否出示军警证件等情节进行综合审查,判断是否足以使他人误以为是军警人员。对于行为人仅穿着类似军警的服装或仅以言语宣称系军警人员但未携带枪支也未出示军警证件而实施抢劫的,要结合抢劫地点、时间、暴力或威胁的具体情形,依照常人判断标准,确定是否认定为"冒充军警人员抢劫"。

军警人员利用自身的真实身份实施抢劫的,不认定为"冒充军警人

员抢劫”，应依法从重处罚。

263-15　法释〔2000〕35号第五条　“持枪抢劫”，是指行为人使用枪支或者向被害人显示持有、佩带的枪支进行抢劫的行为。“枪支”* 的概念和范围，适用《中华人民共和国枪支管理法》的规定。

第二百六十四条[1]　**（刑八）【盗窃罪】**盗窃[2]公私[3]财物，[4]数额[5]较大的[6]，或者多次盗窃、[7]入户盗窃、[8]携带凶器盗窃、[9]扒窃[10]的[11]，处三年以下有期徒刑、拘役或者管制，并处或者单处罚金；[12]数额巨大[13]或者有其他严重情节的，处三年以上十年以下有期徒刑，[14]并处罚金；数额特别巨大[15]或者有其他特别严重情节的，处十年以上有期徒刑[16]或者无期徒刑，并处罚金或者没收财产。

264-1　1.《最高人民法院、最高人民检察院关于办理盗窃刑事案件适用法律若干问题的解释》（法释〔2013〕8号，2013年4月4日）第一条第二款　各省、自治区、直辖市高级人民法院、人民检察院可以根据本地区经济发展状况，并考虑社会治安状况，在前款规定的数额幅度内，确定本地区执行的具体数额标准，报最高人民法院、最高人民检察院批准**。

第一条第三款　在跨地区运行的公共交通工具上盗窃，盗窃地点无法查证的，盗窃数额是否达到“数额较大”、“数额巨大”、“数额特别巨大”，应当根据受理案件所在地省、自治区、直辖市高级人民法院、人民检察院确定的有关数额标准认定。

第十三条　单位组织、指使盗窃，符合刑法第二百六十四条及本解释有关规定的，以盗窃罪追究组织者、指使者、直接实施者的刑事责任。

第十五条　本解释发布实施后，《最高人民法院关于审理盗窃案件具体应用法律若干问题的解释》（法释〔1998〕4号）同时废止；之前发布的司法解释和规范性文件与本解释不一致的，以本解释为准。

264-2　最高人民法院指导性案例27号臧进泉等盗窃、诈骗案

裁判要点　行为人利用信息网络，诱骗他人点击虚假链接而实际通

---

* 行为人使用假枪实施抢劫，虽然对被害人起到了精神威胁和恐吓，但在客观上不可能借助枪支的功能给被害人施加任何伤害。

** 原为备案，现改为批准，解决了具体数额标准的合法性问题。

过预先植入的计算机程序窃取财物构成犯罪的,以盗窃罪定罪处罚;虚构可供交易的商品或者服务,欺骗他人点击付款链接而骗取财物构成犯罪的,以诈骗罪定罪处罚。

裁判理由 法院生效裁判认为,盗窃是指以非法占有为目的,秘密窃取公私财物的行为;诈骗是指以非法占有为目的,采用虚构事实或者隐瞒真相的方法,骗取公私财物的行为。对既采取秘密窃取手段又采取欺骗手段非法占有财物行为的定性,应从行为人采取主要手段和被害人有无处分财物意识方面区分盗窃与诈骗。如果行为人获取财物时起决定性作用的手段是秘密窃取,诈骗行为只是为盗窃创造条件或作掩护,被害人也没有“自愿”交付财物的,就应当认定为盗窃;如果行为人获取财物时起决定性作用的手段是诈骗,被害人基于错误认识而“自愿”交付财物,盗窃行为只是辅助手段的,就应当认定为诈骗。在信息网络情形下,行为人利用信息网络,诱骗他人点击虚假链接而实际上通过预先植入的计算机程序窃取他人财物构成犯罪的,应当以盗窃罪定罪处罚;行为人虚构可供交易的商品或者服务,欺骗他人为支付货款点击付款链接而获取财物构成犯罪的,应当以诈骗罪定罪处罚。本案中,被告人臧进泉、郑必玲使用预设计算机程序并植入的方法,秘密窃取他人网上银行账户内巨额钱款,其行为均已构成盗窃罪。臧进泉、郑必玲和被告人刘涛以非法占有为目的,通过开设虚假的网络店铺和利用伪造的购物链接骗取他人数额较大的货款,其行为均已构成诈骗罪。对臧进泉、郑必玲所犯数罪,应依法并罚。

关于被告人臧进泉及其辩护人所提非法获取被害人金某的网银账户内305000元的行为,不构成盗窃罪而是诈骗罪的辩解与辩护意见,经查,臧进泉和被告人郑必玲在得知金某网银账户内有款后,即产生了通过植入计算机程序非法占有目的;随后在网络聊天中诱导金某同意支付1元钱,而实际上制作了一个表面付款“1元”却支付305000元的假淘宝网链接,致使金某点击后,其网银账户内305000元即被非法转移到臧进泉的注册账户中,对此金某既不知情,也非自愿。可见,臧进泉、郑必玲获取财物时起决定性作用的手段是秘密窃取,诱骗被害人点击“1元”的虚假链接系实施盗窃的辅助手段,只是为盗窃创造条件或作掩护,被害人也没有“自愿”交付巨额财物,获取银行存款实际上是通过隐藏的事先植入的计算机程序来窃取的,符合盗窃罪的犯罪构成要件,依照刑法第二百六十四条、第二百八十七条的规定,应当以盗窃罪定罪处罚。故臧进泉及其辩护人所提上述辩解和辩护意见与事实和法律规定不符,不予采纳。

264-3　1. 法释〔2013〕8号第八条　偷拿家庭成员或者近亲属的财物,获得谅解的,一般可不认为是犯罪;追究刑事责任的,应当酌情从宽。

2.《最高人民法院关于审理未成年人刑事案件具体应用法律若干问题的解释》(法释〔2006〕1号,2006年1月23日)第九条　已满十六周岁不满十八周岁的人实施盗窃行为未超过三次,盗窃数额虽已达到"数额较大"标准,但案发后能如实供述全部盗窃事实并积极退赃,且具有下列情形之一的,可以认定为"情节显著轻微危害不大",不认为是犯罪:

(一)系又聋又哑的人或者盲人;

(二)在共同盗窃中起次要或者辅助作用,或者被胁迫;

(三)具有其他轻微情节的。

已满十六周岁不满十八周岁的人盗窃未遂或者中止的,可不认为是犯罪。

已满十六周岁不满十八周岁的人盗窃自己家庭或者近亲属财物,或者盗窃其他亲属财物但其他亲属要求不予追究的,可不按犯罪处理。

264-4　1. 法释〔2013〕8号第一条第四款　盗窃毒品等违禁品,应当按照盗窃罪处理的,根据情节轻重量刑。

2.《最高人民法院、最高人民检察院关于办理妨害文物管理等刑事案件适用法律若干问题的解释》(法释〔2015〕23号,2016年1月1日)第二条　盗窃一般文物、三级文物、二级以上文物的,应当分别认定为刑法第二百六十四条规定的"数额较大""数额巨大""数额特别巨大"。

盗窃文物,无法确定文物等级,或者按照文物等级定罪量刑明显过轻或者过重的,按照盗窃的文物价值定罪量刑。

法释〔2015〕23号第八条第三款　采用破坏性手段盗窃古文化遗址、古墓葬以外的古建筑、石窟寺、石刻、壁画、近代现代重要史迹和代表性建筑等其他不可移动文物的,依照刑法第二百六十四条的规定,以盗窃罪追究刑事责任。

3.《最高人民法院关于审理破坏森林资源刑事案件具体应用法律若干问题的解释》(法释〔2000〕36号,2000年12月11日)第九条　将国家、集体、他人所有并已经伐倒的树木窃为己有,以及偷砍他人房前屋后、自留地种植的零星树木,数额较大的,依照刑法第二百六十四条的规定,以盗窃罪定罪处罚。

第十五条 非法实施采种、采脂、挖笋、掘根、剥树皮等行为,牟取经济利益数额较大的,依照刑法第二百六十四条的规定,以盗窃罪定罪处罚。同时构成其他犯罪的,依照处罚较重的规定定罪处罚。

4.《最高人民检察院关于非法制作、出售、使用IC电话卡行为如何适用法律问题的答复》(高检研发〔2003〕10号,2003年4月2日) 非法制作或者出售非法制作的IC电话卡,数额较大的,应当依照刑法第二百二十七条第一款的规定,以伪造、倒卖伪造的有价票证罪追究刑事责任,犯罪数额可以根据销售数额认定;明知是非法制作的IC电话卡而使用或者购买并使用,造成电信资费损失数额较大的,应当依照刑法第二百六十四条的规定,以盗窃罪追究刑事责任。

264-5 法释〔2013〕8号第四条 盗窃的数额,按照下列方法认定:

(一)被盗财物有有效价格证明的,根据有效价格证明认定;无有效价格证明,或者根据价格证明认定盗窃数额明显不合理的,应当按照有关规定委托估价机构估价;

(二)盗窃外币的,按照盗窃时中国外汇交易中心或者中国人民银行授权机构公布的人民币对该货币的中间价折合成人民币计算;中国外汇交易中心或者中国人民银行授权机构未公布汇率中间价的外币,按照盗窃时境内银行人民币对该货币的中间价折算成人民币,或者该货币在境内银行、国际外汇市场对美元汇率,与人民币对美元汇率中间价进行套算;

(三)盗窃电力、燃气、自来水等财物,盗窃数量能够查实的,按照查实的数量计算盗窃数额;盗窃数量无法查实的,以盗窃前六个月月均正常用量减去盗窃后计量仪表显示的月均用量推算盗窃数额;盗窃前正常使用不足六个月的,按照正常使用期间的月均用量减去盗窃后计量仪表显示的月均用量推算盗窃数额;

(四)明知是盗接他人通信线路、复制他人电信码号的电信设备、设施而使用的,按照合法用户为其支付的费用认定盗窃数额;无法直接确认的,以合法用户的电信设备、设施被盗接、复制后的月缴费额减去被盗接、复制前六个月的月均电话费推算盗窃数额;合法用户使用电信设备、设施不足六个月的,按照实际使用的月均电话费推算盗窃数额;

（五）盗接他人通信线路、复制他人电信码号出售的，按照销赃数额认定盗窃数额。盗窃行为给失主造成的损失大于盗窃数额的，损失数额可以作为量刑情节考虑。

法释〔2013〕8号第五条　盗窃有价支付凭证、有价证券、有价票证的，按照下列方法认定盗窃数额：

（一）盗窃不记名、不挂失的有价支付凭证、有价证券、有价票证的，应当按票面数额和盗窃时应得的孳息、奖金或者奖品等可得收益一并计算盗窃数额；

（二）盗窃记名的有价支付凭证、有价证券、有价票证，已经兑现的，按照兑现部分的财物价值计算盗窃数额；没有兑现，但失主无法通过挂失、补领、补办手续等方式避免损失的，按照给失主造成的实际损失计算盗窃数额。

264-6　法释〔2013〕8号第一条　盗窃公私财物价值一千元至三千元以上的，应当分别认定为刑法第二百六十四条规定的“数额较大”。

法释〔2013〕8号第二条　盗窃公私财物，具有下列情形之一的，“数额较大”的标准可以按照前条规定标准的百分之五十确定：

（一）曾因盗窃受过刑事处罚的；

（二）一年内曾因盗窃受过行政处罚的；

（三）组织、控制未成年人盗窃的；

（四）自然灾害、事故灾害、社会安全事件等突发事件期间，在事件发生地盗窃的；

（五）盗窃残疾人、孤寡老人、丧失劳动能力人的财物的；

（六）在医院盗窃病人或者其亲友财物的；

（七）盗窃救灾、抢险、防汛、优抚、扶贫、移民、救济款物的；

（八）因盗窃造成严重后果的。

法释〔2013〕8号第六条　盗窃公私财物，具有本解释第二条第三项至第八项规定情形之一，或者入户盗窃、携带凶器盗窃，数额达到本解释第一条规定的“数额巨大”、“数额特别巨大”百分之五十的，可以分别认定为刑法第二百六十四条规定的“其他严重情节”或者“其他特别严重情节”。

法释〔2013〕8号第七条　盗窃公私财物数额较大，行为人认罪、悔罪，退赃、退赔，且具有下列情形之一，情节轻微的，可以不起诉或者免予

刑事处罚;必要时,由有关部门予以行政处罚:

(一)具有法定从宽处罚情节的;

(二)没有参与分赃或者获赃较少且不是主犯的;

(三)被害人谅解的;

(四)其他情节轻微、危害不大的。

法释〔2013〕8号第十条　偷开他人机动车的,按照下列规定处理:

(一)偷开机动车,导致车辆丢失的,以盗窃罪定罪处罚;

(二)为盗窃其他财物,偷开机动车作为犯罪工具使用后非法占有车辆,或者将车辆遗弃导致丢失的,被盗车辆的价值计入盗窃数额;

(三)为实施其他犯罪,偷开机动车作为犯罪工具使用后非法占有车辆,或者将车辆遗弃导致丢失的,以盗窃罪和其他犯罪数罪并罚;将车辆送回未造成丢失的,按照其所实施的其他犯罪从重处罚。

法释〔2013〕8号第十一条　盗窃公私财物并造成财物损毁的,按照下列规定处理:

(一)采用破坏性手段盗窃公私财物,造成其他财物损毁的,以盗窃罪从重处罚;同时构成盗窃罪和其他犯罪的,择一重罪从重处罚;

(二)实施盗窃犯罪后,为掩盖罪行或者报复等,故意毁坏其他财物构成犯罪的,以盗窃罪和构成的其他犯罪数罪并罚;

(三)盗窃行为未构成犯罪,但损毁财物构成其他犯罪的,以其他犯罪定罪处罚。

法释〔2013〕8号第十二条　盗窃未遂,具有下列情形之一的,应当依法追究刑事责任:

(一)以数额巨大的财物为盗窃目标的;

(二)以珍贵文物为盗窃目标的;

(三)其他情节严重的情形。

盗窃既有既遂,又有未遂,分别达到不同量刑幅度的,依照处罚较重的规定处罚;达到同一量刑幅度的,以盗窃罪既遂处罚。

264-7　法释〔2013〕8号第三条第一款　二年内盗窃三次以上的,应当认定为"多次盗窃"。

264-8　法释〔2013〕8号第三条第二款　非法进入供他人家庭生活,与外界相对隔离的住所盗窃的,应当认定为"入户盗窃"。

264-9　法释〔2013〕8号第三条第三款　携带枪支、爆炸物、管制刀具等国家禁止个人携带的器械盗窃，或者为了实施违法犯罪携带其他足以危害他人人身安全的器械盗窃的，应当认定为“携带凶器盗窃”。

264-10 法释〔2013〕8号第三条第四款 在公共场所或者公共交通工具上盗窃他人随身携带的财物的，应当认定为“扒窃”。

264-11 《最高人民法院关于常见犯罪的量刑指导意见》（法发〔2017〕7号）

四、常见犯罪的量刑 （六）盗窃罪

1.（1）达到数额较大起点的，两年内三次盗窃的，入户盗窃的，携带凶器盗窃的，或者扒窃的，可以在一年以下有期徒刑、拘役幅度内确定量刑起点。

2. 在量刑起点的基础上，可以根据盗窃数额、次数、手段等其他影响犯罪构成的犯罪事实增加刑罚量，确定基准刑。

多次盗窃，数额达到较大以上的，以盗窃数额确定量刑起点，盗窃次数可作为调节基准刑的量刑情节；数额未达到较大的，以盗窃次数确定量刑起点，超过三次的次数作为增加刑罚量的事实。

264-12 法释〔2013〕8号第十四条 因犯盗窃罪，依法判处罚金刑的，应当在一千元以上盗窃数额的二倍以下判处罚金；没有盗窃数额或者盗窃数额无法计算的，应当在一千元以上十万元以下判处罚金。

264-13 法释〔2013〕8号第一条 盗窃公私财物价值三万元至十万元以上，应当分别认定为刑法第二百六十四条规定的“数额巨大”。

264-14 《最高人民法院关于常见犯罪的量刑指导意见》（法发〔2017〕7号）

四、常见犯罪的量刑 （六）盗窃罪 1.（2）达到数额巨大起点或者有其他严重情节的，可以在三年至五年有期徒刑幅度内确定量刑起点。

264-15 法释〔2013〕8号第一条 盗窃公私财物价值三十万元至五十万元以上的，应当分别认定为刑法第二百六十四条规定的“数额特别巨大”。

264-16 《最高人民法院关于常见犯罪的量刑指导意见》（法发〔2017〕7号） 四、常见犯罪的量刑 （六）盗窃罪

1.（3）达到数额特别巨大起点或者有其他特别严重情节的，可以在十年至十二年有期徒刑幅度内确定量刑起点。依法应当判处无期徒刑的除外。

第二百六十五条　【盗窃罪】以牟利为目的,盗接他人通信线路、复制他人电信码号或者明知是盗接、复制的电信设备、设施而使用的,依照本法第二百六十四条(盗窃罪)的规定定罪处罚。

第二百六十六条[1]　**【诈骗罪】**诈骗[2] 公私[3] 财物[4],数额较大的,[5] 处三年以下有期徒刑、拘役或者管制,并处或者单处罚金;数额巨大[6] 或者有其他严重情节[7] 的,处三年以上十年以下有期徒刑,并处罚金;数额特别巨大[8] 或者有其他特别严重情节[9] 的,处十年以上有期徒刑或者无期徒刑,并处罚金或者没收财产。本法另有规定的,依照规定。

266-1　1.《最高人民法院、最高人民检察院关于办理诈骗刑事案件具体应用法律若干问题的解释》(法释〔2011〕7 号,2011 年 4 月 8 日)。

理解与适用:法释〔2011〕7 号司法解释对诈骗罪入罪的最低数额门槛只作了微调,将数额较大的最低认定标准由《最高人民法院关于审理诈骗案件具体应用法律的若干问题的解释》(法发〔1996〕32 号)规定的 2000 元修改为 3000 元,以期通过较低的入罪门槛充分发挥刑法惩治和预防诈骗犯罪、保障人民群众财产权益的重要作用。同时,对诈骗数额较大、数额巨大的最高认定标准以及数额特别巨大的认定标准作了较大幅度的调整,使其与经济社会发展基本相适应,使诈骗犯罪案件的量刑更加均衡,并与信用卡诈骗等其他诈骗类案件的量刑保持大体平衡。另外,本解释只针对诈骗犯罪,而不针对合同诈骗和金融诈骗犯罪。但鉴于合同诈骗罪和金融诈骗罪与诈骗罪有相似之处,故可参照本司法解释执行。

法释〔2011〕7 号第十一条　以前发布的司法解释与本解释不一致的,以本解释为准。

法释〔2011〕7 号第六条　诈骗既有既遂,又有未遂,分别达到不同量刑幅度的,依照处罚较重的规定处罚;达到同一量刑幅度的,以诈骗罪既遂处罚。

理解与适用:该规定参照了《最高人民法院、最高人民检察院关于办理非法生产、销售烟草专卖品等刑事案件具体应用法律若干问题的解释》(以下简称《烟草解释》)第二条第二款关于生产、销售伪劣烟草专卖品，“销售金额和未销售货值金额分别达到不同的法定刑幅度或者均达到同一法定刑幅度的，在处罚较重的法定刑幅度内酌情从重处罚”的规定，明确“诈骗既有既遂，又有未遂，分别达到不同量刑幅度的，依照处罚较重的规定处罚；达到同一量刑幅度的，以诈骗罪既遂处罚”。

2.《最高人民法院、最高人民检察院、公安部关于办理电信网络诈骗等刑事案件适用法律若干问题的意见》（法发〔2016〕32号，2016年12月20日）

四、准确认定共同犯罪与主观故意

（一）三人以上为实施电信网络诈骗犯罪而组成的较为固定的犯罪组织，应依法认定为诈骗犯罪集团。对组织、领导犯罪集团的首要分子，按照集团所犯的全部罪行处罚。对犯罪集团中组织、指挥、策划者和骨干分子依法从严惩处。

对犯罪集团中起次要、辅助作用的从犯，特别是在规定期限内投案自首、积极协助抓获主犯、积极协助追赃的，依法从轻或减轻处罚。

对犯罪集团首要分子以外的主犯，应当按照其所参与的或者组织、指挥的全部犯罪处罚。全部犯罪包括能够查明具体诈骗数额的事实和能够查明发送诈骗信息条数、拨打诈骗电话人次数、诈骗信息网页浏览次数的事实。

（二）多人共同实施电信网络诈骗，犯罪嫌疑人、被告人应对其参与期间该诈骗团伙实施的全部诈骗行为承担责任。在其所参与的犯罪环节中起主要作用的，可以认定为主犯；起次要作用的，可以认定为从犯。

上述规定的“参与期间”，从犯罪嫌疑人、被告人着手实施诈骗行为开始起算。

（三）明知他人实施电信网络诈骗犯罪，具有下列情形之一的，以共同犯罪论处，但法律和司法解释另有规定的除外：

1. 提供信用卡、资金支付结算账户、手机卡、通讯工具的；

2. 非法获取、出售、提供公民个人信息的；

3. 制作、销售、提供“木马”程序和“钓鱼软件”等恶意程序的；

4. 提供“伪基站”设备或相关服务的；

5. 提供互联网接入、服务器托管、网络存储、通讯传输等技术支持，或者提供支付结算等帮助的；

6. 在提供改号软件、通话线路等技术服务时，发现主叫号码被修改为国内党政机关、司法机关、公共服务部门号码，或者境外用户改为境内

号码,仍提供服务的;

7. 提供资金、场所、交通、生活保障等帮助的;

8. 帮助转移诈骗犯罪所得及其产生的收益,套现、取现的。

上述规定的“明知他人实施电信网络诈骗犯罪”,应当结合被告人的认知能力,既往经历,行为次数和手段,与他人关系,获利情况,是否曾因电信网络诈骗受过处罚,是否故意规避调查等主客观因素进行综合分析认定。

(四)负责招募他人实施电信网络诈骗犯罪活动,或者制作、提供诈骗方案、术语清单、语音包、信息等的,以诈骗共同犯罪论处。

(五)部分犯罪嫌疑人在逃,但不影响对已到案共同犯罪嫌疑人、被告人的犯罪事实认定的,可以依法先行追究已到案共同犯罪嫌疑人、被告人的刑事责任。

266-2　**1.**《公安部关于对伪造学生证及贩卖、使用伪造学生证的行为如何处理问题的批复》(公刑〔2002〕1046 号,2002 年 6 月 26 日)

三、对使用伪造的学生证购买半价火车票,数额较大的,应当依照《中华人民共和国刑法》第 266 条的规定,以诈骗罪立案侦查;尚不够刑事处罚的,应当依照《中华人民共和国治安管理处罚条例》第 23 条第(一)项的规定以诈骗定性处罚。

2.《公安部法制局对〈关于对将已经仪器识别为不中奖的彩票出售的行为如何定性处理的请示〉的答复》(公法〔2000〕83 号,2000 年 5 月 23 日)行为人采用欺骗方法使发行彩票的工作人员回收已被识别为不中奖的彩票,数额较大的,应当依照刑法第二百六十六条的规定,以诈骗罪追究刑事责任;行为人与发行彩票的工作人员共谋,发行彩票的工作人员明知是已被识别为不中奖的彩票而回收并向社会公众出售,且数额较大的,对行为人和发行彩票的工作人员,应当以共同犯罪依照刑法第二百六十六条的规定追究刑事责任;尚不构成犯罪的,依照《治安管理处罚条例》第二十三条的有关规定予以处罚。

3. 法释〔2011〕7 号第七条　明知他人实施诈骗犯罪,为其提供信用卡、手机卡、通讯工具、通讯传输通道、网络技术支持、费用结算等帮助的,以共同犯罪论处。

法释〔2011〕7 号第八条　冒充国家机关工作人员进行诈骗,同时构成诈骗罪和招摇撞骗罪的,依照处罚较重的规定定罪处罚。

266-3　法释〔2011〕7号第四条　诈骗近亲属的财物，近亲属谅解的，一般可不按犯罪处理。诈骗近亲属的财物，确有追究刑事责任必要的，具体处理也应酌情从宽。

266-4　**1.**《全国人民代表大会常务委员会关于〈中华人民共和国刑法〉第二百六十六条的解释》(2014年4月24日第十二届全国人民代表大会常务委员会第八次会议通过)全国人民代表大会常务委员会根据司法实践中遇到的情况，讨论了刑法第二百六十六条的含义及骗取养老、医疗、工伤、失业、生育等社会保险金或者其他社会保障待遇的行为如何适用刑法有关规定的问题，解释如下：以欺诈、伪造证明材料或者其他手段骗取养老、医疗、工伤、失业、生育等社会保险金或者其他社会保障待遇的，属于刑法第二百六十六条规定的诈骗公私财物的行为。

2.《最高人民法院关于审理非法生产、买卖武装部队车辆号牌等刑事案件具体应用法律若干问题的解释》(2002年4月10日)第三条　使用伪造、变造、盗窃的武装部队车辆号牌，骗免养路费、通行费等各种规费*，数额较大的，依照刑法第二百六十六条的规定定罪处罚。

3.《最高人民法院关于审理扰乱电信市场管理秩序案件具体应用法律若干问题的解释》(法释〔2000〕12号，2000年5月24日)第九条　以虚假、冒用的身份证件办理入网手续并使用移动电话，造成电信资费损失数额较大的，依照刑法第二百六十六条的规定，以诈骗罪定罪处罚。

4.《最高人民法院关于审理伪造货币等案件具体应用法律若干问题的解释》(法释〔2010〕14号，2010年11月3日)第五条　以使用为目的，伪造停止流通的货币，或者使用伪造的停止流通的货币的，依照刑法第二百六十六条的规定，以诈骗罪定罪**处罚。

5. 法释〔2011〕7号第九条　案发后查封、扣押、冻结在案的诈骗财物及其孳息，权属明确的，应当发还被害人；权属不明确的，可按被骗款物占查封、扣押、冻结在案的财物及其孳息总额的比例发还被害人，但已获退赔的应予扣除。

---

* 张明楷教授在《财产性利益是诈骗罪的对象》一文中指出，所谓“骗免”养路费、通行费等各种费用，实际上是指使用欺骗方法，是他人免除自己的债务；债务的免除意味着行为人取得了财产性利益。

** 诈骗的对象必须是有意识和独立判断能力的自然人，而不能是自动售货机，因为自动售货机不可能基于错误认识而处分其财产。(张明楷)

法释〔2011〕7号第十条　行为人已将诈骗财物用于清偿债务或者转让给他人,具有下列情形之一的,应当依法追缴:

(一)对方明知是诈骗财物而收取的;

(二)对方无偿取得诈骗财物的;

(三)对方以明显低于市场的价格取得诈骗财物的;

(四)对方取得诈骗财物系源于非法债务或者违法犯罪活动的。

他人善意取得诈骗财物的,不予追缴。

266-5　**1.** 法释〔2011〕7号第一条　诈骗公私财物价值3000元至1万元以上,为数额较大。

第三条　诈骗公私财物虽已达到本解释第一条规定的"数额较大"的标准,但具有下列情形之一,且行为人认罪、悔罪的,可以根据刑法第三十七条、刑事诉讼法第一百四十二条的规定不起诉或者免予刑事处罚:

(一)具有法定从宽处罚情节的;

(二)一审宣判前全部退赃、退赔的;

(三)没有参与分赃或者获赃较少且不是主犯的;

(四)被害人谅解的;

(五)其他情节轻微、危害不大的。

2. 法发〔2016〕32号　二、依法严惩电信网络诈骗犯罪

(一)根据《最高人民法院、最高人民检察院关于办理诈骗刑事案件具体应用法律若干问题的解释》第一条的规定,利用电信网络技术手段实施诈骗,诈骗公私财物价值三千元以上、三万元以上、五十万元以上的,应当分别认定为刑法第二百六十六条规定的"数额较大""数额巨大""数额特别巨大"。

二年内多次实施电信网络诈骗未经处理,诈骗数额累计计算构成犯罪的,应当依法定罪处罚。

3.《最高人民法院关于常见犯罪的量刑指导意见》(法发〔2017〕7号)　四、常见犯罪的量刑　(七)诈骗罪

1. 构成诈骗罪的,可以根据下列不同情形在相应的幅度内确定量刑起点:

(1)达到数额较大起点的,可以在一年以下有期徒刑、拘役幅度内确定量刑起点。

2. 在量刑起点的基础上,可以根据诈骗数额等其他影响犯罪构成的

犯罪事实增加刑罚量,确定基准刑。

266-6 **1.** 法释〔2011〕7号第一条 诈骗公私财物价值3万元至10万元以上,为数额巨大。

2.《最高人民法院关于常见犯罪的量刑指导意见》(法发〔2017〕7号) 四、常见犯罪的量刑 (七)诈骗罪

1.构成诈骗罪的,可以根据下列不同情形在相应的幅度内确定量刑起点:

(2)达到数额巨大起点或者有其他严重情节的,可以在三年至五年有期徒刑幅度内确定量刑起点。

266-7 **1.** 法释〔2011〕7号第二条 诈骗公私财物达到本解释第一条规定的数额标准,具有下列情形之一的,可以依照刑法第二百六十六条的规定酌情从严惩处:

(一)通过发送短信、拨打电话或者利用互联网、广播电视、报刊杂志等发布虚假信息,对不特定多数人实施诈骗的;

(二)诈骗救灾、抢险、防汛、优抚、扶贫、移民、救济、医疗款物的;

(三)以赈灾募捐名义实施诈骗的;

(四)诈骗残疾人、老年人或者丧失劳动能力人的财物的;

(五)造成被害人自杀、精神失常或者其他严重后果的。

诈骗数额接近本解释第一条规定的"数额巨大"、"数额特别巨大"的标准,并具有前款规定的情形之一或者属于诈骗集团首要分子的,应当分别认定为刑法第二百六十六条规定的"其他严重情节"、"其他特别严重情节"。

法释〔2011〕7号第五条第一款 诈骗未遂,以数额巨大的财物为诈骗目标的,或者具有其他严重情节的,应当定罪处罚。

利用发送短信、拨打电话、互联网等电信技术手段对不特定多数人实施诈骗,诈骗数额难以查证,但具有下列情形之一的,应当认定为刑法第二百六十六条规定的"其他严重情节",以诈骗罪(未遂)定罪处罚:

(一)发送诈骗信息五千条以上的;

(二)拨打诈骗电话五百人次以上的;

(三)诈骗手段恶劣、危害严重的。

2. 法发〔2016〕32号 二、依法严惩电信网络诈骗犯罪

(二)实施电信网络诈骗犯罪,达到相应数额标准,具有下列情形之

一的,酌情从重处罚:

1. 造成被害人或其近亲属自杀、死亡或者精神失常等严重后果的;

2. 冒充司法机关等国家机关工作人员实施诈骗的;

3. 组织、指挥电信网络诈骗犯罪团伙的;

4. 在境外实施电信网络诈骗的;

5. 曾因电信网络诈骗犯罪受过刑事处罚或者二年内曾因电信网络诈骗受过行政处罚的;

6. 诈骗残疾人、老年人、未成年人、在校学生、丧失劳动能力人的财物,或者诈骗重病患者及其亲属财物的;

7. 诈骗救灾、抢险、防汛、优抚、扶贫、移民、救济、医疗等款物的;

8. 以赈灾、募捐等社会公益、慈善名义实施诈骗的;

9. 利用电话追呼系统等技术手段严重干扰公安机关等部门工作的;

10. 利用"钓鱼网站"链接、"木马"程序链接、网络渗透等隐蔽技术手段实施诈骗的。

(三)实施电信网络诈骗犯罪,诈骗数额接近"数额巨大""数额特别巨大"的标准,具有前述第(二)项规定的情形之一的,应当分别认定为刑法第二百六十六条规定的"其他严重情节""其他特别严重情节"。

上述规定的"接近",一般应掌握在相应数额标准的百分之八十以上。

(四)实施电信网络诈骗犯罪,犯罪嫌疑人、被告人实际骗得财物的,以诈骗罪(既遂)定罪处罚。诈骗数额难以查证,但具有下列情形之一的,应当认定为刑法第二百六十六条规定的"其他严重情节",以诈骗罪(未遂)定罪处罚:

1. 发送诈骗信息五千条以上的,或者拨打诈骗电话五百人次以上的;

2. 在互联网上发布诈骗信息,页面浏览量累计五千次以上的。

具有上述情形,数量达到相应标准十倍以上的,应当认定为刑法第二百六十六条规定的"其他特别严重情节",以诈骗罪(未遂)定罪处罚。

上述"拨打诈骗电话",包括拨出诈骗电话和接听被害人回拨电话。反复拨打、接听同一电话号码,以及反复向同一被害人发送诈骗信息的,拨打、接听电话次数、发送信息条数累计计算。

因犯罪嫌疑人、被告人故意隐匿、毁灭证据等原因,致拨打电话次数、发送信息条数的证据难以收集的,可以根据经查证属实的日拨打人次数、日发送信息条数,结合犯罪嫌疑人、被告人实施犯罪的时间、犯罪嫌疑人、被告人的供述等相关证据，综合予以认定。

266-8 **1.** 法释〔2011〕7 号第一条 诈骗公私财物价值 50 万元以上的，为数额特别巨大。

2.《最高人民法院关于常见犯罪的量刑指导意见》(法发〔2017〕7 号)

四、常见犯罪的量刑 (七)诈骗罪

1.(3)达到数额特别巨大起点或者有其他特别严重情节的，可以在十年至十二年有期徒刑幅度内确定量刑起点。依法应当判处无期徒刑的除外。

266-9 法释〔2011〕7 号第五条第三款 实施前款规定行为，数量达到前款第(一)、(二)项规定标准十倍以上的，或者诈骗手段特别恶劣、危害特别严重的，应当认定为刑法第二百六十六条规定的"其他特别严重情节"，以诈骗罪(未遂)定罪处罚。

第二百六十七条[1] **(刑九)【抢夺罪】**抢夺公私财物，数额较大的，[2] 或者多次抢夺的，处三年以下有期徒刑、拘役或者管制，并处或者单处罚金；数额巨大[3] 或者有其他严重情节[4] 的，处三年以上十年以下有期徒刑，并处罚金；数额特别巨大[5] 或者有其他特别严重情节[6] 的，处十年以上有期徒刑或者无期徒刑，并处罚金或者没收财产。

携带凶器抢夺的，[7] 依照本法第二百六十三条(抢劫罪)的规定定罪处罚。

267-1 《最高人民法院、最高人民检察院关于办理抢夺刑事案件适用法律若干问题的解释》(法释〔2013〕25 号，2013 年 11 月 11 日)。

267-2 **1.** 法释〔2013〕25 号第一条第一项 抢夺公私财物价值人民币一千元至三千元以上的，为"数额较大"；

法释〔2013〕25 号第二条 抢夺公私财物，具有下列情形之一的，"数额较大"的标准按照前条规定标准的百分之五十确定：

(一)曾因抢劫、抢夺或者聚众哄抢受过刑事处罚的；

(二)一年内曾因抢夺或者哄抢受过行政处罚的；

(三)一年内抢夺三次以上的；

(四)驾驶机动车、非机动车抢夺的；

(五)组织、控制未成年人抢夺的；

(六)抢夺老年人、未成年人、孕妇、携带婴幼儿的人、残疾人、丧失劳动能力人的财物的;

(七)在医院抢夺病人或者其亲友财物的;

(八)抢夺救灾、抢险、防汛、优抚、扶贫、移民、救济款物的;

(九)自然灾害、事故灾害、社会安全事件等突发事件期间,在事件发生地抢夺的;

(十)导致他人轻伤或者精神失常等严重后果的。

法释〔2013〕25号第五条　抢夺公私财物数额较大,但未造成他人轻伤以上伤害,行为人系初犯,认罪、悔罪,退赃、退赔,且具有下列情形之一的,可以认定为犯罪情节轻微,不起诉或者免予刑事处罚;必要时,由有关部门依法予以行政处罚:

(一)具有法定从宽处罚情节的;

(二)没有参与分赃或者获赃较少,且不是主犯的;

(三)被害人谅解的;

(四)其他情节轻微、危害不大的。

2.《最高人民法院关于常见犯罪的量刑指导意见》(法发〔2017〕7号)　四、常见犯罪的量刑　(八)抢夺罪

1. 构成抢夺罪的,可以根据下列不同情形在相应的幅度内确定量刑起点:

(1)达到数额较大起点或者两年内三次抢夺的,可以在一年以下有期徒刑、拘役幅度内确定量刑起点。

2. 在量刑起点的基础上,可以根据抢夺数额、次数等其他影响犯罪构成的犯罪事实增加刑罚量,确定基准刑。

多次抢夺,数额达到较大以上的,以抢夺数额确定量刑起点,抢夺次数可作为调节基准刑的量刑情节;数额未达到较大的,以抢夺次数确定量刑起点,超过三次的次数作为增加刑罚量的事实。

267-3　**1.** 法释〔2013〕25号第一条　抢夺公私财物价值人民币三万元至八万元以上的,为"数额巨大";

2.《最高人民法院关于常见犯罪的量刑指导意见》(法发〔2017〕7号)　四、常见犯罪的量刑　(八)抢夺罪

1. (2)达到数额巨大起点或者有其他严重情节的,可以在三年至五年有期徒刑幅度内确定量刑起点。

267-4 法释〔2013〕25 号第三条 抢夺公私财物,具有下列情形之一的,应当认定为刑法第二百六十七条规定的“其他严重情节”:

(一)导致他人重伤的;

(二)导致他人自杀的;

(三)具有本解释第二条第三项至第十项规定的情形之一,数额达到本解释第一条规定的“数额巨大”百分之五十的。

267-5 **1.** 法释〔2013〕25 号第一条 抢夺公私财物价值人民币二十万元至四十万元以上的,为“数额特别巨大”。

2.《最高人民法院关于常见犯罪的量刑指导意见》(法发〔2017〕7 号)

四、常见犯罪的量刑 (八)抢夺罪

1.(3)达到数额特别巨大起点或者有其他特别严重情节的,可以在十年至十二年有期徒刑幅度内确定量刑起点。依法应当判处无期徒刑的除外。

267-6 法释〔2013〕25 号第四条 抢夺公私财物,具有下列情形之一的,应当认定为刑法第二百六十七条规定的“其他特别严重情节”:

(一)导致他人死亡的;

(二)具有本解释第二条第三项至第十项规定的情形之一,数额达到本解释第一条规定的“数额特别巨大”百分之五十的。

267-7 **1.**《最高人民法院关于审理抢劫案件具体应用法律若干问题的解释》(法释〔2000〕35 号,2000 年 11 月 28 日)第六条 刑法第二百六十七条第二款规定的“携带凶器抢夺”,是指行为人随身携带枪支、爆炸物、管制刀具等国家禁止个人携带的器械进行抢夺或者为了实施犯罪而携带其他器械进行抢夺的行为。

2.《最高人民法院关于审理抢劫、抢夺刑事案件适用法律若干问题的意见》(法发〔2005〕8 号,2005 年 7 月 16 日) 四、关于“携带凶器抢夺”的认定:行为人随身携带国家禁止个人携带的器械以外的其他器械抢夺,但有证据证明该器械确实不是为了实施犯罪准备的,不以抢劫罪定罪;行为人将随身携带凶器有意加以显示、能为被害人察觉到的,直接适用*刑法第二百六十三条(抢劫罪)的规定定罪处罚;行为人携带凶器抢夺后,在逃跑过程中为窝藏赃物、抗拒抓捕或者毁灭罪证而当场使用

---

* 此处不是转化型抢劫。是否故意显示凶器,是区别抢劫罪和携带凶器抢劫的关键。

暴力或者以暴力相威胁的,适用刑法第二百六十七条第二款(携带凶器抢夺)的规定定罪处罚。

第二百六十八条 【聚众哄抢罪】聚众哄抢公私财物,数额较大[1]或者有其他严重情节的,对首要分子和积极参加的,处三年以下有期徒刑、拘役或者管制,并处罚金;数额巨大或者有其他特别严重情节的,处三年以上十年以下有期徒刑,并处罚金。

268-1 《最高人民法院关于审理破坏森林资源刑事案件具体应用法律若干问题的解释》(法释〔2000〕36号,2000年12月11日)第十四条

聚众哄抢林木五立方米以上的,属于聚众哄抢"数额较大";聚众哄抢林木二十立方米以上的,属于聚众哄抢"数额巨大",对首要分子和积极参加的,依照刑法第二百六十八条的规定,以聚众哄抢罪定罪处罚。

第二百六十九条 【抢劫罪】犯盗窃、诈骗、抢夺罪[1],为*窝藏赃物、抗拒抓捕或者毁灭罪证而当场[2]使用暴力[3]或者以暴力相威胁的,[4]依照本法第二百六十三条(抢劫罪)的规定定罪处罚。

269-1 《最高人民法院关于审理抢劫刑事案件适用法律若干问题的指导意见》(法发〔2016〕2号,2016年1月6日) 三、关于转化型抢劫犯罪的认定。

根据刑法第二百六十九条的规定,"犯盗窃、诈骗、抢夺罪,为窝藏赃物、抗拒抓捕或者毁灭罪证而当场使用暴力或者以暴力相威胁的",依照抢劫罪定罪处罚。"犯盗窃、诈骗、抢夺罪",主要是指行为人已经着手实施盗窃、诈骗、抢夺行为,一般不考察盗窃、诈骗、抢夺行为是否既遂。但是所涉财物数额明显低于"数额较大"的标准,又不具有《两抢意见》第五条所列五种情节之一的,不构成抢劫罪。

入户或者在公共交通工具上盗窃、诈骗、抢夺后,为了窝藏赃物、抗拒抓捕或者毁灭罪证,在户内或者公共交通工具上当场使用暴力或者以暴力相威胁的,构成"入户抢劫"或者"在公共交通工具上抢劫"。

两人以上共同实施盗窃、诈骗、抢夺犯罪,其中部分行为人为窝藏赃

---

* 此处不用"因"而是用"为"。

物、抗拒抓捕或者毁灭罪证而当场使用暴力或者以暴力相威胁的，对于其余行为人是否以抢劫罪共犯论处，主要看其对实施暴力或者以暴力相威胁的行为人是否形成共同犯意、提供帮助。基于一定意思联络，对实施暴力或者以暴力相威胁的行为人提供帮助或实际成为帮凶的，可以抢劫共犯论处。

269-2　法发〔2016〕2号　三、关于转化型抢劫犯罪的认定

“当场”是指在盗窃、诈骗、抢夺的现场以及行为人刚离开现场即被他人发现并抓捕的情形。

269-3　法发〔2016〕2号　三、关于转化型抢劫犯罪的认定

对于以摆脱的方式逃脱抓捕，暴力强度较小，未造成轻伤以上后果的，可不认定为“使用暴力”，不以抢劫罪论处。

269-4　《最高人民法院关于审理抢劫、抢夺刑事案件适用法律若干问题的意见》（法发〔2005〕8号，2005年6月8日）

五、关于转化抢劫的认定

行为人实施盗窃、诈骗、抢夺行为，未达到“数额较大”，为窝藏赃物、抗拒抓捕或者毁灭罪证当场使用暴力或者以暴力相威胁，情节较轻、危害不大的，一般不以犯罪论处；但具有下列情节之一的，可依照刑法第二百六十九条的规定，以抢劫罪定罪处罚；

（1）盗窃、诈骗、抢夺接近“数额较大”标准的；

（2）入户或在公共交通工具上盗窃、诈骗、抢夺后在户外或交通工具外实施上述行为的；

（3）使用暴力致人轻微伤以上后果的；

（4）使用凶器或以凶器相威胁的；

（5）具有其他严重情节的。

第二百七十条　【侵占罪】将代为保管的他人财物非法占为己有，数额较大，拒不退还的，处二年以下有期徒刑、拘役或者罚金；数额巨大或者有其他严重情节的，处二年以上五年以下有期徒刑，并处罚金。

将他人的遗忘物或者埋藏物非法占为己有，数额较大，拒不交出的，依照前款的规定处罚。

本条罪，告诉的才处理。*

---

* 在亲告罪中只有侵占罪是没有例外的，是绝对的亲告罪。

第二百七十一条 【职务侵占罪】公司、企业或者其他单位[1]的人员,利用职务上的便利,将本单位财物非法占为己有[2],数额较大的,[3]* 处五年以下有期徒刑或者拘役;数额巨大的**[4],处五年以上有期徒刑,可以并处没收财产。

国有公司、企业或者其他国有单位中从事公务的人员和国有公司、企业或者其他国有单位委派到非国有公司、企业以及其他单位从事公务的人员有前款行为的,依照本法第三百八十二条(贪污罪)、第三百八十三条(贪污罪的处罚)的规定定罪处罚。

271-1 1.《最高人民法院关于村民小组组长利用职务便利非法占有公共财物行为如何定性问题的批复》(法释〔1999〕12号,1999年7月3日) 对村民小组组长利用职务上的便利,将村民小组集体财产非法占为己有,数额较大的行为,应当依照刑法第二百七十一条第一款的规定,以职务侵占罪定罪处罚。

理解与适用:村民小组组长既不是国家工作人员,也不是公司、企业人员,故只能认定为职务侵占罪,而不是贪污罪或非国家工作人员受贿罪,本解释只针对村民小组组长,他们可能是村委会成员,但对于不是组长的村委会成员的行为如何定性尚未作出明确规定。

2.《最高人民法院关于在国有资本控股、参股的股份有限公司中从事管理工作的人员利用职务便利非法占有本公司财物如何定罪问题的批复》(法释〔2001〕17号,2001年5月26日) 在国有资本控股、参股的股份有限公司中从事管理工作的人员,除受国家机关、国有企业、公司、事业单位委派从事公务的以外,不属于国家工作人员。对其利用职务上的便利,将本单位财物非法占为己有,数额较大的,以职务侵占罪定罪处罚。

理解与适用:1. 罪名的不同,不仅涉及量刑的轻重,还涉及案件的分工,必须加以明确。2. 公司一经设立,就具有完全的、独立的性质,该性质不同于任何发起人或者认股人、包括参股、认股、控股的国有公司、企业的

---

* 职务侵占罪中的数额较大,相当于盗窃罪和抢夺罪中的数额巨大。

** 10万元以上为数额巨大。如果是贪污同样数额,量刑将远远高于本罪,可能判处死刑,并处没收财产。这涉及公产和私产的同等保护这样一个重大问题。

性质。公司的法人财产不同于任何出资者的财产,公司法人财产的不由任何出资的性质所决定,属于独立的公司法人财产。3. 在股份公司中从事管理工作的人员,按照其是否由国有单位委派从事公务决定其行为的性质,从事公务的人所侵占的财产虽然不是公共财产,但单纯依照刑法第三百八十二条则不构成贪污罪,但该条仅仅是贪污罪的一般规定,而本条则属于贪污罪的特别规定。根据特殊规定优先于一般规定的原则,对于国有单位委派到国有资本参股、控股的股份有限公司中从事管理工作的人员,利用职务便利,非法占有公司财物的行为,只能认定为贪污罪。

3.《最高人民法院关于如何认定国有控股、参股股份有限公司中的国有公司、企业人员的解释》(法释〔2005〕10 号,2005 年 8 月 11 日)*。

4.《最高人民法院关于审理贪污、职务侵占案件如何认定共同犯罪几个问题的解释》(法释〔2000〕15 号,2000 年 7 月 8 日)第二条　行为人与公司、企业或者其他单位的人员勾结,利用公司、企业或者其他单位人员的职务便利,共同将该单位财物非法占为己有,数额较大的,以职务侵占罪共犯论处。

法释〔2000〕15 号第三条　公司、企业或者其他单位中,不具有国家工作人员身份的人与国家工作人员勾结,分别利用各自的职务便利,共同将本单位财物非法占为己有的,按照主犯的犯罪性质定罪。

271-2　《公安部经侦局关于对非法占有他人股权是否构成职务侵占罪问题的工作意见》(2005 年 6 月 24 日)　近年来,许多地方公安机关就公司股东之间或者被委托人采用非法手段侵占股权,是否涉嫌职务侵占罪问题请示我局。对此问题,我局多次召开座谈会并分别征求了高检、高法及人大法工委刑法室等有关部门的意见。近日,最高人民法院刑事审判第二庭书面答复我局:对于公司股东之间或者被委托人利用职务便利,非法占有公司股东股权的行为,如果能够认定行为人主观上具有非法占有他人财物的目的,则可对其利用职务便利,非法占有公司管理中的股东股权的行为以职务侵占罪论处。

271-3　**1.**《立案标准(二)》第八十四条　公司、企业或者其他单位的人员,利用职务上的便利,将本单位财物非法占为己有,数额在五千元至一万元以上的,应予立案追诉。

---

* 参见本法第一百六十八条有关脚注。

2.《最高人民法院关于常见犯罪的量刑指导意见》(法发〔2017〕7 号)

四、常见犯罪的量刑 (九)职务侵占罪

1. 构成职务侵占罪的,可以根据下列不同情形在相应的幅度内确定量刑起点:

(1)达到数额较大起点的,可以在二年以下有期徒刑、拘役幅度内确定量刑起点。

2. 在量刑起点的基础上,可以根据职务侵占数额等其他影响犯罪构成的犯罪事实增加刑罚量,确定基准刑。

271-4 《最高人民法院关于常见犯罪的量刑指导意见》(法发〔2017〕7 号)

四、常见犯罪的量刑 (九)职务侵占罪

1. (2)达到数额巨大起点的,可以在五年至六年有期徒刑幅度内确定量刑起点。

第二百七十二条 【挪用资金罪】公司、企业或者其他单位[1] 的工作人员,利用职务上的便利,挪用本单位资金[2] 归个人使用[3] 或者借贷给他人,[4] 数额较大[5]、超过三个月未还的,或者虽未超过三个月,但数额较大、进行营利活动的,或者进行非法活动的[6],处三年以下有期徒刑或者拘役;挪用本单位资金数额巨大的,或者数额较大不退还的[*],处三年以上十年以下有期徒刑。

国有公司、企业或者其他国有单位中从事公务的人员和国有公司、企业或者其他国有单位委派到非国有公司、企业以及其他单位从事公务的人员[7] 有前款行为的,依照本法第三百八十四条(挪用公款罪)的规定定罪处罚。

272-1 《公安部经济犯罪侦查局关于宗教活动场所工作人员能否构成职务侵占或挪用资金犯罪主体的批复》(公经〔2004〕643 号,2004 年 4 月 30 日)根据《宗教活动场所管理条例》(国务院令第 145 号令)等有关

---

* 第三百八十三条相关规定的表述:挪用公款数额巨大不退还的,处十年以上有期徒刑或者无期徒刑。

规定，宗教活动场所属于刑法第271条和第272条所规定的“其他单位”的范围。宗教活动场所的财产属于公共财产或信教公民共有财产，受法律保护，任何组织和个人不得侵占、哄抢、私分和非法处分宗教团体、宗教活动场所的合法财产。宗教活动场所的管理人员利用职务之便，侵占或挪用宗教活动场所公共财产的，可以构成职务侵占罪或挪用资金罪。

272-2　《公安部经济犯罪侦查局关于对挪用资金罪有关问题请示的答复》（公经〔2002〕1604号，2002年12月24日）对于在经济往来中所涉及的暂收、预收、暂存其他单位或个人的款项、物品，或者对方支付的货款、交付的货物等，如接收人已以单位名义履行接收手续的，所接收的财、物应视为该单位资产。

272-3　**1.**《立案标准（二）》第八十五条第二款　具有下列情形之一的，属于本条规定的“归个人使用”：

（一）将本单位资金供本人、亲友或者其他自然人使用的；

（二）以个人名义将本单位资金供其他单位使用的；

（三）个人决定以单位名义将本单位资金供其他单位使用，谋取个人利益的。

2.《全国人民代表大会常务委员会法制工作委员会刑法室关于挪用资金罪有关问题的答复》（法工委刑发〔2004〕第28号，2004年9月8日）刑法第二百七十二条规定的挪用资金罪中的“归个人使用”与刑法第三百八十四条规定的挪用公款罪中的“归个人使用”的含义基本相同。1997年修改刑法时，针对当时挪用资金中比较突出的情况，在规定“归个人使用时”的同时，进一步明确了“借贷给他人”属于挪用资金罪的一种表现形式。

272-4　《最高人民法院关于如何理解刑法第二百七十二条规定的“挪用本单位资金归个人使用或者借贷给他人”问题的批复》（法释〔2000〕22号，2000年7月22日）公司、企业或者其他单位的非国家工作人员，利用职务上的便利，挪用本单位资金归本人或者其他自然人使用，或者挪用人以个人名义将所挪用的资金借给其他自然人和单位，构成犯罪的，应当依照刑法第二百七十二条第一款的规定定罪处罚。

理解与适用：1.挪用本单位资金归个人使用，包括归本人使用或给其他自然人使用两种情况。至于挪用资金给私有公司、企业使用的，是否也应认定为归个人使用，考虑到《最高人民法院关于审理单位犯罪案件具体应用法律有关问题的解释》已明确将具有法人资格的私有公司、企业规定为刑法中的单位,故这一类公司不属于本条中的“个人”。2.借贷给他人,可解释为借给其他自然人或单位。关于他人是否包括单位,以及如何确定单位的范围,有不同意见。经研究认为,对于符合挪用资金罪构成要件的行为,就应当以挪用资金罪追究刑事责任,不宜根据受害单位或者使用资金的单位的所有权性质,确定是否追究刑事责任。一个国有单位资金挪用给另一国有单位使用,行为人的挪用资金行为侵犯了其本单位的资金使用权,其行为给所在单位造成的危害和损失,并不因为对方使用资金单位是国有单位而避免或有所减轻。挪用非国有单位资金给国有单位使用不构成挪用资金罪的观点,不符合对市场经济主体平等保护的宪法原则,从长远来看,不利于我国市场经济的进一步发展,故批复中规定的单位,既包括国有单位,也包括非国有单位。

272-5 法释〔2016〕9号第十一条第二款　刑法第二百七十二条规定的挪用资金罪中的“数额较大”“数额巨大”以及“进行非法活动”情形的数额起点,按照本解释关于挪用公款罪“数额较大”“情节严重”以及“进行非法活动”的数额标准规定的二倍执行。

理解与适用:挪用资金罪第一个量刑档中的数额较大,以挪用公款罪中数额较大的数额标准为认定基准,即十万元(5万元×2);挪用资金罪第二个量刑档中的数额巨大,以挪用公款罪第二个量刑档情节严重的数额标准为认定基准,即四百万元(200万元×2);挪用资金罪第二个量刑档中数额较大不退还的数额较大,以挪用公款罪第二个量刑档情节严重中不退还的数额标准为认定基准,即二百万元(100万元×2)。挪用资金进行非法活动的,第一个、第二个量刑档的数额标准分别以相对应的挪用公款罪第一个、第二个量刑档的数额标准的2倍执行,即人罪数额标准为六万元(3万元×2);数额巨大的标准通常为二百万元(100万元×2);数额较大不退还中数额较大的标准为一百万元(50万元×2)。

272-6 《立案标准(二)》第八十五条第一款　公司、企业或者其他单位的工作人员,利用职务上的便利,挪用本单位资金归个人使用或者借贷给他人,涉嫌下列情形之一的,应予立案追诉:

(一)挪用本单位资金数额在一万元至三万元以上,超过三个月未还的;

(二)挪用本单位资金数额在一万元至三万元以上,进行营利活动的;

(三)挪用本单位资金数额在五千元至二万元以上,进行非法活动的。

272-7 《最高人民法院关于对受委托管理、经营国有财产人员挪用国有资金行为如何定罪问题的批复》(法释〔2000〕5号,2000年2月24日)对于受国家机关、国有公司、企业、事业单位、人民团体委托,管理、经营国有财产的非国家工作人员,利用职务上的便利,挪用国有资金归个人使用构成犯罪的,应当依照刑法第二百七十二条第一款的规定定罪处罚。

理解与适用:有观点认为,从严打击的角度出发,并参照贪污罪的犯罪主体的有关规定,认为此类人员应认定为国家工作人员。否则同一个人既有贪污公款的行为又有挪用资金的行为,最终依不同的身份分别认定为贪污罪和挪用资金罪,则明显不合适。但贪污罪侵犯的是公共财产的所有权,而挪用类犯罪侵犯的只是公共财产的使用权,社会危害性的程度不同。如果挪用公款罪的犯罪主体参照贪污罪而得以扩大,那么受贿罪的主体是否也要相应扩大?最终根据罪刑法定原则,将此类受托管理、经营国有财产的人员不予认定为国家工作人员。从逻辑上看,贪污罪的第一款和第二款是并列关系,这也说明受委托人员不应包含在国家工作人员之中。

第二百七十三条 【挪用特定款物罪】挪用*用于救灾、抢险、防汛、优抚、扶贫、移民、救济款物,[1] 情节严重,致使国家和人民群众利益遭受重大损害的,[2] 对直接责任人员,处三年以下有期徒刑或者拘役;情节特别严重的,处三年以上七年以下有期徒刑。

273-1 1.《最高人民检察院关于挪用失业保险基金和下岗职工基本生活保障资金的行为适用法律问题的批复》(高检发释字〔2003〕1号,2003年1月30日) 挪用失业保险基金和下岗职工基本生活保障资金属于挪用救济款物。挪用失业保险基金和下岗职工基本生活保障资金,情节严重,致使国家和人民群众利益遭受重大损害的,对直接责任人员,应当依照刑法第二百七十三条的规定,以挪用特定款物罪追究刑事责任;国家工作人员利用职务上的便利,挪用失业保险基金和下岗职工基本生活保障资金归个人使用,构成犯罪的,应当依照刑法第三百八十四条的规定,以挪用公款罪追究刑事责任。

理解与适用:1. 根据《失业保险条例》和《城镇居民最低生活保险条

---

* 本罪的犯罪主体是特殊主体,即主管、经营、经手人员,并不要求具有国家工作人员身份。并非挪归个人使用,而是挪作他用。

例》的规定,失业保险基金和下岗职工基本生活保障基金均具有救济金的性质。缴纳失业保险金是国家对企业和职工规定的义务,享受失业保险待遇则是国家对失业职工提供的一种救济方式。2. 挪用的对象同一,但挪用的主体不同,则罪质不同。

2.《最高人民法院研究室关于挪用民族贸易和民族用品生产贷款利息补贴行为如何定性问题的复函》(法研〔2003〕16 号,2003 年 2 月 24 日)　中国人民银行给予中国农业银行发放民族贸易和民族用品生产贷款的利息补贴,不属于刑法第二百七十三条规定的特定款物。

273-2　《立案标准(二)》第八十六条　挪用用于救灾、抢险、防汛、优抚、扶贫、移民、救济款物,涉嫌下列情形之一的,应予立案追诉:

(一)挪用特定款物数额在五千元以上的;

(二)造成国家和人民群众直接经济损失数额在五万元以上的;

(三)虽未达到上述数额标准,但多次挪用特定款物的,或者造成人民群众的生产、生活严重困难的;

(四)严重损害国家声誉,或者造成恶劣社会影响的;

(五)其他致使国家和人民群众利益遭受重大损害的情形。

第二百七十四条[1] * 　**(刑八)【敲诈勒索罪】**敲诈勒索[2] 公私[**3]

---

* 1. 1979 年刑法第一百五十四条　敲诈勒索公私财物的,处三年以下有期徒刑或者拘役;情节严重的,处三年以上七年以下有期徒刑。2. 1997 年刑法将"数额较大"作为本罪的成立条件,并规定"数额巨大"或者有其他严重情节,加重处罚,并将刑期延长为十年以下。3. 原 1997 年刑法第二百七十四条为:"敲诈勒索公私财物,数额较大的,处三年以下有期徒刑、拘役或者管制;数额巨大或者有其他严重情节的,处三年以上十年以下有期徒刑。"4. 关于债权人为了实现自己的债权,而对债务人实施了胁迫行为,如何认定。张明楷教授认为,一般而言,只要没有超过债权,且其手段行为本身不构成其他犯罪,不宜认定为犯罪。但如果债务人一方具有期限的利益、清算的利益等值得保护的利益,或者债权的内容未确定,债务人在民事诉讼中存在请求的正当利益,对方使用胁迫手段取得财物的,具有成立敲诈勒索罪的可能性。与绑架罪的区别,在于是否现实地绑架了他人。本罪既遂与未遂的界限:如果受害人与警方配合而约定交付财物地点,并实际交付财物,应认定为未遂。

** 张明楷教授认为,一般而言,只要没有超过债权,且其手段行为本身不构成其他犯罪,不宜认定为犯罪。但如果债务人一方具有期限的利益、清算的利益等值得保护的利益,或者债权的内容未确定,债务人在民事诉讼中存在请求的正当利益,对方使用胁迫手段取得财物的,具有成立敲诈勒索罪的可能性。与绑架罪的区别,在于是否现实地绑架了他人。本罪既遂与未遂的界限:如果受害人与警方配合而约定交付财物地点,并实际交付财物,应认定为未遂。

财物，数额较大[4]或者多次敲诈勒索的，[5]处三年以下有期徒刑、拘役或者管制，并处或者单处罚金；[6]数额巨大[7]或者有其他严重情节的，处三年以上十年以下有期徒刑，并处罚金；数额特别巨大[8]或者有其他特别严重情节的，处十年以上有期徒刑，并处罚金。

274-1　《最高人民法院、最高人民检察院关于办理敲诈勒索刑事案件适用法律若干问题的解释》（法释〔2013〕10号，2013年4月27日）第九条　本解释公布施行后，《最高人民法院关于敲诈勒索罪数额认定标准问题的规定》（法释〔2000〕11号）同时废止；此前发布的司法解释与本解释不一致的，以本解释为准。

理解与适用：本罪的犯罪数额的制定所考虑的因素：考虑到实施敲诈勒索犯罪往往有一个较长过程，被害人可以报案，便于司法机关及时破获，而且不少被害人有一定过错，因此敲诈勒索罪的数额标准应略高于盗窃犯罪；同时，敲诈勒索犯罪还具备对被害人实施精神上威胁、强制的特征，故敲诈勒索犯罪的数额宜略低于诈骗犯罪。

274-2　**1.**《最高人民法院、最高人民检察院关于办理利用信息网络实施诽谤等刑事案件适用法律若干问题的解释》（法释〔2013〕21号，2013年9月10日）第六条　以在信息网络上发布、删除等方式处理网络信息为由，威胁、要挟他人，索取公私财物，数额较大，或者多次实施上述行为的，依照刑法第二百七十四条的规定，以敲诈勒索罪定罪处罚。

理解与适用：1.利用信息网络实施敲诈勒索犯罪的行为方式。实践中，主要表现为"发帖型"敲诈勒索和"删帖型"敲诈勒索两种方式。"发帖型"敲诈勒索，是指行为人通过各种途径收集到有关被害人的负面信息，然后主动联系被害人，以在信息网络上发布相关负面信息为由，威胁、要挟被害人，进而索取财物。而"删帖型"敲诈勒索，是指行为人通过各种途径收集到有关被害人的负面信息后，先在信息网络上发布，然后主动联系被害人，以删除上述负面信息为条件威胁、要挟被害人，进而索取财物。与"发帖型"敲诈勒索相比，"删帖型"敲诈勒索通常要借助一定的网络平台。例如，行为人自己建立或者经营所谓的"维权网站"，收集不利于被害人的负面信息后，发布在该网站，然后与被害人联系并告知该网站上有不利于被害人的负面信息，要求对方将特定数额的钱款存入指定的账户，否则就要继续在网络上发布或者炒作相关的负面信息。

由此达到索取财物的非法目的。2. 利用信息网络实施敲诈勒索犯罪罪与非罪的界限。上述解释第六条采用了“索取”的表述，意味着认定敲诈勒索罪，要求行为人必须有主动向被害人实施威胁、要挟并索要财物的行为。尤其是对于“删帖型”敲诈勒索，如果行为人没有主动与被害人联系删帖事宜，未实施威胁、要挟，而是在被害人主动上门联系请求删帖的情况下，以“广告费”“赞助费”“服务费”等名义收取被害人费用的，不认定为敲诈勒索罪。如果被害人主动上门联系请求删帖，但并不同意支付费用，而行为人以不支付费用，或者不支付指定数额的费用就不删帖甚至将对负面信息进一步炒作为由，威胁、要挟被害人，进而索取费用的，可以认定为敲诈勒索罪。此外，上述解释第六条采用的是“信息”而非“虚假信息”的表述。行为人威胁将要在信息网络上发布、删除的涉及被害人的负面信息即使是真实的，但只要其出于非法占有的目的，以发布、删除该负面信息为由索取公私财物，仍然构成敲诈勒索罪。

2. 法释〔2013〕10号第七条　明知他人实施敲诈勒索犯罪，为其提供信用卡、手机卡、通讯工具、通讯传输通道、网络技术支持等帮助的，以共同犯罪论处。

274-3　法释〔2013〕10号第六条　敲诈勒索近亲属的财物，获得谅解的，一般不认为是犯罪；认定为犯罪的，应当酌情从宽处理。被害人对敲诈勒索的发生存在过错的，根据被害人过错程度和案件其他情况，可以对行为人酌情从宽处理；情节显著轻微危害不大的，不认为是犯罪。

274-4　**1.** 法释〔2013〕10号第一条　敲诈勒索公私财物价值二千元至五千元以上，应当认定为刑法第二百七十四条规定的“数额较大”。

法释〔2013〕10号第二条　敲诈勒索公私财物，具有下列情形之一的，“数额较大”的标准可以按照本解释第一条规定标准的百分之五十确定：

(一)曾因敲诈勒索受过刑事处罚的；

(二)一年内曾因敲诈勒索受过行政处罚的；

(三)对未成年人、残疾人、老年人或者丧失劳动能力人敲诈勒索的；

(四)以将要实施放火、爆炸等危害公共安全犯罪或者故意杀人、绑架等严重侵犯公民人身权利犯罪相威胁敲诈勒索的；

(五)以黑恶势力名义敲诈勒索的；

(六)利用或者冒充国家机关工作人员、军人、新闻工作者等特殊身份敲诈勒索的；

（七）造成其他严重后果的。

法释〔2013〕10号第五条　敲诈勒索数额较大，行为人认罪、悔罪，退赃、退赔，并具有下列情形之一的，可以认定为犯罪情节轻微，不起诉或者免予刑事处罚，由有关部门依法予以行政处罚：

（一）具有法定从宽处罚情节的；

（二）没有参与分赃或者获赃较少且不是主犯的；

（三）被害人谅解的；

（四）其他情节轻微、危害不大的。

2.《最高人民法院关于常见犯罪的量刑指导意见》（法发〔2017〕7号）　四、常见犯罪的量刑　（十）敲诈勒索罪

1. 构成敲诈勒索罪的，可以根据下列不同情形在相应的幅度内确定量刑起点：

（1）达到数额较大起点的，或者两年内三次敲诈勒索的，可以在一年以下有期徒刑、拘役幅度内确定量刑起点。

2. 在量刑起点的基础上，可以根据敲诈勒索数额、次数、犯罪情节严重程度等其他影响犯罪构成的犯罪事实增加刑罚量，确定基准刑。

多次敲诈勒索，数额达到较大以上的，以敲诈勒索数额确定量刑起点，敲诈勒索次数可作为调节基准刑的量刑情节；数额未达到较大的，以敲诈勒索次数确定量刑起点，超过三次的次数作为增加刑罚量的事实。

274-5　法释〔2013〕10号第三条　二年内敲诈勒索三次以上的，应当认定为刑法第二百七十四条规定的“多次敲诈勒索”。

274-6　法释〔2013〕10号第八条　对犯敲诈勒索罪的被告人，应当在二千元以上、敲诈勒索数额的二倍以下判处罚金；被告人没有获得财物的，应当在二千元以上十万元以下判处罚金。

274-7　**1.** 法释〔2013〕10号第一条　敲诈勒索公私财物价值三万元至十万元以上，应当认定为刑法第二百七十四条规定的“数额巨大”。

法释〔2013〕10号第四条　敲诈勒索公私财物，具有本解释第二条第三项至第七项规定的情形之一，数额达到本解释第一条规定的“数额巨大”“数额特别巨大”百分之八十的，可以分别认定为刑法第二百七十四条规定的“其他严重情节”“其他特别严重情节”。

2.《最高人民法院关于常见犯罪的量刑指导意见》（法发〔2017〕7号）　四、常见犯罪的量刑　（十）敲诈勒索罪

1.（2）数额达到巨大起点或者有其他严重情节的，可以在三年至五

年有期徒刑幅度内确定量刑起点。

274-8 法释〔2013〕10号第一条 敲诈勒索公私财物价值三十万元至五十万元以上的，应当认定为刑法第二百七十四条规定的“数额特别巨大”。

第二百七十五条 【故意毁坏财物罪】故意毁坏*公私财物，[1]数额较大或者有其他严重情节的，[2]处三年以下有期徒刑、拘役或者罚金；数额巨大或者有其他特别严重情节的，处三年以上七年以下有期徒刑。

275-1 1.《最高人民法院关于审理破坏公用电信设施刑事案件具体应用法律若干问题的解释》(法释〔2004〕21号，2005年1月11日)第五条第一款 故意破坏正在使用的公用电信设施尚未危害公共安全，或者故意毁坏尚未投入使用的公用电信设施，造成财物损失，构成犯罪的，依照刑法第二百七十五条规定，以故意毁坏财物罪定罪处罚。

2. 法释〔2011〕13号第六条 破坏正在使用的广播电视设施未危及公共安全，或者故意毁坏尚未投入使用的广播电视设施，造成财物损失数额较大或者有其他严重情节的，以故意毁坏财物罪定罪处罚。

275-2 《立案标准(一)》第三十三条 故意毁坏公私财物，涉嫌下列情形之一的，应予立案追诉：

(一)造成公私财物损失五千元以上的；

(二)毁坏公私财物三次以上的；

(三)纠集三人以上公然毁坏公私财物的；

(四)其他情节严重的情形。

第二百七十六条 【破坏生产经营罪】**由于泄愤报复或者其

---

* 张明楷教授在《从生活事实中发现法》一文中提到“毁坏”的含义，一种观点认为，通过对财物的全部或者一部分进行物质性破坏、毁损，以致全部或者部分不能遵从该财物的本来用途进行使用；另一种观点认为，对财物行使有形力，毁损财物或者损害财物的价值、效用的行为；还有一种观点认为，导致财物的效用减少或者丧失的一切行为。

** 本罪原为破坏社会主义经济秩序罪，新刑法将其归入侵犯财产罪，重点着眼于其手段行为。

他个人目的*，毁坏机器设备、残害耕畜或者以其他方法破坏生产经营的，[1] 处三年以下有期徒刑、拘役或者管制；情节严重的，处三年以上七年以下有期徒刑。

276-1　《立案标准(一)》第三十四条　[破坏生产经营案(刑法第二百七十六条)]由于泄愤报复或者其他个人目的，毁坏机器设备、残害耕畜或者以其他方法破坏生产经营，涉嫌下列情形之一的，应予立案追诉：

(一)造成公私财物损失五千元以上的；

(二)破坏生产经营三次以上的；

(三)纠集三人以上公然破坏生产经营的；

(四)其他破坏生产经营应予追究刑事责任的情形。

第二百七十六条之一[1]　**(刑八)【拒不支付劳动报酬罪】**以转移财产、逃匿等方法[2] 逃避支付劳动者的劳动报酬[3] 或者有能力支付而不支付劳动者的劳动报酬，数额较大，[4] 经政府有关部门责令支付仍不支付的，[5] 处三年以下有期徒刑或者拘役，并处或者单处罚金；造成严重后果的，[6] 处三年以上七年以下有期徒刑，并处罚金。

单位犯前款罪的，[7] 对单位判处罚金，并对其直接负责的主管人员和其他直接责任人员，依照前款的规定处罚。

有前两款行为，尚未造成严重后果，在提起公诉前支付劳动者的劳动报酬，并依法承担相应赔偿责任的，[8] 可以减轻或者免除处罚。

276A-1　1.《最高人民法院关于审理拒不支付劳动报酬刑事案件适

---

* 刑法中有许多关于其他兜底的条款，这是一个解释难题。就本罪而言，对“其他个人目的”和“其他方法”的理解，不能忽视条文明确列举的目的和方法的导向意义而任意确定，否则就有扩大解释之嫌，违背罪刑法定原则。为中大奖而窃取摇奖专用彩球并改变其重量的行为，被定为破坏生产经营罪。(《刑事审判参考》总第37集，第291号案例。)

用法律若干问题的解释》(法释〔2013〕3号,2013年1月23日);2.《最高人民法院、最高人民检察院、人力资源和社会保障部、公安部关于加强对拒不支付劳动报酬案件查处工作的通知》(人社部发〔2012〕3号,2012年1月14日);3.《最高人民法院、最高人民检察院、人力资源和社会保障部、公安部关于加强涉嫌拒不支付劳动报酬犯罪案件查处衔接工作的通知》(人社部发〔2014〕100号,2014年12月23日)。

1. 法释〔2013〕3号第七条　不具备用工主体资格的单位或者个人,违法用工且拒不支付劳动者的劳动报酬,数额较大,经政府有关部门责令支付仍不支付的,应当依照刑法第二百七十六条之一的规定,以拒不支付劳动报酬罪追究刑事责任。

2. 法释〔2013〕3号第八条　用人单位的实际控制人实施拒不支付劳动报酬行为,构成犯罪的,应当依照刑法第二百七十六条之一的规定追究刑事责任。

3. 最高人民法院指导性案例28号胡克金拒不支付劳动报酬案

裁判要点　1.不具备用工主体资格的单位或者个人(包工头),违法用工且拒不支付劳动者报酬,数额较大,经政府有关部门责令支付仍不支付的,应当以拒不支付劳动报酬罪追究刑事责任。2.不具备用工主体资格的单位或者个人(包工头)拒不支付劳动报酬,即使其他单位或者个人在刑事立案前为其垫付了劳动报酬的,也不影响追究该用工单位或者个人(包工头)拒不支付劳动报酬罪的刑事责任。

裁判理由　法院生效裁判认为:被告人胡克金拒不支付20余名民工的劳动报酬达12万余元,数额较大,且在政府有关部门责令其支付后逃匿,其行为构成拒不支付劳动报酬罪。被告人胡克金虽然不具有合法的用工资格,又属没有相应建筑工程施工资质而承包建筑工程施工项目,且违法招用民工进行施工,上述情况不影响以拒不支付劳动报酬罪追究其刑事责任。本案中,胡克金逃匿后,工程总承包企业按照有关规定清偿了胡克金拖欠的民工工资,其清偿拖欠民工工资的行为属于为胡克金垫付,这一行为虽然削减了拖欠行为的社会危害性,但并不能免除胡克金应当支付劳动报酬的责任,因此,对胡克金仍应当以拒不支付劳动报酬罪追究刑事责任。鉴于胡克金系初犯、认罪态度好,依法作出如上判决。

276A-2　**1.** 法释〔2013〕3号第二条　以逃避支付劳动者的劳动报

酬为目的，具有下列情形之一的，应当认定为刑法第二百七十六条之一第一款规定的“以转移财产、逃匿等方法逃避支付劳动者的劳动报酬”：

（一）隐匿财产、恶意清偿、虚构债务、虚假破产、虚假倒闭或者以其他方法转移、处分财产的；

（二）逃跑、藏匿的；

（三）隐匿、销毁或者篡改账目、职工名册、工资支付记录、考勤记录等与劳动报酬相关的材料的；

（四）以其他方法逃避支付劳动报酬的。

2. 人社部发〔2014〕100号　（二）行为人拖欠劳动者劳动报酬后，人力资源社会保障部门通过书面、电话、短信等能够确认其收悉的方式，通知其在指定的时间内到指定的地点配合解决问题，但其在指定的时间内未到指定的地点配合解决问题或明确表示拒不支付劳动报酬的，视为刑法第二百七十六条之一第一款规定的“以逃匿方法逃避支付劳动者的劳动报酬”。但是，行为人有证据证明因自然灾害、突发重大疾病等非人力所能抗拒的原因造成其无法在指定的时间内到指定的地点配合解决问题的除外。

276A-3　法释〔2013〕3号第一条　劳动者依照《劳动法》和《劳动合同法》等法律的规定应得的劳动报酬，包括工资、奖金、津贴、补贴、延长工作时间的工资报酬及特殊情况下支付的工资等，应当认定为刑法第二百七十六条之一第一款规定的“劳动者的劳动报酬”。

276A-4　法释〔2013〕3号第三条　具有下列情形之一的，应当认定为刑法第二百七十六条之一第一款规定的“数额较大”：

（一）拒不支付一名劳动者三个月以上的劳动报酬且数额在五千元至二万元以上的；

（二）拒不支付十名以上劳动者的劳动报酬且数额累计在三万元至十万元以上的。

各省、自治区、直辖市高级人民法院可以根据本地区经济社会发展状况，在前款规定的数额幅度内，研究确定本地区执行的具体数额标准，报最高人民法院备案。

276A-5　**1.** 法释〔2013〕3号第四条　经人力资源社会保障部门或者政府其他有关部门依法以限期整改指令书、行政处理决定书等文书责令支付劳动者的劳动报酬后，在指定的期限内仍不支付的，应当认定为刑法第二百七十六条之一第一款规定的“经政府有关部门责令支付仍不支付”,但有证据证明行为人有正当理由未知悉责令支付或者未及时支付劳动报酬的除外。

行为人逃匿,无法将责令支付文书送交其本人、同住成年家属或者所在单位负责收件的人的,如果有关部门已通过在行为人的住所地、生产经营场所等地张贴责令支付文书等方式责令支付,并采用拍照、录像等方式记录的,应当视为“经政府有关部门责令支付”。

2.《劳动保障监察条例》(2004 年 12 月 1 日)第二十条　违反劳动保障法律、法规或者规章的行为在 2 年内未被劳动保障行政部门发现,也未被举报、投诉的,劳动保障行政部门不再查处。

前款规定的期限,自违反劳动保障法律、法规或者规章的行为发生之日起计算;违反劳动保障法律、法规或者规章的行为有连续或者继续状态的,自行为终了之日起计算。

276A-6　法释〔2013〕3 号第五条　拒不支付劳动者的劳动报酬,符合本解释第三条的规定,并具有下列情形之一的,应当认定为刑法第二百七十六条之一第一款规定的“造成严重后果”:

(一)造成劳动者或者其被赡养人、被扶养人、被抚养人的基本生活受到严重影响、重大疾病无法及时医治或者失学的;

(二)对要求支付劳动报酬的劳动者使用暴力或者进行暴力威胁的;

(三)造成其他严重后果的。

276A-7　法释〔2013〕3 号第九条　单位拒不支付劳动报酬,构成犯罪的,依照本解释规定的相应个人犯罪的定罪量刑标准,对直接负责的主管人员和其他直接责任人员定罪处罚,并对单位判处罚金。

276A-8　法释〔2013〕3 号第六条　拒不支付劳动者的劳动报酬,尚未造成严重后果,在刑事立案前支付劳动者的劳动报酬,并依法承担相应赔偿责任的,可以认定为情节显著轻微危害不大,不认为是犯罪;在提起公诉前支付劳动者的劳动报酬,并依法承担相应赔偿责任的,可以减轻或者免除刑事处罚;在一审宣判前支付劳动者的劳动报酬,并依法承担相应赔偿责任的,可以从轻处罚。对于免除刑事处罚的,可以根据案件的不同情况,予以训诫、责令具结悔过或者赔礼道歉。拒不支付劳动者的劳动报酬,造成严重后果,但在宣判前支付劳动者的劳动报酬,并依法承担相应赔偿责任的,可以酌情从宽处罚。

第六章　妨害社会管理秩序罪*

第一节　扰乱公共秩序罪

第二百七十七条　【妨害公务罪】以暴力、威胁方法阻碍国家机关工作人员[1]依法执行职务的，**[2]处三年以下有期徒刑、拘役、[3]管制或者罚金。

以暴力、威胁方法阻碍全国人民代表大会和地方各级人民代表大会代表依法执行代表职务的，依照前款的规定处罚***。

在自然灾害和突发事件中，以暴力、威胁方法阻碍红十字会工作人员依法履行职责的，依照第一款的规定处罚。

故意阻碍国家安全机关、公安机关依法执行国家安全工作任务，未使用暴力、威胁方法，造成严重后果的，依照第一款的规定

---

* 人类社会需要秩序。秩序的形成与维护需要规范。一定的社会秩序总是与一定的行为准则相联系；秩序的形成与维护也需要管理，一定的社会秩序总是依赖于一定的管理活动。本章个罪大多以违反秩序管理法规为前提。同时，既有传统型的自然犯，也有现代型的法定犯。本罪中的国家机关工作人员的外延应当和渎职犯罪的主体保持一致。（张明楷）

** "依法"执行职务，是指职务的执行必须具有合法性，合法意味着既包括实体法，又包括程序法，换言之，不仅实质合法，而且形式合法。判断合法的标准，应坚持客观标准，且以行为时的具体状况为基础进行客观判断，而不能在事后进行纯客观的判断。（张明楷）

*** 从语言解释的"明示其一规则"来审视本款，颇为费解。所谓明示其一规则，是指如果在某一法规中明示某一特定种类的一种或多种成分，便认为默示地排除其余成分。国家机关工作人员应该包括国家各级权力机关，那就不必专门规定权力机关的人员。既然专门规定，但又未形成特别条款，犯罪构成和处罚上都相同，就没有必要了。（张明楷）

处罚。

(刑九)暴力袭击正在依法执行职务的人民警察的,依照第一款的规定从重处罚。

277-1 《最高人民检察院关于以暴力,威胁方法阻碍事业编制人员依法执行行政执法职务是否可对侵害人以妨害公务罪论处的批复》(高检发释字〔2000〕2 号,2000 年 4 月 24 日) 对于以暴力、威胁方法阻碍国有事业单位人员依照法律、行政法规的规定执行行政执法职务的,或者以暴力、威胁方法阻碍国家机关中受委托从事行政执法活动的事业编制人员执行行政执法职务的,可以对侵害人以妨害公务罪追究刑事责任。

277-2 《最高人民法院、最高人民检察院、公安部关于依法严肃查处拒不执行判决裁定和暴力抗拒法院执行犯罪行为有关问题的通知》(法发〔2007〕29 号,2007 年 8 月 30 日) 二、对下列暴力抗拒执行的行为,依照刑法第二百七十七条的规定,以妨害公务罪论处。

(一)聚众哄闹、冲击执行现场,围困、扣押、殴打执行人员,致使执行工作无法进行的;

(二)毁损、抢夺执行案件材料、执行公务车辆和其他执行器械、执行人员服装以及执行公务证件,造成严重后果的;

(三)其他以暴力、威胁方法妨害或者抗拒执行,致使执行工作无法进行的。

277-3 《最高人民法院关于常见犯罪的量刑指导意见》(法发〔2017〕7 号) 四、常见犯罪的量刑 (十一)妨害公务罪

1. 构成妨害公务罪的,可以在二年以下有期徒刑、拘役幅度内确定量刑起点。

2. 在量刑起点的基础上,可以根据妨害公务造成的后果、犯罪情节严重程度等其他影响犯罪构成的犯罪事实增加刑罚量,确定基准刑。

3. 暴力袭击正在依法执行职务的人民警察的,可以增加基准刑的 10% –30%。

第二百七十八条 【煽动暴力抗拒法律实施罪】煽动群众暴力抗拒国家法律、行政法规实施的,处三年以下有期徒刑、拘役、管制

或者剥夺政治权利；造成严重后果的，处三年以上七年以下有期徒刑。

第二百七十九条　【招摇撞骗罪】冒充国家机关工作人员招摇撞骗的[*]，处三年以下有期徒刑、拘役、管制或者剥夺政治权利；情节严重的，处三年以上十年以下有期徒刑。

冒充人民警察招摇撞骗的，依照前款的规定从重处罚。

第二百八十条　（刑九）【伪造、变造、买卖国家机关公文、证件、印章罪；盗窃、抢夺、毁灭国家机关公文、证件、印章罪】伪造、变造、买卖或者盗窃、抢夺、毁灭国家机关的公文、证件、印章的，[1] 处三年以下有期徒刑、拘役、管制或者剥夺政治权利，并处罚金；情节严重的，处三年以上十年以下有期徒刑，并处罚金。

【伪造公司、企业、事业单位、人民团体印章罪】伪造公司、企业、事业单位、[2] 人民团体的印章的，处三年以下有期徒刑、拘役、管制或者剥夺政治权利，并处罚金。

（刑九）【伪造、变造、买卖身份证件罪】伪造、变造[**]、买卖居民身份证、护照、社会保障卡、驾驶证等依法可以用于证明身份的证件的，处三年以下有期徒刑、拘役、管制或者剥夺政治权利，并处罚金；情节严重的，处三年以上七年以下有期徒刑，并处罚金。

280-1　1.《最高人民法院关于审理破坏森林资源刑事案件具体应用法律若干问题的解释》（法释〔2000〕36 号，2000 年 12 月 11 日）第十三条　对于伪造、变造、买卖林木采伐许可证、木材运输证件，森林、林木、

---

* 本罪主观方面只能是故意，明知自己不具有特定国家机关工作人员身份，却故意假冒，以谋取非法利益，原则上不包括骗取财物，即使认为可以包括骗取财物，但也不包括骗取数额巨大财物的情况。

** 张明楷教授认为，购买居民身份证的行为不能认定为伪造、变造居民身份证罪，为伪造的居民身份证而提供自己的照片的行为不应认定为伪造居民身份证罪的共犯。

林地权属证书,占用或者征用林地审核同意书、育林基金等缴费收据以及其他国家机关批准的林业证件构成犯罪的,依照刑法第二百八十条第一款的规定,以伪造、变造、买卖国家机关公文、证件罪定罪处罚。对于买卖允许进出口证明书等经营许可证明,同时触犯刑法第二百二十五条(非法经营罪)、第二百八十条规定之罪的,依照处罚较重的规定定罪处罚。

2.《全国人大常委会关于惩治骗购外汇、逃汇和非法买卖外汇犯罪的决定》(1998 年 12 月 29 日)　二、买卖伪造、变造的海关签发的报关单、进口证明、外汇管理部门核准件等凭证和单据或者国家机关的其他公文、证件、印章的,依照刑法第二百八十条的规定定罪处罚。

3.《最高人民法院关于审理骗购外汇、非法买卖外汇刑事案件具体应用法律若干问题的解释》(法释〔1998〕20 号,1998 年 9 月 1 日)第二条　伪造、变造、买卖海关签发的报关单、进口证明、外汇管理机关的核准件等凭证或者购买伪造、变造的上述凭证的,按照刑法第二百八十条第一款的规定定罪处罚。

4.《最高人民法院、最高人民检察院关于办理与盗窃、抢劫、诈骗、抢夺机动车相关刑事案件具体应用法律若干问题的解释》(法释〔2007〕11 号,2007 年 5 月 11 日)第二条　伪造、变造、买卖机动车行驶证、登记证书,累计三本以上的,依照刑法第二百八十条第一款的规定,以伪造、变造、买卖国家机关证件罪定罪,处三年以下有期徒刑、拘役、管制或者剥夺政治权利。

伪造、变造、买卖机动车行驶证、登记证书,累计达到第一款规定数量标准五倍以上的,属于刑法第二百八十条第一款规定中的"情节严重",处三年以上十年以下有期徒刑。

5.《最高人民法院、最高人民检察院关于办理妨害信用卡管理刑事案件具体应用法律若干问题的解释》(法释〔2009〕19 号)第四条　为信用卡申请人制作、提供虚假的财产状况、收入、职务等资信证明材料,涉及伪造、变造、买卖国家机关公文、证件、印章,或者涉及伪造公司、企业、事业单位、人民团体印章,应当追究刑事责任的,依照刑法第二百八十条的规定,分别以伪造、变造、买卖国家机关公文、证件、印章罪和伪造公司、企业、事业单位、人民团体印章罪定罪处罚。

280-2　《最高人民法院、最高人民检察院关于办理伪造、贩卖伪造的高等院校学历、学位证明刑事案件如何适用法律问题的解释》(法释〔2001〕22号,2001年7月5日)　对于伪造高等院校印章制作学历、学位证明的行为,应当依照刑法第二百八十条第二款的规定,以伪造事业单位印章罪定罪处罚。明知是伪造高等院校印章制作的学历、学位证明而贩卖的,以伪造事业单位印章罪的共犯论处。

第二百八十条之一　(刑九)【使用虚假身份证件、盗用身份证件罪】在依照国家规定应当提供身份证明的活动中,使用伪造、变造的或者盗用他人的居民身份证、护照、社会保障卡、驾驶证等依法可以用于证明身份的证件,情节严重的,处拘役或者管制,并处或者单处罚金。

有前款行为,同时构成其他犯罪的,依照处罚较重的规定定罪处罚。

第二百八十一条　【非法生产、买卖警用装备罪】非法生产、买卖人民警察制式服装、车辆号牌等专用标志、警械,情节严重的,[1]处三年以下有期徒刑、拘役或者管制,并处或者单处罚金。

单位犯前款罪的,对单位判处罚金,并对其直接负责的主管人员和其他直接责任人员,依照前款的规定处罚。

281-1　《立案标准(一)》第三十五条　非法生产、买卖人民警察制式服装、车辆号牌等专用标志、警械,涉嫌下列情形之一的,应予立案追诉:

(一)成套制式服装三十套以上,或者非成套制式服装一百件以上的;

(二)手铐、脚镣、警用抓捕网、警用催泪喷射器、警灯、警报器单种或者合计十件以上的;

(三)警棍五十根以上的;

(四)警衔、警号、胸章、臂章、帽徽等警用标志单种或者合计一百件以上的;

(五)警用号牌、省级以上公安机关专段民用车辆号牌一副以上,或者其他公安机关专段民用车辆号牌三副以上的;

(六)非法经营数额五千元以上,或者非法获利一千元以上的;

(七)被他人利用进行违法犯罪活动的;

(八)其他情节严重的情形。

第二百八十二条 【非法获取国家秘密罪】以窃取、刺探、收买*方法,非法获取国家秘密的,处三年以下有期徒刑、拘役、管制或者剥夺政治权利;情节严重的,处三年以上七年以下有期徒刑。

【非法持有国家绝密、机密文件、资料、物品罪】非法持有属于国家绝密、机密的文件、资料或者其他物品,拒不说明来源与用途的,处三年以下有期徒刑、拘役或者管制。

第二百八十三条 (刑九)【非法生产、销售专用间谍器材、窃听、窃照专用器材罪】非法生产、销售专用间谍器材或者窃听、窃照专用器材的[1],处三年以下有期徒刑、拘役或者管制,并处或者单处罚金;情节严重的,处三年以上七年以下有期徒刑,并处罚金。

单位犯前款罪的,对单位判处罚金,并对其直接负责的主管人员和其他直接责任人员,依照前款的规定处罚。

283-1 《反间谍法》第二十五条 任何个人和组织都不得非法持有、使用间谍活动特殊需要的专用间谍器材。专用间谍器材由国务院国家安全主管部门依照国家有关规定确认。

第二百八十四条 【非法使用窃听、窃照专用器材罪】非法使用窃听、窃照专用器材,造成严重后果的,处二年以下有期徒刑、拘役或者管制。

第二百八十四条之一 (刑九)【组织考试作弊罪】在法律规定

---

* 张明楷教授认为,本罪行为可参照刑法第一百一十一条。所谓收买,就是指利用金钱、物质或其他利益换取国家秘密或者情报。在司法实践中,在网上购买涉密书籍,通常被认定为收买行为。

的国家考试中,组织作弊的,处三年以下有期徒刑或者拘役,并处或者单处罚金;情节严重的,处三年以上七年以下有期徒刑,并处罚金。

为他人实施前款犯罪提供作弊器材或者其他帮助的,依照前款的规定处罚。

【非法出售、提供试题、答案罪】为实施考试作弊行为,向他人非法出售或者提供第一款规定的考试的试题、答案的,依照第一款的规定处罚。

【代替考试罪】代替他人或者让他人代替自己参加第一款规定的考试的,处拘役或者管制,并处或者单处罚金。

第二百八十五条　【非法侵入计算机信息系统罪】违反国家规定,侵入[1] 国家事务、国防建设、尖端科学技术领域的计算机信息系统的,[2] 处三年以下有期徒刑或者拘役。

(刑七)【非法获取计算机信息系统数据、非法控制计算机信息系统罪】违反国家规定,侵入前款规定以外的计算机信息系统或者采用其他技术手段,获取该计算机信息系统中存储、处理或者传输的数据,或者对该计算机信息系统实施非法控制,情节严重的,[3] 处三年以下有期徒刑或者拘役,并处或者单处罚金;情节特别严重的,[4] 处三年以上七年以下有期徒刑,并处罚金。

(刑七)【提供侵入、非法控制计算机信息系统程序、工具罪】提供专门用于侵入、非法控制计算机信息系统的程序、工具,[5] 或者明知他人实施侵入、非法控制计算机信息系统的违法犯罪行为而为其提供程序、工具,情节严重的,[6] 依照前款的规定处罚。

(刑九)单位犯前三款罪的[7],对单位判处罚金,并对其直接负责的主管人员和其他直接责任人员,依照各该款的规定处罚。

285-1　法释〔2011〕19号第九条　明知他人实施刑法第二百八十五条、第二百八十六条规定的行为,具有下列情形之一的,应当认定为共同

犯罪,依照刑法第二百八十五条、第二百八十六条的规定处罚:

(一)为其提供用于破坏计算机信息系统功能、数据或者应用程序的程序、工具,违法所得五千元以上或者提供十人次以上的;

(二)为其提供互联网接入、服务器托管、网络存储空间、通讯传输通道、费用结算、交易服务、广告服务、技术培训、技术支持等帮助,违法所得五千元以上的;

(三)通过委托推广软件、投放广告等方式向其提供资金五千元以上的。

实施前款规定行为,数量或者数额达到前款规定标准五倍以上的,应当认定为刑法第二百八十五条、第二百八十六条规定的"情节特别严重"或者"后果特别严重"。

285-2 法释〔2011〕19号第十一条 本解释所称"计算机信息系统"和"计算机系统",是指具备自动处理数据功能的系统,包括计算机、网络设备、通信设备、自动化控制设备等。本解释所称"身份认证信息",是指用于确认用户在计算机信息系统上操作权限的数据,包括账号、口令、密码、数字证书等。本解释所称"经济损失",包括危害计算机信息系统犯罪行为给用户直接造成的经济损失,以及用户为恢复数据、功能而支出的必要费用。

285-3 法释〔2011〕19号第一条 非法获取计算机信息系统数据或者非法控制计算机信息系统,具有下列情形之一的,应当认定为刑法第二百八十五条第二款规定的"情节严重":

(一)获取支付结算、证券交易、期货交易等网络金融服务的身份认证信息十组以上的;

(二)获取第(一)项以外的身份认证信息五百组以上的;

(三)非法控制计算机信息系统二十台以上的;

(四)违法所得五千元以上或者造成经济损失一万元以上的;

(五)其他情节严重的情形。

285-4 法释〔2011〕19号第一条第二款 实施前款规定行为,具有下列情形之一的,应当认定为刑法第二百八十五条第二款规定的"情节特别严重":

(一)数量或者数额达到前款第(一)项至第(四)项规定标准五倍以上的;

（二）其他情节特别严重的情形。明知是他人非法控制的计算机信息系统，而对该计算机信息系统的控制权加以利用的，依照前两款的规定定罪处罚。

285-5　法释〔2011〕19号第二条　具有下列情形之一的程序、工具，应当认定为刑法第二百八十五条第三款规定的“专门用于侵入、非法控制计算机信息系统的程序、工具”：

（一）具有避开或者突破计算机信息系统安全保护措施，未经授权或者超越授权获取计算机信息系统数据的功能的；

（二）具有避开或者突破计算机信息系统安全保护措施，未经授权或者超越授权对计算机信息系统实施控制的功能的；

（三）其他专门设计用于侵入、非法控制计算机信息系统、非法获取计算机信息系统数据的程序、工具。

第十条　对于是否属于刑法第二百八十五条、第二百八十六条规定的“国家事务、国防建设、尖端科学技术领域的计算机信息系统”“专门用于侵入、非法控制计算机信息系统的程序、工具”“计算机病毒等破坏性程序”难以确定的，应当委托省级以上负责计算机信息系统安全保护管理工作的部门检验。司法机关根据检验结论，并结合案件具体情况认定。

285-6　法释〔2011〕19号第三条　提供侵入、非法控制计算机信息系统的程序、工具，具有下列情形之一的，应当认定为刑法第二百八十五条第三款规定的“情节严重”：

（一）提供能够用于非法获取支付结算、证券交易、期货交易等网络金融服务身份认证信息的专门性程序、工具五人次以上的；

（二）提供第（一）项以外的专门用于侵入、非法控制计算机信息系统的程序、工具二十人次以上的；

（三）明知他人实施非法获取支付结算、证券交易、期货交易等网络金融服务身份认证信息的违法犯罪行为而为其提供程序、工具五人次以上的；

（四）明知他人实施第（三）项以外的侵入、非法控制计算机信息系统的违法犯罪行为而为其提供程序、工具二十人次以上的；

（五）违法所得五千元以上或者造成经济损失一万元以上的；

（六）其他情节严重的情形。

法释〔2011〕19号第三条第二款　实施前款规定行为，具有下列情形之一的，应当认定为提供侵入、非法控制计算机信息系统的程序、工具

"情节特别严重":

(一)数量或者数额达到前款第(一)项至第(五)项规定标准五倍以上的;

(二)其他情节特别严重的情形。

285-7 法释〔2011〕19号第八条 以单位名义或者单位形式实施危害计算机信息系统安全犯罪,达到本解释规定的定罪量刑标准的,应当依照刑法第二百八十五条、第二百八十六条的规定追究直接负责的主管人员和其他直接责任人员的刑事责任。

第二百八十六条 【破坏计算机信息系统罪】违反国家规定,对计算机信息系统功能进行删除、修改、增加、干扰,造成计算机信息系统不能正常运行,后果严重的,[1] 处五年以下有期徒刑或者拘役;后果特别严重的,[2] 处五年以上有期徒刑。

违反国家规定,对计算机信息系统中存储、处理或者传输的数据和应用程序进行删除、修改、增加的操作,后果严重的,依照前款的规定处罚。

故意制作、传播计算机病毒等破坏性程序,[3] 影响计算机系统正常运行,后果严重的,[4] 依照第一款的规定处罚。

(刑九)单位犯前三款罪的,对单位判处罚金,并对其直接负责的主管人员和其他直接责任人员,依照第一款的规定处罚。

286-1 **1.** 法释〔2011〕19号第四条第一款 破坏计算机信息系统功能、数据或者应用程序,具有下列情形之一的,应当认定为刑法第二百八十六条第一款和第二款规定的"后果严重":

(一)造成十台以上计算机信息系统的主要软件或者硬件不能正常运行的;

(二)对二十台以上计算机信息系统中存储、处理或者传输的数据进行删除、修改、增加操作的;

(三)违法所得五千元以上或者造成经济损失一万元以上的;

(四)造成为一百台以上计算机信息系统提供域名解析、身份认证、计费等基础服务或者为一万以上用户提供服务的计算机信息系统不能正常运行累计一小时以上的；

(五)造成其他严重后果的。

2.《最高人民法院、最高人民检察院关于办理环境污染刑事案件适用法律若干问题的解释》(法释〔2016〕29号,2017年1月1日)第十条 违反国家规定,针对环境质量监测系统实施下列行为,或者强令、指使、授意他人实施下列行为的,应当依照刑法第二百八十六条的规定,以破坏计算机信息系统罪论处:

(一)修改参数或者监测数据的;

(二)干扰采样,致使监测数据严重失真的;

(三)其他破坏环境质量监测系统的行为。

重点排污单位篡改、伪造自动监测数据或者干扰自动监测设施,排放化学需氧量、氨氮、二氧化硫、氮氧化物等污染物,同时构成污染环境罪和破坏计算机信息系统罪的,依照处罚较重的规定定罪处罚。

从事环境监测设施维护、运营的人员实施或者参与实施篡改、伪造自动监测数据、干扰自动监测设施、破坏环境质量监测系统等行为的,应当从重处罚。

286-2 法释〔2011〕19号第四条第二款 实施前款规定行为,具有下列情形之一的,应当认定为破坏计算机信息系统"后果特别严重":

(一)数量或者数额达到前款第(一)项至第(三)项规定标准五倍以上的;

(二)造成为五百台以上计算机信息系统提供域名解析、身份认证、计费等基础服务或者为五万以上用户提供服务的计算机信息系统不能正常运行累计一小时以上的;

(三)破坏国家机关或者金融、电信、交通、教育、医疗、能源等领域提供公共服务的计算机信息系统的功能、数据或者应用程序,致使生产、生活受到严重影响或者造成恶劣社会影响的;

(四)造成其他特别严重后果的。

286-3 法释〔2011〕19号第五条 具有下列情形之一的程序,应当认定为刑法第二百八十六条第三款规定的"计算机病毒等破坏性程序":

(一)能够通过网络、存储介质、文件等媒介,将自身的部分、全部或者变种进行复制、传播,并破坏计算机系统功能、数据或者应用程序的;

(二)能够在预先设定条件下自动触发,并破坏计算机系统功能、数

据或者应用程序的;

(三)其他专门设计用于破坏计算机系统功能、数据或者应用程序的程序。

286-4 法释〔2011〕19号第六条 故意制作、传播计算机病毒等破坏性程序,影响计算机系统正常运行,具有下列情形之一的,应当认定为刑法第二百八十六条第三款规定的“后果严重”:

(一)制作、提供、传输第五条第(一)项规定的程序,导致该程序通过网络、存储介质、文件等媒介传播的;

(二)造成二十台以上计算机系统被植入第五条第(二)、(三)项规定的程序的;

(三)提供计算机病毒等破坏性程序十人次以上的;

(四)违法所得五千元以上或者造成经济损失一万元以上的;

(五)造成其他严重后果的。

实施前款规定行为,具有下列情形之一的,应当认定为破坏计算机信息系统“后果特别严重”:

(一)制作、提供、传输第五条第(一)项规定的程序,导致该程序通过网络、存储介质、文件等媒介传播,致使生产、生活受到严重影响或者造成恶劣社会影响的;

(二)数量或者数额达到前款第(二)项至第(四)项规定标准五倍以上的;

(三)造成其他特别严重后果的。

第二百八十六条之一 (刑九)【拒不履行信息网络安全管理义务罪】网络服务提供者不履行法律、行政法规规定的信息网络安全管理义务,经监管部门责令采取改正措施而拒不改正*,有下列情形之一的,处三年以下有期徒刑、拘役或者管制,并处或者单处罚金:

(一)致使违法信息大量传播的;

(二)致使用户信息泄露,造成严重后果的[1];

(三)致使刑事案件证据灭失,情节严重的;

* 最初的表述是“仍不改正”,后改为“拒不改正”。

（四）有其他严重情节的。

单位犯前款罪的，对单位判处罚金，并对其直接负责的主管人员和其他直接责任人员，依照前款的规定处罚。

有前两款行为，同时构成其他犯罪的，依照处罚较重的规定定罪处罚。

286A-1 《最高人民法院、最高人民检察院关于办理侵犯公民个人信息刑事案件适用法律若干问题的解释》（法释〔2017〕10号，2017年6月1日）第九条　网络服务提供者拒不履行法律、行政法规规定的信息网络安全管理义务，经监管部门责令采取改正措施而拒不改正，致使用户的公民个人信息泄露，造成严重后果的，应当依照刑法第二百八十六条之一的规定，以拒不履行信息网络安全管理义务罪定罪处罚。

第二百八十七条　【利用计算机实施犯罪的提示性规定】利用计算机实施金融诈骗、盗窃、贪污、挪用公款、窃取国家秘密或者其他犯罪的，依照本法有关规定定罪处罚。

第二百八十七条之一　（刑九）【非法利用信息网络罪】利用信息网络实施下列行为之一，情节严重的，处三年以下有期徒刑或者拘役，并处或者单处罚金：

（一）设立用于实施诈骗、传授犯罪方法、制作或者销售违禁物品、管制物品等违法犯罪活动[1]的网站、通讯群组的；

（二）发布有关制作或者销售毒品[2]、枪支、淫秽物品等违禁物品、管制物品或者其他违法犯罪信息的；

（三）为实施诈骗等违法犯罪活动发布信息的。

单位犯前款罪的，对单位判处罚金，并对其直接负责的主管人员和其他直接责任人员，依照第一款的规定处罚。

有前两款行为，同时构成其他犯罪的，依照处罚较重的规定定罪处罚。

287A-1 《最高人民法院、最高人民检察院关于办理侵犯公民个人信息刑事案件适用法律若干问题的解释》(法释〔2017〕10号,2017年6月1日)第八条 设立用于实施非法获取、出售或者提供公民个人信息违法犯罪活动的网站、通讯群组,情节严重的,应当依照刑法第二百八十七条之一的规定,以非法利用信息网络罪定罪处罚;同时构成侵犯公民个人信息罪的,依照侵犯公民个人信息罪定罪处罚。

287A-2 《最高人民法院关于审理毒品犯罪案件适用法律若干问题的解释》(法释〔2016〕8号,2016年4月11日)

第十四条 利用信息网络,设立用于实施传授制造毒品、非法生产制毒物品的方法,贩卖毒品,非法买卖制毒物品或者组织他人吸食、注射毒品等违法犯罪活动的网站、通讯群组,或者发布实施前述违法犯罪活动的信息,情节严重的,应当依照刑法第二百八十七条之一的规定,以非法利用信息网络罪定罪处罚。

实施刑法第二百八十七条之一、第二百八十七条之二规定的行为,同时构成贩卖毒品罪、非法买卖制毒物品罪、传授犯罪方法罪等犯罪的,依照处罚较重的规定定罪处罚。

第二百八十七条之二 (刑九)【帮助信息网络犯罪活动罪】明知他人利用信息网络实施犯罪,为其犯罪提供互联网接入、服务器托管、网络存储、通讯传输等技术支持,或者提供广告推广、支付结算等帮助,情节严重的[1],处三年以下有期徒刑或者拘役,并处或者单处罚金。

单位犯前款罪的,对单位判处罚金,并对其直接负责的主管人员和其他直接责任人员,依照第一款的规定处罚。

有前两款行为,同时构成其他犯罪的,依照处罚较重的规定定罪处罚。

287B-1 《最高人民法院、最高人民检察院关于办理利用互联网、移动通讯终端、声讯台制作、复制、出版、贩卖、传播淫秽电子信息刑事案件具体应用法律若干问题的解释》(法释〔2004〕11号,2004年9月6日)第七条 明知他人实施制作、复制、出版、贩卖、传播淫秽电子信息犯罪,为其提供互联网接入、服务器托管、网络存储空间、通讯传输通道、费用结算等帮助的，对直接负责的主管人员和其他直接责任人员，以共同犯罪论处。

第二百八十八条[1]　**（刑九）【扰乱无线电通讯管理秩序罪】**违反国家规定，擅自设置、使用无线电台（站），或者擅自使用无线电频率，干扰无线电通讯秩序，情节严重的，处三年以下有期徒刑、拘役或者管制，并处或者单处罚金；情节特别严重的，处三年以上七年以下有期徒刑，并处罚金。

单位犯前款罪的，对单位判处罚金，并对其直接负责的主管人员和其他直接责任人员，依照前款的规定处罚。

288-1　《最高人民法院关于审理扰乱电信市场管理秩序案件具体应用法律若干问题的解释》（法释〔2000〕12 号）第五条　违反国家规定，擅自设置、使用无线电台（站），或者擅自占用频率，非法经营国际电信业务或者涉港澳台电信业务进行营利活动，同时构成非法经营罪和刑法第二百八十八条规定的扰乱无线电通讯管理秩序罪的，依照处罚较重的规定定罪处罚。

第二百八十九条　【故意伤害罪；故意杀人罪；抢劫罪】聚众"打砸抢"，致人伤残、死亡的，依照本法第二百三十四条（故意伤害罪）、第二百三十二条（故意杀人罪）的规定定罪处罚。毁坏或者抢走公私财物的，除判令退赔外，对首要分子，依照本法第二百六十三条（抢劫罪）的规定定罪处罚。

第二百九十条　（刑九）【聚众扰乱社会秩序罪】聚众扰乱社会秩序，情节严重，致使工作、生产、营业和教学、科研、医疗无法进行，造成严重损失的，对首要分子，处三年以上七年以下有期徒刑；对其他积极参加的，处三年以下有期徒刑、拘役、管制或者剥夺政治权利。

【聚众冲击国家机关罪】聚众冲击国家机关，致使国家机关工作无法进行，造成严重损失的，对首要分子，处五年以上十年以下有期徒刑；对其他积极参加的，处五年以下有期徒刑、拘役、管制或者剥夺政治权利。

(刑九)【扰乱国家机关工作秩序罪】多次扰乱国家机关工作秩序,经行政处罚后仍不改正,造成严重后果的,处三年以下有期徒刑、拘役或者管制。

(刑九)【组织、资助非法聚集罪】多次组织、资助他人非法聚集,扰乱社会秩序,情节严重的,依照前款的规定处罚。

第二百九十一条　【聚众扰乱公共场所秩序、交通秩序罪】聚众扰乱车站、码头、民用航空站、商场、公园、影剧院、展览会、运动场或者其他公共场所秩序,聚众堵塞交通或者破坏交通秩序,抗拒、阻碍国家治安管理工作人员依法执行职务,情节严重的,对首要分子,处五年以下有期徒刑、拘役或者管制。

第二百九十一条之一　(刑三)[1]【投放虚假危险物质罪;编造、故意传播虚假恐怖信息罪】投放虚假的爆炸性、毒害性、放射性、传染病病原体等物质,或者编造[2]爆炸威胁、生化威胁、放射威胁等恐怖信息,或者明知是编造的恐怖信息[3]而故意传播,严重扰乱社会秩序的,[4]处五年以下有期徒刑、拘役或者管制;造成严重后果的,[5]处五年以上有期徒刑。

(刑九)【编造、故意传播虚假信息罪】编造虚假的险情、疫情、灾情、警情,在信息网络或者其他媒体上传播,或者明知是上述虚假信息,故意在信息网络或者其他媒体上传播,严重扰乱社会秩序的,处三年以下有期徒刑、拘役或者管制;造成严重后果的,处三年以上七年以下有期徒刑。

291A-1　**1.**《最高人民法院关于审理编造、故意传播虚假恐怖信息刑事案件适用法律若干问题的解释》(法释〔2013〕24号,2013年9月30日)第一条　编造恐怖信息,传播或者放任传播,严重扰乱社会秩序的,依照刑法第二百九十一条之一的规定,应认定为编造虚假恐怖信息罪。明知是他人编造的恐怖信息而故意传播,严重扰乱社会秩序的,依照刑法第二百九十一条之一的规定,应认定为故意传播虚假恐怖信息罪。

第五条　编造、故意传播虚假恐怖信息，严重扰乱社会秩序，同时又构成其他犯罪的，择一重罪处罚。

理解与适用：刑法草案中有观点建议将本罪纳入危害公共安全罪一章中，但考虑到本罪的犯罪手段一般不可能对生命安全和财产造成实际危害，而行为人更多地想借此在社会上制造恐怖气氛，引起社会秩序的混乱，故属于妨害社会管理秩序罪这一类罪中。

2.《最高人民法院、最高人民检察院、公安部关于办理暴力恐怖和宗教极端刑事案件适用法律若干问题的意见》(公通字〔2014〕34 号，2014 年 9 月 22 日)　(五)编造以发生爆炸威胁、生化威胁、放射威胁、劫持航空器威胁、重大灾情、重大疫情等严重威胁公共安全的事件为内容的虚假恐怖信息，或者明知是虚假恐怖信息而故意传播、散布，严重扰乱社会秩序的，以编造、故意传播虚假恐怖信息罪定罪处罚。

编造虚假信息，或者明知是编造的虚假信息，在信息网络上散布，或者组织、指使他人在信息网络上散布，造成公共秩序严重混乱，同时构成寻衅滋事罪和编造、故意传播虚假恐怖信息罪的，依照处罚较重的规定定罪处罚。

291A-2　李泽强编造、故意传播虚假恐怖信息案(检例第 9 号)

关键词　编造、故意传播虚假恐怖信息罪

要旨　编造、故意传播虚假恐怖信息罪是选择性罪名。编造恐怖信息以后向特定对象散布，严重扰乱社会秩序的，构成编造虚假恐怖信息罪。编造恐怖信息以后向不特定对象散布，严重扰乱社会秩序的，构成编造、故意传播虚假恐怖信息罪。对于实施数个编造、故意传播虚假恐怖信息行为的，不实行数罪并罚，但应当将其作为量刑情节予以考虑。

理解与适用：根据这一要旨，编造、故意传播虚假恐怖信息罪是选择性罪名，实际上包括了编造虚假恐怖信息罪和故意传播虚假恐怖信息罪这两个罪名。显然，编造与传播是两种不同的行为，据此可以将两罪加以区分。但编造虚假恐怖信息以后必然进行传播，如果编造以后向特定对象传播，则这一传播行为只是不可罚的事后行为，只能认定为编造虚假恐怖信息罪。如果编造以后向不特定对象传播，则这一传播行为另外又构成了故意传播虚假恐怖信息罪。在这种情况下，应当按照编造、故意传播虚假恐怖信息罪这一选择性罪名认定，并不构成数罪。还有些犯罪分子并没有编造虚假恐怖信息，而是明知是他人编造的虚假恐怖信息而予以传播，对此应当认定为故意传播虚假恐怖信息罪。此外，该指导性案例的要旨还基于我国司法实践中对同种数罪不并罚的司法惯例，明

确规定行为人实施了数个编造、故意传播虚假恐怖信息行为的,不实行数罪并罚,但可以作为量刑情节予以考虑。

291A-3 法释〔2013〕24号第六条 本解释所称的“虚假恐怖信息”,是指以发生爆炸威胁、生化威胁、放射威胁、劫持航空器威胁、重大灾情、重大疫情等严重威胁公共安全的事件为内容,可能引起社会恐慌或者公共安全危机的不真实信息。

291A-4 **1.** 法释〔2013〕24号第二条 编造、故意传播虚假恐怖信息,具有下列情形之一的,应当认定为刑法第二百九十一条之一的“严重扰乱社会秩序”:

(一)致使机场、车站、码头、商场、影剧院、运动场馆等人员密集场所秩序混乱,或者采取紧急疏散措施的;

(二)影响航空器、列车、船舶等大型客运交通工具正常运行的;

(三)致使国家机关、学校、医院、厂矿企业等单位的工作、生产、经营、教学、科研等活动中断的;

(四)造成行政村或者社区居民生活秩序严重混乱的;

(五)致使公安、武警、消防、卫生检疫等职能部门采取紧急应对措施的;

(六)其他严重扰乱社会秩序的。

法释〔2013〕24号第三条 编造、故意传播虚假恐怖信息,严重扰乱社会秩序,具有下列情形之一的,应当依照刑法第二百九十一条之一的规定,在五年以下有期徒刑范围内酌情从重处罚:

(一)致使航班备降或返航;或者致使列车、船舶等大型客运交通工具中断运行的;

(二)多次编造、故意传播虚假恐怖信息的;

(三)造成直接经济损失二十万元以上的;

(四)造成乡镇、街道区域范围居民生活秩序严重混乱的;

(五)具有其他酌情从重处罚情节的。

2. 卫学臣编造虚假恐怖信息案(检例第10号)

关键词 编造虚假恐怖信息罪 严重扰乱社会秩序

要旨 关于编造虚假恐怖信息造成“严重扰乱社会秩序”的认定,应当结合行为对正常的工作、生产、生活、经营、教学、科研等秩序的影响程度、对公众造成的恐慌程度以及处置情况等因素进行综合分析判断。对于编造、故意传播虚假恐怖信息威胁民航安全,引起公众恐慌,或者致使航班无法正常起降的,应当认定为“严重扰乱社会秩序”。

理解与适用:“严重扰乱社会秩序”是本罪的罪量要素。如果行为人虽然实施了编造、故意传播虚假恐怖信息的行为,但尚未达到严重扰乱社会秩序程度的,就不构成犯罪,只能作为一般的违法行为处理。因此,严重扰乱社会秩序的认定直接关系到罪与非罪的界限。这一指导性案例的要旨,为“严重扰乱社会秩序”的认定提供了一般性原则,即应当从影响程度、恐慌程度和处置情况等方面进行综合分析判断。同时,该要旨还鉴于目前编造、故意传播威胁民航安全的虚假恐怖信息案件时有发生的情况,专门对编造、故意传播威胁民航安全的虚假恐怖信息行为构成犯罪的“严重扰乱社会秩序”认定标准提供了较为具体的指导规则。根据这一要旨,编造、故意传播威胁民航安全的虚假恐怖信息只要引起公众恐慌,或者致使航班无法正常起降的,就应当认定为严重扰乱社会秩序。

291A-5 **1.** 法释〔2013〕24 号第四条 编造、故意传播虚假恐怖信息,严重扰乱社会秩序,具有下列情形之一的,应当认定为刑法第二百九十一条之一的“造成严重后果”,处五年以上有期徒刑:

(一)造成三人以上轻伤或者一人以上重伤的;

(二)造成直接经济损失五十万元以上的;

(三)造成县级以上区域范围居民生活秩序严重混乱的;

(四)妨碍国家重大活动进行的;

(五)造成其他严重后果的。

2. 袁才彦编造虚假恐怖信息案(检例第 11 号)

关键词 编造虚假恐怖信息罪 择一重罪处断

要旨 对于编造虚假恐怖信息造成有关部门实施人员疏散,引起公众极度恐慌的,或者致使相关单位无法正常营业,造成重大经济损失的,应当认定为“造成严重后果”。以编造虚假恐怖信息的方式,实施敲诈勒索等其他犯罪的,应当根据案件事实和证据情况,择一重罪处断。

第二百九十二条 【聚众斗殴罪】聚众斗殴的,*[1] 对首要分子

---

* 通说认为,聚众必须人数在 3 人以上,成立必要共犯关系,但聚众行为不要求对合性,不以斗殴对方是否聚众为构成要件。虽然“聚众”不要求有对合性,但斗殴行为应当具有对合性,即互相搏斗的双方均有斗殴的故意。“斗殴”和“殴打”的含义不同,“殴打”指的是一方打另一方,“斗殴”指的是双方互相打斗。(张明楷)

和其他积极参加的,[2] 处三年以下有期徒刑、[3] 拘役或者管制;有下列情形之一的,对首要分子和其他积极参加的,处三年以上十年以下有期徒刑:[4]

(一)多次聚众斗殴的;

(二)聚众斗殴人数多,规模大,社会影响恶劣的;

(三)在公共场所或者交通要道聚众斗殴,造成社会秩序严重混乱的;

(四)持械聚众斗殴的。

聚众斗殴,致人重伤、死亡的,[5] 依照本法第二百三十四条(故意伤害罪)、第二百三十二条(故意杀人罪)的规定定罪处罚*。

292-1 施某某等17人聚众斗殴案(检例第1号)

要旨 检察机关办理群体性事件引发的犯罪案件,要从促进社会矛盾化解的角度,深入了解案件背后的各种复杂因素,依法慎重处理,积极参与调处矛盾纠纷,以促进社会和谐,实现法律效果与社会效果的有机统一。福建省石狮市人民检察院认为:施某某等17人的行为均已触犯了《中华人民共和国刑法》第二百九十二条第一款、第二十五条第一款之规定,涉嫌构成聚众斗殴罪,依法应当追究刑事责任。鉴于施某某等17人参与聚众斗殴的目的并非为了私仇或争霸一方,且造成的财产损失及人员伤害均属轻微,并未造成严重后果;两村村委会达成了和解协议,施某某等17人也出具了承诺书,从惩罚与教育相结合的原则出发以及有利于促进社会和谐的角度考虑,2010年4月28日,石狮市人民检察院根据《中华人民共和国刑事诉讼法》第一百四十二条第二款之规定,决定对施某某等17人不起诉。

292-2 《立案标准(一)》第三十六条 组织、策划、指挥或者积极参加聚众斗殴的,应予立案追诉。

理解与适用:聚众斗殴的首要分子是指聚众斗殴的组织者、策划者、

---

* 本款属于法律拟制,行为人在斗殴过程中并没有杀人的故意,但客观上致人重伤或死亡的,应认定为故意伤害罪或故意杀人罪。(张明楷)

纠集者、指挥者；积极参加者是指在聚众斗殴中发挥主要作用或者在斗殴中直接致死，致伤他人者。在幕后起组织、策划，指挥作用或者在聚众及准备斗殴中行为积极并起重要作用的，无论其是否直接实施斗殴行为，应认定为首要分子或者积极参加者。关于聚众斗殴中，首要分子对不是由其纠集而自愿、主动参与斗殴并造成严重后果的积极参加者的责任承担问题。聚众斗殴过程中，参加者不是首要分子纠集，而系参加者自愿、主动参与斗殴并造成严重后果的，如首要分子明知又未阻止的，首要分子应当对此积极参加者的行为所造成的后果承担罪责。

292-3　《最高人民法院关于常见犯罪的量刑指导意见》（法发〔2017〕7号）　四、常见犯罪的量刑　（十二）聚众斗殴罪

1. 构成聚众斗殴罪的，可以根据下列不同情形在相应的幅度内确定量刑起点：

（1）犯罪情节一般的，可以在二年以下有期徒刑、拘役幅度内确定量刑起点。

2. 在量刑起点的基础上，可以根据聚众斗殴人数、次数、手段严重程度等其他影响犯罪构成的犯罪事实增加刑罚量，确定基准刑。

292-4　《最高人民法院关于常见犯罪的量刑指导意见》（法发〔2017〕7号）　四、常见犯罪的量刑　（十二）聚众斗殴罪　1.（2）有下列情形之一的，可以在三年至五年有期徒刑幅度内确定量刑起点：聚众斗殴三次的；聚众斗殴人数多，规模大，社会影响恶劣的；在公共场所或者交通要道聚众斗殴，造成社会秩序严重混乱的；持械聚众斗殴的。

292-5　《最高人民法院研究室关于对参加聚众斗殴受重伤或者死亡的人及其家属提出的民事赔偿请求能否予以支持问题的答复》（法研〔2004〕179号，2004年11月11日）　根据《刑法》第二百九十二条第一款的规定，聚众斗殴的参加者，无论是否首要分子，均明知自己的行为有可能产生伤害他人以及自己被他人的行为伤害的后果，其仍然参加聚众斗殴的，应当自行承担相应的刑事和民事责任。根据《刑法》第二百九十二条第二款的规定，对于参加聚众斗殴，造成他人重伤或者死亡的，行为性质发生变化，应认定为故意伤害罪或者故意杀人罪。聚众斗殴中受重伤或者死亡的人，既是故意伤害罪或者故意杀人罪的受害人，又是聚众斗殴犯罪的行为人。对于参加聚众斗殴受重伤或者死亡的人或其家属提出的民事赔偿请求，依法应予支持，并适用混合过错责任原则。

理解与适用:1. 关于聚众斗殴中其他积极参加者致人重伤、死亡,首要分子在组织、指挥犯罪过程中重伤、杀人故意不明显,对首要分子的定罪问题。聚众斗殴中其他积极参加者致人重伤、死亡,首要分子在组织、指挥犯罪过程中虽然重伤、杀人故意不明显,其也要对其他积极参加者致人重伤、死亡的后果承担责任,对首要分子应当适用《刑法》第二百三十四条或第二百三十二条转化定罪。聚众斗殴中,部分积极参加者转化定罪,部分积极参加者没有转化定罪的,对首要分子按照重罪吸收轻罪的原则定罪处罚,不实行数罪并罚。对于首要分子在组织、指挥犯罪过程中明确要求其他积极参加者不能造成他人伤亡的,对首要分子可不以其他积极参加者致人重伤、死亡的后果进行转化定罪,而以聚众斗殴罪从重处罚。2. 关于聚众斗殴中部分积极参加者致人重伤、死亡,对其他积极参加者的定罪问题。聚众斗殴中部分积极参加者致人重伤、死亡,其他积极参加者对被害人有共同加害行为的,应当认定为共同犯罪中相互配合、支持的行为,对其他积极参加者也一并适用《刑法》第二百三十四条或第二百三十二条转化定罪;其他积极参加者的行为与重伤、死亡的结果之间无关联的,不能转化定罪。

第二百九十三条[1] **(刑八)【寻衅滋事罪】**有下列寻衅滋事行为[2]之一,破坏社会秩序的,[3]处五年以下有期徒刑、拘役或者管制:

(1)随意*殴打他人**,情节恶劣的;[4]

(2)追逐、拦截、辱骂、恐吓***他人,情节恶劣的;[5]

(3)强拿硬要[6]或者任意损毁、占用公私财物,情节严重的;[7]

---

* 随意,一般意味着殴打的理由、对象、方式等明显异常。换言之,当一般人从犯罪人的角度思考,也不能接受犯罪人的殴打行为时,该殴打行为即为随意的。就行为人角度而言,随意,意味着行为人殴打他人没有任何自我控制。刑事理论与司法实践常常喜欢用是否“事出有因”来判断是否随意,亦即,如果事由有因,就不是随意;如果事由无因,就是随意。但任何故意犯罪行为都不可能是无缘无故的。换言之,任何故意犯罪行为都有其产生的主观原因或动机。事实上,殴打行为是否随意,并不是一种纯主观的判断,而是基于客观事实作出的判断。殴打行为是否随意,不是单纯以行为人的动机作为判断资料,而是必然同时考虑到其他相关因素。(张明楷)

** 他人应指社会一般交往中的个人的身体安全,或者说是与公共秩序相关联的个人的身体安全。行为人随意殴打家庭成员,或基于特殊原因在私人场所殴打特定个人的,不成立本罪。

*** 《刑法修正案(八)》在本项增加了“恐吓”这一行为。

(4)在公共场所起哄闹事,造成公共场所秩序严重混乱的。[8]

(刑八)纠集他人多次[9]实施前款行为,严重破坏社会秩序的,处五年以上十年以下有期徒刑,可以并处罚金。

293-1 《最高人民法院、最高人民检察院关于办理寻衅滋事刑事案件适用法律若干问题的解释》(法释〔2013〕18号,2013年7月22日)。

293-2　1. 法释〔2013〕18号第一条　行为人为寻求刺激、发泄情绪、逞强耍横等,无事生非,实施刑法第二百九十三条规定的行为的,应当认定为“寻衅滋事”。

行为人因日常生活中的偶发矛盾纠纷,借故生非,实施刑法第二百九十三条规定的行为的,应当认定为“寻衅滋事”,但矛盾系由被害人故意引发或者被害人对矛盾激化负有主要责任的除外。行为人因婚恋、家庭、邻里、债务等纠纷,实施殴打、辱骂、恐吓他人或者损毁、占用他人财物等行为的,一般不认定为“寻衅滋事”,但经有关部门批评制止或者处理处罚后,继续实施前列行为,破坏社会秩序的除外。

法释〔2013〕18号第七条　实施寻衅滋事行为,同时符合寻衅滋事罪和故意杀人罪、故意伤害罪、故意毁坏财物罪、敲诈勒索罪、抢夺罪、抢劫罪等罪的构成要件的*,依照处罚较重的犯罪定罪处罚。

法释〔2013〕18号第八条　行为人认罪、悔罪,积极赔偿被害人损失或者取得被害人谅解的,可以从轻处罚;犯罪情节轻微的,可以不起诉或者免予刑事处罚。

2.《最高人民法院关于审理未成年人刑事案件具体应用法律若干问题的解释》(法释〔2006〕1号,2006年1月23日)第八条　已满十六周岁不满十八周岁的人出于以大欺小、以强凌弱或者寻求精神刺激,随意殴打其他未成年人、多次对其他未成年人强拿硬要或者任意损毁公私财物,

---

* 刑法规定寻衅滋事罪,旨在保护公共秩序或社会秩序,故将该罪规定在“妨害社会管理秩序罪”的第一节扰乱公共秩序罪之中,还在该罪的罪状中明确了“破坏社会秩序”一语。寻衅滋事罪与故意伤害、敲诈勒索、故意毁坏财物、抢劫等罪之间的相互关系,一直以来是困扰司法机关的难题,其原因在于上述犯罪之间很难划定一个明确的区分标准。不如改变思路,注意此罪与彼罪的想象竞合,并按照想象竞合犯的处罚原则,从一重罪处罚。例如,故意殴打他人的行为,既符合故意伤害罪的犯罪构成,也符合寻衅滋事罪的犯罪构成。强拿硬要数额较大财物的行为,完全可能既符合敲诈勒索罪的犯罪构成,也符合寻衅滋事罪的犯罪构成。寻衅滋事罪与抢劫罪也不是对立关系,一个行为完全可能同时触犯这两个犯罪。(张明楷)

扰乱学校及其他公共场所秩序,情节严重的,以寻衅滋事罪定罪处罚。

293-3 《最高人民法院关于常见犯罪的量刑指导意见》(法发〔2017〕7号) 四、常见犯罪的量刑 (十三)寻衅滋事罪

1. 构成寻衅滋事罪的,可以根据下列不同情形在相应的幅度内确定量刑起点:

(1)寻衅滋事一次的,可以在三年以下有期徒刑、拘役幅度内确定量刑起点。

2. 在量刑起点的基础上,可以根据寻衅滋事次数、伤害后果、强拿硬要他人财物或任意损毁、占用公私财物数额等其他影响犯罪构成的犯罪事实增加刑罚量,确定基准刑。

293-4 法释〔2013〕18号第二条 随意殴打他人,破坏社会秩序,具有下列情形之一的,应当认定为刑法第二百九十三条第一款第一项规定的"情节恶劣":

(一)致一人以上轻伤或者二人以上轻微伤的;

(二)引起他人精神失常、自杀等严重后果的;

(三)多次随意殴打他人的;

(四)持凶器随意殴打他人的;

(五)随意殴打精神病人、残疾人、流浪乞讨人员、老年人、孕妇、未成年人,造成恶劣社会影响的;

(六)在公共场所随意殴打他人,造成公共场所秩序严重混乱的;

(七)其他情节恶劣的情形。

理解与适用:情节是否恶劣,应围绕法益受侵害或者威胁的程度作出判断。但必须注意的是,不应将殴打他人的随意性本身评价为情节恶劣,只有当殴打行为同时具备随意性与恶劣性时,才能以寻衅滋事罪论处。

293-5 法释〔2013〕18号第三条 追逐、拦截、辱骂、恐吓他人,破坏社会秩序,具有下列情形之一的,应当认定为刑法第二百九十三条第一款第二项规定的"情节恶劣":

(一)多次追逐、拦截、辱骂、恐吓他人,造成恶劣社会影响的;

(二)持凶器追逐、拦截、辱骂、恐吓他人的;

(三)追逐、拦截、辱骂、恐吓精神病人、残疾人、流浪乞讨人员、老年人、孕妇、未成年人,造成恶劣社会影响的;

(四)引起他人精神失常、自杀等严重后果的;

（五）严重影响他人的工作、生活、生产、经营的；

（六）其他情节恶劣的情形。

法释〔2013〕21号第五条第一款　利用信息网络辱骂、恐吓他人，情节恶劣，破坏社会秩序的，依照刑法第二百九十三条第一款第（二）项的规定，以寻衅滋事罪定罪处罚。

理解与适用：该款规定反映出信息网络的工具性特征。实践中需要把握以下两点：一是如果利用信息网络辱骂特定的个人，则可能存在寻衅滋事罪与侮辱罪的竞合。如果辱骂他人情节恶劣，破坏社会秩序的，应按照上述解释第九条的规定，依照处罚较重的罪即寻衅滋事罪定罪处罚。二是要严格入罪标准。辱骂、恐吓行为必须达到“情节恶劣”的程度，同时对社会秩序造成了现实的破坏。对于一些网民在网络上发泄不满，辱骂他人的，要重在教育，强化管理，一般不要轻易适用本款规定按犯罪处理。

293-6　《最高人民法院关于审理抢劫、抢夺刑事案件适用法律若干问题的意见》（法发〔2005〕8号，2005年6月8日）

九、关于抢劫罪与相似犯罪的界限　4.抢劫罪与寻衅滋事罪的界限

寻衅滋事罪是严重扰乱社会秩序的犯罪，行为人实施寻衅滋事的行为时，客观上也可能表现为强拿硬要公私财物的特征。这种强拿硬要的行为与抢劫罪的区别在于：前者行为人主观上还具有逞强好胜和通过强拿硬要来填补其精神空虚等目的，后者行为人一般只具有非法占有他人财物的目的；前者行为人客观上一般不以严重侵犯他人人身权利的方法强拿硬要财物，而后者行为人则以暴力、胁迫等方式作为劫取他人财物的手段。司法实践中，对于未成年人使用或威胁使用轻微暴力强抢少量财物的行为，一般不宜以抢劫罪定罪处罚。其行为符合寻衅滋事罪特征的，可以寻衅滋事罪定罪处罚。

293-7　法释〔2013〕18号第四条　强拿硬要或者任意损毁、占用公私财物，破坏社会秩序，具有下列情形之一的，应当认定为刑法第二百九十三条第一款第三项规定的“情节严重”：

（一）强拿硬要公私财物价值一千元以上，或者任意损毁、占用公私财物价值二千元以上的；

（二）多次强拿硬要或者任意损毁、占用公私财物，造成恶劣社会影响的；

(三)强拿硬要或者任意损毁、占用精神病人、残疾人、流浪乞讨人员、老年人、孕妇、未成年人的财物,造成恶劣社会影响的;

(四)引起他人精神失常、自杀等严重后果的;

(五)严重影响他人的工作、生活、生产、经营的;

(六)其他情节严重的情形。

法释〔2003〕8号第十一条　在预防、控制突发传染病疫情等灾害期间,强拿硬要或者任意损毁、占用公私财物情节严重,或者在公共场所起哄闹事,造成公共场所秩序严重混乱的,依照刑法第二百九十三条的规定,以寻衅滋事罪定罪,依法从重处罚。

293-8　法释〔2013〕18号第五条　在车站、码头、机场、医院、商场、公园、影剧院、展览会、运动场或者其他公共场所起哄闹事,应当根据公共场所的性质、公共活动的重要程度、公共场所的人数、起哄闹事的时间、公共场所受影响的范围与程度等因素,综合判断是否"造成公共场所秩序严重混乱"。

法释〔2013〕21号第五条第二款　编造虚假信息,或者明知是编造的虚假信息,在信息网络上散布,或者组织、指使人员在信息网络上散布,起哄闹事,造成公共秩序严重混乱的,依照刑法第二百九十三条第一款第(四)项的规定,以寻衅滋事罪定罪处罚。

理解与适用:实践中需要把握以下两点:一是该款规定的"虚假信息",不是针对特定的自然人而捏造的虚假事实,而是针对不特定的自然人或者单位、公共事件而编造的虚假信息。如果针对特定的自然人,捏造损害其名誉的虚假事实,并在网络上散布的,应当适用上述解释第一条的规定处理。根据法释〔2013〕21号,对于非直接编造而只是转发虚假信息的,有一个前提条件是"明知是虚假"*。如果明知是虚假的信息仍转发,就有可能构成犯罪。二是"造成公共秩序严重混乱",主要是指导致现实社会公共秩序严重混乱。网络空间是现实社会的组成部分,行为人在信息网络上散布虚假信息,起哄闹事,在导致网络秩序混乱的同时,往往会导致现实社会公共秩序的混乱,甚至引发群体性事件等。对

---

* 秦志晖(秦火火案)的转发行为被认定为犯罪,是因为有足够的证据证明他主观上"明知"。第一,在秦志晖涉案事件中,相关真实信息是存在的;第二,秦志晖拥有在网上核实信息真伪的能力和基本技能;第三,秦志晖无主观意愿去核实信息。

此以寻衅滋事罪定罪处罚，于法有据。

293-9　法释〔2013〕18号第六条　纠集他人三次以上实施寻衅滋事犯罪，未经处理的，应当依照刑法第二百九十三条第二款的规定处罚。

《最高人民法院关于常见犯罪的量刑指导意见》（法发〔2017〕7号）

四、常见犯罪的量刑　（十三）寻衅滋事罪

1. 构成寻衅滋事罪的，可以根据下列不同情形在相应的幅度内确定量刑起点：

（2）纠集他人三次寻衅滋事（每次都构成犯罪），严重破坏社会秩序的，可以在五年至七年有期徒刑幅度内确定量刑起点。

第二百九十四条[1]　**（刑八）【组织、领导、参加黑社会性质组织罪】**组织、领导[2]黑社会性质[3]的组织的，处七年以上有期徒刑，并处没收财产*；积极参加的，[4]处三年以上七年以下有期徒刑，可以并处罚金或者没收财产；其他参加的，[5]处三年以下有期徒刑、拘役、管制或者剥夺政治权利，可以并处罚金。

【入境发展黑社会组织罪】境外的黑社会组织的人员到中华人民共和国境内发展组织成员的，[6]处三年以上十年以下有期徒刑。

【包庇、纵容黑社会性质组织罪】[7]国家机关工作人员包庇[8]黑社会性质的组织，或者纵容[9]黑社会性质的组织进行违法犯罪活动的，处五年以下有期徒刑；情节严重的，[10]处五年以上有期徒刑。

犯前三款罪又有其他犯罪行为的，依照数罪并罚的规定处罚。**

黑社会性质的组织应当同时具备以下特征：[11]

（1）[12]形成较稳定的犯罪组织[13]，人数较多[14]，有明确的组织者、领导者，骨干成员[15]基本固定；

---

* 《刑法修正案（八）》对本罪普遍增加没收财产这一严厉的财产刑。

** 张明楷教授认为，如果一个组织没有实施任何违法犯罪活动，司法机关不可能将其认定为黑社会性质的组织。从此意义上讲，本罪具有重复评价的性质，从立法论上讲，其合理性值得研究。更何况本罪的量刑已相当严重。

(2)有组织地通过违法犯罪活动或者其他手段获取经济利益,具有一定的经济实力[16],以支持该组织的活动;

(3)以暴力、威胁或者其他手段,[17]有组织地多次进行违法犯罪活动,[18]为非作恶,欺压、残害群众;[19]

(4)通过实施违法犯罪活动,或者*利用国家工作人员的包庇或者纵容,称霸一方,在一定区域[20]或者行业[21]内,形成非法控制或者重大影响,[22]**严重破坏经济、社会生活秩序。

294-1 1.《最高人民法院关于审理黑社会性质组织犯罪的案件具体应用法律若干问题的解释》(法释〔2000〕42号,2000年12月10日);2.《最高人民法院、最高人民检察院和公安部办理黑社会性质组织犯罪案件座谈会纪要》(法〔2009〕382号,2009年12月15日);3. 2010年4月最高院刑三庭《在审理故意杀人、伤害及黑社会性质组织犯罪中切实贯彻宽严相济刑事政策》;4.《最高人民法院关于全国部分法院审理黑社会性质组织犯罪案件工作座谈会纪要》(法〔2015〕291号,2015年10月13日)。

法〔2015〕291号　一、准确把握形势、任务,坚定不移地在法治轨道上深入推进打黑除恶专项斗争

(一)毫不动摇地贯彻依法严惩方针

会议认为,受国内国际多种因素影响,我国黑社会性质组织犯罪活跃、多发的基本态势在短期内不会改变。此类犯罪组织化程度较高,又与各种社会治安问题相互交织,破坏力成倍增加,严重威胁人民群众的生命、财产安全。而且,黑社会性质组织还具有极强的向经济领域、政治领域渗透的能力,严重侵蚀维系社会和谐稳定的根基。各级人民法院必须切实增强政治意识、大局意识、忧患意识和责任意识,进一步提高思想认识,充分发挥审判职能作用,继续深入推进打黑除恶专项斗争,在严格

---

* 最高人民检察院认为不应将“保护伞”作为认定黑社会性质组织的本质特征之一,而立法解释认同这一理解,从而扩大了黑社会性质组织的外延。

** 形成非法控制,是指将其处于非法操纵、左右、支配之下。重大影响是指具有相当程度的左右、决定的作用。在认定逻辑上,应先认定是否存在控制,再认定该控制是否具有非法性。

把握黑社会性质组织认定标准的基础上始终保持对于此类犯罪的严惩高压态势。对于黑社会性质组织犯罪分子要依法加大资格刑、财产刑的适用力度，有效运用刑法中关于禁止令的规定，严格把握减刑、假释适用条件，全方位、全过程地体现从严惩处的精神。

（二）认真贯彻落实宽严相济刑事政策

审理黑社会性质组织犯罪案件应当认真贯彻落实宽严相济刑事政策。要依照法律规定，根据具体的犯罪事实、情节以及人身危险性、主观恶性、认罪悔罪态度等因素充分体现刑罚的个别化。同时要防止片面强调从宽或者从严，切实做到区别对待，宽严有据，罚当其罪。对于黑社会性质组织的组织者、领导者、骨干成员及其"保护伞"，要依法从严惩处。根据所犯具体罪行的严重程度，依法应当判处重刑的要坚决判处重刑。确属罪行极其严重，依法应当判处死刑的，也必须坚决判处。对于不属于骨干成员的积极参加者以及一般参加者，确有自首、立功等法定情节的，要依法从轻、减轻或免除处罚；具有初犯、偶犯等酌定情节的，要依法酌情从宽处理。对于一般参加者，虽然参与实施了少量的违法犯罪活动，但系未成年人或是只起次要、辅助作用的，应当依法从宽处理。符合缓刑条件的，可以适用缓刑。

（三）正确把握"打早打小"与"打准打实"的关系

"打早打小"，是指各级政法机关必须依照法律规定对有可能发展成为黑社会性质组织的犯罪集团、"恶势力"团伙及早打击，绝不能允许其坐大成势，而不应被理解为对尚处于低级形态的犯罪组织可以不加区分地一律按照黑社会性质组织处理。"打准打实"，就是要求审判时应当本着实事求是的态度，在准确查明事实的基础上，构成什么罪，就按什么罪判处刑罚。对于不符合黑社会性质组织认定标准的，应当根据案件事实依照刑法中的相关条款处理，从而把法律规定落到实处。由于黑社会性质组织的形成、发展一般都会经历一个从小到大、由"恶"到"黑"的渐进过程，因此，"打早打小"不仅是政法机关依法惩治黑恶势力犯罪的一贯方针，而且是将黑社会性质组织及时消灭于雏形或萌芽状态，防止其社会危害进一步扩大的有效手段。而"打准打实"既是刑事审判维护公平正义的必然要求，也是确保打黑除恶工作实现预期目标的基本前提。只有打得准，才能有效摧毁黑社会性质组织；只有打得实，才能最大限度地体现惩治力度。"打早打小"和"打准打实"是分别从惩治策略、审判原则的角度对打黑除恶工作提出的要求,各级人民法院对于二者关系的理解不能简单化、片面化,要严格坚持依法办案原则,准确认定黑社会性质组织,既不能“降格”,也不能“拔高”,切实防止以“打早打小”替代“打准打实”。

……

(五)严格依照法律履行审判职能

《中华人民共和国刑法修正案(八)》的颁布实施以及刑事诉讼法的再次修正,不仅进一步完善了惩处黑恶势力犯罪的相关法律规定,同时也对办理黑社会性质组织犯罪案件提出了更为严格的要求。面对新的形势和任务,各级人民法院应当以审判为中心,进一步增强程序意识和权利保障意识,严格按照法定程序独立行使审判职权,并要坚持罪刑法定、疑罪从无、证据裁判原则,依法排除非法证据,通过充分发挥庭审功能和有效运用证据审查判断规则,切实把好事实、证据与法律适用关,以令人信服的裁判说理来实现审判工作法律效果与社会效果的有机统一。同时,还应当继续加强、完善与公安、检察等机关的配合协作,保证各项长效工作机制运行更为顺畅。

三、关于刑事责任和刑罚适用

(二)量刑情节的运用问题

黑社会性质组织的成员虽不具有自首情节,但到案后能够如实供述自己罪行,并具有以下情形之一的,一般应当适用《刑法》第六十七条第三款的规定予以从轻处罚:1. 如实交代大部分尚未被掌握的同种犯罪事实;2. 如实交代尚未被掌握的较重的同种犯罪事实;3. 如实交代犯罪事实,并对收集定案证据、查明案件事实有重要作用的。

审理黑社会性质组织犯罪案件,应当通过判处和执行民事赔偿以及积极开展司法救助来最大限度地弥补被害人及其亲属的损失。被害人及其亲属确有特殊困难,需要接受被认定为黑社会性质组织成员的被告人赔偿并因此表示谅解的,量刑时应当特别慎重。不仅应当查明谅解是否确属真实意思表示以及赔偿款项与黑社会性质组织违法所得有无关联,而且在决定是否从宽处罚、如何从宽处罚时,也应当从严掌握。可能导致全案量刑明显失衡的,不予从宽处罚。

四、关于审判程序和证据审查

(一)分案审理问题

为便宜诉讼,提高审判效率,防止因法庭审理过于拖延而损害当事人的合法权益,对于被告人人数众多,合并审理难以保证庭审质量和庭审效率的黑社会性质组织犯罪案件,可分案进行审理。分案应当遵循有利于案件顺利审判、有利于查明案件事实、有利于公正定罪量刑的基本原则,确保有效质证、事实统一、准确定罪、均衡量刑。对于被作为组织者、领导者、积极参加者起诉的被告人,以及黑社会性质组织重大犯罪的共同作案人,分案审理影响庭审调查的,一般不宜分案审理。

(二)证明标准和证据运用问题

办理黑社会性质组织犯罪案件应当坚持"事实清楚,证据确实、充分"的法定证明标准。黑社会性质组织犯罪案件侦查取证难度大,"四个特征"往往难以通过实物证据来加以证明。审判时,应当严格依照刑事诉讼法及有关司法解释的规定对相关证据进行审查与认定。在确保被告人供述、证人证言、被害人陈述等言词证据取证合法、内容真实,且综合全案证据,已排除合理怀疑的情况下,同样可以认定案件事实。

(三)法庭举证、质证问题

审理黑社会性质组织犯罪案件时,合议庭应当按照刑事诉讼法及有关司法解释的规定有效引导控辩双方举证、质证。不得因为案件事实复杂、证据繁多,而不当限制控辩双方就证据问题进行交叉询问、相互辩论的权利。庭审时,应当根据案件事实繁简、被告人认罪态度等采取适当的举证、质证方式,突出重点;对黑社会性质组织的"四个特征"应单独举证、质证。为减少重复举证、质证,提高审判效率,庭审中可以先就认定具体违法犯罪事实的证据进行举证、质证。对认定黑社会性质组织行为特征的证据进行举证、质证时,之前已经宣读、出示过的证据,可以在归纳、概括之后简要征询控辩双方意见。对于认定组织特征、经济特征、非法控制特征(危害性特征)的证据,举证、质证时一般不宜采取前述方式。

(四)对出庭证人、鉴定人、被害人的保护问题

人民法院受理黑社会性质组织犯罪案件后,应当及时了解在侦查、审查起诉阶段有无对证人、鉴定人、被害人采取保护措施的情况,确保相关保护措施在审判阶段能够紧密衔接。开庭审理时,证人、鉴定人、被害人因出庭作证,本人或其近亲属的人身安全面临危险的,应当采取不暴露外貌、真实声音等出庭作证措施。必要时,可以进行物理隔离,以音频、视频传送的方式作证,并对声音、图像进行技术处理。有必要禁止特定人员接触证人、鉴定人、被害人及其近亲属的,以及需要对证人、鉴定

人、被害人及其近亲属的人身和住宅采取专门性保护措施的,应当及时与检察机关、公安机关协调,确保保护措施及时执行到位。依法决定不公开证人、鉴定人、被害人真实姓名、住址和工作单位等个人信息的,应当在开庭前核实其身份。证人、鉴定人签署的如实作证保证书应当列入审判副卷,不得对外公开。

五、关于黑社会性质组织犯罪案件审判工作相关问题

(一)涉案财产的处置问题

审理黑社会性质组织犯罪案件时,对于依法查封、冻结、扣押的涉案财产,应当全面审查证明财产来源、性质、用途、权属及价值大小的有关证据,调查财产的权属情况以及是否属于违法所得或者依法应当追缴的其他财物。属于下列情形的,依法应当予以追缴、没收:1. 黑社会性质组织形成、发展过程中,该组织及其组织成员通过违法犯罪活动或其他不正当手段聚敛的财产及其孳息、收益,以及合法获取的财产中实际用于支持该组织存在、发展和实施违法犯罪活动的部分;2. 其他单位、个人为支持黑社会性质组织存在、发展以及实施违法犯罪活动而资助或提供的财产;3. 组织成员通过个人实施的违法犯罪活动所聚敛的财产及其孳息、收益,以及供个人犯罪所用的本人财物;4. 黑社会性质组织及其组织成员个人非法持有的违禁品;5. 依法应当追缴的其他涉案财物。

(二)发挥庭审功能问题

黑社会性质组织犯罪案件开庭前,应当按照重大案件的审判要求做好从物质保障到人员配备等各方面的庭审准备,并制定详细的庭审预案和庭审提纲。同时,还要充分发挥庭前会议了解情况、听取意见的应有作用,提前了解控辩双方的主要意见,及时解决可能影响庭审顺利进行的程序性问题。对于庭前会议中出示的证据材料,控辩双方无异议的,庭审举证、质证时可以简化。庭审过程中,合议庭应当针对争议焦点和关键的事实、证据问题,有效引导控辩双方进行法庭调查与法庭辩论。庭审时,还应当全程录音录像,相关音视频资料应当存卷备查。

294-2　1. 法〔2009〕382号　(二)关于办理黑社会性质组织犯罪案件的其他问题　2. 关于黑社会性质组织成员的刑事责任。对黑社会性质组织的组织者、领导者,应根据法律规定和本纪要中关于“黑社会性质组织实施的违法犯罪活动”的规定,按照该组织所犯的全部罪行承担刑事责任。组织者、领导者对于具体犯罪所承担的刑事责任,应当根据其

在该起犯罪中的具体地位、作用来确定。对黑社会性质组织中的积极参加者和其他参加者,应按照其所参与的犯罪,根据其在具体犯罪中的地位和作用,依照罪责刑相适应的原则,确定应承担的刑事责任。

理解与适用:法〔2009〕382 号　明确了组织者、领导者的刑事责任范围。但值得强调的是,组织者、领导者对组织所犯的全部罪行承担刑事责任,但并不等于在每一起犯罪中均应承担最重的责任。组织者、领导者的刑事责任,应当根据其在犯罪中的具体地位、作用来确定。如犯罪的起意、预谋、准备、实施等环节均由其他组织成员完成,组织者、领导者虽予认可或默许,但并未具体参与,则组织者、领导者的刑事责任一般应小于造意犯、实行犯,量刑时要有所区别。

法〔2009〕382 号　(一)关于黑社会性质组织的认定

1. 关于组织特征

关于组织者、领导者、积极参加者和其他参加者的认定。组织者、领导者,是指黑社会性质组织的发起者、创建者,或者在组织中实际处于领导地位,对整个组织及其运行、活动起着决策、指挥、协调、管理作用的犯罪分子,既包括通过一定形式产生的有明确职务、称谓的组织者、领导者,也包括在黑社会性质组织中被公认的事实上的组织者、领导者……

2. 法〔2015〕291 号　三、关于刑事责任和刑罚适用

(一)已退出或者新接任的组织者、领导者的刑事责任问题

对于在黑社会性质组织形成、发展过程中已经退出的组织者、领导者,或者在加入黑社会性质组织之后逐步发展成为组织者、领导者的犯罪分子,应对其本人参与及其实际担任组织者、领导者期间该组织所犯的全部罪行承担刑事责任。

(二)量刑情节的运用问题

组织者、领导者、骨干成员以及"保护伞"协助抓获同案中其他重要的组织成员,或者骨干成员能够检举揭发其他犯罪案件中罪行同样严重的犯罪分子,原则上依法应予从轻或者减轻处罚。组织者、领导者检举揭发与该黑社会性质组织及其违法犯罪活动有关联的其他犯罪线索,如果在是否认定立功的问题上存在事实、证据或法律适用方面的争议,应当严格把握。依法应认定为立功或者重大立功的,在决定是否从宽处罚、如何从宽处罚时,应当根据罪责刑相一致原则从严掌握。可能导致全案量刑明显失衡的,不予从宽处罚。

(三)附加剥夺政治权利的适用问题

对于黑社会性质组织的组织者、领导者,可以适用《刑法》第五十六条第一款的规定附加剥夺政治权利。

(四)财产刑的适用问题

对于黑社会性质组织的组织者、领导者,依法应当并处没收财产。黑社会性质组织敛财数额特别巨大,但因犯罪分子转移、隐匿、毁灭证据或者拒不交代涉案财产来源、性质,导致违法所得以及其他应当追缴的财产难以准确查清和追缴的,对于组织者、领导者以及为该组织转移、隐匿资产的积极参加者可以并处没收个人全部财产。

294-3 立法理由:《关于〈中华人民共和国刑法(修订草案)〉的说明》 关于黑社会犯罪。在我国,明显的、典型的黑社会犯罪还没有出现,但带有黑社会性质的犯罪集团已经出现,横行乡里、称霸一方,为非作歹,欺压、残害群众的有组织犯罪时有出现。另外也发现有境外黑社会组织成员入境进行违法活动的,可能会对社会造成严重危害。对于黑社会性质的犯罪,必须坚决打击,一定要消灭在萌芽状态,防止蔓延。只要组织、参加黑社会性质的犯罪组织,不管是否有其他具体犯罪行为都要判刑。因此,草案增加了相应的规定,并对境外的黑社会组织的人员到中华人民共和国境内发展组织成员的,规定了刑罚。

294-4 1. 法〔2009〕382 号 (一)关于黑社会性质组织的认定

1. 关于组织特征

积极参加者,是指接受黑社会性质组织的领导和管理,多次积极参与黑社会性质组织的违法犯罪活动,或者积极参与较严重的黑社会性质组织的犯罪活动且作用突出,以及其他在组织中起重要作用的犯罪分子,如具体主管黑社会性质组织的财务、人员管理等事项的犯罪分子。

理解与适用:实践中,一些具体主管黑社会性质组织人、财、物等事项的组织成员虽然很少参与,甚至从不参与违法犯罪活动,但这些成员往往与组织头目有着某种特殊关系。而且,这些成员由于直接掌控着犯罪组织的"生命线",对于组织的维系、运行、发展实际上起着非常重要的作用,理应认定为积极参加者。需要强调的是,此类积极参加者应是对犯罪组织的人、财、物等事项具有"主管管理职权",且对犯罪组织的维系、运行、活动确实起到重要作用的成员,不能把凡是参与前述事务的组织成员均认定为积极参加者。

2. 法〔2015〕291 号　一、准确把握形势、任务，坚定不移地在法治轨道上深入推进打黑除恶专项斗争

（二）认真贯彻落实宽严相济刑事政策

对于不属于骨干成员的积极参加者以及一般参加者，确有自首、立功等法定情节的，要依法从轻、减轻或免除处罚；具有初犯、偶犯等酌定情节的，要依法酌情从宽处理。对于一般参加者，虽然参与实施了少量的违法犯罪活动，但系未成年人或是只起次要、辅助作用的，应当依法从宽处理。符合缓刑条件的，可以适用缓刑。

三、关于刑事责任和刑罚适用

（二）量刑情节的运用问题

积极参加者、一般参加者配合司法机关查办案件，有提供线索、帮助收集证据或者其他协助行为，并在侦破黑社会性质组织犯罪案件、认定黑社会性质组织及其主要成员、追缴黑社会性质组织违法所得、查处“保护伞”等方面起到较大作用的，即使依法不能认定立功，一般也应酌情对其从轻处罚。

（三）附加剥夺政治权利的适用问题

对于因犯参加黑社会性质组织罪被判处 5 年以上有期徒刑的积极参加者，也可以适用该规定附加剥夺政治权利。

（四）财产刑的适用问题

对于确属骨干成员的积极参加者一般应当并处罚金或者没收财产。对于其他积极参加者和一般参加者，应当根据所参与实施违法犯罪活动的次数、性质、地位、作用、违法所得数额以及造成损失的数额等情节，依法决定财产刑的适用。

294-5　法〔2009〕382 号　（一）关于黑社会性质组织的认定

1. 关于组织特征

其他参加者，是指除上述组织成员之外，其他接受黑社会性质组织的领导和管理的犯罪分子。根据法释〔2000〕42 号第三条第二款的规定，对于参加黑社会性质的组织，没有实施其他违法犯罪活动的，或者受蒙蔽、胁迫参加黑社会性质的组织，情节轻微的，可以不作为犯罪处理。

294-6　法释〔2000〕42 号第二条　刑法第二百九十四条第二款规定的“发展组织成员”，是指将境内、外人员吸收为该黑社会组织成员的行为。对黑社会组织成员进行内部调整等行为，可视为“发展组织成

员”。港、澳、台黑社会组织到内地发展组织成员的,适用刑法第二百九十四条第二款的规定定罪处罚。

294-7 法〔2015〕291号 一、准确把握形势、任务,坚定不移地在法治轨道上深入推进打黑除恶专项斗争

(四)依法加大惩处“保护伞”的力度

个别国家机关工作人员的包庇、纵容,不仅会对黑社会性质组织的滋生、蔓延起到推波助澜的作用,而且会使此类犯罪的社会危害进一步加大。各级人民法院应当充分认识“保护伞”的严重危害,将依法惩处“保护伞”作为深化打黑除恶工作的重点环节和深入开展反腐败斗争的重要内容,正确运用刑法的有关规定,有效加大对于“保护伞”的惩处力度。同时,各级人民法院还应当全面发挥职能作用,对于审判工作中发现的涉及“保护伞”的线索,应当及时转往有关部门查处,确保实现“除恶务尽”的目标。

294-8 法释〔2000〕42号第五条第一款 刑法第二百九十四条第四款规定的“包庇”是指国家机关工作人员为使黑社会性质组织及其成员逃避查禁,而通风报信,隐匿、毁灭、伪造证据,阻止他人作证、检举揭发,指使他人作伪证,帮助逃匿,或者阻挠其他国家机关工作人员依法查禁等行为。

294-9 法释〔2000〕42号第五条第二款 刑法第二百九十四条第四款规定的“纵容”是指国家机关工作人员不依法履行职责,放纵黑社会性质组织进行违法犯罪活动的行为。

294-10 法释〔2000〕42号第六条 国家机关工作人员包庇、纵容黑社会性质的组织,有下列情形之一的,属于刑法第二百九十四条第四款规定的“情节严重”:

(一)包庇、纵容黑社会性质组织跨境实施违法犯罪活动的;

(二)包庇、纵容境外黑社会组织在境内实施违法犯罪活动的;

(三)多次实施包庇、纵容行为的;

(四)致使某一区域或者行业的经济、社会生活秩序遭受黑社会性质组织特别严重破坏的;

(五)致使黑社会性质组织的组织者、领导者逃匿,或者致使对黑社会性质组织的查禁工作严重受阻的;

(六)具有其他严重情节的。

294-11　1.《最高人民法院关于审理黑社会性质组织犯罪的案件具体应用法律若干问题的解释》(法释〔2000〕42号,2000年12月10日)。

立法背景:2001年11月,最高人民检察院向全国人大常委会递交报告,对最高人民法院的上述司法解释提出异议。全国人大常委会遂就此作出立法解释。《刑法》第二百九十四条第一款的解释(2002年4月28日第九届全国人大常务委员会第二十七次会议通过)。这是刑法实施以来,第一次在有关法律问题已有司法解释的情况下,由于司法机关对法律规定认识不一致,而由全国人大常委会专门制定立法解释。它对于明确法律规定的立法本意,进一步规范刑法解释,具有重要意义。《刑法修正案(八)》将该立法解释的内容直接规定在法条正文之中。黑社会性质组织是一种处于一般犯罪集团与黑社会组织之间的中间形态的犯罪组织。这种中间形态的特点决定了其本身就具有一定的模糊性和不确定性。但我国刑法并未明文规定黑社会组织犯罪,故黑社会性质的组织与黑社会组织就无法从法律上加以明确区分,且目前黑社会性质的组织一罪的量刑已经是相当高了。

2. 法〔2009〕382号　(一)关于黑社会性质组织的认定

黑社会性质组织必须同时具备《立法解释》中规定的"组织特征"、"经济特征"、"行为特征"和"危害性特征"。由于实践中许多黑社会性质组织并非这"四个特征"都很明显,因此,在具体认定时,应根据立法本意,认真审查、分析黑社会性质组织"四个特征"相互间的内在联系,准确评价涉案犯罪组织所造成的社会危害,确保不枉不纵。

294-12　立法背景:1. 本项内容草案的最初表述为"形成较稳定的犯罪组织,有明确的组织者、领导者,骨干成员基本固定,人数较多"。有的委员提出,应将该项中"人数较多"移至该项规定的"形成较稳定的犯罪组织"之后,较为合适。因此,法律委员会建议,将该项修改为:"形成较稳定的犯罪组织,人数较多,有明确的组织者、领导者,骨干成员基本固定。"2. 这是对黑社会性质组织的组织结构特征的概括。所谓稳定性,表现在它不是一个松散的临时纠合体,而是一个较长时期在一定地域有组织地从事犯罪活动的稳定的组织。所谓严密性,是指该组织有明确的组织者、领导者,骨干成员基本固定。所谓人数众多,这是与犯罪集团在人数上有明显的差别,但不便作出过于明确的规定。

294-13 法〔2015〕291 号 二、关于黑社会性质组织的认定

(一)认定组织特征的问题

黑社会性质组织存续时间的起点,可以根据涉案犯罪组织举行成立仪式或者进行类似活动的时间来认定。没有前述活动的,可以根据足以反映其初步形成核心利益或强势地位的重大事件发生时间进行审查判断。没有明显标志性事件的,也可以根据涉案犯罪组织为维护、扩大组织势力、实力、影响、经济基础或按照组织惯例、纪律、活动规约而首次实施有组织的犯罪活动的时间进行审查判断。存在、发展时间明显过短、犯罪活动尚不突出的,一般不应认定为黑社会性质组织。

黑社会性质组织应有明确的组织者、领导者,骨干成员基本固定,并有比较明确的层级和职责分工,一般有三种类型的组织成员,即组织者、领导者与积极参加者、一般参加者(“其他参加者”)。

对于黑社会性质组织的组织纪律、活动规约,应当结合制定、形成相关纪律、规约的目的与意图来进行审查判断。凡是为了增强实施违法犯罪活动的组织性、隐蔽性而制定或者自发形成,并用以明确组织内部人员管理、职责分工、行为规范、利益分配、行动准则等事项的成文或不成文的规定、约定,均可认定为黑社会性质组织的组织纪律、活动规约。

对于参加黑社会性质组织,没有实施其他违法犯罪活动,或者受蒙蔽、威胁参加黑社会性质组织,情节轻微的,可以不作为犯罪处理。对于参加黑社会性质组织后仅参与少量情节轻微的违法活动的,也可以不作为犯罪处理。

以下人员不属于黑社会性质组织的成员:1. 主观上没有加入社会性质组织的意愿,受雇到黑社会性质组织开办的公司、企业、社团工作,未参与或者仅参与少量黑社会性质组织的违法犯罪活动的人员;2. 因临时被纠集、雇佣或受蒙蔽为黑社会性质组织实施违法犯罪活动或者提供帮助、支持、服务的人员;3. 为维护或扩大自身利益而临时雇佣、收买、利用黑社会性质组织实施违法犯罪活动的人员。上述人员构成其他犯罪的,按照具体犯罪处理。

对于被起诉的组织成员主要为未成年人的案件,定性时应当结合“四个特征”审慎把握。

294-14 法〔2015〕291 号 二、关于黑社会性质组织的认定

(一)认定组织特征的问题

黑社会性质组织应当具有一定规模,人数较多,组织成员一般在 10

人以上。其中,既包括已有充分证据证明但尚未归案的组织成员,也包括虽有参加黑社会性质组织的行为但因尚未达到刑事责任年龄或因其他法定情形而未被起诉,或者根据具体情节不作为犯罪处理的组织成员。

294-15　法〔2015〕291号　二、关于黑社会性质组织的认定

(一)认定组织特征的问题

骨干成员,是指直接听命于组织者、领导者,并多次指挥或积极参与实施有组织的违法犯罪活动或者其他长时间在犯罪组织中起重要作用的犯罪分子,属于积极参加者的一部分。

294-16　**1.** 法〔2009〕382号　(一)关于黑社会性质组织的认定

2. 关于经济特征

黑社会性质组织的敛财方式也具有多样性。实践中,黑社会性质组织不仅会通过实施赌博、敲诈、贩毒等违法犯罪活动攫取经济利益,而且还往往会通过开办公司、企业等方式"以商养黑""以黑护商"。因此,无论其财产是通过非法手段聚敛,还是通过合法的方式获取,只要将其中部分或全部用于违法犯罪活动或者维系犯罪组织的生存、发展即可。"用于违法犯罪活动或者维系犯罪组织的生存、发展",一般是指购买作案工具、提供作案经费,为受伤、死亡的组织成员提供医疗费、丧葬费,为组织成员及其家属提供工资、奖励、福利、生活费用,为组织寻求非法保护以及其他与实施有组织的违法犯罪活动有关的费用支出等。

这是黑社会性质的组织的经济实力特征。"一定的经济实力"表现为具有一定的,通过有组织的犯罪活动或者其他手段获取的经济利益。黑社会性质的组织的经济实力可能是违法犯罪活动获得,也可能是通过一些正常的经营活动获取。强调这一点,不论黑社会性质组织是通过违法犯罪活动还是通过正常经营活动获取经济利益,不论其经济实力是较为雄厚还是较为薄弱,只要将其获得的经济利益用以支持该组织的活动,就可以认定该特征。总之,《纪要》根据各方意见,对黑社会性质组织的敛财方式、获利数额作了较为原则和宽松的规定,而把认定重点放在了获利之后的用途上。

2. 法〔2015〕291号　二、关于黑社会性质组织的认定

(二)认定经济特征的问题

"一定的经济实力",是指黑社会性质组织在形成、发展过程中获取

的,足以支持该组织运行、发展以及实施违法犯罪活动的经济利益。包括:1.有组织地通过违法犯罪活动或其他不正当手段聚敛的资产;2.有组织地通过合法的生产、经营活动获取的资产;3.组织成员以及其他单位、个人资助黑社会性质组织的资产。通过上述方式获取的经济利益,即使是由部分组织成员个人掌控,也应计入黑社会性质组织的"经济实力"。

各高级人民法院可以根据本地区的实际情况,对黑社会性质组织所应具有的"经济实力"在20万~50万元幅度内,自行划定一般掌握的最低数额标准。

是否将所获经济利益全部或部分用于违法犯罪活动或者维系犯罪组织的生存、发展,是认定经济特征的重要依据。无论获利后的分配与使用形式如何变化,只要在客观上能够起到豢养组织成员、维护组织稳定、壮大组织势力的作用即可认定。

294-17 **1.** 法〔2009〕382号 (一)关于黑社会性质组织的认定

3.关于行为特征

其他手段包括:1.以暴力、威胁为基础,在利用组织势力和影响已对他人形成心理强制或威慑的情况下,进行所谓"谈判""协商""调解";2.滋扰、哄闹、聚众等其他干扰、破坏正常经济、社会生活秩序的非暴力手段。

理解与适用:虽然列举不能穷尽,但不管黑社会性质组织如何变换手法,其在实施违法犯罪活动时始终是以暴力、威胁为基础,以干扰、破坏正常经济、社会生活秩序为目的。在分析某种具体情况是否属于"其他手段"时,应紧扣以上两点。

2. 法〔2015〕291号 二、关于黑社会性质组织的认定

(三)认定行为特征的问题

涉案犯罪组织仅触犯少量具体罪名的,是否应认定为黑社会性质组织要结合组织特征、经济特征和非法控制特征(危害性特征)综合判断,严格把握。

黑社会性质组织实施的违法犯罪活动包括非暴力性的违法犯罪活动,但暴力或以暴力相威胁始终是黑社会性质组织实施违法犯罪活动的基本手段,并随时可能付诸实施。因此,在黑社会性质组织所实施的违法犯罪活动中,一般应有一部分能够较明显地体现出暴力或以暴力相威

胁的基本特征。否则,定性时应当特别慎重。

294-18 **1.** 法〔2009〕382 号 (一)关于黑社会性质组织的认定

3. 关于行为特征"黑社会性质组织实施的违法犯罪活动"主要包括以下情形:1. 由组织者、领导者直接组织、策划、指挥、参与实施的违法犯罪活动;2. 由组织成员以组织名义实施,并得到组织者、领导者认可或者默许的违法犯罪活动;3. 多名组织成员为逞强争霸、插手纠纷、报复他人、替人行凶、非法敛财而共同实施,并得到组织者、领导者认可或者默许的违法犯罪活动;4. 组织成员为组织争夺势力范围、排除竞争对手、确立强势地位、谋取经济利益、维护非法权威或者按照组织的纪律、惯例、共同遵守的约定而实施的违法犯罪活动。

法〔2009〕382 号 (一)关于黑社会性质组织的认定

3. 关于行为特征

由黑社会性质组织实施的其他违法犯罪活动。多次进行违法犯罪活动,只是认定黑社会性质组织的必要条件之一,最终能否被认定为黑社会性质的组织,还要结合非法控制特征来加以判断。即使有些案件中的违法犯罪活动已符合"多次"的标准,但根据其性质和严重程度,尚不足以形成非法控制或者重大影响的,也不能认定为黑社会性质组织。

2. 法〔2015〕291 号 二、关于黑社会性质组织的认定

(三)认定行为特征的问题

属于 2009 年《座谈会纪要》规定的五种情形之一的,一般应当认定为黑社会性质组织实施的违法犯罪活动,但确与维护和扩大组织势力、实力、影响、经济基础无任何关联,亦不是按照组织惯例、纪律、活动规约而实施,则应作为组织成员个人的违法犯罪活动处理。

组织者、领导者明知组织成员曾多次实施起因、性质类似的违法犯罪活动,但并未明确予以禁止的,如果该类行为对扩大组织影响起到一定作用,可以视为是按照组织惯例实施的违法犯罪活动。

294-19 **黄太云认为,违法活动具有暴力性和多样性,这是黑社会性质组织的行为特征。该组织的本质是对某一地区或行业进行非法控制,公然与公权力对抗。因此,它首先具有暴力性特征,即以暴力或者暴力威胁为后盾,虽然并不一定每次都使用。黑社会性质组织罪的暴力性在犯罪规模、能量、手段、社会影响上都要比犯罪集团更为严重、恶劣,故应予严惩。**

294-20 **1.** 法〔2009〕382 号 (一)关于黑社会性质组织的认定

4. 对于危害性特征

对于"一定区域"的理解和把握。区域的大小具有相对性,且黑社会性质组织非法控制和影响的对象并不是区域本身,而是在一定区域中生活的人,以及该区域内的经济、社会生活秩序。因此,不能简单地要求"一定区域"必须达到某一特定的空间范围,而应当根据具体案情,并结合黑社会性质组织对经济、社会生活秩序的危害程度加以综合分析判断。

2. 法〔2015〕291 号 二、关于黑社会性质组织的认定

(四)认定非法控制特征(危害性特征)的问题

黑社会性质组织所控制和影响的"一定区域",应当具备一定空间范围,并承载一定的社会功能。既包括一定数量的自然人共同居住、生活的区域,如乡镇、街道、较大的村庄等,也包括承载一定生产、经营或社会公共服务功能的区域,如矿山、工地、市场、车站、码头等。对此,应当结合一定地域范围内的人口数量、流量、经济规模等因素综合评判。如果涉案犯罪组织的控制和影响仅存在于一座酒店、一处娱乐会所等空间范围有限的场所或者人口数量、流量、经济规模较小的其他区域,则一般不能视为是对"一定区域"的控制和影响。

294-21 **1.** 法〔2009〕382 号 (一)关于黑社会性质组织的认定

4. 对于危害性特征

对于"一定行业"的理解和把握。黑社会性质组织所控制和影响的行业,既包括合法行业,也包括黄、赌、毒等非法行业。这些行业一般涉及生产、流通、交换、消费等一个或多个市场环节。

2. 法〔2015〕291 号 二、关于黑社会性质组织的认定

(四)认定非法控制特征(危害性特征)的问题

黑社会性质组织所控制和影响的"一定行业",是指在一定区域内存在的同类生产、经营活动。黑社会性质组织通过多次有组织地实施违法犯罪活动,对黄、赌、毒等非法行业形成非法控制或重大影响的,同样符合非法控制特征(危害性特征)的要求。

294-22 **1.** 法〔2009〕382 号 (一)关于黑社会性质组织的认定

4. 对于危害性特征

这是黑社会性质组织罪的本质特征,也是其区别于一般犯罪集团的

关键所在。通过实施违法犯罪活动，或者利用国家工作人员的包庇、纵容，称霸一方，并具有以下情形之一的，可认定为“在一定区域或者行业内，形成非法控制或者重大影响，严重破坏经济、社会生活秩序”：1. 对在一定区域内生活或者在一定行业内从事生产、经营的群众形成心理强制、威慑，致使合法利益受损的群众不敢举报、控告的；2. 对一定行业的生产、经营形成垄断，或者对涉及一定行业的准入、经营、竞争等经济活动形成重要影响的；3. 插手民间纠纷、经济纠纷，在相关区域或者行业内造成严重影响的；4. 干扰、破坏他人正常生产、经营、生活，并在相关区域或者行业内造成严重影响的；5. 干扰、破坏公司、企业、事业单位及社会团体的正常生产、经营、工作秩序，在相关区域、行业内造成严重影响，或者致使其不能正常生产、经营、工作的；6. 多次干扰、破坏国家机关、行业管理部门以及村委会、居委会等基层群众自治组织的工作秩序，或者致使上述单位、组织的职能不能正常行使的；7. 利用组织的势力、影响，使组织成员获取政治地位，或者在党政机关、基层群众自治组织中担任一定职务的；8. 其他形成非法控制或者重大影响，严重破坏经济、社会生活秩序的情形。

2. 法〔2015〕291号　二、关于黑社会性质组织的认定

（四）认定非法控制特征（危害性特征）的问题

2009年《座谈会纪要》明确了可以认定为“在一定区域或者行业内，形成非法控制或者重大影响，严重破坏经济、社会生活秩序”的八种情形，适用时应当注意以下问题：第1种情形中的“致使合法利益受损的群众不敢举报、控告的”，是指致使多名合法利益遭受犯罪或者严重违法活动侵害的群众不敢通过正当途径维护权益；第2种情形中的“形成垄断”，是指可以操控、左右、决定与一定行业相关的准入、退出、经营、竞争等经济活动。“形成重要影响”，是指对与一定行业相关的准入、退出、经营、竞争等经济活动具有较大的干预和影响能力，或者具有在该行业内占有较大市场份额、通过违法犯罪活动或以其他不正当手段在该行业内敛财数额巨大（最低数额标准由各高院根据本地情况在20万～50万元的幅度内自行划定）、给该行业内从事生产、经营活动的其他单位、组织、个人造成直接经济损失100万元以上等情节之一；第3、4、5种情形中的“造成严重影响”，是指具有致人重伤或致多人轻伤、通过违法犯罪活动或以其他不正当手段敛财数额巨大（数额标准同上）、造成直接经济损失

100万元以上、多次引发群体性事件或引发大规模群体性事件等情节之一;第6种情形中的“多次干扰、破坏国家机关、行业管理部门以及村委会、居委会等基层群众自治组织的工作秩序”,包括以拉拢、收买、威胁等手段多次得到国家机关工作人员包庇或纵容,或者多次对前述单位、组织中正常履行职务的工作人员进行打击、报复的情形;第7种情形中的“获取政治地位”,是指当选各级人大代表、政协委员。“担任一定职务”,是指在各级党政机关及其职能部门、基层群众自治组织中担任具有组织、领导、监督、管理职权的职务。

根据实践经验,在黑社会性质组织犯罪案件中,2009年《座谈会纪要》规定的八种情形一般不会单独存在,往往是两种以上的情形同时并存、相互交织,从而严重破坏经济、社会生活秩序。审判时,应当充分认识这一特点,准确认定该特征。

“四个特征”中其他构成要素均已具备,仅在成员人数、经济实力规模方面未达到本纪要提出的一般性要求,但已较为接近,且在非法控制特征(危害性特征)方面同时具有2009年《座谈会纪要》相关规定中的多种情形,其中至少有一种情形已明显超出认定标准的,也可以认定为黑社会性质组织。

第二百九十五条　(刑八)*　【传授犯罪方法罪】传授犯罪方法的[1],处五年以下有期徒刑、拘役或者管制;情节严重的,处五年以上十年以下有期徒刑;情节特别严重的,处十年以上有期徒刑或者无期徒刑。

295-1　《最高人民法院、最高人民检察院、公安部关于办理暴力恐怖和宗教极端刑事案件适用法律若干问题的意见》(公通字〔2014〕34号,2014年9月9日)　(九)传授暴力恐怖或者其他犯罪技能、经验,依法不能认定为组织、领导、参加恐怖组织罪的,以传授犯罪方法罪定罪处罚。

为实现所教唆的犯罪,教唆者又传授犯罪方法的,择一重罪定罪处罚。

---

* 《刑法修正案(八)》废除了本罪死刑。

第二百九十六条　【非法集会、游行、示威罪】举行集会、游行、示威，未依照法律规定*申请或者申请未获许可，或者未按照主管机关许可的起止时间、地点、路线进行，又拒不服从解散命令，严重破坏社会秩序的，对集会、游行、示威的负责人和直接责任人员，处五年以下有期徒刑、拘役、管制或者剥夺政治权利。

第二百九十七条　【非法携带武器、管制刀具、爆炸物参加集会、游行、示威罪】违反法律规定，携带武器、管制刀具或者爆炸物参加集会、游行、示威的，处三年以下有期徒刑、拘役、管制或者剥夺政治权利。

第二百九十八条　【破坏集会、游行、示威罪】扰乱、冲击或者以其他方法破坏依法举行的集会、游行、示威，造成公共秩序混乱的，处五年以下有期徒刑、拘役、管制或者剥夺政治权利。

第二百九十九条　【侮辱国旗、国徽罪】在公众场合故意以焚烧、毁损、涂划、玷污、践踏等方式侮辱中华人民共和国国旗、国徽的，处三年以下有期徒刑、拘役、管制或者剥夺政治权利。

第三百条[1]　（刑九）【组织、利用会道门、邪教组织、利用迷信破坏法律实施罪】组织、利用会道门、邪教组织[2]或者利用迷信破坏国家法律、行政法规实施的[3]，处三年以上七年以下有期徒刑，并处罚金；情节特别严重的[4]，处七年以上有期徒刑或者无期徒刑，并处罚金或者没收财产；情节较轻的[5]，处三年以下有期徒刑、拘役、管制或者剥夺政治权利，并处或者单处罚金。

【组织、利用会道门、邪教组织、利用迷信致人重伤、死亡罪】组

---

* 《集会游行示威法》（1989 年 10 月 31 日，2009 年 8 月 27 日修订）。《集会游行示威法实施条例》（1992 年 6 月 16 日，2011 年 1 月 8 日修订）。

织、利用会道门、邪教组织或者利用迷信蒙骗他人,致人重伤、死亡的[6],依照前款的规定处罚。

犯第一款罪又有奸淫妇女、诈骗财物等犯罪行为的[7],依照数罪并罚的规定处罚。

300-1 《最高人民法院、最高人民检察院关于办理组织、利用邪教组织破坏法律实施等刑事案件适用法律若干问题的解释》(法释〔2017〕3号,2017年2月1日)

法释〔2017〕3号第十六条　本解释自2017年2月1日起施行。《最高人民法院、最高人民检察院关于办理组织和利用邪教组织犯罪案件具体应用法律若干问题的解释》(法释〔1999〕18号),《最高人民法院、最高人民检察院关于办理组织和利用邪教组织犯罪案件具体应用法律若干问题的解释(二)》(法释〔2001〕19号),以及《最高人民法院、最高人民检察院关于办理组织和利用邪教组织犯罪案件具体应用法律若干问题的解答》(法发〔2002〕7号)同时废止。

法释〔2017〕3号第五条　为了传播而持有、携带,或者传播过程中被当场查获,邪教宣传品数量达到本解释第二条至第四条规定的有关标准的,按照下列情形分别处理:

(一)邪教宣传品是行为人制作的,以犯罪既遂处理;

(二)邪教宣传品不是行为人制作,尚未传播的,以犯罪预备处理;

(三)邪教宣传品不是行为人制作,传播过程中被查获的,以犯罪未遂处理;

(四)邪教宣传品不是行为人制作,部分已经传播出去的,以犯罪既遂处理,对于没有传播的部分,可以在量刑时酌情考虑。

法释〔2017〕3号第十三条　明知他人组织、利用邪教组织实施犯罪,而为其提供经费、场地、技术、工具、食宿、接送等便利条件或者帮助的,以共同犯罪论处。

300-2 法释〔2017〕3号第一条　冒用宗教、气功或者以其他名义建立,神化、鼓吹首要分子,利用制造、散布迷信邪说等手段蛊惑、蒙骗他人,发展、控制成员,危害社会的非法组织,应当认定为刑法第三百条规定的“邪教组织”。

300-3 法释〔2017〕3号第二条　组织、利用邪教组织,破坏国家法律、行政法规实施，具有下列情形之一的，应当依照刑法第三百条第一款的规定，处三年以上七年以下有期徒刑，并处罚金：

（一）建立邪教组织，或者邪教组织被取缔后又恢复、另行建立邪教组织的；

（二）聚众包围、冲击、强占、哄闹国家机关、企业事业单位或者公共场所、宗教活动场所，扰乱社会秩序的；

（三）非法举行集会、游行、示威，扰乱社会秩序的；

（四）使用暴力、胁迫或者以其他方法强迫他人加入或者阻止他人退出邪教组织的；

（五）组织、煽动、蒙骗成员或者他人不履行法定义务的；

（六）使用"伪基站""黑广播"等无线电台（站）或者无线电频率宣扬邪教的；

（七）曾因从事邪教活动被追究刑事责任或者二年内受过行政处罚，又从事邪教活动的；

（八）发展邪教组织成员五十人以上的；

（九）敛取钱财或者造成经济损失一百万元以上的；

（十）以货币为载体宣扬邪教，数量在五百张（枚）以上的；

（十一）制作、传播邪教宣传品，达到下列数量标准之一的：

1. 传单、喷图、图片、标语、报纸一千份（张）以上的；

2. 书籍、刊物二百五十册以上的；

3. 录音带、录像带等音像制品二百五十盒（张）以上的；

4. 标识、标志物二百五十件以上的；

5. 光盘、U 盘、储存卡、移动硬盘等移动存储介质一百个以上的；

6. 横幅、条幅五十条（个）以上的。

（十二）利用通讯信息网络宣扬邪教，具有下列情形之一的：

1. 制作、传播宣扬邪教的电子图片、文章二百张（篇）以上，电子书籍、刊物、音视频五十册（个）以上，或者电子文档五百万字符以上、电子音视频二百五十分钟以上的；

2. 编发信息、拨打电话一千条（次）以上的；

3. 利用在线人数累计达到一千以上的聊天室，或者利用群组成员、关注人员等账号数累计一千以上的通讯群组、微信、微博等社交网络宣扬邪教的；

4. 邪教信息实际被点击、浏览数达到五千次以上的。

(十三)其他情节严重的情形。

法释〔2017〕3号第六条　多次制作、传播邪教宣传品或者利用通讯信息网络宣扬邪教,未经处理的,数量或者数额累计计算。

制作、传播邪教宣传品,或者利用通讯信息网络宣扬邪教,涉及不同种类或者形式的,可以根据本解释规定的不同数量标准的相应比例折算后累计计算。

法释〔2017〕3号第十五条　对涉案物品是否属于邪教宣传品难以确定的,可以委托地市级以上公安机关出具认定意见。

300-4　法释〔2017〕3号第三条　组织、利用邪教组织,破坏国家法律、行政法规实施,具有下列情形之一的,应当认定为刑法第三百条第一款规定的"情节特别严重",处七年以上有期徒刑或者无期徒刑,并处罚金或者没收财产:

(一)实施本解释第二条第一项至第七项规定的行为,社会危害特别严重的;

(二)实施本解释第二条第八项至第十二项规定的行为,数量或者数额达到第二条规定相应标准五倍以上的;

(三)其他情节特别严重的情形。

300-5　法释〔2017〕3号第四条　组织、利用邪教组织,破坏国家法律、行政法规实施,具有下列情形之一的,应当认定为刑法第三百条第一款规定的"情节较轻",处三年以下有期徒刑、拘役、管制或者剥夺政治权利,并处或者单处罚金:

(一)实施本解释第二条第一项至第七项规定的行为,社会危害较轻的;

(二)实施本解释第二条第八项至第十二项规定的行为,数量或者数额达到相应标准五分之一以上的;

(三)其他情节较轻的情形。

法释〔2017〕3号第九条　组织、利用邪教组织破坏国家法律、行政法规实施,符合本解释第四条规定情形,但行为人能够真诚悔罪,明确表示退出邪教组织、不再从事邪教活动的,可以不起诉或者免予刑事处罚。其中,行为人系受蒙蔽、胁迫参加邪教组织的,可以不作为犯罪处理。

组织、利用邪教组织破坏国家法律、行政法规实施，行为人在一审判决前能够真诚悔罪，明确表示退出邪教组织、不再从事邪教活动的，分别依照下列规定处理：

（一）符合本解释第二条规定情形的，可以认定为刑法第三百条第一款规定的“情节较轻”；

（二）符合本解释第三条规定情形的，可以不认定为刑法第三百条第一款规定的“情节特别严重”，处三年以上七年以下有期徒刑，并处罚金。

300-6　法释〔2017〕3号第七条　组织、利用邪教组织，制造、散布迷信邪说，蒙骗成员或者他人绝食、自虐等，或者蒙骗病人不接受正常治疗，致人重伤、死亡的，应当认定为刑法第三百条第二款规定的组织、利用邪教组织“蒙骗他人，致人重伤、死亡”。

组织、利用邪教组织蒙骗他人，致一人以上死亡或者三人以上重伤的，处三年以上七年以下有期徒刑，并处罚金。

组织、利用邪教组织蒙骗他人，具有下列情形之一的，处七年以上有期徒刑或者无期徒刑，并处罚金或者没收财产：

（一）造成三人以上死亡的；

（二）造成九人以上重伤的；

（三）其他情节特别严重的情形。

组织、利用邪教组织蒙骗他人，致人重伤的，处三年以下有期徒刑、拘役、管制或者剥夺政治权利，并处或者单处罚金。

法释〔2017〕3号第十一条　组织、利用邪教组织，制造、散布迷信邪说，组织、策划、煽动、胁迫、教唆、帮助其成员或者他人实施自杀、自伤的，依照刑法第二百三十二条、第二百三十四条的规定，以故意杀人罪或者故意伤害罪定罪处罚。

法释〔2017〕3号第十四条　对于犯组织、利用邪教组织破坏法律实施罪、组织、利用邪教组织致人重伤、死亡罪，严重破坏社会秩序的犯罪分子，根据刑法第五十六条的规定，可以附加剥夺政治权利。

法释〔2017〕3号第八条　实施本解释第二条至第五条规定的行为，具有下列情形之一的，从重处罚：

（一）与境外机构、组织、人员勾结，从事邪教活动的；

（二）跨省、自治区、直辖市建立邪教组织机构、发展成员或者组织邪教活动的；

(三)在重要公共场所、监管场所或者国家重大节日、重大活动期间聚集滋事,公开进行邪教活动的;

(四)邪教组织被取缔后,或者被认定为邪教组织后,仍然聚集滋事,公开进行邪教活动的;

(五)国家工作人员从事邪教活动的;

(六)向未成年人宣扬邪教的;

(七)在学校或者其他教育培训机构宣扬邪教的。

300-7 法释〔2017〕3号第十条 组织、利用邪教组织破坏国家法律、行政法规实施过程中,又有煽动分裂国家、煽动颠覆国家政权或者侮辱、诽谤他人等犯罪行为的,依照数罪并罚的规定定罪处罚。

法释〔2017〕3号第十二条 邪教组织人员以自焚、自爆或者其他危险方法危害公共安全的,依照刑法第一百一十四条、第一百一十五条的规定,以放火罪、爆炸罪、以危险方法危害公共安全罪等定罪处罚。

第三百零一条 【聚众淫乱罪】聚众进行淫乱活动的,对首要分子或者多次参加的,[1] 处五年以下有期徒刑、拘役或者管制。

【引诱未成年人聚众淫乱罪】引诱未成年人参加聚众淫乱活动的,依照前款的规定从重处罚。

301-1 《立案标准(一)》第四十一条 组织、策划、指挥三人以上进行淫乱活动或者参加聚众淫乱活动三次以上的,应予立案追诉。

第三百零二条 (刑九)【盗窃、侮辱、故意毁坏尸体、尸骨、骨灰罪】盗窃、侮辱、故意毁坏尸体、尸骨、骨灰的,处三年以下有期徒刑、拘役或者管制。

第三百零三条[*1] **【赌博罪】**以营利为目的,[2] 聚众赌博[3] 或者以赌博为业的,处三年以下有期徒刑、拘役或者管制,并处罚金。

(刑六)【开设赌场罪】开设赌场的,[4] 处三年以下有期徒刑、拘

---

* 1997年刑法原条文:以营利为目的(目的犯),聚众赌博、开设赌场或者以赌博为业的,处三年以下有期徒刑、拘役或者管制,并处罚金。

役或者管制，并处罚金；情节严重的，[5] 处三年以上十年以下有期徒刑，并处罚金。

303-1　1.《最高人民法院、最高人民检察院关于办理赌博刑事案件具体应用法律若干问题的解释》（法释〔2005〕3 号，2005 年 5 月 13 日）；2.《最高人民法院、最高人民检察院、公安部关于开展打击赌博违法犯罪活动专项行为有关工作的通知》（2005 年 1 月）；3.《最高人民法院、最高人民检察院、公安部关于办理网络赌博犯罪案件适用法律若干问题的意见》（公通字〔2010〕40 号，2010 年 8 月 31 日）；4.《最高人民法院、最高人民检察院、公安部关于办理利用赌博机开设赌场案件适用法律若干问题的意见》（2014 年 3 月 26 日）。

1. 公通字〔2010〕40 号　四、关于网络赌博犯罪案件的管辖

网络赌博犯罪案件的地域管辖，应当坚持以犯罪地管辖为主、被告人居住地管辖为辅的原则。

“犯罪地”包括赌博网站服务器所在地、网络接入地，赌博网站建立者、管理者所在地，以及赌博网站代理人、参赌人实施网络赌博行为地等。

公安机关对侦办跨区域网络赌博犯罪案件的管辖权有争议的，应本着有利于查清犯罪事实、有利于诉讼的原则，认真协商解决。经协商无法达成一致的，报共同的上级公安机关指定管辖。对即将侦查终结的跨省（自治区、直辖市）重大网络赌博案件，必要时可由公安部商最高人民法院和最高人民检察院指定管辖。

为保证及时结案，避免超期羁押，人民检察院对于公安机关提请审查逮捕、移送审查起诉的案件，人民法院对于已进入审判程序的案件，犯罪嫌疑人、被告人及其辩护人提出管辖异议或者办案单位发现没有管辖权的，受案人民检察院、人民法院经审查可以依法报请上级人民检察院、人民法院指定管辖，不再自行移送有管辖权的人民检察院、人民法院。

五、关于电子证据的收集与保全

侦查机关对于能够证明赌博犯罪案件真实情况的网站页面、上网记录、电子邮件、电子合同、电子交易记录、电子账册等电子数据，应当作为刑事证据予以提取、复制、固定。

侦查人员应当对提取、复制、固定电子数据的过程制作相关文字说

明,记录案由、对象、内容以及提取、复制、固定的时间、地点、方法,电子数据的规格、类别、文件格式等,并由提取、复制、固定电子数据的制作人、电子数据的持有人签名或者盖章,附所提取、复制、固定的电子数据一并随案移送。

对于电子数据存储在境外的计算机上的,或者侦查机关从赌博网站提取电子数据时犯罪嫌疑人未到案的,或者电子数据的持有人无法签字或者拒绝签字的,应当由能够证明提取、复制、固定过程的见证人签名或者盖章,记明有关情况。必要时,可对提取、复制、固定有关电子数据的过程拍照或者录像。

2.《最高人民法院关于对设置圈套诱骗他人参赌又向索还钱财的受骗者施以暴力或暴力威胁的行为应如何定罪问题的批复》(法复〔1995〕8号,1995年11月6日)　行为人设置圈套诱骗他人参赌获取钱财,属赌博行为,构成犯罪的,应当以赌博罪定罪处罚。参赌者识破骗局要求退还所输钱财,设赌者又使用暴力或者以暴力相威胁,拒绝退还的,应以赌博罪从重处罚;致参赌者伤害或者死亡的,应以赌博罪和故意伤害罪或者故意杀人罪,依法实行数罪并罚。

3. 法释〔2005〕3号第三条　中华人民共和国公民在我国领域外周边地区聚众赌博、开设赌场,以吸引中华人民共和国公民为主要客源,构成赌博罪的,可以依照刑法规定追究刑事责任。

法释〔2005〕3号第七条　通过赌博*或者为国家工作人员赌博提供资金**的形式实施行贿、受贿行为,构成犯罪的,依照刑法关于贿赂犯罪的规定定罪处罚。

法释〔2005〕3号第八条　赌博犯罪中用作赌注的款物、换取筹码的款物和通过赌博赢取的款物属于赌资。通过计算机网络实施赌博犯罪的,赌资数额可以按照在计算机网络上投注或者赢取的点数乘以每一点实际代表的金额认定。赌资应当依法予以追缴;赌博用具、赌博违法所得以及赌博犯罪分子所有的专门用于赌博的资金、交通工具、通讯工具等,应当依法予以没收。

理解与适用:本条严格限定了没收的范围,参赌人员临时乘坐的汽

* 行贿和受贿双方都直接参与赌博。

** 行贿人不直接参与赌博。

车、船只、临时联络用的手机等，则不宜没收。

法释〔2005〕3号第九条　不以营利为目的，进行带有少量财物输赢的娱乐活动，以及提供棋牌室等娱乐场所只收取正常的场所和服务费用的经营行为等，不以赌博论处。

303-2　《治安管理处罚法》第七十条　以营利为目的，为赌博提供条件的，或者参与赌博赌资较大的，处五日以下拘留或者五百元以下罚款；情节严重的，处十日以上十五日以下拘留，并处五百元以上三千元以下罚款。

理解与适用：之前的《治安管理条例》未使用“以营利为目的”，因此，以营利为目的，就是犯罪构成要件，行为人客观上是否实际获利并不影响主观目的的认定。营利目的的有无，决定了行为人是否构成赌博罪，也是区别赌博罪与非罪的关键。行为人进行带有少量财物输赢的娱乐活动，虽然其主观上也有为了赢取少量财物的获利成分，但输赢对于其无所谓，或者意义不大，其主要目的是为了消遣、娱乐，因此不属于“以营利为目的”。组织、招引他人赌博的行为人，如果既没有从中抽头渔利的行为，也没有直接参与赌博的行为，那么无论其组织多少人参与赌博，也不属于以营利为目的，依法不能认定其构成赌博罪。

303-3　法释〔2005〕3号第一条　以营利为目的，有下列情形之一的，属于刑法第三百零三条规定的“聚众赌博”：

（一）组织3人以上赌博，抽头渔利*数额累计达到5000元以上的；

（二）组织3人以上赌博，赌资数额累计达到5万元以上的；

（三）组织3人以上赌博，参赌人数**累计达到20人以上的；

（四）组织中华人民共和国公民10人以上赴境外赌博，从中收取回扣、介绍费的。

理解与适用：需要说明的是，十人是一次，而不是累计数。依《立案标准（一）》第四十三条　涉嫌此四种情形及其他聚众赌博应予追究刑事责任的情形，应予立案追诉。判断营利为目的，有三种情况，一是看组

---

* 这一种聚众赌博构成犯罪的行为，营利为目的的要件客观化“抽头渔利”，并规定了具体的数额五千元。

** 这种情形既不要求“抽头渔利”及其数额，也不要求赌资的数额，20人是参赌的人数，不是参赌人次。

织他人赌博是否抽头渔利;二是看组织他人赌博本人是否参与赌博,组织他人赌博本人也参与赌博的目的就是为了营利,故也可以说具有营利为目的;三是看组织我国公民赴境外赌博,是否从中收取回扣、介绍费。

法释〔2005〕3号第五条　实施赌博犯罪,有下列情形之一的,依照刑法第三百零三条的规定从重处罚:

(一)具有国家工作人员身份的;

(二)组织国家工作人员赴境外赌博的;

(三)组织未成年人参与赌博,或者开设赌场吸引未成年人参与赌博的。

303-4　**1.**《立案标准(一)》第四十四条　开设赌场的,应予立案追诉。以营利为目的,在计算机网络上建立赌博网站,或者为赌博网站担任代理,接受投注的,属于刑法第三百零三条规定的"开设赌场"。

理解与适用:在实践中,只要查明行为人建立了赌博网站,或者为赌博网站担任代理,接受赌客投注的,即可认定其属于开设赌场,而无论其发展的赌客数量多少,投注次数及赌注多少。本罪修改之前,"以营利为目的"是赌博罪的三种行为方式的共同的主观构成要件,修改之后,刑法未将该主观构成要件作为开设赌场罪的条件,但上述司法解释又恢复了该规定。

2. 公通字〔2010〕40号　一、关于网上开设赌场犯罪的定罪量刑标准

利用互联网、移动通讯终端等传输赌博视频、数据,组织赌博活动,具有下列情形之一的,属于刑法第三百零三条第二款规定的"开设赌场"行为:

(一)建立赌博网站并接受投注的;

(二)建立赌博网站并提供给他人组织赌博的;

(三)为赌博网站担任代理并接受投注的;

(四)参与赌博网站利润分成的。

公通字〔2010〕40号　二、关于网上开设赌场共同犯罪的认定和处罚

明知是赌博网站,而为其提供下列服务或者帮助的,属于开设赌场罪的共同犯罪,依照刑法第三百零三条第二款的规定处罚:

(一)为赌博网站提供互联网接入、服务器托管、网络存储空间、通讯传输通道、投放广告、发展会员、软件开发、技术支持等服务,收取服务费数额在2万元以上的;

(二)为赌博网站提供资金支付结算服务,收取服务费数额在1万元

以上或者帮助收取赌资20万元以上的；

（三）为10个以上赌博网站投放与网址、赔率等信息有关的广告或者为赌博网站投放广告累计100条以上的。

实施前款规定的行为，数量或者数额达到前款规定标准5倍以上的，应当认定为刑法第三百零三条第二款规定的“情节严重”。

实施本条第一款规定的行为，具有下列情形之一的，应当认定行为人“明知”，但是有证据证明确实不知道的除外：

（一）收到行政主管机关书面等方式的告知后，仍然实施上述行为的；

（二）为赌博网站提供互联网接入、服务器托管、网络存储空间、通讯传输通道、投放广告、软件开发、技术支持、资金支付结算等服务，收取服务费明显异常的；

（三）在执法人员调查时，通过销毁、修改数据、账本等方式故意规避调查或者向犯罪嫌疑人通风报信的；

（四）其他有证据证明行为人明知的。

如果有开设赌场的犯罪嫌疑人尚未到案，但是不影响对已到案共同犯罪嫌疑人、被告人的犯罪事实认定的，可以依法对已到案者定罪处罚。

三、关于网络赌博犯罪的参赌人数、赌资数额和网站代理的认定

赌博网站的会员账号数可以认定为参赌人数，如果查实一个账号多人使用或者多个账号一人使用的，应当按照实际使用的人数计算参赌人数。赌资数额可以按照在网络上投注或者赢取的点数乘以每一点实际代表的金额认定。对于将资金直接或间接兑换为虚拟货币、游戏道具等虚拟物品，并用其作为筹码投注的，赌资数额按照购买该虚拟物品所需资金数额或者实际支付资金数额认定。对于开设赌场犯罪中用于接收、流转赌资的银行账户内的资金，犯罪嫌疑人、被告人不能说明合法来源的，可以认定为赌资。向该银行账户转入、转出资金的银行账户数量可以认定为参赌人数。如果查实一个账户多人使用或多个账户一人使用的，应当按照实际使用的人数计算参赌人数。有证据证明犯罪嫌疑人在赌博网站上的账号设置有下级账号的，应当认定其为赌博网站的代理。

3.《最高人民法院、最高人民检察院、公安部关于办理利用赌博机开设赌场案件适用法律若干问题的意见》（2014年3月26日） 一、关于利用赌博机组织赌博的性质认定

设置具有退币、退分、退钢珠等赌博功能的电子游戏设施设备，并以

现金、有价证券等贵重款物作为奖品,或者以回购奖品方式给予他人现金、有价证券等贵重款物(以下简称设置赌博机)组织赌博活动的,应当认定为刑法第三百零三条第二款规定的"开设赌场"行为。

三、关于共犯的认定

明知他人利用赌博机开设赌场,具有下列情形之一的,以开设赌场罪的共犯论处:

(一)提供赌博机、资金、场地、技术支持、资金结算服务的;

(二)受雇参与赌场经营管理并分成的;

(三)为开设赌场者组织客源,收取回扣、手续费的;

(四)参与赌场管理并领取高额固定工资的;

(五)提供其他直接帮助的。

六、关于赌博机的认定

对于涉案的赌博机,公安机关应当采取拍照、摄像等方式及时固定证据,并予以认定。对于是否属于赌博机难以确定的,司法机关可以委托地市级以上公安机关出具检验报告。司法机关根据检验报告,并结合案件具体情况作出认定。必要时,人民法院可以依法通知检验人员出庭作出说明。

二、关于利用赌博机开设赌场的定罪处罚标准

设置赌博机组织赌博活动,具有下列情形之一的,应当按照刑法第三百零三条第二款规定的开设赌场罪定罪处罚:

(一)设置赌博机10台以上的;

(二)设置赌博机2台以上,容留未成年人赌博的;

(三)在中小学校附近设置赌博机2台以上的;

(四)违法所得累计达到5000元以上的;

(五)赌资数额累计达到5万元以上的;

(六)参赌人数累计达到20人以上的;

(七)因设置赌博机被行政处罚后,两年内再设置赌博机5台以上的;

(八)因赌博、开设赌场犯罪被刑事处罚后,五年内再设置赌博机5台以上的;

(九)其他应当追究刑事责任的情形。

可同时供多人使用的赌博机,台数按照能够独立供一人进行赌博活动的操作基本单元的数量认定。

在两个以上地点设置赌博机,赌博机的数量、违法所得、赌资数额、

参赌人数等均合并计算。

五、关于赌资的认定

本意见所称赌资包括:(一)当场查获的用于赌博的款物;(二)代币、有价证券、赌博积分等实际代表的金额;(三)在赌博机上投注或赢取的点数实际代表的金额。

八、关于国家机关工作人员渎职犯罪的处理

国家机关工作人员参与利用赌博机开设赌场犯罪的,从重处罚。

七、关于宽严相济刑事政策的把握

办理利用赌博机开设赌场的案件,应当贯彻宽严相济刑事政策,重点打击赌场的出资者、经营者。对受雇佣为赌场从事接送参赌人员、望风看场、发牌坐庄、兑换筹码等活动的人员,除参与赌场利润分成或者领取高额固定工资的以外,一般不追究刑事责任,可由公安机关依法给予治安管理处罚。对设置游戏机,单次换取少量奖品的娱乐活动,不以违法犯罪论处。

4. 法释〔2005〕3号第四条　明知他人实施赌博犯罪活动,而为其提供资金、计算机网络、通讯、费用结算等直接帮助的*,以赌博罪的共犯论处。

303-5　1. 公通字〔2010〕40号　一、关于网上开设赌场犯罪的定罪量刑标准

实施前款规定的行为,具有下列情形之一的,应当认定为刑法第三百零三条第二款规定的“情节严重”:

(一)抽头渔利数额累计达到3万元以上的;

(二)赌资数额累计达到30万元以上的;

(三)参赌人数累计达到120人以上的;

(四)建立赌博网站后通过提供给他人组织赌博,违法所得数额在3万元以上的;

(五)参与赌博网站利润分成,违法所得数额在3万元以上的;

(六)为赌博网站招募下级代理,由下级代理接受投注的;

(七)招揽未成年人参与网络赌博的;

(八)其他情节严重的情形。

---

* 所谓直接帮助,是指对于赌博犯罪的发生和发展来说,有直接的促进作用,而不是可有可无的。本处指的是片面共犯。

2.《最高人民法院、最高人民检察院、公安部关于办理利用赌博机开设赌场案件适用法律若干问题的意见》(2014 年 3 月 26 日)　二、关于利用赌博机开设赌场的定罪处罚标准

设置赌博机组织赌博活动,具有下列情形之一的,应当认定为刑法第三百零三条第二款规定的“情节严重”:

(一)数量或者数额达到第二条第一款第一项至第六项规定标准六倍以上的;

(二)因设置赌博机被行政处罚后,两年内再设置赌博机30台以上的;

(三)因赌博、开设赌场犯罪被刑事处罚后,五年内再设置赌博机30台以上的;

(四)其他情节严重的情形。

第三百零四条　【故意延误投递邮件罪】邮政工作人员严重不负责任,故意延误投递邮件,致使公共财产、国家和人民利益遭受重大损失的,[1] 处二年以下有期徒刑或者拘役。

304-1　《立案标准(一)》第四十五条　邮政工作人员严重不负责任,故意延误投递邮件,涉嫌下列情形之一的,应予立案追诉:

(一)造成直接经济损失二万元以上的;

(二)延误高校录取通知书或者其他重要邮件投递,致使他人失去高校录取资格或者造成其他无法挽回的重大损失的;

(三)严重损害国家声誉或者造成其他恶劣社会影响的;

(四)其他致使公共财产、国家和人民利益遭受重大损失的情形。

第二节　妨害司法罪

第三百零五条*　【伪证罪】在刑事诉讼中,证人、鉴定人、记录人、翻译人对与案件有重要关系的情节,故意作虚假证明、鉴定、记

---

* 本罪由公安机关立案侦查。如果是犯罪嫌疑人或者被告人作伪证,不构成本罪,因为法律不能强迫他们自证其罪。

录、翻译，意图陷害他人或者隐匿罪证的，处三年以下有期徒刑或者拘役；情节严重的，处三年以上七年以下有期徒刑。

第三百零六条[1]　**【辩护人、诉讼代理人毁灭证据、伪造证据、妨害作证罪】**在刑事诉讼中，辩护人、[2]诉讼代理人毁灭、伪造证据，帮助当事人毁灭、伪造证据，威胁、引诱证人违背事实改变证言或者作伪证的，处三年以下有期徒刑或者拘役；情节严重的，处三年以上七年以下有期徒刑。

辩护人、诉讼代理人提供、出示、引用的证人证言或者其他证据失实，不是有意伪造的，不属于伪造证据。

306-1　《刑事诉讼法》第四十二条　【辩护人的义务】辩护人或者其他任何人，不得帮助犯罪嫌疑人、被告人隐匿、毁灭、伪造证据或者串供，不得威胁、引诱证人作伪证以及进行其他干扰司法机关诉讼活动的行为。

违反前款规定的，应当依法追究法律责任，辩护人涉嫌犯罪的，应当由办理辩护人所承办案件的侦查机关以外的侦查机关办理。辩护人是律师的，应当及时通知其所在的律师事务所或者所属的律师协会。

《六部委新规》　二、辩护与代理　9. 刑事诉讼法第四十二条第二款中规定："违反前款规定的，应当依法追究法律责任，辩护人涉嫌犯罪的，应当由办理辩护人所承办案件的侦查机关以外的侦查机关办理。"根据上述规定，公安机关、人民检察院发现辩护人涉嫌犯罪，或者接受报案、控告、举报、有关机关的移送，依照侦查管辖分工进行审查后认为符合立案条件的，应当按照规定报请办理辩护人所承办案件的侦查机关的上一级侦查机关指定其他侦查机关立案侦查，或者由上一级侦查机关立案侦查。不得指定办理辩护人所承办案件的侦查机关的下级侦查机关立案侦查。

306-2　《刑事诉讼法》第三十七条第四款　辩护律师会见犯罪嫌疑人、被告人时不被监听*。

---

* 不被监听，意味着辩护律师和其在押的当事人之间的沟通内容只要不传递到第三人，这种沟通就不应受到伪证罪之类的刑事追诉。

第三百零七条　【妨害作证罪】以暴力、威胁、贿买等方法阻止证人作证或者指使他人作伪证的,处三年以下有期徒刑或者拘役;情节严重的,处三年以上七年以下有期徒刑。

【帮助毁灭、伪造证据罪】帮助当事人毁灭、伪造证据*,情节严重的,处三年以下有期徒刑或者拘役。

司法工作人员犯前两款罪的,从重处罚。

第三百零七条之一　(刑九)【虚假诉讼罪】以捏造的事实提起民事诉讼,妨害司法秩序或者严重侵害他人合法权益的,处三年以下有期徒刑、拘役或者管制,并处或者单处罚金;情节严重的,处三年以上七年以下有期徒刑,并处罚金。

单位犯前款罪的,对单位判处罚金,并对其直接负责的主管人员和其他直接责任人员,依照前款的规定处罚。

有第一款行为,非法占有他人财产或者逃避合法债务,又构成其他犯罪的,依照处罚较重的规定定罪从重处罚。

司法工作人员利用职权,与他人共同实施前三款行为的,从重处罚;同时构成其他犯罪的,依照处罚较重的规定定罪从重处罚。

第三百零八条　【打击报复证人罪】对证人**进行打击报复的,处三年以下有期徒刑或者拘役;情节严重的,处三年以上七年以下有期徒刑。

第三百零八条之一　(刑九)【泄露不应公开的案件信息罪】司法工作人员、辩护人、诉讼代理人或者其他诉讼参与人,泄露依法不

---

* 本罪所指当事人不限于刑事诉讼。另外,如果是辩护人或者诉讼代理人帮助当事人毁灭、伪造证据的,应定辩护人或者诉讼代理人毁灭、伪造证据罪。(张明楷)

** 打击报复证人罪中的证人,系已经作证的证人,对于未作证的证人,应定妨害作证罪。通过加害证人的近亲属的方式来报复证人的,可以定本罪。(张明楷)

公开审理的案件中不应当公开的信息，造成信息公开传播或者其他严重后果的，处三年以下有期徒刑、拘役或者管制，并处或者单处罚金。

有前款行为，泄露国家秘密的，依照本法第三百九十八条的规定定罪处罚。

【披露、报道不应公开的案件信息罪】公开披露、报道第一款规定的案件信息，情节严重的，依照第一款的规定处罚。

单位犯前款罪的，对单位判处罚金，并对其直接负责的主管人员和其他直接责任人员，依照第一款的规定处罚。

第三百零九条[1]　**（刑九）【扰乱法庭秩序罪】**有下列扰乱法庭秩序情形之一的，处三年以下有期徒刑、拘役、管制或者罚金：

（一）聚众哄闹、冲击法庭的；

（二）殴打司法工作人员或者诉讼参与人的；

（三）侮辱、诽谤、威胁司法工作人员或者诉讼参与人，不听法庭制止，严重扰乱法庭秩序的；

（四）有毁坏法庭设施，抢夺、损毁诉讼文书、证据等扰乱法庭秩序行为，情节严重的。

309-1　《中华人民共和国人民法院法庭规则》（法释〔2016〕7号，2016年5月1日修订）

第三百一十条　**【窝藏罪、包庇罪】**明知是犯罪的人[*]而为其提供隐藏处所、财物，帮助其逃匿[1**]或者作假证明包庇的，处三年以

---

* “犯罪的人”应从一般意义上理解，而不能从“无罪推定”的角度来理解，既包括严格意义上的“罪犯”，也包括被作为犯罪嫌疑人而受到侦查、起诉的人，也包括将要作为犯罪嫌疑人受到侦查、起诉的人。根据三百六十二条之规定，卖淫嫖娼活动并非都是犯罪行为，大多仅属于一般违法活动活动，这一规定说明，行为人包庇、帮助的对象并不一定是犯罪分子，但仍可构成本罪。窝藏针对的是犯罪分子本人，而包庇针对的犯罪证据。（张明楷）

** “提供隐藏处所、财物”，与“帮助其逃匿”不是手段与目的的关系，而属于并列关系。换言之，帮助犯罪的人逃匿的方法行为，不限于为犯罪的人提供隐匿处所或者提供财物。另注意本法第三百六十二条。（张明楷）

下有期徒刑、拘役或者管制;情节严重的,处三年以上十年以下有期徒刑。

犯前款罪,事前通谋的,以共同犯罪论处。

310-1 《最高人民法院关于适用〈中华人民共和国刑事诉讼法〉的解释》(法释〔2012〕21 号,2013 年 1 月 1 日)第一百二十二条 根据案件事实和法律规定,认为已经构成犯罪的被告人在取保候审期间逃匿的,如果系保证人协助被告人逃匿,或者保证人明知被告人藏匿地点但拒绝向司法机关提供,对保证人应当依法追究刑事责任。

第三百一十一条 (刑九)【拒绝提供间谍犯罪、恐怖主义犯罪、极端主义犯罪证据罪】明知他人有间谍犯罪或者恐怖主义、极端主义犯罪行为,在司法机关向其调查有关情况、收集有关证据时,拒绝提供,情节严重的,处三年以下有期徒刑、拘役或者管制。

第三百一十二条[1] (刑六)【掩饰、隐瞒犯罪所得、犯罪所得收益罪】[2] 明知[3]* 是犯罪所得[4] 及其产生的收益[5] 而予以窝藏、转移、收购[6]、代为销售或者以其他方法[7] 掩饰、隐瞒的[8],处三年以下有期徒刑、拘役或者管制,并处或者单处罚金;情节严重的[9],处三年以上七年以下有期徒刑,并处罚金。

(刑七)单位[10]犯前款罪的,对单位判处罚金,并对其直接负责的主管人员和其他直接责任人员,依照前款的规定处罚。

312-1 《最高人民法院关于审理掩饰、隐瞒犯罪所得、犯罪所得收益刑事案件适用法律若干问题的解释》(法释〔2015〕11 号,2015 年 6 月 1 日)

法释〔2015〕11 号第五条 事前与盗窃、抢劫、诈骗、抢夺等犯罪分

---

* 张明楷教授在《如何理解和认定窝赃、销赃罪中的“明知”》(《法学评论》1997 年第 2 期)一文中指出,在我国刑法中,“应当知道”一般本是用来表述疏忽大意过失的认识内容的,因此将其解释为属于故意犯罪中“明知”的一种类型,不尽妥当。对于“明知”更为严谨的解释应为“确切地知道或者知道有可能”。

子通谋，掩饰、隐瞒犯罪所得及其产生的收益的，以盗窃、抢劫、诈骗、抢夺等犯罪的共犯论处。

法释〔2015〕11号第六条　对犯罪所得及其产生的收益实施盗窃、抢劫、诈骗、抢夺等行为，构成犯罪的，分别以盗窃罪、抢劫罪、诈骗罪、抢夺罪等定罪处罚。

法释〔2015〕11号第七条　明知是犯罪所得及其产生的收益而予以掩饰、隐瞒，构成刑法第三百一十二条规定的犯罪，同时构成其他犯罪的，依照处罚较重的规定定罪处罚。

法释〔2015〕11号第十一条　掩饰、隐瞒犯罪所得、犯罪所得收益罪是选择性罪名，审理此类案件，应当根据具体犯罪行为及其指向的对象，确定适用的罪名。

312-2　理解与适用：《刑法修正案(六)》将传统的赃物犯罪条款改造为洗钱犯罪的一般性条款，本法第三百一十二条和第一百九十一条的关系定位于一般法和特别法的关系，强调两者区分的关键在于上游犯罪的不同，明确第一百九十二条项下的各种上游犯罪的所有洗钱行为，均应依照刑法第一百九十一条定罪处罚，据此不论上游犯罪和具体的行为方式如何，所有的洗钱行为均可依法追究刑事责任。具体修订情况：将原"犯罪所得的赃物"修订为"犯罪所得及其产生的收益"，手段加上"以其他方法掩饰、隐瞒的"，增加一个量刑档。原罪名"窝藏、转移、收购、销售赃物罪"也作相应的修订。犯罪人窝藏、销售自己犯罪所得的赃物，按照"事后行为不可罚"和吸收犯刑法理论，不是刑法上独立意义的犯罪行为。因此，窝藏罪的对象须是他人犯罪所得的赃物。《治安管理处罚法》第六十条明知是赃物而窝藏、转移或者代为销售的，处五日以上十日以下拘留，并处二百元以上五百元以下罚款。《刑法》与《治安管理处罚法》的衔接问题一例。

312-3　1.《最高人民法院、最高人民检察院关于办理与盗窃、抢劫、诈骗、抢夺机动车相关刑事案件具体应用法律若干问题的解释》(法释〔2007〕11号，2007年5月11日)第六条　行为人实施本解释第一条、第三条第三款规定的行为，涉及的机动车有下列情形之一的，应当认定行为人主观上属于上述条款所称"明知"：

(一)没有合法有效的来历凭证；

(二)发动机号、车辆识别代号有明显更改痕迹，没有合法证明的。

理解与适用:关于本罪的"明知"如何认定问题。相关司法解释认为本罪的"明知"包括已经知道与应当知道。需要应用"推定"来帮助判断。明知可能是赃物,是指行为人根据有关事项,认识到可能是犯罪所得及其产生的收益,但又不能充分肯定其是赃物。因此行为人对赃物的认识不要求是确定的,只要认识到或许是赃物、可能是赃物即可,基于这一理由,赃物罪也可以是间接故意犯罪。

2. 法释〔2009〕15号第一条　刑法第一百九十一条、第三百一十二条规定的"明知",应当结合被告人的认知能力,接触他人犯罪所得及其收益的情况,犯罪所得及其收益的种类、数额,犯罪所得及其收益的转换、转移方式以及被告人的供述等主、客观因素进行认定。具有下列情形之一的,可以认定被告人明知系犯罪所得及其收益,但有证据证明确实不知道的除外:

(一)知道他人从事犯罪活动,协助转换或者转移财物的;

(二)没有正当理由,通过非法途径协助转换或者转移财物的;

(三)没有正当理由,以明显低于市场的价格收购财物的;

(四)没有正当理由,协助转换或者转移财物,收取明显高于市场的"手续费"的;

(五)没有正当理由,协助他人将巨额现金散存于多个银行账户或者在不同银行账户之间频繁划转的;

(六)协助近亲属或者其他关系密切的人转换或者转移与其职业或者财产状况明显不符的财物的;

(七)其他可以认定行为人明知的情形。

被告人将刑法第一百九十一条规定的某一上游犯罪的犯罪所得及其收益误认为刑法第一百九十一条规定的上游犯罪范围内的其他犯罪所得及其收益的,不影响刑法第一百九十一条规定的"明知"的认定。

3.《最高人民法院、最高人民检察院、公安部、国家工商行政管理总局关于印发〈关于依法查处盗窃、抢劫机动车案件的规定〉的通知》(1998年5月8日)十七、本规定所称的"明知",是指知道或者应当知道。有下列情形之一的,可视为应当知道,但有证据证明属被蒙骗的除外:

(一)在非法的机动车交易场所和销售单位购买的;

(二)机动车证件手续不全或者明显违反规定的;

（三）机动车发动机号或者车架号有更改痕迹，没有合法证明的；

（四）以明显低于市场价格购买机动车的。

4.《最高人民法院关于审理洗钱等刑事案件具体应用法律若干问题的解释》（法释〔2009〕15号）第六条　行为人实施本解释第一条、第三条第三款规定的行为，涉及的机动车有下列情形之一的，应当认定行为人主观上属于上述条款所称“明知”：

（一）没有合法有效的来历凭证；

（二）发动机号、车辆识别代号有明显更改痕迹，没有合法证明的。

312-4　**1.** 法释〔2015〕11号第十条第一款　通过犯罪直接得到的赃款、赃物，应当认定为刑法第三百一十二条规定的“犯罪所得”。

法释〔2015〕11号第八条　认定掩饰、隐瞒犯罪所得、犯罪所得收益罪，以上游犯罪事实成立为前提。上游犯罪尚未依法裁判，但查证属实的，不影响掩饰、隐瞒犯罪所得、犯罪所得收益罪的认定。

上游犯罪事实经查证属实，但因行为人未达到刑事责任年龄等原因依法不予追究刑事责任的，不影响掩饰、隐瞒犯罪所得、犯罪所得收益罪的认定。

2.《最高人民法院、最高人民检察院关于办理危害计算机信息系统安全刑事案件应用法律若干问题的解释》（法释〔2011〕19号，2001年9月1日）第七条第一款　明知是非法获取计算机信息系统数据犯罪所获取的数据、非法控制计算机信息系统犯罪所获取的计算机信息系统控制权，而予以转移、收购、代为销售或者以其他方法掩饰、隐瞒，违法所得五千元以上的，应当依照刑法第三百一十二条第一款的规定，以掩饰、隐瞒犯罪所得罪定罪处罚。

3.《最高人民法院、最高人民检察院关于办理妨害文物管理等刑事案件适用法律若干问题的解释》（法释〔2015〕23号，2016年1月1日）第九条　明知是盗窃文物、盗掘古文化遗址、古墓葬等犯罪所获取的三级以上文物，而予以窝藏、转移、收购、加工、代为销售或者以其他方法掩饰、隐瞒的，依照刑法第三百一十二条的规定，以掩饰、隐瞒犯罪所得罪追究刑事责任。

实施前款规定的行为，事先通谋的，以共同犯罪论处。

312-5　法释〔2015〕11号第十条第一款　上游犯罪的行为人对犯罪所得进行处理后得到的孳息、租金等，应当认定为刑法第三百一十二条规定的“犯罪所得产生的收益”。

312-6 《全国人民代表大会常务委员会关于〈中华人民共和国刑法〉第三百四十一条、第三百一十二条的解释》(2014年4月24日第十二届全国人民代表大会常务委员会第八次会议通过)全国人民代表大会常务委员会根据司法实践中遇到的情况,讨论了刑法第三百四十一条第一款规定的非法收购国家重点保护的珍贵、濒危野生动物及其制品的含义和收购刑法第三百四十一条第二款规定的非法狩猎的野生动物如何适用刑法有关规定的问题,解释如下:知道或者应当知道是刑法第三百四十一条第二款规定的非法狩猎的野生动物而购买的,属于刑法第三百一十二条第一款规定的明知是犯罪所得而收购的行为。

312-7 法释〔2015〕11号第十条第二款 明知是犯罪所得及其产生的收益而采取窝藏、转移、收购、代为销售以外的方法,如居间介绍买卖,收受,持有,使用,加工,提供资金账户,协助将财物转换为现金、金融票据、有价证券,协助将资金转移、汇往境外等,应当认定为刑法第三百一十二条规定的“其他方法”。

312-8 **1.** 法释〔2015〕11号第一条 明知是犯罪所得及其产生的收益而予以窝藏、转移、收购、代为销售或者以其他方法掩饰、隐瞒,具有下列情形之一的,应当依照刑法第三百一十二条第一款的规定,以掩饰、隐瞒犯罪所得、犯罪所得收益罪定罪处罚:

(一)掩饰、隐瞒犯罪所得及其产生的收益价值三千元至一万元以上的;

(二)一年内曾因掩饰、隐瞒犯罪所得及其产生的收益行为受过行政处罚,又实施掩饰、隐瞒犯罪所得及其产生的收益行为的;

(三)掩饰、隐瞒的犯罪所得系电力设备、交通设施、广播电视设施、公用电信设施、军事设施或者救灾、抢险、防汛、优抚、扶贫、移民、救济款物的;

(四)掩饰、隐瞒行为致使上游犯罪无法及时查处,并造成公私财物损失无法挽回的;

(五)实施其他掩饰、隐瞒犯罪所得及其产生的收益行为,妨害司法机关对上游犯罪进行追究的。

各省、自治区、直辖市高级人民法院可以根据本地区经济社会发展状况,并考虑社会治安状况,在本条第一款第(一)项规定的数额幅度内,确定本地执行的具体数额标准，报最高人民法院备案。

司法解释对掩饰、隐瞒涉及计算机信息系统数据、计算机信息系统控制权的犯罪所得及其产生的收益行为构成犯罪已有规定的，审理此类案件依照该规定。

依照全国人民代表大会常务委员会《关于〈中华人民共和国刑法〉第三百四十一条、第三百一十二条的解释》，明知是非法狩猎的野生动物而收购，数量达到五十只以上的，以掩饰、隐瞒犯罪所得罪定罪处罚。

法释〔2015〕11号第二条　掩饰、隐瞒犯罪所得及其产生的收益行为符合本解释第一条的规定，认罪、悔罪并退赃、退赔，且具有下列情形之一的，可以认定为犯罪情节轻微，免予刑事处罚：

（一）具有法定从宽处罚情节的；

（二）为近亲属掩饰、隐瞒犯罪所得及其产生的收益，且系初犯、偶犯的；

（三）有其他情节轻微情形的。

行为人为自用而掩饰、隐瞒犯罪所得，财物价值刚达到本解释第一条第一款第（一）项规定的标准，认罪、悔罪并退赃、退赔的，一般可不认为是犯罪；依法追究刑事责任的，应当酌情从宽。

法释〔2015〕11号第四条　掩饰、隐瞒犯罪所得及其产生的收益的数额，应当以实施掩饰、隐瞒行为时为准。收购或者代为销售财物的价格高于其实际价值的，以收购或者代为销售的价格计算。

多次实施掩饰、隐瞒犯罪所得及其产生的收益行为，未经行政处罚，依法应当追诉的，犯罪所得、犯罪所得收益的数额应当累计计算。

2. 法释〔2007〕11号第一条第一款　明知是盗窃、抢劫、诈骗、抢夺的机动车，实施下列行为之一的，依照刑法第三百一十二条的规定，以掩饰、隐瞒犯罪所得、犯罪所得收益罪定罪，处三年以下有期徒刑、拘役或者管制，并处或者单处罚金：

（一）买卖、介绍买卖、典当、拍卖、抵押或者用其抵债的；

（二）拆解、拼装或者组装的；

（三）修改发动机号、车辆识别代号的；

（四）更改车身颜色或者车辆外形的；

（五）提供或者出售机动车来历凭证、整车合格证、号牌以及有关机动车的其他证明和凭证的；

(六)提供或者出售伪造、变造的机动车来历凭证、整车合格证、号牌以及有关机动车的其他证明和凭证的。

3.《最高人民法院、最高人民检察院、公安部关于办理电信网络诈骗等刑事案件适用法律若干问题的意见》(法发〔2016〕32号,2016年12月20日) 三、全面惩处关联犯罪

(五)明知是电信网络诈骗犯罪所得及其产生的收益,以下列方式之一予以转账、套现、取现的,依照刑法第三百一十二条第一款的规定,以掩饰、隐瞒犯罪所得、犯罪所得收益罪追究刑事责任。但有证据证明确实不知道的除外:

1. 通过使用销售点终端机具(POS机)刷卡套现等非法途径,协助转换或者转移财物的;

2. 帮助他人将巨额现金散存于多个银行账户,或在不同银行账户之间频繁划转的;

3. 多次使用或者使用多个非本人身份证明开设的信用卡、资金支付结算账户或者多次采用遮蔽摄像头、伪装等异常手段,帮助他人转账、套现、取现的;

4. 为他人提供非本人身份证明开设的信用卡、资金支付结算账户后,又帮助他人转账、套现、取现的;

5. 以明显异于市场的价格,通过手机充值、交易游戏点卡等方式套现的。

实施上述行为,事前通谋的,以共同犯罪论处。

实施上述行为,电信网络诈骗犯罪嫌疑人尚未到案或案件尚未依法裁判,但现有证据足以证明该犯罪行为确实存在的,不影响掩饰、隐瞒犯罪所得、犯罪所得收益罪的认定。

实施上述行为,同时构成其他犯罪的,依照处罚较重的规定定罪处罚。法律和司法解释另有规定的除外。

4.《最高人民法院关于常见犯罪的量刑指导意见》(法发〔2017〕7号) 四、常见犯罪的量刑

(十四)掩饰、隐瞒犯罪所得、犯罪所得收益罪

1. 构成掩饰、隐瞒犯罪所得、犯罪所得收益罪的,可以根据下列不同情形在相应的幅度内确定量刑起点:

(1)犯罪情节一般的,可以在一年以下有期徒刑、拘役幅度内确定量

刑起点。

2. 在量刑起点的基础上,可以根据犯罪数额等其他影响犯罪构成的犯罪事实增加刑罚量,确定基准刑。

312-9 1. 法释〔2015〕11 号第三条 掩饰、隐瞒犯罪所得及其产生的收益,具有下列情形之一的,应当认定为刑法第三百一十二条第一款规定的"情节严重":

(一)掩饰、隐瞒犯罪所得及其产生的收益价值总额达到十万元以上的;

(二)掩饰、隐瞒犯罪所得及其产生的收益十次以上,或者三次以上且价值总额达到五万元以上的;

(三)掩饰、隐瞒的犯罪所得系电力设备、交通设施、广播电视设施、公用电信设施、军事设施或者救灾、抢险、防汛、优抚、扶贫、移民、救济款物,价值总额达到五万元以上的;

(四)掩饰、隐瞒行为致使上游犯罪无法及时查处,并造成公私财物重大损失无法挽回或其他严重后果的;

(五)实施其他掩饰、隐瞒犯罪所得及其产生的收益行为,严重妨害司法机关对上游犯罪予以追究的。

司法解释对掩饰、隐瞒涉及机动车、计算机信息系统数据、计算机信息系统控制权的犯罪所得及其产生的收益行为认定"情节严重"已有规定的,审理此类案件依照该规定。

2.《最高人民法院关于常见犯罪的量刑指导意见》(法发〔2017〕7号) 四、常见犯罪的量刑

(十四)掩饰、隐瞒犯罪所得、犯罪所得收益罪

1.(2)情节严重的,可以在三年至四年有期徒刑幅度内确定量刑起点。

3. 法释〔2007〕11 号第一条第二款 实施第一款规定的行为涉及盗窃、抢劫、诈骗、抢夺的机动车五辆以上或者价值总额达到五十万元以上的,属于刑法第三百一十二条规定的"情节严重",处三年以上七年以下有期徒刑,并处罚金。

4.〔2011〕19 号第七条第二款 实施前款规定行为,违法所得五万元以上的,应当认定为刑法第三百一十二条第一款规定的"情节严重"。

单位实施第一款规定行为的,定罪量刑标准依照第一款、第二款的规定执行。

312-10 法释〔2015〕11号第九条 盗用单位名义实施掩饰、隐瞒犯罪所得及其产生的收益行为,违法所得由行为人私分的,依照刑法和司法解释有关自然人犯罪的规定定罪处罚。

第三百一十三条[1] **(刑九)【拒不执行判决、裁定罪】**对人民法院的判决、裁定[2]有能力执行而拒不执行,情节严重的,[3]处三年以下有期徒刑、拘役或者罚金;情节特别严重的,处三年以上七年以下有期徒刑,并处罚金。

单位犯前款罪的,对单位判处罚金,并对其直接负责的主管人员和其他直接责任人员,依照前款的规定处罚。

313-1 1.《最高人民法院关于审理拒不执行判决、裁定刑事案件适用法律若干问题的解释》(法释〔2015〕16号,2015年7月22日);2.《最高人民法院关于限制被执行人高消费及有关消费的若干规定》(法释〔2015〕17号,2010年5月17日通过,2015年7月6日修订,自2015年7月22日起施行);3.《最高人民法院、最高人民检察院、公安部关于依法严肃查处拒不执行判决裁定和暴力抗拒法院执行犯罪行为有关问题的通知》(法发〔2007〕29号,2007年8月30日)。

1. 法释〔2015〕16号第三条 申请执行人有证据证明同时具有下列情形,人民法院认为符合刑事诉讼法第二百零四条第三项规定的,以自诉案件立案审理:

(一)负有执行义务的人拒不执行判决、裁定,侵犯了申请执行人的人身、财产权利,应当依法追究刑事责任的;

(二)申请执行人曾经提出控告,而公安机关或者人民检察院对负有执行义务的人不予追究刑事责任的。

法释〔2015〕16号第四条 本解释第三条规定的自诉案件,依照刑事诉讼法第二百零六条的规定,自诉人在宣告判决前,可以同被告人自行和解或者撤回自诉。

法释〔2015〕16号第五条 拒不执行判决、裁定刑事案件,一般由执行法院所在地人民法院管辖。

法释〔2015〕16号第六条 拒不执行判决、裁定的被告人在一审宣告判决前,履行全部或部分执行义务的,可以酌情从宽处罚。

法释〔2015〕16号第七条　拒不执行支付赡养费、扶养费、抚育费、抚恤金、医疗费用、劳动报酬等判决、裁定的，可以酌情从重处罚。

法释〔2015〕16号第八条　本解释自发布之日起施行。此前发布的司法解释和规范性文件与本解释不一致的，以本解释为准。

2. 法发〔2007〕29号三、负有执行人民法院判决、裁定义务的单位直接负责的主管人员和其他直接责任人员，为了本单位的利益实施本《通知》第一条、第二条所列行为之一的，对该主管人员和其他直接责任人员，依照刑法第三百一十三条和第二百七十七条的规定，分别以拒不执行判决、裁定罪和妨害公务罪论处。

法发〔2007〕29号四、国家机关工作人员有本《通知》第一条第四项行为的，以拒不执行判决、裁定罪的共犯追究刑事责任。

国家机关工作人员收受贿赂或者滥用职权，有本《通知》第一条第四项行为的，同时又构成刑法第三百八十五条、第三百九十七条规定罪的，依照处罚较重的规定定罪处罚。

法发〔2007〕29号五、拒不执行判决、裁定案件由犯罪行为发生地的公安机关、人民检察院、人民法院管辖。如果由犯罪嫌疑人、被告人居住地的人民法院管辖更为适宜的，可以由犯罪嫌疑人、被告人居住地的公安机关、人民检察院、人民法院管辖。

法发〔2007〕29号六、以暴力、威胁方法妨害或者抗拒执行的，公安机关接到报警后，应当立即出警，依法处置。

法发〔2007〕29号七、人民法院在执行判决、裁定过程中，对拒不执行判决、裁定情节严重的人，可以先行司法拘留；拒不执行判决、裁定的行为人涉嫌犯罪的，应当将案件依法移送有管辖权的公安机关立案侦查。

法发〔2007〕29号八、人民法院、人民检察院和公安机关在办理拒不执行判决、裁定和妨害公务案件过程中，应当密切配合、加强协作。对于人民法院移送的涉嫌拒不执行判决、裁定罪和妨害公务罪的案件，公安机关应当及时立案侦查，检察机关应当及时提起公诉，人民法院应当及时审判。

在办理拒不执行判决、裁定和妨害公务案件过程中，应当根据案件的具体情况，正确区分罪与非罪的界限，认真贯彻“宽严相济”的刑事政策。

法发〔2007〕29号九、人民法院认为公安机关应当立案侦查而不立案侦查的,可提请人民检察院予以监督。人民检察院认为需要立案侦查的,应当要求公安机关说明不立案的理由。人民检察院认为公安机关不立案理由不能成立的,应当通知公安机关立案,公安机关接到通知后应当立案。

法发〔2007〕29号十、公安机关侦查终结后移送人民检察院审查起诉的拒不执行判决、裁定和妨害公务案件,人民检察院决定不起诉,公安机关认为不起诉决定有错误的,可以要求复议;如果意见不被接受,可以向上一级人民检察院提请复核。

法发〔2007〕29号十一、公安司法人员在办理拒不执行判决、裁定和妨害公务案件中,消极履行法定职责,造成严重后果的,应当依法依纪追究直接责任人责任直至追究刑事责任。

313-2 1. 《全国人大常委会关于〈刑法〉第三百一十三条的解释》(2002年8月29日)刑法第三百一十三条规定的"人民法院的判决、裁定",是指人民法院依法作出的具有执行内容并已发生法律效力的判决、裁定。人民法院为依法执行支付令、生效的调解书、仲裁裁决、公证债权文书等所作的裁定属于该条规定的裁定。

理解与适用:公证文件等本身并非本条所指之裁定,但当人民法院为执行这些法律文书而作出的裁定,则构成本罪中的裁定。

2. 毛建文拒不执行判决、裁定案(指导案例71号)

关键词 刑事 拒不执行判决、裁定罪 起算时间

裁判要点 有能力执行而拒不执行判决、裁定的时间从判决、裁定发生法律效力时起算。具有执行内容的判决、裁定发生法律效力后,负有执行义务的人有隐藏、转移、故意毁损财产等拒不执行行为,致使判决、裁定无法执行,情节严重的,应当以拒不执行判决、裁定罪定罪处罚。

本案的争议焦点为,拒不执行判决、裁定罪中规定的"有能力执行而拒不执行"的行为起算时间如何认定,即被告人毛建文拒不执行判决的行为是从相关民事判决发生法律效力时起算,还是从执行立案时起算。对此,法院认为,生效法律文书进入强制执行程序并不是构成拒不执行判决、裁定罪的要件和前提,毛建文拒不执行判决的行为应从相关民事判决于2013年1月6日发生法律效力时起算。主要理由如下:第一,符合立法原意。全国人民代表大会常务委员会对刑法第三百一十三条规

定解释时指出，该条中的“人民法院的判决、裁定”，是指人民法院依法作出的具有执行内容并已发生法律效力的判决、裁定。这就是说，只有具有执行内容的判决、裁定发生法律效力后，才具有法律约束力和强制执行力，义务人才有及时、积极履行生效法律文书确定义务的责任。生效法律文书的强制执行力不是在进入强制执行程序后才产生的，而是自法律文书生效之日起即产生。第二，与民事诉讼法及其司法解释协调一致。《中华人民共和国民事诉讼法》第一百一十一条规定：诉讼参与人或者其他人拒不履行人民法院已经发生法律效力的判决、裁定的，人民法院可以根据情节轻重予以罚款、拘留；构成犯罪的，依法追究刑事责任。《最高人民法院关于适用〈中华人民共和国民事诉讼法〉的解释》第一百八十八条规定：民事诉讼法第一百一十一条第一款第六项规定的拒不履行人民法院已经发生法律效力的判决、裁定的行为，包括在法律文书发生法律效力后隐藏、转移、变卖、毁损财产或者无偿转让财产、以明显不合理的价格交易财产、放弃到期债权、无偿为他人提供担保等，致使人民法院无法执行的。由此可见，法律明确将拒不执行行为限定在法律文书发生法律效力后，并未将拒不执行的主体仅限定为进入强制执行程序后的被执行人或者协助执行义务人等，更未将拒不执行判决、裁定罪的调整范围仅限于生效法律文书进入强制执行程序后发生的行为。第三，符合立法目的。拒不执行判决、裁定罪的立法目的在于解决法院生效判决、裁定的“执行难”问题。将判决、裁定生效后立案执行前逃避履行义务的行为纳入拒不执行判决、裁定罪的调整范围，是法律设定该罪的应有之意。将判决、裁定生效之日确定为拒不执行判决、裁定罪中拒不执行行为的起算时间点，能有效地促使义务人在判决、裁定生效后即迫于刑罚的威慑力而主动履行生效裁判确定的义务，避免生效裁判沦为一纸空文，从而使社会公众真正尊重司法裁判，维护法律权威，从根本上解决“执行难”问题，实现拒不执行判决、裁定罪的立法目的。

313-3　**1.**《全国人大常委会关于〈刑法〉第三百一十三条的解释》（2002 年 8 月 29 日）下列情形属于刑法第三百一十三条规定的“有能力执行而拒不执行，情节严重”的情形：

（一）被执行人隐藏、转移、故意毁损财产或者无偿转让财产、以明显不合理的低价转让财产，致使判决、裁定无法执行的；

（二）担保人或者被执行人隐藏、转移、故意毁损或者转让已向人民

法院提供担保的财产,致使判决、裁定无法执行的;

(三)协助执行义务人接到人民法院协助执行通知书后,拒不协助执行,致使判决、裁定无法执行的;

(四)被执行人、担保人、协助执行义务人与国家机关工作人员通谋,利用国家机关工作人员的职权妨害执行,致使判决、裁定无法执行的;

(五)其他有能力执行而拒不执行,情节严重的情形。

国家机关工作人员有上述第四项行为的,以拒不执行判决、裁定罪的共犯追究刑事责任。国家机关工作人员收受贿赂或者滥用职权,有上述第四项行为的,同时又构成刑法第三百八十五条、第三百九十七条规定之罪的,依照处罚较重的规定定罪处罚。

理解与适用:虽然人民法院的判决、裁定包括民事、刑事、行政的判决、裁定,但立法解释所列举的四项具体情形仅是为了解决欠债不还,针对财产方面拒不执行人民法院判决、裁定的情形作出的解释,因而主要与执行民事判决、裁定有关,未涉及拒不执行刑事和行政判决、裁定的具体情形。因此,该立法解释所列举的情形并不是拒不执行法院判决、裁定的所有情形。所以,立法解释说"下列情形属于刑法第三百一十三条所规定的'有能力执行而拒不执行,情节严重'的情形",而没有说"刑法第三百一十三条规定的'有能力执行而拒不执行,情节严重',是指下列情形"。

2. 法释〔2015〕16号第一条　被执行人、协助执行义务人、担保人等负有执行义务的人对人民法院的判决、裁定有能力执行而拒不执行,情节严重的,应当依照刑法第三百一十三条的规定,以拒不执行判决、裁定罪处罚。

法释〔2015〕16号第二条　负有执行义务的人有能力执行而实施下列行为之一的,应当认定为全国人民代表大会常务委员会关于刑法第三百一十三条的解释中规定的"其他有能力执行而拒不执行,情节严重的情形":

(一)具有拒绝报告或者虚假报告财产情况、违反人民法院限制高消费及有关消费令等拒不执行行为,经采取罚款或者拘留等强制措施后仍拒不执行的;

(二)伪造、毁灭有关被执行人履行能力的重要证据,以暴力、威胁、贿买方法阻止他人作证或者指使、贿买、胁迫他人作伪证,妨碍人民法院

查明被执行人财产情况,致使判决、裁定无法执行的;

(三)拒不交付法律文书指定交付的财物、票证或者拒不迁出房屋、退出土地,致使判决、裁定无法执行的;

(四)与他人串通,通过虚假诉讼、虚假仲裁、虚假和解等方式妨害执行,致使判决、裁定无法执行的;

(五)以暴力、威胁方法阻碍执行人员进入执行现场或者聚众哄闹、冲击执行现场,致使执行工作无法进行的;

(六)对执行人员进行侮辱、围攻、扣押、殴打,致使执行工作无法进行的;

(七)毁损、抢夺执行案件材料、执行公务车辆和其他执行器械、执行人员服装以及执行公务证件,致使执行工作无法进行的;

(八)拒不执行法院判决、裁定,致使债权人遭受重大损失的。

3. 法发〔2007〕29号　一、对下列拒不执行判决、裁定的行为,依照刑法第三百一十三条的规定,以拒不执行判决、裁定罪论处:

(一)被执行人隐藏、转移、故意毁损财产或者无偿转让财产、以明显不合理的低价转让财产,致使判决、裁定无法执行的;

(二)担保人或者被执行人隐藏、转移、故意毁损或者转让已向人民法院提供担保的财产,致使判决、裁定无法执行的;

(三)协助执行义务人接到人民法院协助执行通知书后,拒不协助执行,致使判决、裁定无法执行的;

(四)被执行人、担保人、协助执行义务人与国家机关工作人员通谋,利用国家机关工作人员的职权妨害执行,致使判决、裁定无法执行的;

(五)其他有能力执行而拒不执行,情节严重的情形。

第三百一十四条　【非法处置查封、扣押、冻结的财产罪】隐藏、转移、变卖、故意毁损已被司法机关查封、扣押、冻结的财产,情节严重的,处三年以下有期徒刑、拘役或者罚金。

第三百一十五条　【破坏监管秩序罪】依法被关押的罪犯,有下列破坏监管秩序行为之一,情节严重的,处三年以下有期徒刑:

(一)殴打监管人员的;

(二)组织其他被监管人破坏监管秩序的;

(三)聚众闹事,扰乱正常监管秩序的;

(四)殴打、体罚或者指使他人殴打、体罚其他被监管人的*。

第三百一十六条 【脱逃罪】依法被关押的罪犯、被告人、犯罪嫌疑人脱逃的,处五年以下有期徒刑或者拘役。

【劫夺被押解人员罪】劫夺押解途中的罪犯、被告人、犯罪嫌疑人的,处三年以上七年以下有期徒刑;情节严重的,处七年以上有期徒刑。

第三百一十七条 【组织越狱罪】组织越狱的首要分子和积极参加的,处五年以上有期徒刑;其他参加的,处五年以下有期徒刑或者拘役。

【暴动越狱罪、聚众持械劫狱罪】**暴动越狱或者聚众持械劫狱的首要分子和积极参加的,处十年以上有期徒刑或者无期徒刑;情节特别严重的,处死刑;其他参加的,处三年以上十年以下有期徒刑。

第三节 妨害国(边)境管理罪[1]

S.3-1 《最高人民法院、最高人民检察院关于办理妨害国(边)境管理刑事案件应用法律若干问题的解释》(法释〔2012〕17号,2012年12月20日)第十条 本解释发布实施后,《最高人民法院关于审理组织、运送他人偷越国(边)境等刑事案件适用法律若干问题的解释》(法释〔2002〕3号)不再适用。

法释〔2012〕17号第七条 以单位名义或者单位形式组织他人偷

---

* 如被监管人受监管人指使而体罚虐待其他被监管人,依照本法第二百四十八条虐待被监管人罪有关规定论处。

** 在暴动越狱过程中致人重伤或死亡的,仍以本罪一罪论处。

越国(边)境、为他人提供伪造、变造的出入境证件或者运送他人偷越国(边)境的，应当依照刑法第三百一十八条、第三百二十条、第三百二十一条的规定追究直接负责的主管人员和其他直接责任人员的刑事责任。

法释〔2012〕17号第八条 实施组织他人偷越国(边)境犯罪，同时构成骗取出境证件罪、提供伪造、变造的出入境证件罪、出售出入境证件罪、运送他人偷越国(边)境罪的，依照处罚较重的规定定罪处罚。

法释〔2012〕17号第九条 对跨地区实施的不同妨害国(边)境管理犯罪，符合并案处理要求，有关地方公安机关依照法律和相关规定一并立案侦查，需要提请批准逮捕、移送审查起诉、提起公诉的，由该公安机关所在地的同级人民检察院、人民法院依法受理。

第三百一十八条 【组织他人偷越国(边)境罪】组织他人偷越国(边)境的，[1] 处二年以上七年以下有期徒刑，并处罚金；有下列情形之一的，处七年以上有期徒刑或者无期徒刑，并处罚金或者没收财产：

(一)组织他人偷越国(边)境集团的首要分子；

(二)多次组织他人偷越国(边)境或者组织他人偷越国(边)境人数众多的；[2]

(三)造成被组织人重伤、死亡的；

(四)剥夺或者限制被组织人人身自由的；*

(五)以暴力、威胁方法抗拒检查的；

(六)违法所得数额巨大的；[3]

(七)有其他特别严重情节的。

犯前款罪，对被组织人有杀害、伤害、强奸、拐卖等犯罪行为，或者对检查人员有杀害、伤害等犯罪行为的，依照数罪并罚的规定

---

* 运送他人偷越国边境罪和组织他人偷越国边境罪之间的一个重要区别，在于后者有一个非法拘禁的情况。

处罚。

318-1 法释〔2012〕17号第六条 具有下列情形之一的,应当认定为刑法第六章第三节规定的“偷越国(边)境”行为:

(一)没有出入境证件出入国(边)境或者逃避接受边防检查的;

(二)使用伪造、变造、无效的出入境证件出入国(边)境的;

(三)使用他人出入境证件出入国(边)境的;

(四)使用以虚假的出入境事由、隐瞒真实身份、冒用他人身份证件等方式骗取的出入境证件出入国(边)境的;

(五)采用其他方式非法出入国(边)境的。

法释〔2012〕17号第一条第一款 领导、策划、指挥他人偷越国(边)境或者在首要分子指挥下,实施拉拢、引诱、介绍他人偷越国(边)境等行为的,应当认定为刑法第三百一十八条规定的“组织他人偷越国(边)境”。

法释〔2012〕17号第一条第三款 以组织他人偷越国(边)境为目的,招募、拉拢、引诱、介绍、培训偷越国(边)境人员,策划、安排偷越国(边)境行为,在他人偷越国(边)境之前或者偷越国(边)境过程中被查获的,应当以组织他人偷越国(边)境罪(未遂)论处;具有刑法第三百一十八条第一款规定的情形之一的,应当在相应的法定刑幅度基础上,结合未遂犯的处罚原则量刑。

318-2 法释〔2012〕17号第一条第二款 组织他人偷越国(边)境人数在十人以上的,应当认定为刑法第三百一十八条第一款第(二)项规定的“人数众多”;

318-3 法释〔2012〕17号第一条第二款 违法所得数额在二十万元以上的,应当认定为刑法第三百一十八条第一款第(六)项规定的“违法所得数额巨大”。

第三百一十九条 【骗取出境证件罪】以劳务输出、经贸往来或者其他名义,弄虚作假,[1] 骗取护照、签证等出境证件,[2] 为组织他人[*]偷越国(边)境使用的,处三年以下有期徒刑,并处罚金;情节严重

---

* 本罪实际上是组织他人偷越国(边)境行为罪的预备行为,但却不作为预备犯处理,而是单独成立本罪。如果是为自己骗取出境证件,则定为偷越国边境罪。

的,[3] 处三年以上十年以下有期徒刑,并处罚金。

单位犯前款罪的,对单位判处罚金,并对其直接负责的主管人员和其他直接责任人员,依照前款的规定处罚。

319-1　法释〔2012〕17号第二条第一款　为组织他人偷越国(边)境,编造出境事由、身份信息或者相关的境外关系证明的,应当认定为刑法第三百一十九条第一款规定的"弄虚作假"。

319-2　法释〔2012〕17号第二条第二款　刑法第三百一十九条第一款规定的"出境证件",包括护照或者代替护照使用的国际旅行证件,中华人民共和国海员证,中华人民共和国出入境通行证,中华人民共和国旅行证,中国公民往来香港、澳门、台湾地区证件,边境地区出入境通行证,签证、签注,出国(境)证明、名单,以及其他出境时需要查验的资料。

319-3　法释〔2012〕17号第二条第三款　具有下列情形之一的,应当认定为刑法第三百一十九条第一款规定的"情节严重":

(一)骗取出境证件五份以上的;

(二)非法收取费用三十万元以上的;

(三)明知是国家规定的不准出境的人员而为其骗取出境证件的;

(四)其他情节严重的情形。

第三百二十条　【提供伪造、变造的出入境证件罪;出售出入境证件罪】为他人提供伪造、变造的护照、签证等出入境证件,[1] 或者出售护照、签证等出入境证件的,处五年以下有期徒刑,并处罚金;情节严重的,[2] 处五年以上有期徒刑,并处罚金。

320-1　法释〔2012〕17号第三条　刑法第三百二十条规定的"出入境证件",包括本解释第二条第二款所列的证件以及其他入境时需要查验的资料。

320-2　法释〔2012〕17号第三条第二款　具有下列情形之一的,应当认定为刑法第三百二十条规定的"情节严重":

(一)为他人提供伪造、变造的出入境证件或者出售出入境证件五份以上的;

(二)非法收取费用三十万元以上的;

(三)明知是国家规定的不准出入境的人员而为其提供伪造、变造的出入境证件或者向其出售出入境证件的;

(四)其他情节严重的情形。

第三百二十一条 【运送他人偷越国(边)境罪】运送他人偷越国(边)境的,[1] 处五年以下有期徒刑、拘役或者管制,并处罚金;有下列情形之一的,处五年以上十年以下有期徒刑,并处罚金:

(一)多次实施运送行为或者运送人数众多的;[2]

(二)所使用的船只、车辆等交通工具不具备必要的安全条件,足以造成严重后果的;

(三)违法所得数额巨大的;[3]

(四)有其他特别严重情节的。

在运送他人偷越国(边)境中造成被运送人重伤、死亡,或者以暴力、威胁方法抗拒检查的,处七年以上有期徒刑,并处罚金。

犯前两款罪,对被运送人有杀害、伤害、强奸、拐卖等犯罪行为,或者对检查人员有杀害、伤害等犯罪行为的,依照数罪并罚的规定处罚。

321-1 理解与适用:如果行为人既组织又运送,而且运送行为是组织他人偷越国(边)境行为的组成部分,被运送者与被组织者具有同一性,则只认定为组织他人偷越国(边)境行为罪。如果运送行为不是组织行为的组成部分,被运送者与被组织者不具有同一性,则应分别定罪,实行数罪并罚。

321-2 法释〔2012〕17号第四条 运送他人偷越国(边)境人数在十人以上的,应当认定为刑法第三百二十一条第一款第(一)项规定的"人数众多"……

321-3 法释〔2012〕17号第四条 违法所得数额在二十万元以上的,应当认定为刑法第三百二十一条第一款第(三)项规定的"违法所得数额巨大"。

第三百二十二条[1] **(刑九)【偷越国(边)境罪】**违反国(边)境

管理法规,偷越国(边)境[2],情节严重的,[3] 处一年以下有期徒刑、拘役或者管制,并处罚金;为参加恐怖活动组织、接受恐怖活动培训或者实施恐怖活动,偷越国(边)境的,处一年以上三年以下有期徒刑,并处罚金。

322-1　1.《最高人民法院、最高人民检察院关于办理妨害国(边)境管理刑事案件应用法律若干问题的解释》(法释〔2012〕17号,2012年12月12日);2.《最高人民法院关于审理发生在我国管辖海域相关案件若干问题的规定(一)》(法释〔2016〕16号,2016年8月2日);3.《最高人民法院关于审理发生在我国管辖海域相关案件若干问题的规定(二)》(法释〔2016〕17号,2016年8月2日)第一条　本规定所称我国管辖海域,是指中华人民共和国内水、领海、毗连区、专属经济区、大陆架,以及中华人民共和国管辖的其他海域。

322-2　**1.** 法释〔2012〕17号第五条　偷越国(边)境,具有下列情形之一的,应当认定为刑法第三百二十二条规定的"情节严重":

(一)在境外实施损害国家利益行为的;

(二)偷越国(边)境三次以上或者三人以上结伙偷越国(边)境的;

(三)拉拢、引诱他人一起偷越国(边)境的;

(四)勾结境外组织、人员偷越国(边)境的;

(五)因偷越国(边)境被行政处罚后一年内又偷越国(边)境的;

(六)其他情节严重的情形。

2. 法释〔2016〕17号第三条　违反我国国(边)境管理法规,非法进入我国领海,具有下列情形之一的,应当认定为刑法第三百二十二条规定的"情节严重":

(一)经驱赶拒不离开的;

(二)被驱离后又非法进入我国领海的;

(三)因非法进入我国领海被行政处罚或者被刑事处罚后,一年内又非法进入我国领海的;

(四)非法进入我国领海从事捕捞水产品等活动,尚不构成非法捕捞水产品等犯罪的;

(五)其他情节严重的情形。

理解与适用:适用本条要注意区别"无害通过"与"非法进入"。《联合国海洋法公约》第17条规定:“在本公约的限制下,所有国家,不论为沿海国或内陆国,其船舶均享有无害通过领海的权利。”外国船舶正常无害通过不受本条的影响,但无害通过有其严格的定义,捕鱼、进行研究或测量活动都是《公约》明确排除在无害通过制度之外的行为。违反我国领海及毗连区法相关规定,非法进入我国领海,是适用本条的前提条件。

第三百二十三条 【破坏界碑、界桩罪;破坏永久性测量标志罪】故意破坏国家边境的界碑、界桩或者永久性测量标志的,处三年以下有期徒刑或者拘役。

第四节 妨害文物管理罪[1]

S.4-1 《最高人民法院、最高人民检察院关于办理妨害文物管理等刑事案件适用法律若干问题的解释》,法释〔2015〕23号,2016年1月1日。

法释〔2015〕23号第十一条 单位实施走私文物、倒卖文物等行为,构成犯罪的,依照本解释规定的相应自然人犯罪的定罪量刑标准,对直接负责的主管人员和其他直接责任人员定罪处罚,并对单位判处罚金。

公司、企业、事业单位、机关、团体等单位实施盗窃文物,故意损毁文物、名胜古迹,过失损毁文物,盗掘古文化遗址、古墓葬等行为的,依照本解释规定的相应定罪量刑标准,追究组织者、策划者、实施者的刑事责任。

法释〔2015〕23号第十二条 针对不可移动文物整体实施走私、盗窃、倒卖等行为的,根据所属不可移动文物的等级,依照本解释第一条、第二条、第六条的规定定罪量刑:

(一)尚未被确定为文物保护单位的不可移动文物,适用一般文物的定罪量刑标准;

(二)市、县级文物保护单位,适用三级文物的定罪量刑标准;

(三)全国重点文物保护单位、省级文物保护单位,适用二级以上文物的定罪量刑标准。

针对不可移动文物中的建筑构件、壁画、雕塑、石刻等实施走私、盗窃、倒卖等行为的，根据建筑构件、壁画、雕塑、石刻等文物本身的等级或者价值，依照本解释第一条、第二条、第六条的规定定罪量刑。建筑构件、壁画、雕塑、石刻等所属不可移动文物的等级，应当作为量刑情节予以考虑。

理解与适用：坚持全面保护原则，依法惩治各类文物犯罪。文物的范围较为广泛，根据不同的标准可以划分不同的类别。为了全面加强对文物的保护，上述解释将国有文物与非国有文物、可移动文物与不可移动文物、文物与化石均纳入保护范围。例如，上述解释对于盗窃文物的定罪量刑统一标准，不再区分国有馆藏文物和其他文物；在规定针对可移动文物犯罪的定罪量刑标准的同时，专门设置了针对不可移动文物犯罪的相应标准；规定针对具有科学价值的古脊椎动物化石、古人类化石的犯罪，适用文物犯罪的有关定罪量刑标准。

法释〔2015〕23号第十三条 案件涉及不同等级的文物的，按照高级别文物的量刑幅度量刑；有多件同级文物的，五件同级文物视为一件高一级文物，但是价值明显不相当的除外。

法释〔2015〕23号第十四条 依照文物价值定罪量刑的，根据涉案文物的有效价格证明认定文物价值；无有效价格证明，或者根据价格证明认定明显不合理的，根据销赃数额认定，或者结合本解释第十五条规定的鉴定意见、报告认定。

法释〔2015〕23号第十五条 在行为人实施有关行为前，文物行政部门已对涉案文物及其等级作出认定的，可以直接对有关案件事实作出认定。

对案件涉及的有关文物鉴定、价值认定等专门性问题难以确定的，由司法鉴定机构出具鉴定意见，或者由国务院文物行政部门指定的机构出具报告。其中，对于文物价值，也可以由有关价格认证机构作出价格认证并出具报告。

理解与适用：上述解释第十五条对文物犯罪专门性问题的认定作了规定：一是明确了依照文物认定决定认定案件事实的规则。上述解释第十五第一款规定，在行为人实施有关行为前，文物行政部门已作出文物认定（认定是否属于文物）和定级（将可移动文物确定为一级文物、二级文物、三级文物、一般文物；将不可移动文物确定为全国重点文物保护单位,省级文物保护单位,市、县级文物保护单位)的,可以直接对有关案件事实作出认定。二是规定了文物专门性问题的鉴定和检验规则。对于文物专门性问题,如涉案的文物是否属于文物以及等级认定、价值认定、损害程度评估等,应当由司法鉴定机构出具鉴定意见。但是,目前具有文物司法鉴定资质的机构极少,难以满足办案实践需求。鉴此,上述解释第十五第二款借鉴以往司法解释的相关规定,确立了“鉴定与检验两条腿走路”原则,即对案件涉及的有关文物鉴定、价值认定等专门性问题难以确定的,由司法鉴定机构出具鉴定意见,或者由国务院文物行政部门指定的机构出具报告。其中,对于文物价值,也可以由有关价格认证机构作出价格认证并出具报告。

法释〔2015〕23号第十六条　实施本解释第一条、第二条、第六条至第九条规定的行为,虽已达到应当追究刑事责任的标准,但行为人系初犯,积极退回或者协助追回文物,未造成文物损毁,并确有悔罪表现的,可以认定为犯罪情节轻微,不起诉或者免予刑事处罚。

实施本解释第三条至第五条规定的行为,虽已达到应当追究刑事责任的标准,但行为人系初犯,积极赔偿损失,并确有悔罪表现的,可以认定为犯罪情节轻微,不起诉或者免予刑事处罚。

理解与适用:贯彻认罪认罚从宽制度,最大限度地发挥刑法的教育功能。为贯彻落实《中共中央关于全面推进依法治国若干重大问题的决定》提出的“完善刑事诉讼中认罪认罚从宽制度”,上述解释对实施相关文物犯罪情节轻微的情形规定可以不起诉或者免予刑事处罚,以促使行为人在实施文物犯罪后及时采取措施,积极退回或者协助追回文物,或者积极赔偿损失,充分发挥刑法的威慑和教育功能。

法释〔2015〕23号第十七条　走私、盗窃、损毁、倒卖、盗掘或者非法转让具有科学价值的古脊椎动物化石、古人类化石的,依照刑法和本解释的有关规定定罪量刑。

法释〔2015〕23号第十八条　本解释自2016年1月1日起施行。本解释公布施行后,《最高人民法院、最高人民检察院关于办理盗窃、盗掘、非法经营和走私文物的案件具体应用法律的若干问题的解释》(法(研)发〔1987〕32号)同时废止;之前发布的司法解释与本解释不一致的,以本解释为准。

第三百二十四条　【故意损毁文物罪】故意损毁国家保护的珍

贵文物或者被确定为全国重点文物保护单位、省级文物保护单位的文物的[1]，处三年以下有期徒刑或者拘役，并处或者单处罚金；情节严重的[2]，处三年以上十年以下有期徒刑，并处罚金。

【故意损毁名胜古迹罪】故意损毁国家保护的名胜古迹[3]，情节严重的，[4] 处五年以下有期徒刑或者拘役，并处或者单处罚金。

【过失损毁文物罪】过失损毁国家保护的珍贵文物或者被确定为全国重点文物保护单位、省级文物保护单位的文物，造成严重后果的，[5] 处三年以下有期徒刑或者拘役。

324-1　法释〔2015〕23号第三条第一款　全国重点文物保护单位、省级文物保护单位的本体，应当认定为刑法第三百二十四条第一款规定的“被确定为全国重点文物保护单位、省级文物保护单位的文物”。

324-2　法释〔2015〕23号第三条第二款　故意损毁国家保护的珍贵文物或者被确定为全国重点文物保护单位、省级文物保护单位的文物，具有下列情形之一的，应当认定为刑法第三百二十四条第一款规定的“情节严重”：

（一）造成五件以上三级文物损毁的；

（二）造成二级以上文物损毁的；

（三）致使全国重点文物保护单位、省级文物保护单位的本体严重损毁或者灭失的；

（四）多次损毁或者损毁多处全国重点文物保护单位、省级文物保护单位的本体的；

（五）其他情节严重的情形。

实施前款规定的行为，拒不执行国家行政主管部门作出的停止侵害文物的行政决定或者命令的，酌情从重处罚。

324-3　法释〔2015〕23号第四条第一款　风景名胜区的核心景区以及未被确定为全国重点文物保护单位、省级文物保护单位的古文化遗址、古墓葬、古建筑、石窟寺、石刻、壁画、近代现代重要史迹和代表性建筑等不可移动文物的本体，应当认定为刑法第三百二十四条第二款规定的“国家保护的名胜古迹”。

324-4　法释〔2015〕23号第四条第二款　故意损毁国家保护的名

胜古迹,具有下列情形之一的,应当认定为刑法第三百二十四条第二款规定的"情节严重":

(一)致使名胜古迹严重损毁或者灭失的;

(二)多次损毁或者损毁多处名胜古迹的;

(三)其他情节严重的情形。

实施前款规定的行为,拒不执行国家行政主管部门作出的停止侵害文物的行政决定或者命令的,酌情从重处罚。

故意损毁风景名胜区内被确定为全国重点文物保护单位、省级文物保护单位的文物的,依照刑法第三百二十四条第一款和本解释第三条的规定定罪量刑。

324-5 法释〔2015〕23号第五条 过失损毁国家保护的珍贵文物或者被确定为全国重点文物保护单位、省级文物保护单位的文物,具有本解释第三条第二款第一项至第三项规定情形之一的,应当认定为刑法第三百二十四条第三款规定的"造成严重后果"。

第三百二十五条 【非法向外国人出售、赠送珍贵文物罪】违反文物保护法规,将收藏的国家禁止出口的珍贵文物私自出售或者私自赠送给外国人的,处五年以下有期徒刑或者拘役,可以并处罚金。

单位犯前款罪的,对单位判处罚金,并对其直接负责的主管人员和其他直接责任人员,依照前款的规定处罚。

第三百二十六条 【倒卖文物罪】以牟利为目的,倒卖国家禁止经营的文物[1][*],情节严重的[2],处五年以下有期徒刑或者拘役,并处罚金;情节特别严重的[3],处五年以上十年以下有期徒刑,并处罚金。

单位犯前款罪的,对单位判处罚金,并对其直接负责的主管人

---

* 既包括珍贵文物,也包括一般文物,只要是国家禁止经营的一切文物,都构成本罪。而其他罪则是特定的文物。

员和其他直接责任人员，依照前款的规定处罚。

326-1　法释〔2015〕23号第六条第一款　出售或者为出售而收购、运输、储存《中华人民共和国文物保护法》规定的“国家禁止买卖的文物”的，应当认定为刑法第三百二十六条规定的“倒卖国家禁止经营的文物”。

326-2　法释〔2015〕23号第六条第二款　倒卖国家禁止经营的文物，具有下列情形之一的，应当认定为刑法第三百二十六条规定的“情节严重”：

（一）倒卖三级文物的；

（二）交易数额在五万元以上的；

（三）其他情节严重的情形。

326-3　法释〔2015〕23号第六条第三款　实施前款规定的行为，具有下列情形之一的，应当认定为刑法第三百二十六条规定的“情节特别严重”：

（一）倒卖二级以上文物的；

（二）倒卖三级文物五件以上的；

（三）交易数额在二十五万元以上的；

（四）其他情节特别严重的情形。

第三百二十七条　【非法出售、私赠文物藏品罪】违反文物保护法规，国有博物馆、图书馆等单位将国家保护的文物藏品出售或者私自送给非国有单位或者个人的[1]，对单位判处罚金，并对其直接负责的主管人员和其他直接责任人员，处三年以下有期徒刑或者拘役。

327-1　法释〔2015〕23号第七条　国有博物馆、图书馆以及其他国有单位，违反文物保护法规，将收藏或者管理的国家保护的文物藏品出售或者私自送给非国有单位或者个人的，依照刑法第三百二十七条的规定，以非法出售、私赠文物藏品罪追究刑事责任。

第三百二十八条　（刑八）*【盗掘古文化遗址、古墓葬罪】盗

* 《刑法修正案（八）》废除了本罪死刑。

掘*具有历史、艺术、科学价值的古文化遗址、古墓葬[1]的**,处三年以上十年以下有期徒刑,并处罚金;情节较轻的,处三年以下有期徒刑、拘役或者管制,并处罚金;有下列情形之一的,处十年以上有期徒刑或者无期徒刑,并处罚金或者没收财产:

(1)盗掘确定为全国重点文物保护单位和省级文物保护单位的古文化遗址、古墓葬的;

(2)盗掘古文化遗址、古墓葬集团的首要分子;

(3)多次盗掘古文化遗址、古墓葬的;

(4)盗掘古文化遗址、古墓葬,并盗窃珍贵文物或者造成珍贵文物严重破坏的***。

【盗掘古人类化石、古脊椎动物化石罪】盗掘国家保护的具有科学价值的古人类化石和古脊椎动物化石[2]的,依照前款的规定处罚。

328-1 法释〔2015〕23号第八条 刑法第三百二十八条第一款规定的“古文化遗址、古墓葬”包括水下古文化遗址、古墓葬。“古文化遗址、古墓葬”不以公布为不可移动文物的古文化遗址、古墓葬为限。

实施盗掘行为,已损害古文化遗址、古墓葬的历史、艺术、科学价值的,应当认定为盗掘古文化遗址、古墓葬罪既遂。

328-2 《全国人大常委会关于〈中华人民共和国刑法〉有关文物的规定适用于具有科学价值的古脊椎动物化石、古人类化石的解释》(2005年12月29日)全国人大常委会根据司法实践中遇到的情况,讨论了关于走私、盗窃、损毁、倒卖或者非法转让具有科学价值的古脊椎动物化石、古人类化石的行为适用刑法有关规定的问题,解释如下:刑

---

* 盗掘,既不是单纯的盗窃,也不是单纯的损毁,而是指未经国家文物主管部门批准,私自挖掘古文化遗址、古墓葬群。因此,盗掘可谓集盗窃与损毁于一体,其危害程度相当严重。(张明楷)

** 尚未出土之物。

*** 行为人盗掘古文化遗址、古墓葬后,将其中的文物非法据为己有的,仍以本罪论处。

法有关文物的规定,适用于具有科学价值的古脊椎动物化石、古人类化石。

理解与适用:1. 本立法解释适用于刑法第一百五十一条、第二百六十四条、第三百二十四条、第三百二十五条、第三百二十六条、第三百二十七条、第三百二十八条、第四百一十九条等八个条文。2. 本立法解释根据《文物保护法》第二条第三款之规定,即“具有科学价值的古脊椎动物化石和古人类化石同文物一样受国家保护”。

第三百二十九条 **【抢夺、窃取国有档案罪】**抢夺、窃取国家所有的档案的,处五年以下有期徒刑或者拘役。

【擅自出卖、转让国有档案罪】违反档案法的规定,擅自出卖、转让国家所有的档案,情节严重的,处三年以下有期徒刑或者拘役。

有前两款行为,同时又构成本法规定的其他犯罪的,依照处罚较重的规定*定罪处罚。

第五节 危害公共卫生罪

第三百三十条 **【妨害传染病防治罪】**违反传染病防治法的规定,有下列情形之一,引起甲类传染病**传播或者有传播严重危险的,[1] 处三年以下有期徒刑或者拘役;后果特别严重的,处三年以上七年以下有期徒刑:

---

* 如果盗窃属于国家秘密的国家档案,则行为触犯了窃取国有档案罪与非法获取国家秘密罪,应从一重罪论处。如果擅自出卖、转让的国家档案属于国家秘密,则行为触犯了故意泄露国家秘密罪,也应从一重罪论处。这就是按照想象竞合犯的思路从一重处罚。法条竞合与想象竞合之间存在此消彼长的关系。法条竞合处理原则的目的,主要是为了防止对行为的重复评价,而想象竞合处理原则的目的,主要是为了防止对行为的重复处罚。(张明楷)

** 主要是指鼠疫和霍乱。

(一)供水单位供应的饮用水不符合国家规定的卫生标准的;

(二)拒绝按照卫生防疫机构提出的卫生要求,对传染病病原体污染的污水、污物、粪便进行消毒处理的;

(三)准许或者纵容传染病病人、病原携带者和疑似传染病病人从事国务院卫生行政部门规定禁止从事的易使该传染病扩散的工作的;

(四)拒绝执行卫生防疫机构依照传染病防治法提出的预防、控制措施的。

单位犯前款罪的,对单位判处罚金,并对其直接负责的主管人员和其他直接责任人员,依照前款的规定处罚。

甲类传染病的范围,依照《中华人民共和国传染病防治法》和国务院有关规定确定。

330-1 《立案标准(一)》第四十九条 违反传染病防治法的规定,引起甲类或者按照甲类管理的传染病传播或者有传播严重危险,涉嫌上述情形之一的,应予立案追诉。

"按甲类管理的传染病",是指乙类传染病中传染性非典型肺炎、炭疽中的肺炭疽、人感染高致病性禽流感以及国务院卫生行政部门根据需要报经国务院批准公布实施的其他需要按甲类管理的乙类传染病和突发原因不明的传染病。

第三百三十一条 【传染病菌种、毒种扩散罪】从事实验、保藏、携带、运输传染病菌种、毒种的人员,违反国务院卫生行政部门的有关规定,造成传染病菌种、毒种扩散,后果严重的,[1] 处三年以下有期徒刑或者拘役;后果特别严重的,处三年以上七年以下有期徒刑。

331-1 《立案标准(一)》第五十条 涉嫌下列情形之一的,应予立案追诉:

(一)导致甲类和按甲类管理的传染病传播的;

（二）导致乙类、丙类传染病流行、暴发的；

（三）造成人员重伤或者死亡的；

（四）严重影响正常的生产、生活秩序的；

（五）其他造成严重后果的情形。

第三百三十二条　【妨害国境卫生检疫罪】违反国境卫生检疫规定，引起检疫传染病*传播或者有传播严重危险的，处三年以下有期徒刑或者拘役，并处或者单处罚金。

单位犯前款罪的，对单位判处罚金，并对其直接负责的主管人员和其他直接责任人员，依照前款的规定处罚。

第三百三十三条　【非法组织卖血罪；强迫卖血罪】非法组织他人出卖血液的，[1] 处五年以下有期徒刑，并处罚金；以暴力、威胁方法强迫他人出卖血液的，处五年以上十年以下有期徒刑，并处罚金。

有前款行为，对他人造成伤害的，依照本法第二百三十四条（故意伤害罪）的规定定罪处罚。

333-1　《立案标准（一）》第五十二条　非法组织他人出卖血液，涉嫌下列情形之一的，应予立案追诉：

（一）组织卖血三人次以上的；

（二）组织卖血非法获利二千元以上的；

（三）组织未成年人卖血的；

（四）被组织卖血的人的血液含有艾滋病病毒、乙型肝炎病毒、丙型肝炎病毒、梅毒螺旋体等病原微生物的；

（五）其他非法组织卖血应予追究刑事责任的情形。

第三百三十四条[1]　【非法采集、供应血液、制作、供应血液制品罪】非法采集、供应血液[2] 或者制作、供应血液制品，[3] 不符合国家

---

* 指鼠疫、霍乱、黄热病以及国务院确定和公布的其他传染病。

规定的标准,足以危害人体健康的,[4] 处五年以下有期徒刑或者拘役,并处罚金;对人体健康造成严重危害的,[5] 处五年以上十年以下有期徒刑,并处罚金;造成特别严重后果的,[6] 处十年以上有期徒刑或者无期徒刑,并处罚金或者没收财产。

【采集、供应血液、制作、供应血液制品事故罪】经国家主管部门批准采集、供应血液或者制作、供应血液制品的部门,*[7] 不依照规定进行检测或者违背其他操作规定,[8] 造成危害他人身体健康后果的,**[9] 对单位判处罚金,并对其直接负责的主管人员和其他直接责任人员,处五年以下有期徒刑或者拘役。

334-1 《最高人民法院、最高人民检察院关于办理非法采供血液等刑事案件具体应用法律若干问题的解释》(法释〔2008〕12号,2008年9月23日)。

334-2 法释〔2008〕12号第八条第一款 "血液",是指全血、成分血和特殊血液成分。

334-3 法释〔2008〕12号第一条 未经国家主管部门批准或者超过批准的业务范围,采集、供应血液或者制作、供应血液制品的,属于本条规定的"非法采集、供应血液、制作、供应血液制品"。"血液制品",是指各种人血浆蛋白制品。

334-4 《立案标准(一)》第五十四条*** 非法采集、供应血液或者制作、供应血液制品,涉嫌下列情形之一的,应予立案追诉:

(一)采集、供应的血液含有艾滋病病毒、乙型肝炎病毒、丙型肝炎病毒、梅毒螺旋体等病原微生物的;

(二)制作、供应的血液制品含有艾滋病病毒、乙型肝炎病毒、丙型肝炎病毒、梅毒螺旋体等病原微生物,或者将含有上述病原微生物的血液用于制作血液制品的;

(三)使用不符合国家规定的药品、诊断试剂、卫生器材,或者重复使

---

* 本罪属于单位过失犯罪。

** 法释〔2008〕12号第六条内容与《立案标准(一)》的有关内容完全一致,故从略。

*** 法释〔2008〕12号第二条内容与立案标准内容完全一致,故从略。

用一次性采血器材采集血液，造成传染病传播危险的；

（四）违反规定对献血者、供血浆者超量、频繁采集血液、血浆，足以危害人体健康的；

（五）其他不符合国家有关采集、供应血液或者制作、供应血液制品的规定，足以危害人体健康或者对人体健康造成严重危害的情形。

334-5　法释〔2008〕12号第三条　对非法采集、供应血液或者制作、供应血液制品，具有下列情形之一的，应认定为刑法第三百三十四条第一款规定的"对人体健康造成严重危害"，处五年以上十年以下有期徒刑，并处罚金：

（一）造成献血者、供血浆者、受血者感染乙型肝炎病毒、丙型肝炎病毒、梅毒螺旋体或者其他经血液传播的病原微生物的；

（二）造成献血者、供血浆者、受血者重度贫血、造血功能障碍或者其他器官组织损伤导致功能障碍等身体严重危害的；

（三）对人体健康造成其他严重危害的。

334-6　法释〔2008〕12号第四条　对非法采集、供应血液或者制作、供应血液制品，具有下列情形之一的，应认定为刑法第三百三十四条第一款规定的"造成特别严重后果"，处十年以上有期徒刑或者无期徒刑，并处罚金或者没收财产：

（一）因血液传播疾病导致人员死亡或者感染艾滋病病毒的；

（二）造成五人以上感染乙型肝炎病毒、丙型肝炎病毒、梅毒螺旋体或者其他经血液传播的病原微生物的；

（三）造成五人以上重度贫血、造血功能障碍或者其他器官组织损伤导致功能障碍等身体严重危害的；

（四）造成其他特别严重后果的。

理解与适用：1. 本罪第三个量刑档规定的是结果加重犯，故其内容主要是从结果或者后果方面考虑。2. 由于感染艾滋病即相当于死亡，故将此种情况列为"造成特别严重后果"，而不属于"造成严重后果"的范围。

334-7　法释〔2008〕12号第七条　经国家主管部门批准的采供血机构和血液制品生产经营单位，属于本条规定的"经国家主管部门批准采集、供应血液或者制作、供应血液制品的部门"。

法释〔2008〕12号第八条第三款　采供血机构包括血液中心、中心血站、脐带血造血干细胞库和国家卫生行政主管部门根据医学发展需要批准、设置的其他类型血库、单采血浆站。

334-8 法释〔2008〕12号第五条 具有下列情形之一的,属于本条规定的“不依照规定进行检测或者违背其他操作规定”:

(一)血站未用两个企业生产的试剂对艾滋病病毒抗体、乙型肝炎病毒表面抗原、丙型肝炎病毒抗体、梅毒抗体进行两次检测的;

(二)单采血浆站不依照规定对艾滋病病毒抗体、乙型肝炎病毒表面抗原、丙型肝炎病毒抗体、梅毒抗体进行检测的;

(三)血液制品生产企业在投料生产前未用主管部门批准和检定合格的试剂进行复检的;

(四)血站、单采血浆站和血液制品生产企业使用的诊断试剂没有生产单位名称、生产批准文号或者经检定不合格的;

(五)采供血机构在采集检验样本、采集血液和成分血分离时,使用没有生产单位名称、生产批准文号或者超过有效期的一次性注射器等采血器材的;

(六)不依照国家规定的标准和要求包装、储存、运输血液、原料血浆的;

(七)对国家规定检测项目结果呈阳性的血液未及时按照规定予以清除的;

(八)不具备相应资格的医务人员进行采血、检验操作的;

(九)对献血者、供血浆者超量、频繁采集血液、血浆的;

(十)采供血机构采集血液、血浆前,未对献血者或者供血浆者进行身份识别,采集冒名顶替者、健康检查不合格者血液、血浆的;

(十一)血站擅自采集原料血浆,单采血浆站擅自采集临床用血或者向医疗机构供应原料血浆的;

(十二)重复使用一次性采血器材的;

(十三)其他不依照规定进行检测或者违背操作规定的。

334-9 《立案标准(一)》第五十五条 涉嫌下列情形之一的,应予立案追诉:

(一)造成献血者、供血浆者、受血者感染艾滋病病毒、乙型肝炎病毒、丙型肝炎病毒、梅毒螺旋体或者其他经血液传播的病原微生物的;

(二)造成献血者、供血浆者、受血者重度贫血、造血功能障碍或者其他器官组织损伤导致功能障碍等身体严重危害的;

（三）其他造成危害他人身体健康后果的情形。

第三百三十五条　【医疗事故罪】医务人员由于严重不负责任，[1] 造成就诊人死亡或者严重损害就诊人身体健康的，[2] 处三年以下有期徒刑或者拘役。

335-1　1.《医疗事故处理条例》第二条　医疗事故，是指医疗机构及其医务人员在医疗活动中，违反医疗卫生管理法律、行政法规、部门规章和诊疗护理规范、常规，过失造成患者人身损害的事故。《医疗事故分级标准》(2002 年 7 月 19 日卫生部发布)

2.《立案标准(一)》第五十六条第二款　具有下列情形之一的，属于本条规定的"严重不负责任"：

（一）擅离职守的；

（二）无正当理由拒绝对危急就诊人实行必要的医疗救治的；

（三）未经批准擅自开展试验性医疗的；

（四）严重违反查对、复核制度的；

（五）使用未经批准使用的药品、消毒药剂、医疗器械的；

（六）严重违反国家法律法规及有明确规定的诊疗技术规范、常规的；

（七）其他严重不负责任的情形。

335-2　《立案标准(一)》第五十六条第三款　"严重损害就诊人身体健康"，是指造成就诊人严重残疾、重伤、感染艾滋病、病毒性肝炎等难以治愈的疾病或者其他严重损害就诊人身体健康的后果。

第三百三十六条[*1]　**【非法行医罪】**未取得医生执业资格的人非法行医，[2] 情节严重的，[3] 处三年以下有期徒刑、拘役或者管制，并处或者单处罚金；严重损害就诊人身体健康的，[4] 处三年以上十年以下有期徒刑，并处罚金；造成就诊人死亡的[5]，处十年以上有期徒刑，并处罚金。

【非法进行节育手术罪】未取得医生执业资格的人擅自为他人

---

* 本罪为情节犯，另被害人的承诺并不阻却本罪的成立。

进行节育复通手术、假节育手术、终止妊娠手术或者摘取宫内节育器,情节严重的,*6 处三年以下有期徒刑、拘役或者管制,并处或者单处罚金;严重损害就诊人身体健康的,处三年以上十年以下有期徒刑,并处罚金;造成就诊人死亡的,处十年以上有期徒刑,并处罚金。

336-1 《最高人民法院关于审理非法行医刑事案件具体应用法律若干问题的解释》**(法释〔2016〕27 号,2016 年 12 月 20 日)

第五条　实施非法行医犯罪,同时构成生产、销售假药罪,生产、销售劣药罪,诈骗罪等其他犯罪的,依照刑法处罚较重的规定定罪处罚。

336-2 法释〔2016〕27 号第一条　具有下列情形之一的,应认定为刑法第三百三十六条第一款规定的"未取得医生执业资格的人非法行医":

(一)未取得或者以非法手段取得医师资格从事医疗活动的;

(二)被依法吊销医师执业证书期间从事医疗活动的;

(三)未取得乡村医生执业证书,从事乡村医疗活动的;

(四)家庭接生员实施家庭接生以外的医疗行为的。

理解与适用:1. 对于取得医师资格但尚未进行医师注册取得执业证书的人从事诊疗活动,予以行政处罚,不作为犯罪处理。2. 单位不能成为非法行医罪的犯罪主体,只有个人才能成为本罪的犯罪主体。3. 综合考虑《刑法》《执业医师法》《医疗机构管理条例》《乡村医生从业管理条例》和《母婴保健法》的规定,确定本条司法解释。4. "个人未取得《医疗机构执业许可证》开办医疗机构的"***指的是即使有个人医师执业证也应办理《医疗机构执业许可证》才可以营业,否则也构成非法行医罪;同时"非法行医被卫生行政部门行政处罚两次以后,再次非法行医的"也应引起注意,从行政处罚过渡到刑事处罚,这也符合刑罚设置的目的和程序。

---

* 法释〔2008〕5 号第二条与《立案标准(一)》完全一致,故从略。

** 《最高人民法院关于审理非法行医刑事案件具体应用法律若干问题的解释》(法释〔2008〕5 号,2008 年 5 月 9 日)(已被修订)。

*** "法释〔2008〕5 号第一条(二)个人未取得《医疗机构执业许可证》开办医疗机构的;"已被法释〔2016〕27 号废止。

法释〔2016〕27号第六条第一款　解释所称“医疗活动”“医疗行为”,参照《医疗机构管理条例实施细则》中的“诊疗活动”“医疗美容”认定。

336-3　法释〔2016〕27号第二条　具有下列情形之一的,应认定为刑法第三百三十六条第一款规定的“情节严重”:

(一)造成就诊人轻度残疾、器官组织损伤导致一般功能障碍的;

(二)造成甲类传染病传播、流行或者有传播、流行危险的;

(三)使用假药、劣药或不符合国家规定标准的卫生材料、医疗器械,足以严重危害人体健康的;

(四)非法行医被卫生行政部门行政处罚两次以后,再次非法行医的;

(五)其他情节严重的情形。

法释〔2016〕27号第六条第二款　本解释所称“轻度残疾、器官组织损伤导致一般功能障碍”“中度以上残疾、器官组织损伤导致严重功能障碍”,参照《医疗事故分级标准(试行)》认定。

336-4　法释〔2016〕27号第三条　具有下列情形之一的,应认定为刑法第三百三十六条第一款规定的“严重损害就诊人身体健康”:

(一)造成就诊人中度以上残疾、器官组织损伤导致严重功能障碍的;

(二)造成三名以上就诊人轻度残疾、器官组织损伤导致一般功能障碍的。

336-5　法释〔2016〕27号第四条　非法行医行为系造成就诊人死亡的直接、主要原因的,应认定为刑法第三百三十六条第一款规定的“造成就诊人死亡”。

非法行医行为并非造成就诊人死亡的直接、主要原因的,可不认定为刑法第三百三十六条第一款规定的“造成就诊人死亡”。但是,根据案件情况,可以认定为刑法第三百三十六条第一款规定的“情节严重”。

336-6　《立案标准(一)》第五十八条　涉嫌下列情形之一的,应予立案追诉:

(一)造成就诊人轻伤、重伤、死亡或者感染艾滋病、病毒性肝炎等难以治愈的疾病的;

(二)非法进行节育复通手术、假节育手术、终止妊娠手术或者摘取

官内节育器五人次以上的;

(三)致使他人超计划生育的;

(四)非法进行选择性别的终止妊娠手术的;

(五)非法获利累计五千元以上的;

(六)其他情节严重的情形。

第三百三十七条　(刑七)*【妨害动植物防疫、检疫罪】违反有关动植物防疫、检疫的国家规定,引起重大动植物疫情的,或者有引起重大动植物疫情危险,情节严重的,[1] 处三年以下有期徒刑或者拘役,并处或者单处罚金。

单位犯前款罪的,对单位判处罚金,并对其直接负责的主管人员和其他直接责任人员,依照前款的规定处罚。

337-1　《立案标准(一)》第五十九条　违反进出境动植物检疫法的规定,逃避动植物检疫,涉嫌下列情形之一的,应予立案追诉:

(一)造成国家规定的《进境动物一、二类传染病、寄生虫病名录》中所列的动物疫病传入或者对农、牧、渔业生产以及人体健康、公共安全造成严重危害的其他动物疫病在国内暴发流行的;

(二)造成国家规定的《进境植物检疫性有害生物名录》中所列的有害生物传入或者对农、林业生产、生态环境以及人体健康有严重危害的其他有害生物在国内传播扩散的。

第六节　破坏环境资源保护罪

第三百三十八条[1]　**(刑八)【污染环境罪】**违反国家规定[2],排放、倾倒或者处置有放射性的废物、含传染病病原体的废物、有毒物质[3] 或者其他有害物质,严重污染环境的[4],处三年以下有期徒刑

* 原第一款为:"违反进出境动植物检疫法的规定,逃避动植物检疫,引起重大动植物疫情的,处三年以下有期徒刑或者拘役,并处或者单处罚金。"

或者拘役，并处或者单处罚金；后果特别严重的[5]，处三年以上七年以下有期徒刑，并处罚金。

338-1　《最高人民法院、最高人民检察院关于办理环境污染刑事案件适用法律若干问题的解释》（法释〔2016〕29号，2017年1月1日）

法释〔2016〕29号第四条　实施刑法第三百三十八条、第三百三十九条规定的犯罪行为，具有下列情形之一的，应当从重处罚：

（一）阻挠环境监督检查或者突发环境事件调查，尚不构成妨害公务等犯罪的；

（二）在医院、学校、居民区等人口集中地区及其附近，违反国家规定排放、倾倒、处置有放射性的废物、含传染病病原体的废物、有毒物质或者其他有害物质的；

（三）在重污染天气预警期间、突发环境事件处置期间或者被责令限期整改期间，违反国家规定排放、倾倒、处置有放射性的废物、含传染病病原体的废物、有毒物质或者其他有害物质的；

（四）具有危险废物经营许可证的企业违反国家规定排放、倾倒、处置有放射性的废物、含传染病病原体的废物、有毒物质或者其他有害物质的。

法释〔2016〕29号第五条　实施刑法第三百三十八条、第三百三十九条规定的行为，刚达到应当追究刑事责任的标准，但行为人及时采取措施，防止损失扩大、消除污染，全部赔偿损失，积极修复生态环境，且系初犯，确有悔罪表现的，可以认定为情节轻微，不起诉或者免予刑事处罚；确有必要判处刑罚的，应当从宽处罚。

法释〔2016〕29号第六条　无危险废物经营许可证从事收集、贮存、利用、处置危险废物经营活动，严重污染环境的，按照污染环境罪定罪处罚；同时构成非法经营罪的，依照处罚较重的规定定罪处罚。

实施前款规定的行为，不具有超标排放污染物、非法倾倒污染物或者其他违法造成环境污染的情形的，可以认定为非法经营情节显著轻微危害不大，不认为是犯罪；构成生产、销售伪劣产品等其他犯罪的，以其他犯罪论处。

理解与适用：对于“违法造成环境污染”要件的判断应当采取相对宽泛的标准，即不要求一定达到上述解释第一条其他项规定的严重污染环境的具体情形。例如，未按照规定安装特定污染防治设施，处置过程中

超过标准排放污染物(虽然未达到超过特定标准三倍以上),或者将处置剩余的污染物违反规定倾倒的,可以认定为具备“违法造成环境污染”的要件,以污染环境罪论处;相反,如果在处置危险废物的过程中采取了特定的污染防治措施,未违法造成环境污染的,通常情况下应当认定为情节显著轻微危害不大,不认为是犯罪。

法释〔2016〕29号第七条　明知他人无危险废物经营许可证,向其提供或者委托其收集、贮存、利用、处置危险废物,严重污染环境的,以共同犯罪论处。

法释〔2016〕29号第十七条第六款　本解释所称“无危险废物经营许可证”,是指未取得危险废物经营许可证,或者超出危险废物经营许可证的经营范围。

法释〔2016〕29号第八条　违反国家规定,排放、倾倒、处置含有毒害性、放射性、传染病病原体等物质的污染物,同时构成污染环境罪、非法处置进口的固体废物罪、投放危险物质罪等犯罪的,依照处罚较重的规定定罪处罚。

法释〔2016〕29号第十一条　单位实施本解释规定的犯罪的,依照本解释规定的定罪量刑标准,对直接负责的主管人员和其他直接责任人员定罪处罚,并对单位判处罚金。

法释〔2016〕29号第十二条　环境保护主管部门及其所属监测机构在行政执法过程中收集的监测数据,在刑事诉讼中可以作为证据使用。

公安机关单独或者会同环境保护主管部门,提取污染物样品进行检测获取的数据,在刑事诉讼中可以作为证据使用。

理解与适用:第三方监测机构虽然不属于环境保护主管部门所属的监测机构,但只要是在环境保护主管部门或者所属监测机构的主持下从事相关监测活动或者提供技术支持,以环境保护主管部门或者所属监测机构名义作出的监测报告,也应当认为符合上述解释第十二条第一款的规定,在刑事诉讼中可以作为证据使用。

法释〔2016〕29号第十四条　对案件所涉的环境污染专门性问题难以确定的,依据司法鉴定机构出具的鉴定意见,或者国务院环境保护主管部门、公安部门指定的机构出具的报告,结合其他证据作出认定。

法释〔2016〕29号第十八条　本解释自2017年1月1日起施行。本解释施行后,《最高人民法院、最高人民检察院关于办理环境污染刑事案件适用法律若干问题的解释》(法释〔2013〕15号)同时废止；之前发布的司法解释与本解释不一致的,以本解释为准。

338-2　《中华人民共和国环境保护法》(1989年12月26日第七届全国人民代表大会常务委员会第十一次会议通过。2014年4月24日第十二届全国人民代表大会常务委员会第八次会议修订,自2015年1月1日起施行,被称为“史上最严厉的环保法”。)

338-3　法释〔2016〕29号第十五条　下列物质应当认定为刑法第三百三十八条规定的“有毒物质”：

(一)危险废物,是指列入国家危险废物名录,或者根据国家规定的危险废物鉴别标准和鉴别方法认定的,具有危险特性的废物；

(二)《关于持久性有机污染物的斯德哥尔摩公约》附件所列物质；

(三)含重金属的污染物；

(四)其他具有毒性,可能污染环境的物质。

法释〔2016〕29号第十三条　对国家危险废物名录所列的废物,可以依据涉案物质的来源、产生过程、被告人供述、证人证言以及经批准或者备案的环境影响评价文件等证据,结合环境保护主管部门、公安机关等出具的书面意见作出认定。

对于危险废物的数量,可以综合被告人供述,涉案企业的生产工艺、物耗、能耗情况,以及经批准或者备案的环境影响评价文件等证据作出认定。

338-4　法释〔2016〕29号第一条　实施刑法第三百三十八条规定的行为,具有下列情形之一的,应当认定为“严重污染环境”：

(一)在饮用水水源一级保护区、自然保护区核心区排放、倾倒、处置有放射性的废物、含传染病病原体的废物、有毒物质的；

(二)非法排放、倾倒、处置危险废物三吨以上的；

(三)排放、倾倒、处置含铅、汞、镉、铬、砷、铊、锑的污染物,超过国家或者地方污染物排放标准三倍以上的；

(四)排放、倾倒、处置含镍、铜、锌、银、钒、锰、钴的污染物,超过国家或者地方污染物排放标准十倍以上的；

(五)通过暗管、渗井、渗坑、裂隙、溶洞、灌注等逃避监管的方式排放、倾倒、处置有放射性的废物、含传染病病原体的废物、有毒物质的；

(六)二年内曾因违反国家规定,排放、倾倒、处置有放射性的废物、含传染病病原体的废物、有毒物质受过两次以上行政处罚，又实施前列行为的；

(七)重点排污单位篡改、伪造自动监测数据或者干扰自动监测设施，排放化学需氧量、氨氮、二氧化硫、氮氧化物等污染物的；

(八)违法减少防治污染设施运行支出一百万元以上的；

(九)违法所得或者致使公私财产损失三十万元以上的；

(十)造成生态环境严重损害的；

(十一)致使乡镇以上集中式饮用水水源取水中断十二小时以上的；

(十二)致使基本农田、防护林地、特种用途林地五亩以上，其他农用地十亩以上，其他土地二十亩以上基本功能丧失或者遭受永久性破坏的；

(十三)致使森林或者其他林木死亡五十立方米以上，或者幼树死亡二千五百株以上的；

(十四)致使疏散、转移群众五千人以上的；

(十五)致使三十人以上中毒的；

(十六)致使三人以上轻伤、轻度残疾或者器官组织损伤导致一般功能障碍的；

(十七)致使一人以上重伤、中度残疾或者器官组织损伤导致严重功能障碍的；

(十八)其他严重污染环境的情形。

理解与适用：根据《国家危险废物名录(2016版)》的规定，废弃危险化学品(包括剧毒化学品、重点环境管理危险化学品)均属于危险废物，可以直接认定为有毒物质。

超标三倍是指污染物排放标准×3以上的浓度，如标准为1的，超过3即为超标。但是，对于处于临界点的案件宜慎重处理。其中，对于情节显著轻微社会危害不大的，可以适用刑法第十三条但书的规定出罪。

该项只是要求“篡改、伪造自动监测数据或者干扰自动监测设施”的同时“排放化学需氧量、氨氮、二氧化硫、氮氧化物等污染物”，即行为人篡改、伪造自动监测数据或者干扰自动监测设施的同时还在排放上述污染物即可，并未要求超标排放。

法释〔2016〕29号第十七条　本解释所称“二年内”，以第一次违法行为受到行政处罚的生效之日与又实施相应行为之日的时间间隔计算确定。

本解释所称"重点排污单位"，是指设区的市级以上人民政府环境保护主管部门依法确定的应当安装、使用污染物排放自动监测设备的重点监控企业及其他单位。

本解释所称"违法所得"，是指实施刑法第三百三十八条、第三百三十九条规定的行为所得和可得的全部违法收入。

本解释所称"公私财产损失"，包括实施刑法第三百三十八条、第三百三十九条规定的行为直接造成财产损毁、减少的实际价值，为防止污染扩大、消除污染而采取必要合理措施所产生的费用，以及处置突发环境事件的应急监测费用。

本解释所称"生态环境损害"，包括生态环境修复费用，生态环境修复期间服务功能的损失和生态环境功能永久性损害造成的损失，以及其他必要合理费用。

338-5　法释〔2016〕29号第三条　实施刑法第三百三十八条、第三百三十九条规定的行为，具有下列情形之一的，应当认定为"后果特别严重"：

（一）致使县级以上城区集中式饮用水水源取水中断十二小时以上的；

（二）非法排放、倾倒、处置危险废物一百吨以上的；

（三）致使基本农田、防护林地、特种用途林地十五亩以上，其他农用地三十亩以上，其他土地六十亩以上基本功能丧失或者遭受永久性破坏的；

（四）致使森林或者其他林木死亡一百五十立方米以上，或者幼树死亡七千五百株以上的；

（五）致使公私财产损失一百万元以上的；

（六）造成生态环境特别严重损害的；

（七）致使疏散、转移群众一万五千人以上的；

（八）致使一百人以上中毒的；

（九）致使十人以上轻伤、轻度残疾或者器官组织损伤导致一般功能障碍的；

（十）致使三人以上重伤、中度残疾或者器官组织损伤导致严重功能障碍的；

(十一)致使一人以上重伤、中度残疾或者器官组织损伤导致严重功能障碍,并致使五人以上轻伤、轻度残疾或者器官组织损伤导致一般功能障碍的;

(十二)致使一人以上死亡或者重度残疾的;

(十三)其他后果特别严重的情形。

第三百三十九条 【非法处置进口的固体废物罪】违反国家规定,将境外的固体废物进境倾倒、堆放、处置的,处五年以下有期徒刑或者拘役,并处罚金;造成重大环境污染事故,致使公私财产遭受重大损失或者严重危害人体健康的,[1] 处五年以上十年以下有期徒刑,并处罚金;后果特别严重的,处十年以上有期徒刑,并处罚金。

【擅自进口固体废物罪】*未经国务院有关主管部门许可,擅自进口固体废物用作原料,造成重大环境污染事故,致使公私财产遭受重大损失或者严重危害人体健康的,[2] 处五年以下有期徒刑或者拘役,并处罚金;后果特别严重的**,处五年以上十年以下有期徒刑,并处罚金。

(刑四)【走私废物罪】***以原料利用为名,进口不能用作原料的固体废物、液态废物和气态废物的,依照本法第一百五十二条第二款(走私废物罪)、第三款(单位犯罪)的规定定罪处罚。

339-1 《最高人民法院、最高人民检察院关于办理环境污染刑事案件适用法律若干问题的解释》(法释〔2016〕29 号,2017 年 1 月 1 日)第二条 实施刑法第三百三十九条、第四百零八条规定的行为,致使公私财产损失三十万元以上,或者具有本解释第一条第十项至第十七项规定情形之一的,应当认定为"致使公私财产遭受重大损失或者严重危害人体健康"或者"致使公私财产遭受重大损失或者造成人身伤亡的严重后果"。

---

* 本罪与前罪的区别在于,前罪的目的在于倾倒,而本罪的目的在于用作原料。

** 参见法释〔2016〕29 号第三条。

*** 原条文:以原料利用为名,进口不能用作原料的固体废物的,依照本法第一百五十五条的规定定罪处罚。

339-2　《立案标准(一)》第六十二条　涉嫌下列情形之一的，应予立案追诉：

(一)致使公私财产损失三十万元以上的；

(二)致使基本农田、防护林地、特种用途林地五亩以上，其他农用地十亩以上，其他土地二十亩以上基本功能丧失或者遭受永久性破坏的；

(三)致使森林或者其他林木死亡五十立方米以上，或者幼树死亡二千五百株以上的；

(四)致使一人以上死亡、三人以上重伤、十人以上轻伤，或者一人以上重伤并且五人以上轻伤的；

(五)致使传染病发生、流行或者人员中毒达到《国家突发公共卫生事件应急预案》中突发公共卫生事件分级Ⅲ级以上情形，严重危害人体健康的；

(六)其他致使公私财产遭受重大损失或者严重危害人体健康的情形。

《立案标准(一)》第六十条第二款　本条和本规定第六十二条规定的“公私财产损失”，包括污染环境直接造成的财产损毁、减少的实际价值，为防止污染扩散以及消除污染而采取的必要的、合理的措施而发生的费用。

第三百四十条　【非法捕捞水产品罪】违反保护水产资源法规，在禁渔区、禁渔期或者使用禁用的工具、方法捕捞水产品，情节严重的，[1] 处三年以下有期徒刑、拘役、管制或者罚金。

340-1　**1.**《立案标准(一)》第六十三条　违反保护水产资源法规，在禁渔区、禁渔期或者使用禁用的工具、方法捕捞水产品，涉嫌下列情形之一的，应予立案追诉：

(一)在内陆水域非法捕捞水产品五百公斤以上或者价值五千元以上的，或者在海洋水域非法捕捞水产品二千公斤以上或者价值二万元以上的；

(二)非法捕捞有重要经济价值的水生动物苗种、怀卵亲体或者在水产种质资源保护区内捕捞水产品，在内陆水域五十公斤以上或者价值五百元以上，或者在海洋水域二百公斤以上或者价值二千元以上的；

(三)在禁渔区内使用禁用的工具或者禁用的方法捕捞的；

(四)在禁渔期内使用禁用的工具或者禁用的方法捕捞的；

(五)在公海使用禁用渔具从事捕捞作业,造成严重影响的;

(六)其他情节严重的情形。

2.《最高人民法院关于审理发生在我国管辖海域相关案件若干问题的规定(二)》(法释〔2016〕17号,2016年8月2日)第四条　违反保护水产资源法规,在海洋水域,在禁渔区、禁渔期或者使用禁用的工具、方法捕捞水产品,具有下列情形之一的,应当认定为刑法第三百四十条规定的“情节严重”:

(一)非法捕捞水产品一万公斤以上或者价值十万元以上的;

(二)非法捕捞有重要经济价值的水生动物苗种、怀卵亲体二千公斤以上或者价值二万元以上的;

(三)在水产种质资源保护区内捕捞水产品二千公斤以上或者价值二万元以上的;

(四)在禁渔区内使用禁用的工具或者方法捕捞的;

(五)在禁渔期内使用禁用的工具或者方法捕捞的;

(六)在公海使用禁用渔具从事捕捞作业,造成严重影响的;

(七)其他情节严重的情形。

第三百四十一条[1]　**【非法猎捕、杀害珍贵、濒危野生动物罪;非法收购、运输、出售珍贵、濒危野生动物、珍贵、濒危野生动物制品罪】**非法猎捕、杀害国家重点保护的珍贵、濒危野生动物[2]的,或者非法收购、[3]运输、[4]出售[5]国家重点保护的珍贵、濒危野生动物及其制品的,处五年以下有期徒刑或者拘役,并处罚金;情节严重的,[6]处五年以上十年以下有期徒刑,并处罚金;情节特别严重的,[7]处十年以上有期徒刑,并处罚金或者没收财产。

【非法狩猎罪】违反狩猎法规,在禁猎区、禁猎期或者使用禁用的工具、方法进行狩猎,破坏野生动物资源,情节严重的,[8]处三年以下有期徒刑、拘役、管制或者罚金。

341-1　《最高人民法院关于审理破坏野生动物资源刑事案件具体应用法律若干问题的解释》(法释〔2000〕37号,2000年12月11日)第七条　使用爆炸、投毒、设置电网等危险方法破坏野生动物资源,构成非法猎捕、杀害珍贵、濒危野生动物罪或者非法狩猎罪，同时构成刑法第一百一十四条或者第一百一十五条规定之罪的，依照处罚较重的规定定罪处罚。

法释〔2000〕37号第八条　实施刑法第三百四十一条规定的犯罪，又以暴力、威胁方法抗拒查处，构成其他犯罪的，依照数罪并罚的规定处罚。

法释〔2000〕37号第九条　伪造、变造、买卖国家机关颁发的野生动物允许进出口证明书、特许猎捕证、狩猎证、驯养繁殖许可证等公文、证件构成犯罪的，依照刑法第二百八十条第一款的规定以伪造、变造、买卖国家机关公文、证件罪定罪处罚。实施上述行为构成犯罪，同时构成刑法第二百二十五条第二项规定的非法经营罪的，依照处罚较重的规定定罪处罚。

法释〔2000〕37号第十条　非法猎捕、杀害、收购、运输、出售《濒危野生动植物种国际贸易公约》附录一、附录二所列的非原产于我国的野生动物"情节严重""情节特别严重"的认定标准，参照本解释第三条、第四条以及附表所列与其同属的国家一、二级保护野生动物的认定标准执行；没有与其同属的国家一、二级保护野生动物的，参照与其同科的国家一、二级保护野生动物的认定标准执行。

法释〔2000〕37号第十二条　单位犯刑法第三百四十一条规定之罪，定罪量刑标准依照本解释的有关规定执行。

341-2　法释〔2000〕37号第一条　"珍贵、濒危野生动物"，包括列入国家重点保护野生动物名录的国家一、二级保护野生动物、列入《濒危野生动植物种国际贸易公约》附录一、附录二的野生动物以及驯养繁殖的上述物种。

341-3　**1.**《全国人民代表大会常务委员会关于〈中华人民共和国刑法〉第三百四十一条、第三百一十二条的解释》（2014年4月24日第十二届全国人民代表大会常务委员会第八次会议通过）全国人民代表大会常务委员会根据司法实践中遇到的情况，讨论了刑法第三百四十一条第一款规定的非法收购国家重点保护的珍贵、濒危野生动物及其制品的含义和收购刑法第三百四十一条第二款规定的非法狩猎的野生动物如何适用刑法有关规定的问题，解释如下：知道或者应当知道是国家重点保护的珍贵、濒危野生动物及其制品，为食用或者其他目的而非法购买的，属于刑法第三百四十一条第一款规定的非法收购国家重点保护的珍贵、濒危野生动物及其制品的行为。

知道或者应当知道是刑法第三百四十一条第二款规定的非法狩猎的野生动物而购买的,属于刑法第三百一十二条第一款规定的明知是犯罪所得而收购的行为。

2. 法释〔2000〕37号第二条 “收购”,包括以营利、自用等为目的的购买行为;刑法第二百六十五条的盗窃罪“以牟利为目的”包括自用。

341-4 法释〔2000〕37号第二条 “运输”,包括采用携带、邮寄、利用他人、使用交通工具等方法进行运送的行为……

341-5 法释〔2000〕37号第二条 “出售”,包括出卖和以营利为目的的加工利用行为*。

341-6 **1.** 法释〔2000〕37号第三条第一款 非法猎捕、杀害、收购、运输、出售珍贵、濒危野生动物具有下列情形之一的,属于“情节严重”:

(一)达到本解释附表所列相应数量标准的;

(二)非法猎捕、杀害、收购、运输、出售不同种类的珍贵、濒危野生动物,其中两种以上分别达到附表所列“情节严重”数量标准一半以上的。

法释〔2000〕37号第四条 非法猎捕、杀害、收购、运输、出售珍贵、濒危野生动物构成犯罪,并具有下列情形之一的,可以认定为“情节严重”:

(一)犯罪集团的首要分子;

(二)严重影响对野生动物的科研、养殖等工作顺利进行的;

(三)以武装掩护方法实施犯罪的;

(四)使用特种车、军用车等交通工具实施犯罪的;

(五)造成其他重大损失的。

法释〔2000〕37号第五条 非法收购、运输、出售珍贵、濒危野生动物制品具有下列情形之一的,属于“情节严重”:

(一)价值在十万元以上的;

(二)非法获利五万元以上的;

(三)具有其他严重情节的。

法释〔2000〕37号第十一条 珍贵、濒危野生动物制品的价值,依照国家野生动物保护主管部门的规定核定;核定价值低于实际交易价格

* 对“出售”一词作扩大解释。

的，以实际交易价格认定。

2.《最高人民法院关于审理发生在我国管辖海域相关案件若干问题的规定（二）》（法释〔2016〕17号，2016年8月2日）第五条第一款　非法采捕珊瑚、砗磲或者其他珍贵、濒危水生野生动物，具有下列情形之一的，应当认定为刑法第三百四十一条第一款规定的“情节严重”：

（一）价值在五十万元以上的；

（二）非法获利二十万元以上的；

（三）造成海域生态环境严重破坏的；

（四）造成严重国际影响的；

（五）其他情节严重的情形。

法释〔2016〕17号第六条第一款　非法收购、运输、出售珊瑚、砗磲或者其他珍贵、濒危水生野生动物及其制品，具有下列情形之一的，应当认定为刑法第三百四十一条第一款规定的“情节严重”：

（一）价值在五十万元以上的；

（二）非法获利在二十万元以上的；

（三）具有其他严重情节的。

法释〔2016〕17号第七条　对案件涉及的珍贵、濒危水生野生动物的种属难以确定的，由司法鉴定机构出具鉴定意见，或者由国务院渔业行政主管部门指定的机构出具报告。

珍贵、濒危水生野生动物或者其制品的价值，依照国务院渔业行政主管部门的规定核定。核定价值低于实际交易价格的，以实际交易价格认定。

本解释所称珊瑚、砗磲，是指列入《国家重点保护野生动物名录》中国家一、二级保护的，以及列入《濒危野生动植物种国际贸易公约》附录一、附录二中的珊瑚、砗磲的所有种，包括活体和死体。

理解与适用：适用本条要注意区分砗磲与陈年砗磲贝壳。其一，砗磲壳是砗磲死亡后所留外壳，属于自然形成，没有经过任何人力加工，能否将其认定为野生动物制品，一直存有争议。其二，随着砗磲贝壳数量的锐减，现在的采挖者只能深度潜水检拾埋藏在20米水深的单片砗磲壳，对海底环境的破坏已经很小。其三，第五条已经规定了对采捕活体砗磲行为的处罚标准，不将采挖砗磲壳行为认定为犯罪，也能够有效保护活体砗磲这一珍贵、濒危野生动物。其四，在环境保护方面，应通过加

强对珊瑚礁保护的方式来限制或者规范对砗磲壳的采挖,不应简单地将采挖砗磲壳行为规定为犯罪。

341-7 **1.** 法释〔2000〕37号第三条第二款 非法猎捕、杀害、收购、运输、出售珍贵、濒危野生动物具有下列情形之一的,属于“情节特别严重”:

(一)达到本解释附表所列相应数量标准的;

(二)非法猎捕、杀害、收购、运输、出售不同种类的珍贵、濒危野生动物,其中两种以上分别达到附表所列“情节特别严重”数量标准一半以上的。

法释〔2000〕37号第四条 非法猎捕、杀害、收购、运输、出售珍贵、濒危野生动物符合本解释第三条第一款的规定,并具有下列情形之一的,可以认定为“情节特别严重”:

(一)犯罪集团的首要分子;

(二)严重影响对野生动物的科研、养殖等工作顺利进行的;

(三)以武装掩护方法实施犯罪的;

(四)使用特种车、军用车等交通工具实施犯罪的;

(五)造成其他重大损失的。

法释〔2000〕37号第五条第二款 非法收购、运输、出售珍贵、濒危野生动物制品具有下列情形之一的,属于“情节特别严重”:

(一)价值在二十万元以上的;

(二)非法获利十万元以上的;

(三)具有其他特别严重情节的。

2. 法释〔2016〕17号第五条第二款 实施前款规定的行为,具有下列情形之一的,应当认定为刑法第三百四十一条第一款规定的“情节特别严重”:

(一)价值或者非法获利达到本条第一款规定标准五倍以上的;

(二)价值或者非法获利达到本条第一款规定的标准,造成海域生态环境严重破坏的;

(三)造成海域生态环境特别严重破坏的;

(四)造成特别严重国际影响的;

(五)其他情节特别严重的情形。

法释〔2016〕17号第六条第二款 非法收购、运输、出售珊瑚、砗磲或者其他珍贵、濒危水生野生动物及其制品,具有下列情形之一的,应当认定为刑法第三百四十一条第一款规定的"情节特别严重"：

（一）价值在二百五十万元以上的；

（二）非法获利在一百万元以上的；

（三）具有其他特别严重情节的。

341-8　法释〔2000〕37号第六条　违反狩猎法规，在禁猎区、禁猎期或者使用禁用的工具、方法狩猎，具有下列情形之一的，属于非法狩猎"情节严重"：

（一）非法狩猎野生动物二十只以上的；

（二）违反狩猎法规，在禁猎区或者禁猎期使用禁用的工具、方法狩猎的；

（三）具有其他严重情节的。*

第三百四十二条[**1]　**（刑二）【非法占用农用地罪】**违反土地管理法规，[2] 非法占用耕地、林地等农用地，[3] 改变被占有土地用途，数量较大，[4] 造成耕地、林地等农用地大量毁坏的，[5] 处五年以下有期徒刑或者拘役，并处或者单处罚金。

342-1　1.《最高人民法院关于审理破坏林地资源刑事案件具体应用法律若干问题的解释》（法释〔2005〕15号，2005年12月30日）；2.《最高人民法院关于审理破坏草原资源刑事案件应用法律若干问题的解释》（法释〔2012〕15号，2012年11月22日）。

法释〔2012〕15号第四条　以暴力、威胁方法阻碍草原监督检查人员依法执行职务，构成犯罪的，依照刑法第二百七十七条的规定，以妨害公务罪追究刑事责任。

煽动群众暴力抗拒草原法律、行政法规实施，构成犯罪的，依照刑法第二百七十八条的规定，以煽动暴力抗拒法律实施罪追究刑事责任。

---

*　另见《立案标准（一）》第六十六条，内容从略。

**　原条文为：违反土地管理法规，非法占用耕地改作他用，数量较大，造成耕地大量毁坏的，处五年以下有期徒刑或者拘役，并处或者单处罚金。

《刑法罪名精释》：划清罪与非罪的界限。非法占用农用地改作他用，如果数量不大，或者数量虽然较大，但并没有造成耕地、林地、草原等农用地大量毁坏的，则属违法行为，应当由土地行政主管部门给予行政处罚，不能作为犯罪处理。

法释〔2012〕15 号第五条　单位实施刑法第三百四十二条规定的行为,对单位判处罚金,并对其直接负责的主管人员和其他直接责任人员,依照本解释规定的定罪量刑标准定罪处罚。

法释〔2012〕15 号第六条　多次实施破坏草原资源的违法犯罪行为,未经处理,应当依法追究刑事责任的,按照累计的数量、数额定罪处罚。

342-2 《全国人民代表大会常务委员会关于〈中华人民共和国刑法〉第二百二十八条、第三百四十二条、第四百一十条的解释》(2000 年 8 月 31 日第九届全国人民代表大会常务委员会第二十三次会议通过)

刑法第二百二十八条、第三百四十二条、第四百一十条规定的“违反土地管理法规”,是指违反土地管理法、森林法、草原法等法律以及有关行政法规中关于土地管理的规定。

342-3 《最高人民法院关于审理破坏草原资源刑事案件应用法律若干问题的解释》(法释〔2012〕15 号,2012 年 11 月 22 日)第七条　本解释所称“草原”,是指天然草原和人工草地,天然草原包括草地、草山和草坡,人工草地包括改良草地和退耕还草地,不包括城镇草地。

342-4 **1.**《立案标准(一)》第六十七条第一款　涉嫌下列情形之一的,应予立案追诉:

(一)非法占用基本农田五亩以上或者基本农田以外的耕地十亩以上的;

(二)非法占用防护林地或者特种用途林地数量单种或者合计五亩以上的;

(三)非法占用其他林地十亩以上的;

(四)非法占用本款第(二)项、第(三)项规定的林地,其中一项数量达到相应规定的数量标准的百分之五十以上,且两项数量合计达到该项规定的数量标准的;

(五)非法占用其他农用地数量较大的情形。

2. 法释〔2005〕15 号第一条　违反土地管理法规,非法占用林地,改变被占用林地用途,在非法占用的林地上实施建窑、建坟、建房、挖沙、采石、采矿、取土、种植农作物、堆放或排泄废弃物等行为或者进行其他非林业生产、建设,造成林地的原有植被或林业种植条件严重毁坏或者严重污染,并具有下列情形之一的,属于刑法第三百四十二条规定的犯罪行为,应当以非法占用农用地罪判处五年以下有期徒刑或者拘役,并处

或者单处罚金:

(一)非法占用并毁坏防护林地、特种用途林地数量分别或者合计达到五亩以上;

(二)非法占用并毁坏其他林地数量达到十亩以上;

(三)非法占用并毁坏本条第(一)项、第(二)项规定的林地,数量分别达到相应规定的数量标准的百分之五十以上;

(四)非法占用并毁坏本条第(一)项、第(二)项规定的林地,其中一项数量达到相应规定的数量标准的百分之五十以上,且两项数量合计达到该项规定的数量标准。

3. 法释〔2012〕15号第二条第一款　非法占用草原,改变被占用草原用途,数量在二十亩以上的,或者曾因非法占用草原受过行政处罚,在三年内又非法占用草原,改变被占用草原用途,数量在十亩以上的,应当认定为刑法第三百四十二条规定的"数量较大"。

342-5　1.《立案标准(一)》第六十七条第二款　违反土地管理法规,非法占用耕地建窑、建坟、建房、挖沙、采石、采矿、取土、堆放固体废弃物或者进行其他非农业建设,造成耕地种植条件严重毁坏或者严重污染,被毁坏耕地数量达到以上规定的,属于本条规定的"造成耕地大量毁坏"。

2.《立案标准(一)》第六十七条第三款　违反土地管理法规,非法占用林地,改变被占用林地用途,在非法占用的林地上实施建窑、建坟、建房、挖沙、采石、采矿、取土、种植农作物、堆放或者排泄废弃物等行为或者进行其他非林业生产、建设,造成林地的原有植被或者林业种植条件严重毁坏或者严重污染,被毁坏林地数量达到以上规定的,属于本条规定的"造成林地大量毁坏"。

3. 法释〔2012〕15号第一条　违反草原法等土地管理法规,非法占用草原,改变被占用草原用途,数量较大,造成草原大量毁坏的,依照刑法第三百四十二条的规定,以非法占用农用地罪定罪处罚。

法释〔2012〕15号第二条第二款　非法占用草原,改变被占用草原用途,数量较大,具有下列情形之一的,应当认定为刑法第三百四十二条规定的"造成耕地、林地等农用地大量毁坏":

(一)开垦草原种植粮食作物、经济作物、林木的;

(二)在草原上建窑、建房、修路、挖砂、采石、采矿、取土、剥取草皮的;

(三)在草原上堆放或者排放废弃物,造成草原的原有植被严重毁坏或者严重污染的;

(四)违反草原保护、建设、利用规划种植牧草和饲料作物,造成草原沙化或者水土严重流失的;

(五)其他造成草原严重毁坏的情形。

第三百四十三条[1] **(刑八)【非法采矿罪】**违反矿产资源法的规定[2],未取得采矿许可证[3]擅自采矿,擅自进入国家规划矿区、对国民经济具有重要价值的矿区和他人矿区范围采矿,或者擅自开采国家规定实行保护性开采的特定矿种[4],情节严重的[5],处三年以下有期徒刑、拘役或者管制,并处或者单处罚金;情节特别严重的[6],处三年以上七年以下有期徒刑,并处罚金。

【破坏性采矿罪】违反矿产资源法的规定,采取破坏性的开采方法开采矿产资源,造成矿产资源严重破坏的[7],处五年以下有期徒刑或者拘役,并处罚金。

343-1 《最高人民法院、最高人民检察院关于办理非法采矿、破坏性采矿刑事案件适用法律若干问题的解释》(法释〔2016〕25号,2016年12月1日)

法释〔2016〕25号第十条　实施非法采矿犯罪,不属于"情节特别严重",或者实施破坏性采矿犯罪,行为人系初犯,全部退赃退赔,积极修复环境,并确有悔改表现的,可以认定为犯罪情节轻微,不起诉或者免予刑事处罚。

法释〔2016〕25号第十一条　对受雇佣为非法采矿、破坏性采矿犯罪提供劳务的人员,除参与利润分成或者领取高额固定工资的以外,一般不以犯罪论处,但曾因非法采矿、破坏性采矿受过处罚的除外。

法释〔2016〕25号第九条　单位犯刑法第三百四十三条规定之罪的,依照本解释规定的相应自然人犯罪的定罪量刑标准,对直接负责的主管人员和其他直接责任人员定罪处罚,并对单位判处罚金。

法释〔2016〕25号第十二条　对非法采矿、破坏性采矿犯罪的违法所得及其收益,应当依法追缴或者责令退赔。

对用于非法采矿、破坏性采矿犯罪的专门工具和供犯罪所用的本人财物,应当依法没收。

法释〔2016〕25号第七条　明知是犯罪所得的矿产品及其产生的收益,而予以窝藏、转移、收购、代为销售或者以其他方法掩饰、隐瞒的,依照刑法第三百一十二条的规定,以掩饰、隐瞒犯罪所得、犯罪所得收益罪定罪处罚。

实施前款规定的犯罪行为,事前通谋的,以共同犯罪论处。

法释〔2016〕25号第十四条　对案件所涉的有关专门性问题难以确定的,依据下列机构出具的鉴定意见或者报告,结合其他证据作出认定:

(一)司法鉴定机构就生态环境损害出具的鉴定意见;

(二)省级以上人民政府国土资源主管部门就造成矿产资源破坏的价值、是否属于破坏性开采方法出具的报告;

(三)省级以上人民政府水行政主管部门或者国务院水行政主管部门在国家确定的重要江河、湖泊设立的流域管理机构就是否危害防洪安全出具的报告;

(四)省级以上人民政府海洋主管部门就是否造成海岸线严重破坏出具的报告。

法释〔2016〕25号第十五条　各省、自治区、直辖市高级人民法院、人民检察院,可以根据本地区实际情况,在本解释第三条、第六条规定的数额幅度内,确定本地区执行的具体数额标准,报最高人民法院、最高人民检察院备案。

法释〔2016〕25号第十六条　本解释自2016年12月1日起施行。本解释施行后,《最高人民法院关于审理非法采矿、破坏性采矿刑事案件具体应用法律若干问题的解释》(法释〔2003〕9号)同时废止。

343-2　法释〔2016〕25号第一条　违反《中华人民共和国矿产资源法》《中华人民共和国水法》等法律、行政法规有关矿产资源开发、利用、保护和管理的规定的,应当认定为刑法第三百四十三条规定的“违反矿产资源法的规定”。

343-3　法释〔2016〕25号第二条　具有下列情形之一的,应当认定为刑法第三百四十三条第一款规定的“未取得采矿许可证”:

(一)无许可证的;

(二)许可证被注销、吊销、撤销的;

(三)超越许可证规定的矿区范围或者开采范围的;

(四)超出许可证规定的矿种的(共生、伴生矿种除外);

(五)其他未取得许可证的情形。

法释〔2016〕25号第四条 在河道管理范围内采砂,具有下列情形之一,符合刑法第三百四十三条第一款和本解释第二条、第三条规定的,以非法采矿罪定罪处罚:

(一)依据相关规定应当办理河道采砂许可证,未取得河道采砂许可证的;

(二)依据相关规定应当办理河道采砂许可证和采矿许可证,既未取得河道采砂许可证,又未取得采矿许可证的。

实施前款规定行为,虽不具有本解释第三条第一款规定的情形,但严重影响河势稳定,危害防洪安全的,应当认定为刑法第三百四十三条第一款规定的"情节严重"。

法释〔2016〕25号第五条 未取得海砂开采海域使用权证,且未取得采矿许可证,采挖海砂,符合刑法第三百四十三条第一款和本解释第二条、第三条规定的,以非法采矿罪定罪处罚。

实施前款规定行为,虽不具有本解释第三条第一款规定的情形,但造成海岸线严重破坏的,应当认定为刑法第三百四十三条第一款规定的"情节严重"。

343-4 理解与适用:根据矿产资源法第十七条的规定,国家对国家规划矿区、对国民经济具有重要价值的矿区和国家规定实行保护性开采的特定矿种,实行有计划的开采;未经国务院有关主管部门批准,任何单位和个人不得开采。根据矿产资源法实施细则第六条的规定,对"两矿区一矿种"的范围应作如下把握:(1)国家规划矿区,是指国家根据建设规划和矿产资源规划,为建设大、中型矿山划定的矿产资源分布区域。(2)对国民经济具有重要价值的矿区,是指国家根据国民经济发展需要划定的,尚未列入国家建设规划的,储量大、质量好、具有开发前景的矿产资源保护区域。(3)国家规定实行保护性开采的特定矿种,是指国务院根据国民经济建设和高科技发展的需要,以及资源稀缺、贵重程度确定的,由国务院有关主管部门按照国家计划批准开采的矿种。根据有关规定,具体包括黄金、钨、锡、锑、离子型稀土。

343-5 法释〔2016〕25号第三条第一款 实施非法采矿行为,具有

下列情形之一的,应当认定为刑法第三百四十三条第一款规定的“情节严重”:

(一)开采的矿产品价值或者造成矿产资源破坏的价值在十万元至三十万元以上的;

(二)在国家规划矿区、对国民经济具有重要价值的矿区采矿,开采国家规定实行保护性开采的特定矿种,或者在禁采区、禁采期内采矿,开采的矿产品价值或者造成矿产资源破坏的价值在五万元至十五万元以上的;

(三)二年内曾因非法采矿受过两次以上行政处罚,又实施非法采矿行为的;

(四)造成生态环境严重损害的;

(五)其他情节严重的情形。

法释〔2016〕25号第十三条　非法开采的矿产品价值,根据销赃数额认定;无销赃数额,销赃数额难以查证,或者根据销赃数额认定明显不合理的,根据矿产品价格和数量认定。

矿产品价值难以确定的,依据下列机构出具的报告,结合其他证据作出认定:

(一)价格认证机构出具的报告;

(二)省级以上人民政府国土资源、水行政、海洋等主管部门出具的报告;

(三)国务院水行政主管部门在国家确定的重要江河、湖泊设立的流域管理机构出具的报告。

法释〔2016〕25号第八条　多次非法采矿、破坏性采矿构成犯罪,依法应当追诉的,或者二年内多次非法采矿、破坏性采矿未经处理的,价值数额累计计算。

理解与适用:对于矿产资源犯罪的价值数额累计应当区分情况处理:(1)二年内多次非法采矿或者破坏性采矿未经处理的,价值数额累计计算。对于实施非法采矿、破坏性采矿违法行为,每次均未达到定罪量刑标准,如果未经处理的,应当以二年为限进行累计计算,如果累计数额构成犯罪的,则应当依法定罪处罚。(2)多次非法采矿或者破坏性采矿构成犯罪,依法应当追诉的,价值数额累计计算。也就是说,此种情形的数额累计不受二年的限制,而应当适用犯罪追诉期限的规定。

343-6　法释〔2016〕25号第三条第二款　实施非法采矿行为，具有下列情形之一的，应当认定为刑法第三百四十三条第一款规定的“情节特别严重”：

(一)数额达到前款第一项、第二项规定标准五倍以上的；

(二)造成生态环境特别严重损害的；

(三)其他情节特别严重的情形。

343-7　法释〔2016〕25号第六条　造成矿产资源破坏的价值在五十万元至一百万元以上，或者造成国家规划矿区、对国民经济具有重要价值的矿区和国家规定实行保护性开采的特定矿种资源破坏的价值在二十五万元至五十万元以上的，应当认定为刑法第三百四十三条第二款规定的“造成矿产资源严重破坏”。

第三百四十四条*　(刑四)【非法采伐、毁坏国家重点保护植物罪；非法收购、运输、加工、出售国家重点保护植物、国家重点保护植物制品罪】违反国家规定，非法采伐、毁坏珍贵树木[1]或者国家重点保护的其他植物的，**或者非法收购、运输、加工、出售珍贵树木或者国家重点保护的其他植物及其制品的，处三年以下有期徒刑、拘役或者管制，并处罚金；情节严重的，[2]处三年以上七年以下有期徒刑，并处罚金。

344-1　《最高人民法院关于审理破坏森林资源刑事案件具体应用法律若干问题的解释》(法释〔2000〕36号，2000年12月11日)第一条　刑法第344条规定的“珍贵树木”，包括由省级以上林业主管部门或者其他部门确定的具有重大历史纪念意义***、科学研究价值或者年代久远的

---

* 《刑法修正案(四)》之前条文：违反森林法的规定，非法采伐、毁坏珍贵树木的，处三年以下有期徒刑、拘役或者管制，并处罚金；情节严重的，处三年以上七年以下有期徒刑，并处罚金。

** 这一修正，将保护的范围扩大到国家重点保护的草本植物及其制品，因为这些植物的价值并不低于珍贵树木。此外，犯罪行为扩大到非法收购、运输、加工、出售。因为正是这些行为直接刺激了采伐和毁坏，如果不对这些行为加大打击力度，就无法遏制非法采伐和毁坏行为。

*** 井冈山上的树木就是作为具有重大历史纪念意义的树木对待的，故当地的森林资源保护得非常之好。

古树名木,国家禁止、限制出口的珍贵树木以及列入国家重点保护野生植物名录的树木。

344-2　法释〔2000〕36号第二条　具有下列情形之一的,属于非法采伐、毁坏珍贵树木行为"情节严重":

(一)非法采伐珍贵树木二株以上或者毁坏珍贵树木致使珍贵树木死亡三株以上的;

(二)非法采伐珍贵树木二立方米以上的;

(三)为首组织、策划、指挥非法采伐或者毁坏珍贵树木的;

(四)其他情节严重的情形。

第三百四十五条*　(刑四)【盗伐林木罪】盗伐[1]森林或者其他林木**,数量较大的,[2]处三年以下有期徒刑、拘役或者管制,并处或者单处罚金;数量巨大的,[3]处三年以上七年以下有期徒刑,并处罚金;数量特别巨大的,[4]处七年以上有期徒刑,并处罚金。

【滥伐林木罪】***违反森林法的规定,滥伐[5]森林或者其他林木,数量较大的,[6]处三年以下有期徒刑、拘役或者管制,并处或者单处罚金;数量巨大的,处三年以上七年以下有期徒刑,并处罚金。

---

* 《刑法修正案(四)》之前原条文:盗伐森林或者其他林木,数量较大的,处三年以下有期徒刑、拘役或者管制,并处或者单处罚金;数量巨大的,处三年以上七年以下有期徒刑,并处罚金;数量特别巨大的,处七年以上有期徒刑,并处罚金。

违反森林法的规定,滥伐森林或者其他林木,数量较大的,处三年以下有期徒刑、拘役或者管制,并处或者单处罚金;数量巨大的,处三年以上七年以下有期徒刑,并处罚金。

以牟利为目的,在林区非法收购明知是盗伐、滥伐的林木,情节严重的,处三年以下有期徒刑、拘役或者管制,并处或者单处罚金;情节特别严重的,处三年以上七年以下有期徒刑,并处罚金。

盗伐、滥伐国家级自然保护区内的森林或者其他林木的,从重处罚。

** 其他林木,是指小面积的树林和零星树林,不包括农村农民房前屋后个人所有的零星树木。如以此为对象,定盗窃罪。

*** 滥伐林木罪和盗伐林木罪侵犯的法益不完全相同。滥伐林木罪破坏了林业资源保护,而盗伐林木罪不仅破坏了林业资源保护,而且侵犯了财产权。因此两者的构成要件存在区别:1. 犯罪对象不完全相同:滥伐林木罪可能包括自己所有的林木,而盗伐林木罪不包括自己所有的林木。2. 行为方式不同,滥伐林木罪是不按要求任意砍伐的行为,而盗伐林木罪是盗伐行为。3. 主观故意内容不完全相同,滥伐林木罪不要求有非法所有的目的,而盗伐林木罪具有不法所有为目的。

【非法收购、运输盗伐、滥伐的林木罪】非法收购、运输明知*[7]是盗伐、滥伐的林木,情节严重的,[8]处三年以下有期徒刑、拘役或者管制,并处或者单处罚金;情节特别严重的,[9]处三年以上七年以下有期徒刑,并处罚金。

盗伐、滥伐国家级自然保护区内的森林或者其他林木的,从重处罚。

345-1 法释〔2000〕36号第三条　以非法占有为目的,具有下列情形之一,数量较大的,依照刑法第三百四十五条第一款的规定,以盗伐林木罪定罪处罚:

(一)擅自砍伐国家、集体、他人所有或者他人承包经营管理的森林或者其他林木的;

(二)擅自砍伐本单位或者本人承包经营管理的森林或者其他林木的;

(三)在林木采伐许可证规定的地点以外采伐国家、集体、他人所有或者他人承包经营管理的森林或者其他林木的。

法释〔2000〕36号第九条　将国家、集体或者他人所有并且已经伐倒的树木窃为己有的,以及偷砍他人房前屋后、自留地种植的零星树木数额较大或者多次偷砍的,以盗窃罪论处。**

法释〔2000〕36号第十五条　非法实施采种、采脂、挖笋、掘根、剥树皮等行为,牟取经济利益数额较大的,以盗窃罪论处。同时构成其他犯罪的,从一重罪处罚。

345-2 《立案标准(一)》第七十二条　盗伐森林或者其他林木,涉嫌下列情形之一的,应予立案追诉:

(一)盗伐二至五立方米以上的;

(二)盗伐幼树一百至二百株以上的。

林木数量以立木蓄积计算,计算方法为:原木材积除以该树种的出材率;"幼树",是指胸径五厘米以下的树木。

---

* 本条修改取消"以牟利为目的,在林区"的规定,而增加了非法收购、运输明知是盗伐、滥伐这一要件。

** 只盗不伐只定盗窃罪,又盗又伐定盗伐罪。

345-3 法释〔2000〕36号第四条 盗伐林木“数量巨大”,以二十至五十立方米或者幼树一千至二千株为起点。

345-4 法释〔2000〕36号第四条 盗伐林木“数量特别巨大”,以一百至二百立方米或者幼树五千至一万株为起点。

345-5 法释〔2000〕36号第五条 违反森林法的规定,具有下列情形之一,数量较大的,依照刑法第三百四十五条第二款的规定,以滥伐林木罪定罪处罚:

(一)未经林业行政主管部门及法律规定的其他主管部门批准并核发林木采伐许可证,或者虽持有林木采伐许可证,但违反林木采伐许可证规定的时间、数量、树种或者方式,任意采伐本单位所有或者本人所有*的森林或者其他林木的;

(二)超过林木采伐许可证规定**的数量采伐他人所有的森林或者其他林木的。

林木权属争议一方在林木权属确权之前,擅自砍伐森林或者其他林木,数量较大的,以滥伐林木罪论处。

滥伐林木的数量,应在伐区调查设计允许的误差额以上计算。

345-6 **1.** 法释〔2000〕36号第六条 滥伐林木“数量较大”,以十至二十立方米或者幼树五百至一千株为起点***;滥伐林木“数量巨大”,以五十至一百立方米或者幼树二千五百至五千株为起点。

法释〔2000〕36号第七条 对于一年内多次盗伐、滥伐少量林木未经处罚的,累计其盗伐、滥伐林木的数量,构成犯罪的,依法追究刑事责任。

2.《立案标准(一)》第七十三条 [滥伐林木案(刑法第三百四十五条第二款)]违反森林法的规定,滥伐森林或者其他林木,涉嫌下列情形之一的,应予立案追诉:

(一)滥伐十至二十立方米以上的;

(二)滥伐幼树五百至一千株以上的。

---

* 本人所有的森林可以成为滥伐罪的对象,但不可以成为盗伐罪的对象。

** 如果是在采伐许可证规定的地点实施了超量的采伐行为,定滥伐森林罪,但如果在许可证规定的地点以外,采伐他人所有的林木,则定盗伐行为。

*** 依《立案标准(一)》第七十三条,此时应予立案追诉。

违反森林法的规定,具有下列情形之一的,属于本条规定的“滥伐森林或者其他林木”:

(一)未经林业行政主管部门及法律规定的其他主管部门批准并核发林木采伐许可证,或者虽持有林木采伐许可证,但违反林木采伐许可证规定的时间、数量、树种或者方式,任意采伐本单位所有或者本人所有的森林或者其他林木的;

(二)超过林木采伐许可证规定的数量采伐他人所有的森林或者其他林木的。

违反森林法的规定,在林木采伐许可证规定的地点以外,采伐本单位或者本人所有的森林或者其他林木的,除农村居民采伐自留地和房前屋后个人所有的零星林木以外,属于本条第二款第(一)项“未经林业行政主管部门及法律规定的其他主管部门批准并核发林木采伐许可证”规定的情形。

林木权属争议一方在林木权属确权之前,擅自砍伐森林或者其他林木的,属于本条规定的“滥伐森林或者其他林木。”滥伐林木的数量,应在伐区调查设计允许的误差额以上计算。

345-7　法释〔2000〕36号第十条　刑法第三百四十五条规定的“非法收购明知是盗伐、滥伐的林木”中的“明知”,是指知道或者应当知道。具有下列情形之一的,可以视为应当知道,但是有证据证明确属被蒙骗的除外:

(一)在非法的木材交易场所或者销售单位收购木材的;

(二)收购以明显低于市场价格出售的木材的;

(三)收购违反规定出售的木材的。

345-8　法释〔2000〕36号第十一条　具有下列情形之一的,属于在林区非法收购盗伐、滥伐的林木“情节严重”:

(一)非法收购盗伐、滥伐的林木二十立方米以上或者幼树一千株以上的;

(二)非法收购盗伐、滥伐的珍贵树木二立方米以上或者五株以上的;

(三)其他情节严重的情形。

法释〔2000〕36号第十七条　本解释规定的林木数量以立木蓄积计算,计算方法为:原木材积除以该树种的出材率。本解释所称“幼树”,是指胸径五厘米以下的树木。滥伐林木的数量,应在伐区调查设计允许的误差额以上计算。

345-9　法释〔2000〕36 号第十一条第二款　具有下列情形之一的，属于在林区非法收购盗伐、滥伐的林木“情节特别严重”：

（一）非法收购盗伐、滥伐的林木一百立方米以上或者幼树五千株以上的；

（二）非法收购盗伐、滥伐的珍贵树木五立方米以上或者十株以上的；

（三）其他情节特别严重的情形。

第三百四十六条　【单位犯破坏环境资源保护罪的处罚规定】 单位犯本节第三百三十八条至第三百四十五条规定之罪的，对单位判处罚金，并对其直接负责的主管人员和其他直接责任人员，依照本节各该条的规定处罚。

第七节　走私、贩卖、运输、制造毒品罪[1]

S. 7-1　1.《中华人民共和国禁毒法》（2008 年 6 月 1 日）；2.《最高人民法院关于审理毒品犯罪案件适用法律若干问题的解释》*（法释〔2016〕8 号，2016 年 4 月 11 日）；3.《最高人民法院、最高人民检察院、公安部办理毒品犯罪案件适用法律若干问题的意见》（公通字〔2007〕84 号，2007 年 12 月 26 日）；4.《全国部分法院审理毒品犯罪案件工作座谈会纪要（大连会议）》（法〔2008〕324 号，2008 年 12 月 8 日）；5.《最高人民法院、最高人民检察院、公安部关于办理制毒物品犯罪案件适用法律若干问题的意见》（公通字〔2009〕33 号，2009 年 6 月 23 日）；6.《最高人民检察院、公安部关于公安机关管辖的刑事案件立案追诉标准的规定（三）》（公通字〔2012〕26 号，2012 年 5 月 16 日，以下简称《立案标准（三）》）；7.《最高人民法院、最高人民检察院、公安部关于办理走私、非法买卖麻黄碱类复方制剂等刑事案件适用法律若干问题的意见》（法发

---

* 第十五条　本解释自 2016 年 4 月 11 日起施行。《最高人民法院关于审理毒品案件定罪量刑标准有关问题的解释》（法释〔2000〕13 号）同时废止；之前发布的司法解释和规范性文件与本解释不一致的，以本解释为准。

〔2012〕12 号,2012 年 6 月 18 日);8.《最高人民法院、最高人民检察院、公安部关于规范毒品名称表述若干问题的意见》(法〔2014〕224 号,2014 年 8 月 20 日);9.《全国部分法院审理毒品犯罪案件工作座谈会纪要(武汉会议)》(法〔2015〕129 号,2015 年 5 月 18 日)。

1. 法〔2008〕324 号　十一、毒品案件的管辖问题

毒品犯罪的地域管辖,应当依照刑事诉讼法的有关规定,实行以犯罪地管辖为主、被告人居住地管辖为辅的原则。考虑到毒品犯罪的特殊性和毒品犯罪侦查体制,“犯罪地”不仅可以包括犯罪预谋地、毒资筹集地、交易进行地、运输途经地以及毒品生产地,也包括毒资、毒赃和毒品藏匿地、转移地、走私或者贩运毒品目的地等。“被告人居住地”,不仅包括被告人常住地和户籍所在地,也包括其临时居住地。对于已进入审判程序的案件,被告人及其辩护人提出管辖异议,经审查异议成立的,或者受案法院发现没有管辖权,而案件由本院管辖更适宜的,受案法院应当报请与有管辖权的法院共同的上级法院依法指定本院管辖。

2. (五)缓刑、财产刑适用及减刑、假释问题

对于毒品犯罪应当从严掌握缓刑适用条件。对于毒品再犯,一般不得适用缓刑。对于不能排除多次贩毒嫌疑的零包贩毒被告人,因认定构成贩卖毒品等犯罪的证据不足而认定为非法持有毒品罪的被告人,实施引诱、教唆、欺骗、强迫他人吸毒犯罪及制毒物品犯罪的被告人,应当严格限制缓刑适用。

办理毒品犯罪案件,应当依法追缴犯罪分子的违法所得,充分发挥财产刑的作用,切实加大对犯罪分子的经济制裁力度。对查封、扣押、冻结的涉案财物及其孳息,经查确属违法所得或者依法应当追缴的其他涉案财物的,如购毒款、供犯罪所用的本人财物、毒品犯罪所得的财物及其收益等,应当判决没收,但法律另有规定的除外。判处罚金刑时,应当结合毒品犯罪的性质、情节、危害后果及被告人的获利情况、经济状况等因素合理确定罚金数额。对于决定并处没收财产的毒品犯罪,判处被告人有期徒刑的,应当按照上述确定罚金数额的原则确定没收个人部分财产的数额;判处无期徒刑的,可以并处没收个人全部财产;判处死缓或者死刑的,应当并处没收个人全部财产。

对于具有毒枭、职业毒犯、累犯、毒品再犯等情节的毒品罪犯,应当从严掌握减刑条件,适当延长减刑起始时间、间隔时间,严格控制减刑幅

度，延长实际执行刑期。对于刑法未禁止假释的前述毒品罪犯，应当严格掌握假释条件。

第三百四十七条　【走私、贩卖、运输、制造毒品罪】走私*、[1]贩卖、[2]运输、[3]制造[4]毒品[5]，无论数量多少，[6]都应当追究刑事责任，予以刑事处罚。

走私、贩卖、运输、制造毒品，有下列情形之一的，处十五年有期徒刑、无期徒刑或者死刑，[7]并处没收财产**：

（一）走私、贩卖、运输、制造鸦片一千克***以上、海洛因或者甲基苯丙胺五十克以上或者其他毒品[8]数量大的；[9]

（二）走私、贩卖、运输、制造毒品集团的首要分子；

（三）武装掩护走私、贩卖、运输、制造毒品的[10]；

（四）以暴力抗拒检查、拘留、逮捕，情节严重的[11]；

（五）参与有组织的国际贩毒活动的。

走私、贩卖、运输、制造鸦片二百克以上不满一千克、海洛因或者甲基苯丙胺十克以上不满五十克或者其他毒品[12]数量较大的，[13]处七年以上有期徒刑，并处罚金。

走私、贩卖、运输、制造鸦片不满二百克、海洛因或者甲基苯丙胺不满十克或者其他少量毒品的，[14]处三年以下有期徒刑、拘役或者管制，并处罚金；情节严重的[15]，****处三年以上七年以下有期徒

---

* 西方国家的刑法理论一般区分输入毒品和输出毒品，因为前者直接危害本国国民的身心健康，所以较之后者危害更大。如日本、韩国将输入行为和输出行为分别独立成罪，或者将输出行为纳入到运输、持有毒品罪中，且前者的法定刑明显重于后者。我国法律虽未作此区分，但在量刑时有必要加以区分。（张明楷）

** 1979年刑法只规定了可以判处财产刑，而《1990年禁毒决定》规定为并处没收财产，以便从经济上加大打击力度。

*** 1979年刑法此处用的是“大量”一词，而该词是一个模糊词语，不利于统一执法标准。

**** 毒品数量是认定毒品案件情节严重的重要标准之一，而本条第三款和第四款之间缺乏一档数量标准的衔接，三年以上七年以下有期徒刑的量刑档次只有“情节严重”的限制，并无数量标准的规定，故有必要将毒品数量规定为本条第四款情节严重的一个情节。

刑,并处罚金。

单位犯第二款、第三款、第四款罪的,[16]对单位判处罚金,并对其直接负责的主管人员和其他直接责任人员,依照各该款的规定处罚。

利用、教唆未成年人走私、贩卖、运输、制造毒品,或者向未成年人出售毒品的,[17]从重处罚。

对多次走私、贩卖、运输、制造毒品,未经处理的,毒品数量累计计算。

347-1 《立案标准(三)》第一条 本条规定的"走私"是指明知是毒品而非法将其运输、携带、寄递进出国(边)境的行为。

走私、贩卖、运输毒品主观故意中的"明知",是指行为人知道或者应当知道所实施的是走私、贩卖、运输毒品行为。具有下列情形*之一,结合行为人的供述和其他证据综合审查判断,可以认定其"应当知道",但有证据证明确属被蒙骗的除外:

(一)执法人员在口岸、机场、车站、港口、邮局和其他检查站点检查时,要求行为人申报携带、运输、寄递的物品和其他疑似毒品物,并告知其法律责任,而行为人未如实申报,在其携带、运输、寄递的物品中查获毒品的;

(二)以伪报、藏匿、伪装等蒙蔽手段逃避海关、边防等检查,在其携带、运输、寄递的物品中查获毒品的;

(三)执法人员检查时,有逃跑、丢弃携带物品或者逃避、抗拒检查等行为,在其携带、藏匿或者丢弃的物品中查获毒品的;

(四)体内或者贴身隐秘处藏匿毒品的;

(五)为获取不同寻常的高额或者不等值的报酬为他人携带、运输、寄递、收取物品,从中查获毒品的;

(六)采用高度隐蔽的方式携带、运输物品,从中查获毒品的;

(七)采用高度隐蔽的方式交接物品,明显违背合法物品惯常交接方

---

* 《立案标准(三)》进一步完善了公通字〔2007〕84 号司法解释中关于"明知"的规定,故后者从略。

式，从中查获毒品的；

（八）行程路线故意绕开检查站点，在其携带、运输的物品中查获毒品的；

（九）以虚假身份、地址或者其他虚假方式办理托运、寄递手续，在托运、寄递的物品中查获毒品的；

（十）有其他证据足以证明行为人应当知道的。

走私、贩卖、运输、制造毒品罪是选择性罪名，对同一宗毒品实施了两种以上犯罪行为，并有相应确凿证据的，应当按照所实施的犯罪行为的性质并列适用罪名，毒品数量不重复计算。对同一宗毒品可能实施了两种以上犯罪行为，但相应证据只能认定其中一种或者几种行为，认定其他行为的证据不够确实充分的，只按照依法能够认定的行为的性质适用罪名。对不同宗毒品分别实施了不同种犯罪行为的，应对不同行为并列适用罪名，累计计算毒品数量。直接向走私人非法收购走私进口的毒品，或者在内海、领海、界河、界湖运输、收购、贩卖毒品的，以走私毒品罪立案追诉。

347-2　1.《立案标准（三）》第一条　本条规定的"贩卖"是指明知是毒品而非法销售或者以贩卖为目的而非法收买的行为。

有证据证明行为人以牟利为目的，为他人代购仅用于吸食、注射的毒品，对代购者以贩卖毒品罪立案追诉。不以牟利为目的，为他人代购仅用于吸食、注射的毒品，毒品数量达到本规定第二条规定的数量标准的，对托购者和代购者以非法持有毒品罪立案追诉。明知他人实施毒品犯罪而为其居间介绍、代购代卖的，无论是否牟利，都应以相关毒品犯罪的共犯立案追诉。

2. 法〔2015〕129 号　二、关于毒品犯罪法律适用的若干具体问题

（一）罪名认定问题

行为人为他人代购仅用于吸食的毒品，在交通、食宿等必要开销之外收取"介绍费""劳务费"，或者以贩卖为目的收取部分毒品作为酬劳的，应视为从中牟利，属于变相加价贩卖毒品，以贩卖毒品罪定罪处罚。

（二）共同犯罪认定问题

办理贩卖毒品案件，应当准确认定居间介绍买卖毒品行为，并与居中倒卖毒品行为相区别。居间介绍者在毒品交易中处于中间人地位，发挥介绍联络作用，通常与交易一方构成共同犯罪，但不以牟利为要件；居

中倒卖者属于毒品交易主体,与前后环节的交易对象是上下家关系,直接参与毒品交易并从中获利。居间介绍者受贩毒者委托,为其介绍联络购毒者的,与贩毒者构成贩卖毒品罪的共同犯罪;明知购毒者以贩卖为目的购买毒品,受委托为其介绍联络贩毒者的,与购毒者构成贩卖毒品罪的共同犯罪;受以吸食为目的的购毒者委托,为其介绍联络贩毒者,毒品数量达到刑法第三百四十八条规定的最低数量标准的,一般与购毒者构成非法持有毒品罪的共同犯罪;同时与贩毒者、购毒者共谋,联络促成双方交易的,通常认定与贩毒者构成贩卖毒品罪的共同犯罪。居间介绍者实施为毒品交易主体提供交易信息、介绍交易对象等帮助行为,对促成交易起次要、辅助作用的,应当认定为从犯;对于以居间介绍者的身份介入毒品交易,但在交易中超出居间介绍者的地位,对交易的发起和达成起重要作用的被告人,可以认定为主犯。

347-3　1.《立案标准(三)》第一条　本条规定的"运输"是指明知是毒品而采用携带、寄递、托运、利用他人或者使用交通工具等方法非法运送毒品的行为。

2. 法〔2015〕129 号　二、关于毒品犯罪法律适用的若干具体问题

(一)罪名认定问题

吸毒者在购买、存储毒品过程中被查获,没有证据证明其是为了实施贩卖毒品等其他犯罪,毒品数量达到刑法第三百四十八条规定的最低数量标准的,以非法持有毒品罪定罪处罚。吸毒者在运输毒品过程中被查获,没有证据证明其是为了实施贩卖毒品等其他犯罪,毒品数量达到较大以上的,以运输毒品罪定罪处罚*。

行为人为吸毒者代购毒品,在运输过程中被查获,没有证据证明托购者、代购者是为了实施贩卖毒品等其他犯罪,毒品数量达到较大以上的,对托购者、代购者以运输毒品罪的共犯论处。

理解与适用:吸毒者实施毒品犯罪的性质认定前后变化较大:

1.《全国法院审理毒品犯罪案件工作座谈会纪要》(法〔2000〕42 号,即《南宁会议纪要》)规定,吸毒者在购买、运输、存储毒品过程中被抓

---

* 1. 运输只限于在国内运输,境内外运输定走私毒品罪。2. 为了自己吸食、注射而将毒品从此地运往彼地,不应认定为运输毒品罪,只有与走私、贩卖、制造具有关联性的运输行为,才宜认定为运输毒品罪。

获，如没有证据证明其实施了其他毒品犯罪行为，查获的毒品数量大的，应当以非法持有毒品罪定罪。

2.《全国部分法院审理毒品犯罪案件工作座谈会纪要》（法〔2008〕324号，即《大连会议纪要》）对此作了不同规定，吸毒者在购买、运输、存储毒品过程中被查获，如没有证据证明其是为了实施贩卖等其他毒品犯罪行为，查获的毒品数量达到较大以上的，应以其实际实施的毒品犯罪行为定罪处罚。

3.《全国法院毒品犯罪审判工作座谈会纪要》（法〔2015〕129号，即《武汉会议纪要》）进一步细化和完善了《大连会议纪要》的规定：一是明确规定了吸毒者运输毒品行为的定性；二是降低了将该行为认定为运输毒品罪的入罪门槛，即，对吸毒者购买、运输、存储毒品的行为，直接以数量较大作为罪与非罪的标准，其中不再扣除吸毒者的合理吸食量。据此，吸毒者在购买、运输、存储毒品过程中被查获，毒品未达到数量较大标准的，不作为犯罪处理；毒品数量达到较大以上的，则根据其具体的行为状态而定罪：如处于购买、存储状态的，认定为非法持有毒品罪；如处于运输状态的，则认定为运输毒品罪。

（二）共同犯罪认定问题

两人以上同行运输毒品的，应当从是否明知他人带有毒品，有无共同运输毒品的意思联络，有无实施配合、掩护他人运输毒品的行为等方面综合审查认定是否构成共同犯罪。受雇于同一雇主同行运输毒品，但受雇者之间没有共同犯罪故意，或者虽然明知他人受雇运输毒品，但各自的运输行为相对独立，既没有实施配合、掩护他人运输毒品的行为，又分别按照各自运输的毒品数量领取报酬的，不应认定为共同犯罪。受雇于同一雇主分段运输同一宗毒品，但受雇者之间没有犯罪共谋的，也不应认定为共同犯罪。雇用他人运输毒品的雇主，及其他对受雇者起到一定组织、指挥作用的人员，与各受雇者分别构成运输毒品罪的共同犯罪，对运输的全部毒品数量承担刑事责任。

3. 法〔2008〕324号　三、运输毒品罪的刑罚适用问题

对于运输毒品犯罪，要注意重点打击指使、雇佣他人运输毒品的犯罪分子和接应、接货的毒品所有者、买家或者卖家。对于运输毒品犯罪集团首要分子，组织、指使、雇用他人运输毒品的主犯或者毒枭、职业毒犯、毒品再犯，以及具有武装掩护、暴力抗拒检查、拘留或者逮捕、参与有

组织的国际毒品犯罪、以运输毒品为业、多次运输毒品或者其他严重情节的,应当按照刑法、有关司法解释和司法实践实际掌握的数量标准,从严惩处,依法应判处死刑的必须坚决判处死刑。

毒品犯罪中,单纯的运输毒品行为具有从属性、辅助性特点,且情况复杂多样。部分涉案人员系受指使、雇佣的贫民、边民或者无业人员,只是为了赚取少量运费而为他人运输毒品,他们不是毒品的所有者、买家或者卖家,与幕后的组织、指使、雇佣者相比,在整个毒品犯罪环节中处于从属、辅助和被支配地位,所起作用和主观恶性相对较小,社会危害性也相对较小。因此,对于运输毒品犯罪中的这部分人员,在量刑标准的把握上,应当与走私、贩卖、制造毒品和前述具有严重情节的运输毒品犯罪分子有所区别,不应单纯以涉案毒品数量的大小决定刑罚适用的轻重。

对有证据证明被告人确属受人指使、雇佣参与运输毒品犯罪,又系初犯、偶犯的,可以从轻处罚,即使毒品数量超过实际掌握的死刑数量标准,也可以不判处死刑立即执行。

毒品数量超过实际掌握的死刑数量标准,不能证明被告人系受人指使、雇佣参与运输毒品犯罪的,可以依法判处重刑直至死刑。

涉嫌为贩卖而自行运输毒品,由于认定贩卖毒品的证据不足,因而认定为运输毒品罪的,不同于单纯的受指使为他人运输毒品行为,其量刑标准应当与单纯的运输毒品行为有所区别。

4.《最高人民法院关于常见犯罪的量刑指导意见》(法发〔2017〕7号)　(十五)走私、贩卖、运输、制造毒品罪　4.有下列情节之一的,可以减少基准刑的30%以下:(1)受雇运输毒品的;

347-4　1.《立案标准(三)》第一条　本条规定的“制造”是指非法利用毒品原植物直接提炼或者用化学方法加工、配制毒品,或者以改变毒品成分和效用为目的,用混合等物理方法加工、配制毒品的行为。为了便于隐蔽运输、销售、使用、欺骗购买者,或者为了增重,对毒品掺杂使假,添加或者去除其他非毒品物质,不属于制造毒品的行为。为了制造毒品而采用生产、加工、提炼等方法非法制造易制毒化学品的,以制造毒品罪(预备)立案追诉。购进制造毒品的设备和原材料,开始着手制造毒品,尚未制造出毒品或者半成品的,以制造毒品罪(未遂)立案追诉。明知他人制造毒品而为其生产、加工、提炼、提供醋酸酐、乙醚、三氯甲烷等制毒物品的,以制造毒品罪的共犯立案追诉。

制造毒品主观故意中的"明知",是指行为人知道或者应当知道所实施的是制造毒品行为。有下列情形之一,结合行为人的供述和其他证据综合审查判断,可以认定其"应当知道",但有证据证明确属被蒙骗的除外:

(一)购置了专门用于制造毒品的设备、工具、制毒物品或者配制方案的;

(二)为获取不同寻常的高额或者不等值的报酬为他人制造物品,经检验是毒品的;

(三)在偏远、隐蔽场所制造,或者采取对制造设备进行伪装等方式制造物品,经检验是毒品的;

(四)制造人员在执法人员检查时,有逃跑、抗拒检查等行为,在现场查获制造出的物品,经检验是毒品的;

(五)有其他证据足以证明行为人应当知道的。

2. 法〔2008〕324 号　四、制造毒品的认定与处罚问题

鉴于毒品犯罪分子制造毒品的手段复杂多样、不断翻新,采用物理方法加工、配制毒品的情况大量出现,有必要进一步准确界定制造毒品的行为、方法。制造毒品不仅包括非法用毒品原植物直接提炼和用化学方法加工、配制毒品的行为,也包括以改变毒品成分和效用为目的,用混合等物理方法加工、配制毒品的行为,如将甲基苯丙胺或者其他苯丙胺类毒品与其他毒品混合成麻古或者摇头丸。为便于隐蔽运输、销售、使用、欺骗购买者,或者为了增重,对毒品掺杂使假,添加或者去除其他非毒品物质,不属于制造毒品的行为。

已经制成毒品,达到实际掌握的死刑数量标准的,可以判处死刑;数量特别巨大的,应当判处死刑。已经制造出粗制毒品或者半成品的,以制造毒品罪的既遂论处。购进制造毒品的设备和原材料,开始着手制造毒品,但尚未制造出粗制毒品或者半成品的,以制造毒品罪的未遂论处。

347-5　《最高人民法院研究室关于贩卖、运输经过取汁的罂粟壳废渣是否构成贩卖、运输毒品罪的答复》(法研〔2010〕168 号,2010 年 9 月 27 日)最高人民法院研究室认为,根据你院提供的情况,对本案被告人不宜以贩卖、运输毒品罪论处。主要考虑:(1)被告人贩卖、运输的是经过取汁的罂粟壳废渣,吗啡含量只有 0.01%,含量极低,从技术和成本

看,基本不可能用于提取吗啡;(2)国家对经过取汁的罂粟壳并无明文规定予以管制,实践中有关药厂也未按照管制药品对其进行相应处理;(3)无证据证明被告人购买、加工经过取汁的罂粟壳废渣是为了将其当作毒品出售,具有贩卖、运输毒品的故意。如果查明行为人有将罂粟壳废渣作为制售毒品原料予以利用的故意,可建议由公安机关予以治安处罚。

347-6 **1.**《立案标准(三)》第一条 走私、贩卖、运输、制造毒品,无论数量多少,都应予立案追诉。有证据证明行为人以牟利为目的,为他人代购仅用于吸食、注射的毒品,对代购者以贩卖毒品罪立案追诉。不以牟利为目的,为他人代购仅用于吸食、注射的毒品,毒品数量达到本规定第二条规定的数量标准的,对托购者和代购者以非法持有毒品罪立案追诉。明知他人实施毒品犯罪而为其居间介绍、代购代卖的,无论是否牟利,都应以相关毒品犯罪的共犯立案追诉。

2.《最高人民法院关于常见犯罪的量刑指导意见》(法发〔2017〕7号) 四、常见犯罪的量刑 (十五)走私、贩卖、运输、制造毒品罪

4. 有下列情节之一的,可以减少基准刑的30%以下:(1)受雇运输毒品的;(2)毒品含量明显偏低的;(3)存在数量引诱情形的。

347-7 **1.** 法〔2008〕324号 二、毒品犯罪的死刑适用问题

审理毒品犯罪案件,应当切实贯彻宽严相济的刑事政策,突出毒品犯罪的打击重点。必须依法严惩毒枭、职业毒犯、再犯、累犯、惯犯、主犯等主观恶性深、人身危险性大、危害严重的毒品犯罪分子,以及具有将毒品走私入境,多次、大量或者向多人贩卖,诱使多人吸毒,武装掩护、暴力抗拒检查、拘留或者逮捕,或者参与有组织的国际贩毒活动等情节的毒品犯罪分子。对其中罪行极其严重依法应当判处死刑的,必须坚决依法判处死刑。

毒品数量是毒品犯罪案件量刑的重要情节,但不是唯一情节。对被告人量刑时,特别是在考虑是否适用死刑时,应当综合考虑毒品数量、犯罪情节、危害后果、被告人的主观恶性、人身危险性以及当地禁毒形势等各种因素,做到区别对待。近期,审理毒品犯罪案件掌握的死刑数量标准,应当结合本地毒品犯罪的实际情况和依法惩治、预防毒品犯罪的需要,并参照最高人民法院复核的毒品死刑案件的典型案例,恰当把握。量刑既不能只片面考虑毒品数量,不考虑犯罪的其他情节,也不能只片面考虑其他情节,而忽视毒品数量。

对虽然已达到实际掌握的判处死刑的毒品数量标准，但是具有法定、酌定从宽处罚情节的被告人，可以不判处死刑；反之，对毒品数量接近实际掌握的判处死刑的数量标准，但具有从重处罚情节的被告人，也可以判处死刑。毒品数量达到实际掌握的死刑数量标准，既有从重处罚情节，又有从宽处罚情节的，应当综合考虑各方面因素决定刑罚，判处死刑立即执行应当慎重。

具有下列情形之一的，可以判处被告人死刑：

(1)具有毒品犯罪集团首要分子、武装掩护毒品犯罪、暴力抗拒检查、拘留或者逮捕、参与有组织的国际贩毒活动等严重情节的；

(2)毒品数量达到实际掌握的死刑数量标准，并具有毒品再犯、累犯，利用、教唆未成年人走私、贩卖、运输、制造毒品，或者向未成年人出售毒品等法定从重处罚情节的；

(3)毒品数量达到实际掌握的死刑数量标准，并具有多次走私、贩卖、运输、制造毒品，向多人贩毒，在毒品犯罪中诱使、容留多人吸毒，在戒毒监管场所贩毒，国家工作人员利用职务便利实施毒品犯罪，或者职业犯、惯犯、主犯等情节的；

(4)毒品数量达到实际掌握的死刑数量标准，并具有其他从重处罚情节的；

(5)毒品数量超过实际掌握的死刑数量标准，且没有法定、酌定从轻处罚情节的。

毒品数量达到实际掌握的死刑数量标准，具有下列情形之一的，可以不判处被告人死刑立即执行：

(1)具有自首、立功等法定从宽处罚情节的；

(2)已查获的毒品数量未达到实际掌握的死刑数量标准，到案后坦白尚未被司法机关掌握的其他毒品犯罪，累计数量超过实际掌握的死刑数量标准的；

(3)经鉴定毒品含量极低，掺假之后的数量才达到实际掌握的死刑数量标准的，或者有证据表明可能大量掺假但因故不能鉴定的；

(4)因特情引诱毒品数量才达到实际掌握的死刑数量标准的；

(5)以贩养吸的被告人，被查获的毒品数量刚达到实际掌握的死刑数量标准的；

(6)毒品数量刚达到实际掌握的死刑数量标准，确属初次犯罪即被

查获,未造成严重危害后果的;

(7)共同犯罪毒品数量刚达到实际掌握的死刑数量标准,但各共同犯罪人作用相当,或者责任大小难以区分的;

(8)家庭成员共同实施毒品犯罪,其中起主要作用的被告人已被判处死刑立即执行,其他被告人罪行相对较轻的;

(9)其他不是必须判处死刑立即执行的。

有些毒品犯罪案件,往往由于毒品、毒资等证据已不存在,导致审查证据和认定事实困难。在处理这类案件时,只有被告人的口供与同案其他被告人供述吻合,并且完全排除诱供、逼供、串供等情形,被告人的口供与同案被告人的供述才可以作为定案的证据。仅有被告人口供与同案被告人供述作为定案证据的,对被告人判处死刑立即执行要特别慎重。

五、毒品含量鉴定和混合型、新类型毒品案件处理问题

鉴于大量掺假毒品和成分复杂的新类型毒品不断出现,为做到罪刑相当、罚当其罪,保证毒品案件的审判质量,并考虑目前毒品鉴定的条件和现状,对可能判处被告人死刑的毒品犯罪案件,应当根据最高人民法院、最高人民检察院、公安部 2007 年 12 月颁布的《办理毒品犯罪案件适用法律若干问题的意见》,作出毒品含量鉴定;对涉案毒品可能大量掺假或者系成分复杂的新类型毒品的,亦应当作出毒品含量鉴定。

对于含有二种以上毒品成分的毒品混合物,应进一步作成分鉴定,确定所含的不同毒品成分及比例。对于毒品中含有海洛因、甲基苯丙胺的,应以海洛因、甲基苯丙胺分别确定其毒品种类;不含海洛因、甲基苯丙胺的,应以其中毒性较大的毒品成分确定其毒品种类;如果毒性相当或者难以确定毒性大小的,以其中比例较大的毒品成分确定其毒品种类,并在量刑时综合考虑其他毒品成分、含量和全案所涉毒品数量。对于刑法、司法解释等已规定了量刑数量标准的毒品,按照刑法、司法解释等规定适用刑罚;对于刑法、司法解释等没有规定量刑数量标准的毒品,有条件折算为海洛因的,参照国家食品药品监督管理局制定的《非法药物折算表》,折算成海洛因的数量后适用刑罚。

对于国家管制的精神药品和麻醉药品,刑法、司法解释等尚未明确规定量刑数量标准,也不具备折算条件的,应由有关专业部门确定涉案毒品毒效的大小、有毒成分的多少、吸毒者对该毒品的依赖程度,综合考虑其致瘾癖性、戒断性、社会危害性等依法量刑。因条件限制不能确定

的,可以参考涉案毒品非法交易的价格因素等,决定对被告人适用的刑罚,但一般不宜判处死刑立即执行。

六、特情介入案件的处理问题

运用特情侦破毒品案件,是依法打击毒品犯罪的有效手段。对特情介入侦破的毒品案件,要区别不同情形予以分别处理。

对已持有毒品待售或者有证据证明已准备实施大宗毒品犯罪者,采取特情贴靠、接洽而破获的案件,不存在犯罪引诱,应当依法处理。

行为人本没有实施毒品犯罪的主观意图,而是在特情诱惑和促成下形成犯意,进而实施毒品犯罪的,属于“犯意引诱”。对因“犯意引诱”实施毒品犯罪的被告人,根据罪刑相适应原则,应当依法从轻处罚,无论涉案毒品数量多大,都不应判处死刑立即执行。行为人在特情既为其安排上线,又提供下线的双重引诱,即“双套引诱”下实施毒品犯罪的,处刑时可予以更大幅度的从宽处罚或者依法免予刑事处罚。

行为人本来只有实施数量较小的毒品犯罪的故意,在特情引诱下实施了数量较大甚至达到实际掌握的死刑数量标准的毒品犯罪的,属于“数量引诱”。对因“数量引诱”实施毒品犯罪的被告人,应当依法从轻处罚,即使毒品数量超过实际掌握的死刑数量标准,一般也不判处死刑立即执行。

对不能排除“犯意引诱”和“数量引诱”的案件,在考虑是否对被告人判处死刑立即执行时,要留有余地。

对被告人受特情间接引诱实施毒品犯罪的,参照上述原则依法处理。

2. 法〔2015〕129号　二、关于毒品犯罪法律适用的若干具体问题

(四)死刑适用问题

当前,我国毒品犯罪形势严峻,审判工作中应当继续坚持依法从严惩处毒品犯罪的指导思想,充分发挥死刑对于预防和惩治毒品犯罪的重要作用。要继续按照《大连会议纪要》的要求,突出打击重点,对罪行极其严重、依法应当判处死刑的被告人,坚决依法判处。同时,应当全面、准确贯彻宽严相济刑事政策,体现区别对待,做到罚当其罪,量刑时综合考虑毒品数量、犯罪性质、情节、危害后果、被告人的主观恶性、人身危险性及当地的禁毒形势等因素,严格审慎地决定死刑适用,确保死刑只适用于极少数罪行极其严重的犯罪分子。

1. 运输毒品犯罪的死刑适用

对于运输毒品犯罪,应当继续按照《大连会议纪要》的有关精神,重点打击运输毒品犯罪集团首要分子,组织、指使、雇用他人运输毒品的主犯或者毒枭、职业毒犯、毒品再犯,以及具有武装掩护运输毒品、以运输毒品为业、多次运输毒品等严重情节的被告人,对其中依法应当判处死刑的,坚决依法判处。

对于受人指使、雇用参与运输毒品的被告人,应当综合考虑毒品数量、犯罪次数、犯罪的主动性和独立性、在共同犯罪中的地位作用、获利程度和方式及其主观恶性、人身危险性等因素,予以区别对待,慎重适用死刑。对于有证据证明确属受人指使、雇用运输毒品,又系初犯、偶犯的被告人,即使毒品数量超过实际掌握的死刑数量标准,也可以不判处死刑;尤其对于其中被动参与犯罪,从属性、辅助性较强,获利程度较低的被告人,一般不应当判处死刑。对于不能排除受人指使、雇用初次运输毒品的被告人,毒品数量超过实际掌握的死刑数量标准,但尚不属数量巨大的,一般也可以不判处死刑。

一案中有多人受雇运输毒品的,在决定死刑适用时,除各被告人运输毒品的数量外,还应结合其具体犯罪情节、参与犯罪程度、与雇用者关系的紧密性及其主观恶性、人身危险性等因素综合考虑,同时判处二人以上死刑要特别慎重。

2. 毒品共同犯罪、上下家犯罪的死刑适用

毒品共同犯罪案件的死刑适用应当与该案的毒品数量、社会危害及被告人的犯罪情节、主观恶性、人身危险性相适应。涉案毒品数量刚超过实际掌握的死刑数量标准,依法应当适用死刑的,要尽量区分主犯间的罪责大小,一般只对其中罪责最大的一名主犯判处死刑;各共同犯罪人地位作用相当,或者罪责大小难以区分的,可以不判处被告人死刑;二名主犯的罪责均很突出,且均具有法定从重处罚情节的,也要尽可能比较其主观恶性、人身危险性方面的差异,判处二人死刑要特别慎重。涉案毒品数量达到巨大以上,二名以上主犯的罪责均很突出,或者罪责稍次的主犯具有法定、重大酌定从重处罚情节,判处二人以上死刑符合罪刑相适应原则,并有利于全案量刑平衡的,可以依法判处。

对于部分共同犯罪人未到案的案件,在案被告人与未到案共同犯罪人均属罪行极其严重,即使共同犯罪人到案也不影响对在案被告人适用

死刑的，可以依法判处在案被告人死刑；在案被告人的罪行不足以判处死刑，或者共同犯罪人归案后全案只宜判处其一人死刑的，不能因为共同犯罪人未到案而对在案被告人适用死刑；在案被告人与未到案共同犯罪人的罪责大小难以准确认定，进而影响准确适用死刑的，不应对在案被告人判处死刑。

对于贩卖毒品案件中的上下家，要结合其贩毒数量、次数及对象范围，犯罪的主动性，对促成交易所发挥的作用，犯罪行为的危害后果等因素，综合考虑其主观恶性和人身危险性，慎重、稳妥地决定死刑适用。对于买卖同宗毒品的上下家，涉案毒品数量刚超过实际掌握的死刑数量标准的，一般不能同时判处死刑；上家主动联络销售毒品，积极促成毒品交易的，通常可以判处上家死刑；下家积极筹资，主动向上家约购毒品，对促成毒品交易起更大作用的，可以考虑判处下家死刑。涉案毒品数量达到巨大以上的，也要综合上述因素决定死刑适用，同时判处上下家死刑符合罪刑相适应原则，并有利于全案量刑平衡的，可以依法判处。

一案中有多名共同犯罪人、上下家针对同宗毒品实施犯罪的，可以综合运用上述毒品共同犯罪、上下家犯罪的死刑适用原则予以处理。

办理毒品犯罪案件，应当尽量将共同犯罪案件或者密切关联的上下游案件进行并案审理；因客观原因造成分案处理的，办案时应当及时了解关联案件的审理进展和处理结果，注重量刑平衡。

3. 新类型、混合型毒品犯罪的死刑适用

甲基苯丙胺片剂（俗称“麻古”等）是以甲基苯丙胺为主要毒品成分的混合型毒品，其甲基苯丙胺含量相对较低，危害性亦有所不同。为体现罚当其罪，甲基苯丙胺片剂的死刑数量标准一般可以按照甲基苯丙胺（冰毒）的2倍左右掌握，具体可以根据当地的毒品犯罪形势和涉案毒品含量等因素确定。

涉案毒品为氯胺酮（俗称“K粉”）的，结合毒品数量、犯罪性质、情节及危害后果等因素，对符合死刑适用条件的被告人可以依法判处死刑。综合考虑氯胺酮的致瘾癖性、滥用范围和危害性等因素，其死刑数量标准一般可以按照海洛因的10倍掌握。

涉案毒品为其他滥用范围和危害性相对较小的新类型、混合型毒品的，一般不宜判处被告人死刑。但对于司法解释、规范性文件明确规定了定罪量刑数量标准，且涉案毒品数量特别巨大，社会危害大，不判处死刑难以体现罚当其罪的,必要时可以判处被告人死刑。

347-8 **1.** 法释〔2016〕8号第一条 走私、贩卖、运输、制造、非法持有下列毒品,应当认定为刑法第三百四十七条第二款第一项、第三百四十八条规定的“其他毒品数量大”:

(一)可卡因五十克以上;

(二)3,4-亚甲二氧基甲基苯丙胺(MDMA)等苯丙胺类毒品(甲基苯丙胺除外)、吗啡一百克以上;

(三)芬太尼一百二十五克以上;

(四)甲卡西酮二百克以上;

(五)二氢埃托啡十毫克以上;

(六)哌替啶(度冷丁)二百五十克以上;

(七)氯胺酮五百克以上;

(八)美沙酮一千克以上;

(九)曲马多、γ-羟丁酸二千克以上;

(十)大麻油五千克、大麻脂十千克、大麻叶及大麻烟一百五十千克以上;

(十一)可待因、丁丙诺啡五千克以上;

(十二)三唑仑、安眠酮五十千克以上;

(十三)阿普唑仑、恰特草一百千克以上;

(十四)咖啡因、罂粟壳二百千克以上;

(十五)巴比妥、苯巴比妥、安钠咖、尼美西泮二百五十千克以上;

(十六)氯氮卓、艾司唑仑、地西泮、溴西泮五百千克以上;

(十七)上述毒品以外的其他毒品数量大的。

国家定点生产企业按照标准规格生产的麻醉药品或者精神药品被用于毒品犯罪的,根据药品中毒品成分的含量认定涉案毒品数量。

2. 公通字〔2007〕84号 三、关于办理氯胺酮等毒品案件定罪量刑标准问题 (一)走私、贩卖、运输、制造、非法持有下列毒品,应当认定为刑法第三百四十七条第二款第(一)项、第三百四十八条规定的“其他毒品数量大”:1. 二亚甲基双氧安非他明(MDMA)等苯丙胺类毒品(甲基苯丙胺除外)100克以上;2. 氯胺酮、美沙酮1千克以上;3. 三唑仑、安眠酮50千克以上;4. 氯氮卓、艾司唑仑、地西泮、溴西泮500千克以上;5. 上述毒品以外的其他毒品数量大的。

347-9 《最高人民法院关于常见犯罪的量刑指导意见》(法发〔2017〕7号)　四、常见犯罪的量刑

(十五)走私、贩卖、运输、制造毒品罪

1.(1)走私、贩卖、运输、制造鸦片一千克,海洛因、甲基苯丙胺五十克或者其他毒品数量达到数量大起点的,量刑起点为十五年有期徒刑。依法应当判处无期徒刑以上刑罚的除外。

2.在量刑起点的基础上,可以根据毒品犯罪次数、人次、毒品数量等其他影响犯罪构成的犯罪事实增加刑罚量,确定基准刑。

347-10　法释〔2016〕8号第三条第一款　在实施走私、贩卖、运输、制造毒品犯罪的过程中,携带枪支、弹药或者爆炸物用于掩护的,应当认定为刑法第三百四十七条第二款第三项规定的"武装掩护走私、贩卖、运输、制造毒品"。枪支、弹药、爆炸物种类的认定,依照相关司法解释的规定执行。

347-11　法释〔2016〕8号第三条第二款　在实施走私、贩卖、运输、制造毒品犯罪的过程中,以暴力抗拒检查、拘留、逮捕,造成执法人员死亡、重伤、多人轻伤或者具有其他严重情节的,应当认定为刑法第三百四十七条第二款第四项规定的"以暴力抗拒检查、拘留、逮捕,情节严重"。

347-12　法释〔2016〕8号第二条　走私、贩卖、运输、制造、非法持有下列毒品,应当认定为刑法第三百四十七条第三款、第三百四十八条规定的"其他毒品数量较大":

(一)可卡因十克以上不满五十克;

(二)3,4-亚甲二氧基甲基苯丙胺(MDMA)等苯丙胺类毒品(甲基苯丙胺除外)、吗啡二十克以上不满一百克;

(三)芬太尼二十五克以上不满一百二十五克;

(四)甲卡西酮四十克以上不满二百克;

(五)二氢埃托啡二毫克以上不满十毫克;

(六)哌替啶(度冷丁)五十克以上不满二百五十克;

(七)氯胺酮一百克以上不满五百克;

(八)美沙酮二百克以上不满一千克;

(九)曲马多、γ-羟丁酸四百克以上不满二千克;

(十)大麻油一千克以上不满五千克、大麻脂二千克以上不满十千克、大麻叶及大麻烟三十千克以上不满一百五十千克;

(十一)可待因、丁丙诺啡一千克以上不满五千克;

(十二)三唑仑、安眠酮十千克以上不满五十千克;

(十三)阿普唑仑、恰特草二十千克以上不满一百千克;

(十四)咖啡因、罂粟壳四十千克以上不满二百千克;

(十五)巴比妥、苯巴比妥、安钠咖、尼美西泮五十千克以上不满二百五十千克;

(十六)氯氮卓、艾司唑仑、地西泮、溴西泮一百千克以上不满五百千克;

(十七)上述毒品以外的其他毒品数量较大的。

347-13 1. 公通字〔2007〕84号 走私、贩卖、运输、制造、非法持有下列毒品,应当认定为刑法第三百四十七条第三款、第三百四十八条规定的“其他毒品数量较大” 1. 二亚甲基双氧安非他明(MDMA)等苯丙胺类毒品(甲基苯丙胺除外)20克以上不满100克的;2. 氯胺酮、美沙酮200克以上不满1千克的;3. 三唑仑、安眠酮10千克以上不满50千克的;4. 氯氮卓、艾司唑仑、地西泮、溴西泮100千克以上不满500千克的;5. 上述毒品以外的其他毒品数量较大的。

2.《最高人民法院关于常见犯罪的量刑指导意见》(法发〔2017〕7号) 四、常见犯罪的量刑 (十五)走私、贩卖、运输、制造毒品罪 1. (2)走私、贩卖、运输、制造鸦片二百克,海洛因、甲基苯丙胺十克或者其他毒品数量达到数量较大起点的,可以在七年至八年有期徒刑幅度内确定量刑起点。

347-14 1. 公通字〔2007〕84号 走私、贩卖、运输、制造下列毒品,应当认定为刑法第三百四十七条第四款规定的“其他少量毒品” 1. 二亚甲基双氧安非他明(MDMA)等苯丙胺类毒品(甲基苯丙胺除外)不满20克的;2. 氯胺酮、美沙酮不满200克的;3. 三唑仑、安眠酮不满10千克的;4. 氯氮卓、艾司唑仑、地西泮、溴西泮不满100千克的;5. 上述毒品以外的其他少量毒品的。

2.《最高人民法院关于常见犯罪的量刑指导意见》(法发〔2017〕7号) 四、常见犯罪的量刑 (十五)走私、贩卖、运输、制造毒品罪 1. (3)走私、贩卖、运输、制造鸦片不满二百克,海洛因、甲基苯丙胺不满十克或者其他少量毒品的,可以在三年以下有期徒刑、拘役幅度内确定量刑起点;情节严重的,可以在三年至四年有期徒刑幅度内确定量刑起点。

347-15　法释〔2016〕8号第四条　走私、贩卖、运输、制造毒品，具有下列情形之一的，应当认定为刑法第三百四十七条第四款规定的“情节严重”：

（一）向多人贩卖毒品或者多次走私、贩卖、运输、制造毒品的；

（二）在戒毒场所、监管场所贩卖毒品的；

（三）向在校学生贩卖毒品的；

（四）组织、利用残疾人、严重疾病患者、怀孕或者正在哺乳自己婴儿的妇女走私、贩卖、运输、制造毒品的；

（五）国家工作人员走私、贩卖、运输、制造毒品的；

（六）其他情节严重的情形。

347-16　《立案标准（三）》第十五条　本规定中的立案追诉标准，除法律、司法解释另有规定的以外，适用于相关的单位犯罪。

347-17　《最高人民法院关于常见犯罪的量刑指导意见》（法发〔2017〕7号）　四、常见犯罪的量刑

（十五）走私、贩卖、运输、制造毒品罪

3. 有下列情形之一的，可以增加基准刑的30%以下：

（1）利用、教唆未成年人走私、贩卖、运输、制造毒品的；

（2）向未成年人出售毒品的。

第三百四十八条　【非法持有毒品罪】非法持有[*1]鸦片一千克以上、海洛因或者甲基苯丙胺五十克以上或者其他毒品数量大的，处七年以上有期徒刑或者无期徒刑，并处罚金；非法持有鸦片二百克以上不满一千克、海洛因或者甲基苯丙胺十克以上不满五十克或者其他毒品数量较大的，[2]处三年以下有期徒刑、拘役或者管制，

---

* 持有毒品，是行为人对毒品事实上的支配。第一，持有具体表现为直接占有、携带、藏有或者以其他方法支配毒品。第二，持有不要求物理上的握有，不要求行为人时刻将毒品握在手中，放在身上和装在口袋里，只要行为人认识到它的存在，能够对之进行管理或者支配，就是持有。第三，持有时并不要求行为人是毒品的“所有者”、“占有者”，即使属于他人“所有”、“占有”的毒品，但事实上置于行为人支配之下时，行为人即持有毒品，行为人是否知道“所有者”、“占有者”，不影响持有的成立。如行为人委托他人持有毒品，则为间接持有毒品。持续时间长短不影响本罪的成立，但如果持有时间过短，不足以说明行为人事实上支配着毒品时，则不能认为是持有。刑法规定持有型犯罪，其目的在于禁止人们持有违禁品，而不是命令人们将违禁品上交，因此行为人在正当获得违禁品后直接毁弃，不构成非法持有违禁品罪。

并处罚金;情节严重的[3],处三年以上七年以下有期徒刑,并处罚金。

348-1 **1.**《最高人民法院关于常见犯罪的量刑指导意见(二)(试行)》(2017年5月1日起试行)

(六)非法持有毒品罪

1.构成非法持有毒品罪的,可以根据下列不同情形在相应的幅度内确定量刑起点:

(1)非法持有鸦片一千克、海洛因或者甲基苯丙胺五十克或者其他毒品数量大的,可以在七年至九年有期徒刑幅度内确定量刑起点。依法应当判处无期徒刑的除外。

(2)非法持有毒品情节严重的,可以在三年至四年有期徒刑幅度内确定量刑起点。

(3)非法持有鸦片二百克、海洛因或者甲基苯丙胺十克或者其他毒品数量较大的,可以在一年以下有期徒刑、拘役幅度内确定量刑起点。

2.在量刑起点的基础上,可以根据毒品数量等其他影响犯罪构成的犯罪事实增加刑罚量,确定基准刑。

2.《立案标准(三)》第二条第三款　本条规定的"非法持有",是指违反国家法律和国家主管部门的规定,占有、携带、藏有或者以其他方式持有毒品。

第四款　非法持有毒品主观故意中的"明知",依照本规定第一条第八款的有关规定予以认定。

3. 法〔2015〕129号　二、关于毒品犯罪法律适用的若干具体问题

(一)罪名认定问题

购毒者接收贩毒者通过物流寄递方式交付的毒品,没有证据证明其是为了实施贩卖毒品等其他犯罪,毒品数量达到刑法第三百四十八条规定的最低数量标准的,一般以非法持有毒品罪定罪处罚。代收者明知是物流寄递的毒品而代购毒者接收,没有证据证明其与购毒者有实施贩卖、运输毒品等犯罪的共同故意,毒品数量达到刑法第三百四十八条规定的最低数量标准的,对代收者以非法持有毒品罪定罪处罚。

348-2 《立案标准(三)》第二条　明知是毒品而非法持有,涉嫌下列情形之一的,应予立案追诉:

(一)鸦片二百克以上、海洛因、可卡因或者甲基苯丙胺十克以上;

(二)二亚甲基双氧安非他明(MDMA)等苯丙胺类毒品(甲基苯丙

胺除外)、吗啡二十克以上;

(三)度冷丁(杜冷丁)五十克以上(针剂100mg/支规格的五百支以上,50mg/支规格的一千支以上;片剂25mg/片规格的二千片以上,50mg/片规格的一千片以上);

(四)盐酸二氢埃托啡二毫克以上(针剂或者片剂20mg/支、片规格的一百支、片以上);

(五)氯胺酮、美沙酮二百克以上;

(六)三唑仑、安眠酮十千克以上;

(七)咖啡因五十千克以上;

(八)氯氮卓、艾司唑仑、地西泮、溴西泮一百千克以上;

(九)大麻油一千克以上,大麻脂二千克以上,大麻叶及大麻烟三十千克以上;

(十)罂粟壳五十千克以上;

(十一)上述毒品以外的其他毒品数量较大的。

非法持有两种以上毒品,每种毒品均没有达到本条第一款规定的数量标准,但按前款规定的立案追诉数量比例折算成海洛因后累计相加达到十克以上的,应予立案追诉。

348-3　法释〔2016〕8号第五条　非法持有毒品达到刑法第三百四十八条或者本解释第二条规定的"数量较大"标准,且具有下列情形之一的,应当认定为刑法第三百四十八条规定的"情节严重":

(一)在戒毒场所、监管场所非法持有毒品的;

(二)利用、教唆未成年人非法持有毒品的;

(三)国家工作人员非法持有毒品的;

(四)其他情节严重的情形。

第三百四十九条　【包庇毒品犯罪分子罪;窝藏、转移、隐瞒毒品、毒赃罪】包庇[1]走私、贩卖、运输、制造毒品的犯罪分子的,为犯罪分子窝藏、转移、隐瞒毒品或者犯罪所得的财物的,处三年以下有期徒刑、拘役或者管制;情节严重的[2],处三年以上十年以下有期徒刑[*]。

---

* 普通包庇犯只有一个量刑幅度。普通包庇罪与本罪的量刑是相同的。

【包庇毒品犯罪分子罪】缉毒人员或者其他国家机关工作人员掩护、包庇走私、贩卖、运输、制造毒品的犯罪分子的,依照前款的规定从重处罚。

【走私、贩卖、运输、制造毒品罪】犯前两款罪,事先通谋的,以走私、贩卖、运输、制造毒品罪的共犯论处。

349-1　《立案标准(三)》第三条　包庇走私、贩卖、运输、制造毒品的犯罪分子,涉嫌下列情形之一的,应予立案追诉:

(一)作虚假证明,帮助掩盖罪行的;

(二)帮助隐藏、转移或者毁灭证据的;

(三)帮助取得虚假身份或者身份证件的;

(四)以其他方式包庇犯罪分子的。

实施前款规定的行为,事先通谋的,以走私、贩卖、运输、制造毒品罪的共犯立案追诉。

349-2　法释〔2016〕8号第六条　包庇走私、贩卖、运输、制造毒品的犯罪分子,具有下列情形之一的,应当认定为刑法第三百四十九条第一款规定的"情节严重":

(一)被包庇的犯罪分子依法应当判处十五年有期徒刑以上刑罚的;

(二)包庇多名或者多次包庇走私、贩卖、运输、制造毒品的犯罪分子的;

(三)严重妨害司法机关对被包庇的犯罪分子实施的毒品犯罪进行追究的;

(四)其他情节严重的情形。

为走私、贩卖、运输、制造毒品的犯罪分子窝藏、转移、隐瞒毒品或者毒品犯罪所得的财物,具有下列情形之一的,应当认定为刑法第三百四十九条第一款规定的"情节严重":

(一)为犯罪分子窝藏、转移、隐瞒毒品达到刑法第三百四十七条第二款第一项或者本解释第一条第一款规定的"数量大"标准的;

(二)为犯罪分子窝藏、转移、隐瞒毒品犯罪所得的财物价值达到五万元以上的;

(三)为多人或者多次为他人窝藏、转移、隐瞒毒品或者毒品犯罪所得的财物的;

(四)严重妨害司法机关对该犯罪分子实施的毒品犯罪进行追究的;

（五）其他情节严重的情形。

包庇走私、贩卖、运输、制造毒品的近亲属，或者为其窝藏、转移、隐瞒毒品或者毒品犯罪所得的财物，不具有本条前两款规定的“情节严重”情形，归案后认罪、悔罪、积极退赃，且系初犯、偶犯，犯罪情节轻微不需要判处刑罚的，可以免予刑事处罚。

第三百五十条[1]　**（刑九）【非法生产、买卖、运输制毒物品、走私制毒物品罪】**违反国家规定*，非法生产、买卖[2]、运输醋酸酐、乙醚、三氯甲烷或者其他用于制造毒品的原料、配剂[3]，或者携带上述物品进出境，[4]情节较重的[5]，处三年以下有期徒刑、拘役或者管制，并处罚金；情节严重的[6]，处三年以上七年以下有期徒刑，并处罚金；情节特别严重的[7]，处七年以上有期徒刑，并处罚金或者没收财产。

【制造毒品罪】明知[8]他人制造毒品而为其生产、买卖、运输前款规定的物品的**，以制造毒品罪的共犯论处。

单位犯前两款罪的，对单位判处罚金，并对其直接负责的主管人员和其他直接责任人员，依照前两款的规定处罚。

350-1　《立案标准（三）》第五条　为了非法买卖制毒物品而采用生产、加工、提炼等方法非法制造易制毒化学品的，以非法买卖制毒物品罪（预备）立案追诉。为了制造毒品或者走私、非法买卖制毒物品犯罪而采用生产、加工、提炼等方法非法制造易制毒化学品的，根据刑法第二十二条的规定，按照其制造易制毒化学品的不同目的，分别以制造毒品、走私

---

* 违反国家规定，主要是指违反《禁毒法》和《易制毒化学品管理条例》等法律、行政法规的有关规定。

** 刑法本条只明确规定了走私制毒物品罪和非法买卖制毒物品罪，但未将非法制造制毒物品行为入罪。但实践中有的犯罪分子将犯罪手段前移，转向非法制造易制毒化学品，先获得易制毒化学品，再利用易制毒化学品或者将易制毒化学品非法卖出牟利。虽然有证据证明这些人有非法制造易制毒化学品的证据，但由于其尚未实施走私或者非法买卖行为，或者无法收集到上述行为的证据，影响打击力度。故根据案件情形，将非法制造行为认定为走私或非法买卖行为的预备犯，从而对其定罪量刑。

制毒物品、非法买卖制毒物品的预备行为论处。

350-2 **1.** 公通字〔2009〕33 号 (二)违反国家规定*,实施下列行为之一的,认定为刑法第三百五十条规定的非法买卖制毒物品行为:

1. 未经许可或者备案,擅自购买、销售易制毒化学品的;

2. 超出许可证明或者备案证明的品种、数量范围购买、销售易制毒化学品的;

3. 使用他人的或者伪造、变造、失效的许可证明或者备案证明购买、销售易制毒化学品的;

4. 经营单位违反规定,向无购买许可证明、备案证明的单位、个人销售易制毒化学品的,或者明知购买者使用他人的或者伪造、变造、失效的购买许可证明、备案证明,向其销售易制毒化学品的;

5. 以其他方式非法买卖易制毒化学品的。

(三)易制毒化学品生产、经营、使用单位或者个人未办理许可证明或者备案证明,购买、销售易制毒化学品,如果有证据证明确实用于合法生产、生活需要,依法能够办理只是未及时办理许可证明或者备案证明,且未造成严重社会危害的,可不以非法买卖制毒物品罪论处。

(六)走私、非法买卖制毒物品行为同时构成其他犯罪的,依照处罚较重的规定定罪处罚。

2.《立案标准(三)》第六条** 违反国家规定,在境内非法买卖制毒物品,数量达到本规定第五条第一款规定情形之一的,应予立案追诉。

非法买卖两种以上制毒物品,每种制毒物品均没有达到本条第一款规定的数量标准,但按前款规定的立案追诉数量比例折算成一种制毒物品后累计相加达到上述数量标准的,应予立案追诉。违反国家规定,实施下列行为之一的,认定为本条规定的非法买卖制毒物品行为:

(一)未经许可或者备案,擅自购买、销售易制毒化学品的;

(二)超出许可证明或者备案证明的品种、数量范围购买、销售易制

---

* 根据《易制毒化学品管理条例》的规定,易制毒化学品分为三类,其管制程度不尽相同。购买或销售第一类可以用于制毒的主要原料的易制毒化学品的,须经相关行政主管部门审批,取得许可证以后才能进行;购买或销售第二、三类可以用于制毒的化学配剂的易制毒化学品的,须按规定向相关行政主管部门备案。故本条均围绕着“许可或备案”的要求作出上述规定。

** 同走私制毒物品案的追诉标准。

毒化学品的；

(三)使用他人的或者伪造、变造、失效的许可证明或者备案证明购买、销售易制毒化学品的；

(四)经营单位违反规定，向无购买许可证明、备案证明的单位、个人销售易制毒化学品的，或者明知购买者使用他人的或者伪造、变造、失效的许可证明或者备案证明，向其销售易制毒化学品的；

(五)以其他方式非法买卖易制毒化学品的。易制毒化学品生产、经营、使用单位或者个人未办理许可证明或者备案证明，购买、销售易制毒化学品，如果有证据证明确实用于合法生产、生活需要，依法能够办理只是未及时办理许可证明或者备案证明，且未造成严重社会危害的，可不以非法买卖制毒物品罪立案追诉。

350-3　公通字〔2009〕33号　一、关于制毒物品犯罪的认定　本规定中的“制毒物品”是指刑法第三百五十条第一款规定的醋酸酐、乙醚、三氯甲烷或者其他用于制造毒品的原料或者配剂，具体品种范围按照国家关于易制毒化学品管理的规定确定。

350-4　《立案标准(三)》第五条　违反国家规定，非法运输、携带制毒物品进出国(边)境，涉嫌下列情形之一的，应予立案追诉：

(一)1－苯基－2－丙酮五千克以上；

(二)麻黄碱、伪麻黄碱及其盐类和单方制剂五千克以上，麻黄浸膏、麻黄浸膏粉一百千克以上；

(三)3,4－亚甲基二氧苯基－2－丙酮、去甲麻黄素(去甲麻黄碱)、甲基麻黄素(甲基麻黄碱)、羟亚胺及其盐类十千克以上；

(四)胡椒醛、黄樟素、黄樟油、异黄樟素、麦角酸、麦角胺、麦角新碱、苯乙酸二十千克以上；

(五)N－乙酰邻氨基苯酸、邻氨基苯甲酸、哌啶一百五十千克以上；

(六)醋酸酐、三氯甲烷二百千克以上；

(七)乙醚、甲苯、丙酮、甲基乙基酮、高锰酸钾、硫酸、盐酸四百千克以上；

(八)其他用于制造毒品的原料或者配剂相当数量的。

非法运输、携带两种以上制毒物品进出国(边)境，每种制毒物品均没有达到本条第一款规定的数量标准，但按前款规定的立案追诉数量比例折算成一种制毒物品后累计相加达到上述数量标准的，应予立案追诉。为了走私制毒物品而采用生产、加工、提炼等方法非法制造易制毒化学品的,以走私制毒物品罪(预备)立案追诉。

实施走私制毒物品行为,有下列情形之一,且查获了易制毒化学品,结合行为人的供述和其他证据综合审查判断,可以认定其"明知"是制毒物品而走私或者非法买卖,但有证据证明确属被蒙骗的除外:

(一)改变产品形状、包装或者使用虚假标签、商标等产品标志的;

(二)以藏匿、夹带、伪装或者其他隐蔽方式运输、携带易制毒化学品逃避检查的;

(三)抗拒检查或者在检查时丢弃货物逃跑的;

(四)以伪报、藏匿、伪装等蒙蔽手段逃避海关、边防等检查的;

(五)选择不设海关或者边防检查站的路段绕行出入境的;

(六)以虚假身份、地址或者其他虚假方式办理托运、寄递手续的;

(七)以其他方法隐瞒真相,逃避对易制毒化学品依法监管的。

明知他人实施走私制毒物品犯罪,而为其运输、储存、代理进出口或者以其他方式提供便利的,以走私制毒物品罪的共犯立案追诉。

350-5 法释〔2016〕8号第七条 违反国家规定,非法生产、买卖、运输制毒物品、走私制毒物品,达到下列数量标准的,应当认定为刑法第三百五十条第一款规定的"情节较重":

(一)麻黄碱(麻黄素)、伪麻黄碱(伪麻黄素)、消旋麻黄碱(消旋麻黄素)一千克以上不满五千克;

(二)1-苯基-2-丙酮、1-苯基-2-溴-1-丙酮、3,4-亚甲基二氧苯基-2-丙酮、羟亚胺二千克以上不满十千克;

(三)3-氧-2-苯基丁腈、邻氯苯基环戊酮、去甲麻黄碱(去甲麻黄素)、甲基麻黄碱(甲基麻黄素)四千克以上不满二十千克;

(四)醋酸酐十千克以上不满五十千克;

(五)麻黄浸膏、麻黄浸膏粉、胡椒醛、黄樟素、黄樟油、异黄樟素、麦角酸、麦角胺、麦角新碱、苯乙酸二十千克以上不满一百千克;

(六)N-乙酰邻氨基苯酸、邻氨基苯甲酸、三氯甲烷、乙醚、哌啶五十千克以上不满二百五十千克;

(七)甲苯、丙酮、甲基乙基酮、高锰酸钾、硫酸、盐酸一百千克以上不满五百千克;

(八)其他制毒物品数量相当的。

违反国家规定,非法生产、买卖、运输制毒物品、走私制毒物品,达到前款规定的数量标准最低值的百分之五十,且具有下列情形之一的,应当认定为刑法第三百五十条第一款规定的“情节较重”:

(一)曾因非法生产、买卖、运输制毒物品、走私制毒物品受过刑事处罚的;

(二)二年内曾因非法生产、买卖、运输制毒物品、走私制毒物品受过行政处罚的;

(三)一次组织五人以上或者多次非法生产、买卖、运输制毒物品、走私制毒物品,或者在多个地点非法生产制毒物品的;

(四)利用、教唆未成年人非法生产、买卖、运输制毒物品、走私制毒物品的;

(五)国家工作人员非法生产、买卖、运输制毒物品、走私制毒物品的;

(六)严重影响群众正常生产、生活秩序的;

(七)其他情节较重的情形。

易制毒化学品生产、经营、购买、运输单位或者个人未办理许可证明或者备案证明,生产、销售、购买、运输易制毒化学品,确实用于合法生产、生活需要的,不以制毒物品犯罪论处。

350-6 **1.** 法释〔2016〕8号第八条第一款 违反国家规定,非法生产、买卖、运输制毒物品、走私制毒物品,具有下列情形之一的,应当认定为刑法第三百五十条第一款规定的“情节严重”:

(一)制毒物品数量在本解释第七条第一款规定的最高数量标准以上,不满最高数量标准五倍的;

(二)达到本解释第七条第一款规定的数量标准,且具有本解释第七条第二款第三项至第六项规定的情形之一的;

(三)其他情节严重的情形。

2. 公通字〔2009〕33号 三、关于制毒物品犯罪定罪量刑的数量标准 (二)违反国家规定,非法买卖或者走私制毒物品,达到或者超过前款所列最高数量标准的,认定为刑法第三百五十条第一款规定的“数量大的”,处三年以上十年以下有期徒刑,并处罚金。

350-7 法释〔2016〕8号第八条第二款 违反国家规定,非法生产、买卖、运输制毒物品、走私制毒物品,具有下列情形之一的,应当认定为刑法第三百五十条第一款规定的“情节特别严重”:

(一)制毒物品数量在本解释第七条第一款规定的最高数量标准五倍以上的;

(二)达到前款第一项规定的数量标准,且具有本解释第七条第二款第三项至第六项规定的情形之一的;

(三)其他情节特别严重的情形。

350-8 《立案标准(三)》第六条　非法买卖制毒物品主观故意中的"明知",依照本规定第五条第四款的有关规定予以认定。明知他人实施非法买卖制毒物品犯罪,而为其运输、储存、代理进出口或者以其他方式提供便利的,以非法买卖制毒物品罪的共犯立案追诉。

第三百五十一条　【非法种植毒品原植物罪】非法种植[1]罂粟、大麻等毒品原植物的,一律强制铲除。有下列情形之一的,处五年以下有期徒刑、拘役或者管制,并处罚金:

(一)种植罂粟五百株以上不满三千株或者其他毒品原植物数量较大的;[2]

(二)经公安机关处理后又种植的;

(三)抗拒铲除的。

非法种植罂粟三千株以上或者其他毒品原植物数量大的[3],处五年以上有期徒刑,并处罚金或者没收财产。

非法种植罂粟或者其他毒品原植物,在收获前自动铲除的,可以免除处罚。*

351-1 《立案标准(三)》第七条第二款　本条所规定的"种植",是指播种、育苗、移栽、插苗、施肥、灌溉、割取津液或者收取种子等行为。非法种植毒品原植物的株数一般应以实际查获的数量为准。因种植面积较大,难以逐株清点数目的,可以抽样测算每平方米平均株数后按实际种植面积测算出种植总株数。非法种植罂粟或者其他毒品原植物,在

---

* 非法种植毒品原植物罪与制造毒品罪相比较,有三个区别。1. 前者种植的是毒品的原植物,而后者制造的是毒品;2. 前者是种植行为,而后者是制造行为;3. 前者有数量与情节限制;而后者没有数量与情节限制。

收获前自动铲除的，可以不予立案追诉。

351-2　法释〔2016〕8号第九条第一款　非法种植毒品原植物，具有下列情形之一的，应当认定为刑法第三百五十一条第一款第一项规定的“数量较大”：

（一）非法种植大麻五千株以上不满三万株的；

（二）非法种植罂粟二百平方米以上不满一千二百平方米、大麻二千平方米以上不满一万二千平方米，尚未出苗的；

（三）非法种植其他毒品原植物数量较大的。

351-3　法释〔2016〕8号第九条第二款　非法种植毒品原植物，达到前款规定的最高数量标准的，应当认定为刑法第三百五十一条第二款规定的“数量大”。

第三百五十二条　【非法买卖、运输、携带、持有毒品原植物种子、幼苗罪】非法买卖、运输、携带、持有未经灭活的罂粟等毒品原植物种子或者幼苗，数量较大的[1]，处三年以下有期徒刑、拘役或者管制，并处或者单处罚金。

352-1　法释〔2016〕8号第十条　非法买卖、运输、携带、持有未经灭活的毒品原植物种子或者幼苗，具有下列情形之一的，应当认定为刑法第三百五十二条规定的“数量较大”：

（一）罂粟种子五十克以上、罂粟幼苗五千株以上的；

（二）大麻种子五十千克以上、大麻幼苗五万株以上的；

（三）其他毒品原植物种子或者幼苗数量较大的。

第三百五十三条　【引诱、教唆、欺骗他人吸毒罪】引诱、教唆、欺骗他人吸食、注射毒品的，处三年以下有期徒刑、拘役或者管制，并处罚金；情节严重的[1]，处三年以上七年以下有期徒刑，并处罚金。

【强迫他人吸毒罪】强迫他人吸食、注射毒品的，[2] 处三年以上十年以下有期徒刑，并处罚金。

引诱、教唆、欺骗或者强迫未成年人吸食、注射毒品的，从重处罚。

353-1 法释〔2016〕8号第十一条 引诱、教唆、欺骗他人吸食、注射毒品,具有下列情形之一的,应当认定为刑法第三百五十三条第一款规定的"情节严重":

(一)引诱、教唆、欺骗多人或者多次引诱、教唆、欺骗他人吸食、注射毒品的;

(二)对他人身体健康造成严重危害的;

(三)导致他人实施故意杀人、故意伤害、交通肇事等犯罪行为的;

(四)国家工作人员引诱、教唆、欺骗他人吸食、注射毒品的;

(五)其他情节严重的情形。

353-2 《立案标准(三)》第十条 违背他人意志,以暴力、胁迫或者其他强制手段,迫使他人吸食、注射毒品的,应予立案追诉。

第三百五十四条 【容留他人吸毒罪】容留他人吸食、注射毒品的,[1] 处三年以下有期徒刑、拘役或者管制,并处罚金。

354-1 **1.**《最高人民法院关于常见犯罪的量刑指导意见(二)(试行)》(2017年5月1日起试行)

(七)容留他人吸毒罪

1.构成容留他人吸毒罪的,可以在一年以下有期徒刑、拘役幅度内确定量刑起点。

2.在量刑起点的基础上,可以根据容留他人吸毒的人数、次数等其他影响犯罪构成的犯罪事实增加刑罚量,确定基准刑。

2. 法释〔2016〕8号第十二条 容留他人吸食、注射毒品,具有下列情形之一的,应当依照刑法第三百五十四条的规定,以容留他人吸毒罪定罪处罚:

(一)一次容留多人吸食、注射毒品的;

(二)二年内多次容留他人吸食、注射毒品的;

(三)二年内曾因容留他人吸食、注射毒品受过行政处罚的;

(四)容留未成年人吸食、注射毒品的;

(五)以牟利为目的容留他人吸食、注射毒品的;

(六)容留他人吸食、注射毒品造成严重后果的;

(七)其他应当追究刑事责任的情形。

向他人贩卖毒品后又容留其吸食、注射毒品,或者容留他人吸食、注射毒品并向其贩卖毒品，符合前款规定的容留他人吸毒罪的定罪条件的，以贩卖毒品罪和容留他人吸毒罪数罪并罚。

容留近亲属吸食、注射毒品，情节显著轻微危害不大的，不作为犯罪处理；需要追究刑事责任的，可以酌情从宽处罚。

第三百五十五条　【非法提供麻醉药品、精神药品罪】依法从事生产、运输、管理、使用国家管制的麻醉药品、精神药品的人员，违反国家规定，向吸食、注射毒品的人提供国家规定管制的能够使人形成瘾癖的麻醉药品、精神药品的[1]，处三年以下有期徒刑或者拘役，并处罚金；情节严重的[2]，处三年以上七年以下有期徒刑，并处罚金。向走私、贩卖毒品的犯罪分子或者以牟利为目的，向吸食、注射毒品的人提供国家规定管制的能够使人形成瘾癖的麻醉药品、精神药品的[3]，依照本法第三百四十七条的规定定罪处罚。

单位犯前款罪的，对单位判处罚金，并对其直接负责的主管人员和其他直接责任人员，依照前款的规定处罚。

355-1　1. 法释〔2016〕8号第十三条第一款　依法从事生产、运输、管理、使用国家管制的麻醉药品、精神药品的人员，违反国家规定，向吸食、注射毒品的人提供国家规定管制的能够使人形成瘾癖的麻醉药品、精神药品，具有下列情形之一的，应当依照刑法第三百五十五条第一款的规定，以非法提供麻醉药品、精神药品罪定罪处罚：

（一）非法提供麻醉药品、精神药品达到刑法第三百四十七条第三款或者本解释第二条规定的“数量较大”标准最低值的百分之五十，不满“数量较大”标准的；

（二）二年内曾因非法提供麻醉药品、精神药品受过行政处罚的；

（三）向多人或者多次非法提供麻醉药品、精神药品的；

（四）向吸食、注射毒品的未成年人非法提供麻醉药品、精神药品的；

（五）非法提供麻醉药品、精神药品造成严重后果的；

（六）其他应当追究刑事责任的情形。

2.《立案标准（三）》第十二条　依法从事生产、运输、管理、使用国家管制的麻醉药品、精神药品的个人或者单位，违反国家规定，向吸食、

注射毒品的人员提供国家规定管制的能够使人形成瘾癖的麻醉药品、精神药品,涉嫌下列情形之一的,应予立案追诉:

(一)非法提供鸦片二十克以上、吗啡二克以上、度冷丁(杜冷丁)五克以上(针剂100mg/支规格的五十支以上,50mg/支规格的一百支以上;片剂25mg/片规格的二百片以上,50mg/片规格的一百片以上)、盐酸二氢埃托啡零点二毫克以上(针剂或者片剂20mg/支、片规格的十支、片以上)、氯胺酮、美沙酮二十克以上、三唑仑、安眠酮一千克以上、咖啡因五千克以上、氯氮卓、艾司唑仑、地西泮、溴西泮十千克以上,以及其他麻醉药品和精神药品数量较大的;

(二)虽未达到上述数量标准,但非法提供麻醉药品、精神药品两次以上,数量累计达到前项规定的数量标准百分之八十以上的;

(三)因非法提供麻醉药品、精神药品被行政处罚,又非法提供麻醉药品、精神药品的;

(四)向吸食、注射毒品的未成年人提供麻醉药品、精神药品的;

(五)造成严重后果或者其他情节严重的。

依法从事生产、运输、管理、使用国家管制的麻醉药品、精神药品的人员或者单位,违反国家规定,向走私、贩卖毒品的犯罪分子提供国家规定管制的能够使人形成瘾癖的麻醉药品、精神药品的,或者以牟利为目的,向吸食、注射毒品的人提供国家规定管制的能够使人形成瘾癖的麻醉药品、精神药品的,以走私、贩卖毒品罪立案追诉。

355-2 法释〔2016〕8号第十三条第二款 具有下列情形之一的,应当认定为刑法第三百五十五条第一款规定的"情节严重":

(一)非法提供麻醉药品、精神药品达到刑法第三百四十七条第三款或者本解释第二条规定的"数量较大"标准的;

(二)非法提供麻醉药品、精神药品达到前款第一项规定的数量标准,且具有前款第三项至第五项规定的情形之一的;

(三)其他情节严重的情形。

355-3 《全国部分法院审理毒品犯罪案件工作座谈会纪要》(法〔2015〕129号,2015年5月18日) (七)非法贩卖麻醉药品、精神药品行为的定性问题

行为人向走私、贩卖毒品的犯罪分子或者吸食、注射毒品的人员贩卖国家规定管制的能够使人形成瘾癖的麻醉药品或者精神药品的,以贩

卖毒品罪定罪处罚。

行为人出于医疗目的,违反有关药品管理的国家规定,非法贩卖上述麻醉药品或者精神药品,扰乱市场秩序,情节严重的,以非法经营罪定罪处罚。

第三百五十六条　【毒品犯罪的再犯】因走私、贩卖、运输、制造、非法持有毒品罪被判过刑,又犯本节规定之罪的,从重处罚。[1]*

356-1　1.《最高人民法院关于常见犯罪的量刑指导意见》(法发〔2017〕7号)　(十五)走私、贩卖、运输、制造毒品罪　3.有下列情形之一的,可以增加基准刑的30%以下:(3)毒品再犯。

《最高人民法院关于常见犯罪的量刑指导意见》(法发〔2017〕7号)

三　常见量刑情节的适用

11.对于累犯,应当综合考虑前后罪的性质、刑罚执行完毕或赦免以后至再犯罪时间的长短以及前后罪罪行轻重等情况,增加基准刑的10%~40%,一般不少于3个月。

2.《全国部分法院审理毒品犯罪案件工作座谈会纪要》(法〔2015〕129号,2015年5月18日)　(六)累犯、毒品再犯问题

累犯、毒品再犯是法定从重处罚情节,即使本次毒品犯罪情节较轻,也要体现从严惩处的精神。尤其对于曾因实施严重暴力犯罪被判刑的累犯、刑满释放后短期内又实施毒品犯罪的再犯,以及在缓刑、假释、暂予监外执行期间又实施毒品犯罪的再犯,应当严格体现从重处罚。

对于因同一毒品犯罪前科同时构成累犯和毒品再犯的被告人,在裁判文书中应当同时引用刑法关于累犯和毒品再犯的条款,但在量刑时不得重复予以从重处罚。对于因不同犯罪前科同时构成累犯和毒品再犯的被告人,量刑时的从重处罚幅度一般应大于前述情形。

第三百五十七条　【毒品的范围及数量的计算原则】本法所称

---

* 本条内容最初规定在1990年《禁毒决定》之中《全国法院审理毒品犯罪案件工作座谈会纪要》(2000年4月4日)规定:关于同时构成再犯和累犯的被告人适用法律和量刑的问题,对依法同时构成再犯和累犯的被告人,今后一律适用本条的再犯条款从重惩罚,不再援引刑法关于累犯的条款。问题是这种再犯是否可以适用缓刑、假释?

的毒品,[1] 是指鸦片、海洛因、甲基苯丙胺、吗啡、大麻、可卡因以及国家* 规定管制的其他能够使人形成瘾癖的麻醉药品和精神药品。[2]

毒品的数量[3] 以查证属实的走私、贩卖、运输、制造、非法持有毒品的数量计算,不以纯度折算。

357-1 1.《最高人民法院、最高人民检察院、公安部印发〈关于规范毒品名称表述若干问题的意见〉的通知》(法〔2014〕224 号,2014 年 8 月 20 日)

为进一步规范毒品犯罪案件办理工作,现对毒品犯罪案件起诉意见书、起诉书、刑事判决书、刑事裁定书中的毒品名称表述问题提出如下规范意见。

一、规范毒品名称表述的基本原则

(一)毒品名称表述应当以毒品的化学名称为依据,并与刑法、司法解释及相关规范性文件中的毒品名称保持一致。刑法、司法解释等没有规定的,可以参照《麻醉药品品种目录》《精神药品品种目录》中的毒品名称进行表述。

(二)对于含有二种以上毒品成分的混合型毒品,应当根据其主要毒品成分和具体形态认定毒品种类、确定名称。混合型毒品中含有海洛因、甲基苯丙胺的,一般应当以海洛因、甲基苯丙胺确定其毒品种类;不含海洛因、甲基苯丙胺,或者海洛因、甲基苯丙胺的含量极低的,可以根据其中定罪量刑数量标准较低且所占比例较大的毒品成分确定其毒品种类。混合型毒品成分复杂的,可以用括号注明其中所含的一至二种其他毒品成分。

(三)为体现与犯罪嫌疑人、被告人供述的对应性,对于犯罪嫌疑人、被告人供述的毒品常见俗称,可以在文书中第一次表述该类毒品时用括号注明。

二、几类毒品的名称表述

(一)含甲基苯丙胺成分的毒品

1. 对于含甲基苯丙胺成分的晶体状毒品,应当统一表述为甲基苯丙胺(冰毒),在下文中再次出现时可以直接表述为甲基苯丙胺。

---

* 1990 年《禁毒决定》规定为“国务院”,1997 年刑法改为“国家”。

2. 对于以甲基苯丙胺为主要毒品成分的片剂状毒品,应当统一表述为甲基苯丙胺片剂。如果犯罪嫌疑人、被告人供述为"麻古""麻果"或者其他俗称的,可以在文书中第一次表述该类毒品时用括号注明,如表述为甲基苯丙胺片剂(俗称"麻古")等。

3. 对于含甲基苯丙胺成分的液体、固液混合物、粉末等,应当根据其毒品成分和具体形态进行表述,如表述为含甲基苯丙胺成分的液体、含甲基苯丙胺成分的粉末等。

(二)含氯胺酮成分的毒品

1. 对于含氯胺酮成分的粉末状毒品,应当统一表述为氯胺酮。如果犯罪嫌疑人、被告人供述为"K粉"等俗称的,可以在文书中第一次表述该类毒品时用括号注明,如表述为氯胺酮(俗称"K粉")等。

2. 对于以氯胺酮为主要毒品成分的片剂状毒品,应当统一表述为氯胺酮片剂。

3. 对于含氯胺酮成分的液体、固液混合物等,应当根据其毒品成分和具体形态进行表述,如表述为含氯胺酮成分的液体、含氯胺酮成分的固液混合物等。

(三)含MDMA等成分的毒品

对于以MDMA、MDA、MDEA等致幻性苯丙胺类兴奋剂为主要毒品成分的丸状、片剂状毒品,应当根据其主要毒品成分的中文化学名称和具体形态进行表述,并在文书中第一次表述该类毒品时用括号注明下文中使用的英文缩写简称,如表述为3,4-亚甲二氧基甲基苯丙胺片剂(以下简称MDMA片剂)、3,4-亚甲二氧基苯丙胺片剂(以下简称MDA片剂)、3,4-亚甲二氧基乙基苯丙胺片剂(以下简称MDEA片剂)等。如果犯罪嫌疑人、被告人供述为"摇头丸"等俗称的,可以在文书中第一次表述该类毒品时用括号注明,如表述为3,4-亚甲二氧基甲基苯丙胺片剂(以下简称MDMA片剂,俗称"摇头丸")等。

(四)"神仙水"类毒品

对于俗称"神仙水"的液体状毒品,应当根据其主要毒品成分和具体形态进行表述。毒品成分复杂的,可以用括号注明其中所含的一至二种其他毒品成分,如表述为含氯胺酮(咖啡因、地西泮等)成分的液体等。如果犯罪嫌疑人、被告人供述为"神仙水"等俗称的,可以在文书中第一次表述该类毒品时用括号注明,如表述为含氯胺酮(咖啡因、地西泮等)

成分的液体(俗称“神仙水”)等。

(五)大麻类毒品

对于含四氢大麻酚、大麻二酚、大麻酚等天然大麻素类成分的毒品,应当根据其外形特征分别表述为大麻叶、大麻脂、大麻油或者大麻烟等。

2.《立案标准(三)》第十三条　本规定中的毒品是指鸦片、海洛因、甲基苯丙胺(冰毒)、吗啡、大麻、可卡因以及国家规定管制的其他能够使人形成瘾癖的麻醉药品和精神药品。具体品种以国家食品药品监督管理局、公安部、卫生部发布的《麻醉药品品种目录》、《精神药品品种目录》为依据。本规定中未明确立案追诉标准的毒品,有条件折算为海洛因的,参照有关麻醉药品和精神药品折算标准进行折算。本规定中的“以上”,包括本数。

357-2　《最高人民检察院法律政策研究室关于安定注射液是否属于刑法第三百五十五条规定的精神药品问题的答复》(高检研发〔2002〕23号,2002年10月24日):根据《精神药品管理办法》* 等国家有关规定,“能够使人形成瘾癖”的精神药品,是指使用后能使人的中枢神经系统兴奋或者抑制连续使用能使入产生依赖性的药品。安定注射液属于刑法第三百五十五条第一款规定的“国家规定管制的能够使人形成瘾癖的”精神药品。鉴于安定注射液属于《精神药品管理办法》规定的第二类精神药品,医疗实践中使用较多,在处理此类案件时,应当慎重掌握罪与非罪的界限。对于明知他人是吸毒人员而多次向其出售安定注射液,或者贩卖安定注射液数量较大的,可以依法追究行为人的刑事责任。

357-3　**1.**《全国部分法院审理毒品犯罪案件工作座谈会纪要》(法〔2015〕129号,2015年5月18日)　二、关于毒品犯罪法律适用的若干具体问题　(三)毒品数量认定问题

走私、贩卖、运输、制造、非法持有两种以上毒品的,可以将不同种类的毒品分别折算为海洛因的数量,以折算后累加的毒品总量作为量刑的根据。对于刑法、司法解释或者其他规范性文件明确规定了定罪量刑数

---

* 《麻醉药品管理办法》和《精神药品管理办法》均已被废止。《麻醉药品和精神药品管理条例》(2005年11月1日施行)。

量标准的毒品，应当按照该毒品与海洛因定罪量刑数量标准的比例进行折算后累加。对于刑法、司法解释及其他规范性文件没有规定定罪量刑数量标准，但《非法药物折算表》规定了与海洛因的折算比例的毒品，可以按照《非法药物折算表》折算为海洛因后进行累加。对于既未规定定罪量刑数量标准，又不具备折算条件的毒品，综合考虑其致瘾癖性、社会危害性、数量、纯度等因素依法量刑。在裁判文书中，应当客观表述涉案毒品的种类和数量，并综合认定为数量大、数量较大或者少量毒品等，不明确表述将不同种类毒品进行折算后累加的毒品总量。

对于未查获实物的甲基苯丙胺片剂（俗称“麻古”等）、MDMA片剂（俗称“摇头丸”）等混合型毒品，可以根据在案证据证明的毒品粒数，参考本案或者本地区查获的同类毒品的平均重量计算出毒品数量。在裁判文书中，应当客观表述根据在案证据认定的毒品粒数。

对于有吸毒情节的贩毒人员，一般应当按照其购买的毒品数量认定其贩卖毒品的数量，量刑时酌情考虑其吸食毒品的情节；购买的毒品数量无法查明的，按照能够证明的贩卖数量及查获的毒品数量认定其贩毒数量；确有证据证明其购买的部分毒品并非用于贩卖的，不应计入其贩毒数量。

办理毒品犯罪案件，无论毒品纯度高低，一般均应将查证属实的毒品数量认定为毒品犯罪的数量，并据此确定适用的法定刑幅度，但司法解释另有规定或者为了隐蔽运输而临时改变毒品常规形态的除外。涉案毒品纯度明显低于同类毒品的正常纯度的，量刑时可以酌情考虑。

制造毒品案件中，毒品成品、半成品的数量应当全部认定为制造毒品的数量，对于无法再加工出成品、半成品的废液、废料则不应计入制造毒品的数量。对于废液、废料的认定，可以根据其毒品成分的含量、外观形态，结合被告人对制毒过程的供述等证据进行分析判断，必要时可以听取鉴定机构的意见。

2.《办理毒品犯罪案件毒品提取、扣押、称量、取样和送检程序若干问题的规定》（公禁毒〔2016〕511号，2016年7月1日）第三十三条　具有下列情形之一的，公安机关应当委托鉴定机构对查获的毒品进行含量鉴定：

（一）犯罪嫌疑人、被告人可能被判处死刑的；

（二）查获的毒品系液态、固液混合物或者系毒品半成品的；

(三)查获的毒品可能大量掺假的;

(四)查获的毒品系成分复杂的新类型毒品,且犯罪嫌疑人、被告人可能被判处七年以上有期徒刑的;

(五)人民检察院、人民法院认为含量鉴定对定罪量刑有重大影响而书面要求进行含量鉴定的。

进行含量鉴定的检材应当与进行成分鉴定的检材来源一致,且一一对应。

第八节 组织、强迫、引诱、容留、介绍卖淫罪

第三百五十八条 (刑九)【组织卖淫罪;强迫卖淫罪】组织、强迫他人*卖淫的,处五年以上十年以下有期徒刑,并处罚金;情节严重的**,处十年以上有期徒刑或者无期徒刑,并处罚金或者没收财产。

组织、强迫未成年人[1]卖淫的,依照前款的规定从重处罚。

犯前两款罪,并有杀害、伤害、强奸、绑架等犯罪行为的,依照数罪并罚的规定处罚。

---

* 主要是指女人,也包括男人。

** 湖南永州唐慧女儿被强迫卖淫案的被告人最终未被核准死刑。最高人民法院认为,根据刑法第三百五十八条规定,强迫他人卖淫只有情节特别严重的,如大规模强迫卖淫犯罪集团的首要分子,强迫多名幼女卖淫的,多次在公共场所劫持他人拘禁后强迫卖淫的,或者强迫卖淫手段特别残忍、造成被害人严重残疾或者死亡等情形,才可考虑判处死刑。但根据被害人陈述及证人的证言,证实被害人可与其他证人结伴外出、经常到附近网吧上网,未被完全限制人身自由,除有一次因不服从卖淫安排,被打脸部外,未发现被害人受到二被告人的其他暴力侵害。鉴于周军辉、秦星强迫卖淫的暴力、胁迫程度,犯罪情节的恶劣程度尚未达到情节特别严重,第一审判决、第二审裁定对二被告人以强迫卖淫罪判处死刑立即执行量刑不当。此外,本案复核期间又出现新的证据,可能影响对秦星是否构成立功的认定,依法应予查明。据此,我院于 2014 年 6 月 10 日依法裁定不核准二被告人死刑,将案件发回湖南省高级人民法院重新审判。2014 年 9 月 5 日,湖南省高级人民法院在对该案重新审判后作出终审判决,对二被告人改判为无期徒刑。本罪的死刑已经被《刑法修正案(九)》废除。

（刑八）【协助组织卖淫罪】*为组织卖淫的人招募、运送人员或者有其他协助[2]组织他人卖淫行为的，处五年以下有期徒刑，并处罚金；情节严重的，处五年以上十年以下有期徒刑，并处罚金。

358-1　《最高人民法院、最高人民检察院、公安部、司法部印发关于依法惩治性侵害未成年人犯罪的意见的通知》（法发〔2013〕12号，2013年10月23日）　26. 组织、强迫、引诱、容留、介绍未成年人卖淫构成犯罪的，应当从重处罚。强迫幼女卖淫、引诱幼女卖淫的，应当分别按照刑法第三百五十八条第一款第（二）项、第三百五十九条第二款的规定定罪处罚。对未成年人负有特殊职责的人员、与未成年人有共同家庭生活关系的人员、国家工作人员，实施组织、强迫、引诱、容留、介绍未成年人卖淫等性侵害犯罪的，更要依法从严惩处。

358-2　《立案标准（一）》第七十七条　在组织卖淫的犯罪活动中，充当保镖、打手、管账人等，起帮助作用的，应予立案追诉。

第三百五十九条　【引诱、容留、介绍卖淫罪】引诱、容留、介绍他人卖淫的，[1]处五年以下有期徒刑、拘役或者管制，并处罚金；情节严重的，处五年以上有期徒刑，并处罚金。

【引诱幼女卖淫罪】引诱不满十四周岁的幼女卖淫的，处五年以上有期徒刑，并处罚金。

359-1　**1.**《最高人民法院关于常见犯罪的量刑指导意见（二）（试行）》（2017年5月1日起试行）

（八）引诱、容留、介绍卖淫罪

1. 构成引诱、容留、介绍卖淫罪的，可以根据下列不同情形在相应的幅度内确定量刑起点：

（1）情节一般的，可以在二年以下有期徒刑、拘役幅度内确定量刑起点。

---

*　原条文"协助组织他人卖淫的，处五年以下有期徒刑，并处罚金；情节严重的，处五年以上十年以下有期徒刑，并处罚金。"将协助组织卖淫的行为单独规定为一个独立的罪名，而不是作为组织卖淫罪的从犯来处理，可以避免量刑畸轻，以加大打击力度。这是刑法的一个特别情况，值得高度重视。

(2)情节严重的,可以在五年至七年有期徒刑幅度内确定量刑起点。

2. 在量刑起点基础上,可以根据引诱、容留、介绍卖淫的人数、次数等其他影响犯罪构成的犯罪事实增加刑罚量,确定基准刑。

3. 旅馆业、饮食服务业、文化娱乐业、出租汽车业等单位的主要负责人,利用本单位的条件,引诱、容留、介绍他人卖淫的,可以增加基准刑的10% -20%。

2.《立案标准(一)》*第七十八条　引诱、容留、介绍他人卖淫,涉嫌下列情形之一的,应予立案追诉:

(一)引诱、容留、介绍二人次以上卖淫的;

(二)引诱、容留、介绍已满十四周岁未满十八周岁的未成年人卖淫的;

(三)被引诱、容留、介绍卖淫的人患有艾滋病或者患有梅毒、淋病等严重性病的。

第三百六十条**　**【传播性病罪】**明知[1] 自己患有梅毒、淋病等严重性病卖淫、嫖娼***的,处五年以下有期徒刑、拘役或者管制,并处罚金。

(刑九)**** ~~**【嫖宿幼女罪】**嫖宿[2] 不满十四周岁的幼女的,处五年以上有期徒刑,并处罚金。~~

360-1　《立案标准(一)》第八十条第二款　有下列情形之一的,可以认定为本规定的"明知":

(一)有证据证明曾到医疗机构就医,被诊断为患有严重性病的;

---

* 引诱、容留、介绍他人卖淫是否以营利为目的,不影响本罪的成立。介绍他人卖淫构成犯罪,但介绍他人嫖娼不构成犯罪。主要看介绍人为卖淫者提供帮助,还是为嫖娼者提供帮助。

在司法实践中,引诱、容留、介绍他人卖淫这三个行为往往是前后发生的,故作为一罪处理,是一个选择性罪名。虽然是一罪,但量刑有差别,如果同时实施了三个行为,其量刑肯定比只实施其中一个行为要重。容留是一个规范用语,不是通俗用语。法院判语一般为"为他人卖淫嫖娼活动牵线搭桥并提供场所"。上述表述就包括了引诱和容留两个行为。(张明楷)

** 张明楷教授认为,本罪名不应是传播性病罪,而应定为性病患者卖淫、嫖娼罪。传播性病罪,应被故意伤害罪或故意杀人罪所吸收。但我国刑法未将传染成功作为成立条件,这说明本罪在刑法中是一个抽象的危险犯,而不是一个侵害犯,人为地缩小了打击的范围。

*** 必须实施了卖淫嫖娼的行为。是否实际上造成了他人染上性病的结果,不影响本罪的成立。行为人通过其他方式(如通奸等)将性病传播给他人的,不构成本罪。

**** 《刑九》废除了嫖宿幼女罪。

（二）根据本人的知识和经验，能够知道自己患有严重性病的；

（三）通过其他方法能够证明是“明知的”。

360-2 **1.**《最高人民检察院关于构成嫖宿幼女罪主观上是否需要具备明知要件的解释》（2001年6月11日） 行为人知道被害人是或者可能*是不满十四周岁幼女而嫖宿的，适用刑法第三百六十条第二款的规定，以嫖宿幼女罪追究刑事责任。

2.《最高人民法院、最高人民检察院、公安部、司法部关于依法惩治性侵害未成年人犯罪的意见》（法发〔2013〕12号，2013年10月23日） 20.以金钱财物等方式引诱幼女与自己发生性关系的；知道或者应当知道幼女被他人强迫卖淫而仍与其发生性关系的，均以强奸罪论处**。

第三百六十一条 【特定单位的人员组织、强迫、引诱、容留、介绍卖淫的处理规定】旅馆业、饮食服务业、文化娱乐业、出租汽车业等单位的人员，利用本单位的条件，组织、强迫、引诱、容留、介绍他人卖淫的，依照本法第三百五十八条、第三百五十九条的规定定罪处罚。

前款所列单位的主要负责人，犯前款罪的，从重处罚。

第三百六十二条 【窝藏、包庇罪】旅馆业、饮食服务业、文化娱乐业、出租汽车业等单位的人员，在公安机关查处卖淫、嫖娼活

---

* 根据上述司法解释，“明知”包括“知道是幼女”和“知道可能是幼女”两种情况，而排除“不知道是幼女”和“知道不可能是幼女”，即排除对幼女事实一无所知的情况。应当正确理解嫖宿幼女罪中的“明知”，特别是其中的“可能知道”。一切皆有可能，多种“可能性”之中应当有程度之分，只有程度较高的“可能性”才能作为认定嫖宿幼女罪行为人的“明知”的依据，否则就违背了罪刑法定原则。

** 《意见》这一条款最大限度地压缩了嫖宿幼女罪的实施空间，使其近乎虚设，间接向社会表明了最高审判机关在嫖宿幼女罪存废问题上态度。最高人民法院认为，刑法规定：“奸淫不满十四周岁的幼女的，以强奸论，从重处罚。”也就是说，只要与幼女发生性关系，不论是否采用暴力、胁迫等手段，不论幼女是否同意，均构成强奸罪。这是基于幼女身心发育不成熟、尚不具备性决定能力的现实情况规定的，充分体现了法律对幼女性权利的绝对保护。但是，嫖宿幼女罪的规定，又间接承认了幼女可以“卖淫”、具备性自主能力，这不仅不符合幼女身心发育的实际状况，更与强奸罪的规定存在逻辑上的自相矛盾。

动时,为违法犯罪分子通风报信,情节严重的,依照本法第三百一十条(窝藏、包庇罪)的规定定罪处罚*。

第九节　制作、贩卖、传播淫秽物品罪[1]

S.9-1　1.《最高人民法院、最高人民检察院关于办理利用互联网、移动通讯终端、声讯台制作、复制、出版、贩卖、传播淫秽电子信息刑事案件具体应用法律若干问题的解释》(法释〔2004〕11号,2004年9月6日);2.《最高人民法院、最高人民检察院关于办理利用互联网、移动通讯终端、声讯台制作、复制、出版、贩卖、传播淫秽电子信息刑事案件具体应用法律若干问题的解释(二)》(法释〔2010〕3号,2010年2月4日)

第三百六十三条　【制作、复制、出版、贩卖、传播淫秽物品牟利罪】以牟利为目的**,制作、复制、出版、贩卖、传播[1]淫秽物品的,[2]处三年以下有期徒刑、拘役或者管制,并处罚金;情节严重的[3],处三年以上十年以下有期徒刑,并处罚金;情节特别严重的[4],处十年以上有期徒刑或者无期徒刑,并处罚金或者没收财产。

【为他人提供书号出版淫秽书刊罪】为他人提供书号***,出版淫秽书刊的[5],处三年以下有期徒刑、拘役或者管制,并处或者单处罚金;明知他人用于出版淫秽书刊而提供书号的,依照前款的规定处罚。

---

*　包庇罪本身并没有规定情节严重。

**　【吴铭等制作、复制、出版、贩卖、传播淫秽物品牟利罪案(快播案)】(2015)海刑初字第512号,认定"以牟利为目的",包括牟取间接利益,即通过广告、流量、用户数量等获得间接收入的目的。淫秽视频被搜索、点播、下载的数量越多,淫秽视频的网络传播者所获取的间接利益可能就越大。快播公司以获取广告费等间接利益为目的,为吸引网民、增加网站网页访问量、提高用户数量而在互联网上发布、陈列、播放淫秽视频的行为,符合"以牟利为目的"。

***　做扩大性解释,还可包括刊号、版号。

363-1　法释〔2004〕11号第七条　明知*他人实施制作、复制、出版、贩卖、传播淫秽电子信息犯罪，为其提供互联网接入、服务器托管、网络存储空间、通讯传输通道、费用结算等帮助的，对直接负责的主管人员和其他直接责任人员，以共同犯罪论处**。

363-2　《立案标准(一)》第八十二条第一款　以牟利为目的，制作、复制、出版、贩卖、传播淫秽物品，涉嫌下列情形之一的，应予立案追诉：

(一)制作、复制、出版淫秽影碟、软件、录像带五十至一百张(盒)以上，淫秽音碟、录音带一百至二百张(盒)以上，淫秽扑克、书刊、画册一百至二百副(册)以上，淫秽照片、画片五百至一千张以上的；

(二)贩卖淫秽影碟、软件、录像带一百至二百张(盒)以上，淫秽音碟、录音带二百至四百张(盒)以上，淫秽扑克、书刊、画册二百至四百副(册)以上，淫秽照片、画片一千至二千张以上的；

(三)向他人传播淫秽物品达二百至五百人次以上，或者组织播放淫秽影像达十至二十场次以上的；

(四)制作、复制、出版、贩卖、传播淫秽物品，获利五千至一万元以上的。

《立案标准(一)》第八十二条第二款　以牟利为目的，利用互联网、移动通讯终端制作、复制、出版、贩卖、传播淫秽电子信息，涉嫌下列情形之一的，应予立案追诉：

(一)制作、复制、出版、贩卖、传播淫秽电影、表演、动画等视频文件二十个以上的；

(二)制作、复制、出版、贩卖、传播淫秽音频文件一百个以上的；

(三)制作、复制、出版、贩卖、传播淫秽电子刊物、图片、文章、短信息等二百件以上的；

(四)制作、复制、出版、贩卖、传播的淫秽电子信息，实际被点击数达到一万次以上的；

---

* 【吴铭等制作、复制、出版、贩卖、传播淫秽物品牟利罪案(快播案)】(2016)京01刑终592号，吴铭被认定为具有主观上"明知"，不要求其对快播网络传播淫秽物品的具体方法、技术等完全知晓，只要求有足够证据证明其对快播公司传播淫秽视频这一基本事实具有"明知"。第一，吴铭在得知快播涉黄后，要求下属找王欣做决策；第二，在网监对快播涉黄的检查中，吴铭要求下属应付检查，对不利信息保持沉默；第三，吴铭清楚得知快播公司因涉淫秽视频被行政处罚，并不时得到下属对淫秽视频屏蔽情况的汇报。

** 又一例不以事先通谋为前提的共同犯罪。

第一百五十二条规定的走私淫秽物品罪，将牟利和传播并列规定为目的，而在本条中，传播是一种客观行为，而不是一种主观目的。

(五)以会员制方式出版、贩卖、传播淫秽电子信息,注册会员达二百人以上的;

(六)利用淫秽电子信息收取广告费、会员注册费或者其他费用,违法所得一万元以上的;

(七)数量或者数额虽未达到本款第(一)项至第(六)项规定标准,但分别达到其中两项以上标准的百分之五十以上的;

(八)造成严重后果的。

《立案标准(一)》第八十二条第三款　利用聊天室、论坛、即时通信软件、电子邮件等方式,实施本条第二款规定行为的,应予立案追诉。

《立案标准(一)》第八十二条第四款　以牟利为目的,通过声讯台传播淫秽语音信息,涉嫌下列情形之一的,应予立案追诉:

(一)向一百人次以上传播的;

(二)违法所得一万元以上的;

(三)造成严重后果的。

363-3 《最高人民法院关于审理非法出版物刑事案件具体应用法律若干问题的解释》(法释〔1998〕30号,1998年12月23日)第八条第二款　以牟利为目的,实施刑法第三百六十三条第一款规定的行为,具有下列情形之一的,应当认定为制作、复制、出版、贩卖、传播淫秽物品牟利罪"情节严重":

(一)制作、复制、出版淫秽影碟、软件、录像带250至500张(盒)以上,淫秽音碟、录音带500至1000张(盒)以上,淫秽扑克、书刊、画册500至1000副(册)以上,淫秽照片、画片2500至5000张以上的;

(二)贩卖淫秽影碟、软件、录像带500至1000张(盒)以上,淫秽音碟、录音带1000至2000张(盒)以上,淫秽扑克、书刊、画册1000至2000副(册)以上,淫秽照片、画片5000至10000张以上的;

(三)向他人传播淫秽物品达1000至2000人次以上,或者组织播放淫秽影、像达50至100场次以上的;

(四)制作、复制、出版、贩卖、传播淫秽物品,获利3万至5万元以上的。

363-4 法释〔1998〕30号第八条第三款　以牟利为目的,实施刑法第三百六十三条第一款规定的行为,其数量(数额)达到前款规定的数量(数额)5倍以上的,应当认定为制作、复制、出版、贩卖、传播淫秽物品牟利罪"情节特别严重"。

363-5 《立案标准(一)》第八十二条第五款　明知他人用于出版淫秽书刊而提供书号、刊号的,应予立案追诉。

第三百六十四条[*]　**【传播淫秽物品罪】**传播淫秽的书刊、影片、音像、图片或者其他淫秽物品,情节严重的,[1] 处二年以下有期徒刑、拘役或者管制。

【组织播放淫秽音像制品罪】组织播放淫秽的电影、录像等音像制品的,[2] 处三年以下有期徒刑、拘役或者管制,并处罚金;情节严重的,处三年以上十年以下有期徒刑,并处罚金。

制作、复制淫秽的电影、录像等音像制品组织播放的,依照第二款的规定从重处罚。

向不满十八周岁的未成年人传播淫秽物品的,从重处罚。

364-1 《立案标准(一)》第八十四条　传播淫秽的书刊、影片、音像、图片或者其他淫秽物品,涉嫌下列情形之一的,应予立案追诉:

(一)向他人传播三百至六百人次以上的;

(二)造成恶劣社会影响的。

不以牟利为目的,利用互联网、移动通讯终端传播淫秽电子信息,涉嫌下列情形之一的,应予立案追诉:

(一)数量达到本规定第八十二条第二款第(一)项至第(五)项规定标准二倍以上的;

(二)数量分别达到本规定第八十二条第二款第(一)项至第(五)项两项以上标准的;

(三)造成严重后果的。利用聊天室、论坛、即时通信软件、电子邮件等方式,实施以上行为的,应予立案追诉。

364-2 《立案标准(一)》第八十五条　组织播放淫秽的电影、录像等音像制品,涉嫌下列情形之一的,应予立案追诉:

(一)组织播放十五至三十场次以上的;

(二)造成恶劣社会影响的。

---

* 本条各款均不包括牟利目的,否则成立量刑更重的传播淫秽物品牟利罪。本罪第三款的制作、复制行为和组织播放行为也不包括牟利目的。

第三百六十五条 【组织淫秽表演罪】组织进行淫秽表演的,[1]处三年以下有期徒刑、拘役或者管制,并处罚金;情节严重的,处三年以上十年以下有期徒刑,并处罚金。

365-1 《立案标准(一)》第八十六条 以策划、招募、强迫、雇用、引诱、提供场地、提供资金等手段,组织进行淫秽表演,涉嫌下列情形之一的,应予立案追诉:

(一)组织表演者进行裸体表演的;

(二)组织表演者利用性器官进行诲淫性表演的;

(三)组织表演者半裸体或者变相裸体表演并通过语言、动作具体描绘性行为的;

(四)其他组织进行淫秽表演应予追究刑事责任的情形。

第三百六十六条 【单位犯本节规定之罪的处罚】单位犯本节第三百六十三条、第三百六十四条、第三百六十五条规定之罪的,对单位判处罚金,并对其直接负责的主管人员和其他直接责任人员,依照各该条的规定处罚。

第三百六十七条 【淫秽物品的范围】本法所称淫秽物品,是指具体描绘性行为或者露骨宣扬色情的淫秽性的书刊、影片、录像带、录音带、图片及其他淫秽物品。[1]

有关人体生理、医学知识的科学著作不是淫秽物品。

包含有色情内容的有艺术价值的文学、艺术作品不视为淫秽物品。

367-1 法释〔2004〕11号第九条 刑法第三百六十七条第一款规定的"其他淫秽物品",包括具体描绘性行为或者露骨宣扬色情的淫秽性的视频文件、音频文件、电子刊物、图片、文章、短信息等互联网、移动通讯终端电子信息和声讯台语音信息。有关人体生理、医学知识的电子信息和声讯台语音信息不是淫秽物品。包含色情内容的有艺术价值的电子文学、艺术作品不视为淫秽物品。

第七章 危害国防利益罪*

第三百六十八条 【阻碍军人执行职务罪】以暴力、威胁方法阻碍军人依法执行职务的，处三年以下有期徒刑、拘役、管制或者罚金。

【阻碍军事行动罪】故意阻碍武装部队军事行动，造成严重后果的，处五年以下有期徒刑或者拘役。

第三百六十九条[1] 【破坏武器装备、军事设施、军事通信罪】破坏武器装备、军事设施、军事通信的，[2] 处三年以下有期徒刑、拘役或者管制；破坏重要军事装备、军事设施、军事通信[3] 的，处三年以上十年以下有期徒刑；情节特别严重的，[4] 处十年以上有期徒刑、无期徒刑或者死刑。

（刑五）**【过失损坏***武器装备、军事设施、军用通信罪】**过失犯前款罪，造成严重后果的，[5] 处三年以下有期徒刑或者拘役；造成特别严重后果的，[6] 处三年以上七年以下有期徒刑。

战时犯前两款罪的，从重处罚。

369-1 《最高人民法院关于审理危害军事通信刑事案件具体应用

---

* 危害国防利益罪，系 1997 年刑法新增章节，指故意或过失危害国防利益的犯罪。其犯罪主体是一般主体，但也有一些特殊主体，主要是指一些供货单位，另外，在接送不合格兵员罪中，也包括军人，但本罪的犯罪主体多系非军人。

** 《刑法修正案（五）》增加过失犯罪的规定。

*** 原罪名使用“破坏”一词，不能准确反映该行为的过失特点，故改为“损坏”。

法律若干问题的解释》(法释〔2007〕13号,2007年6月29日)。

369-2 法释〔2007〕13号第一条 故意实施损毁军事通信线路、设备,破坏军事通信计算机信息系统,干扰、侵占军事通信电磁频谱等行为的,依照刑法第三百六十九条第一款的规定,以破坏军事通信罪定罪,处三年以下有期徒刑、拘役或者管制;破坏重要军事通信的,处三年以上十年以下有期徒刑。

法释〔2007〕13号第五条第一款 建设、施工单位直接负责的主管人员、施工管理人员,明知是军事通信线路、设备而指使、强令、纵容他人予以损毁的,或者不听管护人员劝阻,指使、强令、纵容他人违章作业,造成军事通信线路、设备损毁的,以破坏军事通信罪定罪处罚。

369-3 法释〔2007〕13号第七条 本解释所称"重要军事通信",是指军事首脑机关及重要指挥中心的通信,部队作战中的通信,等级战备通信,飞行航行训练、抢险救灾、军事演习或者处置突发性事件中的通信,以及执行试飞试航、武器装备科研试验或者远洋航行等重要军事任务中的通信。

本解释所称军事通信的具体范围、通信中断和严重障碍的标准,参照中国人民解放军通信主管部门(总参通信部制订的部门规章)的有关规定确定。

369-4 法释〔2007〕13号第二条 实施破坏军事通信行为,具有下列情形之一的*,属于刑法第三百六十九条第一款规定的"情节特别严重",以破坏军事通信罪定罪,处十年以上有期徒刑、无期徒刑或者死刑:

(一)造成重要军事通信中断或者严重障碍,严重影响部队完成作战任务或者致使部队在作战中遭受损失的;

(二)造成部队执行抢险救灾、军事演习或者处置突发性事件等任务的通信中断或者严重障碍,并因此贻误部队行动,致使死亡3人以上、重伤10人以上或者财产损失100万元以上的;

(三)破坏重要军事通信三次以上的;

---

* 本条罪名与放火罪、爆炸罪、故意毁坏财物罪等有相似之处,关键区别在于对象不同,因而所侵犯的法益不同。由于刑法对本罪的破坏行为没有任何限定,只是限定了破坏的对象,且法定最高刑为死刑,故无论使用什么方法,只要是破坏武器装备、军事设施、军事通信的,就应以本罪论处。

(四)其他情节特别严重的情形。

369-5 法释〔2007〕13号第三条 过失损坏军事通信,造成重要军事通信中断或者严重障碍的,属于刑法第三百六十九条第二款规定的"造成严重后果",以过失损坏军事通信罪定罪,处三年以下有期徒刑或者拘役。

法释〔2007〕13号第五条第二款 建设、施工单位直接负责的主管人员、施工管理人员,忽视军事通信线路、设备保护标志,指使、纵容他人违章作业,致使军事通信线路、设备损毁,构成犯罪的,以过失损坏军事通信罪定罪处罚。

369-6 法释〔2007〕13号第四条 过失损坏军事通信,具有下列情形之一的,属于刑法第三百六十九条第二款规定的"造成特别严重后果",以过失损坏军事通信罪定罪,处三年以上七年以下有期徒刑:

(一)造成重要军事通信中断或者严重障碍,严重影响部队完成作战任务或者致使部队在作战中遭受损失的;

(二)造成部队执行抢险救灾、军事演习或者处置突发性事件等任务的通信中断或者严重障碍,并因此贻误部队行动,致使死亡3人以上、重伤10人以上或者财产损失100万元以上的;

(三)其他后果特别严重的情形。

第三百七十条 【故意提供不合格武器装备、军事设施罪】明知是不合格的武器装备、军事设施而提供给武装部队的,[1] 处五年以下有期徒刑或者拘役;情节严重的,处五年以上十年以下有期徒刑;情节特别严重的,处十年以上有期徒刑、无期徒刑或者死刑。

【过失提供不合格武器装备、军事设施罪】过失犯前款罪,造成严重后果的,[2] 处三年以下有期徒刑或者拘役;造成特别严重后果的,处三年以上七年以下有期徒刑。

单位犯第一款罪的*,对单位判处罚金,并对其直接负责的主管人员和其他直接责任人员,依照第一款的规定处罚。

---

* 单位不构成过失提供不合格武器装备、军事设施罪。

370-1 《立案标准(一)》第八十七条　明知是不合格的武器装备、军事设施而提供给武装部队,涉嫌下列情形之一的,应予立案追诉:

(一)造成人员轻伤以上的;

(二)造成直接经济损失十万元以上的;

(三)提供不合格的枪支三支以上、子弹一百发以上、雷管五百枚以上、炸药五千克以上或者其他重要武器装备、军事设施的;

(四)影响作战、演习、抢险救灾等重大任务完成的;

(五)发生在战时的;

(六)其他故意提供不合格武器装备、军事设施应予追究刑事责任的情形。

370-2 《立案标准(一)》第八十八条　过失提供不合格武器装备、军事设施给武装部队,涉嫌下列情形之一的,应予立案追诉:

(一)造成死亡一人或者重伤三人以上的;

(二)造成直接经济损失三十万元以上的;

(三)严重影响作战、演习、抢险救灾等重大任务完成的;

(四)其他造成严重后果的情形。

第三百七十一条　【聚众冲击军事禁区罪】聚众冲击军事禁区*,严重扰乱军事禁区秩序的,对首要分子,处五年以上十年以下有期徒刑;对其他积极参加的,[1] 处五年以下有期徒刑、拘役、管制或者剥夺政治权利。

【聚众扰乱军事管理区秩序罪】聚众扰乱军事管理区秩序,情节严重,致使军事管理区工作无法进行,造成严重损失的,对首要分子,处三年以上七年以下有期徒刑;对其他积极参加的,[2] 处三年以下有期徒刑、拘役、管制或者剥夺政治权利。

---

* 《军事设施保护法》规定,国家根据军事设施的性质、作用、安全保密的需要和使用效能的要求,划定军事禁区、军事管理区,没有划入军事禁区、军事管理区的军事设施,也应当采取保护措施。扰乱军事禁区和军事管理区,无论是定罪还是量刑,差别都很大。聚众扰乱军事管理区秩序罪,必须要求情节严重,而聚众扰乱军事禁区秩序罪,则无须情节严重,即构成犯罪。

371-1　《立案标准(一)》第八十九条　组织、策划、指挥聚众冲击军事禁区或者积极参加聚众冲击军事禁区,严重扰乱军事禁区秩序,涉嫌下列情形之一的,应予立案追诉:

(一)冲击三次以上或者一次冲击持续时间较长的;

(二)持械或者采取暴力手段冲击的;

(三)冲击重要军事禁区的;

(四)发生在战时的;

(五)其他严重扰乱军事禁区秩序应予追究刑事责任的情形。

371-2　《立案标准(一)》第九十条　组织、策划、指挥聚众扰乱军事管理区秩序或者积极参加聚众扰乱军事管理区秩序,致使军事管理区工作无法进行,造成严重损失,涉嫌下列情形之一的,应予立案追诉:

(一)造成人员轻伤以上的;

(二)扰乱三次以上或者一次扰乱持续时间较长的;

(三)造成直接经济损失五万元以上的;

(四)持械或者采取暴力手段的;

(五)扰乱重要军事管理区秩序的;

(六)发生在战时的;

(七)其他聚众扰乱军事管理区秩序应予追究刑事责任的情形。

第三百七十二条　【冒充军人招摇撞骗罪】冒充军人招摇撞骗的,处三年以下有期徒刑、拘役、管制或者剥夺政治权利;情节严重的,处三年以上十年以下有期徒刑*。

第三百七十三条　【煽动军人逃离部队罪;雇用逃离部队军人罪】煽动**军人逃离部队[1]或者明知是逃离部队的军人而雇用,[2]情节严重的,处三年以下有期徒刑、拘役或者管制。

---

* 量刑与招摇撞骗罪相同。

** 煽动,是指对军人以造谣、引诱、劝说、怂恿等方法使军人逃离部队。煽动行为必须情节严重才构成本罪。

张明楷教授解释,煽动与教唆不是等同概念,其关键区别在于对象是否特定,从整体上说,煽动是比教唆更为缓和的概念。

373-1　《立案标准(一)》第九十一条　煽动军人逃离部队,涉嫌下列情形之一的,应予立案追诉:

(一)煽动三人以上逃离部队的;

(二)煽动指挥人员、值班执勤人员或者其他负有重要职责人员逃离部队的;

(三)影响重要军事任务完成的;

(四)发生在战时的;

(五)其他情节严重的情形。

373-2　《立案标准(一)》第九十二条　明知是逃离部队的军人而雇用,涉嫌下列情形之一的,应予立案追诉:

(一)雇用一人六个月以上的;

(二)雇用三人以上的;

(三)明知是逃离部队的指挥人员、值班执勤人员或者其他负有重要职责人员而雇用的;

(四)阻碍部队将被雇用军人带回的;

(五)其他情节严重的情形。

第三百七十四条　【接送不合格兵员罪】在征兵工作中徇私舞弊,接送不合格兵员,情节严重的,[1] 处三年以下有期徒刑或者拘役;造成特别严重后果的,处三年以上七年以下有期徒刑。

374-1　《立案标准(一)》第九十三条　在征兵工作中徇私舞弊,接送不合格兵员,涉嫌下列情形之一的,应予立案追诉:

(一)接送不合格特种条件兵员一名以上或者普通兵员三名以上的;

(二)发生在战时的;

(三)造成严重后果的;

(四)其他情节严重的情形。

第三百七十五条[1]　(刑七)【伪造、变造、买卖武装部队公文、证件、印章罪;盗窃、抢夺武装部队公文、证件、印章罪】伪造、变造、买卖或者盗窃、抢夺[2] 武装部队公文、证件、印章的,[3] 处三年以下有期徒刑、拘役、管制或者剥夺政治权利;情节严重的,处三年以上十年以下有期徒刑*。

【非法生产、买卖武装部队制式服装罪】**非法生产、买卖武装部队制式服装，情节严重的，[4] 处三年以下有期徒刑、拘役或者管制，并处或者单处罚金。

【伪造、盗窃、买卖、非法提供、非法使用武装部队专用标志罪】伪造、盗窃、买卖或者非法提供、使用武装部队车辆号牌等专用标志，情节严重的，[5] 处三年以下有期徒刑、拘役或者管制，并处或者单处罚金；情节特别严重的，[6] 处三年以上七年以下有期徒刑，并处罚金。

单位犯第二款、第三款罪的，[7] 对单位判处罚金，并对其直接负责的主管人员和其他直接责任人员，依照各该款的规定处罚。

375-1 《最高人民法院、最高人民检察院关于办理妨害武装部队制式服装、车辆号牌管理秩序等刑事案件具体应用法律若干问题的解释》(法释〔2011〕16 号,2011 年 8 月 1 日)第四条　买卖、盗窃、抢夺伪造、变造的武装部队公文、证件、印章的，买卖仿制的现行装备的武装部队制式服装情节严重的，盗窃、买卖、提供、使用伪造、变造的武装部队车辆号牌等专用标志情节严重的，应当追究刑事责任。定罪量刑标准适用本解释第一至第三条的规定。

法释〔2011〕16 号第六条　实施刑法第三百七十五条规定的犯罪行为，同时又构成逃税、诈骗、冒充军人招摇撞骗等犯罪的，依照处罚较重的规定定罪处罚。

375-2 法释〔2011〕16 号第五条　明知他人实施刑法第三百七十五条规定的犯罪行为，而为其生产、提供专用材料或者提供资金、账号、技术、生产经营场所等帮助的，以共犯论处。

---

* 量刑与伪造、变造、买卖国家机关公文、证件、印章罪，盗窃、抢夺国家机关公文、证件、印章罪相同。

** 《刑法修正案(七)》对第二款进行了修改，并增加了第三款将军用标志与制式服装分开，且规定了不同的法定刑。原第二款为："非法生产、买卖武装部队制式服装、车辆号牌等专用标志，情节严重的，处三年以下有期徒刑、拘役或者管制，并处或者单处罚金。"

375-3 法释〔2011〕16号第一条 伪造、变造、买卖或者盗窃、抢夺武装部队公文、证件、印章,具有下列情形之一的,应当依照刑法第三百七十五条第一款的规定,以伪造、变造、买卖武装部队公文、证件、印章罪或者盗窃、抢夺武装部队公文、证件、印章罪定罪处罚:

(一)伪造、变造、买卖或者盗窃、抢夺武装部队公文一件以上的;

(二)伪造、变造、买卖或者盗窃、抢夺武装部队军官证、士兵证、车辆行驶证、车辆驾驶证或者其他证件二本以上的;

(三)伪造、变造、买卖或者盗窃、抢夺武装部队机关印章、车辆牌证印章或者其他印章一枚以上的。实施前款规定的行为,数量达到第(一)至(三)项规定标准五倍以上或者造成严重后果的,应当认定为刑法第三百七十五条第一款规定的"情节严重"。

375-4 法释〔2011〕16号第二条 非法生产、买卖武装部队现行装备的制式服装,具有下列情形之一的,应当认定为刑法第三百七十五条第二款规定的"情节严重",以非法生产、买卖武装部队制式服装罪定罪处罚:

(一)非法生产、买卖成套制式服装三十套以上,或者非成套制式服装一百件以上的;

(二)非法生产、买卖帽徽、领花、臂章等标志服饰合计一百件(副)以上的;

(三)非法经营数额二万元以上的;

(四)违法所得数额五千元以上的;

(五)具有其他严重情节的。

375-5 法释〔2011〕16号第三条第一款 伪造、盗窃、买卖或者非法提供、使用武装部队车辆号牌等专用标志,具有下列情形之一的,应当认定为刑法第三百七十五条第三款规定的"情节严重",以伪造、盗窃、买卖、非法提供、非法使用武装部队专用标志罪定罪处罚:

(一)伪造、盗窃、买卖或者非法提供、使用武装部队军以上领导机关车辆号牌一副以上或者其他车辆号牌三副以上的;

(二)非法提供、使用军以上领导机关车辆号牌之外的其他车辆号牌累计六个月以上的;

(三)伪造、盗窃、买卖或者非法提供、使用军徽、军旗、军种符号或者其他军用标志合计一百件(副)以上的;

（四）造成严重后果或者恶劣影响的。

375-6　法释〔2011〕16号第三条第二款　实施前款规定的行为，具有下列情形之一的，应当认定为刑法第三百七十五条第三款规定的“情节特别严重”：

（一）数量达到前款第（一）、（三）项规定标准五倍以上的；

（二）非法提供、使用军以上领导机关车辆号牌累计六个月以上或者其他车辆号牌累计一年以上的；

（三）造成特别严重后果或者特别恶劣影响的。

375-7　法释〔2011〕16号第七条　单位实施刑法第三百七十五条第二款、第三款规定的犯罪行为，对单位判处罚金，并对其直接负责的主管人员和其他直接责任人员，分别依照本解释的有关规定处罚。

第三百七十六条　【战时拒绝、逃避征召、军事训练罪】预备役人员战时拒绝、逃避征召或者军事训练，情节严重的，[1] 处三年以下有期徒刑或者拘役。

【战时拒绝、逃避服役罪】公民战时拒绝、逃避服役，情节严重的，[2] 处二年以下有期徒刑或者拘役。

376-1　《立案标准（一）》第九十五条　预备役人员战时拒绝、逃避征召或者军事训练，涉嫌下列情形之一的，应予立案追诉：

（一）无正当理由经教育仍拒绝、逃避征召或者军事训练的；

（二）以暴力、威胁、欺骗等手段，或者采取自伤、自残等方式拒绝、逃避征召或者军事训练的；

（三）联络、煽动他人共同拒绝、逃避征召或者军事训练的；

（四）其他情节严重的情形。

376-2　《立案标准（一）》第九十六条　公民战时拒绝、逃避服役，涉嫌下列情形之一的，应予立案追诉：

（一）无正当理由经教育仍拒绝、逃避服役的；

（二）以暴力、威胁、欺骗等手段，或者采取自伤、自残等方式拒绝、逃避服役的；

（三）联络、煽动他人共同拒绝、逃避服役的；

（四）其他情节严重的情形。

第三百七十七条　【战时故意提供虚假敌情罪】战时故意向武装部队提供虚假敌情*，造成严重后果的，处三年以上十年以下有期徒刑；造成特别严重后果的，处十年以上有期徒刑或者无期徒刑。

第三百七十八条　【战时造谣扰乱军心罪】战时造谣惑众，扰乱军心的，处三年以下有期徒刑、拘役或者管制；情节严重的，处三年以上十年以下有期徒刑。

第三百七十九条　【战时窝藏逃离部队军人罪】战时明知是逃离部队的军人而为其提供隐蔽处所、财物，情节严重的，[1] 处三年以下有期徒刑或者拘役。**

379-1　《立案标准(一)》第九十七条　战时明知是逃离部队的军人而为其提供隐蔽处所、财物，涉嫌下列情形之一的，应予立案追诉：

(一)窝藏三人次以上的；

(二)明知是指挥人员、值班执勤人员或者其他负有重要职责人员而窝藏的；

(三)有关部门查找时拒不交出的；

(四)其他情节严重的情形。

第三百八十条　【战时拒绝、故意延误军事订货罪】战时拒绝或者故意延误军事订货，情节严重的，[1] 对单位判处罚金，并对其直接负责的主管人员和其他直接责任人员，处五年以下有期徒刑或者拘役；造成严重后果的，处五年以上有期徒刑。

380-1　《立案标准(一)》第九十八条　战时拒绝或者故意延误军事订货，涉嫌下列情形之一的，应予立案追诉：

---

* 如果行为人故意提供自己认为是虚假的情报，但事实上，这个情节是真实的，则不构成犯罪。即“虚假”不以行为人的主观认识为标准，而应以客观事实为标准。(张明楷)

** 与普通窝藏罪相比，本罪少了一项管制刑，但普通窝藏罪规定了两个量刑档次，情节严重的，处三年以上十年以下有期徒刑。

(一)拒绝或者故意延误军事订货三次以上的;

(二)联络、煽动他人共同拒绝或者故意延误军事订货的;

(三)拒绝或者故意延误重要军事订货,影响重要军事任务完成的;

(四)其他情节严重的情形。

第三百八十一条　【战时拒绝军事征收、征用罪】战时拒绝军事征收、征用*,情节严重的,[1] 处三年以下有期徒刑或者拘役。

381-1　《立案标准(一)》第九十九条　战时拒绝军事征用,涉嫌下列情形之一的,应予立案追诉:

(一)无正当理由拒绝军事征用三次以上的;

(二)采取暴力、威胁、欺骗等手段拒绝军事征用的;

(三)联络、煽动他人共同拒绝军事征用的;

(四)拒绝重要军事征用,影响重要军事任务完成的;

(五)其他情节严重的情形。

---

* 根据2009年6月27日《全国人民代表大会常务委员会关于修改部分法律的决定》修改。

第八章　贪污贿赂罪[1]

C.8-1　1.《最高人民法院、最高人民检察院关于办理贪污贿赂刑事案件适用法律若干问题的解释》*(法释〔2016〕9号,2016年4月18日)。2.《最高人民检察院关于人民检察院直接受理立案侦查案件立案标准的规定(试行)》(高检发释字〔1999〕2号,1999年9月16日)。3.《全国法院审理经济犯罪案件工作座谈会纪要》**(法〔2003〕167号,2003年11月13日)。4.《最高人民法院、最高人民检察院关于办理职务犯罪案件认定自首、立功等量刑情节若干问题的意见》(法发〔2009〕13号,2009年3月12日)。5.《最高人民法院、最高人民检察院关于办理国家出资企业中职务犯罪案件具体应用法律若干问题的意见》(法发〔2010〕49号,2010年10月2日)。6.《最高人民法院、最高人民检察院关于办理受贿刑事案件适用法律若干问题的意见》(法发〔2007〕22号,2007年7月8日)。7.《最高人民法院、最高人民检察院关于办理商业贿赂刑事案件适用法律若干问题的意见》***(法发〔2008〕33号,2008年11月20日)。8.《最高人民法院、最高人民检察院关于办理行贿刑事案件具体应用法律若干问题的解释》(法释〔2012〕22号,2013年1月1日)。

法释〔2016〕9号第十六条　国家工作人员出于贪污、受贿的故意,非法占有公共财物、收受他人财物之后,将赃款赃物用于单位公务支出或者社会捐赠的,不影响贪污罪、受贿罪的认定,但量刑时可以酌情考虑。特定关系人索取、收受他人财物,国家工作人员知道后未退还或者上交的,应当认定国家工作人员具有受贿故意。

---

* 法释〔2016〕9号第二十条　本解释自2016年4月18日起施行。最高人民法院、最高人民检察院此前发布的司法解释与本解释不一致的,以本解释为准。

** 本会议纪要重点讨论了贪污贿赂和渎职犯罪案件中遇到的有关适用法律的若干问题。

*** 本意见除涉及非国家工作人员的商业贿赂犯罪,也涉及国家工作人员的贿赂犯罪。

理解与适用：适用本规定时需要注意以下三点：一是此情形以国家工作人员接受特定关系人转请托为前提，特定关系人未将转请托事项告知国家工作人员的，不适用本规定。二是不同于刑法在影响力贿赂犯罪中规定的关系密切的人，对于特定关系人的认定范围，要依照最高人民法院、最高人民检察院《关于办理受贿刑事案件适用法律若干问题的意见》的相关规定从严掌握，即特定关系人仅指“与国家工作人员有近亲属、情妇(夫)以及其他共同利益关系的人”。三是知道后未退还或者上交强调的是主观故意的判断，因赃款赃物被特定关系人挥霍等，知道时确实已经不具备退还或者上交的客观条件的，则应当有所区别，慎重适用。四是影响力贿赂犯罪以国家工作人员不构成受贿罪为前提，在认定国家工作人员构成受贿罪的情况下，相关行受贿犯罪的罪名适用应当保持协调一致，对特定关系人不得另以利用影响力受贿罪处理，对行贿人也不得以对有影响力的人行贿罪处理。

法释〔2016〕9号第十九条第二款　对刑法规定并处罚金的其他贪污贿赂犯罪，应当在十万元以上犯罪数额二倍以下判处罚金。

理解与适用：一是第二款规定中的“其他贪污贿赂犯罪”，应当理解为除贪污罪、受贿罪之外规定在刑法分则第八章中的其他贪污贿赂犯罪，而不包括非国家工作人员职务犯罪。二是贪污贿赂犯罪的罚金刑最低判罚标准为十万元，除适用刑法第三十七条的规定免予刑事处罚之外，不得减至十万元以下判处罚金。

最高人民法院刑二庭《宽严相济在经济犯罪和职务犯罪案件审判中的具体贯彻》(2010年4月7日)　二、宽严相济刑事政策在职务犯罪案件审判中的具体贯彻

(一)关于从严惩处的案件范围。保持惩治腐败的高压态势，依法从严惩治腐败，是我国惩治和预防腐败工作的一项长期政策。根据《意见》第8条第1款规定，当前要特别注意严肃惩处以下职务犯罪：发生在领导机关和领导干部中滥用职权、贪污贿赂、腐化堕落、失职渎职等职务犯罪；工程建设、土地出让、产权交易、医药购销、政府采购、资源开发和经销、金融等多发易发领域的商业贿赂犯罪；在扩内需、保增长，灾后恢复重建等专项工作中发生的贪污贿赂、挪用公款、渎职等职务犯罪；黑恶势力犯罪、重大安全生产事故、重大食品安全等群体性事件背后的行贿受贿、徇私舞弊、滥用职权、玩忽职守等职务犯罪；贪污、挪用、侵占农业投

资专项资金等职务犯罪。

(四)关于缓刑等非监禁刑的适用。在依照《意见》第14条、第15条、第16条规定适用缓刑等非监禁刑时,应当充分考虑到当前职务犯罪案件缓刑等非监禁刑适用比例偏高的实际情况,以及职务犯罪案件适用非监禁刑所需要的社会民意基础和过多适用非监禁刑可能带来的社会负面影响。贪污、受贿犯罪分子具有下列情形之一的,一般不得适用缓刑:致使国家、集体和人民利益遭受重大损失或者影响恶劣的;不退赃或者退赃不积极,无悔罪表现的;犯罪动机、手段等情节恶劣,或者将赃款用于非法经营、走私、赌博、行贿等违法犯罪活动的;属于共同犯罪中情节严重的主犯,或者犯有数罪的;曾因职务、经济违法犯罪行为受过行政处分或者刑事处罚的;犯罪涉及的财物属于救灾、抢险、防汛、防疫、优抚、扶贫、移民、救济、捐助、社会保险、教育、征地、拆迁等专项款项和物资的。

《最高人民法院、最高人民检察院关于办理贪污贿赂刑事案件适用法律若干问题的解释》(法释〔2016〕9号,2016年4月18日)

法释〔2016〕9号第十七条　国家工作人员利用职务上的便利,收受他人财物,为他人谋取利益,同时构成受贿罪和刑法分则第三章第三节、第九章规定的渎职犯罪的,除刑法另有规定外,以受贿罪和渎职犯罪数罪并罚。

第三百八十二条　【贪污罪】国家工作人员利用职务上的便利,[1] 侵吞、窃取、骗取或者以其他手段非法占有公共财物的,是贪污罪。[2]

受国家机关、国有公司、企业、事业单位、人民团体委托[3] 管理、经营国有财产的人员,利用职务上的便利,侵吞、窃取、骗取或者以其他手段非法占有国有财物的,以贪污论。

与前两款所列人员勾结,伙同贪污的,[4] 以共犯论处。

382-1　1. 高检发释字〔1999〕2号　一、贪污贿赂犯罪案件　(一)贪污案:"利用职务上的便利"是指利用职务上主管、管理、经手公共财物的权力及方便条件。

2. 最高人民法院指导性案例11号杨延虎等贪污案(2012年9月18

日发布）裁判要点　贪污罪中的“利用职务上的便利”，是指利用职务上主管、管理、经手公共财物的权力及方便条件，既包括利用本人职务上主管、管理公共财物的职务便利，也包括利用职务上有隶属关系的其他国家工作人员的职务便利。2. 土地使用权具有财产性利益，属于刑法第三百八十二条第一款规定中的“公共财物”，可以成为贪污的对象。

382-2　法〔2003〕167 号　二、关于贪污罪　（一）贪污罪既遂与未遂的认定：贪污罪是一种以非法占有为目的的财产性职务犯罪，与盗窃、诈骗、抢夺等侵犯财产罪一样，应当以行为人是否实际控制财物作为区分贪污罪既遂与未遂的标准。对于行为人利用职务上的便利，实施了虚假平账等贪污行为，但公共财物尚未实际转移，或者尚未被行为人控制就被查获的，应当认定为贪污未遂；行为人控制公共财物后，是否将财物据为己有，不影响贪污既遂的认定。

382-3　**1.** 高检发释字〔1999〕2 号　一、贪污贿赂犯罪案件　（一）贪污案：“受委托管理、经营国有财产”是指因承包、租赁、聘用等而管理、经营国有财产。国有保险公司的工作人员和国有保险公司委派到非国有保险公司从事公务的人员利用职务上的便利，故意编造未曾发生的保险事故进行虚假理赔，骗取保险金归自己所有的，以贪污罪追究刑事责任。国有公司、企业或者其他国有单位中从事公务的人员和国有公司、企业或者其他国有单位委派到非国有公司、企业以及其他非国有单位从事公务的人员，利用职务上的便利，将本单位财物非法占为己有的，以贪污罪追究刑事责任。国家工作人员在国内公务活动或者对外交往中接受礼物，依照国家规定应当交公而不交公，数额较大的，以贪污罪追究刑事责任。

2. 法〔2003〕167 号　二、关于贪污罪　（二）“受委托管理、经营国有财产”的认定：刑法第三百八十二条第二款规定的“受委托管理、经营国有财产”，是指因承包、租赁、临时聘用等管理、经营国有财产。

理解与适用：可见，承包、租赁、临时聘用是“受委托”的主要方式，不同之处在于《纪要》对聘用的范围限制在临时聘用。因长期受聘用的人员直接可视为国家工作人员，而临时聘用人员未与国有单位形成固定的劳动关系，难以认定其为国家工作人员。无论是承包、租赁还是临时聘用，其共同特征是委托双方属于平等的民事主体关系，而委派的实质是任命，具有一定的行政性，被委派者在委派事项及是否接受委派方面，与

委派方不是处于平等地位而是具有行政隶属性质。

3. 法发〔2010〕49号　一、关于国家出资企业工作人员在改制过程中隐匿公司、企业财产归个人持股的改制后公司、企业所有的行为的处理

国家工作人员或者受国家机关、国有公司、企业、事业单位、人民团体委托管理、经营国有财产的人员利用职务上的便利,在国家出资企业改制过程中故意通过低估资产、隐瞒债权、虚设债务、虚构产权交易等方式隐匿公司、企业财产,转为本人持有股份的改制后公司、企业所有,应当依法追究刑事责任的,依照刑法第三百八十二条、第三百八十三条的规定,以贪污罪定罪处罚。贪污数额一般应当以所隐匿财产全额计算;改制后公司、企业仍有国有股份的,按股份比例扣除归于国有的部分。所隐匿财产在改制过程中已为行为人实际控制,或者国家出资企业改制已经完成的,以犯罪既遂处理。

四、关于国家工作人员在企业改制过程中的渎职行为的处理

国家出资企业中的国家工作人员在公司、企业改制或者国有资产处置过程中徇私舞弊,将国有资产低价折股或者低价出售给特定关系人持有股份或者本人实际控制的公司、企业,致使国家利益遭受重大损失的,依照刑法第三百八十二条、第三百八十三条的规定,以贪污罪定罪处罚。贪污数额以国有资产的损失数额计算。国家出资企业中的国家工作人员因实施第一款、第二款行为收受贿赂,同时又构成刑法第三百八十五条规定之罪的,依照处罚较重的规定定罪处罚。

五、关于改制前后主体身份发生变化的犯罪的处理

国家工作人员在国家出资企业改制前利用职务上的便利实施犯罪,在其不再具有国家工作人员身份后又实施同种行为,依法构成不同犯罪的,应当分别定罪,实行数罪并罚。国家工作人员利用职务上的便利,在国家出资企业改制过程中隐匿公司、企业财产,在其不再具有国家工作人员身份后将所隐匿财产据为己有的,依照刑法第三百八十二条、第三百八十三条的规定,以贪污罪定罪处罚。国家出资企业中的国家工作人员在公司、企业改制或者国有资产处置过程中徇私舞弊,将国有资产低价折股或者低价出售给特定关系人持有股份或者本人实际控制的公司、企业,致使国家利益遭受重大损失的,依照刑法第三百八十二条、第三百八十三条的规定,以贪污罪定罪处罚。贪污数额以国有资产的损失数额

计算。

382-4　1.《关于审理贪污、职务侵占案件如何认定共同犯罪几个问题的解释》(法释〔2000〕15号,2000年7月8日)

第一条　行为人与国家工作人员勾结,利用国家工作人员的职务便利,共同侵吞、窃取、骗取或者以其他手段非法占有公共财物的,以贪污罪共犯论处。

第二条　行为人与公司、企业或者其他单位的人员勾结,利用公司、企业或者其他单位人员的职务便利,共同将该单位财物非法占为己有,数额较大的,以职务侵占罪共犯论处。

第三条　公司、企业或者其他单位中,不具有国家工作人员身份的人与国家工作人员勾结,分别利用各自的职务便利,共同将本单位财物非法占为己有的,按照主犯的犯罪性质定罪。

2. 法〔2003〕167号　二、贪污罪　(三)国家工作人员与非国家工作人员勾结共同非法占有单位财物行为的认定:对于国家工作人员与他人勾结,共同非法占有单位财物的行为,应当按照《最高人民法院关于审理贪污、职务侵占案件如何认定共同犯罪几个问题的解释》的规定定罪处罚。对于在公司、企业或者其他单位中,非国家工作人员与国家工作人员勾结,分别利用各自的职务便利,共同将本单位财物非法占有的,应当尽量区分主从犯,按照主犯的犯罪性质定罪。司法实践中,如果根据案件的实际情况,各共同犯罪人在共同犯罪中的地位、作用相当,难以区分主从犯的,可以贪污罪定罪处罚。

第三百八十三条　(刑九)【对犯贪污罪的处罚规定】对犯贪污罪的,根据情节轻重,分别依照下列规定处罚:

(一)贪污数额[1]较大[2]或者有其他较重情节的[3],处三年以下有期徒刑或者拘役,并处罚金[4]。

(二)贪污数额巨大[5]或者有其他严重情节的[6],处三年以上十年以下有期徒刑,并处罚金或者没收财产[7]。

(三)贪污数额特别巨大[8]或者有其他特别严重情节的[9],处十年以上有期徒刑或者无期徒刑,并处罚金或者没收财产[10];数额特别巨大,并使国家和人民利益遭受特别重大损失的,处无期徒刑或者死刑[11],并处没收财产。

对多次贪污未经处理的,按照累计贪污数额处罚。

犯第一款罪,在提起公诉前如实供述自己罪行、真诚悔罪、积极退赃,避免、减少损害结果的发生,有第一项规定情形的,可以从轻、减轻或者免除处罚;有第二项、第三项规定情形的,可以从轻处罚。

犯第一款罪,有第三项规定情形被判处死刑缓期执行的,人民法院根据犯罪情节等情况可以同时决定在其死刑缓期执行二年期满依法减为无期徒刑后,终身监禁,不得减刑、假释[12]。

383-1　**1.** 法〔2003〕167 号　二、关于贪污罪　(四)共同贪污犯罪中"个人贪污数额"的认定:刑法第三百八十三条第一款规定的"个人贪污数额",在共同贪污犯罪案件中应理解为个人所参与或者组织、指挥共同贪污的数额,不能只按个人实际分得的赃款数额来认定。对共同贪污犯罪中的从犯,应当按照其所参与的共同贪污的数额确定量刑幅度,并依照刑法第二十七条第二款的规定,从轻、减轻处罚或者免除处罚。

2. 法释〔2016〕9 号第十五条　对多次受贿未经处理的,累计计算受贿数额。

国家工作人员利用职务上的便利为请托人谋取利益前后多次收受请托人财物,受请托之前收受的财物数额在一万元以上的,应当一并计入受贿数额。

383-2　法释〔2016〕9 号第一条第一款　贪污或者受贿数额在三万元以上不满二十万元的,应当认定为刑法第三百八十三条第一款规定的"数额较大",依法判处三年以下有期徒刑或者拘役,并处罚金。

383-3　法释〔2016〕9 号第一条第二款　贪污数额在一万元以上不满三万元,具有下列情形之一的,应当认定为刑法第三百八十三条第一款规定的"其他较重情节",依法判处三年以下有期徒刑或者拘役,并处罚金:

(一)贪污救灾、抢险、防汛、优抚、扶贫、移民、救济、防疫、社会捐助等特定款物的;

(二)曾因贪污、受贿、挪用公款受过党纪、行政处分的;

（三）曾因故意犯罪受过刑事追究的；

（四）赃款赃物用于非法活动的；

（五）拒不交待赃款赃物去向或者拒不配合追缴工作，致使无法追缴的；

（六）造成恶劣影响或者其他严重后果的。

受贿数额在一万元以上不满三万元，具有前款第二项至第六项规定的情形之一，或者具有下列情形之一的，应当认定为刑法第三百八十三条第一款规定的“其他较重情节”，依法判处三年以下有期徒刑或者拘役，并处罚金：

（一）多次索贿的；

（二）为他人谋取不正当利益，致使公共财产、国家和人民利益遭受损失的；

（三）为他人谋取职务提拔、调整的。

383-4　法释〔2016〕9号第十九条　对贪污罪、受贿罪判处三年以下有期徒刑或者拘役的，应当并处十万元以上五十万元以下的罚金；

383-5　法释〔2016〕9号第二条第一款　贪污或者受贿数额在二十万元以上不满三百万元的，应当认定为刑法第三百八十三条第一款规定的“数额巨大”，依法判处三年以上十年以下有期徒刑，并处罚金或者没收财产。

383-6　法释〔2016〕9号第二条第二款　贪污数额在十万元以上不满二十万元，具有本解释第一条第二款规定的情形之一的，应当认定为刑法第三百八十三条第一款规定的“其他严重情节”，依法判处三年以上十年以下有期徒刑，并处罚金或者没收财产。

受贿数额在十万元以上不满二十万元，具有本解释第一条第三款规定的情形之一的，应当认定为刑法第三百八十三条第一款规定的“其他严重情节”，依法判处三年以上十年以下有期徒刑，并处罚金或者没收财产。

383-7　法释〔2016〕9号第十九条　判处三年以上十年以下有期徒刑的，应当并处二十万元以上犯罪数额二倍以下的罚金或者没收财产……

383-8　法释〔2016〕9号第三条第一款　贪污或者受贿数额在三百万元以上的，应当认定为刑法第三百八十三条第一款规定的“数额特别巨大”，依法判处十年以上有期徒刑、无期徒刑或者死刑，并处罚金或者没收财产。

383-9 法释〔2016〕9号第三条第二款 贪污数额在一百五十万元以上不满三百万元,具有本解释第一条第二款规定的情形之一的,应当认定为刑法第三百八十三条第一款规定的“其他特别严重情节”,依法判处十年以上有期徒刑、无期徒刑或者死刑,并处罚金或者没收财产。

受贿数额在一百五十万元以上不满三百万元,具有本解释第一条第三款规定的情形之一的,应当认定为刑法第三百八十三条第一款规定的“其他特别严重情节”,依法判处十年以上有期徒刑、无期徒刑或者死刑,并处罚金或者没收财产。

383-10 法释〔2016〕9号第十九条 判处十年以上有期徒刑或者无期徒刑的,应当并处五十万元以上犯罪数额二倍以下的罚金或者没收财产。

383-11 法释〔2016〕9号第四条 贪污、受贿数额特别巨大,犯罪情节特别严重、社会影响特别恶劣、给国家和人民利益造成特别重大损失的,可以判处死刑。

符合前款规定的情形,但具有自首,立功,如实供述自己罪行、真诚悔罪、积极退赃,或者避免、减少损害结果的发生等情节,不是必须立即执行的,可以判处死刑缓期二年执行。

383-12 法释〔2016〕9号第四条第三款 符合第一款规定情形的,根据犯罪情节等情况可以判处死刑缓期二年执行,同时裁判决定在其死刑缓期执行二年期满依法减为无期徒刑后,终身监禁,不得减刑、假释。

第三百八十四条[1] **【挪用公款罪】**[*]国家工作人员利用职务上的便利,挪用公款[2]归个人使用,[3]进行非法活动的,[4]或者挪用公款数额较大、进行营利活动的,[5]或者挪用公款数额较大、超过三个月未还的,[**6]是挪用公款罪,处五年以下有期徒刑或者拘役;情节严

---

* 本罪最早出现于1988年全国人大常委会《关于惩治贪污贿赂罪的决定》。关于贪污罪与挪用公款罪的区别,前者是非法占有,而后者是非法占用;前者不仅包括公款,还包括公物,但后者只包括公款,不包括非特定公物。

** 刑法只规定挪用公款进行营利活动或者非法活动没有时间限制,至于挪用公款归个人使用,无论数额较大或数额巨大,均须满足超过三个月未还这一要件。

重的，[7] 处五年以上有期徒刑。挪用公款数额巨大[8] 不退还的，[9] 处十年以上有期徒刑或者无期徒刑。

挪用用于救灾、抢险、防汛、优抚、扶贫、移民、救济款物归个人使用的，* 从重处罚[10]。

384-1　1.《全国人大常委会关于〈中华人民共和国刑法〉第三百八十四条第一款的解释》(2002 年 4 月 28 日)；2.《最高人民法院关于审理挪用公款案件具体应用法律若干问题的解释》(法释〔1998〕9 号，1998 年 5 月 9 日)；3.《最高人民检察院关于国家工作人员挪用非特定公物能否定罪的请示的批复》(高检发释字〔2000〕1 号，2000 年 3 月 15 日)；4.《最高人民法院关于挪用公款犯罪如何计算追诉期限问题的批复》(法释〔2003〕16 号，2003 年 10 月 10 日)

1. 法释〔1998〕9 号第八条　挪用公款给他人使用，使用人与挪用人共谋，指使或者参与策划取得挪用款的，以挪用公款罪的共犯定罪处罚。

法释〔1998〕9 号第四条　多次挪用公款不还，挪用公款数额累计计算；多次挪用公款，并以后次挪用的公款归还前次挪用的公款，挪用公款数额以案发时未还的实际数额认定。

法释〔1998〕9 号第六条　携带挪用的公款潜逃的**，依照刑法第三百八十二条(贪污罪)、第三百八十三条的规定定罪处罚。

2. 法〔2003〕167 号　四、关于挪用公款罪　(八)挪用公款转化为贪污的认定　挪用公款罪与贪污罪的主要区别在于行为人主观上是否具有非法占有公款的目的。挪用公款是否转化为贪污，应当按照主客观相一致原则，具体判断和认定行为人主观上是否具有非法占有公款的目的。在司法实践中，具有以下情形之一的，可以认定行为人具有非法占有公款的目的：

1. 根据《最高人民法院关于审理挪用公款案件具体应用法律若干问题的解释》第六条的规定行为人"携带挪用的公款潜逃的"，对其携带挪用的公款部分，以贪污罪定罪处罚。

---

* 如果不是"归个人使用"，而是挪作他用，则定为第二百七十三条规定的挪用特定款物罪(侵犯财产罪之一)。

** 如果只是畏罪潜逃但并未携带公款，仍然定挪用公款罪。

2.行为人挪用公款后采取虚假发票平帐、销毁有关账目等手段,使所挪用的公款已难以在单位财务账目上反映出来,且没有归还行为的,应当以贪污罪定罪处罚。

3.行为人截取单位收入不入账,非法占有,使所占有的公款难以在单位财务帐目上反映出来,且没有归还行为的,应当以贪污罪定罪处罚。

4.有证据证明行为人有能力归还所挪用的公款而拒不归还,并隐瞒挪用的公款去向的,应当以贪污罪定罪处罚。

384-2 《最高人民检察院关于国家工作人员挪用非特定公物能否定罪的请示的批复》(高检发释字〔2000〕1号,2000年3月15日) 刑法第三百八十四条规定的挪用公款罪中未包括挪用非特定公物归个人使用的行为,对该行为不以挪用公款罪论处。如构成其他犯罪的,依照刑法的相关规定定罪处罚。

理解与适用:对挪用公款罪的犯罪对象不宜作扩大解释,应严格坚持罪刑法定原则,将非特定公物排除在犯罪对象之外。至于目前对挪用非特定公物行为缺乏相应的刑法规范的问题,应通过不断完善法律的规定或通过立法解释的方式解决。对于挪用非特定公物的行为并非一律不作为犯罪处理,如国家工作人员利用职务之便实施的该行为致使国家利益遭受重大损失的,可依照刑法的相关规定定罪处罚,还可以追究党纪政纪处分。挪用公物的行为人,追求的是被挪用公物的使用价值。正因为如此,被挪用的公物一般不会进入流通领域,不会实现其价值,案发时往往还在行为人的实际控制之下,社会危害性相对较轻,故一般由主管部门按政纪处理。挪用公物变现,所得款项归个人使用,应当以挪用公款罪论处。

384-3 **1.**《全国人大常委会关于〈中华人民共和国刑法〉第三百八十四条第一款的解释》(2002年4月28日) 有下列情形之一的,属于挪用公款"归个人使用":

(一)将公款供本人、亲友或者其他自然人使用的;

(二)以个人名义将公款供其他单位使用的;

(三)个人决定以单位名义将公款供其他单位使用,谋取个人利益*的。

---

* 原表述为"私利",现修改为"个人利益"。

2.《全国法院审理经济犯罪案件工作座谈会纪要》(法〔2003〕167号,2003年11月13日)　四、关于挪用公款罪　(二)挪用公款供其他单位使用行为的认定。

根据全国人大常委会《关于〈中华人民共和国刑法〉第三百八十四条第一款的解释》的规定,"以个人名义将公款供其他单位使用的"、"个人决定以单位名义将公款供其他单位使用谋取个人利益的",属于挪用公款"归个人使用"、在司法实践中,对于将公款供其他单位使用的,认定是否属于"以个人名义",不能只看形式,要从实质上把握。对于行为人逃避财务监管,或者与使用人约定以个人名义进行,或者借款、还款都以个人名义进行,将公款给其他单位使用的,应认定为"以个人名义"。"个人决定"既包括行为人在职权范围内决定,也包括超越职权范围决定。"谋取个人利益",既包括行为人与使用人事先约定谋取个人利益实际尚未获取的情况,也包括虽未事先约定但实际已获取了个人利益的情况、其中的"个人利益",既包括不正当利益,也包括正当利益;既包括财产性利益,也包括非财产性利益,但这种非财产性利益应当是具体的实际利益,如升学、就业等:

3. 法释〔1998〕9号第一条　挪用公款归个人使用,包括挪用者本人使用或者给他人使用。

~~挪用公款给私有公司、私有企业使用的,属于挪用公款归个人使用。~~

理解与适用:本条第二款已被废除。原来的规定意味着挪用公款给国有公司、企业、国有事业单位、国家机关不属于挪用公款归个人使用,只是违反财经纪律的违法行为,不构成挪用公款罪。其实,挪用公款的本质是利用职务之便改变公款的正确使用形式。行为人以个人名义挪用公款,不论给个人使用还是给单位使用,也无论是给国企使用还是私企使用,其行为性质均不受影响。由于当年将私企的性质还被当作个人,而国企则不视为个人。1999年修宪,明确非公有制经济也是社会主义市场经济的重要组成部分。这是宪法对私企的重新定位。故本解释(法释〔1999〕14号)将具有法人资格的私营公司、企业解释为刑法第三十条所规定的公司、企业等单位形式的一种,以体现具有法人资格的私营公司、企业与国有公司、企业平等的法律地位。鉴于宪法和单位犯罪司法解释已作调整,法释〔1998〕9号也应作相应修正。刑法第三百八十四条并无"以个人名义"一词,司法解释加上该限定词,是否为扩大解释。

挪用公款罪并非单位犯罪,而是自然人犯罪。如果单位负责人在单位授权范围内或者经过批准等程序,借款给其他自然人或者单位使用,不能构成挪用公款罪。规定以个人名义,就是针对上述情况而规定的。如果单位的法定代表人、负责人或者一般工作人员,超出职权范围或者虽未超出职权范围,但逃避财务监管,或者明确与使用人约定以个人名义,擅自将公款供给其他单位或者个人使用,即应认定为“以个人名义”。

法释〔1998〕9 号第二条第三款　挪用公款给他人使用,不知道使用人用公款进行营利活动或者用于非法进行营利活动或者用于非法活动,数额较大、超过三个月未还的,构成挪用公款罪;明知使用人用于营利活动或者非法活动的,应当认定为挪用人挪用公款进行营利活动或者非法活动。

4.《最高人民法院关于挪用公款犯罪如何计算追诉期限问题的批复》(法释〔2003〕16 号,2003 年 10 月 10 日)　根据刑法第八十九条、第三百八十四条的规定,挪用公款归个人使用,进行非法活动的,或者挪用公款数额较大、进行营利活动的,犯罪的追诉期限从挪用行为实施完毕之日起计算;挪用公款数额较大、超过三个月未还的,犯罪的追诉期限从挪用公款罪成立之日起计算。挪用公款行为有连续状态的,犯罪的追诉期限应当从最后一次挪用行为实施完毕之日或者犯罪成立之日起计算。

理解与适用:从刑法第八十九条的表述来看,追诉期限的确定和计算是与刑法分则所规定的每一种犯罪属于何种状态是紧密联系的。每一种犯罪的不同状态决定了其法定追诉期限的确定和计算是不相同的。《批复》从理论上讲认为挪用公款罪属于行为犯。挪用公款罪是对公款的使用权的侵害,与贪污罪的以将公共财物非法占为己有的目的是不同的。因而,挪用公款,其中“挪”是行为,而“用”是目的,只是表明了行为人擅自挪用公款的目的不是占为己有,而是非法使用,将公款挪用并使之处于被非法使用的状态中,侵害的是公款的使用权。一般而言,这种对公款使用权的非法侵害,在实施非法将公款挪出行为终了之时即已完成。而公款的不归还,只是侵害公款使用权这种行为的危害结果的持续,而不是挪用行为本身的持续,这如同伤害犯罪一样,伤害行为已经实施完毕,伤害结果在未被治愈之前,一直处于持续状态。如果对挪用公款行为本身以持续状态来确定,并以归还被挪用公款之日作为追诉期限的起算时间,则对于一直不归还公款的挪用犯罪而言,就实际等于没有了追诉期限。

384-4　**1.**《最高人民检察院关于人民检察院直接受理立案侦查案

件立案标准的规定(试行)》(高检发释字〔1999〕2 号,1999 年 9 月 16 日)

四、附则　(四)本规定中有关挪用公款罪案中的“非法活动”,既包括犯罪活动,也包括其他违法活动。

2. 法释〔1998〕9 号第二条第三项　挪用公款归个人使用,进行赌博、走私等非法活动的,构成挪用公款罪,不受“数额较大”和挪用时间的限制。

法释〔1998〕9 号第七条　因挪用公款索取、收受贿赂构成犯罪的,依照数罪并罚的规定处罚。挪用公款进行非法活动构成其他犯罪的,依照数罪并罚的规定处罚。

理解与适用:因挪用公款而构成其他犯罪,理论上属于牵连犯,但本司法解释规定为数罪并罚。使用人与挪用人构成挪用公款罪是成立的,但其为了挪用公款,而行贿挪用人也应数罪并罚。因为行贿罪和受贿罪是对合犯,既然挪用人应数罪并罚,那么使用人也应适用这一原则。

3. 法释〔2016〕9 号第五条　挪用公款归个人使用,进行非法活动,数额在三万元以上的,应当依照刑法第三百八十四条的规定以挪用公款罪追究刑事责任。

384-5　**1.** 法释〔1998〕9 号第二条　对挪用公款罪,应区分三种不同情况予以认定　(二)挪用公款数额较大,归个人进行营利活动的,构成挪用公款罪,不受挪用时间和是否归还的限制。在案发前部分或者全部归还本息的,可以从轻处罚;情节轻微的,可以免除处罚。

挪用公款存入银行、用于集资、购买股票、国债等,属于挪用公款进行营利活动。所获取的利息、收益等违法所得,应当追缴,但不计入挪用公款的数额。

2. 法〔2003〕167 号　四、关于挪用公款罪

(四)挪用有价证券、金融凭证用于质押行为性质的认定

挪用金融凭证、有价证券用于质押,使公款处于风险之中,与挪用公款为他人提供担保没有实质的区别,符合刑法关于挪用公款罪规定的,以挪用公款罪定罪处罚,挪用公款数额以实际或者可能承担的风险数额认定。

(五)挪用公款归还个人欠款行为性质的认定

挪用公款归还个人欠款的,应当根据产生欠款的原因分别认定属于挪用公款的何种情形。归还个人进行非法活动或者进行营利活动产生的欠款,应当认定为挪用公款进行非法活动或者进行营利活动。

(六)挪用公款用于注册公司、企业行为性质的认定

申报注册资本是为进行生产经营活动作准备,属于成立公司、企业进行营利活动的组成部分。因此,挪用公款归个人用于公司、企业注册资本验资证明的,应当认定为挪用公款进行营利活动。

3. 法释〔2016〕9号第六条　挪用公款归个人使用,进行营利活动或者超过三个月未还,数额在五万元以上的,应当认定为刑法第三百八十四条第一款规定的"数额较大"……

384-6　法释〔1998〕9号第二条　挪用正在生息或者需要支付利息的公款归个人使用,数额较大,超过三个月但在案发前全部归还本金的,可以从轻处罚或者免除处罚*。给国家、集体造成的利息损失应予追缴。挪用公款数额巨大,超过三个月,案发前全部归还的,可以酌情从轻处罚。

384-7　法释〔2016〕9号第五条　挪用公款归个人使用,进行非法活动,具有下列情形之一的,应当认定为刑法第三百八十四条第一款规定的"情节严重":

(一)挪用公款数额在一百万元以上的;

(二)挪用救灾、抢险、防汛、优抚、扶贫、移民、救济特定款物,数额在五十万元以上不满一百万元的;

(三)挪用公款不退还,数额在五十万元以上不满一百万元的;

(四)其他严重的情节。

法释〔2016〕9号第六条　挪用公款归个人使用,进行营利活动或者超过三个月未还,具有下列情形之一的,应当认定为刑法第三百八十四条第一款规定的"情节严重":

(一)挪用公款数额在二百万元以上的;

(二)挪用救灾、抢险、防汛、优抚、扶贫、移民、救济特定款物,数额在一百万元以上不满二百万元的;

(三)挪用公款不退还,数额在一百万元以上不满二百万元的;

(四)其他严重的情节。

384-8　法释〔2016〕9号第五条　挪用公款归个人使用,进行非法活动,数额在三百万元以上的,应当认定为刑法第三百八十四条第一款规

* 不包括减轻处罚。

定的“数额巨大”。

法释〔2016〕9号第六条 挪用公款归个人使用，进行营利活动或者超过三个月未还，数额在五百万元以上的，应当认定为刑法第三百八十四条第一款规定的“数额巨大”。

384-9 法释〔1998〕9号第五条 挪用公款数额巨大不退还的，是指挪用公款数额巨大，因客观原因在一审宣判前不能退还的。

理解与适用：1. 这种情形原按贪污罪论处，并可能判处死刑。1997年刑法修订时，最高人民法院院建议作为挪用公款罪论处，避免了客观归罪的弊端，同时体现了减少死刑的刑事政策。2. 由于旧刑法将这种情形规定为贪污罪，故时间限定在侦查终结前，以免起诉和审判的罪名发生变化，导致起诉质量不高。现行刑法将这种情形规定为挪用公款罪，不涉及变更罪名，故限定在一审宣判前。3. 挪用公款数额巨大不仅指挪用之时的数额巨大，同时还包括不能归还的公款数额巨大。4. 挪用公款数额巨大的标准也要根据挪用公款的用途不同来确定。如果行为人挪用公款进行非法活动的，那么最终不能归还的数额巨大的标准为5万~10万元以上，这样可与挪用公款罪其他情节衔接起来。

384-10 法释〔1998〕9号第三条第四款 挪用救灾、抢险、防汛、优抚、扶贫、移民、救济款物归个人使用的数额标准，参照挪用公款归个人使用进行非法活动的数额标准。

第三百八十五条[1] **【受贿罪】**国家工作人员[2]利用职务上的便利，[3]索取[4]他人财物[5]的，或者非法收受他人财物，为[6]他人谋取利益[7]的，是受贿罪[8]。

国家工作人员在经济往来中，违反国家规定，收受各种名义的回扣、手续费，归个人所有的，[9]以受贿论处。

385-1 **1.**《最高人民法院、最高人民检察院关于办理受贿刑事案件适用法律若干问题的意见》（法发〔2007〕22号，2007年7月8日）。

2.《最高人民法院、最高人民检察院关于办理商业贿赂刑事案件适用法律若干问题的意见》（法发〔2008〕49号，2008年11月20日）。一、商业贿赂犯罪涉及刑法规定的以下八种罪名：(1)非国家工作人员受贿罪（刑法第一百六十三条）；(2)对非国家工作人员行贿罪（刑法第一百六十四条);(3)受贿罪(刑法第三百八十五条);(4)单位受贿罪(刑法第三百八十七条);(5)行贿罪(刑法第三百八十九条);(6)对单位行贿罪(刑法第三百九十一条);(7)介绍贿赂罪(刑法第三百九十二条);(8)单位行贿罪(刑法第三百九十三条)。

3.《刑事诉讼法》第三十七条第三款 特别重大贿赂犯罪案件,在侦查期间辩护律师会见在押的犯罪嫌疑人,应当经侦查机关许可。上述案件,侦查机关应当事先通知看守所。

《刑事诉讼法》第七十二条 人民法院、人民检察院和公安机关对符合逮捕条件,有下列情形之一的犯罪嫌疑人、被告人,可以监视居住:

(一)患有严重疾病、生活不能自理的;

(二)怀孕或者正在哺乳自己婴儿的妇女;

(三)系生活不能自理的人的唯一扶养人;

(四)因为案件的特殊情况或者办理案件的需要,采取监视居住措施更为适宜的;

(五)羁押期限届满,案件尚未办结,需要采取监视居住措施的。

对符合取保候审条件,但犯罪嫌疑人、被告人不能提出保证人,也不交纳保证金的,可以监视居住。

监视居住由公安机关执行。

《刑事诉讼法》第七十三条 监视居住应当在犯罪嫌疑人、被告人的住处执行;无固定住处的,可以在指定的居所执行。对于涉嫌危害国家安全犯罪、恐怖活动犯罪、特别重大贿赂犯罪,在住处执行可能有碍侦查的,经上一级人民检察院或者公安机关批准,也可以在指定的居所执行。但是,不得在羁押场所、专门的办案场所执行。

指定居所监视居住的,除无法通知的以外,应当在执行监视居住后二十四小时以内,通知被监视居住人的家属。

被监视居住的犯罪嫌疑人、被告人委托辩护人,适用本法第三十三条的规定。

人民检察院对指定居所监视居住的决定和执行是否合法实行监督。

《刑事诉讼法》第七十四条 指定居所监视居住的期限应当折抵刑期。被判处管制的,监视居住一日折抵刑期一日;被判处拘役、有期徒刑的,监视居住二日折抵刑期一日。

4.《人民检察院刑事诉讼规则(试行)》(高检发释字〔2012〕2号,

2013年1月1日)第四十五条第二款　有下列情形之一的,属于特别重大贿赂犯罪:

(一)涉嫌贿赂犯罪数额在五十万元以上,犯罪情节恶劣的;

(二)有重大社会影响的;

(三)涉及国家重大利益的。

5.《最高人民检察院关于依法保障律师执业权利的规定》(2014年12月23日)第五条　人民检察院应当依法保障律师在刑事诉讼中的会见权。人民检察院办理直接受理立案侦查案件,除特别重大贿赂犯罪案件外,其他案件依法不需要经许可会见。律师在侦查阶段提出会见特别重大贿赂案件犯罪嫌疑人的,人民检察院应当严格按照法律和相关规定及时审查决定是否许可,并在三日以内答复;有碍侦查的情形消失后,应当通知律师,可以不经许可会见犯罪嫌疑人;侦查终结前,应当许可律师会见犯罪嫌疑人。人民检察院在会见时不得派员在场,不得通过任何方式监听律师会见的谈话内容。

6.《最高人民法院、最高人民检察院关于办理渎职刑事案件适用法律若干问题的解释(一)》(法释〔2012〕18号,2013年1月9日)第三条　国家机关工作人员实施渎职犯罪并收受贿赂,同时构成受贿罪的,除刑法另有规定外,以渎职犯罪和受贿罪数罪并罚。

385-2　法〔2003〕167号　三、关于受贿罪

(五)共同受贿犯罪的认定

根据刑法关于共同犯罪的规定,非国家工作人员与国家工作人员勾结伙同受贿的,应当以受贿罪的共犯追究刑事责任。非国家工作人员是否构成受贿罪共犯,取决于双方有无共同受贿的故意和行为,国家工作人员的近亲属向国家工作人员代为转达请托事项,收受请托人财物并告知该国家工作人员,或者国家工作人员明知其近亲属收受了他人财物,仍按照近亲属的要求利用职权为他人谋取利益的,对该国家工作人员应认定为受贿罪,其近亲属以受贿罪共犯论处。近亲属以外的其他人与国家工作人员通谋,由国家工作人员利用职务上的便利为请托人谋取利益,收受请托人财物后双方共同占有的,构成受贿罪共犯,国家工作人员利用职务上的便利为他人谋取利益,并指定他人将财物送给其他人,构成犯罪的,应以受贿罪定罪处罚。

385-3　**1.**《最高人民检察院关于人民检察院直接受理立案侦查案

件立案标准的规定(试行)》(高检发释字〔1999〕2号,1999年9月16日)　(三)受贿案(第385条、第386条、第388条、第163条第3款、第184条第2款)　受贿罪是指国家工作人员利用职务上的便利,索取他人财物的,或者非法收受他人财物,为他人谋取利益的行为。“利用职务上的便利”,是指利用本人职务范围内的权力,即自己职务上主管、负责或者承办某项公共事务的职权及其所形成的便利条件。

2.《最高人民法院关于国家工作人员利用职务上的便利为他人谋取利益离退休后收受财物行为如何处理问题的批复》(法释〔2000〕21号,2000年7月21日)　国家工作人员利用职务上的便利为请托人谋取利益,并与请托人事先约定,在其离退休后收受请托人财物,构成犯罪的,以受贿罪定罪处罚。

3.《全国法院审理经济犯罪案件工作座谈会纪要》(法〔2003〕167号,2003年11月13日)　三、关于受贿罪

(一)关于“利用职务上的便利”的认定

刑法第三百八十五条第一款规定的“利用职务上的便利”,既包括利用本人职务上主管、负责、承办某项公共事务的职权,也包括利用职务上有隶属、制约关系的其他国家工作人员的职权。担任单位领导职务的国家工作人员通过不属于自己主管的下级部门的国家工作人员的职务为他人谋取利益的,应当认定为“利用职务上的便利”为他人谋取利益。

(四)离职国家工作人员收受财物行为的处理

参照《最高人民法院关于国家工作人员利用职务上的便利为他人谋取利益离退休后收受财物行为如何处理问题的批复》规定的精神,国家工作人员利用职务上的便利为请托人谋取利益,并与请托人事先约定,在其离职后收受请托人财物,构成犯罪的,以受贿罪定罪处罚。

理解与适用:国家工作人员利用职务上的便利为请托人谋取利益时,并未与请托人事先约定收受财物,而是在离退休以后向请托人索取财物的,由于其事先并未约定,而其在离退休后索要财物的行为,并未利用职务便利,一般不宜以受贿罪论处。

4.《最高人民法院、最高人民检察院关于办理受贿刑事案件适用法律若干问题的意见》(法发〔2007〕22号,2007年7月8日)

十、关于在职时为请托人谋利,离职后收受财物问题

国家工作人员利用职务上的便利为请托人谋取利益之前或者之后,

约定在其离职后收受请托人财物，并在离职后收受的，以受贿论处。国家工作人员利用职务上的便利为请托人谋取利益，离职前后连续收受请托人财物的，离职前后收受部分均应计入受贿数额。

385-4　高检发释字〔1999〕2 号　（三）受贿案　索取他人财物的，不论是否"为他人谋取利益"，均可构成受贿罪。

法发〔2012〕17 号　二、具有下列情形之一的职务犯罪分子之一，一般不适用缓刑或者免予刑事处罚：（七）受贿犯罪中具有索贿情节的；

385-5　**1.** 法释〔2016〕9 号第十二条　贿赂犯罪中的"财物"，包括货币、物品和财产性利益。财产性利益包括可以折算为货币的物质利益如房屋装修、债务免除等，以及需要支付货币的其他利益如会员服务、旅游等。后者的犯罪数额，以实际支付或者应当支付的数额计算。

2.《最高人民法院、最高人民检察院关于办理商业贿赂刑事案件适用法律若干问题的意见》（法发〔2008〕33 号，2008 年 11 月 20 日）

七、商业贿赂中的财物，既包括金钱和实物，也包括可以用金钱计算数额的财产性利益，如提供房屋装修、含有金额的会员卡、代币卡（券）、旅游费用等。具体数额以实际支付的资费为准。

八、收受银行卡的，不论受贿人是否实际取出或者消费，卡内的存款数额一般应全额认定为受贿数额。使用银行卡透支的，如果由给予银行卡的一方承担还款责任，透支数额也应当认定为受贿数额。

十、办理商业贿赂犯罪案件，要注意区分贿赂与馈赠的界限。主要应当结合以下因素全面分析、综合判断：（1）发生财物往来的背景，如双方是否存在亲友关系及历史上交往的情形和程度；（2）往来财物的价值；（3）财物往来的缘由、时机和方式，提供财物方对于接受方有无职务上的请托；（4）接受方是否利用职务上的便利为提供方谋取利益。

3.《最高人民法院、最高人民检察院关于办理受贿刑事案件适用法律若干问题的意见》（法发〔2007〕22 号，2007 年 7 月 8 日）　为依法惩治受贿犯罪活动，根据刑法有关规定，现就办理受贿刑事案件具体适用法律若干问题，提出以下意见：

一、关于以交易形式收受贿赂问题

国家工作人员利用职务上的便利为请托人谋取利益，以下列交易形式收受请托人财物的，以受贿论处：

（1）以明显低于市场的价格向请托人购买房屋、汽车等物品的；

(2)以明显高于市场的价格向请托人出售房屋、汽车等物品的;

(3)以其他交易形式非法收受请托人财物的。受贿数额按照交易时当地市场价格与实际支付价格的差额计算。

前款所列市场价格包括商品经营者事先设定的不针对特定人的最低优惠价格。根据商品经营者事先设定的各种优惠交易条件,以优惠价格购买商品的,不属于受贿。

二、关于收受干股问题

干股是指未出资而获得的股份。国家工作人员利用职务上的便利为请托人谋取利益,收受请托人提供的干股的,以受贿论处。进行了股权转让登记,或者相关证据证明股份发生了实际转让的,受贿数额按转让行为时股份价值计算,所分红利按受贿孳息处理。股份未实际转让,以股份分红名义获取利益的,实际获利数额应当认定为受贿数额。

三、关于以开办公司等合作投资名义收受贿赂问题

国家工作人员利用职务上的便利为请托人谋取利益,由请托人出资,"合作"开办公司或者进行其他"合作"投资的,以受贿论处。受贿数额为请托人给国家工作人员的出资额。国家工作人员利用职务上的便利为请托人谋取利益,以合作开办公司或者其他合作投资的名义获取"利润",没有实际出资和参与管理、经营的,以受贿论处。

四、关于以委托请托人投资证券、期货或者其他委托理财的名义收受贿赂问题

国家工作人员利用职务上的便利为请托人谋取利益,以委托请托人投资证券、期货或者其他委托理财的名义,未实际出资而获取"收益",或者虽然实际出资,但获取"收益"明显高于出资应得收益的,以受贿论处。受贿数额,前一情形,以"收益"额计算;后一情形,以"收益"额与出资应得收益额的差额计算。

五、关于以赌博形式收受贿赂的认定问题

根据《最高人民法院、最高人民检察院关于办理赌博刑事案件具体应用法律若干问题的解释》第七条规定,国家工作人员利用职务上的便利为请托人谋取利益,通过赌博方式收受请托人财物的,构成受贿。实践中应注意区分贿赂与赌博活动、娱乐活动的界限。具体认定时,主要应当结合以下因素进行判断:(1)赌博的背景、场合、时间、次数;(2)赌资来源;(3)其他赌博参与者有无事先通谋;(4)输赢钱物的具体情况和金额大小。

六、关于特定关系人“挂名”领取薪酬问题

国家工作人员利用职务上的便利为请托人谋取利益，要求或者接受请托人以给特定关系人安排工作为名，使特定关系人不实际工作却获取所谓薪酬的，以受贿论处。

七、关于由特定关系人收受贿赂问题

国家工作人员利用职务上的便利为请托人谋取利益，授意请托人以本意见所列形式，将有关财物给予特定关系人的，以受贿论处。

特定关系人与国家工作人员通谋，共同实施前款行为的，对特定关系人以受贿罪的共犯论处。特定关系人以外的其他人与国家工作人员通谋，由国家工作人员利用职务上的便利为请托人谋取利益，收受请托人财物后双方共同占有的，以受贿罪的共犯论处。

八、关于收受贿赂物品未办理权属变更问题

国家工作人员利用职务上的便利为请托人谋取利益，收受请托人房屋、汽车等物品，未变更权属登记或者借用他人名义办理权属变更登记的，不影响受贿的认定。认定以房屋、汽车等物品为对象的受贿，应注意与借用的区分。具体认定时，除双方交代或者书面协议之外，主要应当结合以下因素进行判断：(1)有无借用的合理事由；(2)是否实际使用；(3)借用时间的长短；(4)有无归还的条件；(5)有无归还的意思表示及行为。

十一、关于“特定关系人”的范围

本意见所称“特定关系人”，是指与国家工作人员有近亲属、情妇(夫)以及其他共同利益关系的人。

十二、关于正确贯彻宽严相济刑事政策的问题

依照本意见办理受贿刑事案件，要根据刑法关于受贿罪的有关规定和受贿罪权钱交易的本质特征，准确区分罪与非罪、此罪与彼罪的界限，惩处少数，教育多数。在从严惩处受贿犯罪的同时，对于具有自首、立功等情节的，依法从轻、减轻或者免除处罚。

4. 法〔2003〕167 号　三、关于受贿罪

(六)以借款为名索取或者非法收受财物行为的认定

国家工作人员利用职务上的便利以借为名向他人索取财物，或者非法收受财物为他人谋取利益的，应当认定为受贿。具体认定时，不能仅仅看是否有书面借款手续，应当根据以下因素综合判定：(1)有无正当、合理的借款事由；(2)款项的去向；(3)双方平时关系如何、有无经济往来；(4)出借方是否要求国家工作人员利用职务上的便利为其谋取利益；

(5)借款后是否有归还的意思表示及行为;(6)是否有归还的能力;(7)未归还的原因;等等。

(七)涉及股票受贿案件的认定

在办理涉及股票的受贿案件时,应当注意:(1)国家工作人员利用职务上的便利,索取或非法收受股票,没有支付股本金,为他人谋取利益,构成受贿罪的,其受贿数额按照收受股票时的实际价格计算。(2)行为人支付股本金而购买较有可能升值的股票,由于不是无偿收受请托人财物,不以受贿罪论处。(3)股票已上市且已升值,行为人仅支付股本金,其"购买"股票时的实际价格与股本金的差价部分应认定为受贿。

385-6 **1.** 法释〔2016〕9号第十三条　具有下列情形之一的,应当认定为"为他人谋取利益",构成犯罪的,应当依照刑法关于受贿犯罪的规定定罪处罚:

(一)实际或者承诺为他人谋取利益的;

(二)明知他人有具体请托事项的;

(三)履职时未被请托,但事后基于该履职事由收受他人财物的。

国家工作人员索取、收受具有上下级关系的下属或者具有行政管理关系的被管理人员的财物价值三万元以上,可能影响职权行使的,视为承诺为他人谋取利益。

2. 法〔2003〕167号　三、关于受贿罪　(二)关于"为他人谋取利益"的认定,为他人谋取利益包括承诺、实施和实现三个阶段的行为。只要具有其中一个阶段的行为,如国家工作人员收受他人财物时,根据他人提出的具体请托事项,承诺为他人谋取利益的,就具备了为他人谋取利益的要件。明知他人有具体请托事项而收受其财物的,视为承诺为他人谋取利益。

3. 最高人民法院指导性案例第3号潘玉梅、陈宁受贿案(2011年12月21日)**裁判要点**　国家工作人员利用职务上的便利为请托人谋取利益,并与请托人以"合办"公司的名义获取"利润",没有实际出资和参与经营管理的,以受贿论处。国家工作人员明知他人有请托事项而收受其财物,视为承诺"为他人谋取利益",是否已实际为他人谋取利益或谋取到利益,不影响受贿的认定。国家工作人员利用职务上的便利为请托人谋取利益,以明显低于市场的价格向请托人购买房屋等物品的,以受贿论处,受贿数额按照交易时当地市场价格与实际支付价格的差额计算。国家工作人员收受财物后,因与其受贿有关联的人、事被查处,为掩饰犯罪而退还的,不影响认定受贿罪。

385-7　高检发释字〔1999〕2号　（三）受贿案　非法收受他人财物的，必须同时具备“为他人谋取利益”的条件，才能构成受贿罪。但是为他人谋取的利益是否正当，为他人谋取的利益是否实现，不影响受贿罪的认定。

385-8　**1.** 法释〔2016〕9号第十六条第二款　特定关系人索取、收受他人财物，国家工作人员知道后未退还或者上交的，应当认定国家工作人员具有受贿故意。

2.《最高人民法院、最高人民检察院关于办理受贿刑事案件适用法律若干问题的意见》（法发〔2007〕22号，2007年7月8日）

九、关于收受财物后退还或者上交问题

国家工作人员收受请托人财物后及时退还或者上交的，不是受贿。

国家工作人员受贿后，因自身或者与其受贿有关联的人、事被查处，为掩饰犯罪而退还或者上交的，不影响认定受贿罪。

3. 最高人民法院刑二庭《宽严相济在经济犯罪和职务犯罪案件审判中的具体贯彻》（2010年4月7日）　二、宽严相济刑事政策在职务犯罪案件审判中的具体贯彻

（二）关于政策法律界限。（1）对于收受财物后于案发前退还或上交所收财物的，应当区分情况做出不同处理：收受请托人财物后及时退还或者上交的，因其受贿故意不能确定，同时为了感化、教育潜在受贿犯罪分子，故不宜以受贿处理；受贿后因自身或者与其受贿有关联的人、事被查处，为掩饰犯罪而退还或者上交的，因受贿行为既已完毕，且无主动悔罪之意思，故不影响受贿罪的认定。

385-9　高检发释字〔1999〕2号　（三）受贿案　国家工作人员在经济往来中，违反国家规定，收受各种名义的回扣、手续费，归个人所有的，以受贿罪追究刑事责任。

国有公司、企业中从事公务的人员和国有公司、企业委派到非国有公司、企业从事公务的人员利用职务上的便利，索取他人财物或者非法收受他人财物，为他人谋取利益，或者在经济往来中，违反国家规定，收受各种名义的回扣、手续费，归个人所有的，以受贿罪追究刑事责任。

国有金融机构工作人员和国有金融机构委派到非国有金融机构从事公务的人员在金融业务活动中索取他人财物或者非法收受他人财物，为他人谋取利益的，或者违反国家规定，收受各种名义的回扣、手续费归个人所有的，以受贿罪追究刑事责任。

第三百八十六条　【受贿罪的处罚】对犯受贿罪的，根据受贿所得数额及情节，依照本法第三百八十三条(贪污罪)的规定处罚。索贿的从重处罚。

第三百八十七条　【单位受贿罪】国家机关、国有公司、企业、事业单位、人民团体，索取、非法收受他人财物，为他人谋取利益，情节严重的，对单位判处罚金，并对其直接负责的主管人员和其他直接责任人员，处五年以下有期徒刑或者拘役。

前款所列单位，在经济往来中，在帐外暗中收受各种名义的回扣、手续费的，以受贿论，依照前款的规定处罚。

第三百八十八条　【受贿罪】国家工作人员利用本人职权或者地位形成的便利条件，[1] 通过其他国家工作人员职务上的行为，为请托人谋取不正当利益[*]，索取请托人财物或者收受请托人财物的，以受贿论处。

388-1　法〔2003〕167号　三、关于受贿罪　(三)刑法第三百八十八条规定的“利用本人职权或者地位形成的便利条件”，是指行为人与被其利用的国家工作人员之间在职务上虽然没有隶属、制约关系，但是行为人利用了本人职权或者地位产生的影响和一定的工作联系，如单位内不同部门的国家工作人员之间、上下级单位没有职务隶属、制约关系的国家工作人员之间、有工作联系的不同单位的国家工作人员之间等。

第三百八十八条之一[1]　(刑七)【利用影响力受贿罪】国家工作人员的近亲属或者其他与该国家工作人员关系密切的人，[2] 通过该国家工作人员职务上的行为，或者利用该国家工作人员职权或者地位形成的便利条件，通过其他国家工作人员职务上的行为，为

---

* 在各种受贿行为中，只有斡旋受贿罪，需要“不正当利益”这一要件，其他受贿罪只要求“为他人谋取利益”即可。

请托人谋取不正当利益,索取请托人财物或者收受请托人财物,数额较大或者有其他较重情节的,处三年以下有期徒刑或者拘役,并处罚金;数额巨大或者有其他严重情节的,处三年以上七年以下有期徒刑,并处罚金;数额特别巨大或者有其他特别严重情节的,处七年以上有期徒刑,并处罚金或者没收财产。

离职的国家工作人员或者其近亲属以及其他与其关系密切的人,利用该离职的国家工作人员原职权或者地位形成的便利条件实施前款行为的,依照前款的规定定罪处罚。

388A-1　法释〔2016〕9号第十条第一款　刑法第三百八十八条之一规定的利用影响力受贿罪的定罪量刑适用标准,参照本解释关于受贿罪的规定执行。

388A-2　法发〔2007〕22号　十一、关于“特定关系人”的范围:本意见所称“特定关系人”,是指与国家工作人员有近亲属、情妇(夫)以及其他共同利益关系的人。

第三百八十九条[1]　**【行贿罪】**为谋取不正当利益,[*2]给予国家工作人员以财物的,是行贿罪。

在经济往来中,违反国家规定,给予国家工作人员以财物,数额较大的,或者违反国家规定,给予国家工作人员以各种名义的回扣、手续费的,以行贿论处。

因被勒索给予国家工作人员以财物,[3]没有获得不正当利益的,不是行贿。

389-1　《最高人民法院、最高人民检察院关于办理行贿刑事案件具

---

* 《最高人民检察院关于人民检察院直接受理立案侦查案件立案标准的规定(试行)》(1999年9月16日)之四附则中也作了相同的规定,不过两次使用了“谋取”一词,即将“要求”改为“谋求”。张明楷教授认为,这一解释过于狭窄。现行刑法的规定本来缩小了行贿罪的处罚范围,如果再对“谋取不正当利益”作限制解释,则不当地缩小了打击范围。因此,谋取任何性质、任何形式的不正当利益都属于“谋取不正当利益”。国外刑法和民国时期刑法均未规定要求行贿罪出于“谋取不正当利益”。至于实际是否谋取了不正当利益,并不影响行贿罪的成立。

体应用法律若干问题的解释》(法释〔2012〕22号,2013年1月1日)。

389-2 **1.**《最高人民法院、最高人民检察院关于在办理受贿犯罪大要案的同时要严肃查处严重行贿犯罪分子的通知》(高检会〔1999〕1号,1999年3月4日) 二“谋取不正当利益”,是指谋取违反法律、法规、国家政策和国务院各部门规章的利益,以及要求国家工作人员或者有关单位提供违反法律、法规、国家政策和国务院各部门规章规定的帮助或者方便条件。

2. 法释〔2012〕22号第十二条 行贿犯罪中的“谋取不正当利益”,是指行贿人谋取的利益违反法律、法规、规章、政策规定,或者要求国家工作人员违反法律、法规、规章、政策、行业规范的规定,为自己提供帮助或者方便条件。

违背公平、公正原则,在经济、组织人事管理等活动中,谋取竞争优势的,应当认定为“谋取不正当利益”。

3.《最高人民法院、最高人民检察院关于办理商业贿赂刑事案件适用法律若干问题的意见》(法发〔2008〕33号) 九、在行贿犯罪中,“谋取不正当利益”,是指行贿人谋取违反法律、法规、规章或者政策规定的利益,或者要求对方违反法律、法规、规章、政策、行业规范的规定提供帮助或者方便条件。

在招标投标、政府采购等商业活动中,违背公平原则,给予相关人员财物以谋取竞争优势的,属于“谋取不正当利益”。

4. 法释〔2012〕22号第十一条 行贿犯罪取得的不正当财产性利益应当依照刑法第六十四条的规定予以追缴、责令退赔或者返还被害人。

因行贿犯罪取得财产性利益以外的经营资格、资质或者职务晋升等其他不正当利益,建议有关部门依照相关规定予以处理。

389-3 **理解与适用:**行贿罪发生在公权领域内,而掌握公权的人往往是垄断者,行贿人常常别无选择而不得不行贿,对于这种行贿行为,可以有条件地予以除罪。而对公司、企业人员行贿罪则没有规定这一除罪条款,而只有自首的特别条款。也许是因为对公司、企业人员行贿罪发生在私权领域,行为人原本有更多选择,却偏偏选择了行贿,故没有为该罪规定特定的除罪条件。

第三百九十条 (刑九)【行贿罪的处罚】对犯行贿罪的,[1] 处五年以下有期徒刑或者拘役，并处罚金；因行贿谋取不正当利益，情节严重的，[2] 或者使国家利益遭受重大损失的，[3] 处五年以上十年以下有期徒刑，并处罚金；情节特别严重的，[4] 或者使国家利益遭受特别重大损失的[5]，处十年以上有期徒刑或者无期徒刑，并处罚金或者没收财产。

行贿人在被追诉前[6] 主动交待[7]* 行贿行为的，可以从轻或者减轻处罚。其中，犯罪较轻的[8]，对侦破重大案件[9] 起关键作用的[10]，或者有重大立功表现的，可以减轻或者免除处罚。

390-1　1. 法释〔2016〕9号第七条　为谋取不正当利益，向国家工作人员行贿，数额在三万元以上的，应当依照刑法第三百九十条的规定以行贿罪追究刑事责任。

行贿数额在一万元以上不满三万元，具有下列情形之一的，应当依照刑法第三百九十条的规定以行贿罪追究刑事责任：

（一）向三人以上行贿的；

（二）将违法所得用于行贿的；

（三）通过行贿谋取职务提拔、调整的；

（四）向负有食品、药品、安全生产、环境保护等监督管理职责的国家工作人员行贿，实施非法活动的；

（五）向司法工作人员行贿，影响司法公正的；

（六）造成经济损失数额在五十万元以上不满一百万元的。

2. 法释〔2012〕22号第五条　多次行贿未经处理的，按照累计行贿数额处罚。

法释〔2012〕22号第十条　实施行贿犯罪，具有下列情形之一的，一般不适用缓刑和免予刑事处罚：

（一）向三人以上行贿的；

---

* 对公司、企业人员行贿罪也有相同的规定。“主动交待”比本法第六十七条规定的“如实陈述”要求更高，因此“可以减轻或者免除处罚”也较一般自首“可以从轻或者减轻处罚”从宽幅度大；主动交待的时间，必须在被追诉前，即被检察机关立案之前，这一时间条件只有与“主动交待”的悔悟条件同时具备才符合特别自首的条件。

(二)因行贿受过行政处罚或者刑事处罚的;

(三)为实施违法犯罪活动而行贿的;

(四)造成严重危害后果的;

(五)其他不适用缓刑和免予刑事处罚的情形。

具有刑法第三百九十条第二款规定的情形的,不受前款规定的限制。

390-2 法释〔2016〕9号第八条第一款 犯行贿罪,具有下列情形之一的,应当认定为刑法第三百九十条第一款规定的"情节严重":

(一)行贿数额在一百万元以上不满五百万元的;

(二)行贿数额在五十万元以上不满一百万元,并具有本解释第七条第二款第一项至第五项规定的情形之一的;

(三)其他严重的情节。

390-3 法释〔2016〕9号第八条第二款 为谋取不正当利益,向国家工作人员行贿,造成经济损失数额在一百万元以上不满五百万元的,应当认定为刑法第三百九十条第一款规定的"使国家利益遭受重大损失"。

390-4 法释〔2016〕9号第九条第一款 犯行贿罪,具有下列情形之一的,应当认定为刑法第三百九十条第一款规定的"情节特别严重":

(一)行贿数额在五百万元以上的;

(二)行贿数额在二百五十万元以上不满五百万元,并具有本解释第七条第二款第一项至第五项规定的情形之一的;

(三)其他特别严重的情节。

390-5 法释〔2016〕9号第九条第二款 为谋取不正当利益,向国家工作人员行贿,造成经济损失数额在五百万元以上的,应当认定为刑法第三百九十条第一款规定的"使国家利益遭受特别重大损失"。

390-6 法释〔2012〕22号第十三条 刑法第三百九十条第二款规定的"被追诉前",是指检察机关对行贿人的行贿行为刑事立案前。

390-7 法释〔2012〕22号第七条 因行贿人在被追诉前主动交待行贿行为而破获相关受贿案件的,对行贿人不适用刑法第六十八条关于立功的规定,依照刑法第三百九十条第二款的规定,可以减轻或者免除处罚。

法释〔2012〕22号第九条 行贿人揭发受贿人与其行贿无关的其他犯罪行为,查证属实的,依照刑法第六十八条关于立功的规定,可以从轻、减轻或者免除处罚。

法释〔2012〕22号第八条 行贿人被追诉后如实供述自己罪行的,

依照刑法第六十七条第三款的规定，可以从轻处罚；因其如实供述自己罪行，避免特别严重后果发生的，可以减轻处罚。

390-8 法释〔2016〕9号第十四条第一款 根据行贿犯罪的事实、情节，可能被判处三年有期徒刑以下刑罚的，可以认定为刑法第三百九十条第二款规定的“犯罪较轻”。

390-9 法释〔2016〕9号第十四条第二款 根据犯罪的事实、情节，已经或者可能被判处十年有期徒刑以上刑罚的，或者案件在本省、自治区、直辖市或者全国范围内有较大影响的，可以认定为刑法第三百九十条第二款规定的“重大案件”。

390-10 法释〔2016〕9号第十四条第三款 具有下列情形之一的，可以认定为刑法第三百九十条第二款规定的“对侦破重大案件起关键作用”：

（一）主动交待办案机关未掌握的重大案件线索的；

（二）主动交待的犯罪线索不属于重大案件的线索，但该线索对于重大案件侦破有重要作用的；

（三）主动交待行贿事实，对于重大案件的证据收集有重要作用的；

（四）主动交待行贿事实，对于重大案件的追逃、追赃有重要作用的。

第三百九十条之一[1] **（刑九）【对有影响力的人行贿罪】**为谋取不正当利益，向国家工作人员的近亲属或者其他与该国家工作人员关系密切的人，或者向离职的国家工作人员或者其近亲属以及其他与其关系密切的人行贿的，处三年以下有期徒刑或者拘役，并处罚金；情节严重的，或者使国家利益遭受重大损失的，处三年以上七年以下有期徒刑，并处罚金；情节特别严重的，或者使国家利益遭受特别重大损失的，处七年以上十年以下有期徒刑，并处罚金。

单位犯前款罪的[2]，对单位判处罚金，并对其直接负责的主管人员和其他直接责任人员，处三年以下有期徒刑或者拘役，并处罚金。

390A-1 法释〔2016〕9号第十条第二款 刑法第三百九十条之一规定的对有影响力的人行贿罪的定罪量刑适用标准，参照本解释关于行贿罪的规定执行。

390A-2 法释〔2016〕9号第十条第三款 单位对有影响力的人行贿数额在二十万元以上的，应当依照刑法第三百九十条之一的规定以对有影响力的人行贿罪追究刑事责任。

第三百九十一条 **(刑九)【对单位行贿罪】**为谋取不正当利益，给予国家机关、国有公司、企业、事业单位、人民团体以财物的，或者在经济往来中，违反国家规定，给予各种名义的回扣、手续费的，处三年以下有期徒刑或者拘役，并处罚金。

单位犯前款罪的，对单位判处罚金，并对其直接负责的主管人员和其他直接责任人员，依照前款的规定处罚。

第三百九十二条* **(刑九)【介绍贿赂罪】**向国家工作人员介绍贿赂，[1] 情节严重的，[2] 处三年以下有期徒刑或者拘役，并处罚金。

介绍贿赂人在被追诉前主动交待介绍贿赂行为的，可以减轻处罚或者免除处罚。

392-1 高检发释字〔1999〕2号 (七)介绍贿赂案(第392条)"介绍贿赂"是指在行贿人与受贿人之间沟通关系、撮合条件，使贿赂行为得以实现的行为。

392-2 高检发释字〔1999〕2号 (七)介绍贿赂案(第392条)介绍贿赂罪是指向国家工作人员介绍贿赂，情节严重的行为。

涉嫌下列情形之一的，应予立案：

---

* 张明楷教授认为，很有必要区分介绍贿赂罪与受贿罪、行贿罪的共犯关系。因为本罪的法定最高刑为三年以下有期徒刑，而受贿罪与行贿罪的法定最高刑分别为无期徒刑与死刑，但区分难度非常大，因为按照共同犯罪成立条件的规定，凡行贿罪和受贿罪的帮助行为，均是行贿罪、受贿罪的共犯行为，理应分别认定为行贿罪与受贿罪，而不应以介绍贿赂罪论处。哪些行为应以介绍贿赂罪论处是一个很难回答的问题。另，向公司、企业人员介绍贿赂未规定为犯罪，但将向国家工作人员介绍贿赂的行为规定为犯罪，体现了从严治吏的立法取向。这一规定最初见于《苏俄刑法典》，但其成立范围越来越窄，最终在《俄罗斯联邦刑法典》中被取消。大陆法系和中华民国时期刑法均无此罪名。(龚大宏："受贿罪共犯的司法认定"，载《刑事司法指南》2006年第27集。)

1. 介绍个人向国家工作人员行贿,数额在2万元以上的;介绍单位向国家工作人员行贿,数额在20万元以上的;

2. 介绍贿赂数额不满上述标准,但具有下列情形之一的:

(1)为使行贿人获取非法利益而介绍贿赂的;

(2)3次以上或者为3人以上介绍贿赂的;

(3)向党政领导、司法工作人员、行政执法人员介绍贿赂的;

(4)致使国家或者社会利益遭受重大损失的。

第三百九十三条 (刑九)【单位行贿罪;行贿罪】单位为谋取不正当利益而行贿,或者违反国家规定,给予国家工作人员以回扣、手续费,情节严重的[1],对单位判处罚金,并对其直接负责的主管人员和其他直接责任人员[2],处五年以下有期徒刑或者拘役,并处罚金。因行贿取得的违法所得归个人所有的[*],依照本法第三百八十九条(行贿罪的定罪)、第三百九十条(对行贿罪的处罚)的规定定罪处罚。

393-1 高检发释字〔1999〕2号(八)单位行贿案(第393条)

单位行贿罪是指公司、企业、事业单位、机关、团体为谋取不正当利益而行贿,或者违反国家规定,给予国家工作人员以回扣、手续费,情节严重的行为。

涉嫌下列情形之一的,应予立案:

1. 单位行贿数额在20万元以上的;

2. 单位为谋取不正当利益而行贿,数额在10万元以上不满20万元,但具有下列情形之一的:

(1)为谋取非法利益而行贿的;

(2)向3人以上行贿的;

(3)向党政领导、司法工作人员、行政执法人员行贿的;

(4)致使国家或者社会利益遭受重大损失的。

因行贿取得的违法所得归个人所有的,依照本规定关于个人行贿的

---

* 按照《最高人民法院关于审理单位犯罪案件具体应用法律有关问题的解释》第三条有类似规定,盗用单位的名义,违法所得归个人所有或者个人私分的,也是按照个人犯罪处理。

规定立案,追究其刑事责任。

393-2 法释〔2012〕22号第七条第二款 单位行贿的,在被追诉前,单位集体决定或者单位负责人决定主动交待单位行贿行为的,依照刑法第三百九十条第二款的规定,对单位及相关责任人员可以减轻处罚或者免除处罚;受委托直接办理单位行贿事项的直接责任人员在被追诉前主动交待自己知道的单位行贿行为的,对该直接责任人员可以依照刑法第三百九十条第二款的规定减轻处罚或者免除处罚。

第三百九十四条 【贪污罪】国家工作人员在国内公务活动或者对外交往中接受礼物,依照国家规定应当交公而不交公*,数额较大的,依照本法第三百八十二条(贪污罪的定罪)、第三百八十三条(对贪污罪的处罚)的规定定罪处罚。

第三百九十五条** **(刑七)【巨额财产来源不明罪】**国家工作人员的财产、支出明显超过合法收入,差额巨大的[1],可以责令该国家工作人员说明来源,不能说明来源的,[2] 差额部分以非法所得[3]论,处五年以下有期徒刑或者拘役;差额特别巨大的,处五年以上十年以下有期徒刑。财产的差额部分予以追缴。

【隐瞒境外存款罪】国家工作人员在境外的存款,应当依照国家规定申报。数额较大[4]、隐瞒不报的,处二年以下有期徒刑或者拘役***;情节较轻的,由其所在单位或者上级主管机关酌情给予行政处分。

395-1 高检发释字〔1999〕2号 一、贪污贿赂犯罪案件 (九)巨额财产来源不明案(第395条第1款)

---

* 这种行为属于贪污罪中的侵吞公共财物的行为。

** 原第一款为:“国家工作人员的财产或者支出明显超过合法收入,差额巨大的,可以责令说明来源。本人不能说明其来源是合法的,差额部分以非法所得论,处五年以下有期徒刑或者拘役,财产的差额部分予以追缴。”

*** 如果行为人对其隐瞒不报的境外存款明显超过合法收入,差额巨大,又不能说明来源的,应当从一重罪处罚,即按巨额财产来源不明罪处罚。

涉嫌巨额财产来源不明,数额在30万元以上的,应予立案。

395-2　法〔2003〕167号　五、关于巨额财产来源不明罪　(一)行为人不能说明巨额财产来源合法的认定:“不能说明”:

1. 行为人拒不说明财产来源;

2. 行为人无法说明财产的具体来源;

3. 行为人所说的财产来源经司法机关查证并不属实;

4. 行为人所说的财产来源因线索不具体等原因,司法机关无法查实,但能排除存在来源合法的可能性和合理性的。

395-3　法〔2003〕167号　五、关于巨额财产来源不明罪　(二)“非法所得”的数额计算:刑法第三百九十五条规定的“非法所得”,一般是指行为人的全部财产与能够认定的所有支出的总和减去能够证实的有真实来源的所得。在具体计算时,应注意以下问题:

(1)应把国家工作人员个人财产和与其共同生活的家庭成员的财产、支出等一并计算,而且一并减去他们所有的合法收入以及确属与其共同生活的家庭成员个人的非法收入;

(2)行为人所有的财产包括房产、家具、生活用品、学习用品及股票、债券、存款等动产和不动产;行为人的支出包括合法支出和不合法的支出,包括日常生活、工作、学习费用、罚款及向他人行贿的财物等;行为人的合法收入包括工资、奖金、稿酬、继承等法律和政策允许的各种收入;

(3)为了便于计算犯罪数额,对于行为人的财产和合法收入,一般可以从行为人有比较确定的收入和财产时开始计算。

395-4　高检发释字〔1999〕2号　一、贪污贿赂犯罪案件　(十)隐瞒境外存款案(第395条第2款)

涉嫌隐瞒境外存款,折合人民币数额在30万元以上的,应予立案。

第三百九十六条*　【私分国有资产罪】国家机关、国有公司、企业、事业单位、人民团体,违反国家规定,以单位名义将国

---

* 本罪虽然是单位犯罪,但不实行双罚制,因为这两种犯罪并不是为单位谋取利益的犯罪。这两个罪要求将财物分给本单位全体成员,如果是分给部分成员,那么应该定共同贪污罪,而不是本罪。

有资产*[1]集体私分给个人**,数额较大的,[2]对其直接负责的主管人员和其他直接责任人员,处三年以下有期徒刑或者拘役,并处或者单处罚金;数额巨大的,处三年以上七年以下有期徒刑,并处罚金。

【私分罚没财物罪】司法机关、行政执法机关违反国家规定,将应当上缴国家的罚没财物[3],以单位名义集体私分给个人的,依照前款的规定处罚。

396-1 **1.**《事业单位国有资产管理暂行办法》(财政部,2006年7月1日)第三条 本办法所称的事业单位国有资产,是指事业单位占有、使用的,依法确认为国家所有,能以货币计量的各种经济资源的总称,即事业单位的国有(公共)财产。事业单位国有资产包括国家拨给事业单位的资产,事业单位按照国家规定运用国有资产组织收入形成的资产,以及接受捐赠和其他经法律确认为国家所有的资产,其表现形式为流动资产、固定资产、无形资产和对外投资等。

2.《人民检察院直接受理立案侦查案件立案标准的规定(试行)》(高检发释字〔1999〕2号,1999年9月16日) 四、附则 (六)本规定中有关私分国有资产罪案中的"国有资产",是指国家依法取得和认定

---

* 本罪需要界定国有资产的范围。如果国有企业、公司在依法交税后将其赢利提高标准,分配给本单位人员,可能属于财经违规行为。如果单位将自己无权处理、分配的资金通过巧立名目、违规做账的方式发放,则属于私分国有资产的行为。被私分的国有资产的数额较大,而不是指个人分得的财物数额较大。

** 以单位名义集体私分给个人,是指经集体研究决定将国有资产或罚没财物分配给单位的所有成员,或者按照相对公平的规则分配给单位的部分成员。

例如,下列情形应当认定为私分国有资产罪:(1)将国有资产相对公平地分配给单位全体成员的。至于单位成员的多少,则不影响犯罪的认定。换言之,不能因为单位人数少,就认定为贪污罪。(2)按加班时间或者加班工作量等将国有资产分配给所有加班人员,而没有分配给未加班人员的,应认定为私分国有资产罪。(3)在单位额外承担了某项工作任务的情况下,将国有资产相对公平地分配给承担该项工作的人员,而没有分配给其他人员的,应认定为私分国有资产罪。(4)由于单位的某一部门做出了突出贡献,将国有资产私分给该部门的工作人员的。概言之,在私分给单位全体成员的情况下,应当认定为私分国有资产;在仅分配给单位部分成员的情况下,如果分配根据具有相对合理性,就应当认定为私分国有资产。(张明楷:《刑法学》(下)(第五版),法律出版社2016年版,第1195页。)

的，或者国家以各种形式对企业投资和投资收益、国家向行政事业单位拨款等形成的资产。

396-2 **1.** 高检发释字〔1999〕2号 一、贪污贿赂犯罪 （十一）私分国有资产案：涉嫌私分国有资产，累计数额在10万元以上的，应予立案。

2.《最高人民法院、最高人民检察院关于办理国家出资企业中职务犯罪案件具体应用法律若干问题的意见》（法发〔2010〕49号，2010年10月2日） 二、关于国有公司、企业在改制过程中隐匿公司、企业财产归职工集体持股的改制后公司、企业所有的行为的处理

国有公司、企业违反国家规定，在改制过程中隐匿公司、企业财产，转为职工集体持股的改制后公司、企业所有的，对其直接负责的主管人员和其他直接责任人员，依照刑法第三百九十六条第一款的规定，以私分国有资产罪定罪处罚。

改制后的公司、企业中只有改制前公司、企业的管理人员或者少数职工持股，改制前公司、企业的多数职工未持股的，依照本意见第一条的规定，以贪污罪定罪处罚。

396-3 高检发释字〔1999〕2号 一、贪污贿赂犯罪案件 （十二）私分罚没财物案（第396条第2款）涉嫌私分罚没财物，累计数额在10万元以上，应予立案。

第九章　渎　职　罪[1]

C. 9-1　1.《人民检察院直接受理立案侦查的渎职侵权重特大案件标准(试行)》(高检发〔2001〕3号,2002年1月1日);2.《最高人民检察院关于渎职侵权犯罪案件立案标准的规定》(高检发释字〔2006〕2号,2006年7月26日)根据《刑法》、《刑事诉讼法》和其他法律的有关规定,对国家机关工作人员渎职和利用职权实施的侵犯公民人身权利、民主权利犯罪案件的立案标准;3.《最高人民法院、最高人民检察院关于办理渎职刑事案件适用法律若干问题的解释(一)》(法释〔2012〕18号,2013年1月9日)。

法释〔2012〕18号第三条　国家机关工作人员实施渎职犯罪并收受贿赂,同时构成受贿罪的,除刑法另有规定外,以渎职犯罪和受贿罪数罪并罚。

法释〔2016〕9号第十七条　国家工作人员利用职务上的便利,收受他人财物,为他人谋取利益,同时构成受贿罪和刑法分则第三章第三节、第九章规定的渎职犯罪的,除刑法另有规定外,以受贿罪和渎职犯罪数罪并罚。

法释〔2012〕18号第四条　国家机关工作人员实施渎职行为,放纵他人犯罪或者帮助他人逃避刑事处罚,构成犯罪的,依照渎职罪的规定定罪处罚。

国家机关工作人员与他人共谋,利用其职务行为帮助他人实施其他犯罪行为,同时构成渎职犯罪和共谋实施的其他犯罪共犯的,依照处罚较重的规定定罪处罚。

国家机关工作人员与他人共谋,既利用其职务行为帮助他人实施其他犯罪,又以非职务行为与他人共同实施该其他犯罪行为,同时构成渎职犯罪和其他犯罪的共犯的,依照数罪并罚的规定定罪处罚。

法释〔2012〕18号第五条　国家机关负责人员违法决定，或者指使、授意、强令其他国家机关工作人员违法履行职务或者不履行职务，构成刑法分则第九章规定的渎职犯罪的，应当依法追究刑事责任。

以“集体研究”形式实施的渎职犯罪，应当依照刑法分则第九章的规定追究国家机关负有责任的人员的刑事责任。对于具体执行人员，应当在综合认定其行为性质、是否提出反对意见、危害结果大小等情节的基础上决定是否追究刑事责任和应当判处的刑罚。

法释〔2012〕18号第六条　以危害结果为条件的渎职犯罪的追诉期限，从危害结果发生之日起计算；有数个危害结果的，从最后一个危害结果发生之日起计算。

法释〔2012〕18号第九条　负有监督管理职责的国家机关工作人员滥用职权或者玩忽职守，致使不符合安全标准的食品、有毒有害食品、假药、劣药等流入社会，对人民群众生命、健康造成严重危害后果的，依照渎职罪的规定从严惩处。

法释〔2012〕18号第十条　最高人民法院、最高人民检察院此前发布的司法解释与本解释不一致的，以本解释为准。

第三百九十七条[1]　**【滥用职权罪、玩忽职守罪】**国家机关工作人员[2]滥用职权[3]或者玩忽职守[4]，致使公共财产、国家和人民利益遭受重大损失的[5]，处三年以下有期徒刑或者拘役；情节特别严重的[6]，处三年以上七年以下有期徒刑。本法另有规定的[7]，依照规定。

国家机关工作人员徇私舞弊[8]，犯前款罪的，处五年以下有期徒刑或者拘役；情节特别严重的，处五年以上十年以下有期徒刑。本法另有规定的，依照规定。

397-1　《全国人大常委会关于惩治骗购外汇、逃汇和非法买卖外汇犯罪的决定》（1998年12月29日）　六、海关、外汇管理部门的工作人员严重不负责任，造成大量外汇被骗购或者逃汇，致使国家利益遭受重大损失的，依照刑法第三百九十七条的规定定罪处罚。

397-2　**1.**《全国人大常委会关于〈中华人民共和国刑法〉第九章渎职罪主体适用问题的解释》（2002年12月28日）　1.在依照法律、法规规定行使国家行政管理职权*的组织中从事公务的人员** 2. 或者在受国家机关委托代表国家机关行使职权的组织中从事公务的人员*** 3. 或者虽未列入国家机关人员编制但在国家机关中从事公务的人员****，在代表国家机关行使职权时，有渎职行为，构成犯罪的，依照刑法关于渎职罪的规定追究刑事责任。

2. 法释〔2012〕18 号第七条　依法或者受委托行使国家行政管理职权的公司、企业、事业单位的工作人员，在行使行政管理职权时滥用职权或者玩忽职守，构成犯罪的，应当依照《全国人民代表大会常务委员会关于〈中华人民共和国刑法〉第九章渎职罪主体适用问题的解释》的规定，适用渎职罪的规定追究刑事责任。

3.《全国法院审理经济犯罪案件工作座谈会纪要》(法〔2003〕167 号,2003 年 11 月 13 日)

一、关于贪污贿赂犯罪和渎职犯罪的主体

(一)国家机关工作人员的认定

刑法中所称的国家机关工作人员，是指在国家机关中从事公务的人员，包括在各级国家权力机关、行政机关、司法机关和军事机关中从事公务的人员。

根据有关立法解释的规定，在依照法律、法规规定行使国家行政管理职权的组织中从事公务的人员，或者在受国家机关委托代表国家行使职权的组织中从事公务的人员，或者虽未列入国家机关人员编制但在国家机关中从事公务的人员，视为国家机关工作人员。在乡(镇)以上中国共产党机关、人民政协机关中从事公务的人员，司法实践中也应当视为国家机关工作人员。

---

* 如证监会和保监会等，行政权力可以授予，而司法权和立法权则不宜授予。

** 行政处罚法第十七条规定，法律、法规授权的具有管理公共事务职能的组织可以在法定授权范围内实施行政处罚。

*** 行政处罚法第十八条规定，行政机关依照法律、法规或者规章的规定，可以在其法定权限内委托符合法定条件的组织实施行政处罚，受委托组织在委托范围内，以委托行政机关名义实施行政处罚。

**** 这一立法解释不解决这三类人的血统问题，身份问题，只解决其渎职行为。如果这些人不是在从事公务，而是其他事务，则不属于代表国家机关行使职权。关于立法解释的效力和溯及力问题。立法解释对法律条文的效力没有影响，法律条文规定的含意应当是在法律生效时就存在的。

4. 高检发释字〔2006〕2号附则 （三）本规定中的“国家机关工作人员”，是指在国家机关中从事公务的人员，包括在各级国家权力机关、行政机关、司法机关和军事机关中从事公务的人员。在依照法律、法规规定行使国家行政管理职权的组织中从事公务的人员，或者在受国家机关委托代表国家行使职权的组织中从事公务的人员，或者虽未列入国家机关人员编制但在国家机关中从事公务的人员，在代表国家机关行使职权时，视为国家机关工作人员。在乡（镇）以上中国共产党机关、人民政协机关中从事公务的人员，视为国家机关工作人员。

397-3 **1.**《最高人民检察院关于渎职侵权犯罪案件立案标准的规定》（高检发释字〔2006〕2号）

一、渎职犯罪案件

（一）滥用职权案（第三百九十七条） 滥用职权罪是指国家机关工作人员超越职权，违法决定、处理其无权决定、处理的事项，或者违反规定处理公务，致使公共财产、国家和人民利益遭受重大损失的行为。

国家机关工作人员滥用职权，符合刑法第九章所规定的特殊渎职罪构成要件的，按照该特殊规定追究刑事责任；主体不符合刑法第九章所规定的特殊渎职罪的主体要件，但滥用职权涉嫌前款第1项至第9项规定情形之一的，按照刑法第397条的规定以滥用职权罪追究刑事责任。

2.《最高人民法院、最高人民检察院关于办理与盗窃、抢劫、诈骗、抢夺机动车相关刑事案件具体应用法律若干问题的解释》（法释〔2007〕11号，2007年5月9日）第三条 国家机关工作人员滥用职权，有下列情形之一，致使盗窃、抢劫、诈骗、抢夺的机动车被办理登记手续，数量达到三辆以上或者价值总额达到三十万元以上的，依照刑法第三百九十七条第一款的规定，以滥用职权罪定罪，处三年以下有期徒刑或者拘役：

（一）明知是登记手续不全或者不符合规定的机动车而办理登记手续的；

（二）指使他人为明知是登记手续不全或者不符合规定的机动车办理登记手续的；

（三）违规或者指使他人违规更改、调换车辆档案的；

（四）其他滥用职权的行为。

国家机关工作人员实施前两款规定的行为，致使盗窃、抢劫、诈骗、抢夺的机动车被办理登记手续，分别达到前两款规定数量、数额标准五倍以上的,或者明知是盗窃、抢劫、诈骗、抢夺的机动车而办理登记手续的,属于刑法第三百九十七条第一款规定的“情节特别严重”,处三年以上七年以下有期徒刑。

国家机关工作人员徇私舞弊,实施上述行为,构成犯罪的,依照刑法第三百九十七条第二款的规定定罪处罚。

3.《最高人民法院、最高人民检察院关于办理生产安全刑事案件适用法律若干问题的解释》(法释〔2015〕22 号,2015 年 12 月 16 日)第十五条　国家机关工作人员在履行安全监督管理职责时滥用职权、玩忽职守,致使公共财产、国家和人民利益遭受重大损失的,或者徇私舞弊,对发现的刑事案件依法应当移交司法机关追究刑事责任而不移交,情节严重的,分别依照刑法第三百九十七条、第四百零二条的规定,以滥用职权罪、玩忽职守罪或者徇私舞弊不移交刑事案件罪定罪处罚。

公司、企业、事业单位的工作人员在依法或者受委托行使安全监督管理职责时滥用职权或者玩忽职守,构成犯罪的,应当依照《全国人民代表大会常务委员会关于〈中华人民共和国刑法〉第九章渎职罪主体适用问题的解释》的规定,适用渎职罪的规定追究刑事责任。

4. 陈某、林某、李甲滥用职权案(检例第 5 号)

关键词　渎职罪主体　村基层组织人员　滥用职权罪

2008 年 12 月 15 日,上海市奉贤区人民法院作出一审判决,认为被告人陈某身为国家机关工作人员,被告人林某、李甲作为在受国家机关委托代表国家机关行使职权的组织中从事公务的人员,在负责或经办被征地人员就业和保障工作过程中,故意违反有关规定,共同或单独擅自将不符合镇保条件的人员纳入镇保范围,致使公共财产遭受重大损失,并造成恶劣社会影响,其行为均已触犯刑法,构成滥用职权罪。

397-4　1.《最高人民检察院关于渎职侵权犯罪案件立案标准的规定》(高检发释字〔2006〕2 号)　一、渎职犯罪案件

(二)玩忽职守案(第三百九十七条)　玩忽职守罪是指国家机关工作人员严重不负责任,不履行或者不认真履行职责,致使公共财产、国家和人民利益遭受重大损失的行为。

国家机关工作人员玩忽职守,符合刑法第九章所规定的特殊渎职罪构成要件的,按照该特殊规定追究刑事责任;主体不符合刑法第九章所规定的特殊渎职罪的主体要件,但玩忽职守涉嫌前款第 1 项至第 9 项规

定情形之一的，按照刑法第 397 条的规定以玩忽职守罪追究刑事责任。

2. 陆飞荣玩忽职守案《刑事审判参考》指导案例 196 号裁判摘要：滥用职权通常表现为故意不正确行使职权或者超越职权，但行为人对行为本身的故意，并不意味着行为人对行为结果所持的态度是希望或者放任，而玩忽职守表现为行为人严重不负责任，应当预见自己玩忽职守的行为可能发生使公共财产、国家或人民利益遭受重大损失的危害结果，因为疏忽大意而没有预见，或者已经预见而轻信能够避免。

玩忽职守罪以造成重大损失为构成要件，本质上也属于一种责任事故型犯罪，与其他事故型犯罪有所不同之处，在于其为公务型事故。*

3.《全国法院审理经济犯罪案件工作座谈会纪要》（法〔2003〕167 号）　六、关于渎职罪　（二）玩忽职守罪的追诉时效

玩忽职守行为造成的重大损失当时没有发生，而是玩忽职守行为之后一定时间发生的，应从危害结果发生之日起计算玩忽职守罪的追诉期限。

4.《最高人民法院、最高人民检察院关于办理与盗窃、抢劫、诈骗、抢夺机动车相关刑事案件具体应用法律若干问题的解释》（法释〔2007〕11 号，2007 年 5 月 9 日）第三条第二款　国家机关工作人员疏于审查或者审查不严，致使盗窃、抢劫、诈骗、抢夺的机动车被办理登记手续，数量达到五辆以上或者价值总额达到五十万元以上的，依照刑法第三百九十七条第一款的规定，以玩忽职守罪定罪，处三年以下有期徒刑或者拘役。

397-5　**1.**《最高人民法院、最高人民检察院关于办理渎职刑事案件适用法律若干问题的解释（一）》（法释〔2012〕18 号，2013 年 1 月 9 日）第一条　国家机关工作人员滥用职权或者玩忽职守，具有下列情形之一的，应当认定为刑法第三百九十七条规定的“致使公共财产、国家和人民

---

* 雷某案（2016 年 12 月 24 日北京市人民检察院官方微信）

北京市丰台区人民检察院认定：邢某某等五人在执行公务活动过程中，不正确履行职责，存在不当执法行为，执法行为超出合理限度，致执法对象发生吸入性窒息；不履行职责，在发现雷某身体出现异常后，未及时进行现场急救、紧急呼救和送医抢救，致执法对象未得到及时救治，以致发生死亡结果。且事后故意编造事实、隐瞒真相、妨碍侦查。该行为触犯了《中华人民共和国刑法》第三百九十七条第一款之规定，符合玩忽职守罪构成条件。

鉴于邢某某等五人系根据上级统一部署开展执法活动，对雷某执行公务具有事实依据与合法前提且雷某有妨碍执法行为，犯罪情节轻微，能够认罪悔罪，综合全案事实和情节，根据《中华人民共和国刑法》第三十七条之规定，不需要判处刑罚，依据《中华人民共和国刑事诉讼法》第一百七十三条第二款之规定，决定对邢某某等五名涉案警务人员不起诉。

利益遭受重大损失”：

(一)造成死亡1人以上,或者重伤3人以上,或者轻伤9人以上,或者重伤2人、轻伤3人以上,或者重伤1人、轻伤6人以上的；

(二)造成经济损失30万元以上的；

(三)造成恶劣社会影响的；

(四)其他致使公共财产、国家和人民利益遭受重大损失的情形。

法释〔2012〕18号第八条　本解释规定的“经济损失”,是指渎职犯罪或者与渎职犯罪相关联的犯罪立案时已经实际造成的财产损失,包括为挽回渎职犯罪所造成损失而支付的各种开支、费用等。立案后至提起公诉前持续发生的经济损失,应一并计入渎职犯罪造成的经济损失。

债务人经法定程序被宣告破产,债务人潜逃、去向不明,或者因行为人的责任超过诉讼时效等,致使债权已经无法实现的,无法实现的债权部分应当认定为渎职犯罪的经济损失。

渎职犯罪或者与渎职犯罪相关联的犯罪立案后,犯罪分子及其亲友自行挽回的经济损失,司法机关或者犯罪分子所在单位及其上级主管部门挽回的经济损失,或者因客观原因减少的经济损失,不予扣减,但可以作为酌定从轻处罚的情节。

2. 高检发释字〔2006〕2号　(一)滥用职权案(第三百九十七条)涉嫌下列情形之一的,应予立案：

1. 造成死亡1人以上,或者重伤2人以上,或者重伤1人、轻伤3人以上,或者轻伤5人以上的；

2. 导致10人以上严重中毒的；

3. 造成个人财产直接经济损失10万元以上,或者直接经济损失不满10万元,但间接经济损失50万元以上的；

4. 造成公共财产或者法人、其他组织财产直接经济损失20万元以上,或者直接经济损失不满20万元,但间接经济损失100万元以上的；

5. 虽未达到3、4两项数额标准,但3、4两项合计直接经济损失20万元以上,或者合计直接经济损失不满20万元,但合计间接经济损失100万元以上的；

6. 造成公司、企业等单位停业、停产6个月以上,或者破产的；

7. 弄虚作假,不报、缓报、谎报或者授意、指使、强令他人不报、缓报、谎报情况,导致重特大事故危害结果继续、扩大,或者致使抢救、调查、处理工作延误的；

8. 严重损害国家声誉，或者造成恶劣社会影响的；

9. 其他致使公共财产、国家和人民利益遭受重大损失的情形。

高检发释字〔2006〕2号附则（四） 本规定中的“直接经济损失”，是指与行为有直接因果关系而造成的财产损毁、减少的实际价值；“间接经济损失”，是指由直接经济损失引起和牵连的其他损失，包括失去的在正常情况下可以获得的利益和为恢复正常的管理活动或者挽回所造成的损失所支付的各种开支、费用等。

有下列情形之一的，虽然有债权存在，但已无法实现债权的，可以认定为已经造成了经济损失：(1)债务人已经法定程序被宣告破产，且无法清偿债务；(2)债务人潜逃，去向不明；(3)因行为人责任，致使超过诉讼时效；(4)有证据证明债权无法实现的其他情况。

直接经济损失和间接经济损失，是指立案时确已造成的经济损失。移送审查起诉前，犯罪嫌疑人及其亲友自行挽回的经济损失，以及由司法机关或者犯罪嫌疑人所在单位及其上级主管部门挽回的经济损失，不予扣减，但可作为对犯罪嫌疑人从轻处理的情节考虑。

高检发释字〔2006〕2号 （二）玩忽职守案（第三百九十七条）涉嫌下列情形之一的，应予立案：

1. 造成死亡1人以上，或者重伤3人以上，或者重伤2人、轻伤4人以上，或者重伤1人、轻伤7人以上，或者轻伤10人以上的；

2. 导致20人以上严重中毒的；

3. 造成个人财产直接经济损失15万元以上，或者直接经济损失不满15万元，但间接经济损失75万元以上的；

4. 造成公共财产或者法人、其他组织财产直接经济损失30万元以上，或者直接经济损失不满30万元，但间接经济损失150万元以上的；

5. 虽未达到3、4两项数额标准，但3、4两项合计直接经济损失30万元以上，或者合计直接经济损失不满30万元，但合计间接经济损失150万元以上的；

6. 造成公司、企业等单位停业、停产1年以上，或者破产的；

7. 海关、外汇管理部门的工作人员严重不负责任，造成100万美元以上外汇被骗购或者逃汇1000万美元以上的；

8. 严重损害国家声誉，或者造成恶劣社会影响的；

9. 其他致使公共财产、国家和人民利益遭受重大损失的情形。

高检发释字〔2006〕2号附则　本规定中的"直接经济损失",是指与行为有直接因果关系而造成的财产损毁、减少的实际价值;"间接经济损失",是指由直接经济损失引起和牵连的其他损失,包括失去的在正常情况下可以获得的利益和为恢复正常的管理活动或者挽回所造成的损失所支付的各种开支、费用等。

有下列情形之一的,虽然有债权存在,但已无法实现债权的,可以认定为已经造成了经济损失:

(1)债务人已经法定程序被宣告破产,且无法清偿债务;

(2)债务人潜逃,去向不明;

(3)因行为人责任,致使超过诉讼时效;

(4)有证据证明债权无法实现的其他情况。

直接经济损失和间接经济损失,是指立案时确已造成的经济损失。移送审查起诉前,犯罪嫌疑人及其亲友自行挽回的经济损失,以及由司法机关或者犯罪嫌疑人所在单位及其上级主管部门挽回的经济损失,不予扣减,但可作为对犯罪嫌疑人从轻处理的情节考虑。

3.《全国法院审理经济犯罪案件工作座谈会纪要》(法〔2003〕167号)　六、关于渎职罪

(一)渎职犯罪行为造成的公共财产重大损失的认定

根据刑法规定,玩忽职守、滥用职权等渎职犯罪是以致使公共财产、国家和人民利益遭受重大损失为构成要件的。其中,公共财产的重大损失,通常是指渎职行为已经造成的重大经济损失。在司法实践中,有以下情形之一的,虽然公共财产作为债权存在,但已无法实现债权的,可以认定为行为人的渎职行为造成了经济损失:(1)债务人已经法定程序被宣告破产;(2)债务人潜逃,去向不明;(3)因行为人责任,致使超过诉讼时效;(4)有证据证明债权无法实现的其他情况。

4. 罗甲、罗乙、朱某、罗丙滥用职权案(检例第6号)

关键词　滥用职权罪　重大损失　恶劣社会影响

要旨　根据刑法规定,滥用职权罪是指国家机关工作人员滥用职权,致使"公共财产、国家和人民利益遭受重大损失"的行为。实践中,对滥用职权"造成恶劣社会影响的",应当依法认定为"致使公共财产、国家和人民利益遭受重大损失"。

5. 杨某玩忽职守、徇私枉法、受贿案(检例第8号)

关键词　玩忽职守罪　徇私枉法罪　受贿罪因果关系数罪并罚

要旨　本案要旨有两点:一是渎职犯罪因果关系的认定。如果负有监管职责的国家机关工作人员没有认真履行其监管职责,从而未能有效防止危害结果发生,那么,这些对危害结果具有"原因力"的渎职行为,应认定与危害结果之间具有刑法意义上的因果关系。二是渎职犯罪同时受贿的处罚原则。对于国家机关工作人员实施渎职犯罪并收受贿赂,同时构成受贿罪的,除刑法第三百九十九条有特别规定的外,以渎职犯罪和受贿罪数罪并罚。

397-6　法释〔2012〕18号第一条　具有下列情形之一的,应当认定为刑法第三百九十七条规定的"情节特别严重":

(一)造成伤亡达到前款第(一)项规定人数3倍以上的;

(二)造成经济损失150万元以上的;

(三)造成前款规定的损失后果,不报、迟报、谎报或者授意、指使、强令他人不报、迟报、谎报事故情况,致使损失后果持续、扩大或者抢救工作延误的;

(四)造成特别恶劣社会影响的;

(五)其他特别严重的情节。

397-7　法释〔2012〕18号第二条　国家机关工作人员实施滥用职权或者玩忽职守犯罪行为,触犯刑法分则第九章第三百九十八条至第四百一十九条规定的,依照该规定定罪处罚。

国家机关工作人员滥用职权或者玩忽职守,因不具备徇私舞弊等情形,不符合刑法分则第九章第三百九十八条至第四百一十九条的规定,但依法构成第三百九十七条规定的犯罪的,以滥用职权罪或者玩忽职守罪定罪处罚。

397-8　**1.** 法〔2003〕167号　六、关于渎职罪　(四)关于"徇私"的理解　徇私舞弊型渎职犯罪的"徇私"应理解为徇个人私情、私利。国家机关工作人员为了本单位的利益,实施滥用职权、玩忽职守行为,构成犯罪的,依照刑法第三百九十七条第一款的规定定罪处罚。

2. 高检发释字〔2006〕2号附则(五)　本规定中的"徇私舞弊",是指国家机关工作人员为徇私情、私利,故意违背事实和法律,伪造材料,隐瞒情况,弄虚作假的行为。

第三百九十八条[1] **【故意泄露国家秘密罪;过失泄露国家秘密罪】**国家机关工作人员违反保守国家秘密法的规定,故意[2]或者过失[3]泄露国家秘密,[4]情节严重的,处三年以下有期徒刑或者拘役;情节特别严重的,处三年以上七年以下有期徒刑。

非国家机关工作人员犯前款罪的,依照前款的规定酌情处罚。

398-1 《最高人民法院关于审理为境外窃取、刺探、收买、非法提供国家秘密、情报案件具体应用法律若干问题的解释》(法释〔2001〕4号,2001年1月22日)第六条 通过互联网将国家秘密或者情报非法发送给境外的机构、组织、个人的,依照刑法第一百一十一条的规定定罪处罚;将国家秘密通过互联网予以发布,情节严重的,依照刑法第三百九十八条的规定定罪处罚。

398-2 《最高人民检察院关于渎职侵权犯罪案件立案标准的规定》(高检发释字〔2006〕2号) 一、渎职犯罪案件

(三)故意泄露国家秘密案(第三百九十八条)故意泄露国家秘密罪是指国家机关工作人员或者非国家机关工作人员违反保守国家秘密法,故意使国家秘密被不应知悉者知悉,或者故意使国家秘密超出了限定的接触范围,情节严重的行为。

涉嫌下列情形之一的,应予立案:

1. 泄露绝密级国家秘密1项(件)以上的;

2. 泄露机密级国家秘密2项(件)以上的;

3. 泄露秘密级国家秘密3项(件)以上的;

4. 向非境外机构、组织、人员泄露国家秘密,造成或者可能造成危害社会稳定、经济发展、国防安全或者其他严重危害后果的;

5. 通过口头、书面或者网络等方式向公众散布、传播国家秘密的;

6. 利用职权指使或者强迫他人违反国家保守秘密法的规定泄露国家秘密的;

7. 以牟取私利为目的泄露国家秘密的;

8. 其他情节严重的情形。

398-3 《最高人民检察院关于渎职侵权犯罪案件立案标准的规定》(高检发释字〔2006〕2号) 一、渎职犯罪案件

(四)过失泄露国家秘密案(第三百九十八条) 过失泄露国家秘密

罪是指国家机关工作人员或者非国家机关工作人员违反保守国家秘密法,过失泄露国家秘密,或者遗失国家秘密载体,致使国家秘密被不应知悉者知悉或者超出了限定的接触范围,情节严重的行为。

涉嫌下列情形之一的,应予立案:

1. 泄露绝密级国家秘密1项(件)以上的;

2. 泄露机密级国家秘密3项(件)以上的;

3. 泄露秘密级国家秘密4项(件)以上的;

4. 违反保密规定,将涉及国家秘密的计算机或者计算机信息系统与互联网相连接,泄露国家秘密的;

5. 泄露国家秘密或者遗失国家秘密载体,隐瞒不报、不如实提供有关情况或者不采取补救措施的;

6. 其他情节严重的情形。

398-4 刑事审判参考案例第210号:于萍故意泄露国家秘密案:辩护律师将在法院复制的案件证据材料让被告人亲属查阅的行为不构成故意泄露国家秘密罪。

第三百九十九条 (刑四)【徇私枉法罪】司法工作人员徇私枉法、徇情枉法,对明知是无罪的人而使他受追诉、对明知是有罪的人而故意包庇不使他受追诉,或者在刑事审判活动中故意违背事实和法律作枉法裁判的,[1] 处五年以下有期徒刑或者拘役;情节严重的,处五年以上十年以下有期徒刑;情节特别严重的,处十年以上有期徒刑。

【民事、行政枉法裁判罪】在民事、行政审判活动中故意违背事实和法律作枉法裁判,情节严重的,[2] 处五年以下有期徒刑或者拘役;情节特别严重的,处五年以上十年以下有期徒刑。

【执行判决、裁定失职罪;执行判决、裁定滥用职权罪】在执行判决、裁定活动中,严重不负责任或者滥用职权,不依法采取诉讼保全措施、不履行法定执行职责,或者违法采取诉讼保全措施、强制执行措施,致使当事人或者其他人的利益遭受重大损失的,[3] 处五年以下有期徒刑或者拘役;致使当事人或者其他人的利益遭受特别重大损失的,处五年以上十年以下有期徒刑。[4]

司法工作人员收受贿赂*,有前三款行为的,同时又构成本法第三百八十五条(受贿罪)规定之罪的,依照处罚较重的规定定罪处罚。

399-1 《最高人民检察院关于渎职侵权犯罪案件立案标准的规定》(高检发释字〔2006〕2号) 一、渎职犯罪案件

(五)徇私枉法案(第三百九十九条第一款) 徇私枉法罪是指司法工作人员徇私枉法、徇情枉法,对明知是无罪的人而使他受追诉、对明知是有罪的人而故意包庇不使他受追诉,或者在刑事审判活动中故意违背事实和法律作枉法裁判的行为。

涉嫌下列情形之一的,应予立案:

1. 对明知是没有犯罪事实或者其他依法不应当追究刑事责任的人,采取伪造、隐匿、毁灭证据或者其他隐瞒事实、违反法律的手段,以追究刑事责任为目的立案、侦查、起诉、审判的;

2. 对明知是有犯罪事实需要追究刑事责任的人,采取伪造、隐匿、毁灭证据或者其他隐瞒事实、违反法律的手段,故意包庇使其不受立案、侦查、起诉、审判的;

3. 采取伪造、隐匿、毁灭证据或者其他隐瞒事实、违反法律的手段,故意使罪重的人受较轻的追诉,或者使罪轻的人受较重的追诉的;

4. 在立案后,采取伪造、隐匿、毁灭证据或者其他隐瞒事实、违反法律的手段,应当采取强制措施而不采取强制措施,或者虽然采取强制措施,但中断侦查或者超过法定期限不采取任何措施,实际放任不管,以及违法撤销、变更强制措施,致使犯罪嫌疑人、被告人实际脱离司法机关侦控的;

5. 在刑事审判活动中故意违背事实和法律,作出枉法判决、裁定,即有罪判无罪、无罪判有罪,或者重罪轻判、轻罪重判的;

6. 其他徇私枉法应予追究刑事责任的情形。

---

* 《刑法修正案(四)》将“贪赃枉法”修改为“收受贿赂”。

399-2 《最高人民检察院关于渎职侵权犯罪案件立案标准的规定》(高检发释字〔2006〕2号) 一、渎职犯罪案件

(六)民事、行政枉法裁判案(第三百九十九条第二款) 民事、行政枉法裁判罪是指司法工作人员在民事、行政审判活动中,故意违背事实和法律作枉法裁判,情节严重的行为。

涉嫌下列情形之一的,应予立案:

1. 枉法裁判,致使当事人或者其近亲属自杀、自残造成重伤、死亡,或者精神失常的;

2. 枉法裁判,造成个人财产直接经济损失10万元以上,或者直接经济损失不满10万元,但间接经济损失50万元以上的;

3. 枉法裁判,造成法人或者其他组织财产直接经济损失20万元以上,或者直接经济损失不满20万元,但间接经济损失100万元以上的;

4. 伪造、变造有关材料、证据,制造假案枉法裁判的;

5. 串通当事人制造伪证,毁灭证据或者篡改庭审笔录而枉法裁判的;

6. 徇私情、私利,明知是伪造、变造的证据予以采信,或者故意对应当采信的证据不予采信,或者故意违反法定程序,或者故意错误适用法律而枉法裁判的;

7. 其他情节严重的情形。

399-3 《最高人民检察院关于渎职侵权犯罪案件立案标准的规定》(高检发释字〔2006〕2号) 一、渎职犯罪案件

(七)执行判决、裁定失职案(第三百九十九条第三款) 执行判决、裁定失职罪是指司法工作人员在执行判决、裁定活动中,严重不负责任,不依法采取诉讼保全措施、不履行法定执行职责,或者违法采取保全措施、强制执行措施,致使当事人或者其他人的利益遭受重大损失的行为。

涉嫌下列情形之一的,应予立案:

1. 致使当事人或者其近亲属自杀、自残造成重伤、死亡,或者精神失常的;

2. 造成个人财产直接经济损失15万元以上,或者直接经济损失不满15万元,但间接经济损失75万元以上的;

3. 造成法人或者其他组织财产直接经济损失30万元以上,或者直接经济损失不满30万元,但间接经济损失150万元以上的;

4. 造成公司、企业等单位停业、停产1年以上,或者破产的;

5. 其他致使当事人或者其他人的利益遭受重大损失的情形。

(八)执行判决、裁定滥用职权案(第三百九十九条第三款) 执行判决、裁定滥用职权罪是指司法工作人员在执行判决、裁定活动中,滥用职权,不依法采取诉讼保全措施、不履行法定执行职责,或者违法采取保全措施、强制执行措施,致使当事人或者其他人的利益遭受重大损失的行为。

涉嫌下列情形之一的,应予立案:

1. 致使当事人或者其近亲属自杀、自残造成重伤、死亡,或者精神失常的;

2. 造成个人财产直接经济损失10万元以上,或者直接经济损失不满10万元,但间接经济损失50万元以上的;

3. 造成法人或者其他组织财产直接经济损失20万元以上,或者直接经济损失不满20万元,但间接经济损失100万元以上的;

4. 造成公司、企业等单位停业、停产6个月以上,或者破产的;

5. 其他致使当事人或者其他人的利益遭受重大损失的情形。

399-4　立法理由:《关于〈中华人民共和国刑法修正案(四)(草案)〉的说明》上述行为,按照刑法第三百九十七条规定的滥用职权罪和玩忽职守罪是可以追究的,在司法实践中对这种行为没有及时追究刑事责任,主要是由于对这种行为未作具体规定,司法机关在适用法律时认识不明确造成的。因此,对发生在修正案公布以前的这类行为仍应追究刑事责任。

第三百九十九条之一　(刑六)【枉法仲裁罪】依法承担仲裁职责的人员,[1] 在仲裁活动中故意违背事实和法律作枉法裁决的,情节严重的,处三年以下有期徒刑或者拘役;情节特别严重的,处三年以上七年以下有期徒刑。

399A-1　理解与适用:依法承担仲裁职责的人,是指依据法律、行政法规和部门规章的规定承担仲裁的人员,不仅包括依据仲裁法的规定,在独立于行政机关、与行政机关没有隶属关系的仲裁委员会对民商事争议承担仲裁职责的人,而且包括依据《劳动法》、《公务员法》、《体育法》、《著作权法》、《反兴奋剂条例》、《企业劳动争议处理条例》等规定,在有政府行政主管部门代表参加组成的仲裁机构中对法律、行政法规、部门规章规定的特殊争议承担仲裁职责的人员。

第四百条 **【私放在押人员罪】**司法工作人员[1]私放在押的犯罪嫌疑人、被告人或者罪犯的,[2]处五年以下有期徒刑或者拘役;情节严重的,处五年以上十年以下有期徒刑;情节特别严重的,处十年以上有期徒刑。

【失职致使在押人员脱逃罪】司法工作人员[3]由于严重不负责任,致使在押的犯罪嫌疑人、被告人或者罪犯脱逃,造成严重后果的,[4]处三年以下有期徒刑或者拘役;造成特别严重后果的,处三年以上十年以下有期徒刑。

400-1 《最高人民检察院关于工人等非监禁机关在编监管人员私放在押人员行为和失职致使在押人员脱逃行为适用法律问题的解释》(高检发释字〔2001〕2号,2001年1月2日) 工人等非监禁机关在编监管人员在被监管机关聘用受委托履行监管职责的过程中私放在押人员的,应以私放在押人员罪追究刑事责任。

400-2 《最高人民检察院关于渎职侵权犯罪案件立案标准的规定》(高检发释字〔2006〕2号) 一、渎职犯罪案件

(九)私放在押人员案(第四百条第一款) 私放在押人员罪是指司法工作人员私放在押(包括在羁押场所和押解途中)的犯罪嫌疑人、被告人或者罪犯的行为。

涉嫌下列情形之一的,应予立案:

1.私自将在押的犯罪嫌疑人、被告人、罪犯放走,或者授意、指使、强迫他人将在押的犯罪嫌疑人、被告人、罪犯放走的;

2.伪造、变造有关法律文书、证明材料,以使在押的犯罪嫌疑人、被告人、罪犯逃跑或者被释放的;

3.为私放在押的犯罪嫌疑人、被告人、罪犯,故意向其通风报信、提供条件,致使该在押的犯罪嫌疑人、被告人、罪犯脱逃的;

4.其他私放在押的犯罪嫌疑人、被告人、罪犯应予追究刑事责任的情形。

400-3 《最高人民法院关于未被公安机关正式录用的人员、狱医能

否构成失职致使在押人员脱逃罪主体问题的批复》(法释〔2000〕28号,2000年9月22日) 不负监管职责的狱医,不构成失职致使在押人员脱逃罪的主体。但是受委派承担了监管职责的狱医,由于严重不负责任,致使在押人员脱逃,造成严重后果的,应当依刑法第400条第2款的规定定罪处罚。

400-4 《最高人民检察院关于渎职侵权犯罪案件立案标准的规定》(高检发释字〔2006〕2号) 一、渎职犯罪案件

(十)失职致使在押人员脱逃案(第四百条第二款) 失职致使在押人员脱逃罪是指司法工作人员由于严重不负责任,不履行或者不认真履行职责,致使在押(包括在羁押场所和押解途中)的犯罪嫌疑人、被告人、罪犯脱逃,造成严重后果的行为。

涉嫌下列情形之一的,应予立案:

1. 致使依法可能判处或者已经判处十年以上有期徒刑、无期徒刑、死刑的犯罪嫌疑人、被告人、罪犯脱逃的;

2. 致使犯罪嫌疑人、被告人、罪犯脱逃3人次以上的;

3. 犯罪嫌疑人、被告人、罪犯脱逃以后,打击报复报案人、控告人、举报人、被害人、证人和司法工作人员等,或者继续犯罪的;

4. 其他致使在押的犯罪嫌疑人、被告人、罪犯脱逃,造成严重后果的情形。

第四百零一条 【徇私舞弊减刑、假释、暂予监外执行罪】司法工作人员徇私舞弊,对不符合减刑、假释、暂予监外执行条件的罪犯,予以减刑、假释或者暂予监外执行的,[1] 处三年以下有期徒刑或者拘役;情节严重的,处三年以上七年以下有期徒刑。

401-1 《最高人民检察院关于渎职侵权犯罪案件立案标准的规定》(高检发释字〔2006〕2号) 一、渎职犯罪案件

(十一)徇私舞弊减刑、假释、暂予监外执行案(第四百零一条) 徇私舞弊减刑、假释、暂予监外执行罪是指司法工作人员徇私舞弊,对不符合减刑、假释、暂予监外执行条件的罪犯予以减刑、假释、暂予监外执行的行为。

涉嫌下列情形之一的,应予立案:

1. 刑罚执行机关的工作人员对不符合减刑、假释、暂予监外执行条

件的罪犯，捏造事实，伪造材料，违法报请减刑、假释、暂予监外执行的；

2. 审判人员对不符合减刑、假释、暂予监外执行条件的罪犯，徇私舞弊，违法裁定减刑、假释或者违法决定暂予监外执行的；

3. 监狱管理机关、公安机关的工作人员对不符合暂予监外执行条件的罪犯，徇私舞弊，违法批准暂予监外执行的；不具有报请、裁定、决定或者批准减刑、假释、暂予监外执行权的司法工作人员利用职务上的便利，伪造有关材料，导致不符合减刑、假释、暂予监外执行条件的罪犯被减刑、假释、暂予监外执行的；

4. 其他徇私舞弊减刑、假释、暂予监外执行应予追究刑事责任的情形。

第四百零二条　【徇私舞弊不移交刑事案件罪】行政执法人员徇私舞弊，对依法应当移交司法机关追究刑事责任的不移交，情节严重的，[1] 处三年以下有期徒刑或者拘役；造成严重后果的，处三年以上七年以下有期徒刑。

402-1　1.《最高人民检察院关于渎职侵权犯罪案件立案标准的规定》(高检发释字〔2006〕2号)　一、渎职犯罪案件

(十二)徇私舞弊不移交刑事案件案(第四百零二条)　徇私舞弊不移交刑事案件罪是指工商行政管理、税务、监察等行政执法人员，徇私舞弊，对依法应当移交司法机关追究刑事责任的案件不移交，情节严重的行为。

涉嫌下列情形之一的，应予立案：

1. 对依法可能判处三年以上有期徒刑、无期徒刑、死刑的犯罪案件不移交的；

2. 不移交刑事案件涉及3人次以上的；

3. 司法机关提出意见后，无正当理由仍然不予移交的；

4. 以罚代刑，放纵犯罪嫌疑人，致使犯罪嫌疑人继续进行违法犯罪活动的；

5. 行政执法部门主管领导阻止移交的；

6. 隐瞒、毁灭证据，伪造材料，改变刑事案件性质的；

7. 直接负责的主管人员和其他直接责任人员为牟取本单位私利而不移交刑事案件，情节严重的；

8. 其他情节严重的情形。

2. 胡某、郑某徇私舞弊不移交刑事案件案(检例第7号)

关键词 诉讼监督 徇私舞弊不移交刑事案件罪

要旨 诉讼监督,是人民检察院依法履行法律监督的重要内容。实践中,检察机关和办案人员应当坚持办案与监督并重,建立健全行政执法与刑事司法有效衔接的工作机制,善于在办案中发现各种职务犯罪线索;对于行政执法人员徇私舞弊,不移送有关刑事案件构成犯罪的,应当依法追究刑事责任。

第四百零三条 【滥用管理公司、证券职权罪】国家有关主管部门的国家机关工作人员,徇私舞弊,滥用职权,对不符合法律规定条件的公司设立、登记申请或者股票、债券发行、上市申请,予以批准或者登记,致使公共财产、国家和人民利益遭受重大损失的,[1]处五年以下有期徒刑或者拘役。

上级部门强令登记机关及其工作人员实施前款行为的,对其直接负责的主管人员,依照前款的规定处罚。

403-1 《最高人民检察院关于渎职侵权犯罪案件立案标准的规定》(高检发释字〔2006〕2号) 一、渎职犯罪案件

(十三)滥用管理公司、证券职权案(第四百零三条) 滥用管理公司、证券职权罪是指工商行政管理、证券管理等国家有关主管部门的工作人员徇私舞弊,滥用职权,对不符合法律规定条件的公司设立、登记申请或者股票、债券发行、上市申请予以批准或者登记,致使公共财产、国家和人民利益遭受重大损失的行为,以及上级部门、当地政府强令登记机关及其工作人员实施上述行为的行为。

涉嫌下列情形之一的,应予立案:

1. 造成直接经济损失50万元以上的;工商行政管理部门的工作人员对不符合法律规定条件的公司设立、登记申请,违法予以批准、登记,严重扰乱市场秩序的;

2. 金融证券管理机构工作人员对不符合法律规定条件的股票、债券发行、上市申请,违法予以批准,严重损害公众利益,或者严重扰乱金融秩序的;

3. 工商行政管理部门、金融证券管理机构的工作人员对不符合法律

规定条件的公司设立、登记申请或者股票、债券发行、上市申请违法予以批准或者登记，致使犯罪行为得逞的；

4. 上级部门、当地政府直接负责的主管人员强令登记机关及其工作人员，对不符合法律规定条件的公司设立、登记申请或者股票、债券发行、上市申请予以批准或者登记，致使公共财产、国家或者人民利益遭受重大损失的；

5. 其他致使公共财产、国家和人民利益遭受重大损失的情形。

第四百零四条 【徇私舞弊不征、少征税款罪】税务机关的工作人员徇私舞弊，不征或者少征应征税款，致使国家税收遭受重大损失的，[1] 处五年以下有期徒刑或者拘役；造成特别重大损失的，处五年以上有期徒刑。

404-1 《最高人民检察院关于渎职侵权犯罪案件立案标准的规定》（高检发释字〔2006〕2号） 一、渎职犯罪案件

（十四）徇私舞弊不征、少征税款案（第四百零四条） 徇私舞弊不征、少征税款罪是指税务机关工作人员徇私舞弊，不征、少征应征税款，致使国家税收遭受重大损失的行为。

涉嫌下列情形之一的，应予立案：

1. 徇私舞弊不征、少征应征税款，致使国家税收损失累计达10万元以上的；

2. 上级主管部门工作人员指使税务机关工作人员徇私舞弊不征、少征应征税款，致使国家税收损失累计达10万元以上的；

3. 徇私舞弊不征、少征应征税款不满10万元，但具有索取或者收受贿赂或者其他恶劣情节的；

4. 其他致使国家税收遭受重大损失的情形。

第四百零五条 【徇私舞弊发售发票、抵扣税款、出口退税罪】税务机关的工作人员违反法律、行政法规的规定，在办理发售发票、抵扣税款、出口退税工作中，徇私舞弊，致使国家利益遭受重大损失的，[1] 处五年以下有期徒刑或者拘役；致使国家利益遭受特别重大损失的，处五年以上有期徒刑。

【违法提供出口退税凭证罪】其他国家机关工作人员违反国家规定,在提供出口货物报关单、出口收汇核销单等出口退税凭证的工作中,徇私舞弊,致使国家利益遭受重大损失的,[2] 依照前款的规定处罚。

405-1 《最高人民检察院关于渎职侵权犯罪案件立案标准的规定》(高检发释字〔2006〕2号) 一、渎职犯罪案件

(十五)徇私舞弊发售发票、抵扣税款、出口退税案(第四百零五条第一款) 徇私舞弊发售发票、抵扣税款、出口退税罪是指税务机关工作人员违反法律、行政法规的规定,在办理发售发票、抵扣税款、出口退税工作中徇私舞弊,致使国家利益遭受重大损失的行为。

涉嫌下列情形之一的,应予立案:

1. 徇私舞弊,致使国家税收损失累计达10万元以上的;

2. 徇私舞弊,致使国家税收损失累计不满10万元,但发售增值税专用发票25份以上或者其他发票50份以上或者增值税专用发票与其他发票合计50份以上,或者具有索取、收受贿赂或者其他恶劣情节的;

3. 其他致使国家利益遭受重大损失的情形。

405-2 《最高人民检察院关于渎职侵权犯罪案件立案标准的规定》(高检发释字〔2006〕2号) 一、渎职犯罪案件

(十六)违法提供出口退税凭证案(第四百零五条第二款) 违法提供出口退税凭证罪是指海关、外汇管理等国家机关工作人员违反国家规定,在提供出口货物报关单、出口收汇核销单等出口退税凭证的工作中徇私舞弊,致使国家利益遭受重大损失的行为。

涉嫌下列情形之一的,应予立案:

1. 徇私舞弊,致使国家税收损失累计达10万元以上的;

2. 徇私舞弊,致使国家税收损失累计不满10万元,但具有索取、收受贿赂或者其他恶劣情节的;

3. 其他致使国家利益遭受重大损失的情形。

第四百零六条 【国家机关工作人员签订、履行合同失职被骗罪】国家机关工作人员在签订、履行合同过程中,因严重不负责任被诈骗,致使国家利益遭受重大损失的,[1] 处三年以下有期徒刑或者拘役;致使国家利益遭受特别重大损失的,处三年以上七年以下

有期徒刑。

406-1《最高人民检察院关于渎职侵权犯罪案件立案标准的规定》（高检发释字〔2006〕2号）　一、渎职犯罪案件

（十七）国家机关工作人员签订、履行合同失职被骗案（第四百零六条）　国家机关工作人员签订、履行合同失职被骗罪是指国家机关工作人员在签订、履行合同过程中，因严重不负责任，不履行或者不认真履行职责被诈骗，致使国家利益遭受重大损失的行为。

涉嫌下列情形之一的，应予立案：

1. 造成直接经济损失30万元以上，或者直接经济损失不满30万元，但间接经济损失150万元以上的；

2. 其他致使国家利益遭受重大损失的情形。

第四百零七条　【违法发放林木采伐许可证罪】林业主管部门的工作人员违反森林法的规定，超过批准的年采伐限额发放林木采伐许可证或者违反规定滥发林木采伐许可证，情节严重，致使森林遭受严重破坏的，[1] 处三年以下有期徒刑或者拘役。

407-1《最高人民检察院关于渎职侵权犯罪案件立案标准的规定》（高检发释字〔2006〕2号）　一、渎职犯罪案件

（十八）违法发放林木采伐许可证案（第四百零七条）　违法发放林木采伐许可证罪是指林业主管部门的工作人员违反森林法的规定，超过批准的年采伐限额发放林木采伐许可证或者违反规定滥发林木采伐许可证，情节严重，致使森林遭受严重破坏的行为。

涉嫌下列情形之一的，应予立案：

1. 发放林木采伐许可证允许采伐数量累计超过批准的年采伐限额，导致林木被超限额采伐10立方米以上的；

2. 滥发林木采伐许可证，导致林木被滥伐20立方米以上，或者导致幼树被滥伐1000株以上的；

3. 滥发林木采伐许可证，导致防护林、特种用途林被滥伐5立方米以上，或者幼树被滥伐200株以上的；

4. 滥发林木采伐许可证，导致珍贵树木或者国家重点保护的其他树木被滥伐的；

5. 滥发林木采伐许可证,导致国家禁止采伐的林木被采伐的;

6. 其他情节严重,致使森林遭受严重破坏的情形。

林业主管部门工作人员之外的国家机关工作人员,违反森林法的规定,滥用职权或者玩忽职守,致使林木被滥伐40立方米以上或者幼树被滥伐2000株以上,或者致使防护林、特种用途林被滥伐10立方米以上或者幼树被滥伐400株以上,或者致使珍贵树木被采伐、毁坏4立方米或者4株以上,或者致使国家重点保护的其他植物被采伐、毁坏后果严重的,或者致使国家严禁采伐的林木被采伐、毁坏情节恶劣的,按照刑法第三百九十七条的规定以滥用职权罪或者玩忽职守罪追究刑事责任。

第四百零八条[1] **【环境监管失职罪】**负有环境保护监督管理职责的国家机关工作人员[2]严重不负责任,导致发生重大环境污染事故,致使公私财产遭受重大损失或者造成人身伤亡的严重后果的,[3]处三年以下有期徒刑或者拘役。

408-1 《最高人民法院、最高人民检察院关于办理环境污染刑事案件适用法律若干问题的解释》(法释〔2013〕15号,2013年6月19日)

408-2 崔某环境监管失职案(检例第4号)

关键词 渎职罪主体 国有事业单位工作人员 环境监管失职罪

要旨 实践中,一些国有公司、企业和事业单位经合法授权从事具体的管理市场经济和社会生活的工作,拥有一定管理公共事务和社会事务的职权,这些实际行使国家行政管理职权的公司、企业和事业单位工作人员,符合渎职罪主体要求;对其实施渎职行为构成犯罪的,应当依照刑法关于渎职罪的规定追究刑事责任。

408-3 法释〔2013〕15号第二条 实施刑法第三百三十九条、第四百零八条规定的行为,具有本解释第一条*第六项至第十三项规定情形之一的,应当认定为"致使公私财产遭受重大损失或者严重危害人体健康"或者"致使公私财产遭受重大损失或者造成人身伤亡的严重后果"。

第一条 实施刑法第三百三十八条规定的行为,具有下列情形之一的,应当认定为"严重污染环境":

---

* (一)至(五)从略。

（六）致使乡镇以上集中式饮用水水源取水中断十二小时以上的；

（七）致使基本农田、防护林地、特种用途林地五亩以上，其他农用地十亩以上，其他土地二十亩以上基本功能丧失或者遭受永久性破坏的；

（八）致使森林或者其他林木死亡五十立方米以上，或者幼树死亡二千五百株以上的；

（九）致使公私财产损失三十万元以上的；

（十）致使疏散、转移群众五千人以上的；

（十一）致使三十人以上中毒的；

（十二）致使三人以上轻伤、轻度残疾或者器官组织损伤导致一般功能障碍的；

（十三）致使一人以上重伤、中度残疾或者器官组织损伤导致严重功能障碍的；

第九条　本解释所称"公私财产损失"，包括污染环境行为直接造成财产损毁、减少的实际价值，以及为防止污染扩大、消除污染而采取必要合理措施所产生的费用。

第四百零八条之一　（刑八）【食品监管渎职罪】负有食品安全监督管理职责的国家机关工作人员，滥用职权或者玩忽职守，导致发生重大食品安全事故或者造成其他严重后果的，[1] 处五年以下有期徒刑或者拘役；造成特别严重后果的，处五年以上十年以下有期徒刑。

徇私舞弊犯前款罪的，从重处罚。

408A-1　《最高人民法院、最高人民检察院关于办理危害食品安全刑事案件适用法律若干问题的解释》（法释〔2013〕12号，2013年5月4日）第十六条　负有食品安全监督管理职责的国家机关工作人员，滥用职权或者玩忽职守，导致发生重大食品安全事故或者造成其他严重后果，同时构成食品监管渎职罪和徇私舞弊不移交刑事案件罪、商检徇私舞弊罪、动植物检疫徇私舞弊罪、放纵制售伪劣商品犯罪行为罪等其他渎职犯罪的，依照处罚较重的规定定罪处罚。

负有食品安全监督管理职责的国家机关工作人员滥用职权或者玩忽职守，不构成食品监管渎职罪，但构成前款规定的其他渎职犯罪的，依照该其他犯罪定罪处罚。

负有食品安全监督管理职责的国家机关工作人员与他人共谋,利用其职务行为帮助他人实施危害食品安全犯罪行为,同时构成渎职犯罪和危害食品安全犯罪共犯的,依照处罚较重的规定定罪处罚。

第四百零九条　【传染病防治失职罪】从事传染病防治的政府卫生行政部门的工作人员严重不负责任,导致传染病传播或者流行,情节严重的,[1] 处三年以下有期徒刑或者拘役。

409-1　1.《最高人民检察院关于渎职侵权犯罪案件立案标准的规定》(高检发释字〔2006〕2 号)　一、渎职犯罪案件

(二十)传染病防治失职案(第四百零九条)　传染病防治失职罪是指从事传染病防治的政府卫生行政部门的工作人员严重不负责任,不履行或者不认真履行传染病防治监管职责,导致传染病传播或者流行,情节严重的行为。

涉嫌下列情形之一的*,应予立案:

1. 导致甲类传染病传播的;

2. 导致乙类、丙类传染病流行的;

3. 因传染病传播或者流行,造成人员重伤或者死亡的;

4. 因传染病传播或者流行,严重影响正常的生产、生活秩序的;

5. 在国家对突发传染病疫情等灾害采取预防、控制措施后,对发生突发传染病疫情等灾害的地区或者突发传染病病人、病原携带者、疑似突发传染病病人,未按照预防、控制突发传染病疫情等灾害工作规范的要求做好防疫、检疫、隔离、防护、救治等工作,或者采取的预防、控制措施不当,造成传染范围扩大或者疫情、灾情加重的;

6. 在国家对突发传染病疫情等灾害采取预防、控制措施后,隐瞒、缓报、谎报或者授意、指使、强令他人隐瞒、缓报、谎报疫情、灾情,造成传染范围扩大或者疫情、灾情加重的;

7. 在国家对突发传染病疫情等灾害采取预防、控制措施后,拒不执行突发传染病疫情等灾害应急处理指挥机构的决定、命令,造成传染范

---

* 本《立案标准》吸收了《最高人民法院、最高人民检察院关于办理妨害预防、控制突发传染病疫情等灾害的刑事案件具体应用法律若干问题的解释》第十六条的规定。

围扩大或者疫情、灾情加重的；

8. 其他情节严重的情形。

2.《最高人民法院、最高人民检察院关于办理妨害预防、控制突发传染病疫情等灾害的刑事案件具体应用法律若干问题的解释》(法释〔2003〕8号,2013年5月15日)第十八条　本解释所称"突发传染病疫情等灾害",是指突然发生,造成或者可能造成社会公众健康严重损害的重大传染病疫情、群体性不明原因疾病以及其他严重影响公众健康的灾害。

第四百一十条　【非法批准征收、征用、占用土地罪;非法低价出让国有土地使用权罪】国家机关工作人员[1]徇私舞弊,违反土地管理法规,[2]滥用职权,非法批准征收、*征用、占用土地,[3]或者非法低价出让国有土地使用权,情节严重的,[4]处三年以下有期徒刑或者拘役;致使国家或者集体利益遭受特别重大损失的,[5]处三年以上七年以下有期徒刑。

410-1　《最高人民检察院关于印发〈关于加强查办危害土地资源渎职犯罪工作的指导意见〉的通知》(高检发渎检字〔2008〕12号,2008年11月6日)

三、严格区分责任

实施人员、监管人员贪赃枉法、徇私舞弊,隐瞒事实真相,提供虚假信息,影响决策者的正确决策,造成危害后果发生的,要严肃追究实施人员和监管人员的责任;实施人员、监管人员明知决策者决策错误,而不提出反对意见,或者不进行纠正、制止、查处,造成国家土地资源被严重破坏的,应当视其情节追究渎职犯罪责任;对于决策者与具体实施人员、监管人员相互勾结,共同实施危害土地资源渎职犯罪的,要依法一并查处。

410-2　《全国人大常委会关于〈中华人民共和国刑法〉第二百二十八条、第三百四十二条、第四百一十条的解释》(2001年8月31日)

"违反土地管理法规",是指违反土地管理法、森林法、草原法等法律以及有关行政法规中关于土地的规定。

---

* 根据2009年6月27日《全国人民代表大会常务委员会关于修改部分法律的决定》修改。

410-3 1.《全国人大常委会关于〈中华人民共和国刑法〉第二百二十八条、第三百四十二条、第四百一十条的解释》(2001年8月31日)
刑法第四百一十条规定的“非法批准征用、占用土地”,是指非法批准征用、占用耕地、林地等农用地以及其他土地。

2.《最高人民检察院关于渎职侵权犯罪案件立案标准的规定》(高检发释字〔2006〕2号)

一、渎职犯罪案件

(二十一)非法批准征用、占用土地案(第四百一十条)非法批准征用、占用土地罪是指国家机关工作人员徇私舞弊,违反土地管理法、森林法、草原法等法律以及有关行政法规中关于土地管理的规定,滥用职权,非法批准征用、占用耕地、林地等农用地以及其他土地,情节严重的行为。

涉嫌下列情形之一的,应予立案:

1. 非法批准征用、占用基本农田10亩以上的;

2. 非法批准征用、占用基本农田以外的耕地30亩以上的;

3. 非法批准征用、占用其他土地50亩以上的;

4. 虽未达到上述数量标准,但造成有关单位、个人直接经济损失30万元以上,或者造成耕地大量毁坏或者植被遭到严重破坏的;

5. 非法批准征用、占用土地,影响群众生产、生活,引起纠纷,造成恶劣影响或者其他严重后果的;

6. 非法批准征用、占用防护林地、特种用途林地分别或者合计10亩以上的;

7. 非法批准征用、占用其他林地20亩以上的;

8. 非法批准征用、占用林地造成直接经济损失30万元以上,或者造成防护林地、特种用途林地分别或者合计5亩以上或者其他林地10亩以上毁坏的;

9. 其他情节严重的情形。

410-4 1.《最高人民检察院关于渎职侵权犯罪案件立案标准的规定》(高检发释字〔2006〕2号)

一、渎职犯罪案件

(二十二)非法低价出让国有土地使用权案(第四百一十条) 非法低价出让国有土地使用权罪是指国家机关工作人员徇私舞弊,违反土地管理法、森林法、草原法等法律以及有关行政法规中关于土地管理的规定，滥用职权，非法低价出让国有土地使用权，情节严重的行为。

涉嫌下列情形之一的，应予立案：

1. 非法低价出让国有土地30亩以上，并且出让价额低于国家规定的最低价额标准的百分之六十的；

2. 造成国有土地资产流失价额30万元以上的；

3. 非法低价出让国有土地使用权，影响群众生产、生活，引起纠纷，造成恶劣影响或者其他严重后果的；

4. 非法低价出让林地合计30亩以上，并且出让价额低于国家规定的最低价额标准的百分之六十的；

5. 造成国有资产流失30万元以上的；

6. 其他情节严重的情形。

2.《最高人民法院关于审理破坏林地资源刑事案件具体应用法律若干问题的解释》（法释〔2005〕15号，2005年12月30日）　第二条　国家机关工作人员徇私舞弊，违反土地管理法规，滥用职权，非法批准征用、占用林地，具有下列情形之一的，属于刑法第四百一十条规定的“情节严重”，应当以非法批准征用、占用土地罪判处三年以下有期徒刑或者拘役：

（一）非法批准征用、占用防护林地、特种用途林地数量分别或者合计达到十亩以上；

（二）非法批准征用、占用其他林地数量达到二十亩以上；

（三）非法批准征用、占用林地造成直接经济损失数额达到三十万元以上，或者造成本条第（一）项规定的林地数量分别或者合计达到五亩以上或者本条第（二）项规定的林地数量达到十亩以上毁坏。

法释〔2005〕15号第四条　国家机关工作人员徇私舞弊，违反土地管理法规，非法低价出让国有林地使用权，具有下列情形之一的，属于刑法第四百一十条规定的“情节严重”，应当以非法低价出让国有土地使用权罪判处三年以下有期徒刑或者拘役：

（一）林地数量合计达到三十亩以上，并且出让价额低于国家规定的最低价额标准的百分之六十；

（二）造成国有资产流失价额达到三十万元以上。

3.《最高人民法院关于审理破坏草原资源刑事案件应用法律若干问题的解释》（法释〔2012〕15号，2012年11月22日）　第三条　国家机关工作人员徇私舞弊，违反草原法等土地管理法规，具有下列情形之一的，

应当认定为刑法第四百一十条规定的“情节严重”:

(一)非法批准征收、征用、占用草原四十亩以上的;

(二)非法批准征收、征用、占用草原,造成二十亩以上草原被毁坏的;

(三)非法批准征收、征用、占用草原,造成直接经济损失三十万元以上,或者具有其他恶劣情节的。

410-5 **1.**《最高人民法院关于审理破坏林地资源刑事案件具体应用法律若干问题的解释》(法释〔2005〕15号,2005年12月30日)第三条 实施本解释第二条规定的行为,具有下列情形之一的,属于刑法第四百一十条规定的“致使国家或者集体利益遭受特别重大损失”,应当以非法批准征用、占用土地罪判处三年以上七年以下有期徒刑:

(一)非法批准征用、占用防护林地、特种用途林地数量分别或者合计达到二十亩以上;

(二)非法批准征用、占用其他林地数量达到四十亩以上;

(三)非法批准征用、占用林地造成直接经济损失数额达到六十万元以上,或者造成本条第(一)项规定的林地数量分别或者合计达到十亩以上或者本条第(二)项规定的林地数量达到二十亩以上毁坏。

法释〔2005〕15号第五条 实施本解释第四条规定的行为,造成国有资产流失价额达到六十万元以上的,属于刑法第四百一十条规定的“致使国家和集体利益遭受特别重大损失”,应当以非法低价出让国有土地使用权罪判处三年以上七年以下有期徒刑。

2.《最高人民法院关于审理破坏草原资源刑事案件应用法律若干问题的解释》(法释〔2012〕15号,2012年11月22日)第三条 国家机关工作人员徇私舞弊,违反草原法等土地管理法规,具有下列情形之一,应当认定为刑法第四百一十条规定的“致使国家或者集体利益遭受特别重大损失”:

(一)非法批准征收、征用、占用草原八十亩以上的;

(二)非法批准征收、征用、占用草原,造成四十亩以上草原被毁坏的;

(三)非法批准征收、征用、占用草原,造成直接经济损失六十万元以上,或者具有其他特别恶劣情节的。

第四百一十一条 【放纵走私罪】海关工作人员徇私舞弊,放纵走私,情节严重的,[1] 处五年以下有期徒刑或者拘役;情节特别严重的,处五年以上有期徒刑。

411-1　1.《最高人民检察院关于渎职侵权犯罪案件立案标准的规定》(高检发释字〔2006〕2号)

一、渎职犯罪案件

(二十三)放纵走私案(第四百一十一条)　放纵走私罪是指海关工作人员徇私舞弊,放纵走私,情节严重的行为。

涉嫌下列情形之一的,应予立案:

1. 放纵走私犯罪的;

2. 因放纵走私致使国家应收税额损失累计达10万元以上的;

3. 放纵走私行为3起次以上的;

4. 放纵走私行为,具有索取或者收受贿赂情节的;

5. 其他情节严重的情形。

2.《最高人民法院、最高人民检察院、海关总署关于办理走私刑事案件适用法律若干问题的意见》(法〔2002〕139号,2002年7月8日)

十六、关于放纵走私罪的认定问题

依照刑法第四百一十一条的规定,负有特定监管义务的海关工作人员徇私舞弊,利用职权,放任、纵容走私犯罪行为,情节严重的,构成放纵走私罪。放纵走私行为,一般是消极的不作为。如果海关工作人员与走私分子通谋,在放纵走私过程中以积极的行为配合走私分子逃避海关监管或者在放纵走私之后分得赃款的,应以共同走私犯罪追究刑事责任。

海关工作人员收受贿赂又放纵走私的,应以受贿罪和放纵走私罪数罪并罚。

第四百一十二条　【商检徇私舞弊罪】国家商检部门、商检机构的工作人员徇私舞弊,伪造检验结果的,[1] 处五年以下有期徒刑或者拘役;造成严重后果的,处五年以上十年以下有期徒刑。

【商检失职罪】前款所列人员严重不负责任,对应当检验的物品不检验,或者延误检验出证、错误出证,致使国家利益遭受重大损失的,[2] 处三年以下有期徒刑或者拘役。

412-1　《最高人民检察院关于渎职侵权犯罪案件立案标准的规定》(高检发释字〔2006〕2号)　一、渎职犯罪案件

(二十四)商检徇私舞弊案(第四百一十二条第一款)　商检徇私舞

弊罪是指出入境检验检疫机关、检验检疫机构工作人员徇私舞弊,伪造检验结果的行为。

涉嫌下列情形之一的,应予立案:

1. 采取伪造、变造的手段对报检的商品的单证、印章、标志、封识、质量认证标志等作虚假的证明或者出具不真实的证明结论的;

2. 将送检的合格商品检验为不合格,或者将不合格商品检验为合格的;

3. 对明知是不合格的商品,不检验而出具合格检验结果的;

4. 其他伪造检验结果应予追究刑事责任的情形。

412-2 《最高人民检察院关于渎职侵权犯罪案件立案标准的规定》(高检发释字〔2006〕2 号) 一、渎职犯罪案件

(二十五)商检失职案(第四百一十二条第二款) 商检失职罪是指出入境检验检疫机关、检验检疫机构工作人员严重不负责任,对应当检验的物品不检验,或者延误检验出证、错误出证,致使国家利益遭受重大损失的行为。

涉嫌下列情形之一的,应予立案:

1. 致使不合格的食品、药品、医疗器械等商品出入境,严重危害生命健康的;

2. 造成个人财产直接经济损失 15 万元以上,或者直接经济损失不满 15 万元,但间接经济损失 75 万元以上的;

3. 造成公共财产、法人或者其他组织财产直接经济损失 30 万元以上,或者直接经济损失不满 30 万元,但间接经济损失 150 万元以上的;

4. 未经检验,出具合格检验结果,致使国家禁止进口的固体废物、液态废物和气态废物等进入境内的;

5. 不检验或者延误检验出证、错误出证,引起国际经济贸易纠纷,严重影响国家对外经贸关系,或者严重损害国家声誉的;

6. 其他致使国家利益遭受重大损失的情形。

第四百一十三条 【动植物检疫徇私舞弊罪】动植物检疫机关的检疫人员徇私舞弊,伪造检疫结果的,[1] 处五年以下有期徒刑或者拘役;造成严重后果的,处五年以上十年以下有期徒刑。

【动植物检疫失职罪】前款所列人员严重不负责任,对应当检

疫的检疫物不检疫，或者延误检疫出证、错误出证，致使国家利益遭受重大损失的，[2] 处三年以下有期徒刑或者拘役。

413-1 《最高人民检察院关于渎职侵权犯罪案件立案标准的规定》(高检发释字〔2006〕2号)

一、渎职犯罪案件

(二十六)动植物检疫徇私舞弊案(第四百一十三条第一款)　动植物检疫徇私舞弊罪是指出入境检验检疫机关、检验检疫机构工作人员徇私舞弊，伪造检疫结果的行为。

涉嫌下列情形之一的，应予立案：

1. 采取伪造、变造的手段对检疫的单证、印章、标志、封识等作虚假的证明或者出具不真实的结论的；

2. 将送检的合格动植物检疫为不合格，或者将不合格动植物检疫为合格的；

3. 对明知是不合格的动植物，不检疫而出具合格检疫结果的；

4. 其他伪造检疫结果应予追究刑事责任的情形。

413-2 《最高人民检察院关于渎职侵权犯罪案件立案标准的规定》(高检发释字〔2006〕2号)

一、渎职犯罪案件

(二十七)动植物检疫失职案(第四百一十三条第二款)　动植物检疫失职罪是指出入境检验检疫机关、检验检疫机构工作人员严重不负责任，对应当检疫的检疫物不检疫，或者延误检疫出证、错误出证，致使国家利益遭受重大损失的行为。

涉嫌下列情形之一的，应予立案：

1. 导致疫情发生，造成人员重伤或者死亡的；

2. 导致重大疫情发生、传播或者流行的；

3. 造成个人财产直接经济损失15万元以上，或者直接经济损失不满15万元，但间接经济损失75万元以上的；

4. 造成公共财产或者法人、其他组织财产直接经济损失30万元以上，或者直接经济损失不满30万元，但间接经济损失150万元以上的；

5. 不检疫或者延误检疫出证、错误出证，引起国际经济贸易纠纷，严重影响国家对外经贸关系，或者严重损害国家声誉的；

6. 其他致使国家利益遭受重大损失的情形。

第四百一十四条 【放纵制售伪劣商品犯罪行为罪】对生产、销售伪劣商品犯罪行为负有追究责任的国家机关工作人员,徇私舞弊,不履行法律规定的追究职责,情节严重的,[1] 处五年以下有期徒刑或者拘役。

414-1 《最高人民检察院关于渎职侵权犯罪案件立案标准的规定》(高检发释字〔2006〕2号)

一、渎职犯罪案件

(二十八)放纵制售伪劣商品犯罪行为案(第四百一十四条) 放纵制售伪劣商品犯罪行为罪是指对生产、销售伪劣商品犯罪行为负有追究责任的国家机关工作人员徇私舞弊,不履行法律规定的追究职责,情节严重的行为。

涉嫌下列情形之一的,应予立案:

1. 放纵生产、销售假药或者有毒、有害食品犯罪行为的;

2. 放纵生产、销售伪劣农药、兽药、化肥、种子犯罪行为的;

3. 放纵依法可能判处三年有期徒刑以上刑罚的生产、销售伪劣商品犯罪行为的;

4. 对生产、销售伪劣商品犯罪行为不履行追究职责,致使生产、销售伪劣商品犯罪行为得以继续的;

5. 3次以上不履行追究职责,或者对3个以上有生产、销售伪劣商品犯罪行为的单位或者个人不履行追究职责的;

6. 其他情节严重的情形。

第四百一十五条 【办理偷越国(边)境人员出入境证件罪,放行偷越国(边)境人员罪】负责办理护照、签证以及其他出入境证件的国家机关工作人员,对明知是企图偷越国(边)境的人员,予以办理出入境证件的,[1] 或者边防、海关等国家机关工作人员,对明知是偷越国(边)境的人员,予以放行的,[2] 处三年以下有期徒刑或者拘役;情节严重的,处三年以上七年以下有期徒刑。

415-1 《最高人民检察院关于渎职侵权犯罪案件立案标准的规定》(高检发释字〔2006〕2号)

一、渎职犯罪案件

(二十九)办理偷越国(边)境人员出入境证件案(第四百一十五条)　办理偷越国(边)境人员出入境证件罪是指负责办理护照、签证以及其他出入境证件的国家机关工作人员,对明知是企图偷越国(边)境的人员,予以办理出入境证件的行为。

负责办理护照、签证以及其他出入境证件的国家机关工作人员涉嫌在办理护照、签证以及其他出入境证件的过程中,对明知是企图偷越国(边)境的人员而予以办理出入境证件的,应予立案。

415-2 《最高人民检察院关于渎职侵权犯罪案件立案标准的规定》(高检发释字〔2006〕2号)

一、渎职犯罪案件

(三十)放行偷越国(边)境人员案(第四百一十五条)　放行偷越国(边)境人员罪是指边防、海关等国家机关工作人员,对明知是偷越国(边)境的人员予以放行的行为。边防、海关等国家机关工作人员涉嫌在履行职务过程中,对明知是偷越国(边)境的人员而予以放行的,应予立案。

第四百一十六条　【不解救被拐卖、绑架妇女、儿童罪】对被拐卖、绑架的妇女、儿童负有解救职责的国家机关工作人员,接到被拐卖、绑架的妇女、儿童及其家属的解救要求或者接到其他人的举报,而对被拐卖、绑架的妇女、儿童不进行解救,造成严重后果的,[1]处五年以下有期徒刑或者拘役。

【阻碍解救被拐卖、绑架妇女、儿童罪】负有解救职责的国家机关工作人员利用职务阻碍解救的,[2]处二年以上七年以下有期徒刑;情节较轻的,处二年以下有期徒刑或者拘役。

416-1 《最高人民检察院关于渎职侵权犯罪案件立案标准的规定》(高检发释字〔2006〕2号)

一、渎职犯罪案件

(三十一)不解救被拐卖、绑架妇女、儿童案(第四百一十六条第一款)　不解救被拐卖、绑架妇女、儿童罪是指对被拐卖、绑架的妇女、儿童负有解救职责的公安、司法等国家机关工作人员接到被拐卖、绑架的妇女、儿童及其家属的解救要求或者接到其他人的举报,而对被拐卖、绑架的妇女、儿童不进行解救,造成严重后果的行为。

涉嫌下列情形之一的,应予立案:

1. 导致被拐卖、绑架的妇女、儿童或者其家属重伤、死亡或者精神失常的;

2. 导致被拐卖、绑架的妇女、儿童被转移、隐匿、转卖,不能及时进行解救的;

3. 对被拐卖、绑架的妇女、儿童不进行解救3人次以上的;

4. 对被拐卖、绑架的妇女、儿童不进行解救,造成恶劣社会影响的;

5. 其他造成严重后果的情形。

416-2 《最高人民检察院关于渎职侵权犯罪案件立案标准的规定》(高检发释字〔2006〕2号)

一、渎职犯罪案件

(三十二)阻碍解救被拐卖、绑架妇女、儿童案(第四百一十六条第二款) 阻碍解救被拐卖、绑架妇女、儿童罪是指对被拐卖、绑架的妇女、儿童负有解救职责的公安、司法等国家机关工作人员利用职务阻碍解救被拐卖、绑架的妇女、儿童的行为。

涉嫌下列情形之一的,应予立案:

1. 利用职权,禁止、阻止或者妨碍有关部门、人员解救被拐卖、绑架的妇女、儿童的;

2. 利用职务上的便利,向拐卖、绑架者或者收买者通风报信,妨碍解救工作正常进行的;

3. 其他利用职务阻碍解救被拐卖、绑架的妇女、儿童应予追究刑事责任的情形。

第四百一十七条*　【帮助犯罪分子逃避处罚罪】有查禁犯罪

---

* 该罪系1997年刑法新增,其前者为1991年全国人大常委会《关于严禁卖淫嫖娼的决定》第9条的基础之上修改而成的,原规定是有查禁卖淫、嫖娼活动职责的国家工作人员,为使违法犯罪分子逃避处罚,向其通风报信、提供便利的,按玩忽职守罪论处。两者比较,刑法扩大了主体范围,同时缩小了犯罪对象的范围。

活动职责的国家机关工作人员，向犯罪分子*通风报信**、提供便利，帮助犯罪分子逃避处罚的，[1] 处三年以下有期徒刑或者拘役；情节严重的，处三年以上十年以下有期徒刑。

417-1 《最高人民检察院关于渎职侵权犯罪案件立案标准的规定》(高检发释字〔2006〕2号)

一、渎职犯罪案件

(三十三)帮助犯罪分子逃避处罚案(第四百一十七条) 帮助犯罪分子逃避处罚罪是指有查禁犯罪活动职责的司法及公安、国家安全、海关、税务等国家机关工作人员，向犯罪分子通风报信、提供便利，帮助犯罪分子逃避处罚的行为。

涉嫌下列情形之一的，应予立案：

1. 向犯罪分子泄露有关部门查禁犯罪活动的部署、人员、措施、时间、地点等情况的；

2. 向犯罪分子提供钱物、交通工具、通讯设备、隐藏处所等便利条件的；

3. 向犯罪分子泄漏案情的；

4. 帮助、示意犯罪分子隐匿、毁灭、伪造证据，或者串供、翻供的；

5. 其他帮助犯罪分子逃避处罚应予追究刑事责任的情形。

第四百一十八条 【招收公务员、学生徇私舞弊罪】国家机关工作人员在招收公务员、学生工作中徇私舞弊，情节严重的，[1] 处三年以下有期徒刑或者拘役。

418-1 《最高人民检察院关于渎职侵权犯罪案件立案标准的规定》(高检发释字〔2006〕2号) 一、渎职犯罪案件

(三十四)招收公务员、学生徇私舞弊案(第四百一十八条) 招收公务员、学生徇私舞弊罪是指国家机关工作人员在招收公务员、省级以

---

* 在刑法中，犯罪分子有多种含义，既包括犯罪嫌疑人、被告人也包括罪犯。在本罪中，对犯罪分子的认定不能以法院的生效判决为必要条件，否则就根本无法追究刑事责任了，本罪中的犯罪分子，只能是正在实行犯罪或者有证据证明涉嫌犯罪中的“犯罪分子”。(张明楷)

** 窝藏罪表现为为犯罪人提供隐藏处所、财物，帮助其逃匿，而不包括通风报信行为，所以一般主体的通风报信行为不构成犯罪，只有负有查禁犯罪活动职责的国家机关工作人员实施的通风报信的行为才构成犯罪。(张明楷)

上教育行政部门组织招收的学生工作中徇私舞弊,情节严重的行为。

涉嫌下列情形之一的,应予立案:

1. 徇私舞弊,利用职务便利,伪造、变造人事、户口档案、考试成绩或者其他影响招收工作的有关资料,或者明知是伪造、变造的上述材料而予以认可的;

2. 徇私舞弊,利用职务便利,帮助5名以上考生作弊的;

3. 徇私舞弊招收不合格的公务员、学生3人次以上的;

4. 因徇私舞弊招收不合格的公务员、学生,导致被排挤的合格人员或者其近亲属自杀、自残造成重伤、死亡,或者精神失常的;

5. 因徇私舞弊招收公务员、学生,导致该项招收工作重新进行的;

6. 其他情节严重的情形。

第四百一十九条 【失职造成珍贵文物损毁、流失罪】国家机关工作人员严重不负责任,造成珍贵文物损毁或者流失,后果严重的,[1] 处三年以下有期徒刑或者拘役。

419-1 《最高人民法院、最高人民检察院关于办理妨害文物管理等刑事案件适用法律若干问题的解释》(法释〔2015〕23号,2016年1月1日)第十条 国家机关工作人员严重不负责任,造成珍贵文物损毁或者流失,具有下列情形之一的,应当认定为刑法第四百一十九条规定的"后果严重":

(一)导致二级以上文物或者五件以上三级文物损毁或者流失的;

(二)导致全国重点文物保护单位、省级文物保护单位的本体严重损毁或者灭失的;

(三)其他后果严重的情形。

理解与适用:2006年最高人民检察院《关于渎职侵权犯罪案件立案标准的规定》将失职造成珍贵文物损毁、流失罪的入罪标准之一规定为"导致国家一、二、三级珍贵文物损毁或者流失的"。而根据刑法第四百一十九条的规定,失职造成珍贵文物损毁、流失罪的入罪要件为"造成珍贵文物损毁或者流失,后果严重"。因此,"导致国家一、二、三级珍贵文物损毁或者流失"实际只是重复了"造成珍贵文物损毁或者流失"的规定,并未对"后果严重"作出解释。因此,上述解释第十条第一项规定"导致二级以上文物或者五件以上三级文物损毁或者流失的"才认定为造成珍贵文物损毁或者流失"后果严重",构成失职造成珍贵文物损毁、流失罪。

第十章　军人违反职责罪[1]

C.10-1 《最高人民检察院、解放军总政治部军人违反职责罪案件立案标准的规定》(以下简称《军人违反职责罪立案标准》)*(2013年3月28日)第四十条　本规定自2013年3月28日起施行。2002年10月31日总政治部发布的《关于军人违反职责罪案件立案标准的规定(试行)》同时废止。

第四百二十条　【军人违反职责罪的概念】军人[1]违反职责,[2]危害国家军事利益,[3]依照法律应当受刑罚处罚的行为,是军人违反职责罪。

420-1 《军人违反职责罪立案标准》第三十二条　本规定适用于中国人民解放军的现役军官、文职干部、士兵及具有军籍的学员和中国人民武装警察部队的现役警官、文职干部、士兵及具有军籍的学员以及执行军事任务的预备役人员和其他人员涉嫌军人违反职责犯罪的案件。

420-2 《军人违反职责罪立案标准》第三十四条　本规定中的"违反职责",是指违反国家法律、法规,军事法规、军事规章所规定的军人职责,包括军人的共同职责,士兵、军官和首长的一般职责,各类主管人员和其他从事专门工作的军人的专业职责等。

420-3 《军人违反职责罪立案标准》第三十五条　本规定所称"以上",包括本数;有关犯罪数额"不满",是指已达到该数额百分之八十以上。

《军人违反职责罪立案标准》第三十六条　本规定中的"直接经济损失",是指与行为有直接因果关系而造成的财产损毁、减少的实际价

---

* 本章全部罪名的立案标准均来自于本规定,特此说明。

值;“间接经济损失”,是指由直接经济损失引起和牵连的其他损失,包括失去在正常情况下可能获得的利益和为恢复正常管理活动或者为挽回已经造成的损失所支付的各种费用等。

《军人违反职责罪立案标准》第三十九条　本规定中财物价值和损失的确定,由部队驻地人民法院、人民检察院和公安机关指定的价格事务机构进行估价。武器装备、军事设施、军用物资的价值和损失,由部队军以上单位的主管部门确定;有条件的,也可以由部队驻地人民法院、人民检察院和公安机关指定的价格事务机构进行估价。

第四百二十一条　【战时违抗命令罪】战时违抗命令,对作战造成危害的,[1] 处三年以上十年以下有期徒刑;致使战斗、战役遭受重大损失的,处十年以上有期徒刑、无期徒刑或者死刑。

421-1《军人违反职责罪立案标准》第一条　战时违抗命令罪是指战时违抗命令,对作战造成危害的行为。违抗命令,是指主观上出于故意,客观上违背、抗拒首长、上级职权范围内的命令,包括拒绝接受命令、拒不执行命令,或者不按照命令的具体要求行动等。

战时涉嫌下列情形之一的,应予立案:

(一)扰乱作战部署或者贻误战机的;

(二)造成作战任务不能完成或者迟缓完成的;

(三)造成我方人员死亡一人以上,或者重伤二人以上,或者轻伤三人以上的;

(四)造成武器装备、军事设施、军用物资损毁,直接影响作战任务完成的;

(五)对作战造成其他危害的。

第四百二十二条　【隐瞒、谎报军情罪;拒传、假传军令罪】故意隐瞒、谎报军情或者拒传、假传军令,对作战造成危害的,[1] 处三年以上十年以下有期徒刑;致使战斗、战役遭受重大损失的,处十年以上有期徒刑、无期徒刑或者死刑。

422-1《军人违反职责罪立案标准》第二条　隐瞒、谎报军情罪是指故意隐瞒、谎报军情,对作战造成危害的行为。

涉嫌下列情形之一的，应予立案：

(一)造成首长、上级决策失误的；

(二)造成作战任务不能完成或者迟缓完成的；

(三)造成我方人员死亡一人以上，或者重伤二人以上，或者轻伤三人以上的；

(四)造成武器装备、军事设施、军用物资损毁，直接影响作战任务完成的；

(五)对作战造成其他危害的。

《军人违反职责罪立案标准》第三条　拒传军令罪是指负有传递军令职责的军人，明知是军令而故意拒绝传递或者拖延传递，对作战造成危害的行为。假传军令罪是指故意伪造、篡改军令，或者明知是伪造、篡改的军令而予以传达或者发布，对作战造成危害的行为。

涉嫌下列情形之一的，应予立案：

(一)造成首长、上级决策失误的；

(二)造成作战任务不能完成或者迟缓完成的；

(三)造成我方人员死亡一人以上，或者重伤二人以上，或者轻伤三人以上的；

(四)造成武器装备、军事设施、军用物资损毁，直接影响作战任务完成的；

(五)对作战造成其他危害的。

第四百二十三条　【投降罪】在战场上贪生怕死，自动放下武器投降敌人的，处三年以上十年以下有期徒刑；情节严重的，处十年以上有期徒刑或者无期徒刑。

投降后为敌人效劳的，处十年以上有期徒刑、无期徒刑或者死刑。

第四百二十四条　【战时临阵脱逃罪】战时临阵脱逃的，[1] 处三年以下有期徒刑；情节严重的，处三年以上十年以下有期徒刑；致使战斗、战役遭受重大损失的，处十年以上有期徒刑、无期徒刑或者死刑。

424-1 《军人违反职责罪立案标准》第五条 战时临阵脱逃罪是指在战斗中或者在接受作战任务后,逃离战斗岗位的行为。凡战时涉嫌临阵脱逃的,应予立案。

第四百二十五条 【擅离、玩忽军事职守罪】指挥人员和值班、值勤人员擅离职守或者玩忽职守,造成严重后果的,[1] 处三年以下有期徒刑或者拘役;造成特别严重后果的,处三年以上七年以下有期徒刑。

战时犯前款罪的,处五年以上有期徒刑。

425-1 《军人违反职责罪立案标准》第六条 擅离、玩忽军事职守罪是指指挥人员和值班、值勤人员擅自离开正在履行职责的岗位,或者在履行职责的岗位上,严重不负责任,不履行或者不正确履行职责,造成严重后果的行为。指挥人员,是指对部队或者部属负有组织、领导、管理职责的人员。专业主管人员在其业务管理范围内,视为指挥人员。值班人员,是指军队各单位、各部门为保持指挥或者履行职责不间断而设立的、负责处理本单位、本部门特定事务的人员。值勤人员,是指正在担任警卫、巡逻、观察、纠察、押运等勤务,或者作战勤务工作的人员。

涉嫌下列情形之一的,应予立案:

(一)造成重大任务不能完成或者迟缓完成的;

(二)造成死亡一人以上,或者重伤三人以上,或者重伤二人、轻伤四人以上,或者重伤一人、轻伤七人以上,或者轻伤十人以上的;

(三)造成枪支、手榴弹、爆炸装置或者子弹十发、雷管三十枚、导火索或者导爆索三十米、炸药一千克以上丢失、被盗,或者不满规定数量,但后果严重的,或者造成其他重要武器装备、器材丢失、被盗的;

(四)造成武器装备、军事设施、军用物资或者其他财产损毁,直接经济损失三十万元以上,或者直接经济损失、间接经济损失合计一百五十万元以上的;

(五)造成其他严重后果的。

第四百二十六条 (刑九)【阻碍执行军事职务罪】以暴力、威胁方法,阻碍指挥人员或者值班、值勤人员执行职务的,处五年以下有期徒刑或者拘役；情节严重的，处五年以上十年以下有期徒刑；情节特别严重的，处十年以上有期徒刑或者无期徒刑。战时从重处罚。

第四百二十七条 【指使部属违反职责罪】滥用职权，指使部属进行违反职责的活动，造成严重后果的，处五年以下有期徒刑或者拘役；情节特别严重的，处五年以上十年以下有期徒刑。

第四百二十八条 【违令作战消极罪】指挥人员违抗命令，临阵畏缩，作战消极，造成严重后果的，[1] 处五年以下有期徒刑；致使战斗、战役遭受重大损失或者有其他特别严重情节的，处五年以上有期徒刑。

428-1 《军人违反职责罪立案标准》第十二条 违令作战消极罪是指指挥人员违抗命令，临阵畏缩，作战消极，造成严重后果的行为。违抗命令，临阵畏缩，作战消极，是指在作战中故意违背、抗拒执行首长、上级的命令，面临战斗任务而畏难怕险，怯战怠战，行动消极。

涉嫌下列情形之一的，应予立案：

（一）扰乱作战部署或者贻误战机的；

（二）造成作战任务不能完成或者迟缓完成的；

（三）造成我方人员死亡一人以上，或者重伤二人以上，或者轻伤三人以上的；

（四）造成武器装备、军事设施、军用物资或者其他财产损毁，直接经济损失二十万元以上，或者直接经济损失、间接经济损失合计一百万元以上的；

（五）造成其他严重后果的。

第四百二十九条 【拒不救援友邻部队罪】在战场上明知友邻部队处境危急请求救援，能救援而不救援，致使友邻部队遭受重大损失的，对指挥人员，[1] 处五年以下有期徒刑。

429-1 《军人违反职责罪立案标准》第十条 拒不救援友邻部队罪是指指挥人员在战场上，明知友邻部队面临被敌人包围、追击或者阵地将被攻陷等危急情况请求救援,能救援而不救援,致使友邻部队遭受重大损失的行为。能救援而不救援,是指根据当时自己部队(分队)所处的环境、作战能力及所担负的任务,有条件组织救援却没有组织救援。

涉嫌下列情形之一的,应予立案:

(一)造成战斗失利的;

(二)造成阵地失陷的;

(三)造成突围严重受挫的;

(四)造成我方人员死亡三人以上,或者重伤十人以上,或者轻伤十五人以上的;

(五)造成武器装备、军事设施、军用物资损毁,直接经济损失一百万元以上的;

(六)造成其他重大损失的。

第四百三十条　【军人叛逃罪】在履行公务期间,擅离岗位,叛逃境外或者在境外叛逃,危害国家军事利益的,[1] 处五年以下有期徒刑或者拘役;情节严重的,处五年以上有期徒刑。

驾驶航空器、舰船叛逃的,或者有其他特别严重情节的,处十年以上有期徒刑、无期徒刑或者死刑。

430-1 《军人违反职责罪立案标准》第十一条　军人叛逃罪是指军人在履行公务期间,擅离岗位,叛逃境外或者在境外叛逃,危害国家军事利益的行为。

涉嫌下列情形之一的,应予立案:

(一)因反对国家政权和社会主义制度而出逃的;

(二)掌握、携带军事秘密出境后滞留不归的;

(三)申请政治避难的;

(四)公开发表叛国言论的;

(五)投靠境外反动机构或者组织的;

(六)出逃至交战对方区域的;

(七)进行其他危害国家军事利益活动的。

第四百三十一条　【非法获取军事秘密罪】以窃取、刺探、收买方法,非法获取军事秘密的,[1] 处五年以下有期徒刑;情节严重的,处五年以上十年以下有期徒刑；情节特别严重的，处十年以上有期徒刑。

【为境外窃取、刺探、收买、非法提供军事秘密罪】为境外的机构、组织、人员窃取、刺探、收买、非法提供军事秘密的，处十年以上有期徒刑、无期徒刑或者死刑。

431-1 《军人违反职责罪立案标准》第十一条　非法获取军事秘密罪是指违反国家和军队的保密规定，采取窃取、刺探、收买方法，非法获取军事秘密的行为。

军事秘密，是关系国防安全和军事利益，依照规定的权限和程序确定，在一定时间内只限一定范围的人员知悉的事项。内容包括：

（一）国防和武装力量建设规划及其实施情况；

（二）军事部署，作战、训练以及处置突发事件等军事行动中需要控制知悉范围的事项；

（三）军事情报及其来源，军事通信、信息对抗以及其他特种业务的手段、能力，密码以及有关资料；

（四）武装力量的组织编制，部队的任务、实力、状态等情况中需要控制知悉范围的事项，特殊单位以及师级以下部队的番号；

（五）国防动员计划及其实施情况；

（六）武器装备的研制、生产、配备情况和补充、维修能力，特种军事装备的战术技术性能；

（七）军事学术和国防科学技术研究的重要项目、成果及其应用情况中需要控制知悉范围的事项；

（八）军队政治工作中不宜公开的事项；

（九）国防费分配和使用的具体事项，军事物资的筹措、生产、供应和储备等情况中需要控制知悉范围的事项；

（十）军事设施及其保护情况中不宜公开的事项；

（十一）对外军事交流与合作中不宜公开的事项；

（十二）其他需要保密的事项。

凡涉嫌非法获取军事秘密的，应予立案。

第四百三十二条　【故意泄露军事秘密罪；过失泄露军事秘密

罪】违反保守国家秘密法规,故意或者过失泄露军事秘密,情节严重的,[1] 处五年以下有期徒刑或者拘役;情节特别严重的,处五年以上十年以下有期徒刑。

战时犯前款罪的,处五年以上十年以下有期徒刑;情节特别严重的,处十年以上有期徒刑或者无期徒刑。

432-1 《军人违反职责罪立案标准》第十四条　故意泄露军事秘密罪是指违反国家和军队的保密规定,故意使军事秘密被不应知悉者知悉或者超出了限定的接触范围,情节严重的行为。

涉嫌下列情形之一的,应予立案:

(一)泄露绝密级或者机密级军事秘密一项(件)以上的;

(二)泄露秘密级军事秘密三项(件)以上的;

(三)向公众散布、传播军事秘密的;

(四)泄露军事秘密造成严重危害后果的;

(五)利用职权指使或者强迫他人泄露军事秘密的;

(六)负有特殊保密义务的人员泄密的;

(七)以牟取私利为目的泄露军事秘密的;

(八)执行重大任务时泄密的;

(九)有其他情节严重行为的。

《军人违反职责罪立案标准》第十五条　过失泄露军事秘密罪是指违反国家和军队的保密规定,过失泄露军事秘密,致使军事秘密被不应知悉者知悉或者超出了限定的接触范围,情节严重的行为。

涉嫌下列情形之一的,应予立案:

(一)泄露绝密级军事秘密一项(件)以上的;

(二)泄露机密级军事秘密三项(件)以上的;

(三)泄露秘密级军事秘密四项(件)以上的;

(四)负有特殊保密义务的人员泄密的;

(五)泄露军事秘密或者遗失军事秘密载体,不按照规定报告,或者不如实提供有关情况,或者未及时采取补救措施的;

(六)有其他情节严重行为的。

第四百三十三条　(刑九)【战时造谣惑众罪】战时造谣惑众,

动摇军心的,[1] 处三年以下有期徒刑;情节严重的,处三年以上十年以下有期徒刑;情节特别严重的,处十年以上有期徒刑或者无期徒刑。

433-1 《军人违反职责罪立案标准》第十六条　战时造谣惑众罪是指在战时造谣惑众,动摇军心的行为。造谣惑众,动摇军心,是指故意编造、散布谣言,煽动怯战、厌战或者恐怖情绪,蛊惑官兵,造成或者足以造成部队情绪恐慌、士气不振、军心涣散的行为。

凡战时涉嫌造谣惑众,动摇军心的,应予立案。

第四百三十四条　【战时自伤罪】战时自伤身体,逃避军事义务的,[1] 处三年以下有期徒刑;情节严重的,处三年以上七年以下有期徒刑。

434-1 《军人违反职责罪立案标准》第十七条　战时自伤罪是指在战时为了逃避军事义务,故意伤害自己身体的行为。逃避军事义务,是指逃避临战准备、作战行动、战场勤务和其他作战保障任务等与作战有关的义务。凡战时涉嫌自伤致使不能履行军事义务的,应予立案。

第四百三十五条　【逃离部队罪】违反兵役法规,[1] 逃离部队,情节严重的,[2] 处三年以下有期徒刑或者拘役。

战时犯前款罪的,处三年以上七年以下有期徒刑。

435-1 《兵役法》(1984年5月31日制定,1998年12月29日第一次修订,2011年10月29日第二次修订)第六十七条　现役军人以逃避服兵役为目的,拒绝履行职责或者逃离部队的,按照中央军事委员会的规定给予处分;构成犯罪的,依法追究刑事责任。

435-2 《军人违反职责罪立案标准》第十八条　逃离部队罪是指违反兵役法规,逃离部队,情节严重的行为。

违反兵役法规,是指违反国防法、兵役法和军队条令条例以及其他有关兵役方面的法律规定。

逃离部队,是指擅自离开部队或者经批准外出逾期拒不归队。

涉嫌下列情形之一的,应予立案:

(一)逃离部队持续时间达三个月以上或者三次以上或者累计时间

达六个月以上的;

(二)担负重要职责的人员逃离部队的;

(三)策动三人以上或者胁迫他人逃离部队的;

(四)在执行重大任务期间逃离部队的;

(五)携带武器装备逃离部队的;

(六)有其他情节严重行为的。

《最高人民法院、最高人民检察院关于对军人非战时逃离部队的行为能否定罪处罚问题的批复》(法释〔2000〕39号,2000年12月8日)

军人违反兵役法规,在非战时逃离部队,情节严重的,应当依照刑法第四百三十五条第一款的规定定罪处罚。

第四百三十六条 【武器装备肇事罪】违反武器装备[1]使用规定,情节严重,因而发生责任事故,致人重伤、死亡或者造成其他严重后果的,[2]处三年以下有期徒刑或者拘役;后果特别严重的,处三年以上七年以下有期徒刑。

436-1 《军人违反职责罪立案标准》第三十七条 规定中的"武器装备",是实施和保障军事行动的武器、武器系统和军事技术器材的统称。

436-2 《军人违反职责罪立案标准》第十九条 武器装备肇事罪是指违反武器装备使用规定,情节严重,因而发生责任事故,致人重伤、死亡或者造成其他严重后果的行为。情节严重,是指故意违反武器装备使用规定,或者在使用过程中严重不负责任。

涉嫌下列情形之一的,应予立案:

(一)影响重大任务完成的;

(二)造成死亡一人以上,或者重伤二人以上,或者轻伤三人以上的;

(三)造成武器装备、军事设施、军用物资或者其他财产损毁,直接经济损失三十万元以上,或者直接经济损失、间接经济损失合计一百五十万元以上的;

(四)严重损害国家和军队声誉,造成恶劣影响的;

(五)造成其他严重后果的。

第四百三十七条 【擅自改变武器装备编配用途罪】违反武器

装备管理规定,擅自改变武器装备的编配用途,造成严重后果的,[1] 处三年以下有期徒刑或者拘役;造成特别严重后果的,处三年以上七年以下有期徒刑。

437-1 《军人违反职责罪立案标准》第二十条　擅自改变武器装备编配用途罪是指违反武器装备管理规定,未经有权机关批准,擅自将编配的武器装备改作其他用途,造成严重后果的行为。

涉嫌下列情形之一的,应予立案:

(一)造成重大任务不能完成或者迟缓完成的;

(二)造成死亡一人以上,或者重伤三人以上,或者重伤二人、轻伤四人以上,或者重伤一人、轻伤七人以上,或者轻伤十人以上的;

(三)造成武器装备、军事设施、军用物资或者其他财产损毁,直接经济损失三十万元以上,或者直接经济损失、间接经济损失合计一百五十万元以上的;

(四)造成其他严重后果的。

第四百三十八条　【盗窃、抢夺武器装备、军用物资罪;盗窃、抢夺枪支、弹药、爆炸物、危险物质罪】盗窃、抢夺武器装备或者军用物资[1] 的,[2] 处五年以下有期徒刑或者拘役;情节严重的,处五年以上十年以下有期徒刑;情节特别严重的,处十年以上有期徒刑、无期徒刑或者死刑。

盗窃、抢夺枪支、弹药、爆炸物的,依照本法第一百二十七条(盗窃、抢夺枪支、弹药、爆炸物罪)的规定处罚。

438-1 《军人违反职责罪立案标准》第三十八条　本规定中的“军用物资”,是除武器装备以外专供武装力量使用的各种物资的统称,包括装备器材、军需物资、医疗物资、油料物资、营房物资等。

438-2 《军人违反职责罪立案标准》第二十一条　盗窃武器装备罪是指以非法占有为目的,秘密窃取武器装备的行为。

抢夺武器装备罪是指以非法占有为目的,乘人不备,公然夺取武器装备的行为。

凡涉嫌盗窃、抢夺武器装备的,应予立案。

盗窃军用物资罪是指以非法占有为目的,秘密窃取军用物资的行为。

抢夺军用物资罪是指以非法占有为目的,乘人不备,公然夺取军用物资的行为。

凡涉嫌盗窃、抢夺军用物资价值二千元以上,或者不满规定数额,但后果严重的,应予立案。

第四百三十九条 【非法出卖、转让武器装备罪】非法出卖、转让军队武器装备的,[1] 处三年以上十年以下有期徒刑;出卖、转让大量武器装备或者有其他特别严重情节的,处十年以上有期徒刑、无期徒刑或者死刑。

439-1 《军人违反职责罪立案标准》第二十二条　非法出卖、转让武器装备罪是指非法出卖、转让武器装备的行为。出卖、转让,是指违反武器装备管理规定,未经有权机关批准,擅自用武器装备换取金钱、财物或者其他利益,或者将武器装备馈赠他人的行为。

涉嫌下列情形之一的,应予立案:

(一)非法出卖、转让枪支、手榴弹、爆炸装置的;

(二)非法出卖、转让子弹十发、雷管三十枚、导火索或者导爆索三十米、炸药一千克以上,或者不满规定数量,但后果严重的;

(三)非法出卖、转让武器装备零部件或者维修器材、设备,致使武器装备报废或者直接经济损失三十万元以上的;

(四)非法出卖、转让其他重要武器装备的。

第四百四十条 【遗弃武器装备罪】违抗命令,遗弃武器装备的,[1] 处五年以下有期徒刑或者拘役;遗弃重要或者大量武器装备的,或者有其他严重情节的,处五年以上有期徒刑。

440-1 《军人违反职责罪立案标准》第二十三条　遗弃武器装备罪是指负有保管、使用武器装备义务的军人,违抗命令,故意遗弃武器装备的行为。

涉嫌下列情形之一的,应予立案:

(一)遗弃枪支、手榴弹、爆炸装置的;

（二）遗弃子弹十发、雷管三十枚、导火索或者导爆索三十米、炸药一千克以上，或者不满规定数量，但后果严重的；

（三）遗弃武器装备零部件或者维修器材、设备，致使武器装备报废或者直接经济损失三十万元以上的；

（四）遗弃其他重要武器装备的。

第四百四十一条　【遗失武器装备罪】遗失武器装备，不及时报告或者有其他严重情节的，[1] 处三年以下有期徒刑或者拘役。

441-1　《军人违反职责罪立案标准》第二十四条　遗失武器装备罪是指遗失武器装备，不及时报告或者有其他严重情节的行为。其他严重情节，是指遗失武器装备严重影响重大任务完成的；给人民群众生命财产安全造成严重危害的；遗失的武器装备被敌人或者境外的机构、组织和人员或者国内恐怖组织和人员利用，造成严重后果或者恶劣影响的；遗失的武器装备数量多、价值高的；战时遗失的，等等。

凡涉嫌遗失武器装备不及时报告或者有其他严重情节的，应予立案。

第四百四十二条　【擅自出卖、转让军队房地产罪】违反规定，擅自出卖、转让军队房地产，情节严重的，[1] 对直接责任人员，处三年以下有期徒刑或者拘役；情节特别严重的，处三年以上十年以下有期徒刑。

442-1　《军人违反职责罪立案标准》第二十五条　擅自出卖、转让军队房地产罪是指违反军队房地产管理和使用规定，未经有权机关批准，擅自出卖、转让军队房地产，情节严重的行为。军队房地产，是指依法由军队使用管理的土地及其地上地下用于营房保障的建筑物、构筑物、附属设施设备，以及其他附着物。

涉嫌下列情形之一的，应予立案：

（一）擅自出卖、转让军队房地产价值三十万元以上的；

（二）擅自出卖、转让军队房地产给境外的机构、组织、人员的；

（三）擅自出卖、转让军队房地产严重影响部队正常战备、训练、工作、生活和完成军事任务的；

（四）擅自出卖、转让军队房地产给军事设施安全造成严重危害的；

(五)有其他情节严重行为的。

第四百四十三条 【虐待部属罪】滥用职权,虐待部属,情节恶劣,致人重伤或者造成其他严重后果的,[1] 处五年以下有期徒刑或者拘役;致人死亡的,处五年以上有期徒刑。

443-1 《军人违反职责罪立案标准》第二十六条 虐待部属罪是指滥用职权,虐待部属,情节恶劣,致人重伤、死亡或者造成其他严重后果的行为。虐待部属,是指采取殴打、体罚、冻饿或者其他有损身心健康的手段,折磨、摧残部属的行为。情节恶劣,是指虐待手段残酷的;虐待三人以上的;虐待部属三次以上的;虐待伤病残部属的,等等。其他严重后果,是指部属不堪忍受虐待而自杀、自残造成重伤或者精神失常的;诱发其他案件、事故的;导致部属一人逃离部队三次以上,或者二人以上逃离部队的;造成恶劣影响的,等等。

凡涉嫌虐待部属,情节恶劣,致人重伤、死亡或者造成其他严重后果的,应予立案。

第四百四十四条 【遗弃伤病军人罪】在战场上故意遗弃伤病军人,情节恶劣的,对直接责任人员,[1] 处五年以下有期徒刑。

444-1 《军人违反职责罪立案标准》第二十七条 遗弃伤病军人罪是指在战场上故意遗弃我方伤病军人,情节恶劣的行为。

涉嫌下列情形之一的,应予立案:

(一)为挟嫌报复而遗弃伤病军人的;

(二)遗弃伤病军人三人以上的;

(三)导致伤病军人死亡、失踪、被俘的;

(四)有其他恶劣情节的。

第四百四十五条 【战时拒不救治伤病军人罪】战时在救护治疗职位上,有条件救治而拒不救治危重伤病军人的,[1] 处五年以下有期徒刑或者拘役;造成伤病军人重残、死亡或者有其他严重情节的,处五年以上十年以下有期徒刑。

445-1 《军人违反职责罪立案标准》第二十八条 战时拒不救治伤

病军人罪是指战时在救护治疗职位上，有条件救治而拒不救治危重伤病军人的行为。有条件救治而拒不救治，是指根据伤病军人的伤情或者病情，结合救护人员的技术水平、医疗单位的医疗条件及当时的客观环境等因素，能够给予救治而拒绝抢救、治疗。

凡战时涉嫌拒不救治伤病军人的，应予立案。

第四百四十六条　【战时残害居民、掠夺居民财物罪】战时在军事行动地区，残害无辜居民或者掠夺无辜居民财物的，[1] 处五年以下有期徒刑；情节严重的，处五年以上十年以下有期徒刑；情节特别严重的，处十年以上有期徒刑、无期徒刑或者死刑。

446-1　《军人违反职责罪立案标准》第二十九条　战时残害居民罪是指战时在军事行动地区残害无辜居民的行为。无辜居民，是指对我军无敌对行动的平民。

战时涉嫌下列情形之一的，应予立案：

（一）故意造成无辜居民死亡、重伤或者轻伤三人以上的；

（二）强奸无辜居民的；

（三）故意损毁无辜居民财物价值五千元以上，或者不满规定数额，但手段恶劣、后果严重的。

战时掠夺居民财物罪是指战时在军事行动地区抢劫、抢夺无辜居民财物的行为。战时涉嫌下列情形之一的，应予立案：

（一）抢劫无辜居民财物的；

（二）抢夺无辜居民财物价值二千元以上，或者不满规定数额，但手段恶劣、后果严重的。

第四百四十七条　【私放俘虏罪】私放俘虏的，处五年以下有期徒刑；私放重要俘虏、私放俘虏多人或者有其他严重情节的，处五年以上有期徒刑。

第四百四十八条　【虐待俘虏罪】虐待俘虏，情节恶劣的，[1] 处三年以下有期徒刑。

448-1　《军人违反职责罪立案标准》第三十一条　虐待俘虏罪是指

虐待俘虏,情节恶劣的行为。

涉嫌下列情形之一的,应予立案:

(一)指挥人员虐待俘虏的;

(二)虐待俘虏三人以上,或者虐待俘虏三次以上的;

(三)虐待俘虏手段特别残忍的;

(四)虐待伤病俘虏的;

(五)导致俘虏自杀、逃跑等严重后果的;

(六)造成恶劣影响的;

(七)有其他恶劣情节的。

第四百四十九条 【战时缓刑】在战时,对被判处三年以下有期徒刑没有现实危险宣告缓刑的犯罪军人,允许其戴罪立功,确有立功表现时,可以撤销原判刑罚,不以犯罪论处。

第四百五十条 【本章适用的主体范围】本章适用于中国人民解放军的现役军官、文职干部、士兵及具有军籍的学员和中国人民武装警察部队的现役警官、文职干部、士兵及具有军籍的学员以及执行军事任务的预备役人员和其他人员。

第四百五十一条 【战时的界定】本章所称战时,[1] 是指国家宣布进入战争状态、部队受领作战任务或者遭敌突然袭击时。

部队执行戒严任务或者处置突发性暴力事件时,以战时论。

451-1 《军人违反职责罪立案标准》第三十三条 本规定所称“战时”,是指国家宣布进入战争状态、部队受领作战任务或者遭敌突然袭击时。部队执行戒严任务或者处置突发性暴力事件时,以战时论。

附　　则

第四百五十二条　【生效日期及法律的废止与保留】本法自1997年10月1日起施行。

列于本法附件一的全国人民代表大会常务委员会制定的条例、补充规定和决定,已纳入本法或者已不适用,自本法施行之日起,予以废止。

列于本法附件二的全国人民代表大会常务委员会制定的补充规定和决定予以保留,其中,有关行政处罚和行政措施的规定继续有效;有关刑事责任的规定已纳入本法,自本法施行之日起,适用本法规定。

附件一

全国人民代表大会常务委员会制定的下列条例、补充规定和决定,已纳入本法或者已不适用,自本法施行之日起,予以废止:

1. 中华人民共和国惩治军人违反职责罪暂行条例。
2. 关于严惩严重破坏经济的罪犯的决定。
3. 关于严惩严重危害社会治安的犯罪分子的决定。
4. 关于惩治走私罪的补充规定。
5. 关于惩治贪污罪贿赂罪的补充规定。
6. 关于惩治泄露国家秘密犯罪的补充规定。
7. 关于惩治捕杀国家重点保护的珍贵、濒危野生动物犯罪的补充规定。

8. 关于惩治侮辱中华人民共和国国旗国徽罪的决定。

9. 关于惩治盗掘古文化遗址古墓葬犯罪的补充规定。

10. 关于惩治劫持航空器犯罪分子的决定。

11. 关于惩治假冒注册商标犯罪的补充规定。

12. 关于惩治生产、销售伪劣商品犯罪的决定。

13. 关于惩治侵犯著作权的犯罪的决定。

14. 关于惩治违反公司法的犯罪的决定。

15. 关于处理逃跑或者重新犯罪的劳改犯和劳教人员的决定。

附件二

全国人民代表大会常务委员会制定的下列补充规定和决定予以保留,其中,有关行政处罚和行政措施的规定继续有效;有关刑事责任的规定已纳入本法,自本法施行之日起,适用本法规定:

1. 关于禁毒的决定*。

2. 关于惩治走私、制作、贩卖、传播淫秽物品的犯罪分子的决定。

3. 关于严惩拐卖、绑架妇女、儿童的犯罪分子的决定。

4. 关于严禁卖淫嫖娼的决定。

5. 关于惩治偷税、抗税犯罪的补充规定**。

6. 关于严惩组织、运送他人偷越国(边)境犯罪的补充规定。

7. 关于惩治破坏金融秩序犯罪的决定。

8. 关于惩治虚开、伪造和非法出售增值税专用发票犯罪的决定。

---

* 《中华人民共和国禁毒法》(2007 年 12 月 29 日通过)第 71 条废止《关于禁毒的决定》。

** 2009 年 6 月 27 日,《全国人民代表大会常务委员会关于修改部分法律的决定》将第 5 项和第 6 项废止。

附录一 刑法规范要目*

一、刑事立法文件

1.《中华人民共和国刑法》由第八届全国人大第五次会议于1997年3月14日修订,自同年10月1日起施行。

2.《刑法修正案》已由第九届全国人大常务委员会第十三次会议于1999年12月25日通过。

3.《刑法修正案(二)》已由第九届全国人大常务委员会第二十三次会议于2001年8月31日通过。

4.《刑法修正案(三)》已由第九届全国人大常务委员会第二十五次会议于2001年12月29日通过。

5.《刑法修正案(四)》已由第九届全国人大常务委员会第三十一次会议于2002年12月28日通过。

6.《刑法修正案(五)》已由第十届全国人大常务委员会第十四次会议于2005年2月28日通过。

7.《刑法修正案(六)》已由第十届全国人大常务委员会第二十二次会议于2006年6月29日通过。

---

* 1.本刑事法律规范要目,刑法及其各个修正案,以及全国人大常委会涉及犯罪与刑罚方面的决定,系按发布时间排序,而刑法的立法解释和司法解释则不再按发布时间排序,而是根据类罪的相关性进行排序,而不是按照发布时间先后排序。2.本刑事法律规范要目中还加入了最高人民法院和最高人民检察院发布的指导性案例和典型案例。3.本刑事法律规范要目还加入了与罪名相关的法律或行政法规,以便于读者更有效地使用本书。

8.《刑法修正案(七)》已由第十一届全国人大常务委员会第七次会议于2009年2月28日通过。

9.《刑法修正案(八)》已由第十一届全国人大常务委员会第十九次会议于2011年2月25日通过,自同年5月1日起施行。

10.《刑法修正案(九)》由第十二届全国人大常务委员会第十六次会议于2015年8月29日通过,自同年11月1日起施行。

二、全国人大常委会涉及犯罪与刑罚方面的决定

1.《全国人大常委会关于惩治走私、制作、贩卖、传播淫秽物品的犯罪分子的决定》*,1990年12月28日。

2.《全国人大常委会关于严禁卖淫嫖娼的决定》**,1991年9月4日。

3.《全国人大常委会关于惩治破坏金融秩序犯罪的决定》,1995年6月30日。

4.《全国人大常委会关于严惩拐卖、绑架妇女、儿童的犯罪分子的决定》***,1991年9月4日。

5.《全国人大常委会关于惩治虚开、伪造和非法出售增值税专用发票犯罪的决定》,1995年10月30日。

6.《全国人大常委会关于惩治骗购外汇、逃汇和非法买卖外汇犯罪的决定》,1998年12月29日。

7.《全国人大常委会关于取缔邪教组织、防范和惩治邪教活动

---

* 已被《全国人民代表大会常务委员会关于修改部分法律的决定》(发布日期:2009年8月27日;2009年8月27日修改)。

** 已被《全国人民代表大会常务委员会关于修改部分法律的决定》(发布日期:2009年8月27日;2009年8月27日修改)。

*** 已被《全国人民代表大会常务委员会关于修改部分法律的决定》(发布日期:2009年8月27日;2009年8月27日修改)。

的决定》,1999 年 10 月 30 日。

8.《全国人大常委会关于维护互联网安全的决定》,2000 年 12 月 28 日。

9.《全国人大常委会关于废止部分法律的决定》,2009 年 6 月 27 日。

10.《全国人大常委会关于修改部分法律的决定》,2009 年 8 月 27 日。

11.《全国人大常委会关于加强反恐怖工作有关问题的决定》,2011 年 10 月 29 日。

12.《全国人大常委会关于加强网络信息保护的决定》,2012 年 12 月 28 日。

13.《中华人民共和国民法总则》由第十二届全国人大第五次会议于 2017 年 3 月 15 日通过,自同年 10 月 1 日起施行。

三、全国人大常委会关于刑事法律方面的立法解释及两高颁布的刑事司法解释*

第一编　总　　则

第一章　刑法的任务、基本原则和适用范围

1.《最高人民法院关于适用刑法时间效力规定若干问题的解

* 为适应形势发展变化,保证国家法律统一正确适用,根据有关法律规定和司法实际,最高人民法院和最高人民检察院历时近两年,对 1949 年至 2011 年年底发布的司法解释和司法解释性质文件的集中清理工作日前基本完成,并于 2013 年 4 月 23 日,在第十二届全国人大常委会第二次会议上作了专题报告。对于需要修改的司法解释和司法解释性质文件,全国人大常委会法制工作委员会建议“两高”在 2014 年年底前完成。具体情况如下:1.《最高人民法院、最高人民检察院关于废止 1980 年 1 月 1 日至 1997 年 6 月 30 日期间制发的部分司法解释和司法解释性质文件的决定》(法释〔2013〕1 号,2012 年 11 月 19 日最高人民法院审判委员会第 1560 次会议、2012 年 12 月 19 日最高人民检察院第十一届检察委员会第 83 次会议通过)。本

释》,法释〔1997〕5 号,1997 年 10 月 1 日。

2.《最高人民法院关于适用刑法第十二条几个问题的解释》,法释〔1997〕12 号,1998 年 1 月 13 日。

3.《最高人民法院、最高人民检察院关于适用刑事司法解释时间效力问题的规定》,高检发释字〔2001〕5 号,2001 年 12 月 17 日。

4.《最高人民法院关于刑法修正案(八)时间效力问题的解释》,法释〔2011〕9 号,2011 年 5 月 1 日。

5.《中华人民共和国刑法修正案(九)时间效力问题的解释》,法释〔2015〕19 号,2015 年 11 月 1 日。

第二章　犯　　罪

1.《最高人民法院关于审理未成年人刑事案件具体应用法律若干问题的解释》,法释〔2006〕1 号,2006 年 1 月 23 日。

2.《人民检察院办理未成年人刑事案件的规定》*,高检发研字〔2013〕7 号,2013 年 12 月 27 日。

文件废止了 44 件司法解释。2.《最高人民法院关于废止 1980 年 1 月 1 日至 1997 年 6 月 30 日期间发布的部分司法解释和司法解释性质文件(第九批)的决定》(法释〔2013〕2 号,2012 年 11 月 19 日最高人民法院审判委员会第 1560 次会议通过)。本文件废止了 429 件司法解释。3.《最高人民法院、最高人民检察院关于废止 1997 年 7 月 1 日至 2011 年 12 月 31 日期间制发的部分司法解释和司法解释性质文件的决定》(法释〔2013〕6 号,2013 年 2 月 18 日最高人民法院审判委员会第 1569 次会议、2013 年 2 月 1 日最高人民检察院第十一届检察委员会第 85 次会议通过)。本文件废止了 4 件司法解释。4.《最高人民法院关于废止 1997 年 7 月 1 日至 2011 年 12 月 31 日期间发布的部分司法解释和司法解释性质文件(第十批)的决定》(法释〔2013〕7 号,2013 年 2 月 18 日最高人民法院审判委员会第 1569 次会议通过)。本文件废止了 81 件司法解释。5.《最高人民法院关于废止 1997 年 7 月 1 日至 2011 年 12 月 31 日期间发布的部分司法解释和司法解释性质文件(第十一批)的决定》(法释〔2015〕2 号,2014 年 12 月 30 日最高人民法院审判委员会第 1639 次会议通过)本文件废止了 11 件主要与刑事诉讼法有关的司法解释或司法解释性质的文件。6.《最高人民检察院关于废止部分司法解释和司法解释性质文件的决定》(2015 年 6 月 1 日最高人民检察院第十二届检察委员会第三十六次会议通过)。

* 本规定最初制定于 2002 年 3 月 25 日,于 2006 年 12 月 28 日第一次修订,于 2013 年 12 月 27 日第二次修订。

3.《最高人民法院关于审理单位犯罪案件具体应用法律有关问题的解释》,法释〔1999〕14 号,1999 年 7 月 3 日。

4.《最高人民法院关于审理单位犯罪案件对其直接负责的主管人员和其他直接责任人员是否区分主犯、从犯问题的批复》,法释〔2000〕31 号,2000 年 10 月 10 日。

5.《最高人民检察院关于涉嫌犯罪单位被撤销、注销、吊销营业执照或者宣告破产的应如何进行追诉问题的批复》,高检发释字〔2002〕4 号,2002 年 7 月 15 日。

6.《最高人民检察院关于单位有关人员组织实施盗窃行为如何适用法律问题的批复》,高检发释字〔2002〕5 号,2002 年 8 月 13 日。

7.《最高人民法院关于在审理经济纠纷案件中涉及经济犯罪嫌疑若干问题的规定》,法释〔1998〕7 号,1998 年 4 月 29 日。

第三章　刑　　罚

1.《最高人民法院关于对怀孕妇女在羁押期间自然流产审判时是否可以适用死刑问题的批复》,法释〔1998〕18 号,1998 年 8 月 13 日。

2.《最高人民法院关于适用财产刑若干问题的规定》,法释〔2000〕45 号,2000 年 12 月 19 日。

3.《最高人民法院关于刑事裁判涉财产部分执行的若干规定》,法释〔2014〕13 号,2014 年 11 月 6 日。

4.《最高人民法院关于适用〈中华人民共和国刑事诉讼法〉的解释》(法释〔2012〕21 号,2013 年 1 月 1 日)第十九章执行程序第四节　财产刑和附带民事裁判的执行。

5.《人民检察院扣押、冻结涉案款物工作规定》,高检发〔2010〕9 号,2010 年 5 月 9 日。

6.《最高人民法院关于对故意伤害、盗窃等严重破坏社会秩序的犯罪分子能否附加剥夺政治权利问题的批复》,法释〔1997〕11号,1998年1月13日。

7.《最高人民法院关于人民法院办理接收在台湾地区服刑的大陆居民回大陆服刑案件的规定》,法释〔2016〕11号,2016年5月1日。

第四章　刑罚的具体运用

1.《最高人民法院关于贯彻宽严相济刑事政策的若干意见》,法发〔2010〕9号,2010年2月8日。

2.《最高人民法院关于常见犯罪的量刑指导意见》*,法发〔2017〕7号,2017年4月1日。

3.《最高人民法院关于常见犯罪的量刑指导意见(二)(试行)》,2017年5月1日起试行。

4.《最高人民法院、最高人民检察院、公安部、国家安全部、司法部关于规范量刑程序若干问题的意见(试行)》,法发〔2010〕35号,2010年10月1日。

5.《最高人民法院关于适用刑法时间效力规定若干问题的解释》,法释〔1997〕5号,1997年10月1日。

6.《最高人民检察院关于对跨越修订刑法施行日期的继续犯罪、连续犯罪以及其他同种数罪应如何具体适用刑法问题的批复》,高检发释字〔1998〕6号,1998年12月2日。

---

* 法发〔2017〕7号　五、附则

1. 本指导意见规范上列十五种犯罪判处有期徒刑、拘役的案件。其他判处有期徒刑、拘役的案件,可以参照量刑的指导原则、基本方法和常见量刑情节的适用规范量刑。

2. 各高级人民法院应当结合当地实际制定实施细则。

3. 本指导意见自2017年4月1日起实施,《最高人民法院关于常见犯罪的量刑指导意见》(法发〔2013〕14号)同时废止。

7.《最高人民法院关于处理自首和立功具体应用法律若干问题的解释》,法释〔1998〕8 号,1998 年 5 月 9 日。

8.《最高人民法院、最高人民检察院关于办理职务犯罪案件认定自首、立功等量刑情节若干问题的意见》,法发〔2009〕13 号,2009 年 3 月 12 日。

9.《最高人民法院印发〈关于处理自首和立功若干具体问题的意见〉的通知》,法发〔2010〕60 号,2010 年 12 月 22 日。

10.《最高人民法院关于被告人对行为性质的辩解是否影响自首成立问题的批复》,法释〔2004〕2 号,2004 年 4 月 1 日。

11.《最高人民法院关于在执行附加刑剥夺政治权利期间犯新罪应如何处理的批复》,法释〔2009〕10 号,2009 年 6 月 10 日。

12.《最高人民法院关于罪犯因漏罪、新罪数罪并罚时原减刑裁定应如何处理的意见》,法〔2012〕44 号,2012 年 1 月 18 日。

13.《最高人民法院关于办理减刑、假释案件具体应用法律的规定》*,法释〔2016〕23 号,2017 年 1 月 1 日。

14.《最高人民法院关于办理减刑、假释案件具体应用法律若干问题的规定》,法释〔2012〕2 号,2012 年 7 月 1 日。

15.《最高人民法院关于执行〈关于办理减刑、假释案件具体应用法律若干问题的规定〉有关问题的通知》,法〔2013〕201 号,2013 年 9 月 11 日。

16.《最高人民法院关于减刑、假释案件审理程序的规定》,法释〔2014〕5 号,2014 年 6 月 1 日。

17.《人民检察院办理减刑、假释案件规定》,2014 年 7 月 21 日。

---

* 法释〔2016〕23 号第四十二条　以前发布的司法解释与本规定不一致的,以本规定为准。

18.《最高人民法院、最高人民检察院关于办理职务犯罪案件严格适用缓刑、免予刑事处罚若干问题的意见》,法发〔2012〕17号,2012年8月8日。

19.《最高人民法院关于撤销缓刑时罪犯在宣告缓刑前羁押的时间能否折抵刑期问题的批复》,法释〔2002〕11号,2002年4月18日。

20.《最高人民法院、最高人民检察院、公安部、司法部关于对判处管制、宣告缓刑的犯罪分子适用禁止令有关问题的规定(试行)》,法发〔2011〕9号,2011年5月1日。

21.《最高人民法院、最高人民检察院、公安部、司法部关于对因犯罪在大陆受审的台湾居民依法适用缓刑实行社区矫正有关问题的意见》,法发〔2016〕33号,2017年1月1日。

第五章　其他规定

1.《全国人大常委会关于〈中华人民共和国刑法〉第九十三条第二款的解释》,2000年4月29日。

2.《最高人民检察院关于贯彻执行全国人民代表大会常务委员会〈关于中华人民共和国刑法〉第九十三条第二款的解释的通知》,高检发研字〔2000〕12号,2000年6月5日。

3.《最高人民检察院关于〈全国人民代表大会常务委员会关于〈中华人民共和国刑法〉第九十三条第二款的解释〉的时间效力的批复》,高检发研字〔2000〕15号,2000年6月29日。

4.《最高人民检察院法律政策研究室关于国家机关、国有公司、企业委派到非国有公司、企业从事公务但尚未依照规定程序获取该单位职务的人员是否适用刑法第九十三条第二款问题的答复》,高检研发〔2004〕第17号,2004年11月3日。

5.《最高人民法院关于如何认定国有控股、参股股份有限公司中的国有公司、企业人员的解释》,法释〔2005〕10号,2005年8月11日。

6.《最高人民检察院对〈关于中国证监会主体认定的请示〉的答复函》,高检法发字〔2000〕7号,2000年4月30日。

7.《最高人民检察院对〈关于中国保险监督管理委员会主体认定的请示〉的答复》,2000年10月8日。

8.《最高人民法院研究室关于国家工作人员在农村合作基金会兼职从事管理工作如何认定身份问题的答复》,法研明传〔2000〕12号,2000年6月29日。

9.《最高人民检察院关于镇财政所所长是否适用国家机关工作人员的批复》,高检发研字〔2000〕9号,2000年5月4日。

10.《最高人民检察院关于佛教协会工作人员能否构成受贿罪或者公司、企业人员受贿主体问题的答复》,高检研发〔2003〕2号,2003年1月13日。

11.《最高人民检察院法律政策研究室关于集体性质的乡镇卫生院院长利用职务之便收受他人财物的行为如何适用法律问题的批复》,高检研发〔2003〕9号,2003年4月2日。

12.《最高人民法院关于准确理解和适用刑法中"国家规定"的有关问题的通知》,法发〔2011〕155号,2011年4月8日。

第二编　分　　则

1.《最高人民法院关于执行〈中华人民共和国刑法〉确定罪名的规定》,法释〔1997〕9号,1997年12月16日。

2.《最高人民法院、最高人民检察院关于执行〈中华人民共和国刑法〉确定罪名的补充规定》,法释〔2002〕7号,2002年3月26日。

3.《最高人民法院、最高人民检察院关于执行〈中华人民共和国刑法〉确定罪名的补充规定(二)》,法释〔2003〕12号,2003年8月21日。

4.《最高人民法院、最高人民检察院关于执行〈中华人民共和国刑法〉确定罪名的补充规定(三)》,法释〔2007〕16 号,2007 年 11 月 6 日。

5.《最高人民法院、最高人民检察院关于执行〈中华人民共和国刑法〉确定罪名的补充规定(四)》,法释〔2009〕13 号,2009 年 10 月 16 日。

6.《最高人民法院、最高人民检察院关于执行〈中华人民共和国刑法〉确定罪名的补充规定(五)》,法释〔2011〕10 号,2011 年 5 月 1 日。

7.《最高人民法院、最高人民检察院关于执行〈中华人民共和国刑法〉确定罪名的补充规定(六)》,法释〔2015〕20 号,2015 年 11 月 1 日。

8.《最高人民检察院、公安部关于公安机关管辖的刑事案件立案追诉标准的规定(一)》,公通字〔2008〕36 号,2008 年 6 月 25 日。

9.《最高人民检察院、公安部关于公安机关管辖的刑事案件立案追诉标准的规定(二)》,公通字〔2010〕23 号,2010 年 5 月 7 日。

10.《最高人民检察院、公安部关于公安机关管辖的刑事案件立案追诉标准的规定(二)的补充规定》,公通字〔2011〕47 号,2011 年 11 月 14 日。

11.《最高人民检察院、公安部关于公安机关管辖的刑事案件立案追诉标准的规定(三)》,公通字〔2012〕26 号,2012 年 5 月 16 日。

第一章　危害国家安全罪

1.《中华人民共和国反间谍法》,第十二届全国人民代表大会常务委员会第十一次会议通过,2014 年 11 月 1 日。

2.《中华人民共和国国家安全法》,第十二届全国人民代表大会常务委员会第十五次会议通过,2015 年 7 月 1 日。

3.《中华人民共和国反恐怖主义法》*，第十二届全国人民代表大会常务委员会第十八次会议通过，2016年1月1日。

4.《中华人民共和国保守国家秘密法》，第七届全国人民代表大会常务委员会第三次会议通过，1988年9月5日。第十一届全国人民代表大会常务委员会第十四次会议修订，2010年10月1日。

5.《最高人民法院关于审理为境外窃取、刺探、收买、非法提供国家秘密、情报案件具体应用法律若干问题的解释》，法释〔2001〕4号，2001年1月22日。

第二章　危害公共安全罪

1.《最高人民法院关于审理交通肇事刑事案件具体应用法律若干问题的解释》，法释〔2000〕33号，2000年11月21日。

2.《最高人民法院关于审理非法制造、买卖、运输枪支、弹药、爆炸物等刑事案件具体应用法律若干问题的解释》**，法释〔2009〕18号，2010年1月1日。

3.《最高人民法院关于审理破坏公用电信设施刑事案件具体应用法律若干问题的解释》，法释〔2004〕21号，2005年1月11日。

4.《最高人民法院、最高人民检察院、工业和信息化部、公安部关于印发〈公用电信设施损坏经济损失计算方法〉的通知》，工信部联电管〔2014〕372号，2014年8月28日。

5.《最高人民法院、最高人民检察院关于办理盗窃油气、破坏油气设备等刑事案件具体应用法律若干问题的解释》，法释〔2007〕

---

* 《反恐怖主义法》第九十七条废止《全国人民代表大会常务委员会关于加强反恐怖工作有关问题的决定》，2011年10月29日。

** 本司法解释将《最高人民法院关于审理非法制造、买卖、运输枪支、弹药、爆炸物等刑事案件具体应用法律若干问题的解释》（法释〔2001〕15号，2001年5月16日）作部分修改。

3号,2007年1月19日。

6.《最高人民法院、最高人民检察院关于办理生产安全刑事案件适用法律若干问题的解释》,法释〔2015〕22号,2015年12月16日。

7.《最高人民法院关于审理破坏电力设备刑事案件具体应用法律若干问题的解释》,法释〔2007〕15号,2007年8月21日。

8.《最高人民法院关于印发醉酒驾车犯罪法律适用问题指导意见及相关典型案例的通知》,法发〔2009〕47号,2009年9月11日。

9.《最高人民法院、最高人民检察院、公安部关于办理醉酒驾驶机动车刑事案件适用法律若干问题的意见》,法发〔2013〕15号,2013年12月26日。

10.《最高人民法院关于审理破坏广播电视设施等刑事案件具体应用法律若干问题的解释》,法释〔2011〕13号,2011年6月13日。

11.《最高人民法院、最高人民检察院关于办理妨害预防、控制突发传染病疫情等灾害的刑事案件具体应用法律若干问题的解释》,法释〔2003〕8号,2003年5月15日。

第三章　破坏社会主义市场经济秩序罪

第一节　生产、销售伪劣商品罪

1.《最高人民法院、最高人民检察院关于办理生产、销售伪劣商品刑事案件具体应用法律若干问题的解释》,法释〔2001〕10号,2001年4月10日。

2.《最高人民法院、最高人民检察院关于办理危害药品安全刑事案件适用法律若干问题的解释》*,法释〔2014〕14号,2014年12

* 本解释发布施行后,《最高人民法院、最高人民检察院关于办理生产、销售假药、劣药刑事案件具体应用法律若干问题的解释》(法释〔2009〕9号)同时废止;之前发布的司法解释和规范性文件与本解释不一致的,以本解释为准。

月1日。

3.《最高人民法院、最高人民检察院关于办理非法生产、销售烟草专卖品等刑事案件具体应用法律若干问题的解释》,法释〔2010〕7号,2010年3月26日。

4.《最高人民法院、最高人民检察院、公安部关于依法严惩“地沟油”犯罪活动的通知》,公通字〔2012〕1号,2012年1月9日。

5.《最高人民法院、最高人民检察院关于办理危害食品安全刑事案件适用法律若干问题的解释》,法释〔2013〕12号,2013年5月4日。

第二节 走 私 罪

1.《最高人民法院关于审理走私刑事案件具体应用法律若干问题的解释》*,法释〔2014〕10号,2014年9月10日。

2.《最高人民法院、最高人民检察院、海关总署关于办理走私刑事案件适用法律若干问题的意见》,法〔2002〕139号,2002年7月8日。

第三节 妨害对公司、企业的管理秩序罪

1.《最高人民法院关于审理贪污、职务侵占案件如何认定共同犯罪几个问题的解释》,法释〔2000〕15号,2000年7月8日。

2.《最高人民法院、最高人民检察院关于办理商业贿赂刑事案件适用法律若干问题的意见》,法发〔2008〕33号,2008年11月20日。

3.《全国人民代表大会常务委员会关于〈中华人民共和国刑法〉第一百五十八条、第一百五十九条的解释》,2014年4月24日

---

* 《最高人民法院关于审理走私刑事案件具体应用法律若干问题的解释》(法释〔2000〕30号)同时废止。

第十二届全国人民代表大会常务委员会第八次会议通过。

4.《最高人民检察院、公安部关于严格依法办理虚报注册资本和虚假出资抽逃出资刑事案件的通知》,公经〔2014〕247号,2014年5月20日。

第四节 破坏金融管理秩序罪

1.《全国法院审理金融犯罪案件工作座谈会纪要》,法发〔2001〕8号,2001年1月21日。

2.《最高人民法院关于审理骗购外汇、非法买卖外汇刑事案件具体应用法律若干问题的解释》,法释〔1998〕20号,1998年9月1日。

3.《最高人民法院关于农村合作基金会从业人员犯罪如何定性问题的批复》,法释〔2000〕10号,2000年5月12日。

4.《最高人民法院关于审理伪造货币等案件具体应用法律若干问题的解释》,法释〔2000〕26号,2000年9月14日。

5.《最高人民法院关于审理伪造货币等案件具体应用法律若干问题的解释(二)》,法释〔2010〕14号,2010年11月3日。

6.《最高人民法院、最高人民检察院、公安部关于严厉打击假币犯罪活动的通知》,公通字〔2009〕45号,2009年9月15日。

7.《最高人民法院关于审理洗钱等刑事案件具体应用法律若干问题的解释》,法释〔2009〕15号,2009年11月11日。

8.《全国人大常委会关于〈中华人民共和国刑法〉有关信用卡规定的解释》,2004年12月29日。

9.《最高人民法院、最高人民检察院关于办理妨害信用卡管理刑事案件具体应用法律若干问题的解释》,法释〔2009〕19号,2009年12月16日。

10.《最高人民法院关于审理非法集资刑事案件具体应用法律

若干问题的解释》,法释〔2010〕18 号,2011 年 1 月 4 日。

11.《最高人民法院、最高人民检察院、公安部关于办理非法集资刑事案件适用法律若干问题的意见》,2014 年 3 月 25 日。

12.《最高人民法院、最高人民检察院关于办理内幕交易、泄露内幕信息刑事案件具体应用法律若干问题的解释》,法释〔2012〕6 号,2012 年 6 月 1 日。

13.《中国证券监督管理委员会证券市场内幕交易行为认定指引(试行)》,证监稽查字〔2007〕1 号,2007 年 3 月 27 日。

14.《中国证券监督管理委员会证券市场操纵行为认定指引(试行)》,证监稽查字〔2007〕1 号,2007 年 3 月 27 日。

第五节　金融诈骗罪

1.《最高人民检察院法律政策研究室关于保险诈骗未遂能否按犯罪处理问题的答复》,〔1998〕高检研发第 20 号,1998 年 11 月 27 日。

2.《最高人民检察院关于拾得他人信用卡并在自动柜员机(ATM)上使用的行为如何定性的问题的批复》,高检发释字〔2008〕1 号,2008 年 4 月 18 日。

第六节　危害税收征管罪

1.《全国人大常委会关于〈中华人民共和国刑法〉有关出口退税、抵扣税款的其他发票规定的解释》,2005 年 12 月 29 日。

2.《最高人民法院关于审理骗取出口退税刑事案件具体应用法律若干问题的解释》,法释〔2002〕30 号,2002 年 9 月 23 日。

3.《最高人民法院关于审理偷税抗税刑事案件具体应用法律若干问题的解释》,法释〔2002〕33 号,2002 年 11 月 7 日。

4.《最高人民法院关于适用〈全国人民代表大会常务委员会关于惩治虚开、伪造和非法出售增值税专用发票犯罪的决定〉的若干问题的解释》,法发〔1996〕30号,1996年10月17日。

5.《中华人民共和国发票管理办法》,1993年12月12日制定,2010年12月20日修订。

第七节　侵犯知识产权罪

1.《最高人民检察院关于办理侵犯知识产权刑事案件具体应用法律若干问题的解释》,法释〔2004〕19号,2004年12月22日。

2.《最高人民检察院关于办理侵犯知识产权刑事案件具体应用法律若干问题的解释(二)》,法释〔2007〕6号,2007年4月5日。

3.《最高人民法院、最高人民检察院关于办理侵犯著作权刑事案件中涉及录音录像制品有关问题的批复》,法释〔2005〕12号,2005年10月18日。

4.《最高人民法院关于审理反不正当竞争民事案件应用法律若干问题的解释》,法释〔2007〕2号,2007年2月1日。

第八节　扰乱市场秩序罪

1.《最高人民法院关于审理非法出版物刑事案件具体应用法律若干问题的解释》,法释〔1998〕30号,1998年12月23日。

2.《最高人民法院关于审理倒卖车票刑事案件有关问题的解释》,法释〔1999〕7号,1999年9月14日。

3.《最高人民法院关于审理扰乱电信市场管理秩序案件具体应用法律若干问题的解释》,法释〔2000〕12号,2000年5月24日。

4.《最高人民法院关于对变造、倒卖变造邮票行为如何适用法律问题的解释》,法释〔2000〕41号,2000年12月9日。

5.《最高人民检察院关于公证员出具公证书有重大失实行为如何适用法律问题的批复》,高检发释字〔2009〕1号,2009年1月15日。

6.《最高人民法院、最高人民检察院关于办理非法生产、销售烟草专卖品等刑事案件具体应用法律若干问题的解释》，法释〔2010〕7号，2010年3月26日。

7.《最高人民法院、最高人民检察院、公安部关于办理组织领导传销活动刑事案件适用法律若干问题的意见》，公通字〔2013〕37号，2013年11月14日。

8.《全国人大常委会关于〈中华人民共和国刑法〉第二百二十八条、第三百四十二条、第四百一十条的解释》，2001年8月31日。

9.《最高人民法院、最高人民检察院、公安部、国家安全部关于依法办理非法生产销售使用"伪基站"设备案件的意见》，公通字〔2014〕13号，2014年3月14日。

第四章 侵犯公民人身权利、民主权利罪

1.《最高人民法院关于审理拐卖妇女儿童犯罪案件具体应用法律若干问题的解释》，法释〔2016〕28号，2017年1月1日。

2.《最高人民法院关于审理拐卖妇女案件适用法律有关问题的解释》，法释〔2000〕1号，2000年1月25日。

3.《最高人民法院、最高人民检察院、公安部、司法部关于依法惩治拐卖妇女儿童犯罪的意见》，法发〔2010〕7号，2010年3月15日。

4.《最高人民法院、最高人民检察院、公安部、司法部印发关于依法惩治性侵害未成年人犯罪的意见的通知》，法发〔2013〕12号，2013年10月23日。

5.《最高人民法院、最高人民检察院关于办理利用信息网络实施诽谤等刑事案件适用法律若干问题的解释》，法释〔2013〕21号，2013年9月10日。

6.《最高人民法院、最高人民检察院关于办理侵犯公民个人信息刑事案件适用法律若干问题的解释》，法释〔2017〕10号，2017年

6月1日。

7.《全国法院维护农村稳定刑事审判工作座谈会纪要》*,法〔1999〕217号,1999年10月27日。

8.《司法部人体损伤程度鉴定标准》,司发通〔2013〕146号,2014年1月1日。

第五章 侵犯财产罪

1.《最高人民法院关于审理抢劫刑事案件适用法律若干问题的指导意见》,法发〔2016〕2号,2016年1月6日。

2.《最高人民法院关于审理抢劫案件具体应用法律若干问题的解释》,法释〔2000〕35号,2000年11月28日。

3.《最高人民法院关于抢劫过程中故意杀人案件如何定罪问题的批复》,法释〔2001〕16号,2001年5月26日。

4.《最高人民法院关于审理抢劫、抢夺刑事案件适用法律若干问题的意见》,法发〔2005〕8号,2001年6月8日。

5.《最高人民法院、最高人民检察院关于办理与盗窃、抢劫、诈骗、抢夺机动车相关刑事案件具体应用法律若干问题的解释》,法释〔2007〕11号,2007年5月11日。

6.《最高人民法院、最高人民检察院关于办理盗窃刑事案件适用法律若干问题的解释》**,法释〔2013〕8号,2013年4月4日。

7.《最高人民法院、最高人民检察院关于办理诈骗刑事案件具体应用法律若干问题的解释》,法释〔2011〕7号,2011年4月8日。

8.《最高人民法院、最高人民检察院、公安部关于办理电信网

---

* 本会议纪要还涉及盗窃、涉黑犯罪等多个犯罪。

** 法释〔2013〕8号第十五条 本解释发布实施后,《最高人民法院关于审理盗窃案件具体应用法律若干问题的解释》(法释〔1998〕4号)同时废止;之前发布的司法解释和规范性文件与本解释不一致的,以本解释为准。

络诈骗等刑事案件适用法律若干问题的意见》，法发〔2016〕32号，2016年12月20日。

9.《最高人民法院、最高人民检察院关于办理抢夺刑事案件适用法律若干问题的解释》，法释〔2013〕25号，2013年11月11日。

10.《最高人民法院关于村民小组组长利用职务便利非法占有公共财物行为如何定性问题的批复》，法释字〔1999〕12号，1999年7月3日。

11.《最高人民法院关于审理贪污、职务侵占案件如何认定共同犯罪几个问题的解释》，法释〔2000〕15号，2000年7月8日。

12.《最高人民法院关于对受委托管理、经营国有财产人员挪用国有资金行为如何定罪问题的批复》，法释〔2000〕5号，2000年2月24日。

13.《最高人民法院关于如何理解刑法第二百七十二条规定的"挪用本单位资金归个人使用或者借贷给他人"问题的批复》，法释〔2000〕22号，2000年7月27日。

14.《最高人民法院关于在国有资本控股、参股的股份有限公司中从事管理工作的人员利用职务便利非法占有本公司财物如何定罪问题的批复》，法释〔2001〕17号，2001年5月26日。

15.《最高人民检察院关于挪用失业保险基金和下岗职工基本生活保障资金的行为适用法律问题的批复》，高检发释字〔2003〕1号，2003年1月30日。

16.《最高人民法院关于如何认定国有控股、参股股份有限公司中的国有公司、企业人员的解释》，法释〔2005〕10号，2005年8月11日。

17.《最高人民法院、最高人民检察院关于办理敲诈勒索刑事案件适用法律若干问题的解释》*,法释〔2013〕10 号,2013 年 4 月 27 日。

18.《最高人民法院关于审理拒不支付劳动报酬刑事案件适用法律若干问题的解释》,法释〔2013〕3 号,2013 年 1 月 23 日。

第六章 妨害社会管理秩序罪

第一节 扰乱公共秩序罪

1.《最高人民法院、最高人民检察院关于办理组织、利用邪教组织破坏法律实施等刑事案件适用法律若干问题的解释》**,法释〔2017〕3 号,2017 年 2 月 1 日。

2.《最高人民法院、最高人民检察院关于办理寻衅滋事刑事案件适用法律若干问题的解释》,法释〔2013〕18 号,2013 年 7 月 22 日。

3.《最高人民法院关于审理黑社会性质组织犯罪的案件具体应用法律若干问题的解释》,法释〔2000〕42 号,2000 年 12 月 10 日。

4.《最高人民法院、最高人民检察院和公安部办理黑社会性质组织犯罪案件座谈会纪要》,法〔2009〕382 号,2009 年 12 月 15 日。

5.《最高人民法院关于全国部分法院审理黑社会性质组织犯罪案件工作座谈会纪要》,法〔2015〕291 号,2015 年 10 月 13 日。

6.2010 年 4 月最高人民法院刑三庭《在审理故意杀人、伤害及黑社会性质组织犯罪中切实贯彻宽严相济刑事政策》。

7.《最高人民法院、最高人民检察院关于办理赌博刑事案件具

---

* 本解释公布施行后,《最高人民法院关于敲诈勒索罪数额认定标准问题的规定》(法释〔2000〕11 号)同时废止;此前发布的司法解释与本解释不一致的,以本解释为准。

** 法释〔2017〕3 号第十六条 《最高人民法院、最高人民检察院关于办理组织和利用邪教组织犯罪案件具体应用法律若干问题的解释》(法释〔1999〕18 号),《最高人民法院、最高人民检察院关于办理组织和利用邪教组织犯罪案件具体应用法律若干问题的解释(二)》(法释〔2001〕19 号),以及《最高人民法院、最高人民检察院关于办理组织和利用邪教组织犯罪案件具体应用法律若干问题的解答》(法发〔2002〕7 号)同时废止。

体应用法律若干问题的解释》,法释〔2005〕3 号,2005 年 5 月 13 日。

8.《最高人民法院、最高人民检察院、公安部关于开展打击赌博违法犯罪活动专项行为有关工作的通知》,2005 年 1 月。

9.《最高人民法院、最高人民检察院、公安部关于办理网络赌博犯罪案件适用法律若干问题的意见》,公通字〔2010〕40 号,2010 年 8 月 31 日。

10.《最高人民法院、最高人民检察院、公安部关于办理利用赌博机开设赌场案件适用法律若干问题的意见》,2014 年 3 月 26 日。

11.《最高人民法院、最高人民检察院关于办理伪造、贩卖伪造的高等院校学历、学位证明刑事案件如何适用法律问题的解释》,法释〔2001〕22 号,2001 年 7 月 5 日。

12.《最高人民法院、最高人民检察院关于办理危害计算机信息系统安全刑事案件应用法律若干问题的解释》,法释〔2011〕19 号,2011 年 9 月 1 日。

13.《最高人民法院关于审理编造、故意传播虚假恐怖信息刑事案件适用法律若干问题的解释》,法释〔2013〕24 号,2013 年 9 月 30 日。

第二节　妨害司法罪

1.《全国人大常委会关于〈中华人民共和国刑法〉第三百一十三条的解释》,2002 年 8 月 29 日。

2.《最高人民法院、最高人民检察院、公安部、国家工商行政管理局关于依法查处盗窃、抢劫机动车案件的规定》,公通字〔1998〕31 号,1998 年 5 月 8 日。

3.《最高人民法院、最高人民检察院、公安部关于依法严肃查处拒不执行判决裁定和暴力抗拒法院执行犯罪行为有关问题的通知》,法发〔2007〕29 号,2007 年 8 月 30 日。

4.《最高人民法院关于审理掩饰、隐瞒犯罪所得、犯罪所得收益刑事案件适用法律若干问题的解释》,法释〔2015〕11 号,2015 年 6 月 1 日。

5.《最高人民法院关于审理拒不执行判决、裁定刑事案件适用法律若干问题的解释》,法释〔2015〕16 号,2015 年 7 月 22 日。

6.《最高人民法院关于限制被执行人高消费及有关消费的若干规定》,法释〔2015〕17 号,2015 年 7 月 22 日。

第三节　妨害国(边)境管理罪

《最高人民法院、最高人民检察院关于办理妨害国(边)境管理刑事案件应用法律若干问题的解释》,法释〔2012〕17 号,2012 年 12 月 20 日。

第四节　妨害文物管理罪

1.《全国人大常委会关于〈中华人民共和国刑法〉有关文物的规定适用于具有科学价值的古脊椎动物化石、古人类化石的解释》,2005 年 12 月 29 日。

2.《最高人民法院、最高人民检察院关于办理妨害文物管理等刑事案件适用法律若干问题的解释》,法释〔2015〕23 号,2016 年 1 月 1 日。

第五节　危害公共卫生罪

1.《最高人民法院关于审理非法行医刑事案件具体应用法律若干问题的解释》*,法释〔2016〕27 号,2016 年 12 月 20 日。

2.《最高人民法院、最高人民检察院关于办理非法采供血液等

---

* 本司法解释将《最高人民法院关于审理非法行医刑事案件具体应用法律若干问题的解释》(法释〔2008〕5 号,2008 年 5 月 9 日)作部分修改。

刑事案件具体应用法律若干问题的解释》,法释〔2008〕12号,2008年9月23日。

第六节　破坏环境资源保护罪

1.《最高人民法院关于审理破坏土地资源刑事案件具体应用法律若干问题的解释》,法释〔2000〕14号,2000年6月22日。

2.《最高人民法院关于审理破坏森林资源刑事案件具体应用法律若干问题的解释》,法释〔2000〕36号,2000年11月22日。

3.《最高人民法院关于审理破坏野生动物资源刑事案件具体应用法律若干问题的解释》,法释〔2000〕37号,2000年12月11日。

4.《最高人民法院、最高人民检察院关于办理非法采矿、破坏性采矿刑事案件适用法律若干问题的解释》*,法释〔2016〕25号,2016年12月1日。

5.《最高人民法院关于审理破坏林地资源刑事案件具体应用法律若干问题的解释》,法释〔2005〕15号,2005年12月30日。

6.《最高人民法院、最高人民检察院关于办理环境污染刑事案件适用法律若干问题的解释》**,法释〔2016〕29号,2017年1月1日。

7.《最高人民法院关于审理破坏草原资源刑事案件应用法律若干问题的解释》,法释〔2012〕15号,2012年11月22日。

8.《全国人大常委会关于〈中华人民共和国刑法〉第二百二十

---

* 法释〔2016〕25号第十六条　本解释施行后,《最高人民法院关于审理非法采矿、破坏性采矿刑事案件具体应用法律若干问题的解释》(法释〔2003〕9号)同时废止。

** 法释〔2016〕29号第十八条　本解释施行后,《最高人民法院、最高人民检察院关于办理环境污染刑事案件适用法律若干问题的解释》(法释〔2013〕15号)同时废止;之前发布的司法解释与本解释不一致的,以本解释为准。

八条、第三百四十二条、第四百一十条的解释》,2001 年 8 月 31 日。

9.《最高人民法院关于审理发生在我国管辖海域相关案件若干问题的规定(一)》,法释〔2016〕16 号,2016 年 8 月 2 日。

10.《最高人民法院关于审理发生在我国管辖海域相关案件若干问题的规定(二)》,法释〔2016〕17 号,2016 年 8 月 2 日。

第七节 走私、贩卖、运输、制造毒品罪

1.《中华人民共和国禁毒法》,主席令第 79 号,2008 年 6 月 1 日。

2.《最高人民法院、最高人民检察院、公安部办理毒品犯罪案件适用法律若干问题的意见》,公通字〔2007〕84 号,2007 年 12 月 26 日。

3.《全国部分法院审理毒品犯罪案件工作座谈会纪要》,法〔2008〕324 号,2008 年 12 月 1 日。

4.《最高人民法院、最高人民检察院、公安部关于办理制毒物品犯罪案件适用法律若干问题的意见》,公通字〔2009〕33 号,2009 年 6 月 23 日。

5.《最高人民法院、最高人民检察院、公安部关于办理走私、非法买卖麻黄碱类复方制剂等刑事案件适用法律若干问题的意见》,法发〔2012〕12 号,2012 年 6 月 18 日。

6.《最高人民检察院、公安部关于公安机关管辖的刑事案件立案追诉标准的规定(三)》*,公通字〔2012〕26 号,2012 年 6 月 16 日。

7.《最高人民法院关于审理毒品犯罪案件适用法律若干问题的解释》,法释〔2016〕8 号,2016 年 4 月 11 日。

8.《最高人民法院、最高人民检察院、公安部关于规范毒品名

---

* 《立案标准(三)》是专门就毒品犯罪而制定的。

称表述若干问题的意见》,法〔2014〕224 号,2014 年 8 月 20 日。

9.《全国部分法院审理毒品犯罪案件工作座谈会纪要(武汉会议)》,法〔2015〕129 号,2015 年 5 月 18 日。

10.《公安部关于办理毒品犯罪案件毒品提取、扣押、称量、取样和送检程序若干问题的规定》,公禁毒〔2016〕511 号,2016 年 7 月 1 日。

第八节　组织、强迫、引诱、容留、介绍卖淫罪

《最高人民检察院关于构成嫖宿幼女罪主观上是否需要具备明知要件的解释》,高检发释字〔2001〕3 号,2001 年 6 月 11 日。

第九节　制作、贩卖、传播淫秽物品罪

1.《最高人民法院、最高人民检察院关于办理利用互联网、移动通讯终端、声讯台制作、复制、出版、贩卖、传播淫秽电子信息刑事案件具体应用法律若干问题的解释》,法释〔2004〕11 号,2004 年 9 月 6 日。

2.《最高人民法院、最高人民检察院关于办理利用互联网、移动通讯终端、声讯台制作、复制、出版、贩卖、传播淫秽电子信息刑事案件具体应用法律若干问题的解释(二)》,法释〔2010〕3 号,2010 年 2 月 4 日。

第七章　危害国防利益罪

1.《最高人民法院关于审理危害军事通信刑事案件具体应用法律若干问题的解释》,法释〔2007〕13 号,2007 年 6 月 29 日。

2.《最高人民法院、最高人民检察院关于办理妨害武装部队制式服装、车辆号牌管理秩序等刑事案件具体应用法律若干问题的解释》,法释〔2011〕16 号,2011 年 8 月 1 日。

第八章　贪污贿赂罪

1.《最高人民法院、最高人民检察院关于办理贪污贿赂刑事案

件适用法律若干问题的解释》,法释〔2016〕9 号,2016 年 4 月 18 日。

2.《最高人民检察院关于人民检察院直接受理立案侦查案件立案标准的规定(试行)》,高检发释字〔1999〕2 号,1999 年 9 月 16 日。

3.《全国法院审理经济犯罪案件工作座谈会纪要》*,法〔2003〕167 号,2003 年 11 月 13 日。

4.《最高人民法院关于审理挪用公款案件具体应用法律若干问题的解释》,法释〔1998〕9 号,1998 年 5 月 9 日。

5.《全国人大常委会关于〈中华人民共和国刑法〉第三百八十四条第一款的解释》,2002 年 4 月 28 日。

6.《最高人民检察院关于国家工作人员挪用非特定公物能否定罪的请示的批复》,高检发释字〔2000〕1 号,2000 年 3 月 15 日。

7.《最高人民法院关于挪用公款犯罪如何计算追诉期限问题的批复》,法释〔2003〕16 号,2003 年 10 月 10 日。

8.《最高人民法院关于国家工作人员利用职务上的便利为他人谋取利益离退休后收受财物行为如何处理问题的批复》,法释〔2000〕21 号,2000 年 7 月 21 日。

9.《最高人民法院、最高人民检察院关于办理受贿刑事案件适用法律若干问题的意见》,法发〔2007〕22 号,2007 年 7 月 8 日。

10.《最高人民法院、最高人民检察院关于办理商业贿赂刑事案件适用法律若干问题的意见》,法发〔2008〕33 号,2008 年 11 月 20 日。

11.《最高人民法院、最高人民检察院关于办理职务犯罪案件

---

* 本会议纪要重点讨论了贪污贿赂和渎职犯罪案件中遇到的有关适用法律的若干问题。

认定自首、立功等量刑情节若干问题的意见》,法发〔2009〕13号,2009年3月12日。

12.《最高人民法院、最高人民检察院关于在办理受贿犯罪大要案的同时要严肃查处严重行贿犯罪分子的通知》,高检发〔1999〕1号,1999年3月4日。

13.《最高人民法院、最高人民检察院关于办理行贿刑事案件具体应用法律若干问题的解释》,法释〔2012〕22号,2013年1月1日。

14.《最高人民法院、最高人民检察院关于办理国家出资企业中职务犯罪案件具体应用法律若干问题的意见》,法发〔2010〕49号,2010年10月2日。

15.最高人民法院刑二庭《宽严相济在经济犯罪和职务犯罪案件审判中的具体贯彻》,2010年4月。

第九章 渎职罪

1.《全国人大常委会关于〈中华人民共和国刑法〉第九章渎职罪主体适用问题的解释》,2002年12月28日。

2.《最高人民法院关于未被公安机关正式录用的人员、狱医能否构成失职致使在押人员脱逃罪主体问题的批复》,法释〔2000〕28号,2000年9月22日。

3.《最高人民检察院关于企业事业单位的公安机构在机构改革过程中其工作人员能否构成渎职侵权犯罪主体问题的批复》,高检发释字〔2002〕3号,2002年5月16日。

4.《最高人民检察院关于渎职侵权犯罪案件立案标准的规定》,高检发释字〔2006〕2号,2006年7月26日。

5.《最高人民法院、最高人民检察院关于办理渎职刑事案件适用法律若干问题的解释(一)》,法释〔2012〕18号,2013年1月9日。

第十章 军人违反职责罪

1.《最高人民法院、最高人民检察院关于对军人非战时逃离部队的行为能否定罪处罚问题的批复》,法释〔2000〕39号,2000年12月8日。

2.《最高人民检察院、解放军总政治部关于军人违反职责罪案件立案标准的规定》,2013年3月28日。

四、“两高”关于指导性案例的规定

(一)最高人民法院关于指导性案例的规定

1.《最高人民法院关于案例指导工作的规定》,法发〔2010〕51号,2010年11月26日。

2.《最高人民法院研究室〈关于编写报送指导性案例体例的意见〉、〈指导性案例样式〉的通知》,法研〔2012〕2号,2011年12月30日。

3.《〈最高人民法院关于案例指导工作的规定〉实施细则》(2015年6月2日)。

4.《最高人民法院关于发布第一批指导性案例的通知》,法〔2011〕354号,2011年12月20日,指导性案例第1—4号。

5.《最高人民法院关于发布第二批指导性案例的通知》,法〔2012〕172号,2012年4月9日,指导性案例第5—8号。

6.《最高人民法院关于发布第三批指导性案例的通知》,法〔2012〕227号,2012年9月18日,指导性案例第9—12号。

7.《最高人民法院关于发布第四批指导性案例的通知》,法〔2013〕24号,2013年1月31日,指导性案例第13—16号。

8.《最高人民法院关于发布第七批指导性案例的通知》,法〔2014〕161号,2014年6月26日,指导性案例第27—31号。

9.《最高人民法院关于发布第九批指导性案例的通知》，法〔2014〕337号，2014年12月24日，指导案例第38—44号。

10.《最高人民法院关于发布第十批指导性案例的通知》，法〔2015〕85号，2015年4月15日，指导案例45—52号。

11.《最高人民法院关于发布第十一批指导性案例的通知》，法〔2015〕320号，2015年11月19日，指导案例53—56号。

12.《最高人民法院关于发布第十二批指导性案例的通知》，法〔2016〕172号，2016年5月30日，指导案例57—60号。

13.《最高人民法院关于发布第十三批指导性案例的通知》，法〔2016〕214号，2016年6月30日，指导案例61—64号。

14.《最高人民法院关于发布第十四批指导性案例的通知》，法〔2016〕311号，2016年9月19日，指导案例65—69号。

15.《最高人民法院关于发布第十五批指导性案例的通知》，法〔2016〕449号，2016年12月28日，指导案例70—77号。

16.《最高人民法院关于发布第十六批指导性案例的通知》，法〔2017〕53号，2017年3月6日，指导案例78—87号。

（二）最高人民检察院关于指导性案例的规定

1.《最高人民检察院关于案例指导工作的规定》，高检发研字〔2010〕3号，2010年7月29日；高检发研字〔2015〕9号，2015年12月30日修订。

2.《最高人民检察院关于印发第一批指导性案例的通知》，高检发研字〔2010〕12号，2010年12月31日，检例第1—3号。

3.《最高人民检察院关于印发第二批指导性案例的通知》，高检发研字〔2012〕5号，2012年10月31日，检例第4—8号。

4.《最高人民检察院关于印发第三批指导性案例的通知》，高检发研字〔2013〕3号，2013年5月27日，检例第9—11号。

5.《最高人民检察院关于印发第四批指导性案例的通知》,高检发研字〔2014〕2 号,2014 年 2 月 20 日,检例第 12—16 号。

6.《最高人民检察院关于印发第五批指导性案例的通知》,高检发研字〔2014〕4 号,2014 年 9 月 16 日,检例第 17—19 号。

7.《最高人民检察院关于印发第六批指导性案例的通知》,高检发研字〔2015〕3 号,2015 年 7 月 3 日,检例第 20—23 号。

8.《最高人民检察院关于印发第七批指导性案例的通知》,高检发研字〔2016〕7 号,2016 年 5 月 31 日,检例 24—27 号。

9.《最高人民检察院关于印发最高人民检察院第八批指导性案例的通知》,高检发研字〔2016〕13 号,2016 年 12 月 29 日,检例 28—32 号。

附录二　参 考 资 料

一、刑法理论类著作

1. 郎胜主编:《中华人民共和国刑法释义》,法律出版社 2016 年第 6 版。

2. 高铭暄、马克昌主编,赵秉志执行主编:《刑法学》,北京大学出版社、高等教育出版社 2014 年第 6 版。

3. 张明楷:《刑法学》,法律出版社 2016 年第 5 版。

4. 张明楷:《刑法分则的解释原理》,中国人民大学出版社 2011 年第 2 版。

5. 张明楷:《犯罪构成体系与构成要件要素》,北京大学出版社 2010 年版。

6. 陈兴良:《规范刑法学》,中国人民大学出版社 2014 年第 3 版。

7. 陈兴良、张军、胡云腾主编:《人民法院刑事指导性案例裁判要旨通纂》,北京大学出版社 2013 年版。

8. 黎宏:《刑法学总论》,法律出版社 2016 年第 2 版。

9. 黎宏:《刑法学各论》,法律出版社 2016 年第 2 版。

10. 李晓明:《刑法学总论》,北京大学出版社 2016 年版。

11. 林亚刚:《刑法学教义(总论)》,北京大学出版社 2017 年第 2 版。

12. 刘树德:《刑事裁判的指导规则与案例汇纂》,法律出版社

2014 年版。

13. 万应君:《刑事指导案例裁判要旨与法律依据》(第二版),法律出版社 2015 年版。

14. 周道鸾、张军主编,熊选国、高憬宏副主编:《刑法罪名精释》,人民法院出版社 2013 年第 4 版。

15. 胡云腾主编,最高人民法院研究室编:《宣告无罪——实务指导与案例精析》,法律出版社 2014 年版。

16. 马克昌:《比较刑法原理——外国刑法学总论》,武汉大学出版社 2012 年版。

二、理解与适用类著作

1. 刘德权主编:《最高人民法院司法观点集成——刑事卷》,人民法院出版社 2014 年第 2 版。

2. 最高人民法院研究室编,沈德咏主编,胡云腾副主编:《最高人民法院司法解释理解与适用全书》(下卷),法律出版社 2016 年版。

3. 最高人民法院刑事审判第一、二、三、四、五庭主办:《中国刑事审判指导案例》,法律出版社 2017 年第 3 版。

4. 孟庆丰、陈国庆、孙茂利主编,最高人民检察院法律政策研究室、公安部经济犯罪侦查局、公安部法制局编:《经济犯罪案件立案追诉标准最新适用指导》,中国人民公安大学出版社 2012 年版。

5. 最高人民检察院法律政策研究室、公安部禁毒局编著,陈国庆、刘跃进主编:《毒品犯罪案件立案追诉标准适用指南》,中国人民公安大学出版社 2012 年版。

6. 黄太云著:《刑法修正案解读全编》,人民法院出版社 2015 年版。

7. 南英主编,戴长林副主编,最高人民法院刑事审判第三庭编著:《量刑规范化实务手册》,法律出版社 2014 年版。

8. 裴显鼎、黄炜、苗有水主编,刘晓虎、常明君副主编,打击证券期货违法犯罪专题工作组编:《证券期货违法犯罪案件办理指南》,北京大学出版社 2014 年版。

三、刑法工具书类著作

1. 刘志伟编:《刑法规范总整理》,法律出版社 2016 年第 9 版。

2. 李立众编:《刑法一本通——中华人民共和国刑法总成》,法律出版社 2016 年第 12 版。

3. 江海昌编著:《刑法应用一本通》,中国检察出版社 2015 年第 6 版。

4. 最高人民法院、最高人民检察院法规应用研究中心编:《司法解释与指导案例(刑事卷)》(第三版),中国法制出版社 2014 年版。

5. 王国新、刘凌轩、赵权编著:《刑法适用一本通》,中国民主法制出版社 2016 年版。

6. 田申编著:《刑法 e 本通》(升级版),法律出版社 2017 年版。

附录三　刑法总则法定量刑情节一览表*

		犯罪主体		违法阻却事由		犯罪未完成	共犯			量刑
		已满七十五周岁的人(过失犯罪)	未成年人(已满十四周岁)	防卫过当	紧急避险过当	中止犯	从犯	胁从犯	教唆未成年人犯罪	累犯(过失犯罪和未成年人除外)
应当	从重								●	●
	从轻	●	●				●			
	减轻	●	●	●	●	●	●	●		
	免除			●	●	●	●	●		

		犯罪主体			犯罪未完成		共犯	刑罚的裁量				
		已满七十五周岁的人(故意犯罪)	精神病人	又聋又哑的人或者盲人	预备犯(比照既遂犯)	未遂犯(比照既遂犯)	教唆未遂	自首	坦白	立功	重大立功	犯罪情节轻微
可以	从重											
	从轻	●	●	●	●	●	●	●	●	●		
	减轻	●	●	●	●	●	●	●	●	●	●	
	免除			●	●			●			●	●

---

* 1. 属于“应当”的法定量刑情节一般为减轻或免除,较少为从轻。

2. 属于“可以”的法定量刑情节一般为从轻或减轻,较少为免除。

3. 涉及犯罪主体的法定量刑情节,除聋哑人或盲人外,无论是“应当”,还是“可以”,均为从轻或减轻。

4. 从重只有“应当”,没有“可以”。

附录四　《最高人民法院关于常见犯罪的量刑指导意见(2017年版)》一览表

一、常见量刑情节的适用

量刑情节		调节基准刑比例
14～16岁犯罪		减少基准刑的30%～60%
16～18岁犯罪		减少基准刑的10%～50%
未遂犯		可以比照既遂犯减少基准刑的50%以下
从犯	一般	减少基准刑的20%～50%
	犯罪较轻的	减少基准刑的50%以上或免除处罚
自首	一般	可以减少基准刑的40%以下
	犯罪较轻的	可以减少基准刑的40%以上或免除处罚
	恶意利用自首规避法律制裁等不足以从宽处罚的除外	
坦白	如实供述自己罪行的	可以减少基准刑的20%以下
	如实供述司法机关尚未掌握的同种较重罪行的	可以减少基准刑的10%～30%
	因如实供述自己罪行,避免特别严重后果发生的	可以减少基准刑的30%～50%
当庭认罪		可以减少基准刑的10%以下
一般立功		可以减少基准刑的20%以下
重大立功	一般	可以减少基准刑的20%～50%
	犯罪较轻的	可以减少基准刑的50%以上或免除处罚
退赃退赔	一般	可以减少基准刑的30%以下
	抢劫等严重危害社会治安犯罪的应从严掌握	

续表

量刑情节		调节基准刑比例
一般	积极赔偿被害人经济损失并取得被害人谅解	可以减少基准刑的40%以下
	积极赔偿未取得谅解	可以减少基准刑的30%以下
	尽管没有赔偿，但取得谅解的	可以减少基准刑的20%以下
对于上述三种情形，抢劫、强奸等严重危害社会治安犯罪的应从严掌握		
刑事和解	一般情节	可以减少基准刑的50%以下
	犯罪较轻的	可以减少基准刑的50%以上或依法免除处罚
累犯		增加基准刑的10% ~40%，一般不少于3月
有前科		可以增加基准刑的10%以下
		前科为过失犯罪和未成年犯罪的除外
犯罪对象为未成年人、老人、残疾人、孕妇等弱势人员		可以增加基准刑的增20%以下
重大自然灾害、预防、控制突发传染病疫情等灾害期间故意犯罪的		可以增加基准刑的20%以下

二、常见犯罪的量刑

罪名和情节	量刑起点	基准刑
1. 交通肇事罪		
致人重伤、死亡或者使公私财产遭受重大损失的	2年以下有期徒刑、拘役	根据事故责任、致人重伤、死亡的人数或者财产损失的数额以及逃逸等其他影响犯罪构成的犯罪事实增加刑罚量，确定基准刑
逃逸或其他特别恶劣情节	3 ~5年有期徒刑	
逃逸致1人死亡	7 ~10年有期徒刑	
2. 故意伤害罪		
致1人轻伤	2年以下有期徒刑、拘役	在量刑起点的基础上，可以根据伤亡后果、伤残等级、手段残忍度等增加刑罚量，确定基准刑 故意伤害致人轻伤的，伤残程度可在确定量刑起点时考虑，或者作为调节基准刑的量刑情节
致1人重伤	3 ~5年有期徒刑	
以特别残忍手段故意伤害致1人重伤，造成6级严重残疾	10 ~13年有期徒刑	

续表

<table>
<tr><th colspan="2">罪名和情节</th><th>量刑起点</th><th>基准刑</th></tr>
<tr><td colspan="4">3. 强奸罪</td></tr>
<tr><td rowspan="2">奸淫1人</td><td>妇女</td><td>3~6年</td><td rowspan="7">在量刑起点的基础上,可以根据强奸妇女、奸淫幼女情节恶劣程度、强奸人数、致人伤害后果等其他影响犯罪构成的犯罪事实增加刑罚量,确定基准刑
强奸多人多次的,以强奸人数作为增加刑罚量的事实,强奸次数作为调节基准刑的量刑情节</td></tr>
<tr><td>奸淫幼女的</td><td>4~7年</td></tr>
<tr><td>情节恶劣奸淫幼女</td><td></td><td rowspan="5">10~13年(无期除外)</td></tr>
<tr><td>奸淫三人</td><td></td></tr>
<tr><td>当众强奸</td><td></td></tr>
<tr><td>二人以上轮奸</td><td></td></tr>
<tr><td>致被害人重伤或造成其他严重后果</td><td></td></tr>
<tr><td colspan="4">4. 非法拘禁罪</td></tr>
<tr><td colspan="2">犯罪情节一般的</td><td>1年以下有期徒刑、拘役</td><td rowspan="3">在量刑起点的基础上,可以根据非法拘禁人数、拘禁时间、致人伤亡后果等其他影响犯罪构成的犯罪事实增加刑罚量,确定基准刑
非法拘禁多人多次的,以非法拘禁人数作为增加刑罚量的事实,非法拘禁次数作为调节基准刑的量刑情节</td></tr>
<tr><td colspan="2">致1人重伤的</td><td>3~5年有期徒刑</td></tr>
<tr><td colspan="2">致1人死亡的</td><td>10~13年有期徒刑</td></tr>
<tr><td colspan="2">具有殴打情节的</td><td></td><td rowspan="2">可以增加基准刑的10%~20%</td></tr>
<tr><td colspan="2">国家机关工作人员利用职权扣押、拘禁他人的</td><td></td></tr>
</table>

续表

5. 抢劫罪		
抢劫一次的	3~6年有期徒刑	在量刑起点的基础上,可以根据抢劫情节严重程度、抢劫次数、数额、致人伤害后果等其他影响犯罪构成的犯罪事实增加刑罚量,确定基准刑
入户抢劫的;在公共交通工具上抢劫的;抢劫银行或其他金融机构的;抢劫三次或抢劫数额达到数额巨大起点的;抢劫致一人重伤的;冒充军警人员抢劫的;持枪抢劫的;抢劫军用物资或者抢险、救灾、救济物质的	10~13年有期徒刑。依法应当判处无期徒刑以上刑罚的除外	
6. 盗窃罪		
达到数额较大的,两年内三次盗窃的,入户盗窃的,携带凶器盗窃的,或者扒窃的	1年以下有期徒刑、拘役	在量刑起点的基础上,可以根据盗窃数额、次数、手段等其他影响犯罪构成的犯罪事实增加刑罚量,确定基准刑 多次盗窃,数额达到较大以上的,以盗窃数额确定量刑起点,盗窃次数可作为调节基准刑的量刑情节;数额未达到较大的,以盗窃次数确定量刑起点,超过三次的次数作为增加刑罚量的事实
达到数额巨大起点或者有其他严重情节的	3~4年有期徒刑	
达到数额特别巨大或者其他特别严重情节	10~12年有期徒刑。依法应当判处无期徒刑的除外	
7. 诈骗罪		
达到数额较大起点的	1年以下有期徒刑、拘役	在量刑起点的基础上,可以根据诈骗数额等其他影响犯罪构成的犯罪事实增加刑罚量,确定基准刑
达到数额巨大或者有其他严重情节的	3~4年有期徒刑	
达到数额特别巨大或者有其他特别严重情节的	10~12年有期徒刑。依法应当判处无期徒刑以上刑罚的除外	

续表

8. 抢夺罪		
达到数额较大起点或者两年内三次抢夺的	1年以下有期徒刑、拘役	在量刑起点的基础上,可以根据抢夺数额、次数等其他影响犯罪构成的犯罪事实增加刑罚量,确定基准刑
达到数额巨大起点或者有其他严重情节的	3~5年有期徒刑	
数额特别巨大或情节特别严重	10~12年有期徒刑。依法应当判处无期徒刑的除外	
9. 职务侵占罪		
达到数额较大起点的	2年以下有期徒刑、拘役	在量刑起点的基础上,可以根据职务侵占数额等其他影响犯罪构成的犯罪事实增加刑罚量,确定基准刑
达到数额巨大起点或者有其他严重情节的	5~6年有期徒刑	
10. 敲诈勒索罪		
达到数额较大起点的或者两年内三次敲诈勒索的	1年以下有期徒刑、拘役	在量刑起点的基础上,可以根据敲诈勒索数额、次数、犯罪情节严重程度等其他影响犯罪构成的犯罪事实增加刑罚量,确定基准刑 多次敲诈勒索,数额达到较大以上的,以敲诈勒索数额确定量刑起点,敲诈勒索次数可作为调节基准刑的量刑情节;数额未达到较大的,以敲诈勒索次数确定量刑起点,超过三次的次数作为增加刑罚量的事实
达到数额巨大或者有其他严重情节的	3~5年有期徒刑	
达到数额特别巨大起点或者有其他特别严重情节的	10~12年有期徒刑	
11. 妨害公务罪		
构成妨害公务罪的	2年以下有期徒刑、拘役	在量刑起点的基础上,可以根据妨害公务造成的后果、犯罪情节严重程度等其他影响犯罪构成的犯罪事实增加刑罚量,确定基准刑 暴力袭击正在执行职务的人民警察的,可以增加基准刑的10%~30%

续表

12. 聚众斗殴罪		
犯罪情节一般的	2 年以下有期徒刑、拘役	在量刑起点的基础上,可以根据聚众斗殴人数、次数、手段严重程度等其他影响犯罪构成的犯罪事实增加刑量,确定基准刑
聚众斗殴三次的; 聚众斗殴人数多、规模大、社会影响恶劣的; 在公共场所或者交通要道聚众斗殴,造成社会秩序严重混乱的;持械聚众斗殴的	3 ~5 年有期徒刑	
13. 寻衅滋事罪		
寻衅滋事一次的	3 年以下有期徒刑	在量刑起点的基础上,可以根据寻衅滋事次数、伤害后果、强拿硬要他人财物或任意损毁、占用公私财物数额等其他影响犯罪构成的犯罪事实增加刑罚量,确定基准刑
纠集他人三次寻衅滋事的(每次都构成犯罪),严重破坏社会秩序的	5 ~7 年有期徒刑	
14. 掩饰、隐瞒犯罪所得、犯罪收益罪		
犯罪情节一般的	1 年以下有期徒刑、拘役	在量刑起点的基础上,可以根据犯罪数额等其他影响犯罪构成的犯罪事实增加刑罚量,确定基准刑
情节严重的	3 ~4 年有期徒刑	
15. 走私、贩卖、运输、制造毒品罪		
走私、贩卖、运输、制造鸦片一千克,海洛因、甲基苯丙胺五十克或者其他毒品数量达到数量大起点的	15 年有期徒刑,依法应当判处无期徒刑以上刑罚的除外	在量刑起点的基础上,可以根据毒品犯罪次数、人次、毒品数量等其他影响犯罪构成的犯罪事实增加刑罚量,确定基准刑
走私、贩卖、运输、制造鸦片二百克,海洛因、甲基苯丙胺十克或者其他毒品数量达到数量较大起点的	7 ~8 年有期徒刑	
走私、贩卖、运输、制造鸦片不满二百克,海洛因、甲基苯丙胺不满十克或者其他少量毒品的	三年以下有期徒刑、拘役	

续表

走私、贩卖、运输、制造鸦片不满二百克,海洛因、甲基苯丙胺不满十克的	3年以下有期徒刑	
走私、贩卖、运输、制造鸦片不满二百克,海洛因、甲基苯丙胺不满十克,且情节严重的	3年至4年有期徒刑	
利用、教唆未成年人 向未成年人出售 再犯		可以增加基准刑的10% ~30%
受雇运输毒品的;毒品含量明显偏低的;存在数量引诱情形的		可以减少基准刑30%以下

附:基本概念

量刑起点:根据基本犯罪构成事实在相应的法定刑幅度内确定的量刑点。

基准刑:根据犯罪数额、次数、后果在量刑起点的基础上增加的刑罚量。

宣告刑:根据量刑情节调节基准刑,综合全案确定并依法宣告的实际刑罚

附录五　聚众犯罪各类参与人的刑事责任一览表

类罪	个罪罪名	首要分子或组织者、领导者	积极参加者	其他参加者
危害国家安全罪	分裂国家罪	无期或10年以上	3～10年	3年以下、拘役、管制或剥权
	煽动分裂国家罪	5年以下		
	武装叛乱、暴乱罪	无期或10年以上	3～10年	3年以下、拘役、管制或剥权
	颠覆国家政权罪	无期或10年以上	3～10年	3年以下、拘役、管制或剥权
	煽动颠覆国家政权罪	5年以下		
危害公共安全罪	组织、领导、参加恐怖组织罪	无期或10年以上	3～10年	3年以下、拘役、管制或剥权
侵犯公民人身权利、民主权利罪	聚众阻碍解救被收买的妇女和儿童罪	5年以下徒刑或拘役	其他参与者使用暴力、威胁方法的，按妨害公务罪论处	
		首要分子	其他积极参加的	
侵犯财产罪	聚众哄抢罪	轻则3年以下、拘役、管制，并处罚金。重则3～10年徒刑，并处罚金		

续表

类罪	个罪罪名	首要分子或组织者、领导者	积极参加者	其他参加者
妨害社会管理秩序罪	聚众"打砸抢"	致人伤残、死亡的,按故意伤害罪、故意杀人罪论处;毁坏或者抢走公私财物的,对首要分子以抢劫罪论处。		
	聚众扰乱社会秩序罪	3~7年		3年以下
	聚众冲击国家机关罪	5~10年		5年以下、拘役、管制或剥权
	聚众扰乱公共秩序、交通秩序罪	5年以下、拘役或者管制		不处罚其他人
	聚众斗殴罪	重则3~10年。致人重伤、死亡的按故意伤害故意杀人论处 轻则3年以下管制或者拘役(不分首要分子和其他参加者)		
	组织、领导、参加黑社会性质组织罪	7年以上徒刑,并处没收财产。犯其他罪,数罪并罚	处3~7年徒刑,可并处罚金或没收财产	3年以下、拘役、管制或剥权,可以并处罚金
	聚众淫乱罪	5年以下徒刑、管制或拘役		多次参加者
	赌博罪(聚众)	3年以下徒刑、拘役、管制,并处罚金		
	组织越狱罪	5年以上徒刑(首要和积极参加者)		5年以下徒刑或拘役(其他参加者)
	暴动越狱罪、聚众持械劫狱罪	10年以上徒刑或无期、死刑(首要和积极参加者)		3年以上10年以下徒刑(其他参加者)

续表

类罪	个罪罪名	首要分子或组织者、领导者	积极参加者	其他参加者
危害国防利益罪	聚众冲击军事禁区罪	5年以上10年以下徒刑	5年以下徒刑、拘役、管制或者剥权	
	聚众扰乱军事管理区秩序罪	3年以上7年以下徒刑	3年以下、拘役、管制或剥权	

图书在版编目(CIP)数据

刑法规范精解集成/谭淼编著. --5版. --北京：法律出版社，2017(2018.3重印)
ISBN 978-7-5197-0903-7

Ⅰ.①刑… Ⅱ.①谭… Ⅲ.①刑法-法律解释-中国 Ⅳ.①D924.05

中国版本图书馆CIP数据核字(2017)第119628号

刑法规范精解集成(第五版)
XINGFA GUIFAN JINGJIE JICHENG
(DI WU BAN)

谭　淼　编著

策划编辑　易明群
责任编辑　易明群
装帧设计　李　瞻

出版　法律出版社
总发行　中国法律图书有限公司
经销　新华书店
印刷　三河市龙大印装有限公司
责任校对　郭艳萍
责任印制　胡晓雅

编辑统筹《中国法律评论》编辑部
开本　A5
印张　25.75
字数　768千
版本　2017年6月第5版
印次　2018年3月第2次印刷

法律出版社/北京市丰台区莲花池西里7号(100073)
网址/www.lawpress.com.cn
投稿邮箱/info@lawpress.com.cn
举报维权邮箱/jbwq@lawpress.com.cn
销售热线/010-63939792
咨询电话/010-63939796

中国法律图书有限公司/北京市丰台区莲花池西里7号(100073)
全国各地中法图分、子公司销售电话：
统一销售客服/400-660-6393
第一法律书店/010-63939781/9782
西安分公司/029-85330678
重庆分公司/023-67453036
上海分公司/021-62071639/1636
深圳分公司/0755-83072995

书号：ISBN 978-7-5197-0903-7　　**定价**：59.00元